JAHRBUCH DES FREIEN DEUTSCHEN HOCHSTIFTS

JAHRBUCH DES FREIEN DEUTSCHEN HOCHSTIFTS

2009

HERAUSGEGEBEN VON
ANNE BOHNENKAMP

MAX NIEMEYER VERLAG TÜBINGEN

Berichte des Freien Deutschen Hochstifts 1861–1901

Jahrbuch des Freien Deutschen Hochstifts 1902–1940
Neue Folge seit 1962

Redaktion:
Michael Grus
Freies Deutsches Hochstift
60311 Frankfurt am Main, Großer Hirschgraben 23–25

GOETHE HAUS

Mit 23 Abbildungen

ISBN 978-3-484-33609-4
ISSN 0071-9463

Printed in Germany.
Gedruckt auf alterungsbeständigem Papier.
Gesamtherstellung: AZ Druck und Datentechnik GmbH, Kempten

INHALTSVERZEICHNIS

TERENCE JAMES REED

UMKEHRUNGEN: ASTRONOMIE ALS DENKMUSTER DER AUFKLÄRER

Gottfried Willems zum 60. Geburtstag[1]

Prenez bien le contre-pied de l'usage,
et vous ferez presque toujours bien.
Jean-Jacques Rousseau, ›Emile‹

Im Anfang war kein Licht. »Die Erde«, so der biblische Schöpfungsbericht, »war wüst und leer und es war finster auf der Tiefe« – bis Gott das Tageslicht werden ließ, das mit der Nacht wechseln sollte. Übrigens sah Gott, »dass das Licht gut war«, was von der Finsternis nicht gesagt wird. Gott als erster Aufklärer, könnte man meinen. Auch war das Licht irgendwie schon vor den Himmelskörpern da, von denen es nach dem gewöhnlichen Verständnis herkommt; diese wurden erst elf Verse nach ihm geschaffen. Das Licht wäre demnach ein Urelement.

Ist dieser Bericht ein Mythos, so ist Aufklärung eine Metapher. Seit der Erschaffung der Welt war unter den Menschen einiges, gelinde gesagt, schief gelaufen: Grausamkeit, Ungerechtigkeit, Aberglaube, Intoleranz bildeten eine Macht der metaphorischen Finsternis, der es mit der Kraft des Lichts, sprich: mit neuem Denken und hellsichtiger Kritik zu Leibe zu rücken galt.

Bei konkreten Übeln musste man nicht weit ausholen. Ein schreiendes Unrecht etwa bedurfte keiner hochdifferenzierten Analyse. Aber so mancher Missstand fußte auf tiefer Ignoranz, verjährtem Dogma, eingefahrener Intoleranz, altehrwürdigem Vorurteil. ›Vorurteil‹ ist wortwörtlich zu verstehen, ein Urteil, das vor jeder

---

[1] Der Aufsatz ist aus einem Forschungsprojekt hervorgegangen, das durch den Leverhulme Trust großzügig finanziert wird. Er wurde im Herbst 2007 als Festvortrag in Jena gehalten. Der gesprochene Stil wurde für die Veröffentlichung beibehalten.

hinreichenden Untersuchung des jeweiligen Sachverhalts, vor jeder Reflexion über richtige Methodik gefällt worden war. Das Fehlende musste also nachgereicht werden: besser spät als nie. Das ist ein Leitmotiv bei Immanuel Kant: der Philosophie seit jeher, und insbesondere der Metaphysik seiner Zeit, fehlten laut Kant die richtigen Grundprinzipien, ohne falsche Bescheidenheit will er sie liefern. Erst dann wird alles im Lot sein. Kants Anliegen lässt sich an seinen zu wenig beachteten Metaphern ablesen, es sind sämtlich Metaphern von Verlässlichkeit – von Grundlagen und Grundlegung, von Probiersteinen, vom sicheren Gang einer neu zu schaffenden kritischen Wissenschaft, von Seefahrt mit gutem Kompass und guten Karten. Anders als in seinen frühesten Schriften, wo es geheißen hatte, er wolle um der Sicherheit willen nah am Ufer der Erkenntnis segeln,[2] heißt es jetzt, eine kühne Ausfahrt auf hohe See mit Karte und Kompass wagen.[3] Man müsse sich – so der Titel einer seiner populären Aufsätze – »im Denken orientieren« können. Wobei die erste, wichtigste Orientierung, die Orientierung im größten Maßstab, die Position des Menschen im Weltall betrifft. Wo sind wir? Womit die Frage eng zusammenhängt: Was und wer sind wir?

Die erste richtig fundierte neuzeitliche Antwort auf die Frage nach unserer Position im All hatte bekanntlich eine radikal ernüchternde Wirkung gehabt. Die neue Astronomie, die den Namen des Kopernikus trägt, hat den Menschen auf seinem kleinen Erdball aus dem Zentrum des Weltalls gerückt, wo er die Hauptfigur eines kosmisch-theologischen Dramas gewesen war. Die neue kopernikanische Weltsicht war, in einer Formulierung Sigmund Freuds von 1917, die erste »große Kränkung« der »naiven Eigenliebe« der Menschen (die anderen seien Darwins Evolutionslehre und – wiederum ohne falsche Bescheidenheit – Freuds eigene Erforschung des Un-

---

[2] Immanuel Kant, De mundi sensibilis atque intelligibilis forma et principiis (Form und Prinzipien der sinnlichen und intellektuellen Welt), § 22, in: ders., Theoretical Philosophy 1755–1770. Translated and edited by David Walford in collaboration with Ralf Meerbote, Cambridge 1992 (= The Cambridge Edition of the Works of Immanuel Kant), S. 405.

[3] Prolegomena zu einer jeden künftigen Metaphysik, in: Immanuel Kants Werke. In Gemeinschaft mit Hermann Cohen (u. a.) hrsg. von Ernst Cassirer, 11 Bde., Berlin 1922/23, hier: Bd. 4, S. 10.

bewussten).[4] In diese kurze Ehrenliste hätte mit gleichem Recht auch Kant gehört, denn auch er hat den übermäßigen Ansprüchen der Menschen Grenzen gesetzt, indem er das allzu freie Spekulieren einer durch die Erfahrung nicht kontrollierten »reinen« Vernunft über letztlich unlösbare Fragen als grundlos und ungültig nachwies. Was die Vernunft vermöge, gehe aus dem eigenen Wahrnehmungs- und Denkapparat des Menschen, aus seiner Situiertheit in Raum und Zeit und aus den seinem Geist inhärenten Kategorien hervor. Dadurch werde alle Erfahrung konstituiert und zugleich eingeschränkt. Was durch diesen Apparat nicht erfasst werden könne, sei willkürlich, aus der Luft gegriffen, verlorene Vernunftmüh'. Damit war über alle spekulative Metaphysik und Theologie der Stab gebrochen. Das hat man allerdings nicht so deutlich gesehen, es hat nicht so dramatisch und weitverbreitet gewirkt wie die revolutionäre Lehre des Kopernikus. Die Theologen jedoch waren sich sofort der Bedrohung ihrer Positionen bewusst.[5] Die theologische Spekulation gab und gibt es gleichwohl trotz Kant weiterhin.

Die Parallele zum Umsturz in der Astronomie hat Kant selber in der zweiten Auflage der ›Kritik der reinen Vernunft‹ gezogen. Bei seiner Erkenntnistheorie sei es »ebenso als mit den ersten Gedanken des Kopernikus bewandt«, der anstatt das ganze Sternenheer sich um den Beobachter drehen zu lassen, diesen sich drehen und die Sterne in Ruhe ließ.[6] In analoger Weise hat Kant die Erkenntnis nicht von der Wirkung der Gegenstände auf den Beobachter, sondern von den Voraussetzungen der mentalen Struktur des Menschen her verstanden. Das Kopernikusgleichnis gehört zunächst zu Kants wiederholten Bezugnahmen auf die harten Wissenschaften und die Mathematik als Modelle für verlässliche Erkenntnis. Es steht in einer kurzen Skizze der Wissenschaftsgeschichte, in der auch Baco von Verulam, Galileo und andere Experimentalphysiker vorkommen. Die kopernikanische Wende in der Astronomie hat jedoch unter

[4] Sigmund Freud, Vorlesungen zur Einführung in die Psychoanalyse, in: S. F., Studienausgabe, hrsg. von Alexander Mitscherlich / Angela Richards / James Strachey, Frankfurt am Main 1969, Bd. 1, S. 283.

[5] Vgl. z.B. Ludwig Heinrich Jacob an Kant, 4. Mai 1790: »Der Hauptanstoß scheint den Gegnern nur noch zu sein, daß sie keine Erkenntnis von Gott, Unsterblichkeit usw. haben sollen.« In: Kants Werke, a.a.O. (Anm. 3), Bd. 10, S. 30.

[6] Kritik der reinen Vernunft, in: Kants Werke, a.a.O., Bd. 3, S. 18.

den naturwissenschaftlichen Modellen einen ganz eigenen Stellenwert. Denn es handelt sich dabei nicht bloß um eine neue These oder einen neuen Befund; auch ein ganz neues Paradigma muss die Dinge nicht so total anders herum darstellen, wie es der Übergang von der Geozentrik zur Heliozentrik getan hat. Dieser bedeutet nämlich eine völlige, eine diametrale Umkehrung der früheren Weltsicht. Wie in einer Grammatik der Himmelskörper wurde das Subjekt Erde umgekehrt zum Objekt der sie regierenden Sonne; wie in einer Politik der Planeten wurde der Untertan Sonne umgekehrt zum Herrscher über die Erde. Daraus ergibt sich die Umkehrung geradezu als ein übertragbares intellektuelles Verfahren, um nicht zu sagen eine explosive argumentative Taktik: in der Annahme, dass in menschlichen Belangen seit Urzeiten allzu oft das Oberste versehentlich oder aus Bosheit zuunterst gekehrt, das Pferd am Schwanz aufgezäumt wurde, packt man das Problem dadurch an, dass man die Dinge um hundertachtzig Grad gewendet interpretiert.

Schon bei Kant finden sich weitere Beispiele für radikale Umkehrung. In Ethik und Religion stammt bei ihm das moralische Verhalten nicht von einem Gottesbegriff, sondern ein würdiger Gottesbegriff – das heißt, der Begriff eines nicht primitiv durch »Ehr- und Herrschbegierde« und »Racheifer« gekennzeichneten Gottes[7] – sei umgekehrt erst durch die menschliche Reflexion über die Idee sittlicher Vollkommenheit entstanden. Und als sich Kant im ›Streit der Fakultäten‹ zu Rang und Wert der Fachbereiche der Universität äußert, wo bislang das Aschenputtel Philosophie den Fachbereichen Medizin, Jura und vor allem Theologie untergeordnet war, wird in neuer radikaler Umkehrung das Unterste zuoberst gekehrt, die philosophische Fakultät soll dafür sorgen, dass die anderen methodologisch und intellektuell nicht auf dem Holzweg sind. Wenn Philosophie trotzdem ganz unten sein soll, dann nur im Sinn eines Fundaments, das für alle anderen Studien unentbehrlich ist.

Gelegentlich wird die Kritik laut, die Kopernikus-Parallele hinke, Kant habe ja den Menschen noch fester ins Zentrum der Dinge gestellt, indem er den Erkenntnisvorgang im Subjekt verankert hat. Ist das nicht noch stärker anthropozentrisch als die vorkopernikanische Weltsicht? Antwort: Nur auf den ersten Blick, und in ganz

---

[7] Grundlegung zur Metaphysik der Sitten, in: Kants Werke, a. a. O., Bd. 4, S. 302.

anderem, mit Kopernikus schließlich harmonierendem Sinn. Bei beiden Forschern werden die Erscheinungen, bei Kopernikus die Sternenbewegungen, bei Kant die Gegenstände der Erfahrung schlechthin, durch den Standpunkt des Menschen konstituiert und erklärt. Bei Kant ist zwar der Mensch zentral, aber nicht etwa kosmisch – das hat er ebenso gut wie Kopernikus im Grunde entkräftet –, sondern lediglich für seine eigenen Belange. (Übrigens war in der christlichen Weltsicht die Erde nur vorübergehend zentral, letztlich war es vielmehr der nicht genau verortbare Himmel.) Einmal der Sorge um die prinzipiell unlösbaren und insofern unwirklichen metaphysischen Fragen enthoben, kann sich der Mensch auf das, was ihn wirklich angeht, auf das Irdische, konzentrieren. »Il faut cultiver notre jardin«, hatte Voltaire den Helden seiner satirischen Novelle ›Candide‹ nach vielen unnützen metaphysischen Schulstreitigkeiten sagen lassen. Diesen Schluss-Satz stellt Kant an den Schluss eines eigenen Aufsatzes und baut ihn um des Nachdrucks willen dreifach aus: »Laßt uns unser Glück besorgen, in den Garten gehen und arbeiten!«[8]

Die Parallele Kopernikus – Kant ließ bereits der Zeitgenosse Lichtenberg gelten, er nimmt auch fast verblüfft zur Kenntnis, dass dieses doppelte neue Licht aus ein- und derselben geographischen Quelle gekommen sei: »Es wäre sonderbar, wenn das wahre System der Philosophie, sowie des Weltgebäudes beide aus Preußen gekommen wären.«[9] Kant war ja Untertan Friedrichs des Großen, und Kopernikus war in Thorn geboren, einer Stadt, die, als Lichtenberg seine Notiz schrieb, ein paar Jahre lang preußisch war. Ein längerer Kopernikus-Aufsatz aus Lichtenbergs Feder ist entsprechend in einer Zeitschrift mit dem Titel ›Pantheon der Deutschen‹ erschienen. Lichtenbergs soeben zitierte Sudelbuchnotiz lautet indessen weiter: »Zum Berechnen der Finsternisse dienen beide ⟨Systeme⟩, aber es sind doch gewiß weniger Epicycli in dem Kantischen.«

Kurz zur astronomischen Terminologie: ›Epicycli‹, bzw. ›Epizykloiden‹ oder ›Epizykel‹, sind untergeordnete Kreisbewegungen, die die Linie einer größeren Kreisbewegung begleiten, Zusatzbewegun-

---

[8] Träume eines Geistersehers. Zweiter Teil. Drittes Hauptstück, in: Kants Werke, a. a. O., Bd. 2, S. 390.

[9] Georg Christoph Lichtenberg, Schriften und Briefe, hrsg. von Wolfgang Promies, 1. Bd., München 1968, S. 723.

gen, die auf die Hauptrichtung gleichsam gepfropft von ihr abspringen. Wann auch immer Unregelmäßigkeiten in den Umlaufbahnen der Sterne auftraten, die von den theoretisch vorausgesetzten abwichen – etwa wenn Planeten von der Erde aus gesehen in ihrer Bahn plötzlich rückwärts zu gehen schienen – griffen die Astronomen in der Not zur Hypothese solcher komplizierten Nebenwege, um, wie es seit den Griechen hieß, »die Erscheinungen zu retten«.[10] Es hätte allerdings eher heißen müssen, um die eigenen Vorstellungen der Forscher zu retten, die mit den Beobachtungen sonst nicht in Einklang zu bringen waren. Trotz seines Ruhms als Begründer der modernen Astronomie hatte Kopernikus in der Tat mehr Epizykloiden gebraucht als sein Vorgänger Ptolemäus, dessen System seit dem zweiten Jahrhundert herrschend gewesen war. Frappant ist, dass Lichtenberg diesen astronomischen Begriff auf die Philosophie – eben auf den sparsamen Epizykelgebrauch bei Kant – anwendet. Mit Grund. Denn Epizykel sind nicht nur Auswüchse der Astronomiegeschichte, sie bilden eine recht anschauliche Metapher für ein wiederkehrendes Laster des Argumentierens schlechthin, nämlich den Impuls, eine Theorie um jeden Preis retten zu wollen, ungeachtet der Gegenbeweise (oder des völligen Fehlens von Beweisen). So nennt Lichtenberg die Epizykel »das aufallendste Beispiel, das sich denken läßt, von Selbsttäuschung ⟨...⟩, zu welcher hartnäckige Anhänglichkeit an eine Hypothese ⟨...⟩ verleiten kann.«[11] Genau das ist für Spekulationen von der Art, wie sie Kant in der ersten Kritik aufs Korn nimmt, typisch. Statt einzuhalten und neu anzusetzen, geht man ruhig – oder eben verzweifelt! – in der falschen Richtung weiter, wobei die Argumente, die eine unwahrscheinliche These stützen sollen, womöglich unwahrscheinlicher geraten als die These selbst. Das verstößt gegen das Prinzip der Einfachheit und der Enthaltung von überflüssigen Hypothesen, das klare Köpfe von William of Ockham bis Isaac Newton vertreten haben.[12] Hierzu

[10] Die griechische Formel »soizein ta phainomena« kommt in Plutarchs ›Moralia‹, im Dialog ›De facie in orbe lunae‹, vor (923A). Ich verdanke den Hinweis Professor Donald Russell.

[11] Im Aufsatz: Nicolaus Copernicus, in: Lichtenberg, Schriften, a. a. O. (Anm. 9), 3. Bd., S. 157.

[12] Es handelt sich um Ockhams berühmtes Rasiermesser – »entia non sunt multiplicanda praeter necessitatem« (Entitäten sollen nicht über Gebühr vervielfacht wer-

Lichtenberg, der denselben astronomischen Begriff benutzt und verallgemeinert, um das Schwelgen in Kleinkram zu kritisieren, das dem Vorstoß der Wissenschaft generell im Wege sei: »Wenn die Chemie nicht bald einen Kepler erhält ⟨Kepler hatte grundlegende astronomische Gesetze formuliert⟩, so wird sie von der Menge von Epicykloiden erdrückt werden ⟨...⟩. Es muß und muß einen Standpunkt geben, aus welchem angesehn, alles einfacher aussieht.« Er nimmt ein botanisches Beispiel: »Sobald man vermeintliche Irregularität in den Blättern des Baums für wichtig gnug hält in der Geschichte des Baums, als große Ereignisse anzumerken, so ist an der Ergründung der Natur des Baums gar nicht mehr zu denken.«[13]

Man sieht, für den Aufklärer war auch an der Wissenschaft viel abzutragen, bevor man überhaupt positiv aufbauen konnte. Indessen hatte man auch noch das eigene Denken zu disziplinieren, man musste selbstkritisch sein und sogar bereit, sich in die Position des Gegenübers zu versetzen. Auch das ließ sich in einer astronomischen Metapher formulieren. Noch einmal Kant: »Wo ich etwas antreffe, das mich belehrt, da eigne ich es mir zu. Das Urteil desjenigen, der meine Gründe widerlegt, ist mein Urteil ⟨...⟩. Sonst betrachtete ich den allgemeinen menschlichen Verstand bloß aus dem Standpunkte des meinigen: jetzt setze ich mich in die Stelle einer fremden und äußeren Vernunft und beobachte meine Urteile samt ihren geheimsten Anlässen aus dem Gesichtspunkte anderer. Die Vergleichung beider Beobachtungen gibt zwar starke Parallaxen, aber sie ist auch das einzige Mittel, den optischen Betrug zu verhüten und die Begriffe an die wahre Stellen zu setzen, darin sie in Ansehung der Erkenntnisvermögen der menschlichen Natur stehen.«[14] ›Parallaxe‹ – wieder ein astronomischer Terminus – ist der

---

den) – und um das in Newtons Ausführungen zur Optik erklärte Prinzip, »hypotheses non fingo« (Ich ersinne keine Hypothesen). Weiter heißt es bei Newton: »Denn, wenn die bloße Möglichkeit von Hypothesen der Prüfstein der Wahrheit und der Wirklichkeit der Dinge sein soll, so sehe ich nicht ein, wie in irgendeiner Wissenschaft Sicherheit zu erlangen ist, da sich immer zahlreiche Hypothesen ersinnen lassen, welche neue Schwierigkeiten beheben sollen.« Zitiert nach Geoffrey Grigson, Before the Romantics. An anthology of the Enlightenment, Edinburgh 1984, S. 81.

[13] Lichtenberg, Schriften, a. a. O. (Anm. 9), 2. Bd., S. 533f.

[14] Kant, Träume eines Geistersehers. Erster Teil. Viertes Hauptstück, a. a. O. (Anm. 8), S. 364f.

Winkel zwischen zwei Geraden, die von verschiedenen Standpunkten aus auf denselben Gegenstand gerichtet sind. Solche Konstruktionen konnten die Entfernung der Planeten von der Erde messen helfen. Also, die Meinungen mögen stark divergieren, aber den Standpunkt austauschen und aufeinander beziehen verhindert, dass man völlig falsch liegt. Denn Aufklärung zielt eben nicht auf die Durchsetzung eigener Thesen und die Bezwingung des Gegners, sondern sie beruht auf Gemeinschaftsarbeit, sie ist eine Debatte mit offenem Ausgang, auf die man sich im Vertrauen auf ein vereinbartes faires Verfahren einlässt. Nebenbei gesagt, das Fehlen einer damals wahrnehmbaren Parallaxe zwischen den sogenannten Fixsternen – die einzelnen Sterne der Konstellationen schienen ihre gegenseitige Position zu verschiedenen Jahreszeiten unverrückt einzuhalten – unterstützte den dogmatischen Glauben an die Unveränderbarkeit des Sternengewölbes. Die tatsächlich vorhandene, verschwindend kleine Sternenparallaxe zu messen war man erst 1838 in der Lage.[15] Der Schein der Unbeweglichkeit der Sterne liegt in Wahrheit an ihrer ungeheuren Entfernung; aber der Gedanke eines Universums von solch ungeheuren Dimensionen kam nicht in Frage, nicht einmal bei den intellektuell weniger stark voreingenommenen Griechen – auch bei ihnen allerdings aus abergläubisch-religiösen Gründen.

Lichtenberg hat mit typischem Humor erklärt, wie man Parallaxe am eigenen Leib erfahren könne:

> ⟨...⟩ man halte des Abends bei sternenhellem Himmel sein Gesicht so sehr in die Höhe, daß es beinah horizontal zu liegen kommt, schließe das eine Auge zu und sehe was für Sterne die Spitze der Nase berührt, alsdann schließe man das andere und betrachte nun, was für Sterne die Nase, durch das zuerst geschlossene Auge gesehen, bedeckt, der Bogen des größten Zirkels zwischen den beiden Sternen ist die Parallaxe der Nasen-Spitze, trägt bei kurzen Nasen nicht leicht über 90° und bei großen niemals unter 40°.[16]

Nicht nur hier scheint bei Lichtenberg die Faszination mit dem Standpunkt im Raum und mit der Relativität unser aller menschli-

---

[15] S. Sambursky, The Physical World of the Greeks. Transl. by Merton Dagut, London 1963 ([1]1956), S. 71.

[16] Lichtenberg, Schriften, a. a. O. (Anm. 9), 1. Bd., S. 65.

chen Standpunkte durch. »Bei den Sonnenuhren steht der Schatten still und die Uhren drehen sich«, lautet eine Sudelbuchnotiz;[17] eine andere: »Kirchtürme, umgekehrte Trichter, das Gebet in den Himmel zu leiten.«[18] Durch das Prinzip Umkehrung erzielt er oft seinen humoristischen Effekt: Dem Krebs muss es »närrisch ⟨...⟩ vorkommen«, notiert er, »wenn er den Menschen vorwärts gehen sieht.«[19]

Lichtenberg war Experimentalphysiker, nicht Astronom. Aber die Astronomie hatte eben – um es noch einmal zu betonen – eine ganz eigene Bedeutung. Erstens weil sie in der vorkopernikanischen Zeit aus einer unvergleichlichen Anhäufung von aus der Luft gegriffenen, nicht nachweisbaren Lehrsätzen bestand, die auf der Autorität antiker Philosophen – Plato und vor allem Aristoteles – und der katholischen Kirche beruhten. Es war bekanntlich gefährlich, von diesen Lehrsätzen öffentlich abzuweichen, als da waren: Die Himmelskörper seien aus einem besonderen Stoff, Quintessenz genannt. Sie durften nicht aus ähnlichem Stein sein, wie die Erde. Die Sterne seien an vielen konzentrischen kristallenen Sphären fixiert, daher die Bezeichnung Fixsterne. Die Sphären, die bei Aristoteles 55 zählten, umkreisten alle die Erde, die Sterne mit sich tragend. Das Sternengewölbe mit allem, was an ihm hing, sei unveränderlich, weil das der Vollkommenheit zieme, die ihm eignen müsse. Alle Planeten seien rund, und ihre Bewegungen kreisförmig, denn das seien eben auch die wesentlichen Formen der Vollkommenheit. Auch der Mond sei vollkommen rund, mit vollkommen glatter Oberfläche. Als durch das Teleskop Unebenheiten, die Berge und Täler des Mondes, entdeckt wurden, hieß es (Stichwort »die Erscheinungen retten«), nun ja, das möge wohl sein, auf ihnen drauf liege aber eine durchsichtige Kristallschicht, wodurch die These der vollkommen glatten Fläche doch gewahrt sei. Die Erde hingegen, so zentral sie sein mochte, galt als gründlich unvollkommen, korrupt, sie bildete gleichsam den Müllhaufen des Alls, der anders als andere Planeten kein Licht widerspiegeln könne. (Tatsächlich wird der Mond, wie später Galilei festgestellt hat, doch von der Erde beschienen.) Zur Unwirklichkeit dieses ganzen vorwissenschaftli-

---

[17] Ebd., 2. Bd., S. 289.
[18] Ebd., S. 551.
[19] Ebd., 1. Bd., S. 249.

chen Sammelsuriums gehörte, dass etwaige neue Beobachtungen und Berechnungen der Astronomen lediglich als mathematische Spiele galten (die frühen Astronomen hießen ja schlichtweg »Mathematiker«) und ihre Aussagen keinen Anspruch darauf erheben durften, faktisch wahr zu sein. Das durften nur die grundlosen astronomischen Fantasien von sich behaupten.

So umfassend dieser ganze Anti-Empirismus war, ebenso dramatisch musste die Wirkung des Teleskops sein, das ihn radikal in Frage stellte. Das Gerät stand Kopernikus nicht zur Verfügung, sondern erst dem Nachfolger Galilei, der es bekanntlich nicht erfunden, doch als erster zur Erforschung des Himmels verstärkte und verfeinerte: Vorsprung durch Technik. Was Kopernikus, wie Lichtenberg ihm bescheinigt, lediglich »mit Vernunft und Geometrie« erreicht hatte,[20] wurde jetzt durch die Entdeckung neuer Sterne und neuer Monde (insbesondere der vier Monde, die um den Jupiter kreisten) bestätigt, sowie durch die Kometen, die den Weltraum frei durchfuhren, was bei den hypothetisch undurchdringlichen Kristallsphären doch unmöglich gewesen wäre. Auch das macht die Sonderstellung der Astronomie aus, dass bei ihr zum ersten Mal überhaupt ein Instrument eingesetzt wurde, das die sinnliche Wahrnehmung des Menschen stärkte und ungleich präziser machte. Zwar wurde anfangs das mit bewaffnetem Auge Gesehene von der Orthodoxie angezweifelt: Ob das wirkliche Phänomene des Himmels waren oder bloß Illusionen, die das Teleskop vorspiegelte, Phänomene, die irgendwie in ihm drin waren? Das Teleskop zu handhaben war anfangs auch nicht ganz leicht, selbst dann nicht, wenn Galilei selber dem Benutzer zur Hand ging. Bis Ende des Jahres 1610 jedoch war das Gerät mitsamt den von ihm ermöglichten Beobachtungen auch von päpstlichen Wissenschaftlern als gültig anerkannt. Es schlich sich auch die Einsicht ein, dass das Weltall substantiell und formal wohl einheitlich sei – das heißt, dass Himmel und Erde aus ähnlichem Stoff bestanden und dass die physikalischen Gesetze am Himmel wie auf Erden Gültigkeit besaßen. Man durfte nicht mehr spekulieren, nicht mehr apodiktisch-grundlos bestimmen, wie die Dinge seien, es galt, sie sinnlich wahrzunehmen, zu schauen und zu sehen.

---

[20] Im Aufsatz Nicolaus Copernicus, a.a.O. (Anm. 11), S. 140.

So besteht der Physiker Lichtenberg immer wieder auf dem sinnlichen Wissensquell, vor allem auf dem Sehen. »Licht dem Menschen vom Schöpfer aufgesteckt und vom Menschen in Katheder-Nacht eingehüllt. Philosophieren können sie alle, sehen keiner.«[21] Sein Ideal ist der »Starkdenker«,[22] der auch ein »Weltseher« ist.[23] Für die Aufklärung ist der Gesichtssinn doch wohl der Schlüsselsinn: es geht ihr um Einsehen, Durchschauen, Überblicken. Allein: War es mit dem einfachen Sehen getan? Waren es nicht gerade die Zeugnisse der Sinne, die für eine unbewegliche, von Sonne und Sternen umkreiste Erde sprachen? Daher fragt Goethe in dem Kopernikus gewidmeten Abschnitt der ›Farbenlehre‹: Was sei nicht alles durch den Verzicht auf die Mittelstellung des Menschen im Weltall in »Dunst und Rauch« aufgegangen? Unter anderem eben das Zeugnis der Sinne.[24] Auch Lichtenberg schließt seinen Kopernikus-Aufsatz mit dem Zugeständnis, dass man »erst mit Mühe das für wahr halten« habe lernen müssen, »wovon man täglich das Gegenteil vor Augen sah.«[25] Hier irren doch sowohl Goethe als auch Lichtenberg. Man muss ja differenzieren. Denn die neue heliozentrische Weltsicht war ebensogut sinnlich wahrnehmbar wie die geozentrische, nur musste das Zeugnis der Sinne anders als üblich gedeutet werden. Man sah ja nicht das Gegenteil vom Vorigen! Das hat Ludwig Wittgenstein einmal im Gespräch mit der Oxforder Kollegin Anscombe witzig formuliert. Wittgenstein hat sie gefragt, wieso die Menschen geglaubt hätten, die Sonne umkreise die Erde? Nun, antwortet Frau Anscombe, es habe ja so ausgesehen. Worauf Wittgenstein: Wie hätte es aussehen müssen, damit es so aussah, als drehte sich vielmehr die Erde um ihre Achse?[26] Das wahre Verhältnis der Sonne zur Erde sieht in der Tat genauso aus, wie bei der alten Ansicht, die ja keine optische Illusion war. Man musste aber über den ersten Eindruck des Gesehenen hinausdenken und es anders –

---

[21] Lichtenberg, Schriften, a.a.O. (Anm. 9), 1. Bd., S. 425.

[22] Ebd., S. 427.

[23] Ebd., 2. Bd., S. 182.

[24] Goethes Werke. Hamburger Ausgabe in 14 Bänden, hrsg. von Erich Trunz, München [9]1994, hier: Bd. 14, S. 81.

[25] Lichtenberg, Nicolaus Copernicus, a.a.O. (Anm. 11), S. 173.

[26] G. E. M. Anscombe, An Introduction to Wittgenstein's Tractatus, London [2]1963, S. 151.

eben umgekehrt – interpretieren. Das hatte ja der Altgrieche Aristarchus bereits 1700 Jahre vor Kopernikus getan, das war aber in Vergessenheit geraten. Mit dem sinnlichen Sehen allein war es auf jeden Fall nicht getan. Das lösende Wort hat Kant als späte Zusammenfassung seiner Erkenntnislehre denkbar kurz und bündig geliefert: »Die Sinne betrügen nicht.« Es sei lediglich das Urteil, das betrügt.[27]

Goethe hat in dieser Beziehung nicht permanent geirrt. Im späten Gedicht ›Vermächtnis‹ redet er in puncto Sinne und Verstandesurteil ziemlich genau Kant nach dem Mund: »Den Sinnen hast du dann zu trauen, / Kein Falsches lassen sie dich schauen, / Wenn dein Verstand sich wach erhält«. Der Lohn sei nicht bloß abstrakt philosophisch, man werde umfassend bereichert, denn er fährt fort: »Mit frischem Blick bemerke freudig, / Und wandle sicher wie geschmeidig / Durch Auen reichbegabter Welt.« »Sicher wie geschmeidig« – ein ansprechendes Rezept für den aufgeweckten Beobachter der schönen Wirklichkeit! Das Gedicht enthält eine Art Überblick über die Stellung des Menschen im All. So ist nicht zu verwundern, dass es weitgehend im Zeichen der kopernikanischen Astronomie steht. Schon die zweite Strophe beruft sich auf den »Weisen«, der der Erde »die Sonne zu umkreisen / Und dem Geschwister wies die Bahn.« In der dritten, der Ethik gewidmeten Strophe heißt es, der Mensch müsse nicht nach konventionellen Vorschriften handeln, denn man finde sein wahres Zentrum, wenn man sich nach innen wendet: »Wirst keine Regel da vermissen, / Denn das selbständige Gewissen / Ist Sonne deinem Sittentag.« Kant und Kopernikus reichen einander hier die Hand, die ethische Lehre des einen wird in einer Metapher gefasst, die dem planetarischen System des anderen entliehen ist.

Allmählich wird die Meinung von Manfred Frank und Gerhard Kurz plausibel: »Denkbar wäre eine problemgeschichtliche Darstellung des neuzeitlichen Denkens als Analyse seiner Verwendung der Metapher der Umkehrung.«[28] Es könnte noch besser heißen, »als

---

[27] Anthropologie, in: Kants Werke, a. a. O. (Anm. 3), Bd. 8, S. 31.

[28] Manfred Frank / Gerhard Kurz, Ordo inversus. Zu einer Reflexionsfigur bei Novalis, Hölderlin, Kleist und Kafka, in: Geist und Zeichen. Festschrift für Arthur Henkel, hrsg. von Herbert Anton / Bernhard Gajek / Peter Pfaff, Heidelberg 1977, S. 75–97, hier: S. 75. Den Hinweis verdanke ich Professor Dirk Oschmann.

Analyse der Praxis der Umkehrung«, und zwar spezifisch im Fahrwasser der Astronomie. Man fragt sich sogar, ob nicht die Aufklärung ebenso gut »die große Umkehrung« heißen könnte. Das würde ganz im Geist des Erzempirikers Baco von Verulam sein, der sein Wissenschaftsprogramm die »große Instauration« genannt hat. Instauration heißt Wiederherstellung, Reparatur, also ebenfalls ein Zurechtrücken dessen, was die Menschheit seit Urzeiten falsch gesehen hatte. Nur wäre es naiv zu meinen, das Prinzip Umkehrung werde vom betreffenden Wissenschaftler immer bewusst angewendet, als habe er dagestanden, sich am Kopf gekratzt und gefragt, welche herrschende Meinung soll ich nun umkehren? Gewiss wird ein Gran Widerspruchsgeist dabei gewesen sein. Es ist aber eher an dem, dass sich im Nachhinein die Originalität der großen Pioniere an der Radikalität der von ihnen vorgeschlagenen Richtungsänderung, an der »Diametralität« ihrer neuen Ansicht ermessen lässt, die obendrein eine tief befriedigende Eleganz besitzen kann.

Nicht von ungefähr kommt etwa an einer zentralen Stelle der Idealismuskritik des jungen Karl Marx die kopernikanische Parallele wieder zum Tragen.[29] Es handelt sich um die Religion, die ein »verkehrtes Weltbewußtsein« sei, weil die Gesellschaft, die sie spiegelt, selber »eine verkehrte Welt«, eine Welt der Unwirklichkeit sei. Der Mensch solle »seine Wirklichkeit erkennen und gestalten, wie ein enttäuschter und zu Verstand gekommener Mensch, damit er sich um sich selbst und damit um seine wirkliche Sonne bewege.« Die Religion sei »nur die illusorische Sonne, die sich um den Menschen bewegt, solange er sich nicht um sich selbst bewegt.« Die Metapher läuft hier zusehends aus dem Ruder. Wie soll man es fertigbringen, sich um sich selbst zu bewegen, was etwas anderes ist als sich im kopernikanischen Sinn um die eigene Achse zu drehen, wie die Erde es tut. Auch scheint der Mensch in der Marxschen Adaption sowohl die sich bewegende Erde als auch die durch sie umkreiste Sonne zu sein: ein überaus schwieriger Spagat! Dabei soll die Sonne an sich völlig illusorisch gewesen sein, wo in der vorkopernikanischen Ansicht doch nur ihre scheinbar um die Erde kreisende Bewegung illusorisch war. Zum Überfluss wird an der-

[29] Karl Marx, Zur Kritik der Hegelschen Rechtsphilosophie, in: K. M., Die Frühschriften, hrsg. von Siegfried Landshut, Stuttgart 1968, S. 208.

selben Stelle die Religion auch noch als das »Opium des Volks« angeprangert. Man könnte die ganze Passage mit dem Wort, das Nietzsche selbstkritisch auf den eigenen Erstling gemünzt hat, »bilderwütig und bilderwirrig« nennen.[30] Was schade ist! Denn durch das ungenaue Handhaben der an sich sehr passenden Metapher büßt die Marxsche Rhetorik an Wirkung ein. Sie wird der Schärfe einer Anschauung nicht gerecht, die das Verhältnis von Geist und Materie umkehren und den Menschen, ähnlich wie bei Kant, ins Zentrum seiner eigenen Welt stellen will. Die Kritik, hat Marx gesagt, sei nicht bloß eine Leidenschaft des Kopfes, sondern der »Kopf der Leidenschaft«.[31] Hier hat die Leidenschaft wohl zu sehr überhandgenommen.

Auch Nietzsche war ein Umkehrer. In der ›Genealogie der Moral‹ wird mit glänzender Einfühlung rekonstruiert, wie sich in Urzeiten die Verlierer im Lebenskampf schadlos gehalten hätten, indem sie ihre Niederlage umdeuteten: aus den reinen Qualitätsbegriffen ›gut/schlecht‹ (im Sinne von ›wohlgeraten/missraten‹, folglich ›siegreich/unterlegen‹), vor denen sie nicht bestehen konnten, hätten sie ein erst moralisch zu nennendes Paar gemacht. Aus »gut« wurde »böse« – die Siegreichen waren aus der Verliererperspektive eben die Bösen; während umgekehrt aus »schlecht« »gut« wurde – die Unterlegenen, Fromm-Sanftmütigen waren in den eigenen Augen die (geistig-moralisch-asketisch) Guten.[32] Diese in unvordenklichen Zeiten erfolgte Umkehrung wollte Nietzsche durch eine zweite Umkehrung rückgängig machen. Er nannte sie die »Umwertung aller Werte«.

Bei dem Zweitgenannten in Sigmund Freuds Ehrenliste, Charles Darwin, ist das Prinzip der diametralen Umkehrung ebenso stark, ja systembestimmend ausgeprägt. Darwin darf allein schon deswegen zu den Aufklärern gezählt werden, weil er ein Restproblem der Aufklärung gelöst hat – wobei mit »Restproblem« keineswegs ein unbedeutsames gemeint ist. Im Gegenteil! Das achtzehnte Jahrhun-

---

[30] Friedrich Nietzsche, Die Geburt der Tragödie oder Griechentum und Pessimismus. Versuch einer Selbstkritik, in: ders., Werke in drei Bänden, hrsg. von Karl Schlechta, München 1962, hier: 1. Bd., S. 11.

[31] Marx, Zur Kritik der Hegelschen Rechtsphilosophie, a. a. O., S. 210.

[32] Friedrich Nietzsche, Zur Genealogie der Moral. Erste Abhandlung: »Gut und Böse«, »Gut und Schlecht«, in: Werke, a. a. O. (Anm. 30), 2. Bd., S. 785f.

dert hat sich im Grunde nie von der teleologischen Ansicht der Schöpfung völlig befreien können – eben von dem Gedanken, dass es wortwörtlich eine Schöpfung sei, nämlich die Umsetzung eines vorgefassten göttlichen Plans in die Erscheinungen der Natur. Alle Wesen schienen zu gut zu ihrer Umgebung zu passen, sie fügten sich zu genau in die ihnen jeweils zugewiesenen Nischen, als dass ihre Entstehung ohne Plan möglich gewesen wäre. Die Entsprechung ließ sich doch unmöglich auf ein »ungeheures Ungefähr« zurückführen. Das alles sah eben wie eine Schöpfung aus, genauso wie der Tagesverlauf wie eine Bewegung der Sonne um die Erde aussah. Nur stimmt die Entsprechung ebenso gut umgekehrt. Wenn zwei Dinge genau zueinander passen, liegt es logisch ebenso nahe, die ursächliche Reihenfolge umzukehren. »Wir haben nicht Hände, damit wir greifen können, sondern wir greifen, weil wir Hände haben« – so 1836 der junge Naturwissenschaftler Georg Büchner in tastender, aber anschaulicher Vorwegnahme der Darwinschen Evolutionstheorie.[33] Diese Theorie fängt in ihrer voll entwickelten Form eben vom anderen Ende an. Anstatt die Natur als bis in die letzte Einzelerscheinung vorgeplant zu verstehen, lässt Darwin deren Vielfalt allmählich aus wenigen ursprünglichen Formen hervorgehen. Er untergräbt die Illusion der Zweckmäßigkeit, die transzendente Teleologie, wie Kopernikus die Illusion der Sonnenbewegung untergraben hat. Darwin vergleicht sich zwar nicht mit Kopernikus, aber mit Galilei.[34]

Liest man sich auch nur in geringem Maß in die Astronomiegeschichte ein (mehr getan zu haben, darf ich nicht beanspruchen), so scheint das landläufige Kopernikusbild ein Mythos zu sein, sein Ruf als erster moderner Naturwissenschaftler auf Vereinfachung oder gar Missverständnis zu beruhen. Weit davon entfernt, ein Revolutionär sein zu wollen, soll Kopernikus eher konservativ gewesen sein. Es sei ihm in erster Linie um eine Korrektur des Ptolemäischen Systems gegangen, bei dem die rechnerischen Probleme jeweils einzeln und ohne systematischen Zusammenhang gelöst wurden, sowie darum, die Autorität des Aristoteles wiederherzustellen. Die Wir-

---

[33] Georg Büchner, Über Schädelnerven, in: Sämtliche Werke und Briefe, hrsg. von Werner A. Lehmann, Bd. 2, Hamburg 1971, S. 292.

[34] Adrian Desmond/James Moore, Darwin, London 1992, S. 260.

kung des kopernikanischen Hauptwerks, ›Von den Revolutionen der Himmelskörper‹, wurde tatsächlich durch eine apologetische Einführung aus fremder Feder abgeschwächt, in der es linientreu hieß, das Buch enthalte bloß mathematische Hypothesen, es erhebe keinen Anspruch darauf, Wahrheiten über die Himmelskörper zu vertreten: dazu bedürfe man der göttlichen Offenbarung.[35] Wohl darum wurde das Werk erst sechzig Jahre nach seinem Erscheinen auf den Index verbotener Bücher gesetzt. Was jedoch mit Verspätung den Beweis erbringt (falls er nötig wäre), dass Kopernikus doch ganz an die große Umkehrung geglaubt und sie auch unmissverständlich vorgetragen hat.

Über den wichtigsten Nachfolger des Kopernikus kann man gelegentlich ähnlich Revisionistisches lesen: Dass auch Galilei nichts Revolutionäres im Sinn gehabt, die katholische Religion vielmehr habe verteidigen wollen,[36] oder dass überhaupt nicht seine astronomischen Entdeckungen und Thesen, sondern die Folgen seiner Atomtheorie für die Transsubstantiationslehre der eigentliche Stein des Anstoßes bei der Kirche gewesen sei.[37] Man wittert bei solchen Thesen akademische Haarspalterei und Neuigkeitssucht. Denn bei Galilei ist die radikale Konfrontation von Naturwissenschaft und Dogma gleich auf den ersten Blick deutlich vorhanden. Schon sein Argumentationsstil sticht hervor, der auf ganz andere Weise entschlossen und selbstbewusst ist, als der von Kopernikus oder von dessen anderem Nachfolger Kepler. Galilei beruft sich mit der vollen Zuversicht des modernen Naturwissenschaftlers auf die Möglichkeit, durch Experimente und Reflexion verlässliche Erkenntnisse zu erzielen. Ausdrücklich heißt es, man solle bei Fragen an die Natur nicht von der Autorität der Heiligen Schrift ausgehen, sondern von sinnlichen Erfahrungen und notwendigen Demonstrationen – »dalle sensate experienze e dalle dimostrazioni necessarie.«[38] Dadurch könne und müsse allem müßigen Spekulieren ein Ende

---

[35] Stephen Toulmin / June Goodfield, The Fabric of the Heavens, Harmondsworth 1963, S. 196.

[36] Stillman Drake, Galileo, Oxford 1980, S. 2.

[37] Pietro Redondi, Galileo Heretic, Princeton, N. J. 1987. Referiert bei Michael White, Galileo Antichrist. A Biography, London 2007, S. 197 ff.

[38] Zitiert nach Alistair C. Crombie, The History of Science from Augustine to Galileo, New York 1995, S. 207.

gesetzt werden. Warum, fragt Galilei sarkastisch, anstatt die himmlischen Erscheinungen mit falschen Hypothesen retten zu wollen, sie nicht mal mit den richtigen erklären?[39]

Trotz alledem darf man den Ruf der beiden Neuerer, Kopernikus und Galilei, in gewissem Sinn als Mythos bezeichnen. Man muss nur den Begriff durch eine eigene Umkehrtaktik positiv besetzen. Mythen sagen über menschliche Impulse und Bedürfnisse Wesentliches aus; sie umreißen, wie es oft war und deuten in grundlegenden Mustern an, wie es zutiefst ist. Ein Mythos von der Auflehnung gegen verjährte Autorität, von der Korrektur grundfalscher Lehren durch deren Umkehrung kann allemal beispielhaft sein und Mut machen im Kampf gegen Vorurteil und Aberglaube, die durchaus ihre eigenen wirksamen Mythen haben. So hat Lichtenberg, der sich wissenschaftlich genau auskannte – er wusste, das sahen wir, über die allzu vielen Epizykloiden im kopernikanischen System Bescheid –, Lichtenberg hat Kopernikus trotzdem zum »Heroen der Astronomie« und dem »Mann aller Jahrhunderte« erklärt, der für »Kultur und Humanität« gegen »Barbarei« und »Gewissenszwang« stand. Ja, mit Kopernikus, heißt es, »fing sich ein neuer Himmel an und eine neue Erde.«[40] Durch die Übernahme des Zitats aus der Offenbarung nimmt der wissenschaftliche Mythos es ausdrücklich mit dem christlichen auf. Ähnlich bei Goethe, der in seinem letzten Lebensjahr in den Werken Galileis liest und dazu im Tagebuch bemerkt, dass Galilei knapp vor Newtons Geburt gestorben sei: Dieser durch eine symbolische Geburt markierte Schnittpunkt sei »das Weihnachtsfest unsrer neueren Zeit«.[41]

Das griechische Wort Mythos bedeutet unter anderem auch »Handlung«; der Mythos liegt also nahe am Drama, wie die dramatisierten Mythen der Griechen zeigen. In Bertolt Brechts ›Leben des Galilei‹ wird die große Umkehrung kräftig herausgestellt. In elegant konzentrierter Zusammenfassung integriert der Dramatiker alle wichtigen Motive der Kontroverse in den Handlungsverlauf und

---

[39] Ebd., S. 212.

[40] Lichtenberg, Nicolaus Copernicus, a. a. O. (Anm. 11), S. 138, 144 und 171; Zitat aus Offenbarung 21,1.

[41] Tagebuch, 24. Juni 1831, in: Goethes Werke. Hrsg. im Auftrage der Großherzogin Sophie von Sachsen, III. Abth., 13. Bd., Weimar 1903, S. 99.

den Dialog. Nicht von ungefähr tauchen bei Brecht Metaphern auf, die wir bereits kennen, etwa als Galilei den Aufbruch der neuen Zeit als große Ausfahrt auf hohe See bezeichnet, wo die Menschheit bislang nur die Küstenfahrt gewagt habe. Man vertraue nicht mehr blind der Vorsehung, sondern sehend dem Kompass. Selbstverständlich müssen alle einschlägigen astronomischen Hypothesen eingebracht werden, was das dramatische Interesse gefährden könnte. Das Problem wird von Brecht glänzend gelöst, indem Galilei seine Thesen möglichst einfach und halb spielerisch dem elfjährigen Andrea, Sohn seiner Vermieterin, auseinandersetzt. Auch wird das Prinzip Umkehrung selbst ebenso spielerisch vorgeführt, indem der Balladensänger der 10. Szene erklärt, wie Galilei die creatio dei »mal andersrum sich drehn« ließ, und dass als Folge jetzt alle Spieße umgedreht, alle Herr/Knecht-Verhältnisse umgekehrt sind.[42] So wirkt das Schauspiel nie kalt didaktisch. Dazu ist das Thema sowieso ein zu heißes Eisen. Denn bei dem Verhältnis von Erde und Sonne und den zwischen Galilei und der Kirche anhängigen Fragen geht es um den prinzipiellen Konflikt von Empirismus und Autorität, Wissen und Ignoranz, Forschung und Obskurantismus, Zweifel und Glaube, Objektivität und Vorurteil. Der ist immer zeitgemäß. Brechts Drama ist teils Lehrstück, teils Satire, teils Tragödie. Doch hinter Galileis »traurige⟨m⟩ Halbmärtyrertum«, wie Goethe es genannt hat,[43] oder vielmehr geschichtlich jenseits davon, lässt sich der Sieg der Wahrheit, oder doch der freien Wahrheitssuche, ausmachen.

Was hat es zum Schluss genau mit der Objektivität der Aufklärer auf sich, derjenigen Aufklärer von Kant, Lichtenberg und Goethe über Marx und Darwin bis hin zu Brecht, die wir kurz haben Revue passieren lassen? Es ist eben nicht so, als beanspruchten sie eine fix und fertige Wahrheit – Aufklärung ist immer Debatte und Untersuchung mit offenem Ausgang, mit der Parallaxe der divergierenden Meinungen, wie Kant sie genannt hat, die es zu prüfen und möglichst miteinander zu versöhnen gilt. Die Objektivität der Auf-

---

[42] Bertolt Brecht, Gesammelte Werke in acht Bänden, hrsg. vom Suhrkamp Verlag in Zusammenarbeit mit Elisabeth Hauptmann, Frankfurt am Main 1967, hier: Stücke 2, S. 1312ff.

[43] Goethes Werke, a.a.O. (Anm. 24), Bd. 14, S. 98.

klärer bedeutet auf jeden Fall ein skrupulös gegenständliches Denken; eine Orientierung an der konkreten Wirklichkeit; eine Ablehnung der leeren Spekulationen und voreiligen Schlüsse; eine Kritik an deren oft desaströsen Folgen. Dass diese Übel immer noch auf der Welt sind, dass sie zum Teil – man hat oft das Gefühl: zum überwiegenden Teil! – die Welt beherrschen, beweist nur die dringliche Notwendigkeit der Aufklärung. Aufklärung ist eben keine abgeschlossene geschichtliche Erscheinung, und schon gar nicht altes Eisen. Sie ist ein immer unvollendetes Geschäft. Kants berühmte Aussage bleibt immer zeitrelevant: Wir leben nicht in einem aufgeklärten Zeitalter, sondern höchstens in einem Zeitalter der Aufklärung. Das Licht ist vorerst nur Teil eines Chiaroscuro. Es gilt das Wort, das Brechts Andrea, jetzt erwachsen und selber angehender Naturwissenschaftler, am Dramenschluss spricht. »Wir stehen wirklich erst am Beginn.«[44]

---

[44] Brecht, Werke, a.a.O. (Anm. 42), S. 1345.

HANS GRAUBNER

»DER NÄCHSTE AEON WIRD WIE EIN RIESE VOM RAUSCH ERWACHEN 〈...〉«

Herders frühe und folgenreiche Fehldeutung von Hamanns ›Aesthetica in nuce‹

1. Einleitung

Als einer der Quellentexte für die Wendung der Ästhetik von der Aufklärung zum Sturm und Drang gilt Hamanns ›Aesthetica in nuce. Eine Rhapsodie in Kabbalistischer Prose‹. Dass dieser Text wirkungsgeschichtlich zu Recht diese Rolle spielt, darüber kann kein Zweifel sein.[1] Wohl aber kann füglich bezweifelt werden, ob diese Wirkungsgeschichte auch auf tatsächlichen Intentionen dieser Schrift beruht.[2] Hamanns ›Aesthetica‹ ist der ironische Angriff auf die Modewissenschaft der Ästhetik, um sie in den Dienst einer christlichen Anthropologie zu nehmen. Seine Schrift versucht, die Terminologie und die Aufbruchsstimmung der philosophischen und poetischen Avantgarde seiner Zeit aufzunehmen und so umzudeuten, dass sie als Fürsprecherin der Hamannschen Zielsetzungen erscheint. Er verwendet die alte missionarische Strategie, durch terminologische Anpassung an die Zielgruppe deren Denkweise zu unterwandern und zu verändern. Er formuliert diese Taktik zu Beginn seiner Autorschaft in einem Brief an Kant: »ich glaube wie

[1] Darüber geben die Einleitung und die Kapitel zu Hamann und Herder in Kempers Lyrik-Geschichte instruktiv und umfassend Auskunft (Hans-Georg Kemper, Deutsche Lyrik der frühen Neuzeit, Bd. 6/II: Sturm und Drang: Genie-Religion, Tübingen 2002).

[2] Vgl. dazu: Hans-Martin Lumpp, Philologia crucis. Zu Johann Georg Hamanns Auffassung von der Dichtkunst. Mit einem Kommentar zur ›Aesthetica in nuce‹ (1762), Tübingen 1970 (Studien zur deutschen Literatur 21), S. 174–186 (»Zur Bestimmung von Hamanns Ort in der Geschichte der Literatur«).

Socrates alles, was der andere glaubt – und geh nur darauf aus, andere in ihrem Glauben zu stöhren«.[3]

Die Gefahr solchen Verfahrens besteht allerdings darin, dass es unbemerkt oder doch unverstanden bleibt oder dass man den Angreifer gar für seinesgleichen hält. Nicht Umstimmung, sondern Missverständnis ist dann der Effekt dieser Angriffstechnik. Ein solch folgenreiches Missverständnis liegt in Herders früher Parodie auf Hamanns ›Aesthetica in nuce‹ vor, und die Gefahr, die Hamanns Verfahren innewohnt, wird schon bei dem damals engsten Vertrauten seiner Gedanken Realität. Herders zu seinen Lebzeiten nicht gedruckte, zwischen Herbst 1764 und Februar 1765 verfasste Schrift trägt den Titel ›Dithyrambische Rhapsodie über die Rhapsodie kabbalistischer Prose‹ und bietet in spöttischer Übertreibung von Hamanns Stil und Anspielungsreichtum eine scharfe Kritik an dessen ›Aesthetica‹. Bei dem folgenden Nachweis von Herders Missverständnis geht es nicht um die bewussten Umdeutungen Herders, dergleichen gehört ja zu den zugestandenen Techniken einer Parodie, sondern es geht um eine entscheidende Stelle in der ›Aesthetica in nuce‹, die Herder glaubt in Hamanns Sinne zu verstehen, um dann diesen vermeintlichen Sinn zu widerlegen und zu verspotten.

Zeitgenossen haben kaum hinreichenden Abstand, solche Missverständnisse aufzuklären. Es gibt aber keinen Grund, sie nach einem Abstand von mehr als 200 Jahren als Forschungsmeinung zu perpetuieren. Bedenkt man gegen Herders Fehldeutung, welche die literarhistorische Wirkungsgeschichte Hamanns bestimmt hat, die tatsächliche Intention der ›Aesthetica‹, dann wird zweifelhaft, wie weit Hamann überhaupt als Mitinitiator des Sturm und Drang gelten kann. Ein Ahnherr der im Zuge von Empfindsamkeit und Sturm und Drang entstehenden Kunstreligion wie Herder[4] ist er

---

[3] Johann Georg Hamann, Briefwechsel, hrsg. von Walther Ziesemer und Arthur Henkel, Bd. I, Wiesbaden 1955 (künftig zitiert als ZH mit Band- und Seitenangabe), S. 377.

[4] Vgl. dazu das erhellende Herder-Kapitel bei Bernd Auerochs, Die Entstehung der Kunstreligion, Göttingen 2006 (Palaestra 323), bes. S. 340–361 (»›Poetische Religion‹ bei Herder?«). Mit Recht spielt Hamann in diesem Buch nur eine marginale Rolle. Bei seiner Kritik an der Kunstreligion beachtet Auerochs allerdings nicht, dass Hamann deren Entstehung schon vor ihrem eigentlichen Auftreten erkannt und bekämpft hat.

jedenfalls nicht. Hamann hat vielmehr die kunstreligiösen Tendenzen der zeitgenössischen Ästhetik früh wahrgenommen, zeitlebens bekämpft und gegen sie eine anthropologische Alternative zur Selbstverständigung des Menschen über seine Endlichkeit auf der Basis eines biblischen Realismus bereitgestellt.

Das Verhältnis zwischen Hamann und Herder war auf der persönlichen Ebene freundschaftlich-herzlich, auf der Ebene der verhandelten Sachen aber kontrovers. Herder kann sicher für kurze Zeit als Hamanns Schüler bezeichnet werden, und gewiss ist, dass Grundmotive seiner Arbeit auf Hamanns Anregungen zurückgehen. Aber schon bei seinem Weggang aus Königsberg 1764 und vollends in Riga ging es Herder darum, sich von seinen Königsberger Lehrern Hamann und Kant zu distanzieren, um eine eigene Position zu gewinnen.[5]

Kern der lebenslangen Kontroverse zwischen Herder und Hamann war die Anthropologie, zu der sie unterschiedliche Auffassungen entwickelten. Hamann ging es um eine Anthropologie christlich-realistischer Heteronomie, Herder um ein Menschenbild aufgeklärter Autonomie. Hamann betonte die Endlichkeit und Begrenztheit des Menschen, Herder dessen Fähigkeit zu Selbsttätigkeit und Selbstvervollkommnung. Beide argumentierten dabei theologisch auf der Basis der Gottebenbildlichkeit des Menschen. Hamann deutete die Ebenbildlichkeit als durch den Sündenfall verloren und nur durch Christus wieder herstellbar, Herder als unverlorenen Kraftkern im Menschen, den dieser selbst zum göttlichen Ebenbild auszubilden vermag.[6]

---

[5] Vgl. dazu die Herders Intentionen vorzüglich klärende Darstellung von Ulrich Gaier, Der frühe Herder, in: Johann Gottfried Herder, Frühe Schriften 1764–1772, hrsg. von Ulrich Gaier, Frankfurt am Main 1985 (= Johann Gottfried Herder, Werke in zehn Bänden, Bd. 1), S. 813–832 (künftig zitiert: Herder, FA).

[6] Besonders nachdrücklich wird diese Bildungsvorstellung Herders von Thomas Zippert ausgearbeitet (Thomas Zippert, Bildung durch Offenbarung. Das Offenbarungsverständnis des jungen Herder als Grundmotiv seines theologisch-philosophisch-literarischen Lebenswerks, Marburg 1994). Allerdings versucht Zippert mit kaum überzeugenden Zitaten nachzuweisen, dass »auch bei Hamann der Bildungsgedanke auf⟨tauche⟩« (ebd., S. 70). Zippert bemüht sich überhaupt, möglichst viel Herder schon in Hamann hineinzulesen, sieht aber mit Recht den entscheidenden Gegensatz zwischen ihnen in der Interpretation des Sündenfalls. Dazu vertritt er jedoch die merkwürdige These, dass Hamann den Sündenfall ernst nehmen dürfe, weil er

Dieser Dissens kommt in Herders früher Auseinandersetzung mit Hamanns ›Aesthetica‹ deutlich zum Ausdruck. Er konzipiert und schreibt seine Spottschrift auf den Text seines Lehrers in den letzten Monaten des Jahres 1764 vor seiner Abreise nach Riga. Die Parodie muss als Absage des jungen Herder an Hamanns Anthropologie gelesen werden. Wenige Monate nach ihrer ersten Zusammenarbeit, während Hamanns Abwesenheit von Königsberg, bereitet sich Herders Distanzierung vor. Sie ist ablesbar an der für die führenden Autoren des Sturm und Drang typischen Fixierung auf das Rangverhältnis untereinander. Zunächst übt sich Herder in der Zurückstellung seiner eigenen Person hinter die Hamanns. Im Juni 1764, beim Abschied, nennt er Hamann »den Besten, den ich kannte«.[7] Im Brief vom 10. August deutet sich aber schon eine Wende an. Zunächst bezeichnet sich Herder in Beziehung auf einen Schüler Hamanns, dessen erfolglosen Unterricht er in Hamanns Abwesenheit übernommen hat, als »Simon, den Lederschneider«, der dort, wo »kein Sokrat ⟨also der Sokrates Hamann⟩ eine Grazie bilden konnte«,[8] erst recht nichts auszurichten vermöge. Dann beklagt sich Herder darüber, dass er in Königsberg nicht weiter komme, sich als Schriftsteller nicht entwickeln könne, und macht dafür die dumpfe geistige Atmosphäre in dieser Stadt verantwortlich. Deshalb hat er sich »vor dem heiligsten Gott des Poeten, vor meinem Genie, verschworen, in Königsberg ⟨...⟩ nie Autor zu werden«.[9] Ganz selbstverständlich wird hier das eigene Genie zum »heiligsten Gott des Poeten« erhoben. Das ist, wie die Parodie auf Hamann zeigt, durch-

---

nur als »homme de lettres ⟨...⟩ ohne rechten Brotberuf« (ebd., S. 77) spreche, während Herder immer aus der Position seines »geistlichen Amtes« argumentiere und vor allem an der »bildenden Effektivität seiner Amtspraxis interessiert« (ebd., S. 72) sei. Deshalb habe er »die Wirkungen des Sündenfalls für sich entdramatisiert« (ebd.). Herders drastische Umdeutung des Sündenfalls zu einem positiven Ereignis in der Geschichte wird also aus seiner Eigenschaft als Amtsträger abgeleitet, der als solcher offenbar den »Wirkungen des Sündenfalls« enthoben ist. Diese karrieresoziologische Entschärfung einer kontroverstheologischen Frage zwischen Herder und Hamann ist wenig überzeugend.

[7] Johann Gottfried Herder, Briefe. Gesamtausgabe 1763–1803, hrsg. von Wilhelm Dobbek und Günter Arnold (Bd. 1–8), ab Bd. 9 hrsg. von Günter Arnold, 12 Bde., Weimar 1977–2005 (künftig zitiert: Herder, Briefe), hier: Bd. 1, S. 25.

[8] Herder, Briefe, Bd. 1, S. 27.

[9] Ebd., S. 28.

aus nicht nur eine rhetorische Übertreibung. Dieser Auffassung entsprechend entwirft Herder sein Selbstbild: »aut Caesar, aut nihil; ich bin zu gut, oder zu schlecht vor unser Böotisches dickluftiges Thebe«.[10] Nachdem er sich so aus den Königsberger Niederungen herausgehoben hat, gedenkt er seines anfänglichen Verhältnisses zu Hamann wieder mit einem Bild. Er fühlt sich »an die Zeiten erinnert: da der unbedachtsame Alcibiades an der Brust Sokrates lag«.[11] Sich selbst im Blick auf die erste Zeit mit Hamann als »unbedachtsamen« Schüler bezeichnend, scheint er zugleich darauf zu verweisen, dass sich das in der Gegenwart ändert, dass er die Schriften des Lehrers nun »bedachtsam« liest und sich von ihm abzusetzen beginnt. Bei dieser Lektüre versucht er noch einmal, Hamann eine göttliche Überhöhung zuzuweisen, indem er ihn seinen Apoll nennt, der ihm Orakel zukommen lassen soll: »Noch enger aber vereinige ich mich mit Ihnen, wenn ich Ihre Schriften lese: o wäre darüber mein Apoll in der Nähe!«[12] Anspielungen auf die ›Aesthetica‹ in diesem Brief zeigen, dass Herder sich besonders mit dieser Schrift Hamanns beschäftigt. Der Wunsch, sein Apoll möge »in der Nähe« sein, scheint dabei auf seine Verständnisschwierigkeiten mit dieser Schrift hinzudeuten. Schließlich bringt er aber schon den Satz: »Meine Poetische Ader versiegt: die Schwalbe, die nicht mehr singen konnte lernte bauen«,[13] den er hier noch auf sich selbst bezieht, später aber zum Signum der Poesie der Gegenwart erhebt, die nur noch zur Prosa fähig sei. Dies baut er dann zum entscheidenden Einwand gegen Hamanns vermeintlichen Poesie-Begriff aus. Angesichts dieser Abkehr wird Herders Betonung der Überlegenheit Hamanns jetzt zwiespältig, wie der Schluss des Briefes zum Ausdruck bringt: »Meine Umarmung ist stumm: meine Empfindung nicht eine klingende Schelle«.[14] Der erste Teil des Satzes spielt auf den Beginn der ›Sokratischen Denkwürdigkeiten‹ an, auf die »Umarmung eines leblosen Lehrers«,[15] die Peter der Große an der Statue

[10] Ebd.

[11] Ebd.

[12] Ebd.

[13] Ebd., S. 29.

[14] Ebd.

[15] Johann Georg Hamann, Sämtliche Werke, hrsg. von Josef Nadler, 6 Bde., Wien 1950–1957 (künftig zitiert als »N« mit Band- und Seitenangabe), hier: Bd. II, S. 62.

Richelieus vollzieht. Herder missversteht allerdings die Rolle dieser Umarmung bei Hamann. Nicht nur in diesem Brief, sondern auch bei vielen anderen Bezugnahmen auf den Eingang der ›Sokratischen Denkwürdigkeiten‹ deutet er die wortlose Liebeserklärung Peters positiv und lässt gegen Hamanns Intention Peter den Großen über den »stummen Stein«[16] der Statue seines Lehrers und damit über diesen selbst hinauswachsen.[17] Der zweite Teil des Satzes: »meine Empfindung nicht eine klingende Schelle«, scheint eine Art forcierter Selbstüberredung Herders zu sein, um seine Zuneigung zu Hamann trotz seiner beginnenden Abwendung zu betonen, bezieht er sich doch auf den berühmten Vers 1. Kor. 13,1: »Wenn ich mit Menschen- und mit Engelszungen redete und hätte der Liebe nicht, so wäre ich ein tönend Erz oder eine klingende Schelle«.

In diesen Monaten sind nicht nur Herders Briefe an Hamann, sondern auch die an Hamanns Freund, Johann Gotthelf Lindner, den künftigen Vorgesetzten Herders in Riga, für seine Beschäftigung mit der ›Aesthetica‹ und seine Abkehr von Hamann aufschlussreich. Am 5. Oktober schreibt Herder an Lindner, der nur noch wenige Monate in Riga bleiben und dann als Professor für Beredsamkeit nach Königsberg zurückkehren wird, über den wieder in Königsberg weilenden Hamann: Wenn Lindner nach Königsberg komme, werde Hamann »gewiß wie ein berauschter Riese völlig vom Schlafe aufwachen, und Ihnen Bewillkommung zujauchzen«.[18] Damit zitiert er genau die Stelle aus der ›Aesthetica‹, deren Fehldeutung er in seiner Parodie zur Kritik Hamanns nutzen wird. Hier sei vorerst nur darauf hingewiesen, dass es Herder vor allem um das Aufwachen geht. Das betont er gleich im nächsten Satz, wenn er den Rückkehrer Lindner auf das dumpfe Königsberg vorbereitet, »wo der Nebel unsrer bötischen Luft so dick ist, daß er sogar

[16] Ebd.

[17] Vgl. zu diesem Missverständnis Herders und zum Problem der Deutung der Einleitung zu den ›Sokratischen Denkwürdigkeiten‹: Hans Graubner, Peter der Große als Pygmalion. Zum frühen Peter-Bild bei Hamann und Herder, in: Ostseeprovinzen, Baltische Staaten und das Nationale. Festschrift für Gert von Pistohlkors zum 70. Geburtstag, hrsg. von Norbert Angermann, Michael Garleff und Wilhelm Lenz, Münster 2005 (Schriften der Baltischen Historischen Kommission 14), S. 113 bis 136.

[18] Herder, Briefe, Bd. 1, S. 31.

Schlaftrunkene machen kann, die sich gegen die Aufwecker sträuben«.[19] Ersichtlich zählt Herder sich, Hamann und Lindner hier unter die »Aufwecker«. Selbst aufwachen und andere aufwecken gehört zum metaphorischen Selbstbild des jungen Herder. Nach seinem Verständnis ist die aufgeklärte Avantgarde dazu berufen, mit neuen Ideen und mit einem neuen Menschenbild die Zeitgenossen aus dem Schlaf zu holen. Ihm scheint aber bei der Lektüre der ›Aesthetica‹ zweifelhaft zu werden, ob man mit Hamanns Position dieser Aufgabe gerecht werden kann.

Schon im nächsten Brief an Lindner, in dem er seine Bereitschaft, nach Riga zu kommen unterstreicht, liest man den erstaunlichen Satz:

> Ich hinterlasse in meinem ganzen Lande nichts von besonderer Anziehungskraft; nichts was meine Sehnsucht zurückriefe, keine Muse, keinen Apoll; und um weiter zu kommen, muß man jederzeit da seyn, wo man ist.[20]

Selbst wenn man in Rechnung stellt, dass Herder seine Berufung nach Riga durch die Beteuerung fördern will, ihn binde nichts mehr an Preußen, so ist es doch verblüffend, wie deutlich er hier dem Freund Hamanns mitteilt, er, Herder, lasse in Preußen auch »keinen Apoll« zurück. Er selbst weiß ja, dass er Hamann noch vor zwei Monaten mit genau dieser Bezeichnung beehrt, ihn zu seinem »Ratgeber und Musenführer«[21] erhöht und ihn in seine »Nähe« gewünscht hat. Erklärbar ist dieser Wandel nur dadurch, dass Herder in dieser Zeit seine grundsätzliche Kritik an Hamann und seine Parodie auf die ›Aesthetica‹ konzipiert und ausarbeitet. »Um weiter zu kommen, muß man jederzeit da seyn, wo man ist«, so lautet Herders Selbstbildungsprogramm. Das ist gleichsam die agonale Kehrseite der Ausarbeitung der eigenen Ebenbildlichkeit. Der eigene Standort muss mit immer neuen Bildern für das jeweilige Verhältnis zu den Mitstreitern austariert werden. Ein Blick zurück kann dabei das Weiterkommen offenbar nur beeinträchtigen. Wenn man diesen Wandel der Bilder in wenigen Monaten von der Überhö-

[19] Ebd.

[20] Ebd., S. 32.

[21] So kommentiert Arnold die Erwähnung »Apolls« (Herder, Briefe, Bd. 11, S. 15).

hung des Freundes bis zu deren Widerruf verfolgt, so verwundert es nicht, dass Herder am Schluss der Parodie dann ein Bild findet, in dem das Verhältnis zu Hamann nahezu umgekehrt wird:

> siehe da! nicht vom Leibnizischen Columb, der hier eine Insel und da eine Insel entdeckte; sondern vom Wolfischen Amerikus der auf festes Land trat, bekam die neue Welt den Namen! Stat palma in medio? qui poterit, rapiat!!![22]

Es ist der Wettkampf ums Bessersein, der Herder und seine Sturm und Drang-Gefährten umtreibt.[23] Wem wird am Ende der Ruhm des Neubeginns zufallen? Zwar wird der Ursprung des Neuen, d. h. der neuen Anthropologie, mit der Autorformel Leibniz-Kolumbus-Hamann nicht in Frage gestellt, aber die Bewunderung der Nachwelt, auf die es letztlich ankommt, wird Wolff-Amerikus-Herder gehören.[24]

2. Voraussetzungen zum Verständnis von Hamanns ›Aesthetica‹

Bevor Herders Missverständnis genauer in Augenschein genommen wird, sollen vier hermeneutische Voraussetzungen für den Zugang zu Hamanns ›Aesthetica in nuce‹, dem Kernstück seiner ›Kreuzzüge des Philologen‹, skizziert werden, welche seit Herder immer wieder ignoriert oder doch nicht ernst genommen werden.

1. Hamann greift seine Zeitgenossen nicht als Poeten oder Philosophen, sondern als Theologen an und bezeichnet sich selbst in

---

[22] Herder, FA, S. 39.

[23] Im Verhältnis des jungen Goethe zu Herder wiederholt sich das des jungen Herder zu Hamann. Im sogenannten Niesewurz-Brief Goethes an Herder (Oktober 1771) geht es ebenso wie in Herders Beziehungsbildern um ein sorgfältiges Austarieren des Verhältnisses zum Älteren. Goethe wählt die Planetenmetaphorik, um seine Beziehung zu Herder zu bestimmen. In den Bildern dieses einander Umkreisens und Rechtens um Ebenbürtigkeit und ums Bessersein kommt die weder ständisch noch theologisch mehr gebremste Individualkonkurrenz zwischen den Wortführern der Selbsterweckungsbewegung des Sturm und Drang zum Ausbruch.

[24] Vgl. zur näheren Deutung dieser Wettkampf-Typologie Herders: Albrecht Schöne, Herder als Hamann-Rezensent. Kommentar zur ›Dithyrambischen Rhapsodie‹, in: Euphorion 54 (1960), S. 195–201, hier: S. 199–201.

betonter Ironie als Nichttheologen. Im Vorwort zu den ›Kreuzzügen‹ sagt er programmatisch, er sei »kein Theolog 〈...〉, wie die meisten Kinder unsers schriftstellerischen, gleissnerischen, unzüchtigen Geschlechts: sondern 〈...〉 ein Kühhirte, der wilde Feigen ablieset«.[25] Dieser Kühhirte ist der Unheilsprophet Amos. Hamann stilisiert sich also als der von Gott wider seinen Willen berufene Laie, der dem etablierten Priesterstand seine Abkehr von Gott und seine falsche Theologie aufzudecken und vorzuwerfen beauftragt ist. Was meint Hamann, wenn er die von ihm angegriffenen Zeitgenossen als Theologen ausmacht? Das wird deutlich, wenn man die in der ›Aesthetica‹ ins Visier Genommenen ins Auge fasst. Michaelis ist Theologe, aber er versucht, die Bilder der Bibel rational auszulegen. Lessing ist Schriftsteller, verhandelt aber ständig theologische Themen mit kritischer Tendenz. Klopstock ist Dichter, aber er dichtet lauter Theologien, die Hamann verdächtigt, mehr dem persönlichen Sendungsbewusstsein des Poeten als der Theologie zu dienen. Mendelssohn ist Philosoph, aber Hamann fürchtet, dass er die Religion des Alten Testaments in eine Religion der Vernunft verkehre. Voltaire schließlich ist ein Wortführer der Aufklärung, die er zusammen mit Friedrich II. unter permanenter Verunglimpfung der christlichen Religion proklamiert. Sie alle erheben also einen theologischen Anspruch, in dessen Namen sie in Hamanns Augen den Ausverkauf der biblischen Theologie und der in ihr enthaltenen Anthropologie betreiben. Wer deshalb im 18. Jahrhundert diese biblische Anthropologie verteidigen will, der darf – so Hamanns ironische Selbststilisierung – kein Theologe sein, sondern muss als verachteter Außenseiter auftreten, als biblischer Kuhhirte zum Beispiel, der wie ein Unheilsprophet die göttliche Sache gegen ihre etablierten Statthalter zu verfechten hat.

2. Hamann wendet sich gegen die Vielschreiberei dieser für ihn pseudotheologischen Avantgarde. Die drei Epitheta, die er diesem Theologengeschlecht beilegt, spielen sämtlich in der ›Aesthetica‹ eine Rolle. Sie lauten: »schriftstellerisch«, »gleissnerisch« und »unzüchtig«. Für den gegenwärtigen Zusammenhang greife ich nur das erste heraus. Das Geschlecht der selbsternannten Theologen ist »schriftstellerisch«. Was heißt das? Seine biblischen Betrachtungen

---

[25] N II, S. 115.

hatte Hamann vier Jahre vorher mit dem Ausruf eröffnet: »Gott ein Schriftsteller!«[26] Das meinte, Gott ist der einzige originale Schriftsteller. Alle menschliche Schriftstellerei ist daran gemessen nur abkünftiges Schreiben: entweder heteronomes, gottgelenktes Schreiben oder autonomes Schreiben, das seine Herkunft verkennt und die Gottesposition für sich selbst usurpiert. Vielschreiberei ist bei Hamann eine Metapher für autonomes, knappes Schreiben dagegen eine Metapher für heteronomes, also gottgeführtes Schreiben.[27] Wenn daher hier am Anfang der ›Kreuzzüge‹ die vielschreibenden Gegner als »schriftstellerisch« qualifiziert werden, so wird mit dieser Kennzeichnung ihr Schreiben in das luziferische Licht der Widergöttlichkeit getaucht. Hamann wappnet sich für den Kampf gegen diese moderne Schriftstellerei mit zwei Eideshelfern. Der erste ist der Prediger Salomo, der als Mottogeber der ›Kreuzzüge‹ auftritt mit einem Vers, in dem der Prediger ebenso als »Hirte« erscheint wie der Prophet Amos. Der dann folgende Vers im Prediger Salomo bestimmt durchlaufend die Polemik der ›Aesthetica‹. Er lautet: »Hüte dich, mein Sohn, vor andern mehr; denn viel Büchermachens ist kein Ende«.[28]

Der zweite Eideshelfer Hamanns für diesen Angriff auf die Schriftsteller seiner Zeit ist Petron mit seiner Verdammung der Vielrednerei:[29]

> Erst neuerdings hat sich diese aufgeblasene und maßlose Geschwätzigkeit von Kleinasien aus in Athen angesiedelt und hat den auf hohe Ziele

---

[26] Johann Georg Hamann, Londoner Schriften. Historisch-kritische Neuedition von Oswald Bayer und Bernd Weißenborn, München 1993, S. 59.

[27] Wie Hamann diese Abkünftigkeit menschlichen Schreibens und seine Gefährdungen in einer Sexualtheologie des Unterschieds zwischen göttlichem und menschlichem Stil verankert, habe ich an anderem Ort gezeigt (Hans Graubner, Hamanns Buffon-Kommentar und seine sprachtheologische Deutung des Stils, in: Johann Georg Hamann. Autor und Autorschaft. Acta des sechsten Internationalen Hamann-Kolloquiums im Herder-Institut zu Marburg/Lahn 1992, hrsg. von Bernhard Gajek, Frankfurt am Main [u.a.] 1996, S. 277–303).

[28] Prediger Salomo, 12,11 und 12.

[29] N II, S. 199: »nuper ventosa isthaec & enormis loquacitas Athenas ex Asia commigrauit, animosque iuuenum ad magna surgentes veluti pestilenti quodam sidere afflauit«.

gerichteten Schwung der jungen Leute gleichsam mit einem Pesthauch angeblasen ⟨...⟩.[30]

Hamanns ›Aesthetica‹ wendet sich also mit Nachdruck gegen die Bücherseuche luziferischen Schreibens bei seinen aufgeklärten Zeitgenossen. Sein Argument gegen die geschwätzige Vielschreiberei ist nicht stilistisch-rhetorisch, sondern theologisch-anthropologisch gemeint. Es geht nicht darum, generell eine kurze gegenüber einer breiten, ausführlichen Ausdrucksweise herauszustellen. Es geht vielmehr darum, dass menschliche Vernunft und Einbildungskraft so viel Eigenes zur biblischen Botschaft hinzufügen, dass deren Kern in dieser Schwatzhaftigkeit verschwindet und anderes an dessen Stelle tritt. Die gegenwärtige Vielschreiberei verletzt daher nicht eine stilistische Regel, sondern das »evangelische Gesez der Sparsamkeit«.[31] Diese besteht darin, die Botschaft so rein wie möglich weiterzuvermitteln und sie nicht durch menschliche Zutaten und Eigeninteressen zu verwässern.

3. Die wichtigste Voraussetzung für das Verständnis der ›Aesthetica‹ ist Hamanns Poesiebegriff. Er unterscheidet sich grundlegend von dem Herders und ist für dessen Missverständnis entscheidend. Wenn Hamann von Poesie spricht, geht es ihm n i c h t um die zeitgenössische poetische Produktion als solche und schon gar nicht um die Verbesserung ihrer Machart. Sondern es geht ihm um die in dieser Produktion vermittelte Anthropologie, die er angreift, weil sie auf einer Selbstüberhebung des Menschen beruhe, Hoffnungen auf ein menschlich machbares Glück und Heil wecke, die nach Hamanns Ansicht nicht erfüllt werden k ö n n e n. Da Hamann in der Wirkungsgeschichte zum Anreger des Sturm und Drang geworden ist, wurde mit Erstaunen bemerkt, dass er die großen Sturm und Drang-Texte etwa Goethes und Schillers kaum zur Kenntnis genommen bzw. ihnen mit Gleichgültigkeit und Abwertung begegnet ist. Ein »blauer Dunst« sind ihm z.B. die »Leiden des lieben Wer-

---

[30] Petronius, Satyrica. Schelmenszenen. Lateinisch-Deutsch von Konrad Müller und Wilhelm Ehlers, 3., überarb. Aufl., München/Zürich 1983, S. 11.

[31] ZH V, S. 88. Vgl. zu diesem wichtigen Begriff Hamanns: Oswald Bayer, Zeitgenosse im Widerspruch. Johann Georg Hamann als radikaler Aufklärer, München 1988, S. 41, und Graubner, Hamanns Buffon-Kommentar, a.a.O. (Anm. 27), S. 289ff. und 300f.

thers«.[32] Seine Auseinandersetzung dagegen mit Klopstock und Lessing geschieht unter vorrangig theologischer Perspektive. Hamann war nicht an ihren poetischen Texten als solchen interessiert, sondern er kritisierte deren theologische Vereinnahmungen und Übergriffe. Wenn man diese Intentionen Hamanns berücksichtigt, dann ist nicht sein Desinteresse an der zeitgenössischen Poesie, sondern eher das spätere Erstaunen darüber erstaunlich. Hamann hat einen im Kern theologischen Poesie-Begriff, mit dem er die ästhetische Diskussion seiner Zeit unterwandern will. Der einzige originale Poet ist Gott selbst als der Schöpfer, der »Poet am Anfange der Tage«.[33] Alle künstlerische Produktion des Menschen ist demzufolge geschöpflich und nicht schöpferisch, abkünftig und nicht original. Wenn Hamann menschliche Produktion poetisch nennt, dann zieht er einen ganz anderen Trennungsstrich als seine ästhetischen Zeitgenossen: Poetisch sind gotterfüllte, gottzugewandte Texte des Menschen, welche die heteronome biblische Anthropologie der menschlichen Endlichkeit und Vergänglichkeit und nicht die gottabgewandte Anthropologie einer irgendwie gearteten menschlichen Autonomie vertreten. Dieser theologische Poesie-Begriff Hamanns orientiert sich deshalb nicht an Stilistik, Rhetorik oder Gattungsbesonderheiten, nicht an Schönheit, gar an »schöner Wissenschaft« oder »schöner« Literatur. Poesie in diesem Sinne Hamanns können vielmehr gebundene Rede ebenso sein wie Prosa, Gedichte ebenso wie Erzählungen, Predigten ebenso wie wissenschaftliche Abhandlungen.

Auf diesem Hintergrund muss Hamanns berühmter Satz »Poesie ist die Muttersprache des menschlichen Geschlechts«[34] verstanden werden. Poesie als Muttersprache des Menschen bedeutet nicht die zu allen Zeiten vorhandene poetische Kompetenz des Menschen[35] und sie ist auch nicht, wie für Herder, generell die Äußerungsweise

[32] ZH III, S. 167.

[33] N II, S. 206.

[34] N II, S. 197.

[35] Hamann »bezeichnet« mit diesem Satz durchaus nicht »die Poesie als gegenwärtige Muttersprache« (Eva Kocziszky, Leib und Schrift in Hamanns ›Aesthetica in nuce‹, in: Die Gegenwärtigkeit Johann Georg Hamanns. Acta des achten Internationalen Hamann-Kolloquiums an der Martin-Luther-Universität Halle-Wittenberg 2002, hrsg. von Bernhard Gajek, Frankfurt am Main [u. a.] 2005, S. 145–160, hier: S. 153).

früher Völker, etwa der »Hebräer, Griechen, Celten, Druiden«.[36] Hamanns Satz ist vielmehr eingebunden in den Entwurf einer Anthropologie, die er im ersten Teil der ›Aesthetica‹ aus Genesis 1–3 entwickelt.[37] Poesie als Muttersprache des Menschen wird der Poesie als Zeichensprache des Menschen entgegengesetzt. Der Satz muss im Zusammenhang mit der theologischen Sprachursprungstheorie verstanden werden, die Hamann in der ebenfalls berühmten Konzeption vom Reden als Übersetzen in knappster Weise formuliert:

> Reden ist übersetzen – aus einer Engelsprache in eine Menschensprache, das heist, Gedanken in Worte, – Sachen in Namen, – Bilder in Zeichen; die poetisch oder kyriologisch, historisch, oder symbolisch oder hieroglyphisch – – und philosophisch oder charakteristisch seyn können.[38]

Wenn man diesen Satz auf den schlichten linguistischen Sachverhalt reduziert: »Reden ist Übersetzen aus einer mentalen in eine Wortsprache«,[39] so wird freilich der theologische Ort menschlicher Sprache, auf den es Hamann in der ›Aesthetica‹ ankommt, aus seinem Text herausgekürzt, ausgeschaltet. »Engelsprache« ist nicht »mentale« Sprache, und der zweite Teil des Satzes ist nicht einfach eine redundante Wiederholung des ersten Teils. Die Formulierung »aus einer Engelsprache in eine Menschensprache« setzt das Thema nicht eines geschichtlichen (im Sinne des Herderschen Rousseauismus), sondern eines heilsgeschichtlichen Prozesses[40] der Menschwerdung

---

[36] Herder, FA, S. 61.

[37] »In seinen ⟨Moses⟩ Worten findet Hamann eine gedrängte Anthropologie«, so formuliert treffend Jørgensen im Nachwort zu seiner Ausgabe der ›Aesthetica‹ (Johann Georg Hamann, Sokratische Denkwürdigkeiten. Aesthetica in nuce. Mit einem Kommentar hrsg. von Sven-Aage Jørgensen. Bibliographisch revidierte Ausgabe, Stuttgart 1998, S. 184).

[38] N II, S. 199.

[39] Helmut Weiß, Hamann zu Hume und Kant. Johann Georg Hamanns Erkenntnis-, Sprach- und Stiltheorie, in: Johann Georg Hamann. Autor und Autorschaft, a.a.O. (Anm. 27), S. 161–176, hier: S. 165.

[40] Dieser Prozess sollte nicht als »Historisierung« (Kocziszky, Leib und Schrift, a.a.O. [Anm. 35], S. 153) bezeichnet werden, wenn man Hamann gerecht werden will. Heilsgeschichte kennzeichnet für Hamann die ontologische Basis des Menschseins, dessen Geschichtlichkeit, Geschichte dagegen den historischen Wandel auf dieser Grundlage. (Vgl. dazu: Hans Graubner, »Origines«. Zur Deutung des Sündenfalls in Hamanns Kritik an Herder, in: Bückeburger Gespräche über Johann Gottfried

als Sprachwerdung. Die Gedankenstriche zwischen den Übersetzungsphasen im ersten Teil des Satzes markieren hochbedeutsame heilsgeschichtliche Einschnitte. Heilsgeschichte ist bei Hamann die Geschichte der Zuwendung Gottes zum Menschen. Diese Zuwendung darf für ihn nur als liebende Selbsterniedrigung Gottes verstanden werden. Die Inkarnation beginnt bereits mit der Schöpfung, wenn Gott seine Schöpfungsgedanken in die Worte übersetzt: »Es werde Licht! hiemit fängt sich die Empfindung von der Gegenwart der Dinge an«.[41] Die Schöpfungsworte sind die sichtbaren, empfindbaren Dinge selbst. Gott hat in der Schöpfung seine »Gedanken« zu den für Menschen sinnlich wahrnehmbaren Worten erniedrigt, welche die »Sachen« selbst sind. Das ist der erste Übersetzungsschritt in Hamanns Reihe: »Gedanken in Worte«. Der nächste Schritt ist die Übersetzung dieser Wort-Dinge, dieser geschaffenen »Sachen in Namen«. Diese geschieht durch Adam, dem Gott die Tiere zur Namengebung zuführt. Die adamitischen Namen sind keine Zeichen, sondern Wesenserfassungen der Dinge. Sie werden mit diesen Namen nicht durch Zeichen äußerlich klassifiziert, sondern entsprechend ihrem schöpfungssprachlichen Sein innerlich wahrgenommen. Adams Benennung erfasst die Dinge noch in ihrer Schöpfungssprachlichkeit und ist deshalb als erste Menschensprache noch im Einklang mit der »Engelsprache«.[42] Von dieser adamitischen Na-

Herder 1988. Älteste Urkunde des Menschengeschlechts, hrsg. von Brigitte Poschmann, Rinteln 1989, S. 108–132, hier: S. 112f.).

[41] N II, S. 197.

[42] Über die Bedeutung der »Engelsprache« als Beginn der Übersetzungsreihe Hamanns ist viel diskutiert worden (vgl. dazu: Xavier Tilliette, Hamann und die Engelsprache. Über eine Stelle in der ›Aesthetica in nuce‹, in: Johann Georg Hamann. Acta des Internationalen Hamann-Colloquiums in Lüneburg 1976, hrsg. von Bernhard Gajek, Frankfurt am Main 1979, S. 66–77). Nach dem Gang der Argumentation Hamanns scheint mir an dieser Stelle die »Engelsprache« Gottes Schöpfungssprache in Harmonie mit der Sprache der Ersterschaffenen, den Engeln vor ihrem Abfall und Adam vor dem Sündenfall zu meinen, weil die Schaffenssprache Gottes selbst nur aus der Perspektive des Erschaffenen angedeutet werden kann. Das Wort »Engelsprache« wäre dann von Hamann gewählt, um mit der Sprache der ersterschaffenen Engel die unmittelbare Nähe zur Gottessprache des Anfangs auszudrücken, aus der auch die Menschensprache hervorgeht. Klar aber ist, dass die »Engelsprache« einschließlich der Adamsprache prälapsarisch zu verstehen ist und deutlich von der postlapsarischen, willkürlichen Zeichensprache des Menschen unterschieden werden muss.

mensprache gilt deshalb der Satz: »Poesie ist die Muttersprache des menschlichen Geschlechts«. Sie ist die Gebärmutter aller künftigen menschlichen Sprachen, weil sie nicht eine vom Menschen gemachte, sondern eine durch die Niederlassung des schöpferischen Poeten Gott in die Schöpfung als Poesie empfangene Sprache darstellt, in die der Mensch die gleich ihm geschaffene Kreatur einbeziehen darf, denn Gott selbst führt sie ihm zu. Auf diese Namengebung in adamitischer Sprache bezieht sich auch Hamanns zentraler Satz von der Schaffensgemeinschaft zwischen Gott und Mensch am Anfang der ›Aesthetica‹. »Diese Analogie des Menschen zum Schöpfer ertheilt allen Kreaturen ihr Gehalt und ihr Gepräge, von dem Treue und Glauben in der ganzen Natur abhängt.«[43]

Das wird für Hamann nach dem Sündenfall anders. Jetzt ist

> Jede Kreatur ⟨...⟩ wechselsweise euer Schlachtopfer und euer Götze ⟨...⟩ und sehnt sich ⟨...⟩ nach derjenigen Freyheit, womit die Thiere Adam huldigten, da GOTT sie zu dem Menschen brachte, daß er sähe, wie er sie nennte ⟨...⟩.[44]

Erst nach dem Sündenfall tritt die Sprache in jene dritte Stufe ein, die sie bis in die Gegenwart prägt. Jetzt erst verwandeln sich die göttlichen Schöpfungsworte, die der prälapsarische Adam in Wesensbilder der Kreatur übersetzte, in Zeichen. »Bilder in Zeichen« – das ist die dritte Stufe der heilsgeschichtlichen Sprachontologie Hamanns. Durch die Zeichensprache ist der Abstand des Menschen zu Gott und seiner Schöpfung gesetzt. Diese Distanz bekundet die Selbstermächtigung des Menschen, durch eigene Einbildungskraft und Vernunft die von ihm nicht geschaffene Welt willkürlich einzurichten. Für die nun entstehenden willkürlichen Zeichen verwendet Hamann die Dreistufung der Wachterschen Zeichenlehre im zweiten Teil seiner insgesamt sechsstufigen Übersetzungsreihe. Zeichensprache in diesem Sinne ist fortan jede historische Menschensprache. Ihr Signum ist für Hamann eine grundsätzliche Zweideutigkeit. Nach dem Sündenfall ist es für keinen Menschen mehr eindeutig erkennbar, ob in seinem eigenen Sprechen und Schreiben oder im Sprechen und Schreiben anderer die Zuwendung Gottes oder das

---

[43] N II, S. 206f.

[44] Ebd., S. 206.

menschliche Sein-wollen-wie-Gott, die Empfänglichkeit für Gottes Anrede[45] oder die Eitelkeit des Menschen die Führung hat. Die drei Zeichenstufen Wachters, die poetischen, die historischen und die philosophischen Zeichen repräsentieren drei seit dem Sündenfall stets mögliche Zeichensprachen des Menschen. Ohne ihre Zweideutigkeit zu verlieren, können sie als poetische Zeichen versuchen, sich nahe an der Poesie der göttlichen Schöpfungsrede zu halten, wie vorzüglich die Menschenrede der Bibel, können sich in historischen Zeichen weiter von ihr entfernen oder schließlich in philosophischen Zeichen diesen Versuch ganz aufgeben und die Abstraktionen menschlicher Autonomie an die Stelle heteronomer Abhängigkeit von der Anrede Gottes setzen.[46] Hamanns Auffassung von der Übersetzung »aus einer Engelsprache in eine Menschensprache« muss also auf der Folie der heilsgeschichtlichen Stufen: Gottessprache – prälapsarische Adamssprache (Muttersprache Poesie) – postlapsarische Zeichensprache gelesen werden.[47] Die Zei-

[45] Hamanns Vorstellung von der komplexen Bedeutung des Anrede-Charakters aller Schöpfungen Gottes hat Oswald Bayer im Hamann-Kapitel (»Schöpfung als ›Rede an die Kreatur durch die Kreatur‹«) seines Buches ›Schöpfung als Anrede‹ eindrücklich ausgearbeitet (Oswald Bayer, Schöpfung als Anrede. Zu einer Hermeneutik der Schöpfung, Tübingen 1986, S. 9–32).

[46] In Kocziszkys Reduktion der sechsstufigen Übersetzungsfolge Hamanns auf die drei Stufen Wachters geht der Sinn der drei ersten, heilsgeschichtlichen Stufen völlig verloren. Es kommt geradezu zu einer Umkehrung des Hamannschen Sinnes, in deren Konsequenz der Ursprung der Sprache in der göttlichen Schöpfungsrede (»Gedanken in Worte«) ausgerechnet mit der äußersten Verdünnung dieser Rede, mit dem charakteristischen oder philosophischen Zeichen gleichgesetzt wird. In Kocziszkys Tabelle wird diese dritte Zeichenart auseinandergelegt: »Art der Übersetzung«: »Philosophisch oder charakteristisch (Gattung: Philosophie)«, »Semiotische Struktur«: »Gedanken in Worte«, »Entsprechende Schriftform«: »Ein abstraktes Zeichen steht für die Sache« (Kocziszky, Leib und Schrift, a.a.O. [Anm. 35], S. 154). Vor dieser Verkennung des Hamannschen Übersetzungsursprungs der Sprache hätte eine Einsicht bewahren können, die Kocziszky selbst formuliert: »Es ist jedoch nicht klar, ob Hamanns Bezugnahme auf Wachter eine wahre oder eher eine falsche Spur ist, ob es sich eher um eine Strategie handelt, die man bei Hamann wohl kennt: die Beschlagnahme der Termini seiner philologischen und philosophischen Gegner.« (Ebd., S. 150) Es handelt sich in der Tat um Hamanns »Strategie« der theologischen Unterwanderung und semantischen Umbesetzung einer zeitgenössischen linguistischen Theorie.

[47] Weil Zippert, ebenso wie Weiß und Kocziszky, die drei Stufen der prälapsarischen Vorgeschichte in Hamanns Übersetzungsreihe ignoriert und, Hamanns wohl-

chensprache enthält die in der historischen Zeit nach dem Sündenfall jederzeit mögliche geminderte oder gesteigerte Gottesferne des Menschen, die in »poetischen oder kyriologischen« (postlapsarische Zeichenpoesie), in »historischen oder symbolischen« und in »philosophischen oder charakteristischen« Zeichen ihren sprachlichen Ausdruck findet. Dass es innerhalb dieser Zweideutigkeit aller Menschensprachen überhaupt möglich ist, gotterfüllte Rede zu führen, freilich ohne dass sie eindeutig als solche zu identifizieren wäre, liegt daran, dass Hamann die Ebenbildlichkeit des Menschen durch Christus erneuert sieht. Es ist der Christus in uns, so interpretiert Hamann das erneuerte Ebenbild, der es dem Menschen immer wieder ermöglicht, auch in seiner zweideutigen Zeichensprache die Führung Gottes aufscheinen zu lassen.

> Freylich schuf er uns nach Seinem Bilde – weil wir dies verloren, nahm er unser eigen Bild an – Fleisch und Blut, wie die Kinder haben, lernte weinen – lallen – reden – lesen – dichten wie ein wahrer Menschensohn; ahmte uns nach, um uns zu Seiner Nachahmung aufzumuntern.[48]

Dass Hamann hier auf die Kinder hinweist, zeigt an, dass die Christus-Ebenbildlichkeit des Menschen nach dem Sündenfall nicht etwa von einer schöpferischen Großartigkeit seines gottgleichen Genies zeugt, sondern von seiner kindlichen Einfalt, Ohnmacht und Niedrigkeit. Aus dieser Ebenbildlichkeit mit Christus ergibt sich, dass die

---

überlegte Reihenfolge durcheinanderbringend, meint, dass dieser »›Sachen‹, ›Bilder‹, ›Gedanken‹« in »›Worte‹, ›Namen‹, ›Zeichen‹« nur »von einem Medium in ein anderes« (Zippert, Bildung, a. a. O. [Anm. 6], S. 70 f.) transformiere, kann er Hamann vorwerfen, er bleibe an dieser »entscheidenden Stelle unklar und dadurch unkontrolliert« (ebd., S. 71), weil er den Sündenfall in seiner Reihe nicht berücksichtige. Daher sei Hamanns »poetische Übersetzungstheorie selbst 〈...〉 nicht auf die Bedingungen postlapsarischen Erkennens eingestellt und kann deshalb nicht zwischen echten und unechten Offenbarungen differenzieren« (ebd., S. 72). Umgekehrt wird ein Schuh daraus: Zippert übersieht, dass für Hamann die »Bedingungen« gerade des »postlapsarischen Erkennens« in der unwiderruflichen Zweideutigkeit alles menschlichen Erkennens bestehen, so dass dieses Vermögen des Menschen auch bei Offenbarungen nicht mehr eindeutig zwischen »echt« und »unecht« zu unterscheiden vermag, dass vielmehr diese vermeinte Eindeutigkeit selbst das Verharren im Sündenstadium ausdrückt.

[48] ZH I, S. 394.

zweideutige, durch Selbsterhöhung stets gefährdete Zeichensprache des Menschen doch auch immer wieder von ihrem Schöpfungsursprung Kunde geben kann:

> Ist es nicht eine Erniedrigung für unsere Gedanken, daß sie nicht anders sichtbar gleichsam werden können, als in der groben Einkleidung willkürlicher Zeichen und was für ein Beweiß Göttlicher Allmacht – und Demuth – daß er die Tiefen seiner Geheimniße, die Schätze seiner Weisheit in so kauderwelsche, verworrene und Knechtsgestalt an sich habende Zungen der Menschlichen Begriffe einzuhauchen vermocht und gewollt.[49]

Es ist also festzuhalten, dass für Hamann die »Poesie« als »Muttersprache des menschlichen Geschlechts« die ausschließlich gottgeführte adamitische Menschensprache vor dem Sündenfall war, die im Sündenfall zerbrach und seither im Widerspiel zwischen gotterfüllter heteronomer und gottabgewandter autonomer Rede die Historie des Menschen bestimmt und immer bestimmen wird. Die Hochschätzung menschlicher Dichtung als solcher, zumal der zeitgenössischen Poesie, hat Hamann nie geteilt und ihre kunstreligiöse Aufwertung im Sturm und Drang von Anfang an mit allen Mitteln bekämpft. Weil er Dichtung als weltliche Dichtung nur insoweit in Anspruch nahm und zitierte, als er sie im Sinne der theologischen Zielsetzung seiner Autorschaft umdeuten konnte – dies gilt besonders für die klassische griechische und lateinische Literatur und Mythologie –, deshalb ist es auch abwegig, anzunehmen, Hamann habe ausgerechnet von gegenwärtiger, weltlicher Dichtung eine grundlegende anthropologische Neuerung erwartet; zumal er alle menschlichen Versuche, einen neuen Menschen zu schaffen, also die biblisch-realistische conditio humana zu durchbrechen, prinzipiell für eine hybride, widergöttliche Selbsttäuschung hielt.

4. Am Schluss der Verständnisvoraussetzungen für die ›Aesthetica‹ soll noch ein Wort zu Hamanns Verwendung der Ironie gesagt werden. Entsprechend dem Ursprung der Menschensprache aus der göttlichen Schöpfungssprache ergeben sich drei Aspekte der Ironie. Der erste wird von Gott selbst vorgegeben. Seine Selbsterniedrigung, seine Kondeszendenz, die sich in der Schöpfung zur mensch-

---

[49] Ebd., S. 393f.

lichen Sinneswahrnehmung und in Christus zum verachteten Verbrecher herunterlässt, ist gleichsam die göttliche Ironie selbst. Im Niedrigen und Verachteten verbirgt sich das Erhabene. »Die Sprache Gottes ist die Sprache der Ironie; sie wählt das Alberne, das Seichte, das Unedle, um damit ›die Stärke und Ingenuität aller Profanskribenten zu beschämen‹.«[50] In der Nachahmung dieser göttlichen Ironie, in der Bevorzugung und Hochschätzung alles Niedrigen, Unedlen und Verachteten besteht daher ein Wesenszug Hamannschen Schreibens.

Die weiteren Aspekte der Ironie folgen aus dem Sündenfall, d. h. aus der durch den Fall bewirkten zweideutigen Verfasstheit des Menschen und seiner willkürlichen Zeichensprache. Danach ist grundsätzlich nichts in Menschensprache Formuliertes für menschliche Einsicht von eindeutiger Gewissheit. Hamanns Sündenfall-Anthropologie schlägt auf jede menschliche Äußerungsform durch. Das hat zwei Folgen: einmal die ironische Bekämpfung aller Scheingewissheiten, die in der Selbstüberhebung des Menschen gipfeln, er könne sein wie Gott. Hierhin gehört Hamanns zornige, »kämpferische Ironie«,[51] mit der er im prophetischen Gestus gegen seine allzu selbstsicheren Zeitgenossen vorgeht, die mit ihren in seinen Augen babylonischen Turmbauten poetischer und philosophischer Autonomie den Sündenfall aus der Anthropologie glauben ausstreichen und die menschliche Zweideutigkeit, Ohnmacht und Endlichkeit vergessen machen zu können. Selbst seine wütendsten Angriffe taucht Hamann jedoch in diese Ironie, denn sein christliches Menschenbild schließt auch eine Selbstgewissheit zur Verdammung des Gegners aus[52] und er versucht, den Kontrahenten immer auch

---

[50] Ernst Cassirer, Freiheit und Form. Studien zur deutschen Geistesgeschichte, Darmstadt 1957, S. 113. Cassirer zitiert hier Hamann aus dem ›Kleeblatt Hellenistischer Briefe‹ (N II, S. 171).

[51] Elfriede Büchsel, ›Weitgefächertes Interesse‹. Hamannliteratur 1986–1995, in: Deutsche Vierteljahrsschrift für Literaturwissenschaft und Geistesgeschichte 71 (1997), S. 288–356, hier: S. 306.

[52] Eckhard Schumacher sieht diesen »wichtigen Zug von Hamanns Ironie. Hamann greift seine vermeintlichen Gegner zwar an, erledigt sie aber nicht in dem Sinne, dass er sie auslöscht.« Schumacher scheint aber anzunehmen, dass dieser Aspekt der Hamannschen Ironie über die »christliche Verankerung seiner Verfahren« hinausgehe (Eckhard Schumacher, Die Ironie der Unverständlichkeit. Johann Georg

durch Umdeutung seiner Positionen zu gewinnen. Darin besteht seine Nachahmung des Ebenbilds, des Christus in uns, denn dieser wurde »ein wahrer Menschensohn« und »ahmte uns nach, um uns zu Seiner Nachahmung aufzumuntern«.[53]

Diese Strategie ist letztlich durch Hamanns Selbstironie motiviert, welche im Zentrum seiner Autorschaft steht. Sie ist eine umfassende Grundhaltung, die theologisch darauf beruht, dass der Mensch seit dem Sündenfall niemals weiß, ob seine Intentionen zum Ruhm seiner selbst oder zum Ruhm Gottes ausschlagen. Selbst seine wahrhaftigsten Absichten sind bestenfalls ein Konglomerat aus Eitelkeit und Demut. Deshalb gilt wie von allen menschlichen, so auch von Hamanns Produktionen, dass sie gegen seinen Willen auch anderes bedeuten können als er ihnen einzugeben glaubt. Insofern sind alle seine Texte unter christlicher Ironie geschrieben, die mit einem göttlichen Vorbehalt rechnen muss: »⟨...⟩ ich traue aber meinen Ahndungen so wenig als meinen Vernunftschlüßen«.[54] Es ist deshalb sehr ernste Selbstironie, wenn Hamann am Schluss der ›Aesthetica‹, in der ›Apostille‹, ausruft: »Es schmeckt alles in dieser ästhetischen Nuß nach Eitelkeit! – nach Eitelkeit! – «[55] Der Mensch hat seit dem Sündenfall nicht mehr die Möglichkeit, ausschließlich unter Gottes Führung zu reden und zu schreiben. Er muss in allen seinen Äußerungen aus eigener Einbildungskraft und Vernunft etwas dazugeben, aus diesen beiden zweideutigen Fähigkeiten, die sich als die Einfallstore des Selbstseinwollens, der Autonomie, des Seinwollens wie Gott erwiesen haben. Ob es ihm trotzdem gelingt, die eigenen Zusätze gering zu halten, seinen Text mit »evangelischer Sparsamkeit« zu verfassen, liegt nicht in seiner Hand.[56] Die Notwendigkeit dieser Selbstironie wird deshalb von zwei Wahlsprüchen Hamanns durch seine ganze Autorschaft hindurch begleitet. Da die eigene Überzeugung nicht die Deutungshoheit über die eigene Äußerung

---

Hamann, Friedrich Schlegel, Jacques Derrida, Paul de Man, Frankfurt am Main 2000, S. 150).

[53] ZH I, S. 394.

[54] ZH II, S. 96.

[55] N II, S. 217.

[56] Mit Recht formuliert Schumacher: »Gott wird ⟨...⟩ zur einzigen Kontrollinstanz, erscheint als die einzige Autorität, die über Wort und Philologie urteilen kann.« (Schumacher, Ironie der Unverständlichkeit, a.a.O. [Anm. 52], S. 114f.)

hat, gilt der Satz des Sancho Pansa: »Gott versteht mich«,[57] dessen Pointe in dem mitzudenkenden Zusatz liegt: nicht ich. Und da Gott auch aus seinen Gegnern gegen ihren Willen seine Zeugen machen kann, muss immer gelten: »et ab hoste consilium!«[58] Auch vom Feind einen Rat! Das ist keine tolerante Redensart bei Hamann, sondern tiefe Überzeugung davon, wie der Mensch sich gegenüber seinesgleichen verhalten muss, wenn er auch seiner eigenen Überzeugungen nicht gewiss sein kann, wenn gilt: Gott versteht mich, nicht ich.

3. Herders Verständnis der Äon-Stelle und dessen Fortschreibung in der Forschung

Aus Herders Parodie auf die ›Aesthetica‹, in der er sich ernsthaft von seinem Lehrer absetzt, um seinen Weg an die Spitze der ästhetischen Avantgarde anzutreten, geht hervor, dass er diese Schrift so liest, als verfolge Hamann die gleichen Ziele wie er selbst, als schreibe auch Hamann eine Ästhetik, um den Standort der poetischen Literatur seiner Zeit zu bestimmen und Richtlinien zu ihrer Verbesserung aufzuzeigen. Für diesen Zweck sei Hamanns Schrift allerdings unbrauchbar, weil sie die Gegenwartsliteratur verachte, die Geschichte ignoriere, von einer Poesie als »Muttersprache des Menschengeschlechts« vor dem Sündenfall ausgehe – Herder sieht zu Recht, dass Hamann die Poesie als Muttersprache prälapsarisch ansetzt – und ganz unhistorisch deren Wiederkehr als eine radikale Erneuerung der zeitgenössischen Literatur durch einen wunderbaren, göttlichen Einbruch in die weltliche Geschichte erwarte.

Dagegen setzt Herder die historische Einsicht, dass die Poesie seit dem Sündenfall die »Muttersprache des Menschengeschlechts« endgültig verlassen habe. Hamanns Verachtung der Gegenwartsliteratur sei deshalb fehl am Platze und seine schwärmerische Hoffnung auf eine Wiederkehr der Urpoesie unhaltbar. Die Geschichte seit dem Sündenfall habe unwiderruflich zum Abstieg von der poetischen Muttersprache geführt, und heute lebten wir im Bereich der

---

[57] N III, S. 128, ZH VII, S. 135 u. ö.

[58] N II, S. 356 u. ö.

Prosa, die bestenfalls zur »schönen Prosa« verbessert, aber nicht mehr aus ihrem Status als Prosa durch göttliche Eingriffe in die Geschichte zur Urpoesie zurückverwandelt werden könne.[59]

An diesen beiden zentralen Einwänden Herders gegen Hamann lässt sich zeigen, dass sie beide an ihm vorbei zielen und seine Intention nicht treffen. Aus dem oben zu Hamanns Poesie-Begriff Gesagten ist schon deutlich geworden, dass der poetologisch-rhetorische Unterschied zwischen Poesie und Prosa einschließlich der Abstiegstheorie von jener zu dieser Hamann nicht besonders interessiert. Seine Trennlinie zwischen dem historisch immer möglichen gottabgewandten oder gottzugewandten, bzw. nach dem Erlösungsgeschehen, Christus-geleiteten Reden und Schreiben des Menschen liegt quer dazu, hat theologischen, nicht poetologischen Charakter und ist deshalb auch nicht an »poetischen« Kriterien erkennbar, etwa durch einen Unterschied zwischen Poesie und Prosa. Poesie ist für Hamann eine Beziehung Gottes zum Menschen, keine menschliche Kompetenz.

Die zweite Vorstellung Herders, Hamann erwarte einen überhistorischen Einbruch in die Geschichte, der die prälapsarische Urpoesie als historische Möglichkeit wiederherstelle, geht völlig in die Irre. Eine geschichtliche Wiederkehr der Urpoesie als »Muttersprache des Menschengeschlechts« ist für Hamann genauso undenkbar wie für Herder. Aber für Hamann heißt das: nach dem Sündenfall kann der Mensch nicht mehr von sich aus gottzugewandt sprechen oder schreiben. Gleichwohl kann sein Reden und Schreiben auch im Laufe der menschlichen Geschichte immer wieder von Gott geführt sein, allerdings ohne dass dies eindeutig oder gar an rhetorisch-poetischen Merkmalen erkennbar wäre. Innerhalb der Geschichte gibt es den Schatz nur noch in irdenen Gefäßen. Aber eben deshalb kann der Sündenfall als Beginn dieser Geschichte auch nicht als Ereignis in dieser Geschichte verstanden werden, von dem her die Historie mal aufklärerisch als Perfektibilitäts-, mal rousseauisch als Verfallsgeschichte zu deuten wäre – Herder versucht ja in

[59] Vgl. dazu: Ulrich Gaier, Die Prosatheorie des jungen Herder, in: Vernunft – Freiheit – Humanität. Über Johann Gottfried Herder und einige seiner Zeitgenossen. Festgabe für Günter Arnold zum 65. Geburtstag, hrsg. von Claudia Taszus, Eutin 2008, S. 74–99.

seinen geschichtstheoretischen Entwürfen ständig beides zu vereinigen. Für Hamann hat sich seit dem Sündenfall die conditio humana nicht verändert, die Historie ist weder eine Verfalls- noch eine Aufstiegsgeschichte, sondern jede Zeit, jede Generation, jeder Einzelne hat seither den je eigenen Kampf um Gottferne und Gottnähe auszutragen. Deshalb kann von einer besonders ausgeprägten Verachtung seiner Gegenwart als solcher bei Hamann auch nicht die Rede sein. Nicht seine Gegenwart bekämpft er, sondern die in dieser wie in allen Zeiten sich jeweils anders als Gottferne ausprägende Hybris des Menschen.

Um Hamanns in diesem Sinne durchaus der Geschichte Rechnung tragende Auffassung grundsätzlich abweisen zu können, braucht Herder in Hamanns Text einen Beleg dafür, dass dieser vollkommen unhistorisch denke. Einen solchen Beleg findet er in jener Passage der ›Aesthetica‹, in der Hamann scheinbar von einer bald zu erwartenden Wiederkehr der Urpoesie in Gestalt eines göttlichen Einbruchs in die Geschichte spricht. Es ist die im Titel dieser Studie angesprochene Stelle, der ich mich nun zuwende. Sie lautet:

> Virtuosen des gegenwärtigen Aeons, auf welchen GOTT der HERR einen tiefen Schlaf fallen lassen! Ihr wenigen Edeln! macht euch diesen Schlaf zu Nutz, und baut aus einer Ribbe dieses Endymions die neueste Ausgabe der menschlichen Seele, die der Barde mitternächtlicher Gesänge in seinem Morgentraum sahe ⟨Anm.: Siehe D. Youngs Schreiben an dem Verfasser des Grandison über die Originalwerke.⟩, – – aber nicht von nahe. Der nächste Aeon wird wie ein Riese vom Rausch erwachen, eure Muse zu umarmen, und ihr das Zeugnis zuzujauchzen: Das ist doch Bein von meinem Bein, und Fleisch von meinem Fleisch![60]

Herder stützt sich vor allem auf die Formulierung »Der nächste Aeon wird wie ein Riese vom Rausch erwachen«. Das Wort »Äon« ist es offenbar, das ihn zu der Meinung verleitet, Hamann erwarte in einer Art Heilsprophetie die Wiedergeburt der Ursprungspoesie vor dem Sündenfall. Und da er Hamann einen literarischen Poesie-Begriff unterstellt, sieht er ihn die große Erneuerung der deutschen Poesie von der künftigen Wiederkehr des Gottesreiches erwarten, das mit dem nächsten Äon hereinbrechen werde. Eine solche Auf-

---

[60] N II, S. 200.

fassung, wenn sie denn zuträfe, kann natürlich nur den Spott des werdenden Geschichtsdenkers Herder herausfordern. Warum Hamann denn, so fragt Herder, da er doch so prophetisch sicher die kommende Erneuerung der Poesie erwarte, sie nicht selber schreibe, sondern nur kabbalistische Prosa biete: »Lieber warum bist du nicht ein Virtuose, um den Gott im Menschen zu singen, und unsre Natur zu verewigen.«[61] In der Sicherheit, mit seinem Spott den Freund und Lehrer tatsächlich zu treffen, parallelisiert Herder eine Formulierung Hamanns aus der Vorrede zu den ›Kreuzzügen‹ mit dieser missverstandenen Stelle vom »nächsten Aeon«. Hamann hatte dort in richtiger Befürchtung, auf solche Ausleger wie Herder zu stoßen, gesagt, dass man »leicht 〈...〉 von seinen Zeitverwandten nicht verstanden, und 〈...〉 gemishandelt« werde. Dann könne man nur auf das Verständnis »einer besseren Nachwelt«[62] hoffen. Herder setzt diese Stelle, die so sehr auf seine eigene Missdeutung der ›Aesthetica‹ zutrifft, mit der Äon-Stelle in Verbindung und lässt sein rousseauisches Abstiegsdenken triumphieren. Nicht eine bessere, sondern eine »ärgere Nachwelt« werde es sein. Und er gibt Hamann den guten Rat: »fürchte sie nicht, die um dich ist, bete sie aber auch nicht an, die nach dir kommen, denn es ist Otterngezüchte«.[63] Und unter dem Schwung der höhnischen Verwendung des Hamannschen Begriffs vom »Aeon« erweckt Herder den Eindruck, als sähe er selbst die Gegenwart ganz negativ:

---

[61] Herder, FA, S. 34. Herders Vorwurf zielt auf Hamanns Horaz-Motto (Horaz, Oden III,1, erste und zweite Strophe) am Beginn der ›Aesthetica‹ (N II, S. 197), in dem es heißt: »carmina non prius / Audita 〈...〉 canto«. Hamann gebe also vor, zu singen, meint Herder, schreibe aber nur Prosa. Aber Hamann unterlegt den Horaz-Versen nur seinen theologischen Poesiebegriff. Die von der gegenwärtigen Generation nie vorher gehörten Lieder sind das Wissen von der Herrschaft Gottes, das unter der Herrschaft des autonomen Menschen nicht mehr gehört wird. »Regum timendorum in proprios greges; / Reges in ipsos imperium est Iouis« heißt es in der zweiten von Hamann zitierten Strophe, mit der er sagt, dass die selbst ernannten Könige der Erde nur auf ihre eigene Herrschaft über ihren Besitz aus sind und dabei ignorieren, dass über aller menschlichen Herrschaft Gott herrscht. Für dieses »Lied« Hamanns aber von der Herrschaft Gottes ist Herders Unterschied zwischen Poesie und Prosa bedeutungslos.

[62] N II, S. 117.

[63] Herder, FA, S. 32.

der Aeon um mich ist Heu, und des künftigen Herrlichkeit wie die Blume des Grases.

Wo ist er, daß ich ihn umfasse, und in meiner Mutter Haus bringe – – der Aeon, der Psalmen singt, groß, wie das Thema: Es werde![64]

Herder scheint geradezu erleichtert gewesen zu sein, mit der Äon-Stelle die subtile theologische Ästhetik seines Lehrers auf eine einfältige Naherwartung reduzieren und dagegen sein eigenes poetologisches Säkularisierungsprogramm setzen zu können. Er hat damals nicht gemerkt oder nicht merken wollen, dass Hamann seine ›Kreuzzüge‹ gegen genau diese neuen Tendenzen führte. Jedenfalls kann sich Herder nicht sehr eindringlich bemüht haben, gerade diese für sein Gegenargument so wichtige Text-Passage seines Lehrers zu verstehen, in der faktisch dessen Polemik gegen die neue Ästhetik gipfelt. Es ist freilich auch ein kryptischer, von Ironie-Signalen wimmelnder Text, der besondere Aufmerksamkeit erfordert. Herder verkehrt sein Unverständnis vielmehr in Überlegenheit durch ironische Anspielungen auf Formulierungen Hamanns: »Nein, es versteht dich kein Richter mit dem Milchhaar«, also kein Zeitgenosse wie Michaelis,[65] »noch weniger aber eine ärgere Nachwelt«.[66] Oder: ich bin »zu sehr profanum vulgus 〈...〉, um deinen hieroglyphischen Adam zu entziffern, oder deine Dechiffrierkunst über ihn zu verstehen«.[67]

Die Forschung ist Herder bei dieser Interpretation Hamanns gefolgt, hat sie sogar noch im Sinne des Herderschen Missverständnisses verschärft. Albrecht Schöne schreibt 1960 mit ausdrücklichem Bezug auf Hamanns Aeon-Stelle:

Seine von geradezu chiliastischem Enthusiasmus gefärbte Hoffnung auf die Herrlichkeit des kommenden Aeon aber begegnet bei Herder pessimistischer Nüchternheit 〈...〉.[68]

Und:

---

[64] Ebd., S. 34f. Merkwürdigerweise nennt Gaier nur Hamanns eher realistisches Geschichtsverständnis, aber nie Herders Abstiegsvorstellungen ein »vom Dekadenzgedanken bestimmtes Modell« (Gaier, Prosatheorie, a. a. O. [Anm. 59], S. 79).

[65] So erschließt Gaier diese Formulierung (Herder, FA, S. 894, Kommentar).

[66] Herder, FA, S. 32.

[67] Ebd., S. 34.

[68] Schöne, Herder als Hamann-Rezensent, a. a. O. (Anm. 24), S. 196.

> Gegen Hamanns eschatologisches Denken, das die Herrlichkeit der Schöpfungsfrühe, die Poesie am Anfang der Tage wiederkehren sieht (›Der nächste Aeon wird wie ein Riese vom Rausch erwachen, eure Muse zu umarmen 〈...〉‹), setzt der junge Herder das historische Bewußtsein der Ursprungsferne seiner eigenen Zeit.[69]

Dass Hamanns Denken eschatologisch war, ist keine Frage, aber es war eine Eschatologie im streng christlich lutherischen Sinne, der Göttliches von Menschlichem, Geschichte und Heilsgeschichte sehr genau zu unterscheiden wusste. Gerade dass Herder, in Ansätzen schon in der ›Dithyrambischen Rhapsodie‹ und später ausdrücklich, den Sündenfall von einem heilsgeschichtlichen, die Anthropologie bestimmenden Ereignis zu einem historischen Ereignis im Sinne Rousseaus umdeutet, das den Beginn der Zivilisation markiere, kritisiert Hamann als Herders unzulässige Vermischung von Heilsgeschichte mit Geschichte.[70] Von chiliastischer Naherwartung eines tausendjährigen Reiches Christi nach Apk 20,4, die ja auf solcher Vermischung beruht, ist bei Hamann nicht die geringste Spur zu finden, das Gegenteil ist der Fall, wie unten gezeigt wird. Unbemerkt von Herder und seinen Auslegern blieb, dass Hamanns Angriff auf die neue Literatur gerade deren säkular verbrämte Anleihen bei der Religion als solche unzulässige Vermischung aufspießt. Es ist ja Herder selbst, der solchen Hamann fälschlich vorgeworfenen chiliastischen Wiederkehrphantasien der prälapsarischen Urpoesie Raum gibt. Hans Dietrich Irmscher hat gezeigt, dass Herder zwar in der ›Dithyrambischen Rhapsodie‹ wegen seiner Abstiegstheorie zur Prosa Hamanns angebliche Prophezeiung noch als irreal abweist, dass er aber wenig später »wesentlich optimistischer«[71] genau diese angebliche Prophezeiung in Hamanns Formulierung aufnimmt und selbst einen künftigen Dichter in der Rolle des kommenden Äons erwartet: Einem solchen Dichter würde

> Unsere ganze Seele 〈...〉 entgegen arbeiten 〈...〉. Wenn er sie 〈unsere Seele〉 uns 〈...〉 als 〈...〉 eine zweite Eva, unsere Hälfte, entgegen führte:

[69] Ebd., S. 196f.

[70] Vgl. dazu: Graubner, Origines, a.a.O. (Anm. 40), S. 113.

[71] Hans Dietrich Irmscher, Herders ›Dithyrambische Rhapsodie‹, in: Aufklärung als Problem und Aufgabe. Festschrift für Sven-Aage Jørgensen zum 65. Geburtstag, hrsg. von Klaus Bohnen und Per Øhrgaard, München/Kopenhagen 1994, S. 144 bis 157, hier: S. 152.

wie Adam würden wir auf sie zueilen, und ihrer Umarmung entgegen jauchzen: ›das ist Fleisch von meinem Fleisch!‹ 〈...〉 es wäre vielleicht die größte Höhe des Poetischen Genies in unsrer Stuffe der Cultur: und die Originalste Ausgabe der Menschlichen Seele.[72]

Die durch Schöne vermittelte und verschärfte Herdersche Deutung des Hamannschen Aeon hat offenbar auch die bislang differenzierteste Kommentierung und Deutung von Hamanns ›Aesthetica in nuce‹ beeinflusst. Obwohl Hans-Martin Lumpp, der Autor dieses Kommentars, Hamanns Schrift konsequent in dem von Hamann intendierten Licht erscheinen lässt und eine Interpretation des Kontextes der Aeon-Stelle vorlegt, die der Herderschen zuwiderläuft, kann er sich doch nicht von dieser Fehldeutung lösen.[73] Er versucht sich allerdings an einer Zwischenlösung, indem er den »nächsten Aeon« zwar nicht chiliastisch deutet, aber doch glaubt, Hamann habe mit dieser Formulierung positiv eine Dichtung ankündigen wollen, »die für ein waches – d. h. frommes, christliches – Jahrhundert die Erfüllung sein wird«.[74]

Ganz auf Herders Linie liegt aber der neueste, in Sachen Herder ebenso brillante wie grundlegende, in Sachen Hamann jedoch unzureichende Kommentar zu Herders ›Dithyrambischer Rhapsodie‹ von Ulrich Gaier im ersten Herder-Band der Klassiker-Ausgabe. Gaier hält faktisch an der zwar eingängigen, aber doch auch überholten These von Hamanns Irrationalismus fest, wenn er Herders Parodie die »rationalistische Ergänzung Hamanns«[75] nennt und betont, dass Hamann in einer Art religiösem Furor seine eigene Zeit nicht verstehe und deshalb verdamme. Herders Aussagen in dieser Richtung spitzt er zu. Herder kritisiere, dass sich Hamann »mit sei-

---

[72] Johann Gottfried Herder, Sämtliche Werke, hrsg. von Bernhard Suphan, Bd. 1, Berlin 1877, S. 475 f.

[73] Lumpp scheint Schönes Deutung zuzustimmen, obwohl er schreibt, dass »Schöne 〈...〉 nicht eigentlich auf den Kontext bei Hamann eingeht« und dass, was »von Hamann so sichtbar wird, 〈...〉 lediglich aus Herders Perspektive richtig« ist. (Lumpp, Philologia crucis, a. a. O. [Anm. 2], S. 181).

[74] Lumpp, a. a. O., S. 61.

[75] Herder, FA, S. 819 (Kommentar). Gaier hat keinen Sinn für die oben dargelegte theologische Dimension der Hamannschen Ironie. Deshalb nimmt er, mehr noch als Herder, viele Passagen in der ›Aesthetica‹ wörtlich, um sie gegen Hamann wenden zu können.

ner Hoffnung auf den ›nächsten Äon‹ 〈...〉, mit seiner fanatischen Verdammung der philosophischen Abstraktion der Gegenwart nicht stellt, sondern verweigert«.[76] Herder lege dagegen »statt der Hamannschen poetischen Ästhetik der Urzeit und des künftigen Aeons den Grund für seine prosaische Ästhetik der Gegenwart«.[77]

Diese Hamann-Interpretation verstärkt Gaier noch im Kommentar zur Stelle selbst:

> Hamanns These ›Poesie ist die Muttersprache des menschlichen Geschlechts‹ 〈...〉 war verbunden mit der These, der ›gegenwärtige Aeon‹ sei von Gott in einen tiefen Schlaf versenkt; die wenigen Wachenden sollten aus diesem Schlafenden den neuen Menschen schaffen, den dann der nächste Äon, wie ein Riese vom Rausch erwachend, als ›Bein von meinem Bein, und Fleisch von meinem Fleisch‹ begrüßen werde 〈...〉. Dieser mythisch-eschatologischen Geschichtssicht stellt Herder seine moderne gegenüber, die im Bewußtsein des Nicht-mehr und des Noch-nicht nach dem Möglichen fragt.[78]

In der Art, wie Gaier hier Hamann nicht direkt zitiert, sondern mit eigenen Worten zusammenfassend wiedergibt, wird seine zuspitzende Übernahme von Herders Missverständnis besonders deutlich. Die Behauptung, bei Hamann sei die These von der »Poesie als Muttersprache des Menschengeschlechts« verbunden mit der These vom gegenwärtigen und künftigen Äon, trifft, wie wir sehen werden, für Hamann nicht zu. Und Gaiers Zusammenfassung lässt alle Schlüsselwörter in Hamanns Text, die eine andere Lesung nahelegen, beiseite. Bezeichnend ist auch die Formulierung »mythisch-eschatologische Geschichtssicht«. Damit wird Hamanns Auffassung von Geschichte genau jene chiliastische Vermischung von Geschichte und Heilsgeschichte unterstellt, von der auch Schöne sprach. Christliche Eschatologie verträgt sich aber weder mit dem Wort »mythisch« noch mit dem Rousseauschen Geschichtsbegriff, den Herder hier teilt. Hamann weiß das zu unterscheiden. Und er wirft

---

[76] Ebd., S. 820 (Kommentar). Gaier betont stets nur Hamanns Wendung gegen Vernunftkonstruktionen und vernachlässigt, dass sich Hamann ebenso gegen die poetischen Fiktionen der Einbildungskraft wendet, wenn sie ebenso wie die ersteren auf eine autonome Anthropologie hinauslaufen.

[77] Ebd., S. 884 (Kommentar).

[78] Ebd., S. 887f. (Kommentar).

genau das den Modernen vor, was Gaier ihm unterstellt, nämlich, dass sie ihr weltliches Geschichtsverständnis mit »mythisch-eschatologischen« Anleihen religiös überhöhen. Dass Herder gerade mit seiner »modernen Geschichtssicht« genau diesen Vermischungsweg gegangen ist, hat Hamann ihm später in seinen Kritiken an Herders Schrift vom ›Ursprung der Sprache‹ noch einmal explizit vor Augen gelegt.[79]

4. Die Äon-Stelle als Abschluss der Genesis-Anthropologie in der ›Aesthetica‹

Von Hamanns Reaktion auf Herders ›Dithyrambische Rhapsodie‹ wissen wir jedenfalls durch einen beschwichtigenden Brief Herders von Mitte Februar 1765, in dem er schreibt: »Meinen Dithyramb sehen sie unrecht an: er ist, das meiste gerechnet, keine Critik; die Apostille ausgenommen.«[80] Offensichtlich ist Hamann so betroffen gewesen von der Parodie seines Freundes, dass Herder abwiegeln muss. Man geht davon aus, dass ein Brief Hamanns mit dessen Reaktion auf Herders Angriff verloren gegangen ist.[81] Vielleicht hat dieser Brief nie existiert, denn es gibt noch einen anderen Weg, auf dem Hamann seine Betroffenheit Herder zu verstehen geben konnte. Wenn man für Hamanns Lektüre des »Dithyramb« einen früheren Termin annimmt als seinen Brief an Herder vom 21. Januar 1765,[82] der nichts von Herders Parodie zu wissen scheint, dann ergeben sich durchaus Hinweise auf Hamanns Reaktion, ohne dass

---

[79] Vgl. zu dieser Kritik Hamanns an Herder die grundlegende Studie zu Hamanns Herderschriften von Elfriede Büchsel, Johann Georg Hamann. Über den Ursprung der Sprache, Gütersloh 1963 (Johann Georg Hamanns Hauptschriften erklärt, Bd. 4).

[80] ZH II, S. 315; Herder, Briefe, Bd. 1, S. 38.

[81] So Gaier (Herder, FA, S. 878, Kommentar).

[82] Gaiers Argument (ebd., S. 878 und 915), Herder habe Hamann in seiner Parodie »prahlerisch« (ebd., S. 37) genannt, und am Schluss mit Leibniz / Kolumbus verglichen, weil Hamann seinerseits Leibniz in diesem Brief vom 21. 1. »Ein gewißes marktschreyerisches und pralerisches Wesen« (ZH II, S. 301) attestiert habe, ist bedenkenswert, aber nicht zwingend. Ich möchte eher umgekehrt annehmen, Hamann habe nach Kenntnis von Herders Parodie in diesem Brief plötzlich so ungewöhnlich ausführlich Leibniz zitiert und abqualifiziert, um Herder durch die Blume zu verstehen zu geben, wie abwegig dessen Vergleich Hamanns mit Leibniz sei.

man einen verlorenen Brief annehmen muss. Herder sagt in einem Brief vom 5. Januar 1765, er habe »bald nach meiner Ankunft« in Riga, also noch im November oder Anfang Dezember 1764[83] über einen Dritten eine »Inlage«[84] an Hamann geschickt. Dieser Januar-Brief Herders klingt sehr danach, als habe diese »Inlage« den »Dithyramb« enthalten, denn Herder ist irritiert, von Hamann noch keine Antwort erhalten zu haben und bittet ihn: »Seyn Sie mein Aufwecker, ich wills Ihnen durch Stachellecken nicht schwer machen«.[85] Wo, wenn nicht in seiner Parodie, soll er gegen den Stachel geleckt haben? Und wie soll der Empfänger diesen Satz verstehen, wenn Herder nicht davon ausgeht, dass Hamann die Parodie inzwischen kennt. Herder fürchtet in diesem Brief offenbar, Hamann zu sehr gekränkt zu haben und will schon hier den Freund beschwichtigen, um nicht auf dessen anregende Briefe verzichten zu müssen. Denn Herder weiß natürlich, dass er Hamanns zentrales Anliegen in der ›Aesthetica‹, die Christusbotschaft, in Frage gestellt hat. Schließlich wird er das Wort vom »Stachellecken« aus der Apostelgeschichte, wo eine Stimme zu Saulus spricht: »Saul, Saul, was verfolgest du mich? Es wird dir schwer sein, wider den Stachel zu lecken«,[86] nicht ganz zufällig gewählt haben. Aus dem besagten Brief Hamanns vom 21. 1. geht aber hervor, dass dieser die Sendung Herders tatsächlich erst am 7. 1. zugestellt bekam, Herders Unruhe am 5. 1. also noch unberechtigt war. Falls die »Inlage« den »Dithyramb« enthalten hat, las Hamann sie also zwischen dem 7. und 21. Januar 1765. In dieser Zeit schweigt er also tatsächlich darüber und sagt am 21. ausdrücklich, dass er es getan habe. Er sei nämlich »Ohngeachtet meines Stillschweigens«[87] um Herders Einleben in Riga besorgt gewesen und habe Erkundigungen eingezogen. Er hat also bewusst geschwiegen, ohne seine Zuneigung zu Herder deswegen aufzugeben. Dieses Schweigen über Herders Parodie hat Hamann Zeit seines Lebens durchgehalten. Warum? Ich glaube, die Antwort steht an einer bisher unbeachteten Stelle in einem Brief vom 19. Januar, den

[83] Herder ist am 22. 11. 1764 aus Königsberg abgereist (vgl. ZH II, S. 272).

[84] ZH II, S. 289; Herder, Briefe, Bd. 1, S. 36.

[85] ZH II, S. 290; Herder, Briefe, Bd. 1, S. 36.

[86] Acta 26,14.

[87] ZH II, S. 296.

Hamann zwischen seinen beiden Briefen an Herder geschrieben hat, und zwar an Herders Vorgesetzten, den Rektor Lindner in Riga, Hamanns engsten Freund. Dort heißt es: »Händigen Sie dies ⟨vermutlich ein Buch⟩ dem HE Herder ein mit einem: Dum tacet, clamat und mit einer herzl. Umarmung, die alles in sich schliest, was ich weiß und auf dem Herzen habe.«[88] Merkwürdig eindringlich versichert der zweite Teil dieser Botschaft an Herder, dass sich alles Wissen und Anliegen Hamanns auf die herzliche Umarmung konzentriert, die Liebe zu Herder also wichtiger ist, als Widerlegungen oder Kränkungen. Das ist deswegen nötig, weil der erste Teil der Botschaft begründet, warum Hamann auf Herders Parodie stumm bleiben muss. Lindner soll Herder ausrichten: Dum tacet, clamat. Während Hamann schweigt, schreit er. Sein Schweigen ist Schreien. Hier kommt m. E. der Kern von Hamanns Bestürzung über Herders Angriff zum Ausdruck. Hamann spielt auf Luk. 19,38–40 an. Dort verlangen die Pharisäer von Jesus, er solle seinen Jüngern verbieten, ihm mit den Worten zu huldigen: »Gelobet sei, der da kommt, ein König in dem Namen des Herrn!« Jesus antwortet ihnen: »Ich sage euch: Wo diese werden schweigen, so werden die Steine schreien.«[89] Hamann lässt also Herder ausrichten, dieser habe durch das Ignorieren des Kerns der ›Aesthetica‹, durch das Auslassen der Christusbotschaft, wie die Pharisäer den Jüngern, so ihm, Hamann, gleichsam verboten, das Evangelium zu verkünden. Während Hamann darauf schweigen muss, schreit er tatsächlich wie die Steine in stummer Verkündigung: dum tacet, clamat.

Wenn Lindner diese Botschaft Hamanns korrekt ausgerichtet hat, woran wohl nicht zu zweifeln ist, dann hatte Herder allen Grund, in seinem nächsten Brief an Hamann seine Attacke herunterzuspielen: »meinen Dithyramb sehen sie unrecht an; er ist, das meiste gerechnet, keine Critik«. Denn die stumme Reaktion auf Herders Angriff zeigt in der Tat Hamanns tiefes Erschrecken darüber, dass selbst sein Freund und Weggefährte ihn nicht nur missverstand, sondern sich sogar als Wortführer der von ihm bekämpften Anthropologie entpuppte. Freilich weiß Hamann auch, dass die christliche Botschaft trotz guter Absichten ihrer Freunde verhindert und wider den Wil-

---

[88] Ebd.

[89] »Dico vobis, quia si hi tacuerint, lapides clamabunt« lautet der Vulgata-Text.

len ihrer Feinde befördert werden kann und dass deshalb gilt: et ab hoste consilium. So hat er unerachtet ihrer Differenzen nicht aufgehört, Herder zu lieben und – ihn in seinem Glauben zu stören.

Um die in Hamanns Augen verfehlte Anthropologie seiner aufgeklärten Zeitgenossen, die er jetzt auch Herder verfechten sieht, geht es in der Aeon-Passage der ›Aesthetica‹. Ich will ihre Intention kurz umreißen und dann ihre Ironie-Signale aufzeigen: Hamann äußert an dieser Stelle weder eschatologische, geschweige denn chiliastische Erwartungen und er richtet solche Erwartungen schon gar nicht an die künftige poetische Literatur. Vielmehr fordert er in tiefer Ironie die zeitgenössische ästhetische und philosophische Avantgarde auf, ihre Perfektibilitäts-Konzeption von der Erneuerung des Menschen und seiner Schöpfungen doch umzusetzen (»baut 〈...〉 die neueste Ausgabe der menschlichen Seele«!). Dann werde sichtbar werden – so Hamanns Pointe – dass nichts Neues dabei herauskommen könne, weil in dem auf erhabene Autonomie zielenden Menschenbild alle Schwächen, alle Ohnmacht und sinnliche Bindung der conditio humana herausgekürzt wurden und nichts als Abstraktionen übrig geblieben sind. Da aber auf der geleugneten heteronomen Niedrigkeit alle menschliche Produktivität beruhe, werden die autonomen Neuschöpfungen leer und unfruchtbar bleiben. Sie werden in Wahrheit nur nichtige Zeugnisse einer hybriden Selbsterhöhung des Menschen sein, der bei dem Versuch, Neues zu schaffen, nicht mehr herausbekommt, als er in eigener Vollmacht hineingesteckt hat.[90] Ohne Durchgang durch die persönliche Erfahrung der Abhängigkeit und Endlichkeit des Menschen, ohne die »Höllenfahrt der Selbsterkänntnis«,[91] wie Hamann an anderer Stelle sagt, werden diese Schöpfungen allerdings von den selbsternannten Schöpfern jauchzend begrüßt werden: »Das ist doch Bein von meinem Bein, und Fleisch von meinem Fleisch!« Genau das, so Hamanns ironische Intention, sind diese Schöpfungen – genau das und nichts als das: Bein von ihrem Bein: bloße Wiederholungen der selbsterschaffenen Abstraktionen.

[90] Dieser Zirkelvorwurf entspricht dem Einwand, den Hamann später gegen Herders Sprachursprungsschrift erheben wird (vgl. dazu: Graubner, Origines, a. a. O. [Anm. 40], S. 128 f.).

[91] N II, S. 164.

Sven-Aage Jørgensen hat in seinem Nachwort zur ›Aesthetica‹ durchaus den ironischen Sinn dieser Stelle vertreten. Sie besage: Die modernen Ästhetiker »träumen in ihrer Überzeugung von der moralischen und intellektuellen Perfektibilität des Menschen von einer Vollkommenheit, die den Sündenfall überspringt«. Und Jørgensen fährt fort: »Die Stelle ist kaum, wie meistens angenommen wird, positiv zu deuten.« Er begründet seine negative Interpretation damit, dass der von Hamann zitierte Young die »neueste Ausgabe« nicht »apokalyptisch«, sondern nur als »eine Stufe der moralischen Progression«[92] verstanden habe. Ulrich Gaier hält dem entgegen: »Anders als Sven-Aage Jørgensen ⟨...⟩ verstehe ich die Stelle doch eschatologisch«, denn bei Young gehe es tatsächlich »chiliastisch um die Goldene Zeit des Endes«[93] und nicht nur um moralische Progression. Im Folgenden wird die Auffassung von Jørgensen erhärtet, freilich ohne sie mit der Meinung Youngs zu begründen. Denn da Hamann auch Young hier nur ironisch zitiert, ist der Rekurs auf dessen Ansicht für das Verständnis der Stelle nicht entscheidend. Dieses Verständnis erschließt sich freilich erst, wenn man den Kontext der ›Aesthetica‹ vor der Äon-Passage hinreichend berücksichtigt.

Zum Inbegriff von Hamanns Auseinandersetzung mit der zeitgenössischen Anthropologie wird deren Behandlung der Natur, sei es als äußere Natur oder als Natur des Menschen. In der naturwissenschaftlichen und in der »schönen« Natur macht Hamann die philosophische und die ästhetische Abstraktion dingfest, die Gottes Schöpfungsnatur durch menschliche Hybris erleiden muss, welche sie, wie Hamann sagt, »durch« ihre »Abstractionen schindet«.[94] Um seinen Angriff gegen die zeitgenössische »schöpferische« Produktivität zu begründen, stellt Hamann in den Absätzen vor der Äon-Stelle seine Schöpfungsanthropologie dar. Die Äon-Stelle selbst ist der pointierte Abschluss dieses ersten Teils der ›Aesthetica‹, der darin gipfelt, zu zeigen, was die luziferischen Zeitgenossen aus der gottgewollten Anthropologie zu machen vorhaben. Bei Hamanns Darstellung der Schöpfungsanthropologie geht es, wie gezeigt, vor allem um die

[92] Jørgensen, Nachwort zur ›Aesthetica‹, a. a. O. [Anm. 37], S. 184 f.
[93] Gaier, Prosatheorie, a. a. O. [Anm. 59], S. 78.
[94] N II, S. 206.

Sprache Gottes, der sich mit der Schöpfung zu den Menschen heruntergelassen hat, damit ihnen seine Schöpfungssprache in der geschaffenen Natur erfahrbar wird. Auf der zweiten Stufe der Erniedrigung der Schöpfersprache vor dem Sündenfall, in Adams Namengebung der Tiere, bewahrt die menschliche Sprache noch die größte Nähe zur Sprache Gottes. Nach dem Sündenfall aber wandelt sich diese Sprache in bloße Zeichen, die über die Wachterschen Stufen »kyriologisch« und »symbolisch« beim »charakteristischen« Zeichen landen, das schließlich als »philosophisches« Zeichen die weiteste Entfernung von der Gottessprache ausdrückt, in das sich diese nach sechsfacher Erniedrigung und Verdünnung verflüchtigt hat.[95] In dem Maße aber, wie sich die Gottessprache verflüchtigt, nimmt auch die Selbstüberhebung des Menschen zu. Denn die Verdünnung der Gottessprache beruht nach Hamann auf der fortschreitenden Herauskürzung des durch die Schöpfung empfangenen Lebendigen aus der göttlichen Ursprungssprache. Dahinter aber stehe die absurde Überzeugung, dass der Mensch sich aus dem ausschließlich selbst Gemachten, aus seinen eigenen Fiktionen und Abstraktionen definieren, sich selbst autonom hervorbringen könne, dass er »sich an sich selbst zum Gotte schafft«,[96] wie Herder markant formuliert.[97]

Es ist keine Frage, dass Hamanns Verständnis des Sündenfalls in dieser Konzeption eine entscheidende Rolle spielt. Aber sie spielt diese Rolle ausgesprochen unterirdisch. Daher muss besonders nachdrücklich auf Hamanns Formulierungen geachtet werden, in denen verdeckt vom Sündenfall die Rede ist. Denn er wird im Text nicht explizit dargestellt.[98] Es heißt nur, dass wir die Schöpfungsnatur

[95] Vgl. dazu die obigen Darlegungen sowie Hans Graubner, Erkenntnisbilder oder Bildersprache. Hamann und Hume, in: Johann Georg Hamann. »Der hellste Kopf seiner Zeit«, hrsg. von Oswald Bayer, Tübingen 1998, S. 135–155, hier: S. 149f.

[96] Herder, FA, S. 34.

[97] Irmscher betont, wie sehr sich die Position Herders damit von der Hamanns unterscheidet: »Das ›unendliche Misverhältnis‹ des Menschen zu Gott ist für Hamann unaufhebbar. Für Herder dagegen kann durchaus von einer Identität zwischen Gott und Mensch, mindestens von einer durchlässigen Grenze zwischen beiden gesprochen werden.« (Irmscher, Herders ›Dithyrambische Rhapsodie‹, a.a.O. [Anm. 71], S. 149f. mit Hamann, N III, S. 312)

[98] Vermutlich bleibt Hamann deshalb so zurückhaltend, weil der Sündenfall den größten Stein des Anstoßes bei den zu gewinnenden Adressaten der ›Aesthetica‹ darstellt.

nicht mehr vor uns haben, sondern nur noch zerstückte »Turbatverse«, also durcheinander geworfene Wörter, und als Begründung wird nur sibyllinisch angeführt: »Die Schuld mag aber liegen, woran sie will, (außer oder in uns)«.[99] Hamanns Sündenfallverständnis weicht von dem der lutherischen Orthodoxie durchaus ab. Er spaltet den Sündenfall geradezu auf: Die Entstehung des Bösen mit der Endlichkeit, Sterblichkeit des Menschen versteht er seit seiner Hofmeisterzeit, in der er die Theodizee-Diskussion intensiv rezipiert hat, »supralapsarisch«; das heißt, er verlegt den Beginn dieser Natur des Menschen in den Schöpfungsprozess selbst: »Gott selbst sagt: Ich schaffe d⟨as⟩ Böse«.[100] Danach liegt in Gottes Schaffensentschluss selbst der Wille, dass Unvollkommneres entstehe als der Schöpfer. Den eigentlichen Sündenfall hingegen versteht Hamann als das vom Menschen ertrotzte Sich-Bewusstwerden, das zugleich mit der bestürzenden Erkenntnis der eigenen Vergänglichkeit verbunden war und daher der Ursprung der Dauerversuchung des Menschen wurde, sich künftig mit allen Kräften der Sterblichkeit seiner Person und der Endlichkeit all seiner Unternehmungen zu entziehen. So flieht er seither vor der gewonnenen Einsicht in abstrakte Fiktionen seiner Einbildungskraft und Vernunft, die ihm scheinbare Dauer versprechen. In Fiktionen und Abstraktionen besteht für Hamann daher der Versuch des Menschen, sich aus den sinnlich-niedrigen Abhängigkeits-Bedingungen seines Geschaffenseins, aus seiner Endlichkeit herauszunehmen und sich eine »reine«, unabhängige Autonomie aus eigener Kraft zuzueignen (»zu sein wie Gott«), sich selbst also neu zu erschaffen. Natürlich denkt Hamann dabei vor allem an die Perfektibilitätsanthropologie der Aufklärung.

Es geht also um die Erschaffung des Menschen durch Gott und um den hybriden Versuch seines Geschöpfs, sich selbst als autono-

---

[99] N II, S. 198.

[100] Hamann, Londoner Schriften, a.a.O. (Anm. 26), S. 412. – Vgl. dazu: Hans Graubner, Hamanns Auseinandersetzung mit der Theodizee und sein Urteil über Voltaires Erschütterung, in: Das Erdbeben von Lissabon und der Katastrophendiskurs im 18. Jahrhundert, hrsg. von Gerhard Lauer und Thorsten Unger, Göttingen 2008 (Das achtzehnte Jahrhundert. Supplementa 15), S. 275–284; und ders., »Gott selbst sagt: Ich schaffe das Böse«. Der Theodizee-Entwurf des jungen Hamann in der Auseinandersetzung mit Hume, Sulzer, Shuckford und Hervey (erscheint demnächst in den Acta des 9. internationalen Hamann-Kolloquiums).

mes Wesen neu hervorzubringen. Je mehr sich der Text der Äon-Stelle nähert, desto mehr treten die Erschaffung des Menschen sowie die Hamannsche Deutung des Sündenfalls in den Vordergrund. Zwei Absätze vor der Äon-Stelle wird die Schöpfung des Menschen nach beiden Schöpfungsberichten zusammengefasst. Aus dem zweiten wird zitiert: »Und GOTT der HERR machte den Menschen aus einem Erdenkloß – –«.[101] Nicht mitzitiert wird, aber der Leser soll es in den Gedankenstrichen mitdenken, dass Gott es ist, der dem Menschen »eine lebendige Seele« einhaucht. Ganz unerwähnt bleibt auch die göttliche Erschaffung der Eva aus der Rippe Adams. Um so mehr muss auch dies der Leser mitdenken, denn beides spielt für das Verständnis der Äon-Stelle eine entscheidende Rolle.

Im Absatz unmittelbar vor dieser Stelle kommt dann auf kryptische Weise der Sündenfall in der angedeuteten Hamannschen Interpretation zur Sprache, und zwar in der Formulierung:

> Der hieroglyphische Adam ist die Historie des ganzen Geschlechts im symbolischen Rade: – – der Charakter der Eva, das Original zur schönen Natur und systematischen Ökonomie, die nicht nach methodischer Heiligkeit auf dem Stirnblatt geschrieben steht; sondern unten in der Erde gebildet wird, und in den Eingeweiden, – in den Nieren der Sachen selbst – verborgen liegt.[102]

Wenn hier vom »hieroglyphischen Adam« und vom »Charakter der Eva« gesprochen wird, so heißt das nach der unmittelbar vorher verwendeten Wachterschen Typologie, dass aus den Geschöpfen Gottes durch den Sündenfall zweideutige menschliche Sprachzeichen geworden sind. Zwischen Adam und Eva als Gottesgeschöpfen und ihrer Erscheinung als »Hieroglyphe« und »Charakter« in der Menschensprache ist daher der Sündenfall zu denken. Er kommt in der Hieroglyphe »Adam« darin zum Ausdruck, dass dieses Zeichen auf die Heilsgeschichte »des ganzen Geschlechts« verweist, die in ihm als »Erschaffung – Fall – Erlösung«,[103] also als alter Adam, der sündigt, und als neuer Adam Christus, der erlöst, »symbolisch« verborgen ist. Aus dieser Adam-Typologie folgt – Hamann deutet das durch

[101] N II, S. 200.
[102] Ebd.
[103] Jørgensen, ›Aesthetica‹, a. a. O. (Anm. 37), S. 92.

den Doppelpunkt und zwei Gedankenstriche an – »der Charakter der Eva«. Im Sündenfall ist Eva aus einer originalen Schöpfung Gottes zu einem charakteristischen, also philosophischen Zeichen geworden, das in Hamanns Sprachtypologie die äußerste Entfernung menschlicher Sprache von der Schöpfungssprache Gottes repräsentiert.[104] In der Zusammenstellung von »Hieroglyphe« mit Adam und »Charakter« mit Eva macht Hamann die Doppeldeutigkeit dieser Gestalten nach dem Sündenfall kenntlich.

Ersichtlich ist, dass der Absatz vor allem Eva ins Zentrum rückt. Das geschieht, um ihre Rolle in der dann folgenden Äon-Stelle deutlich zu machen. Schwierig ist aber die Konstruktion des Eva-Satzes und der Anschluss an den Adam-Satz. Ich glaube nicht, dass das Verb »ist« aus dem Adam-Satz zu ergänzen ist, etwa: »der Charakter der Eva, ⟨ist⟩ das Original ⟨...⟩«. Dagegen spricht jedenfalls das Komma nach Eva, aber auch der Gedankengang. Mir scheinen vielmehr in dem Doppelpunkt und den Gedankenstrichen das Verb des Eva-Satzes enthalten zu sein etwa in dem Sinne: aus der heilsgeschichtlichen Bedeutung des Sündenfalls im »symbolischen Rade« folgt »der Charakter der Eva«. Die Zweideutigkeit Evas kommt dann darin zum Ausdruck, dass zunächst Eva als originale Schöpfung Gottes in Erinnerung gerufen wird. Im nächsten Absatz dann – das ist die Äon-Stelle – wird gezeigt, was Eva als charakteristisches Zeichen nach dem Sündenfall bedeutet. Eva als Gottesgeschöpf ist ein Original, und zwar »das Original zur schönen Natur und systematischen Ökonomie«. Ich lese also diese Formulierung als erläuternde Apposition, und zwar nur zu Eva, nicht etwa zu »Charakter

---

[104] Kocziszky bezweifelt, dass diese Stelle mit den »charakteristischen Zeichen« der Übersetzungs-Stelle »aus einer Engelsprache in eine Menschensprache« in Zusammenhang gebracht werden müsse (Kocziszky, Leib und Schrift, a.a.O. [Anm. 35], S. 153). Hamann zitiere vorher aus dem ersten Schöpfungsbericht, in dem, allerdings nicht mitzitiert, stehe: »Und Gott schuf den Menschen nach seinem Bild ⟨...⟩ als Mann und Frau schuf er ihn« (Kocziszky, a.a.O., S. 154). Bei dieser Gleichursprünglichkeit der Schöpfung der Geschlechter könne nicht angenommen werden, dass Hamann sie auf verschiedene Stufen der menschlichen Zeichensprache verteile, Adam als hieroglyphisches, Eva als charakteristisches Zeichen. Dieser Einwand berücksichtigt nicht, dass für Hamann die gleichursprüngliche Schöpfung vor dem Sündenfall anzusetzen ist, während die Abwertung Evas zu einem abstrakten Zeichen entsinnlichter Idealität gerade durch den Sündenfall entsteht.

der Eva«. Eva wird danach als »Original« von dem unterschieden, was durch den Sündenfall aus diesem Original geworden ist, was sie seit dem Sündenfall repräsentieren muss, nämlich die »schöne Natur« und die »systematische Ökonomie«.[105] Damit ist die von Gott geschaffene Frau in die Gewalt der menschlichen Einbildungskraft und Vernunft gefallen, die aus der »Mutter aller Lebendigen«[106] eine abstrakte ästhetische »schöne Natur« und aus Gottes Haushaltung eine »systematische Ökonomie« gemacht haben. Für Hamanns Argumentation in der ›Aesthetica‹ ist es entscheidend, dass dadurch auch der zentrale Begriff der zeitgenössischen Ästhetik, die »schöne Natur«, auf die letzte Schwundstufe der Abstraktion, in die größte Entfernung von der einst göttlich geschaffenen Natur gerückt ist.

Warum wird Eva, die doch selbst ein Geschöpf Gottes ist, zum philosophischen Zeichen, zum Inbegriff gottfernster Abstraktion und was hat das Schöne im Begriff der »schönen Natur« damit zu tun? Hamann zieht in der Gestalt Evas seine Interpretation des Sündenfalls zusammen. Diese Interpretation wird in diesem Text nur vage angedeutet. Erst bei der Diskussion mit Herder in den nächsten Monaten in Mitau und den darauf bezüglichen Briefen im April 1768, als sich Herder hartnäckig und prüde gegen diese Interpretation wehrt, klärt Hamann sie weiter auf.[107] Mit der Erschaffung Evas als der »Mutter ⟨...⟩ aller Lebendigen«[108] hat Gott den Menschen, seine Fortpflanzung und seine Erneuerung an die Sexualität gebunden. Durch sie bleibt seine Existenz an seine Sinnlichkeit geknüpft, die ihn seine Abhängigkeit, Endlichkeit und Heteronomie, aber eben auch seine Lebendigkeit fühlen lässt. So hat für Hamann auch die Erfahrung des Schönen als des Lebendigen ihren Ursprung in der Erschaffung Evas, denn mit ihr beginnt die Liebe zwischen Mann und Frau, die aber, wie alles Schöne, durch den Sündenfall zweideutig geworden ist. Diesen Sündenfall deutet Hamann nun so,

---

[105] Kocziszky trifft diese Unterscheidung nicht, weil sie die postlapsarische Zeichensprache von der Schöpfungssprache Gottes nicht unterscheidet und entsprechend die argumentative Bedeutung des Sündenfalls bei Hamann unterschätzt. Für sie ist die »schöne Natur« Evas mit ihrer Erschaffung identisch (z. B. Kocziszky, a. a. O., S. 156).

[106] N III, S. 201 mit Gen 3,20.

[107] Vgl. Graubner, Origines, a. a. O. (Anm. 40), S. 118–127.

[108] Gen 3,20.

dass der Teufel den Menschen einflüstere, sie könnten zugleich mit dem Bewusstsein ihrer Sterblichkeit doch von dieser Bindung an die Sinnlichkeit durch das Essen vom Baum der Erkenntnis frei werden und wie Gott sein, sie könnten das Schöne, das aus der Liebe entsteht und sie begleitet, ohne Durchgang durch die Sexualität haben, die unrein sei und zusammen mit der ganzen Sinnlichkeit den Menschen zur Heteronomie verdamme. Die Abwertung der Sinnlichkeit wird also mit dem Versprechen verknüpft, die Menschen könnten rein, sexuell unschuldig und unsterblich sein wie Gott. Hier nun liegt für Hamann der entscheidende Punkt des Sündenfalls. Er ist die Verführung zur Reinheit, zur Unschuld, zur Abstraktion von der Sinnlichkeit. Indem die Menschen dazu verführt werden, ihre gottgewollte sinnliche Natur, ihre hinfällige Kreatürlichkeit abzustreifen und zu »schönen Geister⟨n⟩«[109] zu werden – Hamann nimmt hier den modischen Begriff des »bel esprit« auf und bezieht ihn zugleich auf die gefallenen Engel –, folgen sie in Wirklichkeit ihrem Verführer, dem Satan, dem »schönen Geiste, fürchterlichen Andenkens«,[110] und trennen sich von Gott, indem sie seine Stelle einzunehmen suchen. Tatsächlich aber bleiben sie im Stadium der Verführung stecken: eitel, hochmütig und unfruchtbar. Mit dem charakteristischen Zeichen »Eva«, die als originales Geschöpf Gottes die »Mutter aller Lebendigen« ist, aber durch Abstraktion von diesem Ursprung im Sündenfall zur »schönen Natur« pervertiert wurde, ist bei Hamann dieser ganze Komplex angesprochen.[111]

Hamanns Satz drückt diesen Sachverhalt einigermaßen dunkel aus. Auffällig sind die Zusammenstellungen: »schön« zu »Natur«, »systematisch« zu »Oekonomie« und »methodisch« zu »Heiligkeit«. Sie alle deuten in Hamanns Denkweise auf Widersprüche, welche

---

[109] N III, S. 202.

[110] ZH II, S. 416.

[111] Vgl. dazu die ausführliche Darstellung in Graubner, Origines, a. a. O. (Anm. 40), bes. S. 118 ff. Ohne Kenntnis dieses Aufsatzes von 1989 und meines Aufsatzes von 1996 (Graubner, Hamanns Buffon-Kommentar, a. a. O. [Anm. 27]) zu Hamanns sprachtheologischer Deutung der Sexualität und des Stils stellt auch Kocziszky mit Recht die Sexualität ins Zentrum von Hamanns Überlegungen zum Zusammenhang von Leiblichkeit und Sprache (Kocziszky, Leib und Schrift, a. a. O. [Anm. 35], S. 154–157).

durch den Sündenfall entstanden sind, und bezeugen seine Vorstellung von der Zweideutigkeit der postlapsarischen Zeichensprache, in der mit den Beiwörtern »schön«, »systematisch« und »methodisch« Gottes »Natur«, »Ökonomie« und »Heiligkeit« in ein luziferisches Licht getaucht werden. Diese Zweideutigkeit zeigt sich besonders eindrücklich an Hamanns Verwendung des Begriffs der »schönen Natur«, der in der gesamten ›Aesthetica‹ zwischen der von Gott gemeinten und der vom Menschen gemachten Natur schillert. Ausgangspunkt ist der Holzschnitt mit dem hässlichen Panskopf auf dem Titelblatt der ›Kreuzzüge‹.[112] Er soll den »Philologen« Hamann selbst »in effigie oder seine schöne Natur etwa vorstellen«.[113] Mit dieser Eröffnung konterkariert Hamann von vornherein in scherzhaft-tiefsinniger Selbstironie die Rede von der »schönen Natur« in der zeitgenössischen Ästhetik, die mit dem Epitheton »schön« als charakteristischem Zeichen nur eine abstrakte Vorstellung des Harmonischen überhaupt verbindet. Hamann weist in scharfem Gegensatz dazu darauf hin, dass die von Gott erschaffene Natur des Menschen in Wirklichkeit das Ohnmächtige, Hässliche, Sinnliche, Ekelhafte, Böse, Niedrige, also die Sterblichkeit einschließt. Während er mit dieser Selbstironie auf dem Titelblatt besonders auf die Niedrigkeit der Kondeszendenz Gottes in der Natur des Menschen aufmerksam macht, so betont er an anderer Stelle, dass gerade auf dieser sinnlichen Niedrigkeit auch einzig die Lebendigkeit des Menschen beruht. »Die Sinne aber sind Ceres, und Bacchus die Leidenschaften; – alte Pflegeltern der schönen Natur.«[114] Wie Sinne und Leidenschaften die vergessenen »Pflegeltern« sind, so ist Eva das verdrängte »Original« zu der »schönen Natur« der zeitgenössischen Ästhetik. Als »Original zur schönen Natur« vertritt Eva also die ganze gottgewollte Natur des Menschen, die das Hässliche, Niedrige, Sinnliche, das inter faeces et urinam nascimur[115] mit umfasst und darin das Geheimnis der Heteronomie des Menschen wahrt, die als gottgegeben alles Selbstgemachte in die Schranken weist. Als bloß erdachte und fingierte »schöne Natur« der zeitgenös-

---

[112] N II, S. 113.

[113] Ebd., S. 117; Hervorhebung H. G.

[114] Ebd., S. 201.

[115] Augustin zugeschrieben.

sischen Ästhetik aber muss Eva statt des Niedrigen, Sinnlichen, aber Lebendigen, nur die Abstraktion des Hohen, Harmonischen, aber Unfruchtbaren und Toten repräsentieren, durch die eine »mordlügnerische« Ästhetik und »Philosophie« die lebendige, wahre »Natur aus dem Wege geräumt«[116] hat.

Gottes Schöpfungsnatur ist also zur geschlechtslosen Abstraktion eines ästhetischen Ideals der »schönen Natur« verstümmelt und Gottes geheimnisvolle Haushaltung zur angemaßten »systematischen Ökonomie« der menschlichen Vernunft pervertiert worden. Die Fortsetzung des Satzes: »die nicht nach methodischer Heiligkeit auf dem Stirnblatt geschrieben steht; sondern unten in der Erde gebildet wird, und in den Eingeweiden, – in den Nieren der Sachen selbst – verborgen liegt«, wirft das Problem auf, auf welches vorangegangene Wort sich das Relativpronomen »die« bezieht. Der naheliegende Rückbezug auf »systematischen Ökonomie« lässt kaum einen in den Duktus des Satzes integrierbaren Sinn zu. Mit »Ökonomie« kann nach der Fortsetzung nur Gottes Haushaltung gemeint sein, die Hamann aber nicht mit dem Beiwort »systematisch« belegen würde, zu der aber auch nicht Eva das Original sein kann, sondern umgekehrt, aus der Eva hervorgehen muss.[117] Am klarsten erscheint die Intention des Satzes, wenn man den Einschub »das Original zur schönen Natur und systematischen Ökonomie« als Apposition zu »Eva« betrachtet und das Relativpronomen »die« auf »Eva« zurückbezieht. Eva als Original, als ursprüngliche Schöpfung Gottes vor dem Sündenfall ist kein Zeichen, das »nach methodischer Heiligkeit auf dem Stirnblatt geschrieben steht«. Sie ist nicht nach der »systematischen Ökonomie« des Menschen eine Kopfgeburt und nicht nach der »methodischen Heiligkeit« seiner Vernunft durchschaubar, sie ist vielmehr nach der geheimnisvollen »Ökonomie« Gottes und in dessen verborgener »Heiligkeit« »unten in der Erde gebildet« und sie liegt »in den Eingeweiden, – in den Nieren

[116] N II, S. 206.

[117] Koczиszky bedenkt diese Schwierigkeiten nicht, bezieht das »die« problemlos auf »systematische Ökonomie« (Kocziszky, Leib und Schrift, a.a.O. [Anm. 35], S. 156) und übersieht die Doppeldeutigkeit in Hamanns Formulierungen »schöne Natur« und »systematische Ökonomie«.

der Sachen selbst – verborgen«.[118] Hamann zitiert hier den 139. Psalm:

> Denn du hast meine Nieren in deiner Gewalt, du warest über mir in Mutterleibe. ‹...› Es war dir mein Gebein nicht verhohlen, da ich im Verborgenen gemacht ward, da ich gebildet ward unten in der Erde.[119]

Mit diesem Zitat will Hamann deutlich machen, dass das Zeugen und Geborenwerden des Menschen allein in Gottes Obhut liegt und nur durch seine »Oekonomie«, seine Haushaltung im Verborgenen des menschlichen Unterleibs gelingt. Alle Kopfgeburten des Menschen hingegen, seine Abstraktionen, wie die schöne Natur und der vollkommene neue Mensch, sind nicht aus den Tiefen der sinnlichen Natur entstanden, sondern eitle und leblose Hirn-Gespinste der menschlichen Einbildungskraft und Vernunft.

Eva Kocziszky hat zwar Recht, wenn sie meint, es gehe hier auch um Eva als Gebärerin und Mutter aller Lebendigen,[120] aber an dieser Stelle, an der Hamann seine Anthropologie aus der Genesis entfaltet, steht die Entstehung Evas selbst im Vordergrund. Das wird sehr deutlich, wenn man die parallele Argumentation Hamanns aus der ›Sibylle über die Ehe‹ heranzieht, welche die Diskussion mit Herder aus den Jahren 1765 bis 1768 voraussetzt:

> Alle Mysterien des Hymens sind daher dunkle Träume, die sich auf jenen tiefen Schlaf beziehen, worinn die erste Männin zur Welt kam, als ein beredtes Vorbild für die Mutter aller Lebendigen. – –[121]

Es ist unbestreitbar, dass Hamann die Entstehung der Sexualität in seiner Anthropologie aus den Versen Gen 2,21 und 22 heraus versteht: »Da ließ Gott der HERR einen tiefen Schlaf fallen auf den Menschen ‹...› Und nahm seiner Rippen eine ‹...› Und Gott der HERR bauete ein Weib aus der Rippe«. Durch diese Interpretation wird aber die Stelle von der Entstehung Evas mit in Hamanns Interpretation des Sündenfalls hineingezogen, welchen er als Verweigerung der Sexualität und Verführung zu hybrider Unschuld und

[118] Alle Zitate: N II, S. 200.
[119] Ps 139, V. 13 und 15.
[120] Kocziszky, Leib und Schrift, a.a.O. (Anm. 35), S. 155f.
[121] N III, S. 201.

Reinheit versteht.[122] Mit der nachdrücklichen Betonung der göttlichen Erschaffung Evas unmittelbar vor der Äon-Stelle, welche dann auf die Verkehrung dieser Erschaffung durch den Menschen nach dem Sündenfall anspielt, geht es Hamann darum, noch einmal unmissverständlich deutlich zu machen, dass die Erschaffung des Menschen grundsätzlich im sinnlichen Geheimnis der Ökonomie Gottes verborgen bleibt, sei es im Bild des getöpferten Erdenkloßes Adam oder im Bild der aus Adams Rippe erschaffenen Eva, während Adam selbst im Dunkel des Schlafs lag.

Wenn aber die Erschaffung der Eva aus einer Rippe Adams in den Sündenfall einbezogen wird, dann wird diese Erschaffung zweideutig, und die verborgene Ökonomie Gottes kann als »systematische Ökonomie« des Menschen erscheinen, der meint selbständig einen neuen Menschen schaffen zu können. Hamann hat offenbar den »tiefen Schlaf«, in den Gott Adam versenkt, um aus einer Rippe Eva zu »bauen«, universal als den Tiefschlaf gottabgewandter Autonomie des Menschen verstanden, der das Wirken Gottes nicht mehr bemerkt und die ihm begegnenden Phänomene für eigene Hervorbringungen hält. So können die Worte Adams: »Das ist doch Bein von meinem Bein« als Keimzelle für den menschlichen Anspruch verstanden werden, Gottes Werke der menschlichen Schaffenskraft zuzueignen. Wenn Adam Eva in dieser Weise in Besitz nimmt, die göttliche Erschaffung Evas ignoriert und sie als sein Werk ansieht, so erscheint er als Pygmalion, der sich einbildet, die von Gott geschaffene Frau sei eine Schöpfung seiner menschlichen Kunst.[123]

Unter diesen Voraussetzungen kann nun die Äon-Stelle genauer betrachtet werden. Sie sei noch einmal in Erinnerung gerufen:

> Virtuosen des gegenwärtigen Aeons, auf welchen GOTT der HERR einen tiefen Schlaf fallen lassen! Ihr wenigen Edeln! macht euch diesen Schlaf zu Nutz, und baut aus einer Ribbe dieses Endymions die neueste Ausgabe der menschlichen Seele, die der Barde mitternächtlicher Gesänge in seinem Morgentraum sahe ⟨Anm.: Siehe D. Youngs Schreiben an dem Verfasser des Grandison über die Originalwerke.⟩, – – aber nicht

[122] Vgl. dazu Graubner, Origines, a. a. O. (Anm. 40), S. 122–127.

[123] Dass Hamann den Pygmalion-Mythos tatsächlich in dieser Weise negativ gedeutet hat, habe ich an anderer Stelle gezeigt. Vgl. Graubner, Peter der Große als Pygmalion, a. a. O. (Anm. 17), S. 121–126.

> von nahe. Der nächste Aeon wird wie ein Riese vom Rausch erwachen, eure Muse zu umarmen, und ihr das Zeugnis zuzujauchzen: Das ist doch Bein von meinem Bein, und Fleisch von meinem Fleisch![124]

Wie schon angedeutet, muss dieser Text als ironische Aufforderung an die »Virtuosen des gegenwärtigen Aeons« verstanden werden, doch ihr Konzept von der Erschaffung der »schönen Natur« des neuen Menschen durchzuführen, dem der »nächste Aeon« dann als eigenem Machwerk, als »Bein von meinem Bein« »zujauchzen« werde. Die Wörter, die Hamann in diesem Absatz wählt, sind in seiner Denkwelt durchweg pejorativ konnotiert. Der »Virtuose«, von Shaftesbury zum künftigen neuen Menschen erhoben, wird für Hamann zunehmend zum Inbegriff der philosophischen und literarischen Avantgarde, welche die eitlen Abstraktionen vorantreibt. Später wird vor allem Voltaire, der schon in der ›Aesthetica‹ zu den Angegriffenen gehört, als »der unverschämteste Spermolog und Virtuose«[125] bezeichnet.

An den Virtuosen schließt sich unmittelbar die Formulierung »Ihr wenigen Edeln!« an. Hamann zitiert hier aus Klopstocks Ode ›Auf meine Freunde‹[126] und auch aus dem ersten Gesang des ›Messias‹.[127] Werden in der Ode die engsten Freunde Klopstocks, so im Gesang die engsten Freunde Christi in dieser Weise angerufen. Hamann steht dieser nach seiner Ansicht subjektiven Vereinnahmung christlicher Motive in Klopstocks empfindsamer Dichtung zunächst skeptisch, dann ablehnend gegenüber. Schon in den ›Sokratischen Denkwürdigkeiten‹ wird Klopstock mit Voltaire zusammengespannt, um die poetischen und philosophischen Abstraktionen gleichermaßen der Gottferne zu bezichtigen.[128] An unserer Stelle geht es jedoch darüber hinaus um eine noch spezifischere Kritik an Klopstock. Hamann spielt auf Klopstocks Ode ›An Gott‹ an. Schon mit dem Hinweis auf den 139. Psalm (»unten in der Erde

---

[124] N II, S. 200.

[125] N III, S. 144.

[126] Friedrich Gottlieb Klopstock, Ausgewählte Werke, hrsg. von Karl August Schleiden, 2 Bde., Darmstadt 1962, hier: Bd. 1, S. 19, Vers 220: »Wie sich die wenigen Edlen liebten!«

[127] Ebd., S. 197, Vers 20.

[128] N II, S. 74.

gebildet«) hat er diese Ode im Blick und zitiert, was Klopstock gerade auslässt. Denn dieser bestreitet den ersten Teil seiner Ode mit Stellen aus diesem Psalm, übergeht jedoch die von Hamann sexuell gedeuteten Passagen der Entstehung Evas im Verborgenen, rühmt dann aber Eva im zweiten Teil als Geliebte Adams, um danach zum Lobpreis seiner eigenen Geliebten überzugehen, was Hamann auch an anderer Stelle der ›Kreuzzüge‹ befremdlich findet.[129] Bei diesem bruchlosen Übergang wird die Geliebte von Klopstock mit der aus Adams Rippe geschaffenen Eva gleichgesetzt und beide werden durch das Verschweigen der sinnlichen Entstehung Evas zu »charakteristischen Zeichen« gemacht. Klopstock hat damit in Hamanns Augen die Erschaffung Evas zu einer unsinnlichen Kopfgeburt seiner eigenen Muse missbraucht, hat, wie in Hamanns ironischer Aufforderung, »aus einer Ribbe« eine »neueste Ausgabe der menschlichen Seele« gebaut. Die »wenigen Edeln« stehen hier also, wie die Virtuosen, für die Anmaßung der intellektuellen Avantgarde, die schöne Natur in gottferner Hybris, von allen gottgewollten sinnlichen Zeugungs- und Gebärvorgängen abstrahiert, aus eigener Machtvollkommenheit in die Welt zu setzen.

Generelle Forschungsmeinung scheint zu sein, dass Hamann Klopstock hoch geschätzt habe. Meist beruft man sich dabei auf den Anhang zur ›Aesthetica‹,[130] wo Hamann beobachtet, dass Klopstock »die rätzelhafte Mechanick der heiligen Poesie bey den Hebräern glücklich nachahmt«.[131] Aber aus dieser Stelle lässt sich eine generelle Hochschätzung Klopstocks durchaus nicht ableiten, wenn man den Kontext beachtet. Schon dass Hamann sagt, Klopstock habe nicht etwa die heilige Poesie, sondern nur ihre »Mechanick« nachgeahmt, und dies nicht etwa inspiriert, sondern bloß »glücklich«, sollte stutzig machen. Wenn man aber bedenkt, welche kompositorische Funktion der Klopstock-Anhang hat, dann schlägt das angebliche Lob in scharfe Kritik um. Hamann hatte die ›Aesthetica‹ mit

---

[129] Ebd., S. 145.

[130] So Joachim Dyck (Athen und Jerusalem. Die Tradition der argumentativen Verknüpfung von Bibel und Poesie im 17. und 18. Jahrhundert, München 1977, S. 124), Hans-Georg Kemper (Deutsche Lyrik, a. a. O. [Anm. 1], S. 32f., 78), Hans-Martin Lumpp (Philologia crucis, a. a. O. [Anm. 2], S. 104).

[131] N II, S. 215.

einer Christus-Predigt geschlossen. Mit Bezug darauf beginnt nun der Anhang:

> Der Geburtstag eines Genies wird, wie gewöhnlich, von einem Märtyrerfest unschuldiger Kinder begleitet – Man erlaube mir, daß ich den Reim und das Metrum mit unschuldigen Kindern vergleichen darf, die über unsere neueste Dichtkunst einer drohenden Lebensgefahr ausgesetzt zu seyn scheinen.[132]

Hamann stellt Klopstocks »neueste Dichtkunst« – der Anklang an die »neueste Ausgabe« aus der Äon-Stelle ist ersichtlich –, die Reim und regelmäßiges Metrum zugunsten der freien Rhythmen verwirft, in den Kontext des Bethlehemitischen Kindermords, mit dessen Anordnung Herodes versuchte, das neugeborene Jesuskind umzubringen. Die Intention Hamanns ist deutlich: am Beispiel Klopstocks soll gezeigt werden, dass die »neueste« Ästhetik keineswegs die heilige Poesie nachahmt, sondern durch bloße Übernahme ihrer Mechanik ihrer zentralen christologischen Botschaft ebenso nach dem Leben trachtet wie dem unschuldigen Reim. Klopstocks Verfolgung von Reim und Rhythmus macht am Ende der ›Aesthetica‹ konkret anschaulich, was Hamann den »Virtuosen des gegenwärtigen Äons« vorwirft,[133] und wie die zeitgenössische Poetik die Poesie in Hamanns Sinne verfehlt.

Der Begriff »Aeon« ist das nächste Signalwort, das entschieden gegen die in der Forschung fortgeschriebene Linie der Interpretation Herders spricht. Mit Recht betont Nadler, dass »Hamann ⟨...⟩ mit der Gnosis gedanklich nichts zu schaffen«[134] hat, wohl aber gerne die Begriffe »Aeon« und »Archont«[135] zur Charakterisierung seiner Gegenwart und seiner Gegner wählt. Die Formulierung »gegenwärtiger Aeon« weist vollends in diese Richtung. Noch im Ver-

---

[132] Ebd., S. 214.

[133] Nach Lumpp, Philologia crucis, a. a. O. (Anm. 2), S. 102, bezieht sich der »Geburtstag eines Genies« nicht nur auf Christus, sondern auch auf Klopstock. Aber diese Deutung resultiert aus der vermeinten Hochschätzung Hamanns für Klopstock. Die Bildlichkeit weist Klopstock deutlich die Rolle des Herodes zu, der dem Jesuskind nachstellt.

[134] Josef Nadler, Johann Georg Hamann. 1730–1788. Der Zeuge des Corpus mysticum, Salzburg 1949, S. 250.

[135] Ebd., S. 249.

lauf der ›Aesthetica‹ taucht der »Fürst dieses Aeons«[136] auf, der Satan also, den Hamann vorher, bei der Auseinandersetzung mit Lessings Fabeltheorie, als den »alten Dichter« bezeichnet hatte, mit dem Adam schon im Sündenfall »Umgang«[137] gepflegt habe. »Alter Dichter« heißt der Teufel, weil er für Hamann als der Urvater und Anstifter solcher abstrakter Fiktionen wie der schönen Natur und des neuen Menschen gilt, was zugleich heißt, dass poetische Fiktionen ebensowenig wie Vernunftkonstruktionen davor gefeit sind, dem »alten Dichter« Luzifer zu dienen. Die »Virtuosen des gegenwärtigen Aeons« sind also nichts als die Schüler des »Fürsten dieser Welt«. Was bedeutet dann der »nächste Aeon«, der nach Hamann das Werk dieser Schüler als »Bein von meinem Bein« bejauchzen wird? Wenn der nächste Äon dies Werk als sein Eigentum wiedererkennt, dann zeigt das jedenfalls seine Verwandtschaft mit dem »gegenwärtigen Aeon«. Er erkennt also nichts anderes als dasjenige, was der gegenwärtige Äon hervorgebracht hat, was also von derselben abstrakten und eitlen Beschaffenheit sein muss. Herder und die chiliastische Interpretation meinen aber, dass Hamann hier in gnostischer Terminologie die Wiederkunft Christi und des Schöpfungsanfangs im Sinne von Apokalypse 20,4 prophezeie. Aber Hamann hat, soweit ich sehe, niemals die Wiederkunft und das Gericht Christi als chiliastischen Äon bezeichnet. Für ihn ist die Wiederkunft Christi der Welt Ende, also auch das Ende der Geschichte und nicht die tausendjährige Herrschaftsepoche des Gottgesandten der Apokalypse. Der theologische Grund für Hamanns Auffassung ist evident: Seit Christi Menschwerdung, seinem Erscheinen in der Welt und seinem Tod ist die Erlösung als ständige Erfüllung präsent neben den weltlichen Epochen oder Äonen, denn er hat »versprochen 〈...〉 unter uns zu seyn und mit uns alle Tage biß an das Ende der Aeonen.«[138] Diese Äonen aber, welche die Gegnerschaft zur Erlösung ausdrücken, stehen als jeweils »gegenwärtiger Aeon« unter der Herrschaft der sündigen Eitelkeit, also des Teufels, während »die christliche Epoche alle seine Aeonen an den ausserordentlichsten Wirkungen von Umfange und Dauer unendlich über-

[136] N II, S. 208.
[137] Ebd., S. 198.
[138] ZH I, S. 370.

treffe«.[139] Die christliche Epoche übergreift also sämtliche weltlichen Epochen bis ans »Ende der Aeonen« und wird selbst von Hamann, soweit ich sehe, nie ein Äon genannt. Dieser Begriff bleibt bei ihm den luziferischen Zeitaltern vorbehalten. Herder hätte eigentlich bei seiner chiliastischen Interpretation des Hamannschen »nächsten Aeon« stutzig werden müssen, denn er wendet gegen diesen ein, was Hamann selbst über die luziferischen Äonen gesagt hat. Die »ärgere Nachwelt«, so schreibt Herder in der ›dithyrambischen Rhapsodie‹, hat, als »die letzte unter sieben, nicht Teil ⟨...⟩ an den Kräften des Erstgebornen, dessen Hauch dich, als einen Barden der vergangenen Zeiten begeistert«.[140] Der »nächste Aeon«, so also Herders Einwand, kann nicht ein Zeitalter der Erfüllung, der Wiederkunft Christi sein, wie Hamann meine, gerade auch dann nicht, wenn er der »letzte unter sieben« ist. Herder scheint hier Hamann gegen Hamann ausspielen zu wollen, wenn Gaier recht hat, dass die Siebenzahl der Äonen eine Anspielung auf Hamann selbst ist. Dieser hatte nämlich im Jahr des Erscheinens der ›Aesthetica‹ auch in ›Schriftsteller und Kunstrichter‹ seine luziferische Deutung der Äonen gegeben. Er schreibt dort, dass ihm Platons »Reichsgesetz offenbart« worden sei,

> kraft dessen alle Meister und Schüler der nachahmenden Kunst ins Elend oder auf den Olymp verwiesen, und ihrem Andenken Altäre und Säulen gepflanzt wurden.[141]

Aus diesem platonischen Götzendienst der Kunst leitet Hamann dann in wünschenswerter Klarheit die luziferische Äonenfolge ab, in der er nach Gaier zwei der Hesiodschen fünf Äonen auslässt und zwei neue hinzufügt, woraus sich mit Hesiod und Hamann zusammen die Herdersche Siebenzahl als Anspielung auf Hamann ergebe.[142] Wichtiger aber als diese Zahlenspekulation ist die eindeutige Bewertung, die Hamann dort den Äonen gibt:

---

[139] N III, S. 144. In diesem Zitat bezieht sich das »seine« auf Voltaire, der hier als »der unverschämteste Spermolog und Virtuose, Hiero- und Sykophant seines Jahrhunderts« die Teufelsrolle vertritt.

[140] Herder, FA, S. 32.

[141] N II, S. 337.

[142] Herder, FA, S. 894 (Kommentar).

> Dies ⟨nämlich die Vergötterung der Kunst⟩ war der Ursprung der güldenen, silbernen, eisernen, hölzernen, steinernen Ideen, die man für ihre schönen Naturen ausgiebt, und denen man räuchern und nachhuren muß, wenn man nicht ins Elend oder nach den Olymp von den platonischen Bischöfen verwiesen werden will.[143]

Wenn Herder diese Stelle, wie Gaier meint, im Auge gehabt haben sollte, dann muss ihm klar gewesen sein, dass seine Deutung des »nächsten Aeon« an der ›Aesthetica‹-Stelle mit dieser Auffassung Hamanns im Widerspruch steht. Der nächste Aeon wäre als »der letzte unter sieben« bestenfalls der »steinerne«, also der lebloseste der luziferischen Äonen und nicht die Wiederkehr Christi. Herder entschied sich aber offenbar dafür, den Widerspruch bei Hamann zu suchen und nicht bei seiner Hamann-Deutung, und Gaier ist ihm darin gefolgt.

Wenn Hamann aber offensichtlich nie die Wiederkunft Christi mit dem Begriff Äon bezeichnet, dann wächst die Wahrscheinlichkeit, dass die Pointe der ›Aesthetica‹-Stelle darin besteht, dass der »nächste Aeon« von keiner anderen Art sein wird als der vorangegangene.[144] Auf den »gegenwärtigen Aeon« hat »GOTT der HERR einen tiefen Schlaf fallen lassen!« Das ist einmal der Schlaf, in den Gott Adam versenkt, um ihm die Rippe zur Erschaffung der Eva zu entnehmen, das bezieht sich aber darüber hinaus auf die ganze Welt und besonders die gegenwärtige Epoche, die in die Gottesfinsternis der Eitelkeit und Selbstüberhebung gefallen ist. Aus dieser Finsternis erwacht der nächste Äon aber keineswegs, wenn es heißt: »Der nächste Aeon wird wie ein Riese vom Rausch erwachen«. Hamann setzt die Worte genau, Rausch ist nicht Schlaf. Dieser Rausch ist nicht dasselbe wie der Schlaf, den Gott auf den gesamten gegenwärtigen Äon hat fallen lassen, und in den natürlich auch die »wenigen Edeln« gefallen sind, nachdem deutlich geworden ist, wen diese Bezeichnung meint. Hamann sagt durchaus nicht, wie Gaier

143 N II, S. 337.

144 Auch Zippert missversteht wie Gaier die Äon-Passage. Er ignoriert sogar, dass dort vom »nächsten« Äon die Rede ist, und schreibt, dass für Hamann die Geschichte »in einen neuen Äon aufgehoben wird«, was der »(paulinischen) These vom neuen Äon nicht widersprechen muß« (Zippert, Bildung, a.a.O. [Anm. 6], S. 77, Text und Anmerkung). Aber Hamanns »nächster Äon« ist deutlich als von der Art des gegenwärtigen Äon zu verstehen, nicht etwa als neuer, zukünftiger Äon (Eph 1,21).

behauptet, dass diese »Edeln« wachen,[145] sondern er fordert sie ironisch auf, sich doch diesen ihren eigenen Schlaf zunutze zu machen, um verblendet, blind, wie sie in der Nacht dieses Schlafs sind, Gottes Position einzunehmen und Menschen zu erschaffen. Die vermeintliche Wachheit der »Edeln« und das Erwachen des nächsten Äons aus dem Rausch spielen sich vollständig innerhalb der von Gott über sie gesenkten Nacht des Schlafs ab. Nicht Gott hat den Äon in einen Rausch versetzt, sondern sie selbst oder vielmehr, im Bilde des Sündenfalls gesprochen, der Satan. Er hat die »Virtuosen des gegenwärtigen Aeons« zu einem Werk angestiftet, welches den nächsten Äon so berauscht, dass er daraus wie ein »Riese« zu erwachen glaubt. Es ist die fiktive Riesengröße des Seinwollens wie Gott, zu welcher der nächste Äon aus seinem Rausch erwacht und die er für seine Realität hält.[146]

Auch ein Blick auf Hamanns Verwendung des Begriffs »Riese« bestätigt diese Deutung. Wahrscheinlich rührt sie von den Riesen als den Tyrannen der Erde her, die von den gefallenen Engeln mit den Töchtern der Menschen gezeugt wurden,[147] die Hamann auch eine »Buhlschaft und Nothzucht« nennt, der »die ganze Theogonie aller Riesen- und Heldenformen«[148] entstammt. Möglicherweise spielt auch die Vorstellung des aufgeblasenen, sich selbst überschätzenden Riesen Goliath eine Rolle. Jedenfalls verwendet Hamann das Wort »Riese« im Sinn einer frevelhaften Selbstüberhebung. Dem philosophischen Selbstdenker Kant wirft er vor, dass er andere Menschen »für bloße Schatten seiner Riesengröße ansieht«.[149] Oder er spottet: »Die heroischen Zeiten sind an Riesen, und die philosophischen an Betrügern fruchtbar.«[150] Dieses Zitat stammt aus demsel-

---

[145] Herder, FA, S. 888 (Kommentar): »die wenigen Wachenden sollten aus diesem Schlafenden den neuen Menschen schaffen, den dann der nächste Äon, wie ein Riese vom Rausch erwachend, als ›Bein von meinem Bein, und Fleisch von meinem Fleisch‹ begrüßen werde«.

[146] Dass Hamann mit dieser Argumentation die Epoche des Idealismus, deren Anfänge er ja in Kant vor Augen hatte, ziemlich genau vorausgeahnt hat, ist nicht zu übersehen.

[147] Gen 6,4.

[148] N III, S. 287.

[149] ZH V, S. 290.

[150] N II, S. 332.

ben Jahr wie die ›Aesthetica‹ und stellt klar, welche fatale Funktion die philosophischen und poetischen Riesen der Gegenwart in Hamanns Augen haben.

Das entscheidende Moment aber in der Äon-Stelle, welches die Herder-Interpretation unmöglich macht, ist Hamanns Verwendung der Erschaffung Evas. Er hatte sie bei der Darstellung der Schöpfung des Menschen ausgelassen, um sie für die Herstellung der schönen Natur durch die Geistes-Avantgarde als frevelhafte Usurpation eines göttlichen Schöpfungsaktes herauszustellen. Es ist einigermaßen unverständlich, dass man Hamann zugetraut hat, er habe im Ernst seine Zeitgenossen auffordern wollen, die göttliche Erschaffung der Eva in die eigene Machtvollkommenheit zu nehmen. Der gegenwärtige Äon liegt wie alle Äonen im Schlaf der Gottferne. Hamann nennt ihn einen »Endymion«, also den Geliebten der Mondgöttin Selene, der natürlich, wenn er vom Rausch erwacht, als Muse die Mondgöttin als seine Geliebte, als »Bein von seinem Bein« umarmen wird. Auch das ist ein Zeichen dafür, dass der »nächste Aeon« im Zeichen der Nacht des jetzigen bleibt. »Mond« steht für Hamann fast durchweg für das kleine Gegenlicht zur Sonne Gottes, das nicht selbst zu leuchten imstande ist, sondern sein abgeleitetes Licht von der Sonne empfängt. Den Mond als autonome Leuchte ausgeben heißt nichts anderes als das Sekundärlicht zum Primärlicht machen.[151] »Mondlicht« heißt demgemäß bei Hamann die gesamte Aufklärung als Ausfluss autonomer Einbildungskraft und Vernunft, wie er später nachdrücklich gegen Kants Aufsatz: ›Was ist Aufklärung?‹ formuliert: Die Aufklärung ist

> ein kaltes unfruchtbares Mondlicht ohne Aufklärung für den faulen Verstand und ohne Wärme für den feigen Willen – und die ganze Beantwortung der aufgeworfnen Frage eine blinde Illumination für jeden unmündigen, der im Mittage wandelt.[152]

---

[151] In seinem Aufsatz von 1989 hatte auch Gaier diese Bedeutung von Mond und Mondlicht bei Hamann konstatiert (Ulrich Gaier, Gegenaufklärung im Namen des Logos: Hamann und Herder, in: Aufklärung und Gegenaufklärung in der europäischen Literatur, Philosophie und Politik von der Antike bis zur Gegenwart, hrsg. von Jochen Schmidt, Darmstadt 1989, S. 261–276, hier: S. 268).

[152] ZH V, S. 291.

Wenn Hamann schließlich für das abstrakte Produkt der zeugungs- und gebärfreien »schönen Natur« seiner Zeitgenossen Youngs »neueste Ausgabe der menschlichen Seele« zitiert, so steckt darin eine mehrfache Pointe. Sie betrifft zunächst die Rede von der »Ausgabe«. Damit wird auf den oben schon erwähnten Vers des Predigers Salomo angespielt, der die ganzen ›Kreuzzüge‹ durchzieht: »Hüte dich, mein Sohn, vor andern mehr; denn viel Büchermachens ist kein Ende«.[153] Hamann wählt also mit Bedacht Youngs Metapher »neueste Ausgabe«, um den Kopfgeburten-Charakter dieser menschlichen Schöpfung einer schönen Natur und eines neuen Menschen anzuprangern. Und ihm kommt dabei entgegen, dass Young von der »menschlichen Seele« spricht. Denn diese Formulierung verweist den Leser auf jenen Sachverhalt des zweiten Schöpfungsberichts, den Hamann in seiner Darstellung der Erschaffung des Menschen nach »Erdenkloß – –« nur mit zwei Gedankenstrichen andeutete: »und er blies ihm ein den lebendigen Odem in seine Nase. Und also ward der Mensch eine lebendige Seele«.[154] Mit Youngs Formulierung »neueste Ausgabe der menschlichen Seele« wird also in Hamanns Kontext die Frevelhaftigkeit des Menschen, eine schöne Natur und einen neuen, vollkommenen Menschen zu erschaffen, auf den Punkt gebracht, es ist der Versuch, die nur Gott zustehende Einhauchung der menschlichen Seele dem Menschen selbst zu übereignen. Young dachte bei der »neuesten Ausgabe der menschlichen Seele« wohl tatsächlich an beides, an den neuen schönen Menschen der Ästhetiker und an den neuen vollkommenen Menschen der Philosophen. Dass Young hier als »Barde« seiner ›Night-Thoughts‹ bezeichnet wird – »Barde« ist für Hamann eine durchaus abschätzige Bezeichnung – schließt ihn an dieser Stelle mit Klopstock, dem anderen Angegriffenen, zusammen. Young selbst meinte seine Formulierung vermutlich nicht ironisch. Er schrieb allerdings auch: »des Himmels neueste Ausgabe der menschlichen Seele«.[155] Dass Hamann für seinen polemischen Zweck den eindeutigen Zusatz »des Himmels« weglässt, mag ein letzter Beweis dafür sein, dass diese Passage der ›Aesthetica in nuce‹

---

[153] Pred 12,12.

[154] Gen 2,7.

[155] Jørgensen, ›Aesthetica‹, a. a. O. (Anm. 37), S. 94 (Hervorhebung H. G.).

als Ironie, als ebenso bittere wie »kämpferische Ironie«[156] gelesen werden muss.

Die vorliegende Untersuchung hat sich bemüht, Hamanns Texte so genau wie möglich auf ihre Intention hin zu befragen. Ziel war es, diese Intention auch am Detail nachzuweisen und ihre argumentative Strategie aufzuzeigen. Herder hat seine andersartigen Intentionen in seiner frühen Parodie auf die ›Aesthetica‹ unmissverständlich vorgetragen. Beiden war nach ihren Auseinandersetzungen um die anthropologische Interpretation der Genesis klar, woran sie miteinander waren, und sie haben trotzdem an ihrer Freundschaft festgehalten; Herder, weil er auf Hamanns Anregungen nicht verzichten wollte, Hamann, weil er in christlicher Ironie wusste, dass keiner von ihnen das letzte Wort haben konnte.

Wenn man Hamanns ›Aesthetica‹ von den seit Herder fortgeschriebenen Missverständnissen befreit, dann wird deutlich, dass er keine Ästhetik im Sinne des Selbstverständnisses des Sturm und Drang geschrieben, sondern sich explizit gegen dessen säkularisierende Uminterpretation der theologischen Tradition gewandt hat. Was Hamann als Ästhetik versteht, sagt er mit den letzten Worten seiner Schrift von sich als Autor: »Laßt uns jetzt die Hauptsumme seiner neusten Ästhetick, welche die älteste ist, hören: Fürchtet GOtt und gebt Ihm die Ehre«.[157] Den Wert von Hamanns Schrift wird man also trotz ihrer Wirkungsgeschichte nicht in expliziten ästhetischen Erkenntnissen suchen dürfen, abgesehen davon natürlich, dass man sie als einen der dichtesten poetischen Texte der deutschen Literatur studieren sollte. Der Wert dieser Schrift liegt darin, dass Hamann aus den biblischen Texten, insbesondere aus der Genesis, eine Anthropologie erarbeitet hat, die jedwede Selbstgewissheit und Selbstsicherheit des Menschen in Frage stellt, und auch die eigenen, Dauer beanspruchenden Überzeugungen zwar als unumgänglich, aber zugleich als zutiefst zweideutig erfährt, weil, theologisch gesprochen, in keinem Winkel des menschlichen Herzens mehr eine selbstgewisse Sündlosigkeit angenommen werden kann. Die Bedeutung einer solchen Anthropologie lässt sich wohl erst nach der Zerschlagung idealistischer Selbstdeutungen des Menschen

---

[156] Büchsel, Hamannliteratur 1986–1995, a.a.O. (Anm. 51), S. 306.
[157] N II, S. 217.

durch die Metaphysikkritik des 19. und nach der grauenvollen realen Geschichte des 20. Jahrhunderts recht würdigen. Vermutlich ist ein solch radikaler Realismus in der Auffassung dessen, was der Mensch ist, überhaupt nur im Rahmen einer Theologie auszuhalten.

KARIN VORDERSTEMANN

MALER MÜLLERS LIBRETTO-FRAGMENT ›DIE ASIATISCHE BANISE, IN EINER OPERA VORGESTELLET‹ UND SEINE VORLAGE

Der Maler-Müller-Nachlass im Freien Deutschen Hochstift Frankfurt am Main verwahrt im handgeschriebenen Kochbuch seiner Mutter Katharina Müller geb. Roos (Hs. FDH 12734) ein Fragment gebliebenes Opernlibretto, das der junge Friedrich Müller (1749 bis 1825) wohl Mitte der 1760er Jahre (vor 1765/66, eventuell auch schon 1763) geschrieben hat.[1] In der Sekundärliteratur gilt der nur wenige Zeilen umfassende Text als Originalwerk Müllers. Den immer noch ausführlichsten Kommentar zu der bisher ungedruckten Handschrift lieferte 1877 Bernhard Seuffert in seiner Monographie über Maler Müller: »Auch ältere Romane haben so gut wie die Volksbücher ihn gefesselt. ⟨...⟩ aus der Lektüre von Zieglers ›asiatischer Banise‹ entstand ein dramatischer Versuch in Alexandrinern dieser Überschrift: ›Die asiatische Banise in einer Opera vorgestellet‹«.[2] Tatsächlich stützte sich der jugendliche Dichter bei seinem dramatischen Versuch aber nur mittelbar auf den Roman. Die direkte Vorlage für sein Librettofragment bildete eine Opernbearbeitung des Romans, die 1712 in Leipzig mit der Musik von Melchior Hoffmann erstmals über die Bühne gegangen war.[3]

---

[1] Für die Angaben zur Datierung sowie für die freundliche Überlassung des Textes danke ich Herrn Dr. Eckhard Faul, Pirmasens. Dem Freien Deutschen Hochstift Frankfurt am Main, namentlich Frau Prof. Dr. Anne Bohnenkamp, danke ich für die Erlaubnis, die Handschrift im Rahmen dieses Beitrags zu publizieren.

[2] Bernhard Seuffert, Maler Müller. Im Anhang Mittheilungen aus Müllers Nachlaß, Berlin 1877, S. 12.

[3] In der älteren Sekundärliteratur sowie in den meisten Bibliothekskatalogen wird als Komponist Johann Käfer genannt, der einige Jahre nach Hoffmann das Libretto zur ›Asiatischen Banise‹ vertonte. Zur Identifikation Hoffmanns als Komponist vgl. die Artikel von Andreas Glöckner in: The New Grove Dictionary of Music and Musicians, ed. by Stanley Sadie, Vol. 11, London ²2001, S. 595 f.; Die Musik in Ge-

Darüber, wie der junge Maler Müller in den 1760er Jahren an das Operntextbuch gekommen ist, kann heute nur spekuliert werden. Der aus bescheidenen Verhältnissen stammende Kreuznacher Gastwirtssohn stand in der Zeit, in der seine fragmentarische Version des Opernlibrettos entstand, noch vor seiner eigentlichen künstlerischen Ausbildung. Zudem war Kreuznach nach den Kriegswirren des 17. Jahrhunderts keineswegs ein kulturelles und literarisches Zentrum. Eine Opernaufführung der ›Asiatischen Banise‹ in dem kurpfälzischen Städtchen kann mit Sicherheit ausgeschlossen werden. Wahrscheinlicher ist, dass eine der im 18. Jahrhundert zahlreichen wandernden Theatertruppen eine auf dem Operntextbuch basierende Fassung der ›Asiatischen Banise‹ im Programm hatte und der junge Müller sich deren Exemplar für die Dauer des Gastspiels ausleihen durfte. Banise-Dramen bzw. -Hanswurstiaden waren jahrzehntelang populär. Die erste belegte Aufführung eines Banise-Bühnenstücks fand am 25. August 1713 in Braunschweig statt, wo die Mecklenburgischen Hof-Comödianten ›Die Asiatische Banise. Haupt-Action in 5 Actus‹ zum Besten gaben.[4] Aufführungen von burlesken ›Banisen‹ sind auch für die fol-

schichte und Gegenwart, 2., neubearb. Aufl., hrsg. von Ludwig Finscher, Bd. 9, Kassel 2003, Sp. 126f., sowie Michael Maul, Zur mitteldeutschen Rezeption von Händels italienischen Opern und Kantaten vor 1715, in: Händel-Jahrbuch 53 (2007), S. 131–160. Die in der Schlossbibliothek von Sondershausen in Thüringen liegenden Arien (Cantata L'Opera Banise, Signatur: Mus A 8:1) stammen aus der Vertonung von Hoffmann und nicht von Käfer, dem sie in den o.g. Lexika gleichfalls zugeordnet werden. Auf das Libretto und dessen Wirkungsgeschichte wird später genauer eingegangen.

[4] Vgl. Gustav Friedrich Schmidt, Die älteste deutsche Oper in Leipzig am Ende des 17. und Anfang des 18. Jahrhunderts, in: Festschrift zum 50. Geburtstag. Adolf Sandberger. Überreicht von seinen Schülern, München 1918, S. 209–257, hier: S. 244, Nr. 68. Welche Quellen Schmidt genutzt hat, geht aus seiner Darstellung leider nicht hervor. Die präzise Datierung der Aufführung legt die Vermutung nahe, dass er sich entweder auf einen Theaterzettel oder auf ein Verzeichnis von Braunschweiger Theateraufführungen stützt. Die ›Meklenburgischen Hoff-Comödianten‹ wurden von Sophie Julie Elenson geführt (vgl. Dietmar Langberg, Durch Kunst der Natur nachahmen – Die Theatergeschichte Mecklenburgs von den Anfängen im 15. Jahrhundert bis 1952, München 2007, S. 18). In Braunschweig gastierte die Truppe unter Andreas Elenson, dem ersten Ehemann von Sophie Julie Elenson, bereits Ende des 17. Jahrhunderts sowie nachweislich 1718 unter der Ägide ihres zweiten Ehemanns Johann Caspar Haack. Ein Gastspiel der Elenson-Haackschen Truppe im Jahr 1713 ist daher trotz der unklaren Quellenlage durchaus plausibel, zumal of-

genden Jahrzehnte nachgewiesen,[5] die letzte für das Jahr 1749 durch die Schönemannsche Truppe in Breslau.[6] Dass keine weiteren Theaterzettel überkommen sind, bedeutet nicht, dass keine Banise-Hanswurstiaden mehr gespielt wurden. Ein Rückgang dieser Aufführungen ist jedoch wahrscheinlich. 1743 war im vierten Teil von Gottscheds ›Deutscher Schaubühne‹ ein regelmäßiges Banise-Drama erschienen, mit dem dessen Autor, der später als Freund der französischen Enzyklopädisten und Autor der ›Correspondance littéraire, philosophique et critique‹ berühmt gewordene Friedrich Melchior Grimm,[7] ganz im Sinne seines Lehrmeisters Gottsched, die derb-komischen Varianten des Romans von der Bühne zu verdrängen hoffte. Der Erfolg von Grimms Drama, das, ebenso wie Müllers Libretto-Fragment, in Alexandrinern gehalten ist, war ganz auf Seiten der Aufklärer: ›Banise, ein Trauerspiel‹ ging als Repertoirestück der Wandertruppen über zahlreiche Bühnen[8] und fand

---

fenbar gute Kontakte zwischen der Schauspieltruppe und dem Braunschweiger Hof bestanden. Vgl. Ralf Eisinger, Das Hagenmarkt-Theater in Braunschweig (1690 bis 1861), Braunschweig 1990 (= Braunschweiger Werkstücke. Reihe A: Veröffentlichungen aus dem Stadtarchiv und der Stadtbibliothek, Bd. 29. Der ganzen Reihe Bd. 78), S. 20–23, 117.

[5] 1722 spielte die Truppe von Johann Heinrich Brunius in Graz ein Stück mit der Überschrift ›Die Siegende Unschuld, in der Persohn der Asiatischen Banise‹. 1725 gastierte Johann Gottlieb Försters ›Hochdeutsche Komödianten-Kompagnie‹ mit ›Das blutige doch muthige Pegu, oder die an dem asiatischen Horizont hell aufsteigende Reichs-Sonne, in der preiswürdigen Person der asiatischen Banise‹ in Hamburg (vgl. Johann Friedrich Schütze, Hamburgische Theater-Geschichte, Hamburg 1794, S. 53 f.). Friedrich Melchior Grimm zufolge wurde auch in Regensburg in den 1730er Jahren eine Banise-Haupt-und-Staatsaktion gespielt (vgl. den Brief von Friedrich Melchior Grimm an Gottsched vom 28. August 1741 in: Gottsched und seine Zeit. Auszüge aus seinem Briefwechsel, zusammengest. und erl. von Theodor Wilhelm Danzel, Leipzig 1848, S. 346 f.). Für weitere Aufführungen von Banise-Dramen s. Bibliographia dramatica et dramaticorum, hrsg. von Reinhart Meyer, 2. Abt.: Einzeltitel, Bd. 10 (1736–1738), Tübingen 1998, S. 183–185; Bd. 11 (1739–1741), Tübingen 1998, S. 301 f.

[6] Vgl. Carl Friedrich Flögel, Geschichte des Groteskekomischen ein Beitrag zur Geschichte der Menschheit, Liegnitz/Leipzig 1788, S. 139.

[7] Richter, Friedrich Melchior Grimm, in: ADB, Bd. 9, Leipzig 1879, S. 676 bis 678.

[8] Bibliographia dramatica et dramaticorum, 2. Abt.: Einzeltitel, Bd. 12 (1742 bis 1744), Tübingen 1999, S. 239–241; Günter Meyer, Hallisches Theater im 18. Jahrhundert, Emsdetten 1950 (Diss. Köln 1949), S. 43, 154, 157.

über die ›Deutsche Schaubühne‹ Einlass in viele Bücherschränke. Bezeichnenderweise führt Goethes Wilhelm Meister die ›Banise‹ nicht nach Ziglers Roman, sondern nach Grimms Drama auf seinem Marionettentheater auf.[9] Aber nicht nur Wilhelm Meister ließ die Puppen tanzen. Auch die im 18. Jahrhundert beliebten wandernden Marionettenspieler hatten die ›Banise‹ im Programm.[10] Selbst in St. Petersburg wurde in den 1740er Jahren ›Die asiatische Banise, oder die Aufgehende güldene Reichs-Sonne von Pejo (oder Pegu), Haupt- und Staatsaktion‹ gespielt[11] und in Johann Friedrich Löwens 1762 veröffentlichtem Gedicht ›Glaubwürdige Nachricht von dem Leben, dem Schicksale und dem Tode eines berühmten Marjonetten-Spielers‹ erlebt der Marionettenunternehmer bei der Aufführung einer solchen »Haupt- u. Staatsaction« ein Fiasko.[12] Obwohl bisher keine weiteren Belege für diese eher volkstümliche Form der ›Asiatischen Banise‹ bekannt sind, kann davon ausgegangen werden, dass es zahlreiche Aufführungen von Banise-Puppenspielen gegeben hat und die Marionettenspieler sich dabei, ebenso wie die Schauspieltruppen, auf das Operntextbuch stützten. Dass der junge Friedrich Müller eine solche Vorstellung gesehen hat, ist nicht unwahrscheinlich, denn der vergleichsweise geringe Aufwand,

---

[9] Johann Wolfgang Goethe, Wilhelm Meisters Theatralische Sendung. Wilhelm Meisters Lehrjahre. Unterhaltungen deutscher Ausgewanderten, hrsg. von Wilhelm Voßkamp und Herbert Jaumann, Frankfurt am Main 1992 (= J. W. G., Sämtliche Werke. Briefe, Tagebücher und Gespräche, hrsg. von Friedmar Apel [u. a.], I. Abt., Bd. 9), S. 24 f. und 374.

[10] Johann Friedrich Schütze schreibt in seiner ›Hamburgischen Theater-Geschichte‹, dass Banises Abschiedslied ›Sollen meine grünen Jahre‹ wiederholt »aus dem lebendigen oder hölzernen Marionettenmäulchen« erschollen sei (vgl. ebd. [Anm. 5], S. 55).

[11] Vgl. Pavel Naumovič Berkov, Deutsch-russische kulturelle Beziehungen im 18. Jahrhundert, in: Die deutsch-russische Begegnung und Leonhard Euler. Beiträge zu den Beziehungen zwischen der deutschen und der russischen Wissenschaft und Kultur im 18. Jahrhundert, hrsg. in Verb. mit P. N. Berkov (u. a.) von Eduard Winter, Berlin (Ost) 1958, S. 76.

[12] Johann Friedrich Löwen, Glaubwürdige Nachricht von dem Leben, dem Schicksale und dem Tode eines berühmten Marjonetten-Spielers, allen Marjonetten-Kennern und Liebhabern zur Erinnerung und Bezeugung ihres herzlichen Mitleidens getreulich aufgezeichnet und verfasset, in: Romanzen mit Melodien, und einem Schreiben an den Verfasser derselben, Hamburg und Leipzig 1762, S. 49–58.

den ein Marionettenspiel mit sich brachte, lässt auch Kreuznach als Spielort in Frage kommen.[13]

Obwohl Müllers Vorlage zweifellos das barocke Libretto war,[14] ist es von Bedeutung, dass er auch den Roman kannte.[15] Wie er an diesen kam, ist gleichfalls nicht bekannt, allerdings war die ›Asiatische Banise‹ im 18. Jahrhundert keineswegs eine Rarität. Seit der Erstausgabe 1689 waren weitere neun unveränderte sowie 1764 eine »neue und verbesserte Ausgabe« erschienen[16] und der Text war

[13] Belege für Theater- und Marionettenaufführungen in Kreuznach und Umgebung sind nicht überliefert. Da Dokumente zu kulturellen Aktivitäten im 18. Jahrhundert laut Auskunft des Stadtarchivs Bad Kreuznach vom 10. 7. 2008 generell ausgesprochen rar sind, ist deren Fehlen jedoch nicht als Indiz dafür zu werten, dass es keine Gastspiele von Wandertruppen gab.

[14] Dass Müller eine bereits bearbeitete Fassung des Librettos als Vorlage für seine Fassung diente, ist nicht anzunehmen. Neben den Lücken in den einzelnen Passagen und dem nicht durch den Seitenumbruch motivierten Abbrechen des Textes, die von den Schwierigkeiten des jugendlichen Dichters zeugen, das Libretto zu einem Alexandrinerdrama umzuarbeiten, beweisen auch die zahlreichen außertextuellen Übereinstimmungen, auf die im Folgenden noch eingegangen wird, dass Müller ein Originallibretto vorlag.

[15] 1763 hatte Müller die ›Asiatische Banise‹ gelesen. Vgl. die Chronik in der historisch-kritischen Ausgabe von Müllers Briefwechsel (Friedrich Müller, genannt Maler Müller, Briefwechsel. Kritische Ausgabe, Teil 2: 1812–1825. Chronik. Korrespondentenverzeichnis. Briefverzeichnis, hrsg. von Rolf Paulus und Gerhard Sauder, Heidelberg 1998 [= F. M., Werke und Briefe], S. 1143).

[16] Zu den Ausgaben von Ziglers ›Asiatischer Banise‹ s. die Internetseite des DFG-Projekts ›Asiatische Banise‹ an der Universität Freiburg (http://portal.uni-freiburg.de/ndl/forschung/banise/banisehistorisch). Die bei Gerhard Dünnhaupt (Personalbibliographien zu den Drucken des Barock. 2. verb. und wesentlich verm. Aufl. des Bibliographischen Handbuches der Barockliteratur, Bd. 6, Stuttgart 1993, S. 4332 bis 4343) aufgeführte »neue ganz verbesserte Auflage« von 1753 hat sich bisher nicht nachweisen lassen. Da in diesem Jahr die vierte Auflage von Johann Georg Hamanns ›Fortsetzung der Asiatischen Banise‹ erschien, im Katalog zur Leipziger Ostermesse Zigler als deren Autor genannt und der Druck verschiedentlich mit einer der zahlreichen Ausgaben der Ziglerschen ›Banise‹ zusammengebunden wurde, steht zu vermuten, dass Johann Georg Theodor Gräße (Johann Georg Theodor Gräße, Das siebzehnte Jahrhundert in seinen Schriftstellern und ihren Werken auf den verschiedenen Gebieten der Wissenschaften und schönen Künste, Leipzig 1853, S. 255; Jean George Théodore Graesse, Trésor de livres rares et précieux ou nouveau dictionnaire bibliographique, Bd. 6/2, Dresden 1867, S. 515), auf dessen Recherchen sich sämtliche Bibliographien zu Zigler stützen, hier ein Fehler unterlaufen ist, der seither tradiert wurde. Ein Exemplar des Drucks in Händen gehabt zu haben, behauptet allein Hans Kuhnert Kettler (Baroque Tradition in the Literature of the German Enlightenment

schon lange nicht mehr der alleinige Besitz der gehobenen Schichten. Karl Philipp Moritz lässt seinen Anton Reiser – auch dieser ein Kind eines eher literaturfernen Milieus – heimlich die ›Asiatische Banise‹ lesen[17] und Heinrich Jung-Stilling berichtet in seiner Autobiographie, dass er den Roman und die Fortsetzung durch die Vermittlung des Pfarrers von einem Chirurgen und Apotheker entliehen hätte.[18] Es ist durchaus möglich, dass auch der junge Maler Müller die ›Asiatische Banise‹ auf vergleichbarem Wege kennengelernt hat und durch die Lektüre zu seinem dramatischen Versuch angeregt wurde. Auch das Textbuch der Banise-Oper kann ihm auf solchem Wege zugegangen sein.

Bei der Opernfassung der ›Asiatischen Banise‹ handelt es sich um eine von einem unbekannten Librettisten verfasste Trilogie, in der die Handlung des Romans unter Auslassung eines Teils der Vorgeschichte und diverser Nebenhandlungen auf die Länge von drei Opernabenden komprimiert wird. Durch die Verkürzung wird größeres Gewicht auf die Liebeshandlung um Banise und Balacin gelegt und gleichzeitig die komplexe Zeitstruktur des Romans simplifiziert. Die drei Teile sind jeweils mit dem Namen der Hauptfigur überschrieben. Die erste Abteilung erhält, der Chronologie der Romanhandlung entsprechend, den Namen ›Balacin‹, die zweite heißt ›Chaumigrem‹ und die dritte ›Banise‹. Alle drei sind unter dem Gesamttitel ›Die Asiatische Banise‹ erfasst. Müllers Fragment basiert auf dem ersten Teil der ›Banise‹-Oper, ob ihm auch die beiden anderen Teile vorgelegen haben, lässt sich nicht mehr feststellen.

1700–1750. Studies in the determination of a literary period, Cambridge 1943, S. 100–102), allerdings ist dieses weder in seiner Monographie noch in den elektronischen Katalogen der British Library und der britischen Universitätsbibliotheken nachgewiesen. Da sich Kettler ansonsten auf die auf den älteren Bibliographien basierenden Angaben von Martin Pistorius (Heinrich Anshelm von Ziegler und Klipphausen. Sein Leben und seine Werke, Borna-Leipzig 1928) stützt, kann auch hier ein Fehler nicht ausgeschlossen werden. Die von Dünnhaupt nur mit Vorbehalt aufgeführte zweite Auflage des Drucks von 1738 hat sich dagegen definitiv nachweisen lassen.

[17] Karl Philipp Moritz, Dichtungen und Schriften zur Erfahrungsseelenkunde, Frankfurt am Main 1999 (= Werke in zwei Bänden, hrsg. von Heide Hollmer und Albert Meier, Bd. 1), S. 109.

[18] Johann Heinrich Jung-Stilling, Lebensgeschichte. Vollst. Ausg., hrsg. von Gustav Adolf Benrath, Darmstadt 1976, S. 123.

Ebenso wie der Roman war auch die Opernfassung sehr erfolgreich. Auf die eingangs erwähnte Uraufführung in Leipzig (1712) in der Vertonung von Melchior Hoffmann folgte 1714 anlässlich der Hochzeit des sächsischen Herzogs Ernst Ludwig mit der preußischen Prinzessin Elisabetha Sophia in Coburg die Aufführung des ersten und des letzten Teils durch die Leipziger Operisten, der eine Wiederaufnahme der kompletten Trilogie in Leipzig folgte.[19] Die Textbücher der Erstaufführung in Leipzig und der Aufführung anlässlich der Fürstenhochzeit haben sich erhalten (Leipziger Textbuch: Halle, Marienbibliothek, Signatur: Zsch C VII.1 (2) Q; Textbuch für die Fürstenhochzeit: Weimar, Herzogin-Anna-Amalia-Bibliothek, Signatur: H 1:122 und Wolfenbüttel, Herzog-August-Bibliothek, Signatur: Textb. 4° 36a), ebenso ein bei Hagen in Coburg gedrucktes Textbuch zu einer undatierten Leipziger Aufführung des dritten Teils (Hamburg, Staats- und Universitätsbibliothek, Signatur: SDe II, 67). Von dem großen Erfolg der ›Banise‹-Oper zeugt auch die auf ca. 1720 zu datierende Neuvertonung und Aufführung der Trilogie in Durlach durch den badischen Hofmusikus Johann Käfer. Das »Avertissement« des ebenfalls überkommenen Textbuchs (Weimar, Herzogin-Anna-Amalia-Bibliothek, Signatur: O 9:438) nimmt expliziten Bezug auf die Leipziger Aufführungen: »Die Asiatische Banise, eine Geschichte / welche nicht nur in ungebundener Rede bey der galanten Welt sich sehr bekant und berühmt gemacht / sondern auch ohnlängst in gebundenen Redens-Arthen auf dem Leiptziger Theatro fast gleichen Ruhm erlanget; ist eben um

[19] Vgl. Maul, Zur mitteldeutschen Rezeption von Händels italienischen Opern und Kantaten vor 1715, a. a. O. (Anm. 3), S. 137. Die Auswahl des ersten und letzten Teils entspricht den Bedürfnissen einer Fürstenhochzeit: Im Mittelpunkt steht das heldenhafte liebende Paar, während der Bösewicht Chaumigrem weitgehend ausgeklammert und am Ende verdientermaßen überwunden wird, so dass der Hochzeit nichts mehr im Wege steht. Laut Vertrag sollte allerdings auch in Coburg die komplette Trilogie gespielt werden, weshalb der mittlere Teil nur referiert wurde, ist nicht bekannt. Für die Informationen zum Coburger Vertrag und der Leipziger Wiederaufnahme danke ich Herrn Dr. Michael Maul, Bach-Archiv Leipzig. Ob es sich bei dem 1718 in Leipzig gespielten Stück ›Die durch Treue und Rache sich krönende Liebe, oder Die asiatische Banise‹ um eine Wiederaufnahme der Opernfassung, eine Einzelaufführung von deren drittem Teil oder um ein neues Stück handelt, lässt sich nicht mehr feststellen (vgl. Schmidt, Die älteste deutsche Oper in Leipzig, a. a. O. [Anm. 4], S. 255). Möglicherweise sollte der neue Titel das Leipziger Publikum erneut in die bereits mehrfach aufgeführte Oper locken.

deßwillen auf hiesigen Durlachischen Theatro auffzuführen/ beliebet worden.«[20] Weitere Aufführungen sowohl der Hoffmannschen als auch der Käferschen Fassung sind nicht belegt.

Die Vorlage für den dramatischen Versuch Müllers bildete vermutlich das Textbuch zu der Coburger Aufführung von 1714. Für diese Annahme sprechen die auf den ersten Blick erkennbaren Übereinstimmungen im Personenverzeichnis sowie in der Szenenanweisung, die bis in orthographische Details hineinreichen, und die Übernahme der Wendung »in einer OPERA vorgestellet«. Die Konvergenzen beschränken sich jedoch nicht auf die Textebene. Bemerkenswerterweise übernimmt Müller auch die typographischen Besonderheiten seiner Vorlage. Dies zeigt sich in besonders auffälliger Weise im Titel, wo er sowohl den Wechsel zwischen Fraktur und Antiqua als auch die Großschreibung der Worte »Asiatische BANISE« und »OPERA« übernimmt. Auch im nachfolgenden Personenverzeichnis, das Müller in Anlehnung an barocke Druckkonventionen mit einer Reihe von hoch- und tiefgestellten Sternen vom Titel trennt, differenziert er der Vorlage gemäß zwischen Fraktur und Antiqua, ebenso in der Szenenanweisung bei den Eigennamen Pandior, Balacin und Scandor. Signifikanter als diese Übereinstimmungen ist noch, dass Müller die erste der im Coburger Textbuch enthaltenen Vignetten mit großer Sorgfalt abgemalt hat und den Beginn der ersten Szene analog zum barocken Libretto durch drei große Sterne sowie eine weitere Reihe von drei mal drei hoch- bzw. tiefgestellten Sternen markiert hat.

Schließlich sprechen auch die Auslassungen dafür, dass das Textbuch von 1714 Müller als Vorlage diente. Ebenso wie dort schließt bei Müller der Haupttitel ›Die Asiatische Banise‹ mit einem Komma. Im gedruckten Libretto folgen hierauf Namen und sämtliche Titel des fürstlichen Hochzeitspaares sowie der Hinweis auf den Spielort – Informationen, die etwa fünfzig Jahre nach der Aufführung kaum noch von Interesse sein konnten und von Müller daher ersatzlos weggelassen wurden. Entsprechend wird die Abschrift erst mit den oben bereits zitierten Worten »in einer OPERA vorgestellet« fortgesetzt und der anschließende Hinweis auf Verleger und

---

[20] BALACIN, Oder Die Erste Abtheilung Der Asiatischen BANISE, Auff dem Durlachischen Schau-Platz In einer OPERA vorgestellet, S. ⟨2⟩.

Druckort eliminiert. Von der Folgeseite, auf der die »INTERLOCUTORI DEL PROLOGO« aufgeführt sind, übernimmt Müller nur die oben beschriebenen Schmuckelemente. Den Prolog – eine Huldigung an das Hochzeitspaar – spart er ebenso aus wie den im Personenverzeichnis angeführten Sprecher des Epilogs. In der folgenden auszugsweisen Wiedergabe des Texts werden diese für die anschließende genauere Analyse irrelevanten Passagen gleichfalls weggelassen.[21] Die in der Vorlage in Antiqua gesetzten Worte werden gesperrt, dort durch größere Type hervorgehobene Passagen hier in anderer Schrift gedruckt. Müllers Version des Librettos wird vollständig wiedergegeben. Durch Nasalstriche indizierte Doppelkonsonanten werden ausgeschrieben.

Vorlage (Weimar, Herzogin-Anna-Amalia-Bibliothek, Signatur: H 1:122):

Die Asiatische
BANISE,

Wurde
Bey denen angestellten Festivitæten
Der höchst-beglückt erfolgten Vermählung
Des Durchlauchtigsten Fürsten und Herrn
HERRN
Ernst Ludwigs
Hertzogen zu Sachsen ‹...›
Mit Ihro Königl. Hoheit
Der Durchlauchtigsten Fürstin und Frau
FRAU
Elisabetha Sophia
gebohrner Prinzeßin aus dem Königl. Preusis. und
Churfürstl. Stamme derer Marckgrafen zu Brandenburg ‹...›

Auf dem Coburgischen Schauplatz in einer
OPERA
Vorgestellet.

Meiningen druckts Niclaus Hassert Fürstl. Sächß. Hoff-Buchdr.

‹...›

[21] Das komplette Textbuch der Coburger Aufführung ist als Digitalisat der HAAB Weimar online verfügbar: http://ora-web.swkk.de/digimo_online/digimo.entry?source=digimo.Digitalisat_anzeigen&a_id=3665.

INTERLOCUTORI DELL' OPERA.

Xemindo, Kåyser von Pegu.
Xemin, sein Sohn verliebt in Savady.
Banise, Kåyserl. Prinzessin von Pegu.
Balacin, Printz von Ava verliebt in Banise.
Zarang, Printz von Tangu verliebt in Banise.
Savady, eine Prinzessin verliebt in Zarang.
Talemon, Kåyserl. Ober-Schatzmeister.
Scandor, Balacin treuer Diener.
Eswara, Banisens bediente verliebt in Scandor.
Ein Priester.
Morpheus in einer Machine.
⟨...⟩

OPERA I.
BALACIN,
Oder
Die Erste Abtheilung
Der Asiatischen
BANISE.

ACTUS I.
Scen. I.

Der Schauplatz ist der mit Bäumen bepflantzte Vorhoff des Tempels zu Pandior. Der Tempel ist annoch verschlossen / und siehet man bey der Nacht Mond und Sterne.

Balacin und Scandor.

Aria.

Balac. Sage doch/ grausames Glücke/
Was hastu mir zugedacht?
Reich und Völcker soll ich meiden/
Und von meinem Vater scheiden;
Ach! bey diesen Unglücks-Plagen/
Kan ich kaum vor Wehmuth sagen:
Reich und Vater/ gute Nacht!
Scand. Ach Herr! stellt doch das viele Klagen ein/
Es wird euch wenig nützen/
Denn bleiben wir hier länger sitzen/
So werden wir nicht sicher seyn.
Balac. Es ist wohl wahr/
Allein/ an was vor Ort und Enden

Soll ich nach deinem Rath mich wenden?
Du weist/ ich soll ein gantzes Jahr
Des werthen Vaters Auge missen/
Ich bin verbannt von seinem Angesicht/
Und weiß noch nicht/
Was er wird über mich beschliessen.
O hört' ich doch an einem Ort
Die Kriegs-Trompete nur erschallen!
Ich setzte Blut und Leben auf.

Scand. Durch dieses Wort
Ist unser Ziel nicht zu erlangen/
Denn bloß uns beyden zu Gefallen/
Wird niemand einen Krieg anfangen/
Drum fällt mir etwas bessers ein:
Ich will mich hier zu diesem Tempel tragen/
Der Priester mag vor uns den grossen Apolita fragen.

Balac. Dein Rath gefällt mir wohl/
Die Götter werden es am besten schlichten/
Wohin wir unsre Reise richten/
Drum geh zum Priester hin/
Vielleicht kan er die Wege zeigen;
Doch mustu stets dabey/
Daß ich der Printz von Ava sey/
Verschweigen.

Scand. Denckt nur an mich/ wenn uns das falsche Glücke/
Gleich ietzo harte Püffe giebt/
Es wendet sich im Augenblicke.

Aria.

Das Glück ist wie das Frauenzimmer/
Das sich am Wechseln nur vergnügt.
Wen sie nicht heute wollen kennen/
Den muß man morgen glücklich nennen/
Wenn er in ihren Armen liegt.

Wohlan/ (Balac. verbirgt sich.)
So klopf' ich denn an diese Wohnung an.

Priest. Ein Frommer darff die Schwelle überschreiten/
(Scandal. [!] erschrickt.)
Wer unrein ist/ entferne sich bey Zeiten.

⟨Scand.⟩ O weh! hier geht es um;
Jedoch/ wenn nur die Frömmigkeit
Hier ihren Sitz genommen/
Wie ist der Priester denn hinein gekommen;
Doch halt/ hier kommt er schon.

Handschrift Maler Müller (Freies Deutsches Hochstift, Hs. FDH 12734):

Die Asiatische

BANISE,

in einer

OPERA

vorgestellet

PERSONÆ

XEMINDO, Kayser von PEGU.
XEMIN, sein Sohn verliebt in SAVADY
BANISE, Kayserl. Printzessin von PEGU.
BALACIN, Printz von AVA verliebt in BANISE
ZARANG, printz von TANGU verliebt in BANISE.
SAVADY, eine printzessin verliebt in ZARANG.
TALEMON, Kayserl. ober-Schatzmeister.
SCANDOR, BALACIN treuer diener.
ESWARDA, BANISENS bedinte verliebt in SCANDOR.
TALIPOU, ein priester.
MORPHEUS in einer MACHINE.

ACTUS. I.
SCEN. I.

Der Schauplatz ist der mit bäumen bepflantzte vorhoff des Tempels zu pandior. Der Tempel ist annoch verschlossen, und siehet man bey der Nacht Mond und Sterne.

BALACIN und SCANDOR.
Sie sitzen beyde da.

BALAC. Armselger Balacin, was wirst du leyden müssen;
Wann wird dein Trübsal sich einmahl bey dir beschlissen.
Wann wann wird es geschehn, daß sich einmahl mein leyd

Und deine Trübsal wird sich verwandlet in Freud.[22]
Solt du dein eigen reich; anjetzo gäntzlich hassen;
Und den der dich gezeucht; wer weiß wie lang! verlassen.
Verhasstes Schicksal dich klag ich an allem an
Daß meine Seele nicht in ruhe leben kann.

(Er stützt sich auf seinen ellenbogen und redet folgendes)

Schwingt euch ihr Seufftzer auf! eylt durch die lufft empor!
Schreyt, wintzelt, dringet euch für jennes gottes ohr!
Und – – – –

SCAND. Halten sie mein Printz mit ihren Klagen ein;
Beym hellen monden Schein, wird es nicht rathsam seyn,
daß wir hir länger ruhn – – – –

BALAC. allein an was für enden …
Soll ich nach deinem Schluß und rathe mich hin wenden;
Was soll ich fangen an! soll ich widrum zürück!
doch nein villeicht zeicht sich in fremten land mein glück.

(Sie stehn auf)

(Balac. stützt den rechten arm in die seite und spricht)
Ihr Sterne sagt was soll ich endlich hoffen:
Was

⟨Bricht ab.⟩

Dass es sich bei Müllers Fragment um eine Mischung zwischen einer Abschrift und einer Überarbeitung handelt, ist offensichtlich. Bis zum Ende der Szenenanweisung stimmen beide Texte überein. Abgesehen von der Überschrift des Personenverzeichnisses – »IN-

---

[22] In der Handschrift stand ursprünglich »Und deine Trübsal sich verwandlen wird in Freud.« Offenbar war Müller mit dieser Variante unzufrieden, denn er ersetzte nachträglich »verwandlen« durch »verwandlet«. In der Handschrift ist das mit »t« überschriebene »n« noch deutlich zu erkennen. Die zweite Fassung dieser Zeile lautete vermutlich »Und deine Trübsal sich verwandlet in Freud.« Allerdings vergaß Müller das »wird« nach »verwandlet« zu streichen. Anscheinend war es für ihn aber nicht mehr Bestandteil des Satzes, denn in einem weiteren Korrekturschritt fügte er nach »Trübsal« erneut das Hilfsverb »wird« ein. Syntaktisch ist dieses überflüssig und sogar inkorrekt, motiviert wird es nur durch das Metrum des Alexandriners. Vermutlich sollte die Zeile endgültig »Und deine Trübsal wird sich verwandlen in Freud« lauten, Müllers Korrekturen enden aber mit der Hinzufügung des Hilfsverbs. Hier wird daher nur das von Müller offenbar übersehene zweite »wird« nach »verwandlet« gestrichen und ansonsten die syntaktisch inkorrekte Endfassung der Zeile wiedergegeben.

TERLOCUTORI DELL' OPERA« im barocken Libretto, »PERSONÆ« bei Müller –, findet sich die einzige Abweichung bei »TALIPOU, ein priester«. In der Vorlage steht lediglich »Ein Priester«. Die Bezeichnung Talipou taucht dort erst in der zweiten Szene des ersten Aktes auf, wo Scandor den Priester mit den Worten »So laß denn / grosser Talipou ‹...›« anspricht. Dass Müller hier, anders als der Librettist, das Fremdwort als Namen verwendet, kann ebenso auf seine Lektüre des Librettos wie auf seine Kenntnis des Romans zurückgeführt werden.

Mit dem Dialog zwischen Balacin und Scandor beginnt die Überarbeitung Müllers, die sich als ein Versuch entpuppt, die für ein Opernlibretto des 18. Jahrhunderts typischen Kurzzeilen in Alexandriner umzusetzen. Wie Müller auf den in den 1760er Jahren als antiquiert geltenden Dramenvers verfiel,[23] kann nur vermutet werden. Dass er das klassische Versmaß kannte, erlaubt den sicheren Rückschluss, dass er Zugang zur sogenannten Hochliteratur hatte. Im provinziellen Kreuznach dürften die aktuellen literarischen Strömungen der Zeit jedoch mit Verzögerung angekommen sein, so dass dem jungen Literaten als Vorbilder für seine eigene Produktion nur Werke zur Verfügung standen, die die fortschrittlichen Literaten der Zeit als altmodisch bezeichnet hätten. Möglicherweise war unter den Dramen, die der junge Müller in Kreuznach gelesen hat, auch Grimms Banise-Trauerspiel. Im Vorwort zum vierten Band der ›Deutschen Schaubühne‹, in der das Drama abgedruckt ist, setzt Gottsched das Werk seines Schülers explizit gegen die weit verbreiteten Banise-Haupt-und-Staatsaktionen.[24] Anders als diese[25] beschränkt sich Grimm jedoch auf den Schluss des Romans. Mögli-

---

[23] 1764 verfasste Müller einen in Alexandrinern gehaltenen Neujahrsglückwunsch für sein Patenkind (vgl. Müller, Briefwechsel 1812–1825, a. a. O. [Anm. 15], S. 1143). Ein Zusammenhang zwischen diesem Gelegenheitsgedicht und dem Librettofragment ist jedoch unwahrscheinlich.

[24] Johann Christoph Gottsched, Vorrede, in: Die Deutsche Schaubühne nach den Regeln und Exempeln der Alten, Vierter Theil ‹...›, Leipzig 1743, S. 14–18.

[25] Das Szenar der in Anm. 5 erwähnten Aufführung einer Banise-Hanswurstiade durch die Truppe von J. H. Brunius in Graz 1722 setzt wie das Libretto mit der Tempelszene ein und erzählt in groben Zügen die Handlung des Romans bis zu der auch von Grimm in Szene gesetzten Rettung Banises vor dem Opfertod. Das in der Steiermärkischen Landesbibliothek Graz (Signatur: T 129.917 I) erhaltene Szenar ist als Digitalisat über die Homepage des DFG-Projekts ›Asiatische Banise‹ an der

cherweise inspirierte die Aufführung einer mit der oben zitierten Tempelszene einsetzenden ›Banise‹ Müller – eventuell befördert durch Kenntnis des Romans – dazu, durch die stilistische Anpassung des Librettos Grimms Trauerspiel um seine Vorgeschichte zu ergänzen.

Übereinstimmungen zwischen der barocken Vorlage und Müllers Version lassen sich primär auf der inhaltlichen Ebene feststellen. So setzen beide Libretti mit Balacins Klage über sein Schicksal ein, wobei seine Verbannung aus dem eigenen Reich und der Gegenwart seines Vaters in beiden Texten explizit genannt wird. Während das barocke Libretto mit einer Arie einsetzt, ist der Anfang von Müllers Fassung rezitativisch gestaltet. Erst die kurze, nach zwei Zeilen abbrechende Passage »Schwingt euch ihr Seufftzer auf! eylt durch die lufft empor! / Schreyt, wintzelt, dringet euch für jennes gottes ohr!«, die Balacin, abgesetzt durch eine Änderung der Körperhaltung, an seine Klage anfügt, liest sich wie der Auftakt einer Arie. Diese wird allerdings, dem Untertitel »in einer OPERA vorgestellet« zum Trotz, mit den Worten »redet folgendes« eingeleitet. Nicht nur im Nebentext, sondern auch in der Form entspricht Müllers ›Banise‹ mit ihren der Musikalisierung widersprechenden Alexandrinerversen weniger einem Libretto als dem von Gottsched geforderten regelmäßigen Sprechtheater. Das Oszillieren zwischen opernhaftem Gestus und klassischer Dramenästhetik ist eventuell darauf zurückzuführen, dass Müller sich bei seinem dramatischen Versuch an dem im Roman enthaltenen Libretto ›Die Handlung der Listigen Rache oder Der tapffere Heraclius‹ orientierte, das gleichfalls in Alexandrinern gehalten ist. Anders als bei Müller wird dort das metrische Schema in den meist mit dem Wort »singet« eingeleiteten Arien aber zugunsten von leichter sangbaren Versen aufgebrochen.

In beiden Texten folgt auf Balacins Worte eine Gegenrede Scandors, der ihn auffordert, nicht länger zu klagen, da der weitere Aufenthalt vor dem Tempel ihnen gefährlich werden könnte. Balacins Antwort und seine Frage nach dem potentiellen Ziel ihrer Reise ist unübersehbar an der Vorlage orientiert. »Allein an was vor Ort und

Universität Freiburg einsehbar (URL: http://portal.uni-freiburg.de/ndl/forschung/banise/siegendeunschuld).

Enden / Soll ich nach deinem Rath mich wenden?« wird bei Müller zu »allein an was für enden … / Soll ich nach deinem Schluß und rathe mich hin wenden«. In beiden Texten imaginiert Balacin daraufhin eine nicht näher beschriebene Ferne. Während im barocken Libretto an dieser Stelle Scandor das Wort und die Initiative ergreift, folgt bei Müller eine erneut durch eine Änderung der Körperhaltung markierte Reflexion: »Ihr Sterne sagt was soll ich endlich hoffen«. Der Szenenanweisung »stützt den rechten arm in die seite und spricht«[26] zum Trotz wird hier die nächste potentielle Arie eingeleitet, allerdings bricht der Text schon mit der nächsten Zeile ab.

Die Kürze des Fragments setzt der Interpretation des Texts enge Grenzen. Mit Sicherheit kann man Müller nur die Absicht bescheinigen, das Libretto stilistisch zu heben. Damit einher geht eine potentielle Aufwertung Scandors, der in der barocken Vorlage – ebenso wie im Roman – als typischer Diener und Kontrastfigur zum Prinzen dargestellt wird, während er bei Müller zumindest sprachlich nicht hinter seinem Herrn zurückbleibt. Zwar tritt Scandor schon im Libretto bzw. im Roman als gleichberechtigter Gesprächspartner Balacins auf, letzten Endes gehört er aber zum niederen und damit komischen Personal. Dies schlägt sich in seiner Sprache ebenso nieder wie in der Musik. Den wenigen überlieferten Arien nach zu schließen wurde Scandor auch musikalisch eindeutig als komische Figur charakterisiert.[27] In Müllers Fragment wird Scandor dagegen seinem Herrn stilistisch gleichgestellt und damit zumindest in den wenigen ihm zugedachten Zeilen zu einer ernsten Figur aufgewertet. Inhaltlich entfernt er sich in seiner Aussage allerdings nicht von seinem barocken Vorbild.

Stärker als bei Scandor lassen sich bei Balacin in den beiden Fassungen Unterschiede ausmachen. Während hinter der potentiellen Aufwertung Scandors möglicherweise Gottscheds u. a. in der ›Deutschen Schaubühne‹ niedergelegten Forderungen nach einem regel-

[26] Hervorhebung K. V.

[27] In der in Anm. 3 erwähnten Sammlung ›Cantata L'Opera Banise dell Sign. Hoffmann‹ finden sich auch zwei Arien Scandors (vgl. Erdmann Werner Böhme, Die frühdeutsche Oper in Thüringen. Ein Jahrhundert mitteldeutscher Musik- und Theatergeschichte des Barock, Stadtroda 1931, S. 53–55). Die Musik zu Scandors Arie in der oben abgedruckten Szene ist nicht überliefert, der komische Effekt dürfte jedoch mit dem bei Böhme beschriebenen vergleichbar gewesen sein.

mäßigen deutschen Drama und die Ablehnung der lustigen Figur stehen, manifestiert sich in Balacins Klagen eine neue Epoche. Müllers Balacin ist keine barocke Figur, sondern ein Kind der Empfindsamkeit. Dies zeigt sich bereits in den ersten Zeilen, der einzigen Passage des Fragments, die als in sich abgeschlossen erscheint. Ebenso wie in der Vorlage richtet Balacin eine Klage an das Schicksal. Während sich der Prinz im Originallibretto direkt an die dem barocken Menschen stets präsente Vorsehung wendet, sich über deren Grausamkeit beklagt und nur kurz seine »Wehmuth« angesichts seiner Situation anspricht, ist für Müllers Balacin eine solche Instanz nicht vorhanden. Im Mittelpunkt stehen, wie schon die einleitende Selbstansprache zeigt, der »armselge Balacin« und seine Empfindungen. Auffällig sind hier insbesondere die rhetorisch ausgefeilten ersten vier Zeilen, die alternierend von den Worten »leyden« bzw. »leyd« und »Trübsal« bestimmt werden. Erst nachdem Balacin sein Leiden beklagt und die mit einem emphatisch wiederholten »wann« eingeleitete Frage nach dessen Ende gestellt hat, nennt er die in der barocken Vorlage viel früher angeführten Gründe seiner Klage. Die abschließende Apostrophe an das »verhasste Schicksal« ist zwar unzweifelhaft die Klimax seiner Rede, bleibt letztlich aber eine rhetorische Geste und bildet nur den Übergang zu der folgenden, nach zwei Zeilen abbrechenden »Arie«.[28]

Diese und auch die folgenden Passagen werden durch Regieanweisungen markiert, die von einer im barocken Libretto noch völlig negierten Beredsamkeit des Leibes zeugen. So stützt sich der laut Szenenanweisung untätig dasitzende Balacin, nachdem er seinem Kummer Ausdruck verliehen hat, »auf seinen ellenbogen«, nimmt also die klassische melancholische Denkhaltung ein. In dieser verharrt er, bis er sich, von Scandor aufgefordert, entschließt, sein Glück in der Fremde zu suchen. Balacins veränderte innere Einstellung spiegelt sich unmittelbar in seiner Körperhaltung wider: Der bis dahin müßige Prinz steht auf und stützt – gleichsam ein Inbild

[28] Kurioserweise gibt es neben Müllers empfindsam überformtem Dramenfragment auch ein Fragment einer empfindsamen Version des Romans (vgl. Volker Meid, Ziglers ›Asiatische Banise‹ 1689 und 1788: Zur Wirkungsgeschichte des Barockromans, in: Argenis 2 [1978], S. 327–340). Zusammenhänge zwischen Müllers Fragment und der Romanfassung des anonymen »Hrn. Sch – cht« sind aber ausgeschlossen.

der Entschlossenheit – den rechten Arm in die Seite. Obwohl die Gesten, die Müller seinem Protagonisten vorschreibt, konventioneller nicht sein könnten, tragen sie als zeichenhafter Ausdruck seiner Gedanken und Gefühle im Wortsinn unübersehbar zur empfindsamen Überformung des Textes bei.

Diese manifestiert sich auch in der zweiten, Balacin zugedachten Passage, mit der Müllers Fragment endet. Ebenso wie in seinem Eingangsmonolog zeichnet sich hier eine Tendenz ab, anstelle objektiver Tatsachen subjektive Gefühle in den Mittelpunkt zu stellen. Während der barocke Balacin bedauert, dass nirgendwo ein Krieg herrsche, in den er sich stürzen könnte, und damit noch in seiner Verzweiflung Realitätssinn beweist, ist Müllers Prinz zugleich hoffnungsvoller und planloser: »villeicht zeicht sich in fremten land mein glück«. Signifikanterweise folgt an dieser Stelle noch nicht der Vorschlag Scandors, das Orakel um Rat zu befragen, sondern der Beginn einer Reflexion, deren nomineller Ansprechpartner mit den »Sternen« zwar das Schicksal ist, deren Inhalt aber einmal mehr die Empfindungen und Hoffnungen des Prinzen zu sein versprechen. In der folgenden Zeile bricht das Fragment jedoch mit einem fragenden »Was« ab.

Auch sonst bleiben am Ende des Fragments viele Fragen offen. Woher Müller das Libretto kannte, wer es ihm überließ, ob ihm neben dem Roman auch ein Exemplar der ›Deutschen Schaubühne‹ zur Verfügung stand, ob er aus eigenem Antrieb oder auf die Aufforderung eines Mentors hin seine Fassung der ›Asiatischen Banise‹ zu schreiben begann und warum er nach der sorgfältigen Abschrift des Personenverzeichnisses so bald abbrach, lässt sich heute bestenfalls vermuten. Aber auch wenn die Herkunft des Textbuchs und der Anlass für die Entstehung des Fragments im Dunkeln bleiben, wirft die Bearbeitung des Librettos durch den jungen Friedrich Müller ein Licht auf eine ansonsten wenig dokumentierte Lebensphase des Maler-Dichters, seinen literarischen Bildungsgang und das dramatische Weiterleben der ›Asiatischen Banise‹ im 18. Jahrhundert.

STEFAN KEPPLER-TASAKI

DIE SCHULE DES 16. JAHRHUNDERTS

Goethe vor Götz, Dürer und Sachs

Für Helmut Pfotenhauer

1. ›Altdeutsch‹: Annihilation und Andenken

Über die Voraussetzungen seines ›Götz‹-Dramas schreibt Goethe im siebzehnten Buch von ›Dichtung und Wahrheit‹:

> Zu dieser Zeit war denn überhaupt die Richtung nach der Epoche zwischen dem 15 und 16. Jahrhundert eröffnet und lebendig.[1]

Dass Goethe den damit bezeichneten Zeitraum als regelrechte Epoche versteht, ergibt sich aus beredten Zeugnissen. So behandelt er im zwölften Buch der Autobiographie »das Studium des funfzehnten und sechzehnten Jahrhunderts« als eigenwertige Aufgabe.[2] In der Denkschrift über ›Kunst und Alterthum am Rhein und Mayn‹ spricht er 1816 von einer »neue⟨n⟩ zu Anfang des fünfzehnten Jahrhunderts eintretende⟨n⟩ Epoche« und versteht die Überlieferung des »funfzehnten und sechszehnten Jahrhunderts« (im Rhein-Main-Gebiet) als eine Einheit. Er scheut sich gleichfalls nicht, einen »wichtigen Schritt«, gar eine »Achse« an der »Gränze des vierzehnten und funfzehnten Jahrhunderts« anzusetzen, indem nun individuelle

---

[1] Johann Wolfgang Goethe, Aus meinem Leben. Dichtung und Wahrheit, hrsg. von Klaus-Detlef Müller, Frankfurt am Main 1986 (= ders., Sämtliche Werke. Briefe, Tagebücher und Gespräche, hrsg. von Friedmar Apel / Hendrik Birus / Dieter Borchmeyer [u. a.], I. Abt., Bd. 14), S. 773. Zitate aus Goethes Werken im Folgenden nach dieser Ausgabe, abgekürzt als FA mit Abteilungs-, Band- und Seitenzahl. Briefe und Tagebücher werden gleicherweise nach der Weimarer Ausgabe (WA) zitiert.

[2] Dichtung und Wahrheit, FA I 14, S. 553.

menschliche Gesichter nachgebildet würden.[3] Im Magdeburger Dom nimmt der Weimarer Besucher 1805 strenge stilgeschichtliche Scheidungen vor: Bei Datierungen wie »1211 bis 1363« kommentiert er wiederholt »Zeit der Nichtform«, während ihm die Werke der beiden folgenden Jahrhunderte »sehr natürlich und ruhig edel« anmuten, »mit einer Wahrheit ansprechend«, »zwischen Natürlichkeit und Styl«.[4] Für die literarische Überlieferung kommt es ihm darauf an, dass sie sich ohne den Übersetzungsprozess erschließt, der die Sprache der Minnesänger von der unmittelbaren Erfahrbarkeit trennt.[5] Auf Hans Sachs münzt er die Datierung einer kulturellen Blütezeit:

> Den Deutschen geschah gar viel zu Lieb':
> Als man eintausend fünfhundert schrieb,
> Ergab sich manches zu Nutz und Ehren,
> Daß wir daran noch immer zehren.[6]

Damit ist nicht der Zeitpunkt 1500 gemeint, sondern die Reihe der mit 1500 beginnenden Jahreszahlen. Gleichwohl überlagert sich bei Goethe ein jüngerer Epochenbegriff, der Anfangs- und Schlusspunkte setzt, mit einem älteren, der Durchgangspunkte fixiert. Letztere Denkweise vertrat führend Johann Jakob Bodmer, der noch 1786 ein Epochenmodell als ›Die sechs Zeitpunkte der Geschichte deutscher Poesie‹ skizziert. Der »Luthersche Zeitpunkt« als Verkennung des »schwäbischen« (der Stauferkaiser um 1200) erfährt darin allerdings wenig Ehre.[7] Im Sinn des Stationengedankens fasst Goethe 1500 als einen »Wendepunkt der deutschen Geschichte«, an dem er sich »vor und rückwärts zu bewegen« gedenkt.[8] Das Spezifi-

---

[3] Kunst und Alterthum am Rhein und Mayn, FA I 20, S. 82f. und 92.

[4] Über Magdeburger Kunstsachen, FA I 19, S. 249 und 251. Vgl. Tag- und Jahreshefte für 1805, FA I 17, S. 152f.

[5] Dichtung und Wahrheit, FA I 14, S. 779.

[6] Prolog zu dem dramatischen Gedicht ›Hans Sachs‹, von Deinhardstein, FA I 6, S. 918.

[7] Johann Jakob Bodmer, Die sechs Zeitpunkte der Geschichte deutscher Poesie, in: Schweitzersches Museum 3 (1786), S. 233–243, hier S. 238f., dazu Christoph Schmid, Die Mittelalterrezeption des 18. Jahrhunderts zwischen Aufklärung und Romantik, Frankfurt am Main/Bern/New York 1979, S. 274–277.

[8] Dichtung und Wahrheit, FA I 14, S. 626. Zur Umstellung des Epochenbegriffs von Zeitpunkten auf Zeitabschnitte vgl. Manfred Riedel, Epoche, Epochenbewußt-

kum der Epoche liegt damit in der Verbindung des Trennenden: dem »Konflikt zwischen Autorität und Selbsttätigkeit« – unbedingte Autorität als Signum einer älteren Zeit, unbedingte Selbsttätigkeit als das einer neueren verstanden.[9] Es ist ein Zeitkontinuum der schwankenden »Streitigkeiten«, der »große⟨n⟩ Wirkungen und Gegenwirkungen«.[10]

Goethe hat einen relativ scharf konturierten Begriff *von* der Epoche, aber keinen Begriff *für* sie. Er hält an seinem frühen, in ›Dichtung und Wahrheit‹ halbwegs ironisch herausgestellten Verdienst fest, die »verrufene Benennung Gotische Bauart« zugunsten von »deutsche Baukunst« zurückgestellt zu haben.[11] Dieser begriffspolitische Eingriff, der nicht auf die Architekturgeschichte begrenzt ist, hinterlässt indes eine Lücke in den lexikalischen Unterscheidungsmöglichkeiten zwischen deutschem Mittelalter und deutscher Frühneuzeit. Unter dem Einfluss von Ludwig Tiecks ›Franz Sternbalds Wanderungen‹, die im Untertitel ›Eine altdeutsche Geschichte‹ (1798) ankündigen, verbreitete sich für das 15. und 16. Jahrhundert der Terminus ›altdeutsch‹, während die kulturelle Intensität des Hochmittelalters – als gotisches oder mit Tiecks ›Minnelieder‹-Ausgabe (1803) als ›schwäbisches Zeitalter‹ – davon abgegrenzt erscheint. Der altdeutsche Franz Sternbald, Dürers Lieblingsschüler, begegnet daher dem gotisch genannten Stil als einem vergangenen. In einem Aufsatzschema zum Roman hält Goethe die Episode im Heimatdorf des Künstlerhelden, in der ein gotisches Altarbild abgenommen und Sternbalds aufgehängt wird, eigens fest.[12] Doch verweigert er sich dem »sternbaldisierende⟨n⟩ Unwesen« auch in diesem Punkt und lässt die prägende Wirkung des

---

sein, in: Historisches Wörterbuch der Philosophie, hrsg. von Joachim Ritter und Karlfried Gründer, Basel 1972, Bd. 2, Sp. 596–599, hier: Sp. 598.

[9] Geschichte der Farbenlehre, FA I 23/1, S. 685 und 638. Zur Bestimmung von Autorität vgl. S. 621–623, von Selbsttätigkeit S. 665.

[10] Geschichte der Farbenlehre, FA I 23/1, S. 666.

[11] Dichtung und Wahrheit, FA I 14, S. 420. Vgl. auch Schloß Marienburg, FA I 21, S. 580–582 und Kommentar zur Stelle.

[12] Vgl. Ludwig Tieck, Franz Sternbalds Wanderungen, in: ders., Werke in vier Bänden, hrsg. von Marianne Thalmann, München 1978, hier: Bd. 1, S. 738–741; sowie Goethes Schema und Bemerkungen zu Franz Sternbalds Wanderungen, FA I 18, S. 511.

Romans für die Kunstdiskussion bestreiten.[13] Aber selbst Johann Peter Eckermann, darin mehr dem Sprachgebrauch seiner Generation als dem Goethes verpflichtet, unterscheidet mitunter sehr klar zwischen ›altdeutsch‹ als frühneuzeitlich und ›gotisch‹ als mittelalterlich.[14]

Verschiedentlich auch großgeschrieben, verwendet Goethe ›altdeutsch‹ – neben Derivaten wie ›alte deutsche Art‹ oder ›deutsche ältere Zeit‹ – seit den 1770er Jahren, wobei die Beleghäufigkeit stetig und nach 1805 eklatant steigt.[15] Der Terminus ›Mittelalter‹ steht demgegenüber zurück, indem er erst bei dem fast 60jährigen seine Begriffsgeschichte entfaltet.[16] ›Altdeutsch‹ sind für Goethe ebensogut Erscheinungen des 12. und 13. Jahrhunderts – darunter der Kölner Dom und das Straßburger Münster, die Chronik des Otto von Freising und das Nibelungenlied[17] –, wie der frühe Buchdruck und das vielmals in den Tagebüchern genannte »altdeutsche Portfeuille«[18] seiner Zeichnungen- und Stichsammlung, die Stücke des 15. und 16. Jahrhunderts umfasst. Was er angesichts der Sammlungen von Johann Friedrich Städel in Frankfurt, Ferdinand Franz Wallraf in Köln und der Brüder Boisserée in Heidelberg unter »Altdeutsche Gemälde«[19] begreift, umfasst Werke, die aus dem 13.

---

[13] Vgl. Über Polygnots Gemälde, FA I 18, S. 920; sowie Johann Heinrich Meyer, Neu-deutsche religios-patriotische Kunst, FA I 20, S. 126. Zur generationellen Verwerfung zwischen beiden Dichtern vgl. die Andeutungen von Ernst Ribbat, Ungleichzeitig – gleichzeitig. Goethe und Tieck, in: Akten des VI. Internationalen Germanisten-Kongresses, Bd. 3, hrsg. von Heinz Rupp und Hans-Gert Roloff, Frankfurt am Main/Bern/New York 1980, S. 339–343.

[14] Johann Peter Eckermann, Gespräche mit Goethe in den letzten Jahren seines Lebens, hrsg. von Christoph Michel, Frankfurt am Main 1999 (= FA II 12), S. 203 (17. Januar 1827).

[15] Vgl. Goethe-Wörterbuch, hrsg. von der Berlin-Brandenburgischen Akademie der Wissenschaften, der Akademie der Wissenschaften in Göttingen und der Heidelberger Akademie der Wissenschaften, Bd. 1, Stuttgart (u. a.) 1978, Sp. 421 f.

[16] Vgl. Arthur Hübner, Goethe und das deutsche Mittelalter, in: Goethe-Jahrbuch 1936, S. 83–99, hier: S. 87 f.

[17] Vgl. Von deutscher Baukunst 1823, FA I 21, S. 484, sowie an Sulpiz Boisserée, 11. November 1827, WA IV 43, S. 164.

[18] Tagebuch vom 16. Februar 1830, WA III 12, S. 198.

[19] Tagebuch vom 26. Juli 1815, WA III 5, S. 172. Zu diesem Besichtigungsprogramm vgl. Hendrik Birus, Goethes ›Reise nach den Rhein-, Mayn- und Neckarge-

bis 16. Jahrhundert datieren. Eher zieht Goethe eine terminologische Grenze zum frühen Mittelalter und der Kunst der Romanik, wenn er z. B. die Kirchenruine von Kloster Paulinzella als ›neugriechisch‹, d. h. byzantinisch, kennt. Die klare Säulenarchitektur, die Rundbögen, das auf die Kapitelle begrenzte Dekor sowie die einfache und saubere Steinbehandlung lassen ihn an eine Kontinuität aus der Antike denken: die »hohe Erbschaft älterer Griechischer und Römischer Vorfahren«.[20] Bei mittelalterlichen Gemälden bis zum 13. Jahrhundert spricht er ebenfalls von einer »neugriechischen Kunst«, die er insbesondere durch die Erstarrung klassischer Symmetrien bestimmt. Die Zäsur nach 1200 begründet er mit einem mächtig durchbrechenden »Naturgefühl«, in dem die menschliche Figur »gut, fromm und heiter« erscheine.[21] Für seine Einschätzung der frühmittelalterlichen Literatur in Deutschland gilt am singulären Fall des ›Veni Creator Spiritus‹ Vergleichbares: Der reimlose Hymnus, den er mit Karl dem Großen in Verbindung bringt, empfiehlt sich ihm durch klassische Metrik und Rhetorik. Er versteht ihn in gewissermaßen römisch-imperialem Geist als »Appell an's Genie« für »geist- und kraftreiche Menschen«.[22] Man wird sagen dürfen, dass das Altdeutsche, als mehr nationale Richtung, für Goethe im Wesentlichen mit der Ablösung von ›neugriechischen‹ Modellen beginnt. Das Veronica-Bild der Boisseréeschen Sammlung sieht er

genden‹ und ihre literarische Verarbeitung, in: »Ein Dichter hatte uns alle geweckt«. Goethe und die literarische Romantik. Ausstellung im Frankfurter Goethe-Museum 1999, hrsg. von Christoph Perels, Frankfurt am Main 1999, S. 248–261.

[20] Kunst und Alterthum am Rhein und Mayn, FA I 20, S. 76. Zu Paulinzella vgl. Sulpiz Boisserée, Tagebücher 1808–1854, hrsg. von Hans-J. Weitz, Darmstadt 1978, Bd. 1: 1808–1823, S. 62 (6. Mai 1811); dazu Stefan Keppler, Von Weimar nach Paulinzella. Wahrnehmungen einer Klosterruine zwischen Aufklärung, Klassik und Romantik, in: Jahrbuch der Stiftung Thüringer Schlösser und Gärten 2005, S. 75 bis 89, hier: S. 81–86.

[21] Kunst und Alterthum am Rhein und Mayn, FA I 20, S. 75–81.

[22] Eigenes und Angeeignetes, FA I 21, S. 427. Vgl. Goethes freie Übertragung Veni Creator Spiritus!, FA I 12, S. 195. Zu Goethes emphatischer Aneignung des Inspirationsgebets unter gedrückten Lebensumständen weitläufig Rudolf Völkel, Veni Creator Spiritus. Zur Entwicklung der Goetheschen Dichtung im Winter 1819/1820, in: Jahrb. FDH 1973, S. 157–189, hier: S. 176–189; ferner Wolfram von den Steinen, Mittelalter und Goethezeit, in: Historische Zeitschrift 183 (1957), S. 249 bis 302, hier: S. 295 f.

mit dem »doppelte⟨n⟩ Element eines strengen Gedankens und einer gefälligen Ausführung« genau auf der Grenze.[23]

Zu allen Zeiten seines Lebens versieht Goethe »altdeutsche Dinge« – vorwaltend, aber nicht allein des Hochmittelalters – mit einer zweideutig verwendeten semantischen Entourage wie ›unglaublich‹, ›wundersam‹ und ›wunderlich‹, ›groß‹, ›colossal‹ und ›riesenartig‹, ›bedeutend‹, ›gewaltig‹ und ›ungeheuer‹.[24] Nicht anders verhält es sich mit der Rede von altdeutschen »Eigenthümlichkeiten«, »Kunstmerkwürdigkeiten« und »sehr merkwürdige⟨n⟩ Erscheinung⟨en⟩«.[25] Eine »unglaubliche Gewalt«[26] verzeichnet er beim Anblick des stillen Veronica-Bildes, während er doch am bewegten Laokoon das gewalttätige Moment aufgehoben glaubt. Besorgt äußert er sich über die »problematischen altdeutschen Gedichte« und ruft »Seltsamster Kontrast!« über ihren Vergleich mit der antiken Literatur.[27] Die Anzeige von ›Zwei teutschen Altertümern‹ lässt er 1812 in die zweifelhaft beleumundete Zeitschrift ›Kuriositäten der Vor- und Mitwelt‹ seines Schwagers Vulpius einrücken.[28] Höhnisch kommentiert ein gereizter Freiherr von Stein, Gründungspräsident der ›Gesellschaft für ältere deutsche Geschichtkunde‹, die Weimarer Unterstützung des ›Monumenta Germaniae Historica‹-Projekts in den Jahren 1820/21. Goethes Wohlwollensbekundungen empfindet er als hinhaltend. Sein Aufsatz ›Lob- und Spottgedicht auf König Rudolph von Habsburg‹ für das Gesellschaftsorgan ist ihm in der

---

[23] Kunst und Alterthum am Rhein und Mayn, FA I 20, S. 81.

[24] Vgl. etwa die Briefe an Johann Heinrich Meyer, 26. März 1818, WA IV 29, S. 105, und an Sulpiz Boisserée, 11. November 1827, WA IV 43, S. 164f.; ferner die Stellungnahmen Von deutscher Baukunst 1823, FA I 21, S. 483; Schloß Marienburg, FA I 21, S. 580; Das Niebelungenlied, FA I 22, S. 818; West-oestlicher Divan. Besserem Verständniß, FA I 3/1, S. 202. – Für die Phasen von Goethes Mittelalterrezeption und die darin gleichbleibenden Distanzierungen vgl. Jens Haustein, Nachwort, in: Goethe über das Mittelalter, hrsg. von dems., Frankfurt am Main 1990, S. 271 bis 281, bes. S. 277.

[25] Kunst und Alterthum am Rhein und Mayn, FA I 20, S. 92; Meyer, Neudeutsch religios-patriotische Kunst, FA I 20, S. 127; ⟨Lob- und Spottgedicht auf König Rudolph von Habsburg⟩, FA I 20, S. 641.

[26] Kunst und Alterthum am Rhein und Mayn, FA I 20, S. 81.

[27] Tagebuch vom 12. Januar 1830, WA III 12, S. 180, und vom 27. August 1831, WA III 13, S. 129.

[28] Vgl. FA I 19, S. 609–612.

vorgelegten Form durchaus unwillkommen. Goethes weitere Beiträge in diesem Zusammenhang – ›Über eine altdeutsche Taufschale‹, ›Chronik des Otto von Freysingen‹, ›Nicolai de Syghen Chronicon Thuringicum‹ – kühlen ihre Gegenstände in der Tat durch größte Nüchternheit aus.[29] In ihren Anmerkungen sorgt die Redaktion des ›Archivs der Gesellschaft für ältere deutsche Geschichtkunde‹ für etwas mehr Begeisterung, indem sie z. B. den ›König Rudolph‹-Spruch als »Seltenheit des altdeutschen Parnasses« begrüßt.[30] Doch die Unzufriedenheit war wechselseitig. Über die hochmittelalterliche Taufschale, die das Weimarer Herzogshaus erworben hatte, wünschte der Minister historische Aufklärung von der Gesellschaft. Das Ergebnis ist das für ihn unerfreulichste: Meinungsstreit und Verwirrung, wie ihm scheint. Seine schon in den Abhandlungen spürbaren Annihilierungsneigungen kulminieren in der Zerstörungsphantasie, das Becken wieder einschmelzen zu wollen.[31] Die Unerhellbarkeit eines nur historischen Dokumentes, das sich im Unterschied zum Kunstwerk keine eigene Gegenwart verschafft, lässt ihn das Studium der Geschichte verwerfen. Im Aufsatz über ›Die Externsteine‹, der wenige Jahre später 1824 entsteht, bekräftigt er das Urteil, dass »in solchen historischen Dingen aus strenger Untersuchung immer mehr Ungewißheit erfolgt«.[32]

Zwischen Goethes und der romantisch-historistischen Wertschätzung des Altdeutschen liegt eine Differenz, die sich scharf stellen lässt: Der in Italien geschulte Klassizist hält Bilder alter deutscher Meister und ›Alte deutsche Lieder‹, wie sie der Untertitel von des ›Knaben Wunderhorn‹ verspricht, zwar für sammelns-, aber nicht

[29] Vgl. FA I 20, S. 634–638, 641 f. und 647–653; FA I 21, S. 652–654. Dazu Horst Fuhrmann, Goethe, Frankfurt und die Anfänge der Monumenta Germaniae Historica, in: Jahrb. FDH 1995, S. 3–21.

[30] Archiv der Gesellschaft für ältere deutsche Geschichtkunde 2 (1820), S. 274.

[31] An Christoph Ludwig Friedrich Schultz, 9. Dezember 1822, WA IV 36, S. 417. Zum Unberechtigten von Goethes Urteil vgl. Werner Goez, »Barbarossas Taufschale« – Goethes Beziehungen zu den Monumenta Germaniae historica ⟨sic⟩ und seine Erfahrungen mit der Geschichtswissenschaft, in: Deutsches Archiv für Erforschung des Mittelalters 50 (1994), S. 73–88, bes. S. 87.

[32] Die Externsteine, FA I 22, S. 72. Zum vorwaltenden geschichtlichen Erkenntnispessimismus Goethes und seinem Weg einer Wissenschafts- und Kunstgeschichte in Biographien vgl. Victor Lange, Goethes Geschichtsauffassung, in: Etudes Germaniques 38 (1983), S. 3–16, bes. S. 14 f.

für nachahmenswert. Sie gelten ihm als »Document einer Stufe menschlicher Cultur«[33], als »Bildungsstufe«[34] auf einem geschichtlichen Spiralweg, der aus der Antike zu einer neuerlich musterhaften Kunst führt, aber nicht schon selber als musterhaft. Das Phänomen der Renaissance, das allein wieder den »Maßstab der vollendeten Kunst« verlangt, bringt er als italienische Entwicklung nicht mit nordalpinen Vorgängen in Verbindung.[35] Ein altdeutsches Artefakt kann demnach »in seiner art vollkommen« sein, »genug für die Zeit«, aber nicht absolut.[36] Es ist auch nur dann »erfreulich«, wenn man sich in seinem »Kreis recht eingebürgert« hat.[37] Die bloße Antiquität spricht sich anders als das Kunstwerk nicht selbst aus, es fehlt ihr an sinnlichem Dasein: an Evidenz. »Werth und Würde« jener »Productionen der Vergangenheit« sind also »im rechten Sinne, das heißt historisch« zu verstehen – eine Angelegenheit zuvörderst für

---

[33] An Carl Friedrich von Reinhard über den Kölner Dom, 22. Juli 1810, WA IV 21, S. 360.

[34] Das Niebelungenlied, FA I 22, S. 819. Vgl. Helmut Brackert, Die »Bildungsstufe der Nation« und der Begriff der Weltliteratur. Ein Beispiel Goethescher Mittelalterrezeption, in: Goethe und die Tradition, hrsg. von Hans Reiss, Frankfurt am Main 1972 (Wissenschaftliche Paperbacks Literaturwissenschaft 19), S. 84–101, bes. S. 92f.; sowie Haustein, Nachwort, a. a. O. (Anm. 24), S. 279–281. Für die Bildkunst vgl. Ernst Osterkamp, Sulpiz Boisserée überredet Klassizisten. »Das erhebende Gefühl des Siegs einer großen schönen Sache über die Vorurteile«, in: Wiederholte Spiegelungen. Weimarer Klassik 1759–1832. Ständige Ausstellung des Goethe-Nationalmuseums, hrsg. von Gerhard Schuster und Caroline Gille, München 1999, S. 449 bis 458, hier: S. 454–456.

[35] Kunst und Alterthum am Rhein und Mayn, FA I 20, S. 88. Zurecht avisiert Angelika Jacobs (Goethe und die Renaissance. Studien zum Konnex von historischem Bewußtsein und ästhetischer Identitätskonstruktion, München 1997, S. 14f.) außer den italienischen Beispielen (Tasso, Cellini, Cardano) nur noch den spanisch-niederländischen Fall des Egmont, nicht das »deutsche 16. Jahrhundert«. Vgl. ferner Paolo Chiarini, »Alte Meister« in klassisch-romantischem Kontext. Goethe, Friedrich Schlegel und die ›Deutsche Renaissance‹, in: Goethe und das Zeitalter der Romantik, hrsg. von Walter Hinderer, Würzburg 2002, S. 245–263, hier bes. S. 247 und S. 251–257: In Gegnerschaft zu Goethe betont Schlegel die ältere italienische Schule (vor Michelangelo und dem römischen Raffael) und kann von ihr den Bogen zu den deutschen Künstlern schlagen.

[36] Über den Dom zu Speyer an Charlotte von Stein, 25. September 1779, WA IV 4, S. 64; Zu Meyers Aufsatz über die Passion des Martin Schön, FA I 18, S. 550.

[37] Über das Nibelungenlied in West-oestlicher Divan. Besserem Verständniß, FA I 3/1, S. 201f.

den »Geschichtsfreund«, erst danach vielleicht für den »Kunstfreund«.[38] In diesen Belangen hat Goethes kurzer Briefwechsel mit der ›Monumenta‹-Direktion den Vorzug ungewöhnlicher Schonungslosigkeit. Die Verzögerung, mit der man in Weimar eine Frankfurter Anfrage nach mittelalterlichen Handschriftenbeständen behandelt, entschuldigt Goethe mit einem heiteren Bild der radikalen Auslöschung:

> Das augenblicklich Gegenwärtige zieht soviel Aufmerksamkeit an sich, daß das längst Vergangene völlig in die blaue Ferne verschwindet.[39]

Obwohl Goethe – wie gezeigt – im Jahrtausend zwischen dem 6. und dem 16. Jahrhundert verschiedene Epochen ansetzt, vertritt er die Antiquiertheitsbehauptung fast unterschiedslos. In einer Polemik gegen die ›Propyläen‹ erklärt Johann Gottfried Schadow 1801:

> Vor zweihundert Jahren waren unsere Väter auf dem rechten Wege, 〈...〉 seitdem sind wir schwach, und schwächer geworden 〈...〉.[40]

Deutsche Künstler, lautet das Argument, können vorteilhaft nur von deutschen Vorbildern lernen. Als Antwort verfasst Goethe eine – von der Drucklegung zurückgezogene – Sammlung ›Aphorismen. Freunden und Gegnern zur Beherzigung‹, worin er das ›Naiv-Steife‹ der älteren deutschen Kunst bedauert und zu überwundenen »Anfänge〈n〉« rechnet.[41] Den jungen Peter von Cornelius warnt er, die »deutsche Kunstwelt des 16. Jahrhunderts« könne »in sich nicht für vollkommen gehalten werden«.[42] Bei Gelegenheit beispielsweise des Nürnberger Bildhauers Adam Kraft verfolgen die Weimarer Kunstfreunde weiterhin die Historisierungsstrategie, wenn sie seinen Fall an »Forscher in der Kunstgeschichte« überweisen.[43] Die

[38] Von deutscher Baukunst 1823, FA I 21, S. 480, 481f. und 483. Zum Unterschied von »Kunstwerk« und »Antiquität« vgl. auch Propyläen. Eine periodische Schrift, FA I 18, S. 659f.

[39] An Johann Lambert Büchler, 14. Juni 1820, WA IV 33, S. 66.

[40] Johann Gottfried Schadow, Ueber einige, in den Propyläen abgedruckte Sätze, die Ausübung der Kunst in Berlin betreffend, in: Eunomia 1 (1801), 1. Bd., S. 487 bis 519, hier: S. 497.

[41] Sprüche in Prosa (FA I 13, S. 389); zum Zusammenhang mit Schadow vgl. den Kommentar von Harald Fricke zur Stelle.

[42] An Peter von Cornelius, 8. Mai 1811, WA IV 22, S. 87.

[43] Biographien Nürnbergischer Künstler, FA I 21, S. 572. Diese Buchanzeige von 1824 haben Goethe und Meyer gemeinsam verfasst.

eigenen Knittelvers-Dichtungen der 1770er Jahre will der späte Goethe als historisch-praktische Übungen verstanden wissen, nach denen man sich »um so lieber zu freyeren Regionen erhebe«.[44] So wäre es denn »nicht wohl gethan, wenn wir die Art des sechzehnten Jahrhunderts 〈...〉 freventlich produciren wollten.«[45] Alles in allem kann Goethe »zu einem altdeutschen Styl nicht rathen«. Denn zur »Erhöhung der Humanität« müsse man »einen mehr ausgebildeten und freyeren Geschmack« begünstigen.[46]

Das von Goethe stets sparsam verwendete Stichwort Humanität und damit der Maßstab des Individuums lenken auf eine wesentliche Ursache für den Abstand zum Altdeutschen und auf die Möglichkeit einer Annäherung. Es ist ihm bei jedem großen Werk des deutschen Altertums »unbehaglich, indem wir uns mit unsern individuellen Kräften weder dasselbe völlig zueignen noch uns demselben völlig gleichstellen können.«[47] Die außermenschlichen Maßverhältnisse himmelaufsteigender Kirchen und ebenso der übermenschliche Heroismus von Nibelungen-Helden und Legendenheiligen widersetzen sich der Vermittlung des betrachteten Objekts mit dem betrachtenden Subjekt: »etwas Uebergroßes«[48] am babylonischen Kölner Dom, »übermenschliche Standhaftigkeit«[49] des Heiligen, »übermenschliche Weisheit«[50] der Sagen-Gestalt konstatiert Goethe nicht mit reiner Bewunderung. Dagegen fiel schon immer auf, wie sich Goethes Zugang zum Straßburger Münster ganz und allein über einen humanen Bezugspunkt organisiert: die »Seele«, den »Bruder«, den »Menschengeist« des vermeintlichen Urhebers. Die Rede ›Von deutscher Baukunst‹ (1772) ist zuallererst eine Rede an Erwin von Steinbach: »Als ich auf deinem Grabe herumwandelte, edler Erwin«. Das Werk steht als »Denkmal« seines

---

[44] Tag- und Jahreshefte für 1816, FA I 17, S. 268.

[45] An Carl Friedrich Moritz Paul Graf von Brühl, 26. Januar 1828, WA IV 43, S. 264 f.

[46] An Carl Friedrich von Both, 12. Juli 1821, WA IV 35, S. 11 f.

[47] An Sulpiz Boisserée, 11. November 1827, WA IV 43, S. 164.

[48] Von deutscher Baukunst 1823, FA I 21, S. 483. Vgl. auch Das Niebelungenlied, FA I 22, S. 819.

[49] Über den Heiligen Alexius, in: Briefe aus der Schweiz, FA I 16, S. 73.

[50] Amlets Geschichte nach dem Saxo Grammatikus, FA I 18, S. 412.

Charakters da, um dessen Andenken es zu tun ist.[51] Die Pietät gegenüber dem Individuum treibt Goethe auch in der späteren Stellungnahme ›Alt-deutsche Baukunst‹ (1817) um, die mit der Klage ausklingt, Erwins Grab würde bei den gegenwärtigen Restaurierungsarbeiten übersehen und sogar beschädigt. Hier sei das Andenken an einen Mann nicht gewahrt, »welchem vor vielen andern Sterblichen der Weihrauch« gebühre.[52] Noch der Reformation kann Goethe wenig mehr als das Individuelle abgewinnen. Während der Vorbereitungen zur Dreihundertjahrfeier 1817 schreibt er an Knebel: »unter uns gesagt, ist an der ganzen Sache nichts interessant als Luthers Charakter«.[53]

Goethe vermag sich unter der Bedingung ins deutsche Altertum hineinzufinden, dass ihm greifbare Charaktere darin entgegenkommen, zu denen er sich in ein persönliches Verhältnis setzen kann. Dies ist nirgends mehr der Fall als bei Götz von Berlichingen, Albrecht Dürer und Hans Sachs, die seinen Blick vor allem ins 16. Jahrhundert ziehen. Er versteht auch sie nicht als nachahmenswerte Muster politischer und ästhetischer Tätigkeit, aber – wie zu zeigen sein wird – als Schule einer gesunden Natur und charakterlichen Grundhaltung. Für alle drei fordert er zum Andenken ihrer Person auf. Anders als Erwin von Steinbach bilden sie jedoch keine Ausnahme von ihrer Zeit, sondern zeigen durch ihre wechselseitige Verwandtschaft die Strebungen ihrer Epoche an.[54] »⟨W⟩elche Men-

[51] Von deutscher Baukunst, FA I 18, S. 114 und 117. Zum methodischen Individualismus in der Rede vgl. Richard Samuel, Die Rezeption des Mittelalters durch Goethe, in: Akten des V. Internationalen Germanisten-Kongresses, Bd. 4, hrsg. von Leonard Forster und Hans-Gert Roloff, Frankfurt am Main/Bern/New York 1976, S. 60–66, hier: S. 64.

[52] Alt-deutsche Baukunst, FA I 20, S. 183. Zur Vermittlung von Goethes Geschichtszugang über Individualitäten vgl. Lange, Goethes Geschichtsauffassung, a.a.O. (Anm. 32), bes. S. 9 und 14.

[53] An Carl Ludwig von Knebel, 22. August 1817, WA IV 28, S. 227. Zu dieser wenig theologisch interessierten Personenverehrung vgl. Wolfgang Hecht, »... ein Genie sehr bedeutender Art«. Goethes Lutherbild und seine Wandlungen, in: Impulse 7 (1984), S. 95–116, hier: S. 97–101; ferner Anita Lunke, Goethes Urteile über das deutsche Schrifttum des 16. Jahrhunderts, Diss. Münster 1955, bes. S. 15–54.

[54] Der diesbezügliche Schluss von Goethes Erwin auf Goethes Dürer, den Herbert von Einem (Goethe und Dürer, in: ders., Goethe-Studien, München 1972, S. 25 bis 49, hier: S. 27) vornimmt, geht also fehl.

schen haben da nicht zusammengewirkt!«, wundert sich Goethe Boisserée gegenüber angesichts »des unvergleichlichen sechzehnten Jahrhunderts«.[55] Er wird ihrer Profile in eindrucksvollen ›Ego-Dokumenten‹ gewahr: der Autobiographie des Ritters (um 1560), den Selbstbildnissen (1493 bzw. 1500) und Reiseberichten (1505/06 bzw. 1520/21) des Malers, den selbstbewussten Rechenschaften des Dichters in dem ›Gesprech / Die neun Gab Muse / oder Kunst Göttin betreffend‹ (1536) und der ›Summa all meiner gedicht‹ (1567). Begleitend begegnen ihm die rezenten biographischen Aufarbeitungen: Georg Tobias Pistorius' reichhaltige Anmerkungen zur ›Lebens-Beschreibung Herrn Gözens von Berlichingen‹ (1731), Wielands ›Merkur‹-Aufsatz ›Einige Lebensumstände Hans Sachsens‹ (1776), Friedrich Cramers große Dürer-Abhandlung in der Zeitschrift ›Der Biograph‹ (1808). Götz, Dürer und Sachs komplettieren einander als Repräsentanten von Herrschaft, Kunst und Dichtung. Weil Goethe die Subjektgeschichte dominant setzt, sieht er politische, künstlerische und literarische Geschichte darunter im Gleichtakt laufen. Auffällig genug fehlt in dieser Reihe ein Vertreter der Gelehrsamkeit. Obwohl Wieland (ohne Quellenevidenz) Hans Sachs mit Willibald Pirckheimer in Verbindung bringt und Cramer Dürers Beziehung zu ihm mit der Edition eines intimen Briefwechsels dokumentiert, findet sich der Nürnberger Humanist in Goethes Tableau des Altdeutschen schweigend an den Rand gedrängt.[56] Von Seiten Herders ist Goethe auf die Sachs-Ära als das Zeitalter einer »angenehme⟨n⟩ Naivetät«[57] eingestimmt, das durch keine Reflexion in sich gebrochen scheint und den absteigenden Weg der neuzeitli-

---

[55] An Sulpiz Boisserée, 3. April 1820, WA IV 32, S. 227.

[56] Vgl. Christoph Martin Wieland, Zugabe einiger Lebensumstände Hans Sachsens, in: Der Teutsche Merkur 4 (1776), 2. Bd., S. 90–97, hier: S. 90; sowie Friedrich Matthias Gottlob Cramer, Albrecht Dürer, in: Der Biograph. Darstellungen merkwürdiger Menschen der drey letzten Jahrhunderte. Für Freunde historischer Wahrheit und Menschenkunde 7 (1808), S. 401–468, hier bes. S. 419–431 mit der Edition von Dürers Briefen an Pirckheimer. Zur Verteilung von Goethes Aufmerksamkeit vgl. Lunke, Goethes Urteile über das deutsche Schrifttum des 16. Jahrhunderts, a.a.O. (Anm. 53), S. 55–75.

[57] Johann Gottfried Herder, Andenken an einige ältere Deutsche Dichter, in: ders., Sämtliche Werke, hrsg. von Bernhard Suphan und Carl Redlich, Berlin 1887, Bd. 16, S. 192–252, hier: S. 228.

chen Intellektualisierung noch nicht beschritten hat. Dies geht maßgeblich auf den Vorstellungsbereich des ›Altfränkischen‹ zurück, dem Goethes altdeutsche Dreifaltigkeit in allen Teilen untersteht.

2. ›Altfränkisch‹: Etymologische Träume und produktiver Primitivismus

Das Begriffsfeld ›Franken‹ ist um 1800 hochgradig ideologisch aufgeladen, weil sich damit die von Johann Christoph Adelung so genannten »etymologischen Träume« im Hinblick auf die frühmittelalterlichen, »ehemahligen Franken« verbinden: »eines sehr mächtigen Volkes in Deutschland«, das »sich Frankreich unterwürfig gemacht« habe.[58] Die politischen Schriftsteller der Zeit, darunter Jean Paul, pflegen eine Vorliebe für die Idee: »Seit den letzten Kriegen teilen wir«, Deutsche und Franzosen, »wieder gern den gemeinschaftlichen Namen Franken und erinnern uns aus der Geschichte, daß die Mehrheit in Frankreich nicht Gallier, sondern versetzte Germanen sind.«[59] Frankenreich, Frankreich und Fränkischer Reichskreis erscheinen solchermaßen als ursprünglich verwandt, ja identisch. Der junge Goethe rekurriert positiv auf diesen genealogischen Mythos, wenn er mit seiner Hilfe den ›Ur-Freund‹, den aus fränkischem Adel stammenden Karl Ludwig von Knebel, im Gedicht ›Ilmenau‹ (1783) charakterisiert. »Gutmütig trocken«, von »ernstlichem Gesicht« und »breiten Schultern« ragt dieser als »markige Gestalt aus altem Heldenstamme« hervor.[60] Der Goethe der nach-napoleonischen Ära bezieht sich enerviert darauf: »so närrisch ist der patriotische Deutsche, daß er ⟨...⟩ versichert alle Nationen stammen von ihm ab, oder seyn wenigstens ihm von der Seite verwandt.«[61]

›Altfränkisch‹ bezeichnet in Goethes Sprachgebrauch weniger eine vergangene Epoche als überholte Verhältnisse der eigenen Ge-

[58] Johann Christoph Adelung, Grammatisch-kritisches Wörterbuch der Hochdeutschen Mundart, Leipzig ^{2}1796, Bd. 2, Sp. 264f.

[59] Jean Paul, Friedens-Predigt an Deutschland, in: ders., Sämtliche Werke, hrsg. von Norbert Miller, Darmstadt 2000, Abt. I, Bd. 5, S. 877–916, hier: S. 887.

[60] Ilmenau, FA I 1, S. 264f.

[61] An Johann Heinrich Meyer, 24. April 1817, WA IV 28, S. 68.

genwart. Er bezieht es überwiegend auf altmodische Kleidung, wenn sie auch »wohlerhalten und von edlem Stoff« sein kann, und kennzeichnet damit durchaus pejorativ das schlechthin Überholte.[62] In der kritischen Verwendung und auf Deutschland bezogen schwingt darin der Konflikt zwischen »deutsche⟨m⟩ Norden und deutsche⟨m⟩ Süden« mit, die – nochmals mit Jean Paul – »so widerspenstig einander eingewachsen zu einem Reichskörper« sind »als zuweilen Zwillinge am Rückgrate zu einem Leibe«.[63] Der bilderreiche, aber ungebildete Teil Deutschlands befindet sich auf weiten Flächen in einem politischen, wirtschaftlichen und demographischen Niedergang, den das unterbevölkerte, verschuldete und vor den französischen Truppen bloßliegende Nürnberg – bei allen verbliebenen Kunstschätzen »ein trauriger Aufenthalt«[64] – versinnbildlicht. Der Fränkische Reichskreis war der erste der seit 1500 eingerichteten Verwaltungsbezirke und der letzte, in dem dieses überholte Institut um 1800 noch eine relevante Verfassungswirklichkeit besitzt. Seine Territorien sind daher wie wenige andere dem Alten Reich verpflichtet.[65] Im Geistesleben weht der Wind nicht frischer. Satirisch rezensiert Goethe 1772 ein nie über den ersten Band hinausgekommenes Würzburger Editionsprojekt, das unter dem »mystischen Titel« ›Franken zur griechischen Litteratur‹ das gesamte klassische Erbe zu präsentieren dachte: »Uns schwindelt!«.[66] Der Würzburger Aufklärungstheologe Franz Oberthür versetzt Goethe 1777 mit einem »Lobe über Franken« und »noch mehr Gute⟨m⟩ von meinem Vaterlande« in eisiges Schweigen.[67] Dem 1803

---

[62] Italienische Reise, FA I 15/1, S. 527. Vgl. Goethe-Wörterbuch, a.a.O. (Anm. 15), Bd. 1, Sp. 434.

[63] Jean Paul, Dämmerungen für Deutschland, in: ders., Sämtliche Werke, a.a.O. (Anm. 59), S. 917–1035, hier: S. 1011. Vgl. Goethes Äußerungen zum Thema z.B. in: Wilhelm Meisters Lehrjahre, FA I 9, S. 635, Dichtung und Wahrheit, FA I 14, S. 776 und im Brief an Carl Anton Friedrich von Hohenzollern-Sigmaringen, 12. Mai 1828, WA IV 44, S. 92.

[64] An Johann Heinrich Meyer, 14. Juli 1797, WA IV 12, S. 192.

[65] Vgl. Rudolf Endres, Der Fränkische Reichskreis, Augsburg 2003 (Hefte zur Bayerischen Geschichte und Kultur 29), S. 6 und S. 36–39.

[66] (Frankfurter Gelehrte Anzeigen:) Franken zur griechischen Literatur, FA I 18, S. 57.

[67] Goethes Gespräche. Eine Sammlung zeitgenössischer Berichte aus seinem Umgang auf Grund der Ausgabe und des Nachlasses von Flodoard Freiherrn von Bieder-

an die Universität Würzburg berufenen Schelling wünscht Goethe Glück beim Flicken an »alten akademischen Zustände⟨n⟩«.[68] Andererseits findet er für die Entfaltung und Beobachtung des Volkslebens »das südliche Deutschland fruchtbarer als das nördliche«. Denn es gehöre »eine mittlere Unschuld dazu, wenn dergleichen hervortreten soll.«[69] Dort stehe die Kunst mit dem »gemeinsten Leben« in Kontakt und sei »den Sitten des Volks gemäß«.[70]

Wackenroder und Tieck führen unter dem Eindruck Goethes wiederum eine jüngere Begriffsgeschichte an, in der das Altfränkische zum Exponenten des Altdeutschen avanciert.[71] Aus Berliner Sicht ließ sich auf den intellektuellen Brachflächen Süddeutschlands mit dem Baumaterial vergangenen Glanzes ein weitläufiger Neubau errichten. Auf den ersten Seiten des romantischen Erinnerungsbuchs ›Phantasus‹ (1. Band 1812) spielt Tieck auf seine mit Wackenroder unternommenen Franken-Reisen des Sommers 1793 an. Man nahm sich damals vor, »Entdecker dieser ungekannten Zonen zu werden«, ein gleichsam »tief in Asien oder Afrika zu entdeckendes Reich, von welchem unsichre Sagen umgingen«. Die Wanderungen geraten zur Zeitreise in eine deutsche Version des Altertums. Die »romantische ⟨...⟩ Umgebung« steigt als ein deutsches Arkadien aus der Taufe, Bamberg als »deutsches Rom«.[72] Seit im ›Sternbald‹ »der altfränkische gutherzige Dürer«[73] seinen Auftritt hatte, liegt das At-

---

mann, erg. und hrsg. von Wolfgang Herwig, 5 Bde., Zürich und Stuttgart 1965, hier: Bd. 1, S. 243f. (19. September 1777).

[68] An Schelling, 29. November 1803, WA IV 16, S. 365.

[69] An Sulpiz Boisserée, 17. Oktober 1830, WA IV 47, S. 301.

[70] Dichtung und Wahrheit, FA I 14, S. 616.

[71] Die Weiterführung von Positionen des jungen Goethe durch Wackenroder belegt anhand von Goethes Hans-Sachs-Gedicht Christoph Perels, Empfindsame Identifikation und kritischer Dialog. Zur Interdependenz zwischen Wackenroder und Goethe, in: Jahrb. FDH 1995, S. 207–223, hier: S. 217–223.

[72] Ludwig Tieck, Schriften in zwölf Bänden, hrsg. von Manfred Frank / Achim Hölter / Uwe Schweickert (u.a.), Bd. 6: Phantasus, hrsg. von M.F., Frankfurt am Main 1985, S. 18 und 20. Vgl. die Dokumentation in: Klaus Günzel, König der Romantik. Das Leben des Dichters Ludwig Tieck in Briefen, Selbstzeugnissen und Berichten, Berlin 1981, S. 114–126. Zum »entscheidende⟨n⟩ Miterlebnis des süddeutschen Kulturraums« als Entstehungsvoraussetzung der ›Herzensergießungen‹ auch Richard Littlejohns, Die Madonna von Pommersfelden. Geschichte einer romantischen Begeisterung, in: Aurora 45 (1985), S. 163–188, hier: S. 164.

[73] Tieck, Franz Sternbalds Wanderungen, a.a.O. (Anm. 12), S. 844.

tribut auf den Höhenkämmen des romantischen Romans. Auf Schloß Eichenwehen, auf dem sich der Titelheld von Brentanos ›Godwi‹ (1801) einrichtet, »herrscht eine eigene altfränkische Natur, es ist, als sey ein Stück des funfzehnten Jahrhunderts bey Erbauung ⟨...⟩ eingemauert worden«.[74] In Eichendorffs ›Ahnung und Gegenwart‹ (1815) nimmt Graf Friedrich seine erste Wohnung auf einem Schloss, in dem »das Altfränkische der Bauart und der Einrichtung« mit der schönen Einfalt dieses Protagonisten zusammenstimmt.[75]

Für die privilegierte Repräsentation des Altdeutschen durch das Altfränkische ist bezeichnend, dass die Brüder Grimm im Artikel ›altdeutsch‹ des ›Deutschen Wörterbuchs‹ (1854) nach einigen Verwendungsbelegen lediglich auf den Artikel ›altfränkisch‹ verweisen, um dort eine semantische Bestimmung vorzunehmen: »altväterisch« oder »den forderungen der gegenwart unentsprechend«.[76] Das Verweisverhältnis hat sich bereits etabliert, wo die ›Physiognomischen Fragmente‹ (4. Band 1778) auf der Suche nach Gesichtern, die in »allem Betracht so deutsch als möglich« sind, auf den »wahrhaft deutschen« Hans Sachs verfallen.[77] Wackenroders ›Herzensergießungen‹ finden im Stadtbild Nürnbergs »die feste Spur von unsrer alten vaterländischen Kunst eingedrückt«. Dürers Selbstbildnissen in der »altfränkische⟨n⟩ Kleidung« sei »das ernsthafte, grade und kräftige Wesen des deutschen Charakters treu und deutlich eingeprägt«.[78] Die Behandlung des Meisters im ›Sternbald‹ läuft program-

---

[74] Clemens Brentano, Godwi oder Das steinerne Bild der Mutter, hrsg. von Werner Bellmann, Stuttgart 1978 (= ders., Sämtliche Werke und Briefe, hrsg. von Jürgen Behrens [u.a.], Bd. 16), S. 15.

[75] Joseph von Eichendorff, Ahnung und Gegenwart. Ein Roman, in: ders., Werke in sechs Bänden, hrsg. von Wolfgang Frühwald / Brigitte Schillbach / Hartwig Schultz, Frankfurt am Main 1985, Bd. 2, S. 53–382, hier: S. 72.

[76] Jacob und Wilhelm Grimm, Deutsches Wörterbuch, Leipzig 1854, Bd. 1, Sp. 266 und 271.

[77] Johann Caspar Lavater, Physiognomische Fragmente zur Beförderung der Menschenkenntniß und Menschenliebe, Leipzig 1778 (Nachdruck Zürich 1969), Bd. 4, S. 297f.

[78] Wilhelm Heinrich Wackenroder, Herzensergießungen eines kunstliebenden Klosterbruders, in: ders., Sämtliche Werke und Briefe. Historisch-kritische Ausgabe, hrsg. von Silvio Vietta und Richard Littlejohns, Heidelberg 1991, Bd. 1, S. 51–145, hier: S. 90 und 93. Dazu Klaus Peter, Nürnbergs krumme Gassen. Zum Deutschland-

matisch auf die Gleichung hinaus: Dürer ist Deutschland. Die Figur selber erklärt sich über die Kunstprinzipien zu Nürnberg (Fleiß, Gegenstandliebe, Naturtreue) und glaubt, »dasselbe wohl von dem übrigen Deutschlande« sagen zu dürfen.[79] Johann Heinrich Meyers von Goethe inspirierter Aufsatz ›Neu-deutsche religios-patriotische Kunst‹ (1817) ortet Nürnberg »recht im Mittelpunct der alten oberdeutschen Kunst«.[80] Neben Dürer trägt dazu der signifikante Bildhauer und Erzgießer der Zeit, Peter Vischer d. Ä., bei. Dessen »unschätzbares Denkmal« für Erzbischof Ernst von Sachsen zeichnet Goethe unter den Magdeburger Stücken am höchsten aus.[81] Vischers Nürnberger Grabmal des Heiligen Sebaldus wird in der Zeitschrift ›Über Kunst und Altertum‹ als »das trefflichste« gewürdigt, »was deutsche Bildnerey zur Zeit ihres besten Flors im Anfang des sechzehnten Jahrhunderts hervorgebracht hat«.[82] In Nürnberg, so Goethe zusammenfassend, habe man also »vor andern Deutschen Grund 〈...〉 dessen was die Vorfahren geleistet sich zu erfreuen«.[83] Diese Inbegriff-Funktion kann auch kritisch ausfallen. Vorwurfsvoll zeigt Goethe seinem Reisebegleiter Boisserée ein, wie er findet, »schrecklich altdeutsches neudeutsches Gepinsel« des jungen Ferdinand Olivier. Und der grundsätzliche Befürworter des romantischen Malstils räumt in diesem Fall ein: Es sei eine »wahre Nürnberger 〈...〉 Kisterlmalerei«.[84]

In der Auseinandersetzung mit der romantischen Schule kann Goethe 1811 mit einigem Recht behaupten, die »Rücktendenz«

---

bild bei Wackenroder, Tieck und Richard Wagner, in: Aurora 57 (1997), S. 129 bis 147, hier: S. 134 f.

[79] Tieck, Franz Sternbalds Wanderungen, a. a. O. (Anm. 12), S. 776, vgl. S. 763 f.

[80] Meyer, Neu-deutsche religios-patriotische Kunst, FA I 20, S. 126.

[81] Vgl. Tag- und Jahreshefte für 1805, FA I 17, S. 152; ferner (von Goethe und Meyer): Grabmal des Erzbischofs Ernst von Magdeburg von Peter Fischer, FA I 21, S. 574.

[82] Johann Heinrich Meyer, Sanct Sebalds Grab zu Nürnberg, in Erz ausgeführt von Peter Fischer und seinen Söhnen, FA I 21, S. 327. Goethe besaß seit 1813 Gipsabgüsse der Apostelfiguren des Grabmals. Vgl. Albrecht Schoener, Goethe und die altdeutsche Kunst. Eine Neuuntersuchung der Quellen, Leipzig 1928, S. 21 und 48 f.

[83] Neues Taschenbuch von Nürnberg, FA I 20, S. 402.

[84] Boisserée, Tagebücher, a. a. O. (Anm. 20), S. 247 (14. August 1815). Zu Goethe und Olivier vgl. die Exponatbeschreibungen von Frank Büttner in dem Katalog Goethe und die Kunst, hrsg. von Sabine Schulze, Ostfildern-Ruit 1994, S. 478–480.

zum deutschen Altertum »vor 30 bis 40 Jahren ja auch gehabt« zu haben.[85] Er mehr als Herder und Wieland entwickelte zuerst das im Altfränkischen von Götz, Dürer und Sachs repräsentierte Altdeutsche zum Inbegriff des Rohen aber Gehaltvollen gegen »den polierten Menschen und die polierte Nation«.[86] Goethe legt ein Modell der biographischen und kunstgeschichtlichen Steigerung zugrunde, wenn er diese Beschäftigung für sich und andere nur als Vorschule und »Übergang zu höhern Kunstregionen«[87] gelten lassen will. Seine Ästhetik bringt aus den Leipziger Lehrjahren bei Friedrich Adam Oeser eine klassizistische Grundprägung mit, die den Entwicklungsstand der Kunst unter anderem daran misst, inwiefern sie sich auf die Grenzen der Kunstgattungen versteht und dadurch weiß, welche Behandlung ein Stoff fordert.[88] Der ästhetische Empiriker und Kasuist Goethe kennt andererseits den Fall einer »früheren einfacheren Kunstweise«, in deren unterdifferenzierten Status »die Elemente noch nicht getrennt, sondern ⟨...⟩ zusammen sind«.[89] Wenn Goethe die Vermischung der verschiedenen Kunstarten als ein Kennzeichen ihres Verfalls perspektiviert, setzt er entwickelte Kulturbedingungen voraus. Indem »Poesie und bildende Kunst« objektiv auseinanderentwickelt subjektiv zueinander in Beziehung gesetzt werden, »verderben ⟨sie⟩ einander wechselsweise«.[90] Dies gilt insbesondere von der neudeutschen ›Epoche der forcierten Talente‹, wie ein Aufsatzentwurf Goethes von 1812 titelt. Von ihrem Ursprung her aber sind die Künste »unter einander verwandt« und zeigen nachwirkend »eine gewisse Neigung, sich zu vereinigen«.[91] In den altdeutschen, altfränkisch vertieften Anfängen, in ihrem –

---

[85] An Carl Friedrich von Reinhard, 7. Oktober 1810, WA IV 21, S. 394.

[86] (Frankfurter Gelehrte Anzeigen:) Charakteristik der vornehmsten Europäischen Nationen, FA I 18, S. 78.

[87] An Carl Friedrich von Reinhard, 7. Oktober 1810, WA IV 21, S. 394.

[88] Zu der Reichweite und den Grenzen dieser Gefolgschaft vgl. Wolfgang Albrecht, Schönheit, Natur, Wahrheit. Einige Hauptaspekte der Ästhetik des jungen Goethe bis 1770 im Verhältnis zu ihren zeitgenössischen Traditionen (Winckelmann, Oeser, Lessing), in: Goethe-Jahrbuch 100 (1983), S. 163–170, zur strengen Trennung der Kunstarten bes. S. 167.

[89] Ballade. Betrachtung und Auslegung, FA I 21, S. 39.

[90] Epoche der forcierten Talente, FA I 19, S. 627. Vgl. Einleitung ⟨in die Propyläen⟩, FA I 18, S. 468.

[91] Einleitung ⟨in die Propyläen⟩, FA I 18, S. 468.

wenn man so will – Primitivismus wohnt ein produktives Ganzheitsphantasma, das den Zustand geringer funktionaler Ausdifferenzierung für ästhetische Experimente zur Verfügung hält.[92] In Goethes Rezeption von Dürer und Sachs liegt eine Art Medienutopie, die nach der Schriftlichkeit des Bildlichen und mehr noch nach der Bildlichkeit des Schriftlichen tastet. Sie ist eingebettet in eine anthropologische, den Charakteren der Künstler eignende Totalität: ihrer »gute⟨n⟩ Natur«,[93] die als kostbarste Gabe ›sehende Augen‹ verleiht. An der Figur des Götz geht Goethe dem erstmals nach.

3. Götz von Berlichingen: »sehen wie's steht«

»Unsere Bahn geht zu Ende«, »Es kommen die Zeiten des Betrugs«.[94] Bereits der Dichter des ›Götz‹ stellt das eingangs skizzierte Epochenverständnis unter Beweis, wenn er den sterbenden Reichsritter von Berlichingen (historisch um 1480–1562) eine Zeitenwende voraussagen lässt. Von den ersten entscheidenden Momenten seines Schaffens an geht es Goethe um einen Verlust, den die neue Zeit gegenüber der Epoche um 1500 zu beklagen hat. Nach einem Standpunkt für den frühen Ruhm suchend, bestimmt er sein Debüt in archaisierender Grammatik als »ein deutsch Drama« und lässt sich – solch unabhängige Geistesverwandtschaft demonstrierend – in »altdeutsche⟨r⟩ Tracht« mit »Pumphose, Wämslein, Mantel und Federstuzhut« auf einem Maskenball des Frankfurter Geldadels sehen.[95] Bei der Vorbereitung der Bühnenfassung von 1804 spricht er von dem »Altdeutsche⟨n⟩ ⟨...⟩ Drama«.[96] In ›Dichtung und Wahrheit‹ sieht er »das altdeutsche Verhältnis« als dessen Gegenstand: »den unverletzbaren Kaiser an der Spitze, mit manchen andern Stufen und ein Ritter«. Letzteren zählt Goethe ausdrücklich »zu der fränki-

---

[92] Kunst und Alterthum am Rhein und Mayn, FA I 20, S. 19. Zur Berechtigung des Ausdrucks ›primitiv‹ vgl. Reinhard Liess, Goethe vor dem Straßburger Münster. Zum Wissenschaftsbild der Kunst, Weinheim 1985, S. 148–178.

[93] An Johann Christian Kestner, Mitte bis 21. August 1773, WA IV 2, S. 100.

[94] Götz von Berlichingen (2. Fassung), FA I 4, S. 368 und 388.

[95] An Ernst Theodor Langer (?), 6. Mai 1774, WA IV 2, S. 157; sowie an Auguste Gräfin zu Stolberg, 14.–19. September 1775, WA IV 2, S. 290.

[96] An Friedrich Schiller, 5. Juli 1803, WA IV 16, S. 250.

schen Ritterschaft«, denn Götz gehört dem Fränkischen Ritterkreis an, einer Korporation, die neben dem Reichskreis besteht.[97] Goethes Gewährsmann Pistorius führt die Berlichingen als »ein uhraltes Fränckisches ⟨...⟩ Geschlecht« ein und widmet seine Edition der ›Lebens-Beschreibung‹ der »Ritterschafft in Francken«.[98] Das Stichwort »Fränkisch« ruft die reichspolitischen Assoziationen auf, die im Wörterbuch Adelungs im Vordergrund stehen: »Der Fränkische Kreis. Die Fränkische Ritterschaft. Ein Fränkischer von Adel«.[99] Die Eröffnungsszene etabliert das Schauspiel in »Schwarzenberg in Franken«. Die Jugendgeschichte des Götz, die im Gespräch zwischen ihm und Weislingen entwickelt wird, entfaltet sich im sentimentalen Raum des fränkischen Ansbach. Dieser solchermaßen zugleich altdeutsche und altfränkische Charakter entspricht – die Grimmsche Definition erfüllend – freilich nicht den Forderungen der politischen und kulturellen Modernisierung. Zum Lebensende konstatiert er seine Antiquierung: »Du hast dich selbst überlebt«.[100] Seine Abdankungsrede umspielt die Ratlosigkeit, die der in Goethes ›Prolog zu dem dramatischen Gedicht ‚Hans Sachs'‹ auftretende Meistersinger beklagt: »Wer sagt mir welch ein Geist hier waltet? / Seh' ich mich an, mein Kleid scheint mir veraltet«.[101]

Götz kann gar nicht mit der neuen Zeit übereinstimmen, weil er mit sich selber übereinstimmt. Seine »große Seele ⟨ist⟩ sich selbst genug«.[102] Von äußeren Umständen in erstaunlichem Maße unabhängig, zeigt er sich unbehindert von der Behinderung: Was er erst leisten wolle, wenn er statt einer Hand zwei Hände habe, fragt sein beeindruckter Lehnsherr Maximilian. Desgleichen erklärt sich Götz in der Heilbronner Gefangenschaft für frei, wenn er nur unter Gottes Himmel weile.[103] Er fühlt sich als »Herr von seinen Handlun-

---

[97] Dichtung und Wahrheit, FA I 14, S. 772f.

[98] Georg Tobias Pistorius, ⟨Widmung und Anmerkungen⟩, in: Lebensbeschreibung Herrn Götzens von Berlichingen. Nach der Ausgabe von 1731, hrsg. von Albert Leitzmann, Halle a. S. 1916, S. 1 und 9.

[99] Adelung, Grammatisch-kritisches Wörterbuch der Hochdeutschen Mundart, a.a.O. (Anm. 58), hier: Bd. 2, Sp. 264.

[100] Götz von Berlichingen (2. Fassung), FA I 4, S. 388.

[101] Prolog zu dem dramatischen Gedicht ›Hans Sachs‹, FA I 6, S. 918.

[102] Götz von Berlichingen (1. Fassung), FA I 4, S. 156.

[103] Götz von Berlichingen (2. Fassung), FA I 4, S. 331 und 388. Vgl. Peter Michelsen (Goethes ›Götz‹: Geschichte dramatisiert?, in: Goethe-Jahrbuch 110 [1993],

gen« und was er unternimmt, unternimmt er »⟨v⟩on ganzem Herzen«.[104] Noch seiner erzwungenen Führungsrolle im Bauernkrieg verleiht er Prinzipien, bei deren Bruch er sich umgehend von den Mordbrennern lossagt. Er verfügt über eine lutherische Sprachkraft und eine Art von Erkenntnisvermögen, das sich dem »Feind von Explikationen«[105] nicht in sein Handeln drängt. In der Bühnenfassung findet Goethe eine besonders klare Formulierung für die Verfassung seines Helden: »mein Tun geht ⟨...⟩ aus dem Ganzen«.[106] Goethe entwirft darin eine naive Individualität, die weit mehr im Hinblick auf ihre Umwelt als auf sich selber problematisch ist. Im Verhältnis zu Werther erhellt Götz deshalb nicht als Präzedenzfall, sondern als Gegenstück.[107] Worauf Goethe hier hinarbeitet, konvergiert mit seinen Urteilen über den Reformator, auf den die ›Götz‹-Figur des Bruders Martin verweist: »immer ganz Luther und ein ganzer Kerl. ganz Mönch, ganz Ritter und ganz Lehrer«;[108] ein Charakter, in dem »Gesinnung, Wort, Gegenstand und That immer möglichst als Eins«[109] auftreten. Die Vorliebe für Dürer und Sachs, die Goethe zu der Zeit entwickelt, in der er das Ritterdrama schreibt, folgt denselben Gründen: Wie auf den Porträts des Lucas

---

S. 41–60, hier: S. 49 und 51) gegen Ilse Appelbaum Graham (Götz von Berlichingen's Right Hand, in: German Life and Letters 16 [1963], S. 212–228).

[104] Götz von Berlichingen (2. Fassung), FA I 4, S. 335 und 357.

[105] Ebd., S. 299.

[106] Götz von Berlichingen (Bühnenfassung), FA I 6, S. 435.

[107] Zu der Subjektkrise Werthers und ihren auf Götz nicht zutreffenden Kriterien vgl. Stefan Keppler, Grenzen des Ich. Die Verfassung des Subjekts in Goethes Romanen und Erzählungen, Berlin/New York 2006, S. 153–174.

[108] An Johann Gottfried Herder, 10. Juli 1776, WA IV 3, S. 86. Die Formulierung zielt auf das Cranachsche Luther-Triptychon in der Weimarer Stadtkirche, das den Reformator als Augustiner, Junker Jörg und Magister zeigt. Dazu Hecht, Goethes Lutherbild, a. a. O. (Anm. 53), S. 104. Die Figur des allerdings etwas weichlichen und mit seinem Stand unzufriedenen Bruders Martin hat mit Luther nicht nur den Vornamen, sondern auch den Ordensnamen Augustinus und das Kloster Erfurt gemeinsam. Die kurze Szene wird dadurch noch erheblich aufgewertet, dass das Titelkupfer des zweiten Bandes von Goethes Schriften 1787 Götz im Gespräch mit Martin zeigt. Soll man sich vorstellen, dass Luther in der Begegnung zum Reformator ermannt? Vgl. dazu Gotthold Müller, Der junge Goethe über Martin Luther und die Reformation, in: Lutherjahrbuch 56 (1989), S. 130–145, hier: S. 141 f.

[109] An den Kirchenhistoriker Johann Traugott Leberecht Danz, 17. Juni 1826, WA IV 41, S. 56.

Cranach sieht er dabei Menschen aus »Ein⟨em⟩ Guß«[110] vor sich. Die Gestalt des Götz im Zusammenhang mit Goethes Bild des 16. Jahrhunderts zu lesen, vermittelt einen Eindruck, der gegen die Lesart von ihrer krisenhaften Subjektivität spricht.[111]

Verlässlich wie Götzens Individualität ist mithin – und dieses Motiv wird an zentraler Stelle in Goethes Charakteristiken von Dürer bzw. Sachs wieder begegnen – seine Sinnesausstattung: Der Sohn der Natur verfügt über jenen geöffneten Blick, jenen unverstellten Zugang des Subjekts zum Objekt, den Goethe unter Realismus versteht. Götz lässt sich keine schriftlichen Anweisungen geben, er »muß die Augen selbst auftun«.[112] Was für richtig und recht gehalten werden muss, steht nicht auf Papier, sondern lehrt die Erfahrung. Das Geschriebene, wie das Römische Gesetzbuch und der Urfehde-Vertrag, den der Heilbronner Stadtschreiber ihm vorliest, »ist nicht wahr«. »Tret einer auf, und zeug!« lautet seine Forderung, die nur dem Augenzeugnis Wahrheit zubilligt.[113] Die Zigeuner, die »wilden Kerls«, legen genau dieses Zeugnis ab, wenn sie den »edle⟨n⟩ Mann« auf den ersten Blick erkennen.[114] »Wollen sehn was es gibt«, »sehen, wo alles hinaus will«, »sehen wie's steht«: Die sichere Opsis bezeichnet Götzens Zugang zur Welt.[115] Er bewährt sich als Realist in dem Sinn, dass ihm das Seiende Norm ist. »Wollen sehn« sagt auch Adelheid, aber sie hat nicht Augen, um wahrzunehmen, sondern um auszudrücken. Ihr Blick, so bezeugt es Weislingens Diener Franz, macht rasen.[116] Weislingen selber, dadurch bereits korrumpiert, fleht: »Seht mich nicht so an.«[117] Ihn und seinesgleichen zeichnet das Motiv des versehrten Sehens aus: Sie haben

---

[110] Nachricht von altdeutschen in Leipzig entdeckten Kunstschätzen, FA I 19, S. 663.

[111] Vgl. dagegen Appelbaum-Graham, Götz von Berlichingen's Right Hand, a. a. O. (Anm. 103); sowie: Marianne Willems, Das Problem der Individualität als Herausforderung an die Semantik im Sturm und Drang, Tübingen 1995 (Studien und Texte zur Sozialgeschichte der Literatur 52), bes. S. 133.

[112] Götz von Berlichingen (2. Fassung), FA I 4, S. 336.

[113] Ebd., S. 358 f.

[114] Vgl. ebd., S. 378 f.

[115] Ebd., S. 296, 299 und 318.

[116] Ebd., S. 314 und 311.

[117] Ebd., S. 311 und 322.

»Dorn in den Augen«, ihre »Augen ⟨sind⟩ entbrannt«, sind »sich nicht selbst genug«.[118] Der vergiftete Weislingen endet in diesem Zustand: »Es dreht mir alles vorm Gesicht.«[119] Grundsätzlicher noch haben die Modernisierungsagenten im Umkreis Adelheids (nach einer Erfahrung, die wiederum der unfreiwillig verdorbene Franz artikuliert) trunkene Sinne und können keinen Gebrauch von ihnen machen. Ihre für die Nahwelt geschaffenen »Sinnen haltens nicht aus«, was ihre Begierden und Plane sich hochfliegend vornehmen.[120] Der Bauernführer Metzler, im Begriff sich »empor zu helfen«, beklagt ebenfalls, »daß einem die Sinne vergehn«.[121] Auf diesem Problemfeld des ›Götz‹ beginnt Goethe – mit beträchtlichen Folgen für seine Ästhetik[122] – eine moderne Krise der Anschauung zu diagnostizieren. Sein reichsunmittelbarer Held, unmittelbar auch gegenüber dem Reich der Natur, steht gegen eine moderne Kultur der schriftbestimmten Mittelbarkeit und sinnenzerstreuten Reflexion, noch bevor er sich als Opponent der rechtlichen und politischen Abstraktion betätigt. Schon sein Sohn Carl »kennt wohl für lauter Gelehrsamkeit seinen Vater nicht« mehr; die Buchgelehrsamkeit wird ihm die Erfahrung austreiben.[123] Wenn Götz auch endlich aus seinem Kreis gerückt worden ist und mit Schreibzeug und Papier am Tisch sitzt, schreibt er doch seine selbst erlebte Geschichte, und zwar aus der Anschauung einer Vergangenheit, die er sich und Elisabeth lebhaft zu vergegenwärtigen vermag.[124]

Götz, der sich in der Übereinstimmung von Denken und Handeln sowie in der Intaktheit seiner natürlichen Ausstattung als ganzer Mensch erweist, steht dem ›ganzen Haus‹ vor: Er ist seinen Knechten (»meine Leute«, »Ihr lieben Jungen«[125]) nicht weniger verbunden als der eigenen Frau. In der Szene »Bei Tisch« vollzieht

---

[118] Ebd., S. 299, 312 und 310.
[119] Ebd., S. 382.
[120] Vgl. ebd., S. 310 und 366.
[121] Ebd., S. 373 und 371.
[122] Vgl. Helmut Pfotenhauer, »Weimarer Klassik« als Kultur des Sichtbaren, in: Begrenzte Natur und Unendlichkeit der Idee, hrsg. von Jutta Müller-Tamm und Cornelia Ortlieb, Freiburg im Breisgau 2004, S. 145–181, hier: S. 146f.
[123] Götz von Berlichingen (2. Fassung), FA I 4, S. 295.
[124] Ebd., S. 367.
[125] Ebd., S. 335 und 356.

er in archetypischer Ausprägung die hausväterliche distributio.[126] Man lebt miteinander, steht füreinander ein. Die Verstorbenen gehören durch eine Kultur des Totengedenkens weiter in diesen Zusammenhang. Der »alte Berlichingen hier am Kamin« scheint sich geradezu noch im Raum zu befinden.[127] Am Ende wird das Publikum seinerseits zum Gedenken des Götz aufgefordert: »Wehe der Nachkommenschaft die dich verkennt.«[128] Es ist eine Offerte, der ideellen Familie beizutreten. Da er politisches Geschehen auf persönliche Beziehungen zurückführt, kann Götz, obwohl er in Herrschaftsfragen öffentlich wirksam ist, nicht als Politiker gelten. In den verschiedenen Fehden geht es ihm stets um das Unrecht, das einer ganz bestimmten Person geschah (dem Schneider von Heilbronn, seinen festgenommenen »Buben«). In ›Epochen geselliger Bildung‹ (1831), einem späten Versuch der historischen Phasenbildung, wird Goethe diese Zustände die idyllischen nennen: »die Verhältnisse sind die intimsten«, »alles hat ein häusliches Familienansehn«, man hält sich »mit Vorliebe auf die Muttersprache«.[129] In die Zukunft der ›civischen Epoche‹ weisen die staatspolitischen und internationalen Bezüge (Bologna) sowie die Latinismen und Frankophonien (»Olearius«, »Desavantage«) der Gegenseite.[130] Götz lebt in einer Welt, die er in organischen Ganzheiten erfasst. Auf seinem Territorium kennt er »alle Pfade, Weg und Furten«, er kennt »die Großen und Kleinen« des Reichs seit seiner Jugend von Reichstagen und Festgesellschaften.[131] Er benennt die Glieder und Beziehungen einer aurea catena des sozialen Gefüges, dem Genüge getan ist, »⟨w⟩enn die Diener der Fürsten so edel und frei dienen wie ihr mir, wenn die Fürsten dem Kaiser dienen wie ich ihm dienen mögte.«[132]

---

[126] Dazu Gotthardt Frühsorge, Die Begründung der ›väterlichen Gesellschaft‹ in der europäischen oeconomia christiana. Zur Rolle des Vaters in der ›Hausväterliteratur‹ des 16. bis 18. Jahrhunderts in Deutschland, in: Hubertus Tellenbach (Hrsg.), Das Vaterbild im Abendland I, Stuttgart (u. a.) 1978, S. 110–123 und 204–206, hier: S. 121 f.

[127] Götz von Berlichingen (2. Fassung), FA I 4, S. 296.

[128] Ebd., S. 389.

[129] Epochen geselliger Bildung, FA I 22, S. 554.

[130] Epochen geselliger Bildung, FA I 22, S. 554; Götz von Berlichingen (2. Fassung), FA I 4, S. 300, 302 und 317.

[131] Götz von Berlichingen (2. Fassung), FA I 4, S. 295; (3. Fassung), FA I 8, S. 693.

[132] Götz von Berlichingen (2. Fassung), FA I 4, S. 352.

Der Kaiser, der die Einheit des Reichs verkörpert, und Gott, der dem Naturrecht allgemeine Geltung verschafft (»Gott grüß euch. Helf uns allen zum unsrigen.«[133]), sind seine beständigen Appellationsinstanzen.

Ästhetisch eine Revolution transportiert das ›Götz‹-Drama eine durchaus konservative Gesellschaftsutopie, die auf die Umbrüche – in Goethes Verständnis die Krise organischer Ordnungen – des späten 18. Jahrhunderts reagiert. Götz von Berlichingen löst die patriarchalische Idee ein: einen sittlich gereinigten Ständestaat, in dem die Oberen ihre Verantwortung für das »Glück einzelner Menschen« wahrnehmen.[134] Darin gründet die anti-revolutionäre Relevanz, die er für die Neufassung von 1804 und für den Weimarer Maskenzug von 1818 besitzt. Die Erinnerung an »Die Schreckenstage die ein Reich erfährt, / Wo jeglicher befiehlt und keiner hört« beziehen die Handlungszeit des Dramas auf die Erfahrung des terreur. Der Selbsthelfer gerät bei diesen Reprisen zwar in ein schlechteres Licht, wenn von ihm gesagt werden muss, dass er »Recht und Unrecht in Verworrenheit« geübt habe.[135] Doch ist es Adelheid, bei der – rousseauistisch gesprochen – Götzens naiver amour de soi exemplarisch für den Geschichtsverlauf in einen denaturierten amour propre umspringt. Sie, die weder wie Götz auf Einzelne noch wie der Bischof von Bamberg auf die Staatsräson Rücksicht nimmt, sondern – wie sie sagt – allein den »Unternehmungen meines Busens«[136] folgt, bildet die Speerspitze jenes Willensevangeliums, dem Goethe

---

[133] Ebd., S. 330.

[134] Ebd., S. 364. Vgl. Winfried Woesler, Rechts- und Staatsauffassungen in Goethes ›Goetz von Berlichingen‹, in: Sturm und Drang. Geistiger Aufbruch 1770–1790 im Spiegel der Literatur, hrsg. von Bodo Plachta und Winfried Woesler, Tübingen 1997, S. 105–120, hier: S. 117–120; zu Goethes Krisenverortung Gotthardt Frühsorge, Vergangenheit und Gegenwart in Eins. Die ›Geschichte Gottfriedens von Berlichingen‹ im Ausgang des 18. Jahrhunderts, in: Das achtzehnte Jahrhundert. Facetten einer Epoche. Festschrift für Rainer Gruenter, hrsg. von Wolfgang Adam, Heidelberg 1988, S. 77–91, hier bes. S. 91.

[135] Dichterische Landes-Erzeugnisse, FA I 6, S. 846f. Bereits in Goethes früher ›Götz‹-Charakterisierung ist er ein »Menschenkind mit viel Gebrechen und doch immer der besten einer« (an Johann Christian Kestner, Mitte bis 21. August 1773, WA IV 2, S. 100).

[136] Götz von Berlichingen (2. Fassung), FA I 4, S. 365.

seiner subjektgeschichtlichen Denkweise gemäß den verneinenden Geist des Umsturzes zurechnet.

Der Bedeutungskomplex des Altdeutsch-Fränkischen gewinnt somit Wert aus der Differenz zu den Modernisierungsbegriffen von ›Neufränkisch‹ und ›Neudeutsch‹. Jean Paul, jakobinisch gesinnt, erhofft sich beim Anblick von »Neu-Frankreich« auch ein »Neu-Deutschland«, worüber man dann den »Verlust altdeutscher Vorzüge ⟨nicht⟩ so hart bejammern« dürfe.[137] Anders Goethe. In den ›Unterhaltungen deutscher Ausgewanderten‹ singt der Revolutionssympathisant Karl das misstönende Loblied »alles dessen, was bei den Neufranken Gutes oder Böses geschah«.[138] In seiner unverhältnismäßig wohlwollenden Rezension der fränkischen Mundartgedichte Johann Konrad Grübels, des »letzte⟨n⟩ Abkömmling⟨s⟩ der alten Nürnberger Meistersänger«,[139] hebt Goethe 1798 den Dialog ›Die Neufranken‹ hervor. Zwei ›alte Franken‹, nämlich eingesessene Nürnberger, blicken darin skeptisch auf die französische Besatzung der Stadt und die neudeutsche Kollaboration zurück. Goethe schätzt hieran die bodenständige Nüchternheit angesichts einer »Materie, die sonst immer wilde Leidenschaften erregt«.[140] Auf diese Weise können Goethes altdeutsche Franken – Götz, Dürer und Sachs – mit »Geradsinn, Menschenverstand, Scharfblick«[141] gegen neufränkisch-neudeutsche Schiefheit, Anmaßung und Sinnestaumel stehen.

4. Albrecht Dürer: »realistisches Anschauen«

Goethes Götz ist im guten wie im schlechten Sinn unverbesserlich: ebenso sein Dürer. Zur Begegnung des ortsfesten Nürnberger Hauptmeisters (1471–1528) mit der italienischen Renaissance heißt es im Aufsatz über ›Kunst und Alterthum‹ lapidar:

---

137 Jean Paul, Dämmerungen, a. a. O. (Anm. 63), S. 946 und 939f. Vgl. Jean Paul, Politische Fastenpredigten während Deutschlands Marterwoche, in: ders., Sämtliche Werke, hrsg. von Norbert Miller, Darmstadt 2000, Abt. I, Bd. 5, S. 1069–1193, hier: S. 1102 und 1109.

138 Unterhaltungen deutscher Ausgewanderten, FA I 9, S. 997.

139 An Friedrich Schiller, 31. Januar 1798, WA IV 13, S. 49.

140 Grübels Gedichte in Nürnberger Mundart, FA I 18, S. 554f.

141 Johann Konrad Grübel: Gedichte in Nürnberger Mundart, FA I 18, S. 982.

Und sieht man es denn Albrecht Dürern sonderlich an, daß er in Venedig gewesen? Dieser Treffliche läßt sich durchgängig aus sich selbst erklären.[142]

Er gehört offenbar zu den von Götz berufenen »Menschen, die in sich 〈...〉 glücklich waren«, die das Ihrige »erhalten und in sich selbst vermehren«.[143] Dürer gibt ein Beispiel des »originalen Künstler〈s〉«, der »die Gegenstände um sich her nach individueller, nationeller und zunächst überlieferter Weise behandelt«. Diese Integrität strahlt auf sein Tun aus, wenn er die Gegenstände »zu einem gefugten Ganzen zusammenbildet« bzw. »zum Ganzen zu verbinden« weiß.[144] Er ist bei dieser Selbstgenügsamkeit kein vollkommenes, aber ein »unvergleichliche〈s〉 Talent«.[145] Aus demselben Dürer-Diskurs heraus urteilt Goethes Frankfurter Intimus Johann Heinrich Merck in dem ›Merkur‹-Beitrag ›Einige Rettungen für das Andenken Albrecht Dürers‹ (1780): »ihn inspirierte keine andere menschliche Gestalt, als diejenige die ihn umgab«.[146] Wie der fränkische Ritter hält der fränkische Künstler daher nicht mit den Entwicklungen schritt. Der Bodenständige bleibt »an der Erde kleben«, die Goethe anderweitig die »altfränkische Erde nennt.[147]

An Dürer gleitet ab, was seinem Wesen nicht gemäß ist. Er dankt dies einer edlen Naivität, die sich von seinem Charakter auf seine Werke auszudehnen scheint. Als ein »herrliches Naturell«[148] schafft er so »reich und unschuldig« wie er sich im Selbstbildnis (von 1493) »unschuldig blühend« dargestellt hat.[149] Er behandelt die Dinge »wahr, einfach und ihrer Natur gemäß«.[150] Er erfasst sie mit einem

---

[142] Kunst und Alterthum am Rhein und Mayn, FA I 20, S. 91.

[143] Götz von Berlichingen (2. Fassung), FA I 4, S. 352f.

[144] Kunst und Alterthum am Rhein und Mayn, FA I 20, S. 91; Albrecht Dürers christlich-mythologische Handzeichnungen, FA I 19, S. 383.

[145] Sprüche in Prosa, FA I 13, S. 390.

[146] Johann Heinrich Merck, Einige Rettungen für das Andenken Albrecht Dürers gegen die Sage der Kunst-Literatur, in: Der Teutsche Merkur 8 (1780), 3. Bd., S. 3 bis 14, hier: S. 7.

[147] Sprüche in Prosa, FA I 13, S. 390; an Friedrich Schiller, 18. März 1801, WA IV 15, S. 200.

[148] Tag- und Jahreshefte für 1809, FA I 17, S. 231.

[149] Tag- und Jahreshefte für 1805, FA I 17, S. 159f.; an Herzog Carl August, 28. August 1805, WA IV 19, S. 48.

[150] Albrecht Dürers christlich-mythologische Handzeichnungen, FA I 19, S. 382.

»gesunden frischen Auge«,[151] als stünde – nach der Formulierung Mercks – »kein Medium zwischen dem Object und den Augen des Künstlers«.[152] Während die Neueren an der Zerstreuung ihrer Sinne kranken, »förderte ⟨Dürern⟩ ein höchst innigstes realistisches Anschauen«.[153] Goethe heißt es daher gut, dass sich junge Maler an ihm üben, weil dies das Auge schärft und die Aufmerksamkeit schult: Dürer insofern als Erzieher. Den geschlossenen theoretischen Ausarbeitungen Dürers begegnet Goethe nur einmal auf Initiative Meyers und unter Reduzierung auf »wahrhaft goldne Sprüche«.[154] Während der späte Herder im Freund Pirckheimers einen Theoretiker der menschlichen Proportionen erkennt,[155] blendet Goethe dieses intellektuelle Moment gern aus. Er ehrt in Dürer einen »handfesten Meister«, der die Kunst als Handwerk erlernt hat.[156] In diesem Sinn ist das Prädikat »höchst meisterhaft«[157] zu verstehen. Wie Götz Herrschaft ausübt, ohne Politiker zu sein, vertreibt Dürer Waren, ohne Geschäftsmann zu sein. Als »eine ehrliche deutsche Haut« lässt er sich, wie Goethe zu wissen glaubt, bei den Kontrakten mit Italienern und Niederländern jämmerlich übervorteilen. In der ›Italienischen Reise‹ (1816) legt dies den Grund für einen identifikatorischen Zugang zu Dürer:

> Mir ist so ein armer Narr von Künstler unendlich rührend, weil es im Grunde auch mein Schicksal ist, nur daß ich mir ein klein wenig besser zu helfen weiß.[158]

---

[151] Kunst und Alterthum am Rhein und Mayn, FA I 20, S. 86.

[152] Johann Heinrich Merck, Einige Rettungen, a. a. O. (Anm. 146), S. 6.

[153] Sprüche in Prosa, FA I 13, S. 390; zur modernen Sinneszerstreuung vgl. Italienische Reise, FA I 15/1, S. 286.

[154] An Johann Heinrich Meyer, 13. März 1791, WA IV 9, S. 248.

[155] Vgl. Johann Gottfried Herder, Ideen zur Philosophie der Geschichte der Menschheit, hrsg. von Martin Bollacher, Frankfurt am Main 1989, S. 276f.

[156] Sulpiz Boisserée über ein Gespräch mit Goethe an Johann Baptist Bertram, 10. Mai 1811 (ders., Briefwechsel / Tagebücher. Faksimiledruck nach der 1. Auflage von 1862. Mit einem Nachwort von Heinrich Klotz, Bd. 1, Göttingen 1970, S. 118).

[157] Über Kunst und Altertum in den Rhein und Main Gegenden. Paralipomena, FA I 16, S. 649.

[158] Italienische Reise, FA I 15/1, S. 111. Zu Goethes Kenntnis von Dürers Reisen vgl. Heinz Lüdecke, Die Begegnung Goethes mit Dürer, in: Goethe-Almanach 1971, S. 285–310, hier: S. 295.

Mit altdeutscher Aufrichtigkeit zeigt sich auch der Selbsthelfer Götz letztlich unbeholfen, wenn er bei den Pacta mit Weislingen und dem Hauptmann der Reichsexekution den Kürzeren zieht.

Wie Götz ist Dürer ein Charakter, der nicht anders als charakteristisch handeln kann. Wiederholt betont Goethe den »entschiedenen Charakter«[159] in den Anfängen der deutschen Kunst, eine »Eigenthümlichkeit des Ausdruckes«, die er noch im Alter als »Anfang und Ende aller Kunst« veranschlagt.[160] Gleichlautend fällt das Urteil über Hans Sachs und dessen »treulich ernste charakteristische Dichtkunst«[161] aus. Goethes erste Dürer-Evokation erfolgt inmitten der öffentlichen Deklaration dieses Charakteristischen in der Rede ›Von deutscher Baukunst‹:

> Sie ⟨die Puppenmaler⟩ haben durch theatralische Stellungen, erlogne Teints, und bunte Kleider die Augen der Weiber gefangen. Männlicher Albrecht Dürer, den die Neulinge anspötteln, deine holzgeschnitzteste Gestalt ist mir willkommner.[162]

Wie sich Götz als die »Quintessenz des männlichen Geschlechts« anbietet, die im feminisierten Weislingen vergeblich gesucht wurde,[163] so ist Dürers Kennzeichen seine ›Männlichkeit‹.[164] In diesem Duktus spricht Merck von ihm nur als von dem »großen Mann«.[165] Das Selbstbildnis des 22-jährigen Künstlers beschreibt er in den ›Tag- und Jahresheften‹ für 1805 als eines »der interessantesten Bilder die ich kenne«.[166] Vielsagend identifiziert er die Distelpflanze, die die Figur versonnen in der Hand hält: »ein blaublühendes Eryngium, im Deutschen Mannstreue genannt« (vgl. Abb. 1).[167] Die As-

---

[159] Kunst und Alterthum am Rhein und Mayn, FA I 20, S. 83.

[160] Sprüche in Prosa, FA I 13, S. 173. Vgl. von Einem, Goethe und Dürer, a. a. O. (Anm. 54), S. 39. Zur Ästhetik des Charakteristischen erhellend Norbert Christian Wolf, Streitbare Ästhetik. Goethes kunst- und literaturtheoretische Schriften 1771 bis 1789, Tübingen 2001, S. 206–254.

[161] Tag- und Jahreshefte für 1816, FA I 17, S. 268.

[162] Von deutscher Baukunst, FA I 18, S. 117f.

[163] Götz von Berlichingen (2. Fassung), FA I 4, S. 326.

[164] Von deutscher Baukunst, FA I 18, S. 118.

[165] Johann Heinrich Merck, Einige Rettungen, a. a. O. (Anm. 146), hier: S. 4 u. ö.

[166] An Herzog Carl August, 28. August 1805, WA IV 19, S. 48f.

[167] Tag- und Jahreshefte für 1805, FA I 17, S. 159. Vgl. die Quellenaufarbeitung von Dieter Matthes, Goethes Reise nach Helmstedt und seine Begegnung mit Gott-

soziationen des ›Männlichen‹ decken sich mit den Eigenschaften der Holzschnittweise: Sie vermittelt die Stärke und Ausdruckskraft, die Goethe aus der ›Kleinen und Großen Passion‹ (1509/10) sowie aus dem ›Marienleben‹ (1510/11) kennt. Mit der Männlichkeit und dem Holzschnittstil verbindet sich andererseits der Eindruck – so vom Dresdner Galeriebesuch des Jahres 1794 – Dürer sei »hart«, »⟨g⟩ut und fleißig«, »aber unangenehm«.[168] Hierin liegt etwas, was Goethe »beschränckt«[169] nennen muss. Denn die höchste Schönheit ist zwar notwendig charakteristisch, aber das Charakteristische ist nicht notwendig schön.

Dürers Kunst bietet »alles, was aus ⟨...⟩ altväterlicher Einfalt und Redlichkeit nur aufgeht«.[170] Dies ist indes nicht alles, wozu sich Kunst erheben kann. Goethes notorischer Lobspruch über die Münchner ›Vier Apostel‹ (»Stücke ⟨...⟩ von unglaublicher Großheit«[171]) fällt nicht so vollständig aus, dass er die ›Großheit‹ auch in Schönheit aufgehen sehen würde. Dies stimmt mit dem Seitenblick auf Dürer in den Raffael-Betrachtungen ›Über Christus und die zwölf Apostel‹ (1789) überein: Seine Arbeiten zeigen »strengen Fleiß« und »große Reinlichkeit«, sind aber nicht »leicht und glücklich«.[172] Die Schadow-Replik kommt zu dem Grundsatzurteil, der fränkische Meister habe »sich nie zur Idee des Ebenmaßes der Schönheit ⟨...⟩ erheben« können.[173] Goethes Wertungen sind auch über Jahrzehnte hinweg bemerkenswert stabil. Wo er in Dürer einmal »Grazie« erkennt (nach Winckelmannscher Terminologie ›Schönheit in Bewegung‹), will er dafür keineswegs streiten.[174] So hoch er ihn mitunter auch rühmt, etwa vor dem Heller-Altar in der Sammlung der Frankfurter Museumsgesellschaft: Schönheit wird ihm in der Tat niemals direkt attestiert; wie auch im Aufsatz über

fried Christoph Beireis. Eine Untersuchung zum Bildstil der ›Tag- und Jahreshefte‹, in: Braunschweigisches Jahrbuch 49 (1968), S. 121–211, hier: S. 160–168.

168 Dresdner Galerie, FA I 18, S. 290, 296 und 308.

169 Tag- und Jahreshefte für 1809, FA I 17, S. 231.

170 Albrecht Dürers christlich-mythologische Handzeichnungen, FA I 19, S. 383.

171 Italienische Reise, FA I 15/1, S. 111.

172 Über Christus und die zwölf Apostel, FA I 18, S. 265.

173 Sprüche in Prosa, FA I 13, S. 390.

174 An Johann Kaspar Lavater, 6. März 1780, WA IV 4, S. 190. Vgl. Johann Joachim Winckelmann, Geschichte der Kunst des Alterthums. Faksimile-Neudruck der 1. Auflage, Baden-Baden 1966, S. 229f.

Abb. 1. Albrecht Dürer, Selbstbildnis mit Eryngium, 1493 (Musée du Louvre, Paris). Vgl. S. 121.

Abb. 2. Johann Wolfgang von Goethe, Albrecht Dürer, Kopie nach dem Holzschnitt Erhard Schöns von 1527, 1828 (?) (Corpus der Goethezeichnungen, bearb. von Gerhard Femmel, Leipzig 1968, Bd. IVb, Nr. 74). Vgl. S. 123.

Abb. 3. *Sachs-Bildnis Johann Jakob Heideggers aus Lavaters ›Physiognomischen Fragmenten‹, Bd. 4, 1778 (Johann Caspar Lavater, Physiognomische Fragmente zur Beförderung der Menschenkenntniß und Menschenliebe, Leipzig 1778, Nachdruck Zürich 1969, Bd. 4, S. 298). Vgl. S. 126.*

›Neu-deutsche religios-patriotische Kunst‹ »schöner Stil« konsequent als Gegenbegriff zur Malerei in »Albrecht Dürers Art« fungiert.[175] Das ›Apostel‹-Zeugnis ist nicht ein Höhepunkt, sondern der Anfang vom Ende einer ersten Phase der Dürer-Beschäftigung, die im ›Baukunst‹-Aufsatz aufblitzt, ihren Zenit 1780 beim Aufbau einer umfangreichen Stichsammlung erreicht und 1788 mit der schmallippigen Besichtigung der Dürer-Stücke in Nürnberg ausklingt.[176] Die öffentliche Kritik des Apokalypse-Zyklus im 41. ›Venetianischen Epigramm‹ 1790 für überraschend zu halten, beruht auf einer zu optimistischen Deutung des Urteils ›unglaubliche Großheit‹.[177] Am unbeschränktesten besteht Goethes Zugang zu Dürer in einer Pietät des persönlichen Andenkens. Ein vermeintliches Selbstporträt, das in Dürers Todesjahr zusammen mit einem Nachruf als Einblattdruck verbreitet wurde, kopiert er eigenhändig (vgl. Abb. 2).[178] Im Übrigen aber verhängt er ein Nachahmungsverbot über den Altdeutschen. Dürer bedeutet »nicht aller Tage Abend«,[179] und deshalb soll man nicht – wie die Nazarener – nach seinem Vorbild arbeiten. Dem »Schein altertümlicher Einfalt nach⟨zu⟩jagen«, so ein Argument aus Meyers Neudeutschen-Polemik, kann keine Einfalt, sondern nur Manier hervorbringen.[180] Das un-

---

[175] Meyer, Neu-deutsche religios-patriotische Kunst, FA I 20, S. 122; vgl. Frank Büttner, Der Streit um die »Neudeutsche religios-patriotische Kunst«, in: Aurora 43 (1983), S. 55–76, hier: S. 60f. Zum Heller-Altar vgl. Über Kunst und Altertum in den Rhein und Main Gegenden. Paralipomena, FA I 16, S. 649.

[176] Vgl. Goethes Notizheft von der Rückreise aus Italien, FA I 15/2, bes. S. 837f. Für die Details immer noch nützlich Fritz Schneider, Goethes Heimkehr aus Italien. »Es geht ein neues Leben an«, Heidenheim 1957, S. 121–126.

[177] So Johannes Jahn, Goethe und Dürer, in: Goethe-Jahrbuch 88 (1971), S. 75 bis 95, hier: S. 82f. und 95; danach Martina Eicheldinger, Dürer, Albrecht, in: Goethe-Handbuch, hrsg. von Bernd Witte (u. a.), Stuttgart/Weimar 1998, Bd. 4/1, S. 217f.

[178] Vgl. Corpus der Goethezeichnungen, bearb. von Gerhard Femmel, Bd. IVb, Leipzig 1968, Nr. 74. Die Arbeit stammt von Dürers Schüler Erhard Schön (vgl. Heinrich Röttinger, Die Bilderbogen des Hans Sachs, Straßburg 1927, S. 21), aber noch Goethes Sekretär Schuchardt, mit der Inventarisierung der Sammlungen beauftragt, rechnet sie unter die Dürer-Stücke; vgl. Johann Christian Schuchardt, Goethe's Kunstsammlungen, Jena 1848, Bd. 1, S. 119 (Nr. 154).

[179] Sprüche in Prosa, FA I 13, S. 390.

[180] Meyer, Neu-deutsche religios-patriotische Kunst, FA I 20, S. 123. Verschärft bei ⟨Jakob Salomo Bartholdy⟩, Über die Kunstausstellung im Palaste Caffarelli zu Rom im April 1819, in: Allgemeine Zeitung vom 23. Juli 1819 (Beilage).

verantwortliche romantische Rückstreben bewegt sich in »süßliche⟨n⟩ Reden und schmeichelhafte⟨n⟩ Phrasen«,[181] so Goethe 1805 in der Anzeige ›Letzte Kunstausstellung‹, und landet damit genau bei jenen »theatralische⟨n⟩ Stellungen, erlogne⟨n⟩ Teints, und bunte⟨n⟩ Kleider⟨n⟩«,[182] gegen die er 1772 die Ehrlichkeit und Schlichtheit Albrecht Dürers ins Feld geführt hatte.

Das Phänomen Dürer bedeutet für die Wertordnung des Klassizismus eine Herausforderung, die sich mit den Federzeichnungen zum Gebetbuch Kaiser Maximilians aufs Neue stellt. Goethes und Meyers Rezension ›Albrecht Dürers christlich-mythologische Handzeichnungen‹ (1808), von im Vorjahr erschienenen Reproduktionen veranlasst, findet den Nürnberger Meister »freier als wir gedacht, anmutiger, heiter, humoristisch und über alle Erwartung gewandt«.[183] Diese ausgesprochenen Positiva sind die unausgesprochenen Negativa der ›Apostel‹. Goethe denkt in diesem Zusammenhang an »Rand-Arabesken«[184] und schließt den Fall damit an die Ornamentdebatte an, die in der Kunsttheorie der Zeit an zentraler Stelle steht. Das Beschreibungsinventar ›anmutig‹, ›heiter‹, ›humoristisch‹ und ›gewandt‹ ist wortwörtlich von ihr genommen.[185] Sogar der Vergleich mit Raffaels Loggien, von denen der Arabesken-Streit seinen Ausgang nimmt, bleibt nicht aus.[186] Diese Überschneidung von Klassizismus- und Dürer-Diskurs erzeugt nicht etwa vorwiegend Unstimmigkeiten, sondern eine entscheidende Übereinstimmung. Denn Goethes Behandlung des Ornamentalen im Aufsatz ›Von Arabesken‹ (1789) trifft sich argumentativ vorteilhaft mit seiner Ein- und Unterordnung des Werks Dürers: er will dieser »subordinierte⟨n⟩ Kunst« »gern ihren Platz anweisen« und nur

---

181 Letzte Kunstausstellung 1805, FA I 18, S. 1002.

182 Von deutscher Baukunst, FA I 18, S. 117f.

183 Albrecht Dürers christlich-mythologische Handzeichnungen, FA I 19, S. 379.

184 An Friedrich Theodor von Müller, 1. September 1828, WA IV 44, S. 300.

185 Vgl. Michele Cometa, Von Arabesken – Neues zu einer Theorie des Ornaments bei Goethe, in: Goethe-Jahrbuch 121 (2004), S. 122–132, hier: S. 130. Grundlegend auch Helmut Pfotenhauer, Klassizismus als Anfang der Moderne? Überlegungen zu Karl Philipp Moritz und seiner Ornamenttheorie, in: Ars naturam adiuvans. Festschrift für Matthias Winner zum 2. März 1996, hrsg. von Victoria von Flemming und Sebastian Schütze, Mainz 1996, S. 583–597.

186 Albrecht Dürers christlich-mythologische Handzeichnungen, FA I 19, S. 380.

wünschen, »daß der Wert der höchsten Kunstwerke erkannt würde«.[187] Der ornamentale Trieb steht freilich unter dem Verdacht einer barbarischen Abkunft.[188] Das Primitive als Zustand vor geschichtlichen Ausdifferenzierungsprozessen beherbergt indes eine experimentelle Perspektive, die eine Wiedervereinigung der Medien in Aussicht stellt. Wie Goethe das Gemalte von Sachs' Poesie hervorheben wird (s. u.), so erkennt er in Dürers graphischen Arbeiten die »Kunstzüge des Schreibemeisters«.[189] Während Sachs Bilder betextet (s. u.), bebildert Dürer (christlich-mythologische) Texte: in Goethes Einblattdruck von 1528, der das Altersporträt des verstorbenen Dürer mit einem rühmenden Nachruf von Hans Sachs vereint, überschneiden sich die Bewegungen. »Schau an, so du erkennen willt! / Dies ob abkonterfeite Bild«, so beginnt das Gedicht, mit dem sich der Dichter auf den Holzschnitt bezieht.[190] Goethe sieht in diesem Modell die Möglichkeit einer Medienversöhnung aufscheinen. Die ›Randzeichnungen zu Goethes Balladen und Romanzen‹ (1829ff.) des Cornelius-Schülers Eugen Napoleon Neureuther sieht er direkt von dem Dürerschen Gebetbuch veranlasst. Er ist angenehm berührt von den Arbeiten – nicht nur, weil seine Gedichte darin an die Stelle der Gebete treten. Er bestätigt den Bildern auch, sie würden die gewählten Texte »anmuthig congruirend« kommentieren.[191] Dies ist viel, obwohl Goethes Zweideutigkeiten gegenüber dem Altdeutsch-Neudeutschen (der Künstler arbeite auf die »wundersamste Weise« und sei »der neusten Zeit wohl werth«)[192] auch diesmal nicht schweigen.

---

[187] Von Arabesken, FA I 18, S. 230 und 232.

[188] Vgl. Cometa, Von Arabesken, a. a. O. (Anm. 185), S. 130f.

[189] Albrecht Dürers christlich-mythologische Handzeichnungen, FA I 19, S. 379.

[190] Vgl. Hans Sachs, ⟨Albrecht Dürer⟩, in: Dürer und die Nachwelt. Urkunden, Briefe, Dichtungen und wissenschaftliche Betrachtungen aus 4 Jahrhunderten, hrsg. von Heinz Lüdecke und Susanne Heiland, Berlin 1955, S. 57 und Abb. 17. Dazu Heinz Lüdecke, Die Begegnung Goethes mit Dürer, a. a. O. (Anm. 158), S. 290f.

[191] An Thomas Carlyle, 2. Juni 1831, WA IV 48, S. 211.

[192] An Friedrich Theodor von Müller, 1. September 1828, WA IV 44, S. 300. Dazu Jahn, Goethe und Dürer, a. a. O. (Anm. 177), S. 92f.

5. Hans Sachs: »glückliche Augen«

Von der historischen Relativierung alles Altdeutschen macht Goethe auch bei Hans Sachs (1494–1576) keine Ausnahme.

> Nachdem uns Klopstock vom Reim erlöste und Voß uns prosodische Muster gab, so sollen wir wohl wieder Knittelverse machen wie Hans Sachs.[193]

Der »wirklich«, nämlich im zünftigen Wortsinn »meisterliche Dichter« gründet seine Kunst auf »ernste Tüchtigkeiten« und bleibt damit überall Handwerker.[194] Die ›Erklärung eines alten Holzschnittes, vorstellend Hans Sachsens poetische Sendung‹ (1776) situiert ihn nicht umsonst in der Schusterwerkstatt. Als Goethe anlässlich Grübels auf ihn zurückkommt, gilt ihm sein Werk als eine jener »BildungsStufen«,[195] als die er auch das Nibelungenlied und den Kölner Dom bezeichnet hat. Die hervorstechende Qualität des Dichters verbindet ihn mit Götz und Dürer: der »treue Blick« bzw. die »klare⟨n⟩ Sinne«.[196] Er ist mit einem »glücklichen, gesunden Auge«[197] begabt. Bereits Lavater, nach dem »Poetismus« in Sachs' prosaischem Gesicht fahndend, entdeckt ihn »in den feuervollen Augenbraunen und Augen« (vgl. Abb. 3).[198] In Goethes ›Erklärung eines alten Holzschnittes‹ verfügt der Nürnberger über eine Art literarischer Sehkraft, die ihn befähigt, das »Weltwirrwesen« in Form zu bringen:

---

193 Sprüche in Prosa, FA I 13, S. 390.

194 Dichtung und Wahrheit, FA I 14, S. 779. Zum handwerklichen Dichtungskonzept vgl. Dorothea Klein, Bildung und Belehrung. Untersuchungen zum Dramenwerk des Hans Sachs, Stuttgart 1988, S. 254–256 und 260. Zu Goethes Sachs-Rezeption grundsätzlich Lunke, Goethes Urteile über das deutsche Schrifttum des 16. Jahrhunderts, a. a. O. (Anm. 53), S. 136–150; Horst Brunner, Hans Sachs zwischen Heldenverehrung und Hohngesang, in: Das Beste aus Nürnberg Heute, Nürnberg 1983, S. 137–147, hier: S. 143–146; Andreas Herz, Die Welt als Raritätenkasten. Hans Sachs, Lessing und die Folgenden, in: Hans Sachs. Handwerker, Dichter, Stadtbürger, hrsg. von Dieter Merzbacher, Wiesbaden 1994, S. 77–82, hier: S. 78 bis 81.

195 Grübels Gedichte in Nürnberger Mundart, FA I 18, S. 555.

196 Erklärung eines alten Holzschnittes, FA I 1, S. 358.

197 Grübels Gedichte in Nürnberger Mundart, FA I 18, S. 552.

198 Lavater, Physiognomische Fragmente, a. a. O. (Anm. 77), S. 298.

Er hätt ein Auge treu und klug,
Und wär auch liebevoll genug,
Zu schauen manches klar und rein,
Und wieder alles zu machen sein ⟨...⟩.

Von der Muse Ehrbarkeit, die ihn begabt, heißt es analog: »Ihr Auge war lichten Tages Glanz«. Es ist ein Blick für das Ganze, der das Mannigfaltige zur Gestalt ordnet: »Unter dem Himmel allerley Wesen« scheint dadurch in einen »Zauberkasten« gebannt. Die Muse der Wahrheit stattet ihren Schützling zu demselben Zweck »mit ihrer Klarheit / Immer kräftig würkender Wahrheit« aus.[199] In Goethes Hans Sachsischen Dramoletten des Jahres 1773 – ›Jahrmarktsfest zu Plundersweilern‹ (2. Fassung 1778), ›Fastnachtsspiel vom Pater Brey‹ und ›Satyros oder Der vergötterte Waldteufel‹ – triumphiert der ungetrübte Blick über die Augenwischerei der falschen Propheten.[200] Goethes Besprechungen des Handwerkerdichters Grübel, der »mit dem alten Meister Hans so nahe verwandt« ist, nehmen in diesem Sinn zugleich auf Sachs Bezug: Dieser Dichtertypus hat den »richtigen Blick«, gibt »ohne Reflexion die Sache selbst« und versteht die Dinge »vor Augen zu stellen«.[201] Wie bei Dürer geht Goethe bei Sachs in eine Schule des Sehens.

Er schöpft dafür aus der fünfbändigen Kemptener Ausgabe (1612–16), die auf der Ausgabe letzter Hand (1558–1579) beruht. Die Texte, die er dort seit 1773 entdeckt, präsentieren das Rollen-Ich eines ›Hans Sachs‹, der sich beständig auf Augenzeugenschaft und Selbsterlebtes beruft.[202] Der junge Dichter findet hier – wie

---

[199] Erklärung eines alten Holzschnittes, FA I 1, S. 357–360. Zur »totale⟨n⟩ Weltansicht«, die Goethe Sachs ermöglicht, vgl. die wertvolle Interpretation von Max Kommerell, Gedanken über Gedichte, Frankfurt am Main [4]1985, S. 183–185, hier: S. 184.

[200] Über die Stoßrichtung dieser Stücke ausführlich Robert P. T. Aylett, Goethe and the ›Fastnachtsspiel‹, in: Publications of the English Goethe Society N.S. 61 (1990/91), S. 1–25, bes. S. 5 und 17–19; vgl. ferner Klaus-Detlef Müller, Hans Sachs und die »Poesie des Tages«. Zu Goethes ›Jahrmarktsfest zu Plundersweilern‹, in: Festschrift Walter Haug und Burghart Wachinger, hrsg. von Johannes Janota / Paul Sappler / Frieder Schanz (u. a.), Tübingen 1992, S. 915–924.

[201] Johann Konrad Grübel, Gedichte in Nürnberger Mundart, FA I 18, S. 982f.

[202] Zu dieser biographischen Fiktion vgl. Horst Brunner, Hans Sachs, in: Fränkische Lebensbilder, hrsg. von Gerhard Pfeiffer und Alfred Wendehorst, Neustadt/Aisch 1977, 7. Bd., S. 77–96, hier: S. 78.

bei Götz und Dürer – Rückhalt für einen weltanschaulichen Realismus, den er später noch verfeinern, aber nicht mehr aufgeben wird. Die Feststellung von Sachs' »didaktische⟨m⟩ Realism«[203] geht zusammen mit der Selbstzuschreibung eines »realistischen Tic⟨s⟩«,[204] der die Welt nicht verändern, sondern erkennen will. Für diesen Realismus gibt es – im Gegensatz zum deutschen Idealismus und seinen literarischen Folgen – kein Sein jenseits des Seienden und keine Legitimation, das Seiende mit Berufung auf ein absolutes Sein umschaffen zu wollen. Die Welt muss nicht romantisiert, sie muss gesehen werden. Noch das »Glaubensbekenntniß«, das Goethe 1801 vor Schiller gegen die Transzendentalpoeten ablegt, liegt auf der Linie seiner Idolisierung des Meistersängers:

> Was die großen Anforderungen betrifft die man jetzt an den Dichter macht, so glaube ich auch daß sie nicht leicht einen Dichter hervorbringen werden. Die Dichtkunst verlangt im Subject, das sie ausüben soll, eine gewisse gutmüthige, ins Reale verliebte Beschränktheit, hinter welcher das Absolute verborgen liegt. Die Forderungen von oben herein zerstören jenen unschuldigen productiven Zustand ⟨...⟩.[205]

In diesem beschränkten, theorielosen Zustand befindet sich – nach Goethes Bild – Hans Sachs. Daher scheinen die Grenzen seiner Eloquenz nicht der »Plattheit der Meistersänger« anzugehören, sondern dem »Lakonismus«, den der »Drang einer tiefen Anschauung fordert«.[206]

Die Kultur der Sichtbarkeit, die diesem Mythos von einem Dichter buchstäblich im Auge liegt, erlaubt es Goethe, mit der Utopie einer bildhaft evidenten Sprache zu experimentieren, in der der Antagonismus von Bild und Schrift zur Ruhe gebracht ist. Dies zielt über die Stimulierung einer allgemeinen optischen Phantasie hinaus auf durchaus piktoriale Effekte. Im ›Prolog zu dem dramatischen Gedicht ‚Hans Sachs'‹ heißt es 1828, die Texte des Meisters seien

> hingeschrieben mit leichter Hand,
> Als stünd' es farbig an der Wand,

---

[203] Dichtung und Wahrheit, FA I 14, S. 779.

[204] An Friedrich Schiller, 9. Juli 1796, WA IV 11, S. 121.

[205] An Friedrich Schiller, 3./4. April 1801, WA IV 15, S. 213.

[206] Des Knaben Wunderhorn, FA I 19, S. 266.

Und zwar mit Worten so verständig,
Als würde Gemaltes wieder lebendig.[207]

Dasselbe Phänomen umkreist Goethe bereits in der ›Erklärung eines alten Holzschnittes‹, wenn der Auftrag an den Dichter lautet:

〈...〉 die Welt soll vor dir stehn,
Wie Albrecht Dürer sie hat gesehn,
Ihr festes Leben und Männlichkeit,
Ihre innre Kraft und Ständigkeit.[208]

Der Dichter, wie Dürer ein männlicher Charakter, sieht mit den Augen des Malers. Von Grübels Gedichten meint Goethe, sie seien »mit dem Pinsel eines Ostade gezeichnet, und ausgeführt«.[209] Gleich viermal in der Besprechung des ›Wunderhorns‹ konstatiert er das »Holzschnittartige« der ›alten deutschen Lieder‹.[210] Die Legende der ›Heiligen drey Könige‹ findet er »mit heiterem Pinsel ausgemalt«.[211] Über Dante schwebe der »sinnlich-bildlich-bedeutend wirkende Genius«[212] Giottos. Er fasse »die Gegenstände so deutlich in's Auge seiner Einbildungskraft«, dass wir sie »gleichsam nach der Natur gezeichnet vor uns sehen«.[213] Im klassizistischen Zentrum seiner Ästhetik trennt Goethe zwischen dem bildenden Künstler, der für das Auge, und dem Dichter, der für die Einbildungskraft arbeitet.[214] Dagegen entdeckt er namentlich im Altdeutschen eine Dichtung, die den Grad bildhafter Darstellung erreicht. Das Experiment, völlige sinnliche Bestimmtheit von der Bildkunst auf die Literatur zu übertragen, ist nicht allein für das Projekt reizvoll, die Einbildungskraft möglichst objektiv zu binden statt sie subjektiv zu entfesseln.[215] Es hat auch Konsequenzen für die Herausforderung der Ekphrasis. In den Kupferstichanzeigen der ›Frank-

---

[207] Prolog zu dem dramatischen Gedicht ›Hans Sachs‹, FA I 6, S. 919.
[208] Erklärung eines alten Holzschnittes, FA I 1, S. 358.
[209] Grübels Gedichte in Nürnberger Mundart, FA I 18, S. 553.
[210] Des Knaben Wunderhorn, FA I 19, S. 254, 256f. und 265.
[211] Die heiligen drey Könige, FA I 20, S. 449.
[212] Dante, FA I 22, S. 768.
[213] Dante, FA I 22, S. 768. Vgl. Willi Hirdt, Goethe und Dante, in: Deutsches Dante-Jahrbuch 68/69 (1993/94), S. 31–80, hier: S. 70–72.
[214] Vgl. Über die Gegenstände der bildenden Kunst, FA I 18, S. 443f.
[215] Vgl. bes. Einleitung 〈in die Propyläen〉, FA I 18, S. 468 und 471.

furter Gelehrten Anzeigen‹ wuchs Goethe 1772 die lebenslange Überzeugung von der schriftlichen Uneinholbarkeit des Bildlichen zu.[216] Seit 1773 besetzt er durch Hans Sachs ein Feld, auf dem er eine sentimentale Haltung zu dem Problem einnehmen kann.

Die ›Erklärung eines alten Holzschnittes‹ ist für Goethes dichterisches Selbstverständnis bis in die Zeit der Italienreise hinein von kaum zu überschätzender Tragweite.[217] Das umfangreiche Knittelversgedicht erschien zuerst im Aprilheft 1776 des ›Teutschen Merkur‹, einer Ausgabe zu Sachs' 200. Todesjahr. Die Sprechsituation folgt den Regeln einer Bildbeschreibung: Elemente aus Sachs' dichterischer Selbststilisierung in den ›Neun Gab Muse‹ entwickelnd, präsentiert ein imaginierter Holzschnitt die Berufung des Handwerksmeisters zum Poeten. Bezeichnend für sein forciertes Verständnis vom großen Naiven Sachs tilgt Goethe den humanistischen Einschlag der Musenbegabung, den es darin bei allen Unterschieden zum rinasciamentalen Kunstverständnis insofern gibt, als sich der erfolgsverwöhnte Nürnberger in eine Reihe mit »Griechisch und lateinisch Poeten« setzt.[218] Der Schuster steht am Sonntagmorgen in der Werkstatt und empfindet seine poetischen Fähigkeiten. Um ihn herum treten deutsche Versionen der Musen zur Dichterweihe ein: von der einen Seite die Ehrbarkeit mit den Attributen eines Maßstabs und eines Ährenkranzes, die Sachs eine künstlerische Mission aufträgt, von der anderen Seite die Allegorie der Historia, die eine Holztafel mit mythologischen Szenen trägt, darunter die in der Kemptner Ausgabe enthaltene Fabel von »St. Peter mit der Gaiß«. Hinter der Zentralfigur agiert ein Narr, der die für das Fastnachts-

---

216 Vgl. Ernst Osterkamp, Im Buchstabenbilde. Studien zum Verfahren Goethescher Bildbeschreibungen, Stuttgart 1991 (Germanistische Abhandlungen 70), bes. S. 8–17.

217 Grundlegend dazu Jens Haustein, Über Goethes ›Erklärung eines alten Holzschnittes vorstellend Hans Sachsens poetische Sendung‹, in: Archiv für das Studium der neueren Sprachen und Literaturen 146 (1994), S. 1–21.

218 Hans Sachs, Ein Gesprech / Die neun Gab Muse / oder Kunst Göttin betreffend, in: ders., Sehr herrliche, schöne und warhaffte Gedicht ‹...›, Kempten 1613, Bd. 2, Teil 2, S. 103–107, hier: S. 105. Eine ausführliche Deutung des Spruchgedichts bietet Klein, Bildung und Belehrung, a. a. O. (Anm. 194), S. 247–260. Zu Sachs' Antiken-Interesse vgl. Wolfgang F. Michael, Hans Sachs, der Humanist, in: Daphnis 20 (1991), S. 423–431, bes. S. 427f.

spiel typische Narrenrevue im Gefolge führt. Zum Oberfenster gleitet die Muse der Wahrheit herein. Sie erläutert dem Dichter seinen Auftrag und weist ihn zu einer offenen Tür im Hintergrund, die den Blick auf seine Geliebte eröffnet. Über dem Ganzen schwebt ein Eichkranz in den Wolken, mit dem die Dichterkrönung vollzogen und das Gedicht vollendet wird:

> Ein Eichkranz ewig jung belaubt
> Den setzt die Nachwelt ihm aufs Haupt,
> In Froschpfuhl all das Volk verbannt,
> Das seinen Meister je verkannt.[219]

Der Appell zum persönlichen Andenken ist dem Schlusssatz des ›Götz‹ äquivalent: »Wehe der Nachkommenschaft die dich verkennt«.

Unter Einsatz deiktischer Elemente sucht das Gedicht den Eindruck zu erzeugen, aus einem Bild-Text-Zusammenhang zu stammen. Wie mit einem Zeigestab instruiert es uns, was wir vor Augen haben (»Da seht ihr an der andern Seiten«, »hinter seinem Rucken«, »zur Hinterthür hinaus«).[220] Vorlagen für dieses Verfahren bieten Sachs' eigene Bildbeschreibungen, unter denen ›Ein erklerung der bildnuß Christophori‹ (1530) und ›Tabula Cebetis‹ (1531) herausragen. Auch diese Texte kommen – zumindest in der Kemptener Ausgabe – ohne piktoriale Realisierung aus und simulieren diese doch.[221] Der Christophorus-Spruch beginnt mit der Aufforderung

---

[219] Vgl. Erklärung eines alten Holzschnittes, FA I 1, S. 357–362.

[220] Ebd., S. 359–361.

[221] Teilweise freilich sind Sachs' ekphrastische Texte zuerst als illustrierte Einblattdrucke erschienen; vgl. Röttinger, Die Bilderbogen des Hans Sachs, a. a. O. (Anm. 178), S. 4, 49 (Nr. 356) und 56 (Nr. 482). Christoph Perels (Empfindsame Identifikation und kritischer Dialog, a. a. O. [Anm. 71], S. 219–221) hat den verführerischen Vorschlag gemacht, die Erklärung auf einen Bilderbogen mit mehreren Bildfeldern zu beziehen. Obwohl ein solches Blatt von einem einzelnen Stock gedruckt werden könnte, deutet der Titelbeginn »Erklärung eines Holzschnittes« jedoch eher auf ein einzelnes Bild. Mithin hat Goethe streng darauf geachtet, die allegorischen Figuren im Vordergrund links, rechts und hinter Sachs zu plazieren und einen Hintergrund für die Geliebte zu eröffnen. Dieser Aufbau gehört nicht zu einer Bildfolge, sondern zu einer Einzelszene. Die genannten Bildbeschreibungen der Kemptner Ausgabe funktionieren nach eben diesem Verfahren und beziehen sich mit Christophorus und der Cebes-Tafel lediglich auf Einzelbilder.

»Schau mensch so du erkennen wilt / Diß obgemalt Christoffel bildt«, ohne dass ›oben‹ etwas zu sehen wäre.[222] Wie bei Goethes ›Erklärung‹ handelt es sich um eine Allegorie, die der Text narrativ entwickelt: vom Christen, der wie ein Riese Größe und Kraft braucht, um Christus tragen zu können, der durch das Wasser der Bedrängnisse an den Meerwundern der falschen Propheten vorbei zum rettenden Ufer gelangt. In ›Tabula Cebetis‹ wird der Vorgang der Bilderklärung zu einem eigenen Thema. Die Szene spielt – bemerkenswert genug – im Saturntempel des Forum Romanum vor der Lebensallegorie des Cebes. Besucher bitten einen Priester um die Deutung des Bildes. Dieser warnt zuvor:

> Die außlegung gefehrlich ist
> Denn wer die hört und nicht versteht
> Als ein unwissender vergeht.

Darauf nimmt er »ein stäblein in die hand« und geht die Bildgegenstände einzeln ab. Mit der wiederholten Nachfrage »Seht ihr« und »Seht ihr auch« fordert er zum genauen Sehen auf, worauf ein Rollen-Ich gelehrsam antwortet »ich sichs«.[223] Mediendifferenz scheint sich für Sachs nicht als Problem zu stellen. Bilder transportieren einen medienunspezifischen Stoff, dessen sich ebensogut die Dichtung annehmen kann. Es gilt dafür ›ut pictura poesis‹. In der Allegorie der ›Tugentreich Frauw Armut‹ bringt Sachs es auf den Punkt: »O Mensch hie ist dir fürgebildt / In schrifft so du erkennen wilt«.[224]

Als »Beylage zur Erklärung des Holzschnittes« folgen im ›Merkur‹ zwei Sachs-Gedichte: ›Der Liebe Zanck‹ (1544) und ›Sanct Peter mit der Gaiß‹ (1557). Goethes Tagebuchnotiz vom 27. April 1776, er habe »Sachs« zusammen mit Wieland fertiggestellt, deutet auf die gemeinsame Auswahl dieser Texte.[225] ›Der Liebe Zanck‹ schließt an das Motiv der Liebeshoffnung in der ›Erklärung‹ an. Frau Venus erscheint dem Dichter, besänftigt seine Verzweiflung und weist ihm

---

[222] Hans Sachs, Ein erklerung der bildnuß Christophori, in: ders., Sehr herrliche, schöne und warhaffte Gedicht 〈...〉, Kempten 1612, Bd. 1, S. 175–177, hier: S. 175.

[223] Hans Sachs, Tabula Cebetis, ebd., S. 470–478.

[224] Hans Sachs, Die Tugentreich Frauw Armut, ebd., S. 543–546, hier: S. 543.

[225] Tagebuch vom 27. April 1776, WA III 1, S. 11.

den Weg zur Liebe »in Zucht und Ehren«.[226] Es ist das allfällige Thema der Briefe und Gedichte an Frau von Stein: ›Warum gabst du uns die Tiefen Blicke‹ datiert vom 14. April. In ›Sanct Peter mit der Gaiß‹ verlangt Petrus das Regiment über die Welt, das er besser ausüben wolle als Christus. An einem Probetag erfährt er, dass er kaum zur Fürsorge für eine einzige Ziege fähig ist.[227] Sichtlich berührt dies – unmittelbar vor Goethes Beteiligung an den Regierungsgeschäften im Juni 1776 – einen weiteren Problemkreis der ersten Weimarer Jahre Goethes: den Respekt vor politischen Aufgaben im Verhältnis zur richtigen Einschätzung der eigenen Kräfte. Goethes Vorliebe für Sachs schreibt sich insofern nicht etwa von einer kraftgenialischen Vorliebe für das Ausgefallene her, sondern von der Suche nach ästhetischer und sittlicher Objektivität. Der Nürnberger lehrt – nach eigenem Selbstverständnis – die Bewältigung von Wirklichkeit und Erfahrung, die Beschränkung von Spontaneität, die Bewahrung von bürgerlicher Eintracht und Ordnung.[228] Die Weimarer Aufführung des ›Narrenschneidens‹ (1557), einem repräsentativen Text aus Sachs' literarischer Didaktik, weist 1777 in dieselbe Richtung. Goethe spielte den Arzt, der dem Patienten die Flausen austreibt und abschließend erklärt:

Von dem kamen die narren dein
Daß dir gefiel dein sinn allein
Und liest deim eygen willen raum.[229]

---

[226] Hans Sachs, Der Liebe Zanck, in: ders., Sehr herrliche, schöne und warhaffte Gedicht ‹...›, Kempten 1612, Bd. 1, S. 877f., hier: S. 878.

[227] Hans Sachs, St. Peter mit der Geiß, ebd., S. 991–993.

[228] Vgl. Maria E. Müller, Der Poet der Moralität. Untersuchungen zu Hans Sachs, Bern (u.a.) 1985, bes. S. 87–123 und S. 213–242; sowie Klein, Bildung und Belehrung, a.a.O. (Anm. 194), S. 243–246.

[229] Hans Sachs, Das Narrenschneiden, in: ders., Sehr herrliche, schöne und warhaffte Gedicht ‹...›, Kempten 1612, Bd. 1, S. 938–946, hier: S. 945. Zum ›Narrenschneiden‹ als poetologischem Bild vgl. Eckhard Bernstein, Der »teutsche tichter« und die »poetae docti«. Zum dichterischen Selbstverständnis des Hans Sachs und der deutschen Humanisten, in: Hans Sachs im Schnittpunkt von Antike und Neuzeit, hrsg. von Stephan Füssel, Nürnberg 1995 (Pirckheimer-Jahrbuch 10), S. 31–45, hier: S. 38f. Zu der Weimarer Aufführung und ihren Requisiten vgl. Ulrike Müller-Harang, Das Weimarer Theater zur Zeit Goethes, Weimar 1991, S. 6f., sowie dies., Allegorische Figuren aus ›Das Narrenschneiden‹, in: Wiederholte Spiegelungen, a.a.O. (Anm. 34), S. 231.

Weil Hans Sachs solchermaßen zum Programm der Objektivität beiträgt, kann die ›Erklärung‹ noch 1790 einen hervorragenden Platz in Goethes erster Werkausgabe, den seit 1787 bei Göschen erschienenen achtbändigen ›Schriften‹, einnehmen. In der Februar-Korrespondenz des ›Zweiten römischen Aufenthalts‹, wenige Wochen vor der Rückkehr nach Deutschland, lässt der Italienreisende – nach all den Bekenntnissen zur Antike und ihrer Nachahmung – verlauten:

> Die Gedichte auf Hans Sachs und auf Miedings Tod schließen den achten Band, und so meine Schriften für diesmal. Wenn sie mich indessen bei der Pyramide zur Ruhe bringen, so können diese beiden Gedichte statt Personalien und Parentation gelten.[230]

Goethe spielte in diesen Tagen mit dem Gedanken, er könne sein Grab auf dem Protestantischen Friedhof bei der Cestius-Pyramide finden. Das Gedicht ›Auf Miedings Tod‹ (1782) steht als Andenken des Weimarer Bühnenhandwerkers Johann Martin Mieding und für eine formvollendete Begräbnisfeier (Parentation). Der Gedanke, die Grabinschrift (Personalien) aus dem Text zu ›Hans Sachsens poetischer Sendung‹ zu nehmen, antwortet auf den Schlüsselsatz von Goethes italienischer Identitätserkenntnis. Denn im vorausgehenden Absatz liest man: »Täglich wird mir's deutlicher, daß ich eigentlich zur Dichtkunst geboren bin«.[231] In Sachs' ›Neun Gab Muse‹ teilen die ›Kunstgöttinnen‹ dem Dichter mit:

> o jüngling dein dienst sey
> das dich auff teutsch Poeterey
> Ergebst durchauß dein lebenlang.[232]

Gleichfalls in der Februar-Korrespondenz äußert Goethe über die Werkausgabe, es sei »ein wunderlich Ding so ein Summa Summarum seines Lebens zu ziehen.« Damit spielt er aber auf Sachs' bekannte ›Summa all meiner gedicht‹ an, mit der dieser seine eigene Werkausgabe beschließt und auf sein Lebenswerk zurückblickt.[233]

---

230 Italienische Reise, FA I 15/1, S. 556.

231 Ebd.

232 Hans Sachs, Ein Gesprech / Die neun Gab Muse/oder Kunst Göttin betreffend, a.a.O. (Anm. 218), S. 105.

233 Italienische Reise, FA I 15/1, S. 553. Vgl. Hans Sachs, Sehr herrliche, schöne

Das Bedürfnis nach einem national zuverlässigeren Goethe sicherte dem Sachs-Gedicht dankbare Aufmerksamkeit beim Publikum des 19. Jahrhunderts. Das Medienproblem, das die bildlose Bildbeschreibung aufwirft, bleibt darin als Störfaktor erhalten und weckt Eliminierungswünsche. Im Januar 1816 versandte Johann Gottfried Schadow als Direktor der Berliner Kunstakademie einen Satz transparenter Bilder an Goethe, die der fiktiv gelingenden Ekphrasis der ›Erklärung‹ ihren Bildteil erstatten wollen. Verantwortlich zeichnet der soeben in die Akademie aufgenommene Historienmaler Karl Wilhelm Kolbe, der sich mit altdeutschen Szenen wie ›Albrecht Achilles erobert bei Nürnberg eine Fahne‹ (1806) – einer Episode des 15. Jahrhunderts aus den fränkischen Stammlanden der Hohenzollern – für preußische Staatsaufträge empfohlen hat.[234] Schon die Tatsache, dass Kolbe sechs Bilder benötigt, um den Text piktorial aufzulösen, offenbart und zerstört zugleich dessen mediale Utopie. In einer mehrseitigen Stellungnahme begutachtet Goethe das Unternehmen mit unerschütterlichem Wohlwollen und verzeichnet die unvermeidlichen Abweichungen von der literarischen Vorlage. So nennt er Nummer vier, ›Historia tritt ein‹, »ein lobenswürdig erfreuliches Bild«, in dem der Maler darauf verzichtet, das Gewand der Figur »mit ›weltlich Tugend- und Lastergeschicht‹ zu verzieren«, wie es das Gedicht vorsieht: Die auf den Text anzuwendende »Einbildungskraft sieht wie sie damit zurecht kommt«, der auf das Bild gerichtete »Blick würde dadurch verwirrt.«[235] Damit hat eben jene Scheidung der Medien wieder Einzug gehalten, deren Überwindung Goethes Sachs-Charakteristik behauptet hatte.

---

und warhaffte Gedicht ‹. . .›, Kempten 1616, Bd. 5, Teil 3, S. 154–157. Zur Funktion dieses Textes Klein, Bildung und Belehrung, a. a. O. (Anm. 194), S. 267–271.

234 Vgl. Charlotte Steinbrucker, Kolbe, Carl Wilhelm d. J., in: Allgemeines Lexikon der Bildenden Künstler von der Antike bis zur Gegenwart, begründet von Ulrich Thieme und Felix Becker, Leipzig 1927, Bd. 21, S. 226–228.

235 ⟨Gutachten über Transparente Berliner Künstler zu Hans Sachs⟩, WA IV 26, S. 413.

HEINZ RÖLLEKE

»DENN DU HAST KEIN CHRISTENTUM«

Zum Religionsgespräch in Goethes ›Faust‹

Faust wurde von Margarete in der zweiten Gartenszene im ersten Teil der Tragödie nach Mephistos ironisch gemeinter, aber zweifellos zutreffender Formulierung (V. 3523)[1] »katechisiert«.[2] Mephisto, dem nach Ausweis seiner Fakultätenmusterung in der Schülerszene (V. 1982–2000) und auch sonst gemäß seiner ehemaligen Engelsnatur durchaus theologische Lehrmeinungen vertraut sind, weiß, welchen »Begriff« das Wort ›Katechisierung‹, meint (vgl. V. 1993), und Faust, der nach eigenem Bekunden »Theologie! / Durchaus studiert« hat (V. 356f.), kennt natürlich die Bedeutung dieses Begriffs und widerspricht Mephistos Resümee des voraufgegangenen Religionsgesprächs nicht.

Eine Katechisierung hat in der kirchlichen Liturgie ihre festen Plätze etwa beim Taufritus, wo die Prüfung des Täuflings in der Frage gipfelt: »Glaubst du an Gott?« Von der Beantwortung dieser Frage (»Ich glaube an Gott«) wird die Spendung des Sakraments – und das heißt auch: die Aufnahme in die christlich kirchliche Gemeinschaft – abhängig gemacht.[3] Durch Rezitation des ›Credo‹ (»Credo in unum Deum«)[4] wird in der alljährlichen österlichen

[1] Die ›Faust‹-Zitate (mit Angabe der Verszahlen in runden Klammern) nach Johann Wolfgang Goethe, Faust. Texte, hrsg. von Albrecht Schöne, Frankfurt am Main 1994 (= J. W. G., Sämtliche Werke. Briefe, Tagebücher und Gespräche, hrsg. von Friedmar Apel [u. a.], I. Abt., Bd. 7/1).

[2] »‹...› nach dem Katechismus auf Glaubensfestigkeit geprüft« (Ulrich Gaier, Erläuterungen und Dokumente. Johann Wolfgang Goethe, Faust. Der Tragödie Erster Teil, Stuttgart 2005, S. 174).

[3] Gemäß Mk 16,15f.: »Wer glaubt und sich taufen läßt, wird gerettet werden; wer aber nicht glaubt, wird verdammt werden.«

[4] »Ich glaube an den einen Gott«; aus dem Formular des Nizäno-Konstantinopolitanischen (oder Apostolischen) Glaubensbekenntnisses.

Taufbekräftigung sowie in den sonn- und festtäglichen Gottesdienstfeiern diese Glaubensantwort aus dem Taufritus vor der Eucharistiefeier wiederholt und damit erneuert. Seit Beginn des Christentums[5] dient das öffentliche Bekenntnis zum ›Symbolum‹ zugleich und entscheidend als Abgrenzung gegen Heidentum und jegliche Form von Häresie.[6]

Margarete möchte von ihrem Geliebten definitiv wissen, ob er sich wie sie zu diesem Ersten Glaubenssatz des Christentums bekennt, ob er zur christlichen Gemeinschaft gehört oder nicht. Mag Mephisto auch ein wenig im Recht sein, wenn er hinter dieser Befragung eigene Interessen des einfachen Mädchens vermutet, gemäß der ein kirchentreuer Christ auch ein leicht zu beherrschender Ehemann sei, so klammert er damit doch bewusst die wesentliche, ja für das liebende Mädchen geradezu existenzielle Bedeutung dieser Frage aus, wie sie sogar akustisch in den angstvoll gepressten, stockenden, in ausschließlich einsilbigen Wörtern hervorgebrachten Fragen spürbar wird: »Glaubst du an Gott?« – »So glaubst du nicht?« (V. 3426 und 3430 – beide bezeichnenderweise als Beginn bzw. als Ende stichomythischer Verse).

Die Frage »Glaubst du an Gott?« ist das Zentrum des Religionsgesprächs und wurde als ›Gretchenfrage‹ (als die man allerdings auch V. 3415 bezeichnet) schon früh sprichwörtlich – ein untrügliches Zeichen, dass die ›Faust‹-Kenner ihren Stellenwert und ihr Gewicht zu würdigen wussten.

Diese zentrale, als einzige im Dialog verdoppelte Frage ist innerhalb des Religionsgesprächs vorbereitet, indem Margarete zunächst allgemein nach Fausts »Religion« fragt: »〈...〉 wie hast du's mit der Religion?« (V. 3415) Faust möchte dieses Gespräch ganz vermeiden (»Laß das, mein Kind!«;[7] V. 3418) und schränkt das Thema dann auf

---

[5] Formeln des Taufgelöbnisses stehen auch am Beginn der deutschsprachigen geistlichen Textfassungen: »Gelôbistû in got? – ec gelôbo in got« (Handschrift des 9. Jahrhunderts; Althochdeutsches Lesebuch, hrsg. von Wilhelm Braune, 13. Aufl., bearb. von Karl Helm, Tübingen 1958, S. 39).

[6] Vgl. Herbert Vorgrimler, Neues Theologisches Wörterbuch, 2. Aufl., Freiburg (u.a.) 2000, S. 234f. und S. 609; ferner Leo von Rudloff, Kleine Laiendogmatik, 12. Aufl., Regensburg 1954, S. 119–124.

[7] Es handelt sich bei dieser Formulierung um ein Zitat aus einem ähnlich verlaufenden Gespräch in Molières ›Dom Juan‹; vgl. Ulrich Gaier, a.a.O. (Anm. 2), S. 172.

die »Kirche« ein: »Will niemand ‹...› seine Kirche rauben« (V. 3420). Margarete besteht, was die christliche Kirche betrifft, auf der Credo-Formel:[8] »‹...› man muß d'ran glauben!« (V. 3421). Nach Fausts abwehrend rhetorischer Frage »Muß man?« (V. 3422) präzisiert sie ihren besorgten Tadel: »Du ehrst auch nicht die heil'gen Sakramente ‹...› zur Beichte bist du lange nicht gegangen« (V. 3423–3425).[9] Im Sinn der Frageintentionen seiner Geliebten bekennt Faust weder hier noch im weiteren Verlauf des Gesprächs Farbe. Vielmehr versucht er seinem allgemeinen religiösen Gefühl Worte zu geben, indem er in einer Mischung aus panentheistischen (V. 3438f.) und pantheistischen (V. 3439f.) Anschauungen mit zahlreichen Analogien oder Identitäten zu menschlichen Gefühlen das Namenlose umschreibt etwa mit Begriffen wie Glück, Herz, Liebe (V. 3454), um zugleich an Margaretes eigenes Gefühlsleben zu appellieren:

Erfüll' davon dein Herz, so groß es ist,
Und wenn du ganz in dem Gefühle selig bist,
Nenn' es dann wie du willst,
Nenn's Glück! Herz! Liebe!
(V. 3451–3454)[10]

Fausts Darlegungen bedeuten in erster Linie ein Ausweichen vor Margaretes direkten Fragen, sind aber zugleich ernsthafte, weitgehend durch Spinoza geprägte Vorstellungen, die man gewiss nicht ausschließlich als »Vernebelung« der Tatsachen und ganz und gar nicht als bloßes »Geschwafel« abtun[11] kann. Auch ohne dass Faust

---

8 »Credo in unam sanctam catholicam et apostolicam ecclesiam« (es wird Glaube an die eine heilige katholische und apostolische Kirche verlangt).

9 Im bezeichnenden Gegensatz zu Margarete selbst, die bei ihrem ersten Auftritt im ›Faust‹ gerade von der Beichte kommt (vgl. V. 2621–2625). Sie setzt die katholische bzw. die vorreformatorische Sakramentenlehre voraus; das ergibt sich aus ihrer gezielten Frage nach dem Bußsakrament, dem die reformatorischen Konfessionen den sakramentalen Charakter absprechen.

10 Ulrich Gaier (a.a.O., Anm. 2, S. 173) weist auf eine Parallele zu Lavaters ›Physiognomischen Fragmenten‹ hin: »nenn' es, beschreib' es, wie du willst – ‹...› Nenn's Glaube, Liebe, Hoffnung«. Zu vergleichen wären auch zwei Verse aus Wielands ›Oberon‹ (VII, 73): »Nenn', wie du willst, den Stifter unsrer Triebe, / Vorsehung, Schicksal, Oberon«.

11 So indes Gaier (a.a.O., Anm. 2, S. 174).

präzise sagen kann, was er glaubt, und ohne dass man sein Gefühl von Allharmonie benennen könnte, wird so viel aus seinen auffallend schön formulierten Ausführungen klar: Fausts Gott ist keine Gottheit, sondern das göttliche Prinzip der Welt, und der Mensch sollte sein Herz von dieser Welt erfüllen, glücklich in dem Gefühl, dass die Welt ist, er sollte sich von dem Gefühl hinreißen lassen, im Ganzen der göttlichen Harmonie ein Teil zu sein.

Margarete ist es um einen gemeinsamen Glauben und um sein Seelenheil zu tun, weil er ihr durch sein praktisches Verhalten, vor allem den Umgang mit Mephisto, fragwürdig zu werden beginnt. Für sie bedeutet das von Faust geforderte Credo (V. 3421) die Setzung und Anerkennung einer objektiven Ordnung. Sie will wissen, ob Faust in diese Ordnung hineingehört, ob er sich in ihr im Sinne einer religio an Gott gebunden fühlt. Seine Antworten bedeuten insgesamt Nein – und dieses Nein ist letztlich eindeutiger formuliert als die Umschreibungen seines Gefühls vom göttlichen Prinzip und Wesen.

Dass sich Faust auch mit dieser Auffassung und Haltung »des rechten Weges wohl bewußt« (V. 329) ist, wird im ›Prolog im Himmel‹ bestätigt: »Der Herr« scheint keinen Glauben des Menschen zu verlangen, davon ist weder hier noch in der Schlussszene des zweiten Teils die Rede, wo es um Erlösung geht. Im wesentlichen verlangt der Herr vom Menschen dessen ständiges Streben (V. 11936), die Entwicklung der Entelechie, selbst um den Preis des Irrens (V. 317); wird das geleistet, kann er unter Teilnahme der »Liebe gar / Von oben« (V. 11938 f.) erlöst werden.[12] So kann der im Sinn einer christlichen Konfession ungläubige Faust genauso erlöst werden wie Margarete, die an Gott glaubt und diesen Glauben letztendlich durch ihr Verhalten im Kerker erweist: Denn wie »Faustens Unsterbliches« (nach V. 11824) schließlich von den Engeln empor getragen wird, so fand Margaretes Glaubensstärke mit

[12] Dass Goethe selbst den religiös eng bestimmten wie den frei gewählten Weg zu Gott als gleichberechtigt gelten ließ, bestätigt sein letzter Brief an die Gräfin zu Stolberg, die ihn aus Sorge um sein Seelenheil für die christliche Orthodoxie gewinnen wollte: »Und so bleiben wir wegen der Zukunft ⟨im Jenseits⟩ unbekümmert! In unseres Vaters Reiche sind viel Provinzen und ⟨...⟩ so wird drüben gewiss auch für beyde gesorgt seyn« (Johann Wolfgang Goethe, Briefe an Auguste Gräfin zu Stolberg, hrsg. von Jürgen Behrens, Bad Homburg v. d. H. [u. a.] 1968, S. 57).

dem »Ist gerettet« am Ende von ›Faust‹ I (V. 4611) Bestätigung und mit ihrer Aufnahme unter die heiligen Frauen im Himmel am Ende von ›Faust‹ II (nach V. 12068) Belohnung.

»Die Botschaft hör' ich wohl, allein mir fehlt der Glaube« hatte Faust schon in der Eingangsszene gesagt (V. 765), und wenn man bedenkt, dass diese »Botschaft« vom auferstandenen Christus als Verkündigung im Rahmen eines Osterspiels aus dem Kirchenraum zu ihm schallt, dann ist das Nein auf die Frage nach seinem christlichen Glauben bereits hier eindeutig formuliert.

Margerete ahnt das, und sie mag diesen Agnostizismus dem Einfluss Mephistos zuschreiben, auf den sie am Ende des Religionsgesprächs nicht zufällig die Rede bringt (V. 3469–3500). Jedenfalls durchschaut sie hellsichtig seine verhängnisvolle Rolle, wie es Mephisto selbst hernach bestätigt:

> Und die Physiognomie versteht sie meisterlich.
> In meiner Gegenwart wird's ihr sie weiß nicht wie,
> Mein Mäskchen da weissagt verborgnen Sinn;
> Sie fühlt, daß ich ganz sicher ein Genie,
> Vielleicht wohl gar der Teufel bin.
>
> (V. 3537–3541)

In der Tat versteht Margarete etwas von Physiognomie: Sie scheint in Mephisto den gefallenen Engel zu erahnen, auch wenn er seine Gestalt noch so sehr verändert. Diese Fähigkeit schrieben sich die Physiognomisten besonders gern zu; sie sagen von den Engeln,

> Doch stünd es ihnen frey, ihre Gestalt auf mancherley Art zu modificiren: denn der Teufel könne sich ja zuweilen in einen Engel des Lichtes verstellen. Wiewohl es gewisse nicht zu verkennende Abzeichen gäbe, die dem Scharfblick des Physiognomen bey einer Engelerscheinung nicht entgehen könnten; und mithin würde der Satanas einen ächten Sohn der Kunst schwerlich täuschen können.[13]

Mephisto hatte Margaretes Vermutung schon zuvor bestätigt, indem er Faust als »so ziemlich eingeteufelt« charakterisierte (V. 3371). Das ist trotz Mephistos spöttischem Tonfall ernst zu nehmen, was sich vor allem und ausgerechnet in der Szene des Religionsgesprächs

---

[13] J. C. Musäus, Physiognomische Reisen, 1. Bd., Mannheim 1803 (Erstauflage 1781), S. 66.

erweist. Zum einen ist Faust vorsätzlich und fest entschlossen, seine Geliebte zu verführen, denn er trägt als Mittel zum Zweck schon den Schlaftrunk für Margaretes Mutter bei sich (V. 3511). Zum andern gibt er sich unfreiwillig und wohl auch unwissentlich mit einigen Worten – oder besser: durch ein fehlendes Wort – über sein Gottesverhältnis unzweideutig als »eingeteufelt« zu erkennen. Auf Margaretes katechetisch korrekte und sehr präzise Frage »Glaubst du an Gott?« (V. 3426), antwortet Faust zunächst mit der im Grunde verneinenden Gegenfrage:

> Mein Liebchen, wer darf sagen,
> Ich glaub' an Gott?
> (V. 3426 f.)

Daraus schließt Margarete mit Recht, wenn auch immer noch fragend: »So glaubst du nicht?« (V. 3430) Scheinbar ausweichend, tatsächlich aber sich selbst entlarvend, antwortet Faust mit zwei rhetorischen Fragen:

> Wer darf ihn nennen?
> Und wer bekennen:
> Ich glaub' ihn.
> Wer empfinden
> Und sich unterwinden
> Zu sagen: ich glaub' ihn nicht?
> (V. 3432–3437)

Faust kann offenbar die erste Formel des Symbolums (»Ich glaube an Gott«) nicht aussprechen; er entstellt sie zu »Ich glaub ihn« (statt »Ich glaube an ihn«).[14] Damit findet er sich nach christlich-dogmatischer und natürlich auch nach Margaretes Vorstellung in der

---

[14] Die Kommentatoren und Interpreten sind einer Erläuterung dieser entstellenden Faust-Worte auffallend aus dem Weg gegangen. Ernst Busch, der das Religionsgespräch an den Anfang seiner Deutungen stellt (Goethes Religion. Die Faustdichtung in christlicher Sicht, Tübingen 1949, S. 14–16 u. ö.), geht ebenso wenig darauf ein wie Erich Trunz (Goethes Werke. Textkritisch durchges. u. mit Anm. versehen, 5. Aufl., Hamburg 1960, 3. Bd., S. 518–520) oder Ulrich Gaier (a. a. O., Anm. 2, S. 171–174). Albrecht Schöne ersetzt Fausts Worte im Lemma seines Kommentars durch drei Auslassungspunkte und erläutert sie dementsprechend nicht: »Wer ⟨...⟩ sich unterwinden / Zu sagen« (Johann Wolfgang Goethe, Faust. Kommentare, Frankfurt am Main 1994 [= FA I 7/2], S. 325).

schlechtesten und verderblichsten Gesellschaft, nämlich der des Teufels selbst, und er scheint an diesem Punkt seiner Entwicklung sogar etwas von dessen Natur angenommen zu haben.

Das beweist eine bis ins Mittelalter zurückreichende Tradition, die lehrt, dass der Teufel die korrekte Form des Credo-Beginns nicht über die Lippen bringen kann.

Kleriker examinieren einen Dämon, um diesen als Teufel entlarven zu können:

> Einige fragten ihn: Teufel, kennst du das Gebet des Herrn? Da er antwortete: Ich kenne es sehr wohl, hiessen sie ihn es sagen. Und er sagte: Vater unser, der du bist in den Himmel, dein Name, dein Wille geschehe und auf Erden, unsern tägliche Brot gib uns heute, sondern befreie uns von dem Übel. Und als er in diesem Gebet mehr solche Schnitzer und Barbarismen gemacht hatte, fügte er kichernd hinzu: Seht, so pflegt ihr Laien euer Gebet zu sagen. Als er auch nach dem Symbolum gefragt wurde, sagte er, das wisse er ganz vortrefflich, und fing an: Ich glaube Gott, den allmächtigen Vater. Man sagte ihm: Du musst sagen: Ich glaube an Gott; worauf er erwiderte: Ich glaube Gott. Es waren gerade Schriftkundige zugegen und hörten des Teufels Wort, und da sie die Bedeutung des Akkusativs kannten, so bestanden sie darauf, er solle sagen: Ich glaube an Gott. Aber dazu war er nicht zu bringen.[15]

Caesarius von Heisterbach gibt um 1220 diese weit verbreitete Vorstellung, dass der Teufel unfähig ist, die Formel »Credo in Deum« auszusprechen, in seinem ›Dialogus Miraculorum‹ (III,6) wieder.[16] Die Kleriker erläutern, warum es dem Teufel nicht gegeben ist, »Ich glaube an Gott« zu sagen, weil nämlich

---

[15] Zit. nach: Caesarius von Heisterbach. Deutsch von Ernst Müller-Holm, Berlin 1910, S. 55.

[16] »Dixerunt ei quidam: Nosti, o diabole, Dominicam orationem? Respondente illo, optime scio, rogatus est illam dicere. Et ait: Pater noster, qui es in coelum, nomen tuum, fiat voluntas et in terra, panem nostrum quotidianes da nobis hodie, sed libera nos a malo. Et cum plures in eadem oratione fecisset saltus atque barbarismos, cachinnando subiunxit: Ecce sic vos laici dicere soletis orationem vestram. Requisitus etiam de symbolo, dixit se bene et optime scire, sic incipiens: Credo Deum Patrem omnipotentem. Cui cum quidam dicerent: Dicere debes, Credo in Deum; illeque subiungeret: Credo Deo; viri literati, qui tunc erant praesentes, diaboli verbum notantes, et vim accusativi intelligentes, instituerunt ut diceret, Credo in Deum. Et non poterant eum ad hoc inducere« (Caesarii Heisterbacensis Dialogus Miraculorum, hrsg. von Josephus Strange, Köln [u.a.] 1851, S. 117).

> An Gott glauben heisst: Durch Liebe an Gott herankommen (Per dilectionem ire in Deum). Deshalb sagt der Heiland: Jeder, der lebt und an mich glaubt, hat das ewige Leben (Joh 11, 26).[17]

Könnte also der Teufel seinen Glauben »an Gott« bekennen, so würde er laut dieser Bibelstelle zu den Erlösten zählen. Durch sein Unvermögen erweist er, dass er nicht ins »Christentum« (V. 3468) gehört[18] – das ist konsequent dogmatisch gedacht, da das korrekte Sprechen des Symbolums erst die Taufe oder die Teilnahme an der Messfeier und den anderen Sakramenten ermöglicht.[19]

Bleibt also Faust bei seiner Erwägung, man könne gegebenenfalls nur »Gott glauben« oder »Gott nicht glauben«, und kann er sich nicht zum Bekenntnis »Ich glaube an Gott« verstehen, so ist Margaretes resignierendes Resümee sachgemäß völlig zutreffend und bestätigt, was Faust ohnehin sagen wollte:

> Steht aber doch immer schief darum;
> Denn du hast kein Christentum.
> (V. 3467 f.)

Dieses eigentliche Ende des Religionsgesprächs leitet bezeichnenderweise zu einer Warnrede Margaretes über, in der sie »ahnungsvoll«, gleichsam als Fausts guter »Engel« (V. 3494) den Charakter und die Rolle Mephistos anspricht. So sicher es ist, dass dieser

---

[17] A. a. O. (Anm. 15), S. 55 f.

[18] Eine nordfriesische Sage, die Theodor Storm in Husum aufgezeichnet hat, befasst sich mit demselben Thema, sieht die Zusammenhänge allerdings etwas anders: Die Zwerge, sagt man, »gloften wol an Gott ‹. . .›, aber se harrn doch keen Christendoom« (Karl Müllenhoff, Sagen, Märchen und Lieder aus den Herzogthümern Schleswig, Holstein und Lauenburg, Kiel 1845, Nr. 302).

[19] In diesem Sinn ist Parsifals Anrede an Kundry »Die Taufe nimm, und glaub' an den Erlöser« (Richard Wagner, Parsifal, III. Aufzug) dogmatisch stimmig: Das Bekenntnis des Glaubens an Gott macht das Sakrament der Taufe gültig und ermöglicht damit Kundrys Aufnahme ins Christentum. – Das Unvermögen der antiken Griechen, auf die Dauer »an« ihre Götter zu glauben, registriert ähnlich auch Hugo von Hofmannsthal (›Augenblicke in Griechenland‹, 3. Kap.): »‹. . .› da standen Chronos und die Titanen, gräßlich und groß, schon waren sie dahin, von den eigenen Kindern gestürzt und vergessen; dann treten jene anderen heran, die Olympischen, wer glaubte sie?« (Wege und Begegnungen, hrsg. von Walther Brecht, Stuttgart 1959, S. 51).

»keine Gewalt« über sie hat und haben wird (V. 2626),[20] so besorgt ist sie wegen des Umgangs ihres Geliebten mit seinem ihr unheimlichen Gefährten. Wie sehr er trotz ihrer Warnungen unter dessen Einfluss steht und bleibt, zeigen die Walpurgisnachtszenen und vor allem das abschließende »Her zu mir!« (V. 4611), mit dem er Faust fast gewaltsam zu sich bannt und von Margarete trennt. Erst am Ende des zweiten Teils der Tragödie kann Margarete ihren Beistand für Faust realisieren und ihn endgültig für sich und für das Reich der Erlösten gewinnen.

[20] Dies gilt von der ersten Begegnung an, in der Mephisto schon a priori seine Ohnmacht eingesteht, bis hin zur Kerkerszene, in der sie sich endgültig vom Teufel separiert: »Schick' ihn fort! / Was will der an dem heiligen Ort? / Er will mich! 〈. . .〉 Dein bin ich, Vater! Rette mich!« (V. 4602–4607).

RÜDIGER NUTT-KOFOTH

»LEID« ODER »LIED« ODER WAS IST GOETHES ›FAUST‹?

Zum Verhältnis von Textkritik und Interpretation aus Anlass jüngerer ›Faust‹-Ausgaben

Seit Manfred Windfuhrs Feststellung von 1957 »Edition ist Interpretation«[1] hat es über diese Gleichsetzung immer wieder Diskussionen gegeben, die von vehementer Zustimmung bis zu kritischer Differenzierung oder Ablehnung der pauschalen Aussage gingen. Dass der Kernbereich der Textkritik, die Frage des textkritischen Eingriffs als Emendation oder Konjektur, einen prominenten Testfall für die Frage nach der Beziehung von Edition und Interpretation darstellt, liegt daher auf der Hand.[2]

Erörtern lässt sich die Frage an einem der bekanntesten Beispiele der neugermanistischen Textkritik, nämlich der berühmten Stelle in Vers 21 der ›Zueignung‹ in Goethes ›Faust‹, jenes Textes also, der die gesamte ›Faust‹-Dichtung eröffnet. Dieser gerade in editionswissenschaftlichen Einführungen mehrfach exemplarisch angeführte Fall[3] scheint nach den bisherigen Forschungsmeinungen nämlich geradezu ein Musterbeispiel für die interpretative textkritische Ent-

---

[1] Manfred Windfuhr, Die neugermanistische Edition. Zu den Grundsätzen kritischer Gesamtausgaben (1957), in: Dokumente zur Geschichte der neugermanistischen Edition, hrsg. von Rüdiger Nutt-Kofoth, Tübingen 2005 (Bausteine zur Geschichte der Edition 1), S. 174–193, hier: S. 191.

[2] Die folgenden Überlegungen sind die Ausarbeitung eines auf dem Internationalen Workshop ›Konjektur und Krux III: Lektüre – Darstellung – Interpretation‹ am Freien Deutschen Hochstift, 20./21. Juni 2008, vorgetragenen Referates.

[3] Klaus Kanzog, Einführung in die Editionsphilologie der neueren deutschen Literatur, Berlin 1991 (Grundlagen der Germanistik 31), S. 23f. – Bodo Plachta, Editionswissenschaft. Eine Einführung in Methode und Praxis der Edition neuerer Texte, 2., ergänzte und aktualisierte Auflage, Stuttgart 2006 (1. Aufl. 1997), S. 93.

scheidung zu sein, d.h. aber eben auch nicht in einem objektiven, ja hier nicht einmal in einem intersubjektiven Verständnis endgültig lösbar zu sein, wie die Verfahrensweisen gerade der neueren ›Faust‹-Ausgaben zeigen.

Der in Rede stehende Vers heißt: »Mein Leid ertönt der unbekannten Menge«.[4] So schreibt zumindest die Weimarer Ausgabe und folgt dabei nicht nur dem 12. Band in Goethes eigener Ausgabe letzter Hand (Taschenausgabe 1828, Oktavausgabe 1829), sondern diesen Wortlaut haben alle von Goethe veranstalteten Ausgaben seit dem Erstdruck 1808, der innerhalb der ersten Werkausgabe Goethes bei Cotta erschien. Allerdings gibt es am Schluss von Goethes Tagebuch des Jahres 1809 eine von Goethe seinem Mitarbeiter Friedrich Wilhelm Riemer diktierte Auflistung der »Druckfehler meiner Werke in der Cottaischen Ausgabe«. Dort ist zur fraglichen Stelle in Vers 21 des ›Faust‹ vermerkt: »Z. 21. Leid, lies: Lied«.[5] Doch hat diese Korrektur den Weg in keine der folgenden von Goethe betreuten ›Faust‹-Ausgaben gefunden.[6] Was also editorisch tun? Wel-

[4] Goethes Werke. Hrsg. im Auftrage der Großherzogin Sophie von Sachsen, Abth. I: Goethes Werke, Bd. 14, Weimar 1887, S. 6.

[5] Johann Wolfgang Goethe, Tagebücher. Historisch-kritische Ausgabe. Im Auftrag der Klassik Stiftung Weimar, Goethe- und Schiller-Archiv hrsg. von Jochen Golz, Wolfgang Albrecht, Andreas Döhler, Sebastian Mangold und Edith Zehm, Bd. IV,1: 1809–1812. Text und Register, hrsg. von Edith Zehm, Sebastian Mangold und Ariane Ludwig, Stuttgart/Weimar 2008, S. 101. – Zuerst in: Goethe, Weimarer Ausgabe, a.a.O. (Anm. 4), Abth. III: Goethes Tagebücher, Bd. 4: 1809–1812, Weimar 1891, S. 374.

[6] Die Lesung »Lied« bietet von den Drucken zu Goethes Lebzeiten nur der Doppeldruck eines von Cotta ohne Goethes Wissen hergestellten Einzeldrucks von 1825; vgl. Die Drucke von Goethes Werken, hrsg. von der Akademie der Wissenschaften der DDR, Bearbeiter des Bandes: Waltraud Hagen, 2., durchges. Aufl., Weinheim 1983, S. 163, Nr. 320, sowie Quellen und Zeugnisse zur Druckgeschichte von Goethes Werken, hrsg. vom Zentralinstitut für Literaturgeschichte der Akademie der Wissenschaften der DDR, Teil 4: Die Einzeldrucke, Bearbeiter des Bandes: Inge Jensen, Berlin 1984, S. 466f., Nr. 1795 (Brief von Goethe an Cotta vom 20. November 1825, in dem er sich über die ihm in Weimar zufällig zu Gesicht gekommene Ausgabe informiert), s. zu diesem Druck auch ebd., S. 462–468, Nr. 1779f., 1782, 1789 und 1796f. – Spätestens seit der Bemerkung von Julius Petersen, Die Wissenschaft von der Dichtung. System und Methodenlehre der Literaturwissenschaft, Bd. 1: Werk und Dichter, Berlin 1939, S. 90, »Lied« sei zu Goethes Lebzeiten »nur in einer Einzelausgabe des Jahres 1816 ⟨...⟩ eingesetzt« worden, findet sich diese of-

ches ist der richtige Text dieser Stelle? Das Kardinalproblem dieses Falles ist nämlich, dass beide Lesungen in Hinblick auf den Kontext sinnvoll sind, durch keine wird der Text sinnlos. Für die Lesung

---

fensichtlich irrtümliche Angabe mehrfach. Von Petersen ist sie über Erich Trunz, den Herausgeber der zweiten, postumen Ausgabe von Petersens Buch (Julius Petersen, Die Wissenschaft von der Dichtung. System und Methodenlehre der Literaturwissenschaft, 2. Aufl. Mit Beiträgen aus dem Nachlaß hrsg. von Erich Trunz, Berlin 1944, die Stelle dort S. 91), in die von Trunz herausgegebene Hamburger Ausgabe gelangt und bis heute dort verblieben (Goethes Werke. Hamburger Ausgabe in 14 Bänden, Bd. 3: Dramatische Dichtungen I. Textkritisch durchgesehen und mit Anmerkungen versehen von Erich Trunz, 1. Aufl., Hamburg 1949, S. 492; siehe noch Goethes Werke. Hamburger Ausgabe in 14 Bänden, hrsg. von E. T., Bd. 3: Dramatische Dichtungen I. Textkritisch durchges. und kommentiert von E. T., 16., überarbeitete Aufl. München 1996/98, S. 506). Aus der Hamburger Ausgabe ist sie dann 1962 per Zitat von Ernst Grumach übernommen, aber im Folgenden nicht erörtert worden (Ernst Grumach, Zueignung V. 21–24, in: Goethe. Neue Folge des Jahrbuchs der Goethe-Gesellschaft 24 [1962], S. 288–290, hier: S. 288). Noch die neue historisch-kritische Ausgabe der Tagebücher wiederholt diese Angabe in ihrem Kommentar zu dem im Tagebuch 1809 angelegten Druckfehlerverzeichnis zur ersten Cottaischen Gesamtausgabe mit einem Verweis auf Grumachs Miszelle von 1962 (Goethe, Tagebücher, Historisch-kritische Ausgabe, a. a. O. [Anm. 5], Bd. IV,2: 1809 bis 1812. Kommentar, hrsg. von Edith Zehm, Sebastian Mangold und Ariane Ludwig, Stuttgart/Weimar 2008, S. 882). Selbst Albrecht Schöne gibt in seiner ›Faust‹-Ausgabe innerhalb der Frankfurter Ausgabe 1994 (Johann Wolfgang Goethe, Sämtliche Werke. Briefe, Tagebücher und Gespräche, 40 Bde., hrsg. von Friedmar Apel [u. a.], I. Abt., Bd. 7,2: Faust. Kommentare. Von Albrecht Schöne, Frankfurt am Main 1994 [Bibliothek deutscher Klassiker 114], S. 154; ebenso auch in deren als Einzelausgabe erschienener 6., revidierten Aufl. 2005 [Deutscher Klassiker Verlag im Taschenbuch 1]) an, dass von den Drucken zu Goethes Lebzeiten »nur der von 1816 und einer von 1825« die Schreibung »Lied« bieten würden und verweist auf die Nr. 315 und 320 in Hagen 1983 (s.o). Die Angabe zur Ausgabe von 1816 scheint jedoch über den in anderem Zusammenhang an dieser Stelle bei Schöne ebenfalls zitierten Grumach oder direkt über die Hamburger Ausgabe in die Frankfurter Ausgabe gelangt zu sein, da Hagen zu einer etwaigen Lesung »Lied« in der Ausgabe von 1816 gar nichts sagt; auch die Bemerkung zum Druck von 1825 bei Schöne ist nicht ganz korrekt, da sich »Lied« – wie Hagen nachweist – nur in einem Doppeldruck, nicht dagegen im ursprünglichen Druck von 1825 findet. Den Druck von 1816 klassifiziert Hagen 1983, S. 162, Nr. 315 als einen Einzeldruck, der aus dem umbrochenen Satz für den ›Faust‹-Band der Werkausgabe B von 1817 stammt und mehrere Presskorrekturen enthält. Erich Schmidt hatte im ›Faust I‹-Band in der Weimarer Ausgabe (Goethe, Weimarer Ausgabe, a. a. O. [Anm. 4], Abth. I, Bd. 14, 1887, S. 251) die Abhängigkeit des Druckes 1825 (Sigle dort: E^4) über einen weiteren 1821 (Sigle dort: E^3) von demjenigen von 1816 (Sigle dort: E^2) angezeigt und auch ebd., S. 254 angege-

»Lied« spricht die zweifache Erwähnung des ›Liedes‹ in den Folgeversen: Vers 23: »Und was sich sonst an meinem Lied erfreuet«; Vers 28: »Mein lispelnd Lied, der Äolsharfe gleich«.[7] Offensichtlich ist in dieser Reihe immer wieder vom gleichen Sachverhalt die Rede. Andererseits lässt der Ko-Text von Vers 21 gerade auch die Lesung »Leid« sinnvoll erscheinen, denn in den direkt davorstehenden Versen werden Verlusterfahrungen thematisiert (Vers 13–20):

> Der Schmerz wird neu, es wiederholt die Klage
> Des Lebens labyrinthisch irren Lauf,
> Und nennt die Guten, die, um schöne Stunden
> Vom Glück getäuscht, vor mir hinweggeschwunden.
>
> Sie hören nicht die folgenden Gesänge,
> Die Seelen, denen ich die ersten sang;
> Zerstoben ist das freundliche Gedränge,
> Verklungen ach! der erste Widerklang.[8]

Der interpretative Einbezug des Ko-Textes kann also offensichtlich keine sichere Lösung des Falles herbeiführen.

Ernst Grumach, der Mitherausgeber der ›Faust I‹-Textbände in der Akademie-Ausgabe 1958, hat auch gar nicht interpretatorisch, sondern mit Rekurs auf den Entstehungs- und Überlieferungsprozess des Textes argumentiert. Daher kann er in einer Miszelle von 1962 mit gutem Grund anführen, dass die Fehler-Korrektur in den der Erstausgabe nachfolgenden Ausgaben deshalb nicht erfolgte,

---

ben, dass »Lied« in den Drucken zu Goethes Lebzeiten nur »in einem Theil der Exemplare E⁴« zu finden ist; vgl. auch ebd., S. 252 in der Bemerkung zur postumen Ausgabe mit der Sigle Q. Das entspricht exakt der Verzeichnung bei Hagen 1983. Entsprechend weist das für die vorliegenden Überlegungen neu überprüfte Exemplar des Druckes von 1816 in der Bibliothek der Deutschen Literatur. Microfiche-Gesamtausgabe nach den Angaben des Taschengoedeke. Eine Edition der Kulturstiftung der Länder, München 1990ff., Microfiche-Nr. 11613/288 an dieser Stelle »Leid« auf (Faust. Eine Tragödie von Goethe, Stuttgart und Tübingen, in der J.G. Cotta'schen Buchhandlung. 1816, S. 6). Der Irrtum bei Petersen mag über eine Verwechslung der Siglen E^2 und E^4 zustande gekommen sein, wobei unterstützend gewirkt haben kann, dass Schmidt in der Weimarer Ausgabe den Drucken E^3 und E^4 keine eigene bibliografische Angabe gewidmet hat, sondern sie S. 251 nur in knapper Erwähnung auf den dort vollständig verzeichneten Druck von 1816 (E^2) zurückführt.

[7] Goethe, Weimarer Ausgabe, a.a.O. (Anm. 4), Abth. I, Bd. 14, S. 6.

[8] Ebd., S. 5.

weil der Fehlervermerk an abgelegener Stelle, nämlich in Goethes Tagebuch, über die Jahre vergessen worden sei. Er kommt daher zu dem Schluss: »In summa: in V. 21 muß ›Lied‹ gelesen werden.«[9] Entsprechend hat er auch bei der Textkonstitution von ›Faust I‹ in den Bänden der Akademie-Ausgabe, deren Textgrundlage der Erstdruck von 1808 ist, an dieser Stelle »Lied« eingesetzt.[10] Grumachs Entscheidung überzeugt zwar für den Erstdruck 1808, für die folgenden von Goethe veranstalteten und Korrektur gelesenen Ausgaben lässt sich die Lesung »Lied« allerdings nicht so einfach behaupten, wie Grumach es pauschalisierend – »⟨i⟩n summa« – tut. Denn ob Goethe die Schreibung »Leid« bei der Herstellung der folgenden Ausgaben, also insbesondere für die Werkausgabe B 1815 bis 1819 und die Werkausgabe C, also die von Goethe selbst ›Ausgabe letzter Hand‹ betitelte von 1827–1830, nicht doch akzeptierte oder ob er die Schreibung einfach nur übersah, lässt sich aufgrund mangelnder Zeugnisse nicht eruieren.

Interessanterweise verhalten sich nun die beiden großen neuen Studienausgaben dazu genau umgekehrt. Auf den dem ›Erstdruck‹ folgenden Druck in der Akademie-Ausgabe greift der ›Faust I‹-Text der Münchner Ausgabe von 1986 zurück, behält aber die Schreibung »Leid« gegen Goethes Korrigendum zum Erstdruck bei, folgt also der Emendation der Akademie-Ausgabe an dieser Stelle nicht und argumentiert im Kommentar mit Verweisen auf Parallelstellen, an denen »Leid« auch in anderen Texten Goethes in ähnlichem Zusammenhang verwendet wird.[11] Dagegen konstituiert die andere neuere Studienausgabe, die Frankfurter Ausgabe, ihren ›Faust I‹-Text 1994 nach der ›Ausgabe letzter Hand‹, setzt aber »Lied«,

---

[9] Grumach 1962, a. a. O. (Anm. 6), S. 290.

[10] Werke Goethes, hrsg. von der Deutschen Akademie der Wissenschaften zu Berlin unter Leitung von Ernst Grumach, Bd.: Faust. 2. Faust. Der Tragödie Erster Theil, Bearbeiter des Bandes: Ernst Grumach, Inge Jensen, Berlin 1958, S. 3. – Ebd., Ergänzungsband 3: Urfaust – Faust. Ein Fragment – Faust. Der Tragödie Erster Theil (Paralleldruck), Bearbeiter des Bandes: Ernst Grumach, Inge Jensen, Berlin 1958, S. 2.

[11] Johann Wolfgang Goethe, Sämtliche Werke nach Epochen seines Schaffens. Münchner Ausgabe, hrsg. von Karl Richter in Zusammenarbeit mit Herbert G. Göpfert, Norbert Miller und Gerhard Sauder, Bd. 6,1: Weimarer Klassik 1798–1806, 1, hrsg. von Victor Lange, München/Wien 1986, S. 535 und Kommentar S. 993–995, mit Verweis auf die Erstfassung der 2. ›Römischen Elegie‹ und auf ›Torquato Tasso‹.

das Korrigendum zum Erstdruck, mit den von Grumach vorgetragenen Argumenten in den Text.[12] Gleichfalls nach der ›Ausgabe‹ letzter Hand druckt die Ausgabe von Gaier 1999 und setzt ebenfalls »Lied« in ihren Text.[13]

Die jüngste ›Faust I‹-Ausgabe von Karl Heinrich Hucke aus dem Jahr 2008, als historisch-kritische angelegt, behält nun nach ihrer Textgrundlage, dem Druck von 1808, »Leid« im Text und versucht nachzuweisen, dass es sich bei »Leid« »niemals um einen Druckfehler gehandelt hat«.[14] In dem bisher ausführlichsten Kommentar zu dieser Textstelle sammelt Hucke über acht Seiten Indizien und führt Vermutungen an, die nahelegen sollen, dass Riemer das Druckfehlerverzeichnis mit der Korrektur »Leid, lies: Lied«[15] allein und ohne Mitarbeit Goethes hergestellt habe.[16] Daher stellt Hucke fest: »Nur für Riemer war es zunächst ein ›Druckfehler‹«.[17] Doch muss Hucke für Riemer quasi ein Gehilfen-Syndrom mit Ich-Verlust annehmen, um anführen zu können, dass sich Riemer als Goethes Helfer vollständig in dessen Rolle versetzt habe, als er ohne Goethes Mittun

---

[12] Goethe, Frankfurter Ausgabe, a.a.O. (Anm. 6), I. Abt., Bd. 7,1: Faust. Texte, hrsg. von Albrecht Schöne, Frankfurt am Main 1994 (Bibliothek deutscher Klassiker 114), S. 11; Bd. 7,2, S. 90 und 154; der Textgrundlagenwechsel von der Taschenausgabe der ›Ausgabe letzter Hand‹ zur Satzvorlage der Taschenausgabe seit der 4., überarbeiteten Aufl. 1999, so dann auch in den überarbeiteten Neuauflagen (zuletzt 6., revidierte Aufl. 2005 [Deutscher Klassiker Verlag im Taschenbuch 1]).

[13] Johann Wolfgang Goethe, Faust-Dichtungen, Bd. 1: Texte, hrsg. von Ulrich Gaier, Stuttgart 1999, S. 11 und 682; Bd. 2: Kommentar I. Von Ulrich Gaier, Stuttgart 1999, S. 21.

[14] Goethe, Faust. Eine Tragödie. ⟨1808⟩. Historisch-kritisch ediert und kommentiert von Karl Heinrich Hucke, Münster 2008, S. 9 (Text) und 204 (Kommentar).

[15] Siehe Anm. 5.

[16] Goethe, Faust I, Hrsg. Hucke, a.a.O. (Anm. 14), S. 202: »Goethe hat Riemer, wahrscheinlich auf dessen Anraten für Revisionen bei zukünftigen Ausgaben, den Auftrag gegeben, er solle die ›Druckfehler‹ seiner (!), also ›meiner Werke in der Cottaischen Ausgabe‹ auflisten. Daß dann ›das Verzeichnis von Goethe bzw. von ihm zusammen mit Riemer angelegt und von Riemer nur niedergeschrieben‹ worden sei ([Grumach 1962, a.a.O., Anm. 6,] S. 288f.), wäre die Ausnahme und widerspräche Goethes Arbeitsstil grundlegend, zumal die Ausgabe (außer Band 13) erschienen war und eine neue in weiter Ferne. Den Auftrag hat Riemer bekommen, wie er viele solcher Aufträge bekam. Dafür hatte ihn Goethe angestellt, weil er sich selber nicht um diese Lästigkeiten kümmern mochte.«

[17] Goethe, Faust I, Hrsg. Hucke, a.a.O. (Anm. 14), S. 203.

die Überschrift »Druckfehler meiner Werke«,[18] also mit dem Possessivpronomen der ersten Person Singular, über das Druckfehlerverzeichnis geschrieben habe.[19] Schon dass das Druckfehlerverzeichnis auf den letzten unbedruckten Seiten jenes Exemplars des ›Gothaischen verbesserten Schreib-Calenders‹ für 1809 eingetragen ist, das Goethe für die Tagebucheintragungen nutzte und in dem Einträge von Riemers Hand aufgrund eines Diktates durch Goethe die Regel sind, lässt Huckes Argumentation, Riemers Niederschrift sei ohne Goethes Autorisation zustande gekommen, eher spekulativ erscheinen. Zudem spricht ein unhintergehbares materiales Argument gegen die Annahme der fehlenden Autorisation des Verzeichnisses durch Goethe: Der Eintrag zu einem Druckfehler im neunten Band der ersten Cottaischen Gesamtausgabe, der auf der den Einträgen zum achten Band mit der »Leid« / »Lied«-Stelle folgenden Seite steht, ist von Goethes eigener Hand erfolgt.[20]

Nahezu paradigmatisch für den bisherigen Umgang mit dieser Textstelle ist dagegen das Verfahren der lange Zeit wirkungsmächtigsten Studienausgabe Goethe'scher Werke, nämlich der Hamburger Ausgabe. Die erste Auflage des von Erich Trunz herausgegebenen ›Faust‹-Bandes von 1949 bietet in V. 21 »Leid«. Der Kommentar beschreibt die allgemeine Überlieferungslage, ohne eine Begrün-

---

[18] Siehe Anm. 5.

[19] Goethe, Faust I, Hrsg. Hucke, a. a. O. (Anm. 14), S. 203: »Riemer, wie auch später Eckermann, verstehen sich als verlängerter Arm Goethes, der kongenial ausführt, was der Meister denkt – und wie er denkt. Sie haben kein Ego. ⟨...⟩ Und die ›Druckfehler‹, auf wessen Vorschlag auch immer gesucht und gefunden, sind die ›Druckfehler‹ seiner (!) ›Werke‹, also in der Perspektive Riemers ›meiner Werke‹, also von Goethes Werken. Wenn Riemer einen Auftrag ausführt, scheint es, als ob Goethe es selber getan hätte. Als historische Person verschwindet Riemer in diesem ›Auftrag‹, auch wenn er ihn sich selber erteilt hat. In Goethes Tagebuch kann gar nichts anderes stehen als ›Druckfehler meiner Werke‹. Daß aber Riemer ›Leid: lies Lied‹ notiert, hat vielleicht (?) dann damit zu tun, daß der ›verlängerte Arm‹, das Faktotum, der Famulus, wie Wagner im Faust einer ist, auch nur in seinem Horizont antizipieren kann, was der Meister wohl an seiner Stelle gemacht hätte, wenn er es selber machte. Für die ›Druckfehler‹ seiner (!) ›Werke‹ war Riemer zuständig – und die durfte er auch notieren, freilich ohne als Autorität, gar Individualität in Erscheinung zu treten.«

[20] Vgl. Goethe, Tagebücher, Historisch-kritische Ausgabe, a. a. O. (Anm. 5), Bd. IV,1, S. 101, Anm. zu Zeile 30; die gleiche Angabe auch schon in Goethe, Weimarer Ausgabe, a. a. O. (Anm. 4), Abth. III, Bd. 4, S. 375, Anm. 1.

dung für diese Entscheidung zu geben.[21] Bis zur 6. Auflage 1962 ändert sich nichts,[22] doch mit der 7. Auflage von 1964 heißt es nicht mehr »Leid«, sondern nun »Lied«. Wieder enthält die zugehörige Erläuterung eine Beschreibung der Überlieferungssituation, nennt jedoch gleichfalls keine Begründung für den nun anders lautenden Text. Allerdings findet sich am Ende der Erläuterung nun ein Literaturhinweis auf den genannten Aufsatz Grumachs von 1962, ohne dass er sprechend gemacht würde.[23] Ganz offensichtlich aber ist dieser Aufsatz mit seiner dezidierten Entscheidung für die bis in die neuesten Auflagen erhalten gebliebene[24] textkritische Änderung dieser Stelle in der Hamburger Ausgabe gegenüber deren 1. bis 6. Auflage verantwortlich. Die besondere textkritische Problematik der Stelle wird somit in nuce im Verfahren der Hamburger Ausgabe sichtbar, die ohne eine Neugewichtung der Überlieferungsbeschreibung im Kommentar umstandslos von »Leid« zu »Lied« wechseln kann.

Warum sich Trunz in der 1. bis 6. Auflage seines ›Faust‹-Bandes für die Lesung »Leid« entschieden hatte, lässt sich aus der Literaturangabe im Kommentar zu Vers 21 erschließen. Es handelt sich nämlich um einen Verweis auf die Seite 90 in Julius Petersens Buch ›Die Wissenschaft von der Dichtkunst‹ von 1939. Dort hatte Petersen für die Erörterung textkritischer Verfahren den »Leid« / »Lied«-Fall als Beispiel herangezogen und abschließend formuliert: »es kann kein Zweifel sein, daß das Wort ›Leid‹ viel mehr persönlichen Lebensgehalt gerade in bezug auf das Selbstbekenntnis der ›Zueignung‹ offenbart als das banalere ›Lied‹, so daß ihm der Vorzug zu geben ist. Hier also ist ein Beispiel, wie das tiefere Verstehen und die Sinnesdeutung bei der Textkritik mitzusprechen haben«.[25] Schon für die

---

[21] Goethe, Hamburger Ausgabe, a. a. O. (Anm. 6), Bd. 3, 1. Aufl., Hamburg 1949, S. 9 und 492.

[22] Vgl. Goethe, Hamburger Ausgabe, a. a. O. (Anm. 6), Bd. 3, 6. Aufl., Hamburg 1962, S. 9 und 492.

[23] Goethe, Hamburger Ausgabe, a. a. O. (Anm. 6), Bd. 3, 7. Aufl., Hamburg 1964, S. 9 und 495.

[24] Vgl. Goethe, Hamburger Ausgabe, a. a. O. (Anm. 6), Bd. 3, 16., überarb. Aufl. 1996/98, S. 9 und 506.

[25] Petersen 1939, a. a. O. (Anm. 6), S. 90. – Als »trivialisirend« hatte schon Erich Schmidt »Lied« charakterisiert; Goethe, Weimarer Ausgabe, a. a. O. (Anm. 4), Abth.

Hamburger Ausgabe selbst hat dieser Literaturverweis als textkritische Maßgabe nur bis zu Grumachs ›In-summa‹-Anweisung zugunsten von »Lied« gehalten. Zwar hat Trunz dann ab der 7. Auflage in Grumachs Sinne geändert, jedoch den Verweis auf Petersen neben dem neu hinzugesetzten auf Grumach dennoch stehen lassen.

Die Indifferenz, die sich in den Literaturverweisen des Kommentars zu dieser Stelle in der Hamburger Ausgabe ausdrückt, findet sich in der grundsätzlichen Maxime der interpretativen Entscheidung von textkritischen Problemfällen wieder, wie sie der von Trunz zitierte Petersen vertreten hatte. Petersen sah gerade den »persönlichen Lebensgehalt« der ›Zueignung‹ nur in der Lesung »Leid« wiedergegeben und meinte daran die Wichtigkeit der Interpretation für die textkritische Entscheidung zeigen zu können.[26] Albrecht Schöne hat in seinem ›Faust‹-Band der Frankfurter Ausgabe 1994 nun die gegenteilige Entscheidung, nämlich für »Lied« statt »Leid«, getroffen und gleichfalls eine interpretative Begründung angeführt, die sich wie diejenige Petersens auf die Identität von Sprecher-Ich und Autor in der ›Zueignung‹ gründet: »In Erinnerung an seine frühen Lesungen aus dem Drama 〈...〉 mochte Goethe ›die folgenden Gesänge‹ der Dichtung hier durchaus als ›Mein Lied‹ bezeichnen. Hingegen hätte er vom ›Faust‹ wohl nicht gut sagen können, daß da sein (eigenes) ›Leid‹ ertöne.«[27]

Wenn schon die beiden neuesten großen Studienausgaben, die Münchner und die Frankfurter Ausgabe, einander widersprechende Lesungen anbieten und zudem jeweils noch gegen die eigene Textgrundlage argumentieren, des Weiteren die Hamburger Ausgabe ohne Begründung eine neue Lesung einführen und dabei die zu-

---

I, Bd. 14, S. 254. – Ein knapper Überblick über den Umgang mit dieser Stelle in der älteren Forschung bei H〈ermann〉 G〈eorg〉 Fiedler, Textual Studies of Goethe's Faust. With Two Illustrations and a Map, Oxford 1946, S. 24 (freundlicher Hinweis von Dietmar Pravida); dort auch der Verweis auf Düntzers Bewertung von Schmidts Verfahren: Düntzer sieht in ihm die Fortschreibung einer »Entstellung des Textes«, eines »unsinnigen Druckfehler〈s〉«; Goethes Faust. Erster Theil. Erläutert von Heinrich Düntzer, 5., neu bearb. Aufl., Leipzig 1889 (Erläuterungen zu den Deutschen Klassikern. Abth. 1, Bd. 12), S. 61, Anm. *** von S. 60.

[26] Siehe Anm. 25.

[27] Goethe, Frankfurter Ausgabe, a. a. O. (Anm. 6), I. Abt., Bd. 7,2, S. 154; ebenso in der 6., revidierten Aufl. 2005, a. a. O. (Anm. 6).

gehörige Erläuterung inhaltlich unverändert stehen lassen kann, scheint das Dilemma offen zutage zu liegen. Und ganz offensichtlich führen die je andersartigen interpretativen Argumente, die in die Waagschale geworfen wurden, zu keinem sicheren Schluss. M. E. ließe sich aber eine relativ einfache Lösung des Falles finden. Dieser Ansatz berücksichtigt interpretativ gewonnene Argumente gerade nicht bzw. nur insoweit, als dass sie die Erkenntnis bieten, keine textkritische Lösung herbeiführen zu können, weil sie keine der beiden möglichen Lesungen, »Lied« oder »Leid«, falsifizieren können. Statt der Interpretation berücksichtigt dieser Ansatz den Entstehungs- und Überlieferungsprozess, wie auch schon Grumach es für seine Argumentation tat, jedoch ohne in ungesicherte und spekulative Erörterungen wie bei Hucke zu verfallen. Darüber hinaus ist nun aber die editionswissenschaftliche Grunderkenntnis, dass Texte neuerer Autoren in Fassungen überliefert sind, einzubeziehen. Daraus ergibt sich folgende Sicht auf den Fall: Der Text von 1808, der Erstdruck, enthält eine Korruptele, die durch Goethes eigenes Druckfehlerverzeichnis zu beheben ist. Der Text des Erstdrucks lautet an der fraglichen Stelle also richtig »Lied«. Der Text der späteren Ausgaben, den Goethe erneut durchgesehen hat und in dem er nun »Leid« stehen ließ, ist dagegen als eine (je) andere Fassung zu verstehen, bei der ein editorischer Eingriff an dieser Stelle einer bloßen Vermutung unterliegen würde, sodass hier »Leid« erhalten bleiben muss. Aus dieser Perspektive hätten also z. B. die beiden neueren Studienausgaben, die Münchner und die Frankfurter Ausgabe, sowie die historisch-kritische Ausgabe des ›Faust I‹ von Hucke jeweils genau umgekehrt entscheiden sollen.

Zu erinnern ist an eine Textfehler-Definition von Hans Zeller aus dem Jahre 1975, die noch immer als sehr hilfreich angesehen werden kann. Zeller stellt dort fest, dass ein Textfehler durch zwei Kriterien nachzuweisen sei:

> 1. durch eine Analyse der physischen Überlieferungsbedingungen (technisch-analytisches oder überlieferungstechnisches Kriterium) und 2. durch eine sprachlich-inhaltliche Analyse der Stelle in ihrem jeweiligen individuellen Kontext (textanalytisches Kriterium). Bedingung für das 2. Kriterium ist, daß die fragliche Lesung der feststellbaren Struktur (der textspezifischen Logik) widerspricht; bis zum 19. Jahrhundert kann man die Bedingung auch so formulieren: Kriterium

> ist, daß die fragliche Lesung im Zusammenhang ihres weiteren Kontextes keinen Sinn zuläßt. 〈...〉 Dieses Kriterium beruht also auf der Rezeption der Stelle in ihrem Kontext durch den betr. Herausgeber, nämlich darauf, ob er das Element als systemfremd oder systemzugehörig erkennt. Das subjektive Urteil des Herausgebers als letzte Instanz kommt auch hier zu seinem Recht 〈...〉. Weil dieses 2. Kriterium den sozusagen heimtückischen Fall des sinnverändernden sinnvollen Fehlers nicht erfassen kann, soll es nur in Verbindung mit dem 1. Kriterium gelten, und wenn sich beide Kriterien widersprechen, so genügt das 1. Kriterium allein, wenn es einen ganz sicheren Schluß erlaubt, d. h. eine Stelle gilt als fehlerhaft (als nicht autorisiert), wenn der technisch-analytische Nachweis völlig eindeutig ist.[28]

Mir scheint, dass das Zeller'sche Verfahren mit meinem obigen Vorschlag für eine Auflösung des textkritischen Problems der in Rede stehenden ›Faust‹-Stelle konform geht. In Hinblick auf die Frage, die diesem Beitrag – in Aufnahme von Petersens und Schönes Kommentar – den Titel gab: »›Leid‹ oder ›Lied‹ oder was ist Goethes ›Faust‹?«, bleibt nur die der Geschichtlichkeit der Texte als historischer Fassungen angemessene Antwort: Es kommt darauf an, nämlich ob man von der Fassung des Erstdrucks oder der der ›Ausgabe letzter Hand‹ redet – und dann natürlich auf die Einschätzung, wer überhaupt in der ›Zueignung‹ spricht: Goethe, ein lyrisches Ich, ein dramatischer Rahmenerzähler oder wie auch immer. Aber da beginnt dann wieder die Interpretation. Für die Frage der Textkritik sollte sie jedoch weitestmöglich zurücktreten. Auch wenn der Editor ohne jeden Zweifel bei seiner Tätigkeit schon interpretativen Vorannahmen unterliegt, also sich durchaus schon innerhalb des hermeneutischen Zirkels oder besser der hermeneutischen Spirale befindet, sollte der Interpretationsanteil an der editorischen Tätigkeit jeweils genau reflektiert werden. Für den Bereich der neugermanistischen Textkritik, für Emendation und Konjektur, sollte dieser Anteil eher klein sein, zumindest nicht ohne Beziehung zu den Ergebnissen stehen, die die technisch-analytische Untersuchung des Entstehungs- und Überlieferungsprozesses zur Verfügung

[28] Hans Zeller, Struktur und Genese in der Editorik. Zur germanistischen und anglistischen Editionsforschung, in: Zeitschrift für Literaturwissenschaft und Linguistik 5 (1975), H. 19/20: Edition und Wirkung, hrsg. von Wolfgang Haubrichs, S. 105–126, hier: S. 118 f.

stellt. Im Sinne Hans Zellers kann also gelten: »Allen Ernstes ist daher dem kritischen Herausgeber zu empfehlen, ›Fehler‹ (d. h. jene indifferenten, bloß verdächtigen Fälle) lieber stehen zu lassen als sie zu beseitigen.«[29] Dem entspricht die sich seit den letzten 40 Jahren zunehmend durchsetzende Tendenz in der neugermanistischen Editionswissenschaft in Hinblick auf problematische Textbefunde: im Zweifelsfall eher Dokumentation als Interpretation.

[29] Ebd., S. 122.

THEODOR VERWEYEN

»EIN ZEITALTER WIRD BESICHTIGT«

Goethes ›Wahlverwandtschaften‹ als Zeit- und Gegenwartsroman*

Wolfgang Preisendanz zum Gedächtnis

I. Teil

Nach frühen Erwähnungen erster Konzepte, Schematisierungen und Diktate seit dem 11. April 1808, die den ursprünglichen Plan einer Novelle für ›Wilhelm Meisters Wanderjahre‹ offenbar schon weit hinter sich ließen,[1] verdichteten sich vom 26. Mai 1809 an die Hinweise auf eine zügige Abfassung der ›Wahlverwandtschaften‹ in Jena.[2] Um den 15. September war dann der erste Band gedruckt; bereits am 4. September hatte der Dichter eine Selbstanzeige in das Cottasche ›Morgenblatt für gebildete Stände‹ über den Roman als »vorläufige Nachricht« einrücken lassen; am 9. Oktober hielt er ein

* Dem Vortrag am 9. Februar 2009 vor der Ortsvereinigung Freiburg i. Br. der Goethe-Gesellschaft Weimar in Verbindung mit dem Studium generale und dem Deutschen Seminar II liegt der Text eines Vortrages zugrunde, zu dem ich in der Universität Erlangen-Nürnberg im November 1979 eingeladen worden bin. Dieser Text ist in seinem Vorspann aktualisiert, in seinem ersten Hauptteil jedoch weitgehend erhalten geblieben und erst in seinem zweiten Hauptteil erheblich erweitert worden. Anmerkungen ergänzen den Vortragstext und seine Erweiterung. Nach der Lektüre einer Unzahl von Forschungsarbeiten nach 1979, die im Folgenden dokumentiert sind, musste ich feststellen, dass die vor dreißig Jahren entwickelte und in einem ›Wahlverwandtschaften‹-Seminar geprüfte Fragestellung weiterhin aktuell ist. Deswegen habe ich mich für eine Publikation entschieden. Die Vortragsform der kürzeren Freiburger Fassung ist beibehalten.

[1] Vgl. ›Die Wahlverwandtschaften‹. Eine Dokumentation der Wirkung von Goethes Roman 1808–1832, hrsg. von Heinz Härtl, Weinheim 1983, S. 29 (Nr. 1–3 und passim).

[2] Ebd., S. 39f. (Nr. 66–72 und passim).

vollständiges Exemplar in Händen;[3] bald nach Michaelis, nach dem 29. September, brachte Cotta den Roman auch auf den Markt – keinen Ladenhüter, sondern ein in der literarischen Öffentlichkeit fiebrig erwartetes Ereignis.

Im Herbst dieses Jahres 2009 wird der Roman also 200 Jahre alt sein. Ein akademisches Wort des Gedenkens scheint da wohl angemessen. Wie aber sollte des Ereignisses gedacht werden? Ein paar Vorbemerkungen.

Vorbemerkungen

1. Im Grunde legt der 200. Geburtstag eines solchen Romans eine Rezeptionsgeschichte nahe: eine Skizze der Aufnahme, der Würdigung und der Kritik, freilich ebenso des zeitweiligen Vergessens so gut wie seiner produktiven, wenn auch eher unterschwellig verlaufenden Rezeption etwa von L. Achim von Arnims ›Gräfin Dolores‹ bis zu Thomas Manns ›Lotte in Weimar‹. Eine derartige Skizze könnte von dem Anliegen geleitet sein, die Lebens- und Überlebensfähigkeit eines Romans zu zeigen. Beispielsweise gegen alle »Kunst ist tot«-Erklärungen seit Hegels nachhaltigem Satz vom »Ende der Kunst« in seiner ›Ästhetik‹ bis zu H. M. Enzensbergers Relevanz-Verdikt über die literarische Kunst im November-Heft des ›Kursbuches‹ von 1968, dem Jahr der intellektuellen Revolte. Defizite jener Kunst und Literatur problematisierenden Reflexe würde ein rezeptionskritischer Diskurs der Geschichte der ›Wahlverwandtschaften‹ durchaus aufzeigen können, ausführbar indes erscheint er der Fülle der – im Übrigen faszinierenden – Zeugnisse[4] wegen in diesem Rahmen schwerlich.

2. Es hätte auch nahe liegen können, eine Forschungsgeschichte zu den ›Wahlverwandtschaften‹ zu skizzieren – dies beispielsweise in der Absicht, am Einzelfall die wieder und wieder auflebende Frage zu reflektieren, ›was denn die Geisteswissenschaften betreiben

---

[3] Ebd., S. 50f. (Nr. 138) bzw. S. 62 (Nr. 196).

[4] Ebd., sowie die Beschreibungen der Aufnahme der ›Wahlverwandtschaften‹ bei den zeitgenössischen Lesern und Leserinnen von Heinz Härtl, ›Die Wahlverwandtschaften‹ und ihre zeitgenössischen Leser, in: Weimarer Beiträge 29 (1983), H. 9, S. 1574–1603.

und vermitteln‹. Der Versuch jedoch, die Antwort eines bekannten Juristen,

> ⟨s⟩ie bewahren, erweitern und vermitteln je von neuem das Wissen über die eigene Sprache, Geschichte, Literatur und Kunst ⟨...⟩. Sie sind damit Grundlage für das Verständnis der Welt, in der man lebt ⟨...⟩,[5]

am Beispiel des Goetheschen Romans konkretisieren zu wollen, käme einer Versuchung gleich. Aus einem ziemlich triftigen Grund. Bereits in der Zeit zwischen 1990 bis 2007 wurden neben Neueditionen mit gewichtigen Kommentaren, neben Sammelwerken und Buch-Kapiteln sowie Lexikon-Artikeln allein den ›Wahlverwandtschaften‹ gewidmet: über 40 Monographien in- und ausländischer Herkunft sowie rund 160 Aufsätze. Insofern lässt sich eine Skizze der Forschungsgeschichte, die nicht großspurig simplifizieren, aber auch nicht von ermüdender Detailgerechtigkeit sein will, im Rahmen eines Vortrages nicht verwirklichen. Daher soll der Roman selber im Mittelpunkt des Beitrages stehen.[6]

3. Eine letzte und etwas längere Vorbemerkung. Es scheint mir nur fair zu sein, anzudeuten, welchem Verständnis von Literatur in

---

[5] Vgl. Ernst-Wolfgang Böckenförde, Die Bedeutung der Geisteswissenschaften im politischen Leben, in: Wozu Geisteswissenschaften? Kontroverse Argumente für eine überfällige Debatte, hrsg. von Florian Keisinger und Steffen Seischab, Frankfurt am Main/New York 2003, S. 48–50, hier: S. 48.

[6] Der Obertitel des Vortrages ist von Heinrich Mann geborgt. Darunter hat H. Mann in einem Großessay seine Beobachtungen und Erfahrungen im Asyl während der Nazi-Zeit niedergelegt. Die Wahl des Titels soll freilich nicht eine Vergleichbarkeit des Mannschen Essayismus und der Großepik Goethes insinuieren, wenngleich Umbrüche von epochaler Tragweite hier wie dort Thema sind. – Ich hätte in ungenauer Zitierweise zugleich auf Goethe anspielen können: ›Eine Epoche wird besichtigt‹. Fast 900-mal hat der Dichter, wie das ›Goethe-Wörterbuch‹ belegt, in seinem Œuvre den aus dem Griechischen eingebürgerten Ausdruck »Epoche« verwendet, darunter 7-mal in den ›Wahlverwandtschaften‹; vgl. Art. ›Epoche‹, in: Goethe-Wörterbuch, hrsg. von der Berlin-Brandenburgischen Akademie der Wissenschaften/Akademie der Wissenschaften in Göttingen/Heidelberger Akademie der Wissenschaften, Bd. 3, Stuttgart/Berlin/Köln 1998, Sp. 222–226. Wobei das Bedeutungsspektrum, das »Epoche« an Bruchstellen des Romangeschehens zugewiesen ist, hier nicht analysiert werden kann. An dem Mannschen Originaltitel habe ich festgehalten, um nicht dem naheliegenden Missverständnis Vorschub zu leisten, es sei im Zusammenhang mit der Zeitthematik des Romans etwa von der literaturgeschichtlichen Epoche der Klassik die Rede. Die Rede ist hier von »Zeitalter« im universalgeschichtlichen Sinn.

den folgenden Ausführungen der Vorzug gegeben wird und welche Konsequenzen damit verbunden sind. Im Anschluss an den amerikanischen Autor und Kritiker Robert Penn Warren gehe ich davon aus, dass Literatur als Kunst nicht nur über »structure of meanings«, sondern auch und in genuiner Weise über »meaning of structure« realisiert wird. Dieses apodiktische Wort über den eigenwilligen Komplexitätsgrad von Literatur hat mein verehrter Konstanzer Lehrer Wolfgang Preisendanz folgendermaßen erläutert:

> In einem wesentlich literarischen Text kann alles durch die Sprache Bedeutete (Personen, Handlungen, Meinungen, Vorgänge, Umstände, Dinge) ebenso wie die Komposition und wie die Sprachverwendung als solche zu einem Bedeutenden werden, dessen Bedeutung dann der Sinn des Textes ist.[7]

Einem solchen text- und werkzentrierten Verständnis liegt die Annahme zugrunde, dass »Form«, so würden hier literaturtheoretische und verwandte Parteigänger sagen, »Mittel der Erkenntnis«, dass Form »als Anschauungsinstrument« »zugleich das Erkenntnisinstrument« ist.[8]

Insofern liegt mir nicht sehr daran, die Werke vergangener Epochen, etwa auch der Klassik, aus ihrer »Gegenwartsferne erlösen« zu wollen und durch bewusste Aktualisierung in die gegenwärtigen Erfahrungen von und mit Literatur hereinzuholen – dies ist ja das Programm der Rezeptionsgeschichte und ihrer poststrukturalistischen Adaptionen unterschiedlichster Prägung. Dass ein aktualisierender Ansatz die Gefahr in sich birgt, »Geschichtlichkeit« als zentralen Terminus der Literaturgeschichtsschreibung verloren zu geben, deute ich hier nur an. Der Verlust besteht ja vor allem darin, überhaupt noch zu sehen und womöglich zu akzeptieren, dass eben

---

[7] Wolfgang Preisendanz, Heinrich Heine. Werkstrukturen und Epochenbezüge, München 1973 (= Uni-Taschenbücher 206), S. 70; Preisendanz bezieht sich auf die von Elizabeth M. Wilkinson überlieferte Bemerkung R. P. Warrens.

[8] Vgl. etwa Uwe Pörksen, Form als Mittel zur Erkenntnis. Über Goethes naturwissenschaftliche Sprache, in: ›Als das wissend die meister wol‹. Beiträge zur Darstellung und Vermittlung von Wissen in Fachliteratur und Dichtung des Mittelalters und der frühen Neuzeit. Walter Blank zum 65. Geburtstag, hrsg. von Martin Ehrenfeuchter und Thomas Ehlen, Frankfurt am Main (u.a.) 2000, S. 369–386, hier: S. 379, ebd. auch S. 385f.

nicht nur die Nähe zur eigenen Lebenspraxis, sondern auch Distanz und Fremdheit der Literatur, ihre Alterität, zum Inhalt eines verständigen, von neueren Literaturverständnissen und Methodendiskussionen abweichenden Literaturbegriffs gehören. Schlicht gesagt: Es kommt mir primär darauf an, den literarischen Text als spezifische Äußerung eines Autors in seinem historischen Kontext richtig zu verstehen.

In dem Bemühen um eine »Interpretatio authentica«, die übrigens in der Verständigung von Rezensenten mit dem Autor über seinen Roman eine wichtige Voraussetzung darstellte und darüber hinaus zu einer zentralen Kategorie der neuzeitlichen Hermeneutik avancierte, sehe ich mich durch Bemerkungen des Dichters selber, von denen hier zwei wiedergegeben seien, bestärkt. Zum einen also durch eine Bemerkung gegenüber Karl Friedrich von Reinhard am 31. Dezember 1809:

> Die ›Wahlverwandtschaften‹ schickte ich eigentlich als ein Circular an meine Freunde ‹...›. Ich weiß, zu wem ich eigentlich gesprochen habe, und wo ich nicht mißverstanden werde ‹...›. Mit dieser Überzeugung war auch Ihnen das Büchlein adressirt ‹...›.[9]

Und die zweite Bemerkung, die Goethe gegenüber Karl Friedrich Zelter schon am 26. August 1809 getan hat, lautet:

> Ich bin überzeugt, daß Sie der durchsichtige und undurchsichtige Schleyer nicht verhindern wird bis auf die eigentlich intentionirte Gestalt hineinzusehen.[10]

Geht demnach Goethe selber von der zwischen dem Autor und dem Leser seiner Zeit bestehenden Annahme aus, dass ›Missverstehen eines Werkes‹ ›angemessenes Verstehen‹ als Korrektiv geradewegs voraussetzt, so dürfte allerdings zuweilen die philologische Interpretation aktueller sein als gewisse Aktualisierungen. An einem illustrativen Beispiel sei das kurz gezeigt.

---

[9] Goethe an Karl Friedrich von Reinhard am 31.12.1809, nach: Härtl, Dokumentation, a.a.O. (Anm. 1), S. 100 (Nr. 289); vgl. dazu aus rezeptionsgeschichtlicher Sicht Härtl, Leser, a.a.O. (Anm. 4), S. 1584f.

[10] Goethe an Karl Friedrich Zelter am 26. 8. 1809, nach: Härtl, Dokumentation, a.a.O. (Anm. 1), S. 48 (Nr. 124).

Der Literaturkritiker Reinhard Baumgart hat in einem Essay, der 1979 im Rahmen der ZEIT-Serie zu einem literarischen Kanon-Vorschlag der ›100 Bücher‹ erschienen ist, über die ›Wahlverwandtschaften‹ behauptet: »Von Männer- und Frauenrollen, so könnte man heute sagen, handelt dieser Roman, von Männerphantasien, Frauenphantasien und ihrer mörderischen Unvereinbarkeit«.[11] Nun, das allzu vertraute Theweleitsche Vokabular kann nicht darüber hinwegtäuschen, dass der Essayist mit dieser ›Interpretationsthese‹ in einer ganz und gar traditionellen Auffassung der ›Wahlverwandtschaften‹ befangen ist. Diese ist nämlich, wie bereits 1975 Ewald Rösch kritisch resümiert hat, von einigen wenigen und wechselseitig sich bedingenden Rezeptionsmustern geprägt. Sie seien mit »Liebesroman«, »Eheroman« und »tragischer Roman« zu kennzeichnen und dominierten und bestimmen teilweise noch immer die Deutungsgeschichte[12] – von der zeitgenössischen Aufnahme um 1810 über Heinrich Theodor Rötschers wirkungsmächtiges Buch von 1838 bis zu Martin Lüdkes Aufsatz von 2007.[13]

---

[11] Reinhard Baumgart, Johann Wolfgang von Goethe: Die Wahlverwandtschaften, in: DIE ZEIT vom 19. 1. 1979, S. 38.

[12] Goethes Roman ›Die Wahlverwandtschaften‹, hrsg. von Ewald Rösch, Darmstadt 1975 (= Wege der Forschung 113), S. 19f. Rösch hat hier in seiner Einführung bereits darauf aufmerksam gemacht, dass »schon beim Erscheinen« der ›Wahlverwandtschaften‹ »in angesehenen Blättern und in aufgeregten Korrespondenzen« der Fixierungsprozess des Romans als eines »angeblich unsittlichen Romans« begann. Einiges davon ist im Kommentarteil der Ausgabe: Goethes Werke. Hamburger Ausgabe, hrsg. von Erich Trunz, Bd. 6, bearb. von Benno von Wiese, Hamburg [3]1958 ([1]1951), S. 620–653, hier: S. 627–653 (zitiert: HA 6) dokumentiert. Dabei wirkte, wie 1983 Heinz Härtl dann die von ihm in wünschenswerter Vollständigkeit zusammengestellte Dokumentation analysiert hat, im Hinblick auf die zeitgenössische Aufnahme des Romans das Anlegen »moralischer, veralteter ästhetischer und regressiver politischer Maßstäbe an das Kunstwerk desorientierend«; vgl. Härtl, Leser, a.a.O. (Anm. 4), S. 1589. Auch wenn diese Art der Desorientierung im 20. Jahrhundert nicht vorherrschend geblieben ist, hielt sich demgegenüber die einmal fixierte Trias der Rezeptionsmuster Liebes-, Ehe- und tragischer Roman zählebig (siehe Anm. 13).

[13] Vgl. die entsprechenden Zeugnisse um und nach 1810 in: Härtl, Dokumentation, a.a.O. (Anm. 1), z.B. S. 88 (Nr. 281) oder S. 111f. (Nr. 303); vgl. Heinrich Theodor Rötscher, Goethes Wahlverwandtschaften in ihrer weltgeschichtlichen Bedeutung, ihrem sittlichen und künstlerischen Werthe nach entwickelt, Berlin 1838 (= Abhandlungen zur Philosophie der Kunst, 2. Abt.); vgl. Martin Lüdke, Goethes ›Wahlverwandtschaften‹ – ein Gegenwartsroman? Zehn zarte Gedanken über die Aktualität der Naturgeschichte, in: Goethe. Neue Ansichten – Neue Einsichten,

Freilich, es könnte auf der Hand liegen, an markante Stellen des Romans selber oder an seine erzählte Welt, die Diegesis, zu erinnern – hier beispielsweise an Mittler mit seiner Forderung an die

---

hrsg. von Hans-Jörg Knobloch und Helmut Koopmann, Würzburg 2007, S. 123 bis 133.

Mit wirkungsgeschichtlich bedeutsamen Darstellungen nach Goethes Tod wie der von Rötscher, die von jenen Desorientierungen natürlich auch nicht frei ist, setzt die literaturgeschichtliche Tradition analytischer Auslegung ein; sie hebt sich zwar gegenüber den Polemiken aus den Kreisen teils des Jungen Deutschland teils des deutschen Vormärz (vgl. Bibliographie in: Rösch, Forschung, a.a.O., S. 487f.) deutlich ab (vgl. Rötscher, Goethes ›Wahlverwandtschaften‹, a.a.O.); aber zu Recht hat K. May gegen die Abhandlung vorgetragen, sie sei zu sehr »auf die Institution der Ehe, deren zentrale Bedeutung für den Zusammenhang mit einer nicht unbedenklichen Einseitigkeit behauptet wird«, abgestellt (vgl. Rötscher, a.a.O., S. VIIf., S. 16); sollte aber der Roman nur eine »Apotheose der Ehe« sein, falle »die ›Natur‹ ganz auf die Seite der Negation«; vgl. Kurt May, Die Wahlverwandtschaften als tragischer Roman, in: Jahrb. FDH 1936/40, S. 139–158, hier: S. 143. W. Benjamin hatte schon 1924/1925 behauptet: »Die Ehe kann in keinem Sinne Zentrum des Romans sein«, sie ist »im Geschehen nicht die Mitte ‹...›, sondern Mittel«, und urteilte zudem im Hinblick auf F. Gundolfs »Pathos« zum Ende Ottilies (vgl. Friedrich Gundolf, Goethe, Berlin 1916, S. 548–576), es sei »leeres Reden, ihre ›tragische Läuterung‹ zu rühmen. Untragischer kann nichts ersonnen werden als dieses trauervolle Ende«; vgl. Walter Benjamin, Goethes Wahlverwandtschaften, in: W. B., Illuminationen. Ausgewählte Schriften, hrsg. von Siegfried Unseld, Frankfurt am Main 1969, S. 70–147, hier: S. 135f. bzw. S. 122f. Von Benjamins Urteil wäre auch betroffen Dieter Borchmeyer, Goethes Annäherung an die Romantik. Das Spätwerk. Summe des Schaffens: Faust, in: Geschichte der deutschen Literatur vom 18. Jahrhundert bis zur Gegenwart, hrsg. von Viktor Žmegač, hier: Bd. I/2, Königstein/Ts. 1978, S. 178–215, hier: S. 198–201: Wollte man die ›Wahlverwandtschaften‹ als »Spezies des Ehe- und Gesellschaftsromans« sehen, sei demgegenüber das gesellschaftlich Mitvermittelte in der Privatgeschichte anzudeuten; in der Gestalt der Ottilie aber »wollte« Goethe »das aristokratische Ethos noch einmal in voller Gültigkeit zeigen«; sie gewinne in der Narration eine »Haltung, um die Goethe den Nimbus des Heiligen« lege. Trotz allem wurde an der Trias in unterschiedlicher Auslegungsrichtung festgehalten, wie etwa die Einleitung Benno von Wieses von 1951 in: HA 6, S. 658–662 belegt. Dafür einige Beispiele aus neuerer Zeit. In einer »Nachbemerkung« zu seinem Aufsatz von 1970 über »Liebe und Ehe in den ›Wahlverwandtschaften‹« distanziert sich E. Loeb ausdrücklich »auch von einer rein soziologisch motivierten Zukunftsvision ‹...›, die etwa die Verwirklichung der wahrhaft idealen Ehe an die ›Verheißung des gesellschaftlich-historischen Fortschritts‹ knüpfen möchte«; abgedruckt in: Rösch, Forschung, a.a.O. (Anm. 12), S. 416–437, hier: S. 437. Loebs Distanzierung erfolgt ausdrücklich im Hinblick auf die Grundthese des Buches von Hans Jürgen Geerdts, Goethes Roman ›Die Wahlverwandtschaften‹. Eine Analyse seiner künstlerischen Struktur, seiner historischen Bezogenheiten und seines Ideengehaltes, Weimar 1958.

»kleine Gesellschaft« zu einem Zeitpunkt, als für den Leser Ehebruch und Auflösung eben dieser »kleinen Gesellschaft« schon längst insinuiert waren:

Allerdings scheint E. Loebs Auffassung, dass der Roman »im existentiellen Sinne eben ein tragischer Roman« sei (ebd., S. 437) in einer anthropologische Konstanten zugrunde legenden Literaturbetrachtung fundiert zu sein. Denn so wird in ihr »Eduards und Ottiliens Liebe« »vergleichbar Tristan und Isoldes, Ophelias oder auch Peregrinas sündig-heimatloser Liebe« (ebd., S. 426). Sie rückt damit in die Nähe der die Komplexität des Romans reduzierenden Darstellung Herbert Antons von 1979, in der unter Anspielung auf »andere Liebespaare der Weltliteratur« wie Gottfrieds Tristan und Isolde ›Die Wahlverwandtschaften‹ als »der letzte bedeutende Roman« figuriert, »der Liebende im Tode vereint«; vgl. Herbert Anton, ›Mythische Schönheit‹ in Goethes ›Wahlverwandtschaften‹ und Fontanes ›Effi Briest‹, in: Mythos und Mythologie in der Literatur des 19. Jahrhunderts, hrsg. von Helmut Koopmann, Frankfurt am Main 1979 (= Studien zur Philosophie und Literatur des neunzehnten Jahrhunderts 36), S. 277–288, hier: S. 283. Ähnlich Joachim Müller, Goethes Roman ›Die Wahlverwandtschaften‹. Ehekonflikt und Liebestragik – Naturgesetz und Gesellschaftsmoral, in: Jahrbuch des Wiener Goethe-Vereins 80 (1976), S. 19–41, hier: S. 39: Eduards Nachsterben sei »ein poetischer Liebestod, der ebenso die romantische Todeslust eines Novalis wie den musikalischen Todesrausch von Wagners ›Tristan und Isolde‹ assoziiert«. Sehr problematisch Peter von Matt, Versuch, den Himmel auf der Erde einzurichten: der Absolutismus der Liebe in Goethes ›Wahlverwandtschaften‹, in: Über die Liebe. Ein Symposion, hrsg. von Heinrich Meier und Gerhard Neumann, München/Zürich 2001, S. 263–304. Schließlich Christine Lubkoll, Wahlverwandtschaft. Naturwissenschaft und Liebe in Goethes Eheroman, in: Gabriele Brandstetter (Hrsg.), Erzählen und Wissen. Paradigmen und Aporien ihrer Inszenierung in Goethes ›Wahlverwandtschaften‹, Freiburg i. Br. 2003 (= Rombach Wissenschaften: Reihe Litterae 96), S. 261–278; Lubkolls Beitrag endet mit der Bemerkung: es handle sich »vor allem um einen Roman über die Liebe, oder, um es nochmals mit Luhmann zu sagen: um einen Roman über die normalste ›Unwahrscheinlichkeit‹ der Welt.« Dass in Niklas Luhmanns Wort eine gewisse Nähe zu einer Äußerung Goethes sichtbar wird, obwohl diese alles andere als systemtheoretisch fundiert ist, sei am Rande notiert. »Fast alle Gesetze«, so Goethe im Gespräch mit dem Vertrauten Friedrich von Müller am 19. 10. 1823 über den »Glauben an persönliche Fortdauer«, »seien Synthesen des Unmöglichen, zum Beispiel das Institut der Ehe. Und doch sei es gut, daß dem so sei, es werde dadurch das Möglichste erstrebt, daß man das Unmögliche postuliere«; vgl. Goethes Gespräche. Eine Sammlung zeitgenössischer Berichte aus seinem Umgang, 4 Bde., hrsg. von Wolfgang Herwig, Zürich/Stuttgart 1965–1984, hier: Bd. 3/1: 1817–1825, S. 603.

Das Problem der Interpretation des mit der Mittler-Figur verknüpften Ehe-Motivs wird zweifellos dadurch verschärft, dass Goethe gegenüber dem Prämonstratenser Chorherrn Joseph Stanislaus Zauper am 7. 9. 1821 u. a. bemerkt: »›Wahlverwandtschaften‹. Der sehr einfache Text dieses weitläufigen Büchleins sind die Worte Christi: Wer ein Weib ansieht ihrer zu begehren pp. Ich weiß nicht, ob

Die Ehe ist der Anfang und der Gipfel aller Kultur. Sie macht den Rohen mild, und der Gebildetste hat keine beßre Gelegenheit seine Milde zu beweisen. Unauflöslich muß sie sein: denn sie bringt so vieles Glück,

---

irgend jemand sie in dieser Paraphrase wieder erkannt hat.« Vgl. Härtl, Dokumentation, a.a.O. (Anm. 1), S. 269f. (Nr. 494); dazu Rösch, Forschung, a.a.O. (Anm. 12), S. 21 der »Einleitung«. Der dort mit seinen Implikationen als heikel skizzierte Gesprächskontext gilt auch für Johann Peter Eckermanns Bemerkung über den Roman als Apologie der Ehe vom 30. 3. 1824; vgl. Härtl, ebd., S. 304 (Nr. 513). Vgl. zudem den didaktischen Beitrag von Walter Seifert, Johann Wolfgang Goethe: Die Wahlverwandtschaften. Eheproblematik und elementare Selbstverwirklichung, in: Deutsche Romane von Grimmelshausen bis Walser. Interpretationen für den Literaturunterricht, hrsg. von Jakob Lehmann, hier: Bd. 1, Königstein/Ts. 1982, S. 49–66; der für den schulischen Literaturunterricht gedachte Beitrag ist natürlich dazu angetan, die Rezeption der ›Wahlverwandtschaften‹ als Ehe- und Liebesroman auf breiter Basis zu verfestigen; vgl. ferner Carsten Leimbach, Die Gegenbilder von Ehe und Leidenschaften in Goethes ›Wahlverwandtschaften‹, in: Weimarer Beiträge 45 (1999), S. 35 bis 52.

Einen eigenen Weg geht Johannes Saltzwedel, Gellert und die ›Wahlverwandtschaften‹, in: Euphorion 83 (1989), S. 297–308; Saltzwedel lässt offen, ob das »Ehethema als Hauptbestandteil« des Romans zu gelten habe; aber er kann dem Ehethema mit seiner Entdeckung eines intertextuellen Bezugs Goethes auf Gellerts ›Moralische Vorlesungen‹ (1770, 1775) einen interessanten Aspekt hinzugewinnen: Wenn in I/10 der Graf den Vorschlag eines Freundes – das ist realiter Graf Moritz von Sachsen – wiedergibt, »eine jede Ehe solle nur auf fünf Jahre geschlossen werden«, so ermöglicht diese Überlegung in Graf Moritz' ›Mes Rêveries‹ (1756) und Gellerts ›Vorlesungen‹ dem Erzähler eine unmittelbare Opposition zu Mittlers Ehepostulat in I/9, wobei der Erzähler beide Haltungen als »Fluchtpunkte einer Konversation« benutzt (ebd., S. 308) und gleich-gültig nebeneinander bestehen lässt. Dass im Übrigen Eduard in I/4 über das Veralten des Wissens wie folgt klagt: »Unsre Vorfahren hielten sich an den Unterricht, den sie in ihrer Jugend empfangen; wir aber müssen jetzt alle fünf Jahre umlernen« (I/4; MA 9,314), sei hier nur als denkwürdige Parallele der staunenswerten Konstruktion angedeutet: das eine Veralten als Korrelat des anderen! In diesem Zusammenhang geben zudem die Anmerkungen M. Lüdkes zu denken; er richtet die Aktualitätsfrage an die ›Wahlverwandtschaften‹: »Ein Gegenwartsroman? So lautet deshalb meine schlichte Frage. Von 1809 oder 2006?« Die Antwort, im Übrigen eine indirekte, wird vom Ehethema her entwickelt, indem als eine Folge der europäischen Aufklärung und »Säkularisierung«, die die »Zersetzung theologischer Gehalte« verursachte, zu gelten hat, dass das »mythische Band der Ehe 〈...〉 schon zu Goethes Zeiten porös« wurde und dass der am Ende des Romans thematisierten »Hoffnung« auf eine jenseitige Beglaubigung durch die »Rationalisierung« in den letzten beiden Jahrhunderten endgültig der Boden entzogen worden sei – mithin, so darf gefolgert werden, sind die ›Wahlverwandtschaften‹ ein Gegenwartsroman 1809 so gut wie 2006; vgl. Lüdke, a.a.O., S. 123–133, hier: S. 124, 132.

daß alles einzelne Unglück dagegen gar nicht zu rechnen ist. (I/9; MA 9,349)[14]

Die hier aufgerichtete Norm und ihre geforderte Erfüllung sind jedoch einer erzählten Figur in den Mund gelegt, deren narrative Perhorreszierung die ausgerufene Norm offenkundig mitbetrifft. Bevor ich daher eine von einseitiger Stellenselektion ebenso wie von der Mehrheitsmeinung in der ›Wahlverwandtschaften‹-Forschung abweichende Interpretation vorschlage, möchte ich zur Vorbereitung eine Inhaltsparaphrase des Romans geben, die vor allem die Figurengruppierung zusammen mit der Geschehensführung im Blick hat. In diese soll zugleich intarsienhaft eine Reihe sprachlicher Elemente des Romans zitatweise eingehen, um so schon etwas vom ›Geist‹ des Erzählens mitzuvermitteln. Im Übrigen laufen im Hintergrund Einsichten Uwe Pörksens mit: in den »anthropomorphen Charakter« der naturwissenschaftlichen Zeichensprache und Sprachverwendung und somit in die narrativ gezielt eingesetzte »Sprachvermengung« und »Sphärenvermengung« auf der Ebene der Figurenrede.[15]

[14] Vgl. Johann Wolfgang Goethe, Sämtliche Werke nach Epochen seines Schaffens. Münchner Ausgabe, hrsg. von Karl Richter in Zusammenarbeit mit Herbert G. Göpfert, Norbert Miller, Gerhard Sauder und Edith Zehm, Bd. 9: Epoche der Wahlverwandtschaften. 1807–1814, hrsg. von Dorothea Hölscher-Lohmeyer und Christoph Siegrist, München/Wien 1987. (Zitate aus den ›Wahlverwandtschaften‹ im fortlaufenden Text nach dieser Ausgabe; zitiert: Buch, Kapitel; MA 9, Seite, gelegentlich Zeilenzählung.)

[15] Vgl. Uwe Pörksen, Goethes Kritik naturwissenschaftlicher Metaphorik und der Roman ›Die Wahlverwandtschaften‹, in: U. P., Deutsche Naturwissenschaftssprachen. Historische und kritische Studien, Tübingen 1986 (= Forum für Fachsprachen-Forschung 2), S. 97–125. Diese substantielle Komponente der Kritik, die ja textintern auch Vorbehaltlichkeit gegenüber dem am naturwissenschaftlichen Verlaufsmodell der »attractiones electivae« orientierten Erzählschema mitgehen lässt – die naturwissenschaftliche Gleichnisrede als »Maschine des Romans« (Leo Kreutzer) –, fehlt der ansonsten einlässlichen Anwendung des Modells in der Beschreibung von Heidrun Ehrke-Rotermund, Gesellschaft ohne Wirklichkeit. Eine Untersuchung von Goethes Roman ›Die Wahlverwandtschaften‹, in: Jahrb. FDH 1981, S. 131–188. Vgl. demgegenüber den in saloppem Tonfall gehaltenen Essay von L. Kreutzer, der zutreffend das Verhältnis von naturwissenschaftlichem Verlaufsmodell und dieses arrangierendem Erzähler als Bedingung der Möglichkeit »poetischer Zweckmäßigkeit« und »ästhetischer Darstellung« beschreibt; vgl. Leo Kreutzer, Attractio electiva oder der gewissenlose Verlauf, in: L. K., Mein Gott Goethe. Essays, Reinbek bei Hamburg 1980 (= das neue buch 136), S. 48–65. Vgl. insbesondere Jeremy Adler, »Eine fast magische

I. Figurengruppierung und Geschehensführung

»Wahlverwandtschaften« als Terminus technicus der zeitgenössischen Chemie will ein Grundphänomen der anorganischen Natur, den Prozess wechselseitiger Anziehung und Abstoßung ihrer Elemente beschreiben. Aber keineswegs nur der Kompositumsbestandteil ›Wahl‹ scheint den ganzen Ausdruck eher als unangemessene Übertragung aus den Verhältnissen menschlicher »Sozietäten« auf die leblose Natur, demnach als »Kunstwort« und »Gleichnisrede« zu kennzeichnen und damit das Bedenkliche, ja Dubiose dessen anzuzeigen, dass sich der Mensch gern »als Folie der ganzen Welt« (I/4; MA 9,313,37 f.) unterlegt. Das Beklemmende der Gleichnisrede und ihrer scheinbaren Übertragung – in Wirklichkeit ihrer »Rückübertragung« – kommt indes rasch in den Blick, sobald man auf Art und Funktion ihrer Verwendung im Roman sieht. Als nämlich der reiche Baron Eduard, der einst seinen Taufnamen Otto – in einer, wie sich herausstellen wird, ›tückischen‹ »Namens-Usurpation«[16] – gegen den dekorativen Wahlnamen austauschte, seine Gattin Charlotte und ihr gemeinsamer Freund früherer Hoftage, der Hauptmann Otto, das Phänomen der Wahlverwandtschaft unter »leblosen Dingen« in geselliger Runde bereden, als sie es dann »einstweilen« »mit Buchstaben« verdeutlichen: »Denken Sie sich ein A, das mit einem B innig verbunden ist ⟨...⟩; denken Sie sich ein

---

Anziehungskraft«. Goethes ›Wahlverwandtschaften‹ und die Chemie seiner Zeit, München 1987, S. 141 und S. 224, Anm. 2, S. 141–145, S. 149 u. ö. Nicht akzeptabel schon der vielen »Lektüre«-Fehler wegen der Aufsatz von Eva Horn, Chemie der Leidenschaft. Johann Wolfgang von Goethes ›Die Wahlverwandtschaften‹, in: Leidenschaften literarisch, hrsg. von Reingard M. Nischik, Konstanz 1998 (= Texte zur Weltliteratur 1), S. 163–182.

[16] Zur »Namen-Wahl« in den ›Wahlverwandtschaften‹ generell und besonders zu der Eduards vgl. die facettenreiche Analyse von Norbert Oellers, Warum eigentlich Eduard?, in: Genio huius loci. Dank an Leiva Petersen, hrsg. von Dorothea Kuhn und Bernhard Zeller, Wien/Köln/Graz 1982, S. 215–234, hier: S. 221–233; vgl. auch die freilich in völliger Überdehnung des intertextuellen Fundes Oellers' zugemutete »Lektüre« von N. Reschke, die sich explizit dem »Plädoyer für Überinterpretation« verschreibt; vgl. Nils Reschke, »Zeit der Umwendung«. Lektüren der Revolution in Goethes Roman ›Die Wahlverwandtschaften‹, Freiburg i. Br./Berlin 2006 (= Rombach Wissenschaften: Reihe Litterae 137), hier: S. 26 bzw. S. 41–73.

C, das sich eben so zu einem D verhält; bringen Sie nun die beiden Paare in Berührung: A wird sich zu D, C zu B werfen« (I/4; MA 9,319,26ff.), als sie die »galante Chemie« schließlich gar so weit treiben, die »Formel« nach Art einer labortechnischen »Versuchs«-Anordnung auf die eigene »Sozietät« zu beziehen: Charlotte und Eduard möchten wie A und B zusammengehören, der Hauptmann das C und die für Charlottes Gesellschaft in Aussicht gestellte Nichte Ottilie das D darstellen – da hat sich diese »artige und unterhaltende« Operation auf beklemmende Weise schon zu einem erheblichen Teil bestätigt. Charlotte und Eduard sind in Jahresfrist endlich, nach beiderseitigem Umweg einer Geld- und Besitzheirat, das schöne Paar geworden, zu dem sie die Hofgesellschaft immer schon bestimmt hatte. Sie haben sich nun auf ihren Landsitz zurückgezogen, Versäumtes nachzuholen und in einsamem Glück »des Lebens ⟨zu⟩ genießen«.

Die »Dazwischenkunft eines Dritten«, des in »traurige Lage« geratenen Freundes Otto, führt zur ersten »Störung« und zu einer ersten »Sonderung«. Eduard und Otto betreiben in tätiger Gemeinsamkeit die Verschönerung der Schlossanlagen, während Charlotte sich »täglich einsamer« fühlt. Ist also der in Teil I, Kapitel 4 betriebene ›buchstäbliche‹ »Schalk« bereits vom »tückischen« ›Geist‹ des Romans hintertrieben, so bleibt die chemische Operationsformel auch für die weitere Fabelverknüpfung und Figurengruppierung in Geltung. Die »Zugesellung« »eines Vierten«, Ottilies, vervielfältigt und beschleunigt den Prozess der »Scheidung« und »Verbindung«: B und C verbleiben in gemeinsamer Tätigkeit; das neu hinzugekommene D gesellt sich dem vereinsamten A; beide Elementengruppen suchen die gesellige Gemeinsamkeit bei Tisch, Lektüre, Musik. Neigungen »gleichsam« »übers Kreuz« bestimmen nach und nach die täglichen Gepflogenheiten – bis plötzlich die latente Dynamik unwiderstehlicher Anziehung wechselweise sich Bahn bricht. Die »Dazwischenkunft« eines illegitimen, aus vergangenen Hofzeiten befreundeten gräflichen Paares steigert die Anziehung, statt sie zu beschwichtigen; steigert sie bis hin zu der novellistisch verdichteten Situation, dass die Gatten in ihrer Liebeshingabe das eheliche Gesetz wohl dem Buchstaben nach erfüllen, aber dem Geiste nach wechselseitig der »Einbildungskraft« erliegen, die »ihre Rechte über das Wirkliche« »behauptet« (I/11; MA 9,364,5f.) und eben darin tückischerweise auf die Bestätigung der chemischen Grundformel hinausläuft. Da sich allerdings auch »die Gegenwart ihr ungeheures Recht nicht rauben« lässt (I/11; MA 9,364,11 f.), scheint jetzt naturhafte Notwendigkeit zu Partnertausch und ehelicher Neubindung zu treiben. Indes, von nun an provoziert sie die Gegenkräfte der seelischen Antriebe und sittlichen Verpflichtungen. Charlotte besinnt sich, wähnt »die Gewalt, die sie über sich selbst ausgeübt, von andern fordern zu können« (I/16; MA 9,383,1 f.). Der Hauptmann reist ab. Eduard, nicht bereit, auf Ottilie zu verzichten, treibt es »ins lose Weite«, er fordert, in Kenntnis des Geheimnisses seiner Gattin, seit jener »abenteuerlichen« Nacht »guter Hoffnung« zu sein, im »wechselnden Kriegsglück« das Schicksal heraus.

Die Auflösung der dramatisch anmutenden Verwicklung setzt mit der Geburt des Kindes Otto ein und gipfelt in jenem Ereignis, auf das die Geschehensführung im Weiteren zuläuft. Ottilie, spätestens mit beginnendem zweitem Romanteil in vielfach facettierter Spiegelung geheimer Mittelpunkt und so auch kritische Folie des eigensüchtigen Treibens von Charlottes Tochter Luciane aus erster Ehe und ihres »Hofstaates«, in »uneigennütziger Entsagung« gleich weit davon entfernt, ihrer Liebe zu Eduard weiter nachzugeben wie auf sie verzichten zu können, verschuldet unverschuldet den Tod des Kindes. Dieses Missgeschick wird zur Wende des Geschehens. Schon glauben die beiden, in den scheinbar hermetisch abgeschlossenen Idyllenbezirk heimgekehrten Eduard und Otto in eigensüchtiger Hoffnung, auf den Tod des Kindes als notwendiges Opfer »allseitigen Glück⟨s⟩« (II/14; MA 9,501,7) vorgreifen zu dürfen, da läuft der Entschluss Ottilies quer ein: »Eduardens werd' ich nie! Auf eine schreckliche Weise hat Gott mir die Augen geöffnet, in welchem Verbrechen ich befangen bin« (II/14; MA 9,502,28 ff.). Dieser Entschluss überführt die galant-frivole Übertragung der chemischen Buchstaben-Arithmetik und nimmt sie in eine Entschiedenheit tragischen Ausgangs hinein, in dem die »Bedürftigkeit« der Welt wie die »sehnsüchtige Trauer« nach jenem »Heiligen« aufzuscheinen scheint. Schlussbild des Romans und Schlussapotheose des scheinbar allwissenden Erzählers versprechen eine Gewissheit, deren Bedingtheit in der Vermittlung des temporal-zukünftigen Aspekts mit dem konditional-einschränkenden Aspekt in der Konjunktion »wenn« nun freilich mitgelesen sein will: »⟨…⟩ und welch ein freundlicher Augenblick wird es sein, wenn sie dereinst wieder zusammen erwachen« (II/18; MA 9,529,38 ff.).[17]

Die Entschlüsselung von Thema und Struktur der so nacherzählten ›Wahlverwandtschaften‹ ist bis zu einem gewissen Punkt von der ›Selbstanzeige‹ Goethes aus möglich. In ihr behauptet der Dichter »auch 〈...〉 in einem sittlichen Falle« die Mächtigkeit der »einen Natur«: Da doch »auch durch das Reich der heitern Vernunft-Freyheit die Spuren trüber leidenschaftlicher Nothwendigkeit sich unaufhaltsam hindurchziehen, die nur durch eine höhere Hand, und vielleicht auch nicht in diesem Leben, völlig auszulöschen sind«.[18] »Leidenschaftliche Notwendigkeit« und »Vernunftfreiheit«, Natur- und Sittengesetzlichkeit scheinen danach als die beiden bewegenden Polbestimmungen des Romans auf; zugleich gilt deren antinomisches Verhältnis in der Weise, dass die eine Polbestimmung stets auf die andere bezogen bleibt. Darin ist die religiöse, mithin metaphysische und rational-externe Sehweise gerade wegen ihrer Ambivalenz durchaus eingeschlossen. Thema des Romans wäre demnach

---

[17] Es ist klar, dass ein solches ›Nacherzählen‹ die »grundsätzlich nicht abschließbare Zahl von Veränderungen«, die in den Metamorphosen der ›einfachen Wesen‹ und ›Formen‹, also in ihren ›Wahlverwandtschaften‹, zur Geltung kommen, nicht beschreiben kann; vgl. die differenzierte Analyse von Eberhard Lämmert, Die Chemie der Wahlverwandtschaften, in: Leviathan. Zeitschrift für Sozialwissenschaft 14 (1986), H. 1: Goethe-Heft, S. 19–36. Vgl. spezifisch Adler, Anziehungskraft, a.a.O. (Anm. 15), S. 145 f., S. 149–152, S. 152–155. Es ist zudem klar, dass ein solches ›Nacherzählen‹ die eigenwillige Darbietungsform der Ironie, die viele Interpreten vorwalten sehen, noch kaum mitgreifen kann. Adler etwa führt zum Schlussbild aus: »›Glauben‹ jedoch 〈...〉, nicht weniger als Skepsis, ist eine Anschauungsform, der sich der Erzähler nicht völlig entzieht. Sie schwingt in der Ironie seines Schlußsatzes noch mit. Ohne das Geschehene oder das Gesehene zu zerstören, hebt diese heitere Ironie die tragische Erzählung auf.« (Ebd., S. 216) Und B. Allemann gibt auf die Frage, wie »vom Selbstverständnis Goethes und, möglicherweise unabhängig davon, vom Textbefund her die Transzendenz zu verstehen (ist), die im abschließenden Relativsatz der Selbstanzeige offensichtlich genauso wie im Schluß des Romans selbst schlicht vorausgesetzt« erscheint, die aus frühromantischen Fragmenten gewonnene »transzendentalpoetologische« Antwort, es gehe »um das Offenhalten einer Dimension«; vgl. Beda Allemann, Goethes ›Wahlverwandtschaften‹ als Transzendentalroman, in: Studien zur Goethezeit. Erich Trunz zum 75. Geburtstag, hrsg. von Hans-Joachim Mähl und Eberhard Mannack, Heidelberg 1981 (= Beihefte zum ›Euphorion‹ 18), S. 9 bis 32, hier: S. 10 bzw. S. 30.

[18] Goethe, ›Selbstanzeige‹ im ›Morgenblatt für gebildete Stände‹ vom 4. September 1809; vgl. Härtl, Dokumentation, a.a.O. (Anm. 1), S. 50 f. (Nr. 138).

die Frage nach den Bedingungen der menschlichen Freiheit im Horizont neuzeitlicher Naturerkenntnis – und dies einschließlich der sie transzendierenden metaphysischen Aspekte und religiösen Erfahrungen, freilich auch eines Skeptizismus, der diese Transzendierungen kritisch-subversiv hinterfragt.[19] Einem solchen Gesichtspunkt fügen sich durchaus das »Bild der chemischen Verwandtschaften«, das von Hegel in der ›Ästhetik‹ als ein dem »eigentlichen Inhalt der Darstellung« »Äußerliches« kritisiert worden ist,[20] und nicht weniger die narrativ durchgehaltene ›wahlverwandtschaftliche‹ Beziehung der Figuren auch in und nach der Entscheidung aus dem Prinzip der Sittengesetzlichkeit.[21] Einer der großartigen Prosasprüche aus Ottilies Tagebuch scheint das zu bestätigen:

> Es darf sich einer nur für frei erklären, so fühlt er sich den Augenblick als bedingt. Wagt er es sich für bedingt zu erklären, so fühlt er sich frei. (II/5; MA 9,438)

Dass es sich bei solchen Tagebuch-Eintragungen nach Harald Fricke nicht um ›Aphorismen‹, sondern um »fiktionale ›Rollenprosa‹« handelt,[22] relativiert selbstverständlich deren rhetorische Formung und deren Textfunktion nicht. In der chiastischen Stellung ihrer bedeutungsschweren Satzglieder gewinnt die paradox-antinomische Sinnstruktur des Ganzen überhaupt erst Kontur; sie lässt sich sinngemäß etwa wie folgt übersetzen: ›Erkläre ich mich für etwas, so erweise

---

[19] Vgl. zum letzteren Aspekt Thomas Pittrof, Reiz des Katholischen? Anmerkungen aus literatur- und kulturgeschichtlicher Sicht (mit Blick auf Goethe). Dem Verfasser danke ich für sein großzügiges Entgegenkommen, mich das Typoskript einsehen zu lassen; eine kürzere Fassung der Arbeit in: zur debatte 37 (2007, München), H. 3, S. 39–41, hier: S. 39f. Im Übrigen spricht in diesem Zusammenhang Adler, Anziehungskraft, a.a.O. (Anm. 15), S. 142 von »transzendentaler Ironie«.

[20] Georg Wilhelm Friedrich Hegel, Ästhetik. Nach der zweiten Ausgabe Heinrich Gustav Hothos (1842) redigiert von Friedrich Bassenge, 2 Bde., Frankfurt am Main o.J., hier: Bd. 1, S. 291. Hegels Unverständnis ist nicht ohne Kritik geblieben; vgl. J. Kolbe (siehe unten Anm. 24), S. 21, Anm. 7.

[21] Vgl. Peter Michelsen, Wie frei ist der Mensch? Über Notwendigkeit und Freiheit in Goethes ›Wahlverwandtschaften‹, in: Goethe-Jahrbuch 113 (1996), S. 139 bis 160.

[22] Vgl. Johann Wolfgang Goethe, Sprüche in Prosa. Sämtliche Maximen und Reflexionen. Im Originalzusammenhang wiederhergestellt und mit Erläuterungen versehen von Harald Fricke, Frankfurt am Main/Leipzig 2005, S. 400.

ich mich als dessen Gegenteil‹. Darin könnte der Prosaspruch nicht allein einen wichtigen Aspekt für die »Widerspiegelungen« des romanhaften Geschehens in der eingebetteten Novelle ›Die wunderlichen Nachbarskinder‹ (II/10; MA 9,474–482) andeuten.[23] Der Spruch bietet auch die thematische wie die formale Grundlage für die Rezeption im engeren Kreis der Vertrauten Goethes, denen der Roman als »Circular« gewidmet war: für die Rezensionen eines Ferdinand Delbrück, Rudolf Abeken, Karl Wilhelm Ferdinand Solger oder auch Karl Ernst Schubarth. Wieder und wieder ist in ihren Stellungnahmen auf die Problematik der menschlichen Freiheit reflektiert, »die, wenn sie sich unbedingt frei dünkt, ins Unheil umschlägt«.[24] Es würde von diesem Zusammenhang her bis zu einem bestimmten Punkt auch das tragische Geschehen des Romans sich

---

[23] Vgl. die feine Beschreibung von Georg Guntermann, ›Wiederholte Spiegelungen‹ in Goethes ›Wahlverwandtschaften‹. Noch einmal zum Verhältnis von Roman und Novelle, in: Goethe-Jahrbuch 109 (1992), S. 77–89 (mit Bezug auf relevante Forschungsliteratur). Eine eigene Auseinandersetzung erforderte der Beitrag von Gerhard Neumann, Wunderliche Nachbarskinder. Zur Instanzierung von Wissen und Erzählen in Goethes ›Wahlverwandtschaften‹, in: Brandstetter, Erzählen und Wissen, a.a.O. (Anm. 13), S. 15–40. Da hier der Titel der eingebetteten Novelle »poetologisch« ›gewendet‹ ist, verflüchtigt sich die textinterne Funktion der Novelle: sie ist dann nicht mehr narrativ in die Diegesis des Romans eingebettet, sondern nur noch narratologisch relevant. Vgl. ferner Gerhard Neumann, Roman – Novelle – Anekdote. Zur Gattungsfrage in Goethes ›Wahlverwandtschaften‹, in: Geistiger Handelsverkehr. Komparatistische Aspekte der Goethezeit. Für Hendrik Birus zum 16. April 2008, hrsg. von Anne Bohnenkamp und Matías Martínez, Göttingen 2008, S. 315–333; Neumann untersucht das romanhafte Erzählen »in Friktion mit anderen literarischen Gattungen«: der Novelle, der Anekdote, dem Tableau, dem Aphorismus, um seinem ›thematischen Rätsel‹ auf die Spur zu kommen. Unklar bleiben mir dabei die Grundannahmen in der Behauptung (ebd., S. 327), die novellistische Einlage ›Wunderliche Nachbarskinder‹ fungiere als unauflösliche »Irritation zwischen Statik des Romans und Dynamik der Novelle«.

[24] Vgl. Jürgen Kolbe, Goethes ›Wahlverwandtschaften‹ und der Roman des 19. Jahrhunderts, Stuttgart (u.a.) 1968 (= Studien zur Poetik und Geschichte der Literatur 7), S. 22–29, hier: S. 28. Auf folgende Besprechungen bezieht sich Kolbe dabei: Bernhard Rudolf Abeken, Ueber Goethes Wahlverwandtschaften, 22.–4. 1. 1810 – vgl. Härtl, Dokumentation, a.a.O. (Anm. 1), S. 121–127 (Nr. 310); Johann Friedrich Ferdinand Delbrück, Die Wahlverwandtschaften. Ein Roman von Goethe, 18./19. 1. 1810 – ebd., S. 114–121 (Nr. 309); Karl Ernst Schubarth, Zur Beurtheilung Göthe's, Breslau 1818 – ebd., S. 257–262 (Nr. 483); Karl Wilhelm Ferdinand Solger, Über die Wahlverwandtschaften, 1809/10 – ebd., S. 199–202 (Nr. 421).

entfalten lassen und die Vermittlung mit der Theodizee-Problematik gesucht werden können, die zusammen mit der Darstellung von Tragischem traditionellerweise dem noch von Hegel favorisierten Drama vorbehalten war. In einer solchen gattungüberschreitenden Entgrenzung ist jedenfalls zugleich der für die Poetik und Geschichte des deutschen Romans innovative Rang der ›Wahlverwandtschaften‹ gesehen worden.[25]

Was aber ist nach der Inhaltsparaphrase und den vorläufigen Deutungshinweisen als Sinn des Romans bzw. als die vom Autor »eigentlich intentionirte Gestalt« auszumachen? Man hat die Antwort darauf im Kontext der zeitgenössischen, nicht zuletzt romantischen Diskussion und Literatur zur »Frauenfrage« suchen wollen, wie es etwa Paul Kluckhohn schon 1922 getan hat,[26] oder – eine dazu sehr verschiedene Position – mit Heinz Schlaffer 1972 im »Protest gegen die neuzeitliche Ablösung einer bedeutungslosen Natur«.[27] Demgegenüber scheinen mir jedoch nach mehrfacher Lektüre des Romans und verschiedenen Kontextanalysen weitere Strukturbeschreibungen dringend nötig zu sein. Ich gehe dazu von bestimmten Zeugnissen der frühen Aufnahme des Romans aus.

---

[25] Ebd., S. 22f. mit Verweis auf: Fritz Martini, Drama und Roman im 19. Jahrhundert, in: Gestaltprobleme der Dichtung. Festschrift für Günther Müller, hrsg. von Richard Alewyn / Hans-Egon Hass / Clemens Heselhaus, Bonn 1957, S. 207–237, hier: S. 221.

[26] Paul Kluckhohn, Die Auffassung der Liebe in der Literatur des 18. Jahrhunderts und in der deutschen Romantik, Tübingen ^{3}1966, S. 615. Vgl. etwa H. Eichner, Einleitung, in: Friedrich Schlegel, Dichtungen, hrsg. von Hans Eichner, München/Paderborn/Wien 1962 (= Kritische Friedrich-Schlegel-Ausgabe, I. Abt., Bd. 5), S. XXII–XXVI; vgl. aus jüngerer Zeit z.B. Werner Schwan, Goethes ›Wahlverwandtschaften‹. Das nicht erreichte Soziale, München 1983, S. 80–92 u.ö.

[27] Heinz Schlaffer, Namen und Buchstaben in Goethes ›Wahlverwandtschaften‹, in: Jahrbuch der Jean-Paul-Gesellschaft 7 (1972), S. 84–102, hier: S. 100.

II. Zur Heuristik: frühe rezeptionsgeschichtliche Äußerungen

Am 28. August 1808 notiert Friedrich Wilhelm Riemer, einer der engsten Vertrauten des Autors, unter der Ortsangabe Karlsbad ins Tagebuch:

> Goethe's Geburtstag. Mit ihm über den neueren Roman, besonders den seinigen. Er äußerte: Seine Idee bei dem neuen Roman ›Die Wahlverwandtschaften‹ sei: sociale Verhältnisse und die Conflicte derselben symbolisch gefaßt darzustellen.[28]

Diese, offensichtlich die Intentionen des Autors fixierende, Notiz ist häufig zitiert und für semantisch-thematische Beschreibungen und Interpretationen des Romans herangezogen worden.[29] Sie wurde dabei aber nur selten in Beziehung zu jenen bemerkenswerten Äußerungen von Vertrauten Goethes gesetzt, aus denen häufig noch eine eigene Betroffenheit spricht. Die aber ist sehr wohl dazu angetan, Heinrich Heines allzu gern gegen den »Dichterfürsten«[30] in

---

[28] Vgl. Härtl, Dokumentation, a. a. O. (Anm. 1), S. 33 (Nr. 32).

[29] Eine extreme antiproduktionsästhetische Auffassung vertritt David Wellbery, Die Wahlverwandtschaften (1809), in: Goethes Erzählwerk. Interpretationen, hrsg. von Paul Michael Lützeler und James E. McLeod, Stuttgart 1985 (= Reclams Universal-Bibliothek 8081), S. 291–318. Vom »in den heutigen Sozialwissenschaften gängigen Begriff des Symbolischen« ausgehend, erklärt er »Goethes Bemerkung« »zu einer Platitüde« (S. 291), um dann die These vom »Zusammenbruch des Symbolischen« mittels einer Analyse der »drei im Roman geschilderte⟨n⟩ Rituale« (Grundsteinlegung, Richtfest, Taufe) zu exemplifizieren (S. 292). Da nun aber das Symbolische als ästhetische Kategorie und artifizielle Option aufgegeben ist (vgl. S. 291), erweist sich für ihn die »Positivität der Form« als ein schwerwiegendes Problem. Wellbery kann es bei seinen Analysen nicht lösen; der Roman als Artefakt und ästhetisches Faktum wird ignoriert. Es mutet daher wie eine Immunisierungsstrategie oder gar nur Attitüde an, den Aufsatz mit der persönlichen Bemerkung zu dem Roman zu beginnen, er fühle sich ihm »wie keinem zweiten der deutschen Literatur unterlegen«.

[30] Ich beziehe mich auf die Charakterisierung nach: Friedrich Tomberg, Dichterfürst oder Fürstenknecht? Überlegungen zu einer falschen Alternative im Umgang mit der deutschen Klassik, in: Literaturmagazin 2: Von Goethe lernen? Fragen der Klassikrezeption, hrsg. von Hans Christoph Buch, Reinbek bei Hamburg 1974 (= das neue buch 49), S. 14–27, hier: S. 17; vgl. dazu Theodor Verweyen und Gunther Witting, Emanuel Geibel: ›Dichterfürst‹ und ›Fürstenknecht‹, in: Verehrung, Kult, Distanz. Vom Umgang mit dem Dichter im 19. Jahrhundert, hrsg. von Wolfgang

Stellung gebrachte Bemerkung über die hermetische Verschlossenheit der klassischen Werke »gegen die großen Schmerzen und Freuden der Zeit«[31] zu relativieren. Demgegenüber heißt es beispielsweise im Brief Friedrich Karl von Savignys aus Landshut an Friedrich Creuzer am 25. Dezember 1809:

> Haben Sie die ›Wahlverwandtschaften‹ gelesen? nicht leicht hat ein Buch verschiedenere Eindrücke hervorgebracht. Viele finden es zerreißend und sind über das schmerzliche Gefühl erbost auf den Dichter. Ich finde den Eindruck so groß, harmonisch und edel, daß ich ihm kein anderes Goethisches Werk vorziehe: es ist der großartigste Blick auf diese verwirrte Zeit, und im Ganzen mehr tragisch als romantisch.[32]

Dieser Tendenz sehr ähnlich heißt es im Brief Achim von Arnims, den er am 19. November 1809 aus Berlin an Goethe richtet:

> Für die ›Wahlverwandtschaften‹ sage ich im Namen vieler Freunde und Bekannten einen schmerzlichen Dank, sie machen manche Veränderung glücklicher Verhältnisse klar, die so mancher empfunden.[33]

Und nicht nur in der Betroffenheit stimmt diese frühe Rezeption überein, sondern auch in dem, was sie motiviert. Aus dem Brief von Heinrich Voß aus Heidelberg vom 26. Dezember 1809 an Goethe geht das deutlich genug hervor:

> Cotta wollte, ich sollte sie fürs Morgenblatt recensiren. Mir war als sollte ich die Welt recensiren; und ich bin noch zufrieden, dass ich es abgeschlagen habe.[34]

Eine Bestätigung findet sich zudem im Brief Arnims an Bettina Brentano vom 5. November 1809 aus Berlin:

Braungart, Tübingen 2004 (= Untersuchungen zur deutschen Literaturgeschichte 120), S. 219–242, hier: S. 222–227.

[31] Heinrich Heine, Französische Maler, in: Sämtliche Schriften in zwölf Bänden, hrsg. von Klaus Briegleb, Bd. 5: Schriften 1831–1837, hrsg. von Karl Pörnbacher, Frankfurt am Main/Berlin/Wien 1981 (= Ullstein-Buch 37085), S. 27–87, hier: S. 72.

[32] Vgl. Härtl, Dokumentation, a. a. O. (Anm. 1), S. 89 (Nr. 284); vgl. dazu Kolbe, Roman, a. a. O. (Anm. 24), S. 24.

[33] Härtl, Dokumentation, a. a. O. (Anm. 1), S. 77 (Nr. 243).

[34] Vgl. F. Th. Bratranek, Nachträge zu Goethe-Correspondenzen. V. Familie Voss, in: Goethe-Jahrbuch 5 (1884), S. 38–112, hier: S. 77.

> Uebrigens wollen wir unserm Herrgott und seinem Diener Göthe danken, daß wieder ein Theil untergehender Zeit für die Zukunft in treuer, ausführlicher Darstellung aufgespeichert ist.[35]

Schließlich die Stimme Solgers, der im Übrigen den Roman als »ein unerschöpfliches Kunstwerk, ein immensum infinitumque« charakterisiert hat:

> In diesem Roman ist, wie im alten Epos, alles was die Zeit Bedeutendes und Besonderes hat, enthalten, und nach einigen Jahrhunderten würde man sich hieraus ein vollkommenes Bild von unserm jetzigen täglichen Leben entwerfen können.[36]

Ein paar Zeugnisse mehr sind hier zitiert,[37] um eine von der Rezeptionsgeschichte der ›Wahlverwandtschaften‹ als eines Liebes-, Ehe- und tragischen Romans lange erdrückte Interpretationsmöglichkeit hervorzuheben: die Sicht auf den ersten Altersroman Goethes als Zeit- und Gegenwartsroman.[38] Ob indes auch diese ›Lesart‹ der ›Wahlverwandtschaften‹ auf einem »Missverständnis« beruht, wie etwa H. Schlaffer 1972 anzunehmen scheint,[39] oder ob sie als ein Beispiel geglückter Kommunikation in ihrer Rezeptionsgeschichte gelten darf, ist nur über eine philologische Interpretation zu entscheiden.

Dazu noch einige Bemerkungen: Mit »geglückter Kommunikation« soll hier der Sachverhalt bezeichnet werden, dass das Verstehen

---

[35] Vgl. Härtl, Dokumentation, a. a. O. (Anm. 1), S. 70f. (Nr. 223), hier: S. 71.

[36] Ebd., S. 199–202 (Nr. 421), hier: S. 199 bzw. S. 201.

[37] Vgl. Kolbe, Roman, a. a. O. (Anm. 24), S. 20–35 sowie den Kommentar von Benno von Wiese, ›Die Wahlverwandtschaften‹ im Urteil Goethes und seiner Zeitgenossen, in: HA 6, S. 620–653.

[38] Eine Erörterung des Zeit- und Gegenwartsroman-Begriffs erübrigt sich nach den Untersuchungen von Dirk Göttsche, Zeit im Roman. Literarische Zeitreflexion und die Geschichte des Zeitromans im späten 18. und im 19. Jahrhundert, München 2001 (= Corvey-Studien 7), hier: S. 9–64. Bemerkenswert ist lediglich, dass ›Die Wahlverwandtschaften‹ nicht berücksichtigt worden sind, obwohl der Roman, soweit ich sehe, alle begrifflichen Bestimmungen erfüllt; vgl. Dirk Göttsche, Art. ›Zeitroman‹, in: Reallexikon der deutschen Literaturwissenschaft, hrsg. von Jan-Dirk Müller (u. a.), Bd. 3, Berlin/New York 2003, S. 881–883.

[39] Vgl. Schlaffer, Namen, a. a. O. (Anm. 27), S. 99.

des Sinns eines literarischen Textes seiner Struktur und seinem Kontext gemäß vollzogen wird.[40] Darin ist einerseits eine Vermittlung mit interpretationstheoretischen Überlegungen H. Schlaffers von 1978 durchaus möglich.[41] Andererseits bin ich entgegen seinen Annahmen der Auffassung, dass es in den Wirkungs- und Rezeptionsgeschichten literarischer Werke sehr wohl schon gelungene Kommunikation geben kann, so dass die philologische Interpretation nicht immer nur »in Absetzung von der Wirkungsgeschichte den versäumten Sinn vergangener Werke« sollte verstehen wollen.[42] Sie erlegt sich damit unnötige Restriktionen auf und muss zugleich einem von der Wirkungs- und Rezeptionsgeschichte selbst wieder diktierten Zwang zu abweichender Auslegung folgen.

Im konkreten Fall nun fasse ich jene Äußerungen aus dem Kreis der Goethe-Vertrauten als heuristische Anregung auf, dem Hinweis des Dichters auf »sociale Verhältnisse und Conflicte derselben« weiter nachzugehen. Dabei scheint es mir vor allem nötig zu sein, die – von Hegel gänzlich verkannte, hingegen etwa von Rötscher betonte[43] – Bedeutung der »Details der Umgebung« sehr genau im Auge zu behalten. Hatte doch zuvor schon Solger in der narrativen Transformation all dessen, »was jetzt Mode ist, als Gartenkunst, Liebhaberei an der Kunst des Mittelalters, Darstellung von Gemälden durch lebende Personen«, eine »zu dem Leben der Leser und

---

[40] Vgl. dazu Theodor Verweyen und Gunther Witting, Anmerkungen zur Rezeptionsästhetik, in: Wissenschaft und Systemveränderung. Rezeptionsforschung in Ost und West – eine konvergente Entwicklung?, hrsg. von Wolfgang Adam / Holger Dainat / Gunter Schandera, Heidelberg 2003 (= Beihefte zum ›Euphorion‹ 44), S. 165–187.

[41] Vgl. Heinz Schlaffer, Exoterik und Esoterik in Goethes Romanen, in: Goethe-Jahrbuch 95 (1978), S. 212–226, hier: S. 212; Schlaffers Anliegen ist demnach, die »Rezeptionsweisen auf das Werk zurückzuführen und die Frage nach Verständnis oder Mißverständnis eines Werkes durch Interpretation ⟨auch⟩ für entscheidbar zu halten«.

[42] Ebd., S. 226.

[43] Hegel, Ästhetik, a. a. O. (Anm. 20), hier: Bd. 1, S. 291: als dem »Inhalt« äußerlich gelten ihm die »einzelnen Züge« wie »die Parkanlagen, die lebenden Bilder und Pendelschwingungen, das Metallfühlen, die Kopfschmerzen, das ganze aus der Chemie entlehnte Bild der chemischen Verwandtschaften«; demgegenüber Rötscher, Goethes Wahlverwandtschaften, a. a. O. (Anm. 13), S. 148.

des gesammten Zeitalters« außerordentlich passende »Kunst« gesehen, »die ich nicht genug bewundern kann«.[44]

III. »Nachbildungen des Zeitsinnes«[45]

1. Hinweise zur zeitlichen Situierung des Romans

Zur Begründung der Analyse einiger, notgedrungen paradigmatischer Hinweise auf die zeitliche Situierung des Romans beziehe ich mich zunächst auf eine Bemerkung des Dichters selbst. In einem Essay von 1823 mit dem Titel ›Bedeutende Fördernis durch ein einziges geistreiches Wort‹ – es handelt sich um eine Replik auf den Artikel eines zeitgenössischen Naturforschers – erklärt Goethe aus der Denkform des »gegenständlichen Denkens« seine »Neigung zu Gelegenheitsgedichten«. Daran ist in unserem Zusammenhang besonders interessant, dass Goethe wieder ohne Umschweife auf die ihn bedrängendste ›Gelegenheit‹, die Französische Revolution, zu sprechen kommt:

> An eben diese Betrachtung schließt sich die vieljährige Richtung meines Geistes gegen die Französische Revolution unmittelbar an, und es erklärt sich die grenzenlose Bemühung dieses schrecklichste aller Ereignisse in seinen Ursachen und Folgen dichterisch zu gewältigen. Schau ich in die

---

[44] Vgl. Härtl, Dokumentation, a.a.O. (Anm. 1), S. 201 (Nr. 421); vgl. dazu die begrifflichen Explikationen von Göttsche, Zeitroman, a.a.O. (Anm. 38), S. 881 f.

[45] Der Titel dieses Kapitels nach: Goethe, ⟨Campagne in Frankreich 1792⟩, in: Campagne in Frankreich. Belagerung von Mainz. Reiseschriften, hrsg. von Klaus-Detlef Müller, Frankfurt am Main 1994 (= Sämtliche Werke. Briefe, Tagebücher und Gespräche, I. Abt., Bd. 16 = Bibliothek deutscher Klassiker 107; künftig zitiert: FA), S. 386–572, hier: S. 568. Der Ausdruck »Zeitsinn« lässt sich, wenn auch nicht deckungsgleich, durch den Ausdruck »Situationskontext« ersetzen und linguistisch mit J. Lyons' weitem Kontextbegriff explizieren: Kontextzugehörigkeiten sind über die bloße »Raum-Zeitsituation« hinaus »die relevanten Gegenstände und die zur Zeit stattfindenden Handlungen«, »das gemeinsame Wissen von Sprecher und Hörer in Bezug auf vorher Gesagtes«, »alle relevanten Konventionen, Meinungen, ja der geistige Hintergrund, den die Mitglieder der Sprachgemeinschaft« und – wie spezifisch hinzuzufügen ist – erst recht der Kreis der Goethe-Freunde, dem der Roman als »Circular« vorbehalten war, »als gegeben betrachten«; vgl. John Lyons, Einführung in die moderne Linguistik (englisches Original 1968, aus dem Englischen von W. und G. Abraham), München 1971, S. 422.

> vielen Jahre zurück, so seh ich klar wie die Anhänglichkeit an diesen unübersehlichen Gegenstand so lange Zeit her mein poetisches Vermögen fast unnützerweise aufgezehrt.[46]

Mit »Gelegenheitsgedicht« ist demnach kaum das Casualcarmen des humanistischen und barocken Formtyps bezeichnet, mit »Gelegenheit« hier auch nicht der jenen Poesietyp bestimmende private Anlass wie Hochzeit, Geburt, Tod, Abschied etc. gemeint, wenngleich dies alles im Zusammenhang der Darstellungsart des Romans sehr wohl auch eine Funktion haben kann. Gemeint ist damit in erster Linie vielmehr das – säkulare Auffassungsmuster, Erlebnisweisen und Orientierungsschemata in Frage stellende und verändernde – weltgeschichtliche Ereignis der Französischen Revolution. Ist aber diese ›Gelegenheit‹ Gegenstand und Thema auch der ›Wahlverwandtschaften‹? Spricht davon der Autor gegenüber Karl Friedrich Zelter am 1. Juni 1809 während intensivster Bearbeitungen alter Teile und der Abfassung neuer Partien der ›Wahlverwandtschaften‹?

> Ich hoffe Sie sollen meine alte Art und Weise darin finden. Ich habe viel hineingelegt, manches hinein versteckt. Möge auch Ihnen dieß offenbare Geheimniß zur Freude gereichen.[47]

Wie aber ist dies »Geheimniß« narrativ realisiert, auf dass es »offenbar« wird?

In jenem ominösen 4. Kapitel des ersten Romanteils sitzt man zu dritt zusammen; in geselligem Gespräch geht es um Physik und Chemie; Charlotte, verwirrt durch die fürs erste noch irrtümliche Anwendung des Ausdrucks »Verwandtschaften« auf anorganische Elemente und Relationen, bittet die Männer, Eduard und Otto, um ein erläuterndes Wort:

> Das will ich wohl gerne tun, erwiederte der Hauptmann 〈...〉; freilich nur so gut als ich es vermag, wie ich es etwa vor zehn Jahren gelernt, wie ich es gelesen habe. Ob man in der wissenschaftlichen Welt noch so darüber denkt, ob es zu den neuern Lehren paßt, wüßte ich nicht zu sagen. (I/4; MA 9,314)

---

[46] Goethe, Bedeutende Fördernis durch ein einziges geistreiches Wort, in: Schriften zur Morphologie, hrsg. von Dorothea Kuhn, Frankfurt am Main 1987 (= FA I 24), S. 595–599, hier: S. 597.

[47] Vgl. Härtl, Dokumentation, a. a. O. (Anm. 1), S. 41 (Nr. 79).

Was hat es mit der Teilphrase »etwa vor zehn Jahren gelernt ⟨...⟩ gelesen« auf sich? Sie ist merkwürdig; denn sie hat keine textintern datierbare Verankerung, also keinen temporalen Bezug in der erzählten Zeit des Romans. Nun, gerade in dieser Unbestimmtheit ist die Wendung präzise, und zwar aus folgenden Gründen: Nimmt der Hauptmann auf die noch zeitüblich lateinisch verfasste Schrift ›De attractionibus electivis‹ des schwedischen Naturforschers Torbern Olof Bergman aus dem Jahre 1775 Bezug, dann ist mit dieser Angabe die Romanzeit in die historische Zeit um 1785 gelegt, d.h. in die Zeit der Halsbandaffäre, über die Goethe in den ›Tag- und Jahresheften‹ zu 1789 notierte:

> In dem unsittlichen Stadt- Hof- und Staats-Abgrunde, der sich hier eröffnete, erschienen mir die greulichsten Folgen gespensterhaft, deren Erscheinung ich geraume Zeit nicht los werden konnte; wobey ich mich so seltsam benahm, daß Freunde, unter denen ich mich eben auf dem Lande aufhielt, als die erste Nachricht hievon zu uns gelangte, mir nur spät, als die Revolution längst ausgebrochen war, gestanden, daß ich ihnen damals wie wahnsinnig vorgekommen sey.[48]

Nimmt der Hauptmann bei der Klärung von Charlottes Anliegen aber Bezug auf C. E. Weigels 1779 erschienene deutsche Übertragung der schwedisch veröffentlichten ›Chemischen Vorlesungen‹ H. T. Scheffers, zu denen Bergman die Einleitung geschrieben hat und die den frühesten Beleg für das deutsche Wort »Wahlverwandtschaft« haben, so ist die Romanzeit in die historische Zeit des epochalen Ereignisses der Französischen Revolution selbst verlegt, über das Goethe in den Aufzeichnungen ›Campagne in Frankreich‹ notiert hat:

> Schon im Jahre 1785 erschreckte mich die Halsbandsgeschichte wie das Haupt der Gorgone. Durch dieses unerhört frevelhafte Beginnen sah ich die Würde der Majestät untergraben, schon im Voraus vernichtet und alle Folgeschritte von dieser Zeit an bestätigten leider allzusehr die furchtbaren Ahnungen.[49]

Sollte darüber hinaus der Vorbehalt des Hauptmannes in jenem ›chemischen Gespräch‹ über »Verwandtschaften«, ob die Ansicht Berg-

[48] Goethe, Tag- und Jahreshefte, hrsg. von Irmtraut Schmid, Frankfurt am Main 1994 (= FA I 17), S. 16–18, hier: S. 16f.

[49] Goethe, Campagne, a.a.O. (Anm. 45), S. 565f.

mans noch »zu den neuern Lehren paßt«, dem zeitgenössischen Leser etwa die Untersuchung Claude Louis Berthollets ›Über die Gesetze der Verwandtschaft‹ in deutscher Übersetzung von 1802 insinuieren,[50] dann wäre die Romanzeit hart an der historisch-politischen Zeitgrenze von 1803, die im Übrigen noch zur Sprache kommt, angesiedelt.

Zu diesem skizzierten Auslegungsspielraum in der Datierungsfrage der Romanzeit kommt nun noch ein besonders interessanter Verweis hinzu, und zwar im 7. Kapitel des zweiten Romanteils; das schließt erneut mit Maximen und Reflexionen aus Ottilies Tagebuch, unter anderem mit der folgenden:

> »Nur der Naturforscher ist verehrungswert, der uns das Fremdeste, Seltsamste, mit seiner Lokalität, mit aller Nachbarschaft, jedesmal in dem eigensten Elemente zu schildern und darzustellen weiß. Wie gern möchte ich nur einmal Humboldten erzählen hören.« (II/7; MA 9,457)

Der hier gemeinte Alexander von Humboldt,[51] mit seinen Forschungsreisen in die Äquinoktialländer Süd- und Mittelamerikas

---

[50] Dazu Christoph Hoffmann, »Zeitalter der Revolutionen«. Goethes ›Wahlverwandtschaften‹ im Fokus des chemischen Paradigmenwechsels, in: Deutsche Vierteljahrsschrift für Literaturwissenschaft und Geistesgeschichte 67 (1993), S. 417–450: danach haben im wissenschaftshistorischen Kontext die »Untersuchungen« Berthollets als eine »Revolution« in der chemischen Theorie der »Affinität« zu gelten. Hoffmann bezieht sich nicht zuletzt auf die hervorragende naturwissenschaftsgeschichtliche Monographie von Adler, Anziehungskraft, a. a. O. (Anm. 15), hier: S. 22f., S. 70–73, S. 203. Auf einen eigenen Bezug weist hin Hans-Jürgen Schings, Willkür und Notwendigkeit – Goethes ›Wahlverwandtschaften‹ als Kritik an der Romantik, in: Berliner Wissenschaftliche Gesellschaft. Jahrbuch 1989 (1990), S. 165–181: nämlich auf Johann Gottfried Herders Schrift ›Gott. Einige Gespräche‹ von 1787, die sog. Spinoza-Gespräche, die auf gemeinsame Studien mit Goethe und Frau von Stein zurückgehen und in denen unter dem paradoxen Ausdruck »Wahlanziehung« (»attractio electiva«) »mit dem Gesetz der Wahlverwandtschaften« operiert wird (ebd., S. 169f.). Wie sich Spinozas Naturauffassung, Ethik und »mathematische Methode« zur ›chemischen Gleichnisrede‹ in den ›Wahlverwandtschaften‹ verhalten, zeigt Adler (ebd., S. 129f.), ohne die von Schings (bes. S. 180f.) skizzierte funktionsgeschichtliche Möglichkeit, Goethes Roman als »eine Diagnose des romantischen Zeitalters, eine klassische Kritik der Romantik« zu interpretieren, in den Blick zu nehmen.

[51] Vgl. Goethes Brief an Alexander von Humboldt aus Jena vom 5. 10. 1809, in dem der Autor ankündigt, »einen kleinen Roman« hinüberzuschicken: »Sie werden gewiß freundlich aufnehmen, daß darin Ihr Name von schönen Lippen ausgesprochen wird. Das was Sie uns geleistet haben, geht soweit über die Prose hinaus, daß

von 1799 bis 1804 Begründer der modernen Physiogeographie, veröffentlichte ab 1805 das 36-bändige Werk ›Voyage aux régions équinoxiales du Nouveau Continent‹. Was ist an Ottilies Eintragung in unserem Zusammenhang bemerkenswert? Nun, in einem fiktionalen Gebilde ›klassischer‹ Prägung wirkt die Verwendung eines im strikten Sinn referenzialisierbaren Eigennamens vor allem als Störung. Erst nach und nach kommt der durch sie evozierte Wissenskontext in seiner doppelten Funktion zur Anschauung. Die Verwendung dieser Klasse von Eigennamen dient einmal der Einbettung der fiktiven Personen des Romans in die geschichtliche Wirklichkeit: Ottilie und die anderen figurae narrationis sollen wie historische Personen erscheinen. Zum anderen dient die Verwendung aber auch der geschichtlichen Fixierung der Romanzeit selbst, die ja als zentrales Merkmal des Situationskontextes des Romans eine andere ist als die textinterne Zeit des Geschehens vom Frühjahr bis zum Herbst des folgenden Jahres. In beiderlei Hinsicht aber wird eine ästhetische Tabugrenze überschritten: die von Fiktionalität und die von Faktizität. (Im Übrigen wäre, so legt der Prosaspruch nahe, eine dritte Funktion dessen, was durch Ottilie mit dem Namen Humboldt verbunden wird, zu bedenken: Wie die Außergewöhnlichkeit Humboldts darin besteht, dass er Naturgeschichte unter dem Gesichtspunkt der sie bedingenden geologischen, geomorphologischen und klimatologischen Gegebenheiten beschreibt, so bestünde die Exzellenz des Historikers der Menschheitsgeschichte darin, die »Weltbegebenheiten« in ihren jeweiligen bedingenden Kontexten und Faktoren sowie Folgen zu erzählen, also »Nachbildungen des Zeitsinnes« anzubieten.)

---

die Poesie sich wohl anmaßen darf, Sie bei Leibesleben unter ihre Heroen aufzunehmen.« Vgl. Härtl, Dokumentation, a. a. O. (Anm. 1), S. 61 (Nr. 191). Zum Verhältnis Goethe – von Humboldt vgl. die biographischen Skizzen und deren kulturhistorische sowie textfunktionale Einbettung bei Gerhard Schulz, Exotik der Gefühle. Goethe und seine Deutschen, München 1998, S. 48–74: ›Es wandelt niemand ungestraft unter Palmen‹. Über Goethe, Alexander von Humboldt und einen Satz aus den ›Wahlverwandtschaften‹, hier: S. 55–57. – Nur noch einen zweiten referenzialisierbaren Eigennamen der Zeitgeschichte gibt es in den ›Wahlverwandtschaften‹: im Rahmen der Lebenden Bilder fällt der Name des Kupferstechers Johann Georg Wille (1715–1808), »unseres Wille« (II/5; MA 9,434); vgl. dazu Erich Trunz, Die Kupferstiche zu den »Lebenden Bildern« in den ›Wahlverwandtschaften‹, in: E. T., Weimarer Goethe-Studien, Weimar 1980 (= Schriften der Goethe-Gesellschaft 61), S. 203–217, hier: S. 208 f.

Das demonstriert etwa eine Bemerkung Charlottes nach dem »Epoche« machenden Ereignis des Kindstodes. In ihr wird die Zukunft Ottilies reflektiert:

> Du wirst aber, liebes Kind, ⟨...⟩ dem Anblick der Menschen dich nirgends entziehen können. Klöster haben wir nicht, in denen sonst eine Freistatt für solche Gefühle zu finden war. (II/15; MA 9,505)

Das Zeitdeiktikum »sonst« zusammen mit der präteritalen Aussageform garantiert den textexternen Bezug. Evoziert wird die Zeit bald nach dem Reichsdeputationshauptschluss von 1803, der die Auflösung des Reichskirchengutes an die weltlichen Fürsten vorsah und auch im Deutschen Reich den Säkularisationsprozess (auch im übertragenen Sinne) ungemein beschleunigte.

Fazit: Nach diesen ersten und durchaus ergänzungsfähigen Beobachtungen dürfte die Romanzeit ungefähr zwischen 1785 und 1805 zu datieren sein. Oder sollte ich nicht gleich die letztere Datierung auf 1806 vorschieben, das Jahr der napoleonischen Doppelschlacht von Jena und Auerstedt als »Ursache und Folge« des staatlichen Untergangs Preußens? Der Erzähler führt am Ende des ersten Teils einen Eduard vor Augen, der sich »nach dem Untergang« sehnt, »weil ihm das Dasein unerträglich zu werden drohte«:

> Der wieder ausgebrochne Krieg begünstigte sein Vorhaben. Militärische Halbheiten hatten ihm in seiner Jugend viel zu schaffen gemacht; er hatte deswegen den Dienst verlassen: nun war es ihm eine herrliche Empfindung, mit einem Feldherrn zu ziehen, von dem er sich sagen konnte: unter seiner Anführung ist der Tod wahrscheinlich und der Sieg gewiß. (I/18; MA 9,401; vgl. II/12; 486 f.)

Es sollte deutlich werden: Der Roman thematisiert auf seine Weise »Ursachen und Folgen« der Französischen Revolution, mithin die Zeit v o r, w ä h r e n d und n a c h der säkularen »Weltbegebenheit«.

2. Explizite Thematisierung des »Zeitsinnes«

Ist die Französische Revolution mit ihren »Ursachen und Folgen« der verschwiegenste aller Zeitbezüge im Roman – darin stimme ich mit Paul Böckmann und Werner Schwan überein[52] –, so kann man ihn am offensichtlichsten in Formulierungen wie »Zeit der Umwendung« sehen. Der Gehülfe, ein Namenloser und ein um-

[52] Vgl. Paul Böckmann, Naturgesetz und Symbolik in Goethes ›Wahlverwandtschaften‹, in: Jahrb. FDH 1968, S. 166–190, hier: S. 174, 190: »Die Symbolik der sozialen Verhältnisse weist auf einen Erfahrungsbereich, der nicht nur in den ›Privatgeschichten‹, sondern auch in den ›Weltbegebenheiten‹ beachtet sein will.« Unglücklich argumentiert Marita Gilli, Das Verschweigen der Geschichte in Goethes Wahlverwandtschaften oder Wie man der Geschichte nicht entfliehen kann, in: »Sie, und nicht Wir«. Die Französische Revolution und ihre Wirkung auf Norddeutschland und das Reich: Politik und Recht, Literatur und Musik, 2 Bde., hrsg. von Arno Herzig / Inge Stephan / Hans G. Winter, Hamburg 1989, hier: Bd. 2, S. 553–565; einerseits möchte M. Gilli zeigen, »wie Goethes Versuch, die Geschichte zu verschweigen, gescheitert ist« (S. 554, 559); andererseits jedoch, so Gilli, »ist sie wieder da, durch andere Mittel wachgerufen; sie ragt aus der Metapher und dem Sinnbild hervor« (S. 559). Dass Metapher und Sinnbild produktionsästhetische Mittel symbolischer Operation sind, mit deren Möglichkeiten ein Autor absichtsvoll ein Sujet wie die »Weltbegebenheiten« zu realisieren vermag, scheint der Verfasserin nicht klar zu sein. – Erst sehr spät ist das Thema der »Weltbegebenheiten« mit ihrem Fixpunkt Französische Revolution überhaupt Gegenstand der ›Wahlverwandtschaften‹-Forschung geworden; zu nennen ist hier vor allem die Monographie von Schwan, Das Soziale, a. a. O. (Anm. 26), sodann die über zwei Jahrzehnte später erschienene Dissertation von Reschke, Lektüren, a. a. O. (Anm. 16).

Im Folgenden sind Beobachtungen zum Verhältnis von »Privatgeschichten« und »Weltbegebenheiten« in den ›Wahlverwandtschaften‹, das ja die Darstellungsproblematik des Romans bestimmt, anzuschließen. Die Tatsache, dass die ›Wahlverwandtschaften‹ nahezu 200 Jahre lang als Liebes-, Ehe- und tragischer Roman gegolten haben – und dies in nachhaltiger Einseitigkeit –, ist vor allem darauf zurückzuführen, dass Goethes Intention, »sociale Conflicte« darstellen zu wollen, interpretationsgeschichtlich in dieser Ausschließlichkeit des privaten Kreises, in dem sich neuzeitliches Liebesleben und ehelicher Lebensbezug zu realisieren pflegen, eingefasst blieb. Andere Sehweisen wären möglich gewesen. Nach den auf Paul Böckmann und Walter Müller-Seidel aufbauenden großen Untersuchungen von Wolfgang Preisendanz und Jürgen Kolbe etwa zu Fontane lag eine wesentliche Änderung der Fragestellung nahe. Im Fontane-Kapitel seines Buches hatte W. Preisendanz (vgl. Humor als dichterische Einbildungskraft. Studien zur Erzählkunst des poetischen Realismus, München [1]1963 = Theorie und Geschichte der Literatur und der Schönen Künste 1, hier: [2]1976, S. 214–241) die Frage nach dem Verhältnis von »Privatgeschichte« und »Weltbegebenheiten« im Hinblick auf Fontanes Romane aufgeworfen: »Fontane will Zeitromane schreiben, sich dabei aber ganz auf die Darstellung des Menschen in seinem privaten Leben richten.« Die Lösung des »Problems« nun, »wie im Privaten zugleich die Zeit, wie in den Zügen des Lebensbilds die begründenden und bedingenden Faktoren ‹…› dargestellt werden« können (ebd., S. 238), hat W. Preisendanz dabei zum einen im »Humor als Prinzip seiner Erzählkunst« (ebd., S. 227), zum andern in

sichtiger Pädagoge zugleich, gebraucht die Formulierung, die natürlich topisch ist, in einem Gespräch mit Charlotte:

> Zu solchen Betrachtungen ward unser Gehülfe aufgefordert, als er an einem der schönen Tage ⟨...⟩ durch den großen alten Schloßgarten ge-

---

der integrativen Funktion des Gesprächs gesehen (ebd., S. 230–234 und passim). Der Humor als dichterische Einbildungskraft garantiert dem »Zeitroman« den »Kunstcharakter«, der Dialog als »Grundlage der epischen Integration« den dargestellten Bedeutungsbezug »von Einzelnem, Gesellschaft und Zeit« (ebd., S. 231).

Der Brückenschlag von Romanen Fontanes, in denen W. Preisendanz die grundsätzliche Vermittlungsproblematik bewältigt fand, zu Goethes ›Wahlverwandtschaften‹ erfolgte dann durch die bei W. Müller-Seidel angefertigte Dissertation J. Kolbes zur Rezeption des Romans Goethes im 19. Jahrhundert (vgl. Kolbe, Roman, a. a. O. [Anm. 24], S. 156–195). Der Brückenschlag ist leider folgenlos geblieben, selbst bei der die »Zeit im Roman« des 19. Jahrhunderts thematisierenden umfänglichen Arbeit zum »Zeitroman« von D. Göttsche, Zeit im Roman, a. a. O. (Anm. 38). – Darüber hinaus interessant ist nun die Frage, ob nicht nur der Humor als dichterische Einbildungskraft, sondern auch die Ironie als literarisch-ästhetisches Verfahren den dargestellten Bedeutungsbezug von »Privatgeschichte« und »Weltbegebenheiten« sicherstellen kann. Die Differenz von Humor und Ironie macht u.E. den Unterschied zwischen Fontanes Erzählkunst des poetischen Realismus und Goethes Epik des nachklassischen Neubeginns aus.

Hervorzuheben ist im Zusammenhang mit der Frage nach dem Zeitromancharakter der ›Wahlverwandtschaften‹ die dieser Fragestellung sehr nahe kommende Untersuchung W. Schwans, Das Soziale, a. a. O. (Anm. 26). Gegenüber der Goethe-Forschung, für die das Trauerspiel ›Die natürliche Tochter‹ »als wesentlicher Abschluß in Goethes Beschäftigung« mit dem weltgeschichtlichen Ereignis gelte, betont der Verfasser: »Auch in den ›Wahlverwandtschaften‹ werde auf eine zwar nicht auf den ersten Blick erkennbare, aber durchaus nachhaltige und für Goethes poetische Produktion kennzeichnende Weise die Auseinandersetzung mit der Französischen Revolution und ihren Folgeerscheinungen weitergeführt.« (Ebd., S. 216 f.) Insofern sind die ›Wahlverwandtschaften‹ als »Roman der Zeitkrise von 1806« zu verstehen (ebd., S. 245–251 und passim), wobei der Verfasser die Indirektheit der Thematisierung unterstreicht: der »Zusammenhang zwischen der Romanhandlung und der so tief in Goethes Lebensgefühl eingreifenden Epoche von 1806« sei »kryptisch« (ebd., S. 259). Sein Beschreibungs- und Interpretationsansatz ist dabei produktionsästhetisch und kontextuell orientiert.

Demgegenüber »verstehen sich« in der zweiten neueren Arbeit zu den ›Wahlverwandtschaften‹, einer 2006 gedruckten Dissertation, des Verfassers »Lektüren der Revolution« in Goethes Roman »letzten Endes auch als ›Plädoyer für Überinterpretation‹«; vgl. Reschke, Lektüren, a. a. O. (Anm. 16), S. 26. Zwar bestreitet der Verfasser, »sich vorbehaltlos dem universalistischen Intertextualitätskonzept Julia Kristevas« zu verschreiben, und betont die Absicht, »zwischen der poststrukturalistischen und der hermeneutisch-semiotischen Intertextualitätskonzeption« zu vermitteln (ebd., S. 25),

gangen war und die hohen Lindenalleen, die regelmäßigen Anlagen, die sich von Eduards Vater herschrieben, bewundert hatte. Sie waren vortrefflich gediehen, in dem Sinne desjenigen der sie pflanzte, und nun, da sie erst anerkannt und genossen werden sollten, sprach Niemand mehr

---

was aus methodologischen Gründen schwerlich durchführbar ist; vgl. dazu Klaus W. Hempfer, Poststrukturale Texttheorie und narrative Praxis, München 1976 (= Romanica Monacensia 11), S. 13–65. Aber Reschke versäumt durchwegs, die jeweilige Limitierung der Überinterpretation zu belegen, die jeweilige Grenzziehung zwischen Interpretation und Überinterpretation sichtbar zu machen, und mehr noch, die Legitimität der die Interpretation ab ovo ausschließenden überinterpretierenden Beliebigkeit zu begründen. Dies scheint auch nicht erforderlich zu sein, da der Leser ohnehin als »bedeutungsstiftende Letztinstanz des Textes« inthronisiert ist (ebd., S. 59). Folglich dürfen »unverantwortlich weitreichende Behauptung⟨en⟩« (S. 65) nicht nur aufgestellt, sondern auch noch zur Methode erhoben werden. So geraten die Beschreibung des tiefer ›liegenden‹ Romanthemas ›Französische Revolution‹ selber wie die Beschreibungssprache mit ihrer Auflösung begrifflicher Zuverlässigkeit aus allen Verankerungen. Es ist über das Ziel hinausgeschossen, wenn etwa am Beispiel der Anekdote »die aristotelische Unterscheidung von Wahrheit und Dichtung, Literatur und Geschichtsschreibung« als nicht mehr verfügbar soll gelten können (ebd., S. 32). Die Wahrnehmung sprachphilosophischer Arbeiten zu einem solchen Problem hätten in einer solchen Diskussion kathartisch wirken können; vgl. Gottfried Gabriel, Fiktion und Wahrheit. Eine semantische Theorie der Literatur, Stuttgart-Bad Cannstatt 1975 (= problemata 51) und ders., Logik und Rhetorik der Erkenntnis. Zum Verhältnis von wissenschaftlicher und ästhetischer Weltauffassung, Paderborn (u.a.) 1997 (= Explicatio 8), S. 116–125. Man vergleiche nicht weniger auch die Kritik aus der Literaturgeschichtsschreibung selber, etwa von Ulrich Broich, ›For a nation of forgetters‹: der Sinn der Erinnerung im Zeitalter der Dekonstruktion. Salman Rushdies ›Midnight's Children‹, in: Erkennen und Erinnern in Kunst und Literatur. Kolloquium Reisensburg, 4.–7. Januar 1996, in Verbindung mit Wolfgang Frühwald hrsg. von Dietmar Peil / Michael Schilling / Peter Strohschneider, Tübingen 1998, S. 653 bis 666, hier: S. 663: Die dem Ansatz der Dekonstruktion zugrunde liegende »extreme Skepsis«, so Broich, »mag schwer zu widerlegen sein«. »Allerdings hat auch die Position der extremen Skepsis ihre grundlegende Aporie, wie schon lange erkannt worden ist: Indem sie nämlich die Unmöglichkeit von Wahrheit behauptet, erhebt sie für eben diese Behauptung einen Wahrheitsanspruch. Aber selbst wenn die extrem skeptische Position nicht eigentlich widerlegt werden kann, so hat sie doch praktische Konsequenzen, die sie ad absurdum führen. Um nur ein Beispiel zu nennen: Ist Auschwitz, ist der Holocaust eine Fiktion oder eine Realität? Ist es unmöglich zu sagen, daß die Behauptung eines millionenfachen Mordes in den Vernichtungslagern wahr ist? Läßt sich allenfalls sagen, daß die ›Auschwitz-Lüge‹ politisch inopportun oder verderblich, nicht aber, daß sie eine Lüge ist? Weder der Historiker noch wir selbst bei unseren lebensweltlichen Urteilen über Erinnerung und Geschichte kommen also ohne einen Wahrheitsanspruch aus.« Zudem bleibt jenseits dieser grundsätzlichen Erkenntnisproblematik und Skepsiskritik Reschke jede Begründung dafür

von ihnen; man besuchte sie kaum und hatte Liebhaberei und Aufwand gegen eine andere Seite hin ins Freie und Weite gerichtet.

Er machte bei seiner Rückkehr Charlotten die Bemerkung, die sie nicht ungünstig aufnahm. Indem uns das Leben fortzieht, versetzte sie, glauben wir aus uns selbst zu handeln, unsre Tätigkeit, unsre Vergnügungen zu wählen; aber freilich, wenn wir es genau ansehen, so sind es nur die Plane, die Neigungen der Zeit, die wir mit auszuführen genötigt sind.

Gewiß, sagte der Gehülfe: und wer widersteht dem Strome seiner Umgebungen. Die Zeit rückt fort und in ihr Gesinnungen, Meinungen, Vorurteile und Liebhabereien. Fällt die Jugend eines Sohnes gerade in die Zeit der Umwendung, so kann man versichert sein, daß er mit seinem Vater nichts gemein haben wird. Wenn dieser in einer Periode lebte, wo man Lust hatte sich manches zuzueignen, dieses Eigentum zu sichern, zu beschränken, einzuengen und in der Absonderung von der Welt seinen Genuß zu befestigen; so wird jener sodann sich auszudehnen suchen, mitteilen, verbreiten und das Verschlossene eröffnen.

Ganze Zeiträume, versetzte Charlotte, gleichen diesem Vater und Sohn, den Sie schildern. (II/8; MA 9,458)

Offenkundig wird hier eine Reihe von strukturellen Bezügen in eine Art von Coda geführt. Beispielsweise findet dieses Gespräch zwischen dem Gehülfen und der schwangeren Charlotte im 8. Kapitel des zweiten Romanteils statt, in dem der Sohn Otto geboren wird und bei dessen Taufe der alte Pastor, nicht ohne Verschulden Mittlers, ins Grab sinkt. In solcher Zuspitzung des Motivs von Taufe und Tod und zugleich in unübersehbarem Vorgriff auf die vergebli-

---

schuldig, gegen Goethes erklärte Darstellungsintention, das Thema des Romans »symbolisch gefaßt« zu behandeln, seine Beschreibungen mittels einer neueren Allegorie-Auffassung zu bestreiten (vgl. S. 19f.). Dass Goethe selber sehr wohl zwischen einem Symbol-bestimmten Literaturkonzept und einem Allegorie-bestimmten Literaturkonzept unterschieden hat, wird ignoriert. – Letztlich geht die kritische Reflexion des zugrundeliegenden Textbegriffs und der aus ihm folgenden hermeneutischen Konsequenzen in der kontroversen Fragestellung auf: ›Lektüren‹ oder Textanalyse? G. Seibt und O. R. Scholz haben sie an die Arbeit von Waltraud Wiethölter, Legenden. Zur Mythologie von Goethes ›Wahlverwandtschaften‹, in: Deutsche Vierteljahrsschrift für Literaturwissenschaft und Geistesgeschichte 56 (1982), S. 1–64, gerichtet und sich für die Textanalyse entschieden, die als methodische Rekonstruktion der Textbedeutung prinzipiell an der »Möglichkeit einer einheitlichen und kohärenten Interpretation des Romans« orientiert bleibt; vgl. Gustav Seibt und Oliver R. Scholz, Zur Funktion des Mythos in ›Die Wahlverwandtschaften‹, ebd., 59 (1985), S. 609–630, hier: S. 610f.

che Wiederbelebung des ertrunkenen Kindes am Ort seiner denkwürdigen Zeugung nur wenige Kapitel später (II/14; MA 9,498: »das Schlafzimmer Charlottens, worin dies alles geschehen«) wird das optimistische Erklärungsmodell einer in der Generationenfolge Großvater – Vater – Sohn sich selbst regulierenden und korrigierenden Kulturbewegung problematisiert. Denn der Sohn Otto dieses Romans wird gar nicht erst die Möglichkeit haben, die »ins Freie und Weite« sich verlierenden Unternehmungen seines Vaters Eduard auf die Dimensionen seines Großvaters zurückzuschneiden.

Ein einziges Beispiel noch für diesen Grundzug zur Problematisierung des in einem außerordentlich alten Modell der Kulturbewegung transportierten Optimismus. Ein reisender Engländer – seit Laurence Sternes ›Sentimental Journey‹ von 1768 kann es nicht anders sein – weiß den zurückgebliebenen Frauen Charlotte und Ottilie »in seinem eigens akzentuierten Französisch« folgendes mitzuteilen:

> Ich habe mir nun angewöhnt überall zu Hause zu sein ⟨...⟩. Nach meinen eigenen Besitzungen sehne ich mich nicht zurück, teils aus politischen Ursachen, vorzüglich aber weil mein Sohn, für den ich alles eigentlich getan und eingerichtet, dem ich es zu übergeben, mit dem ich es noch zu genießen hoffte, an allem keinen Teil nimmt, sondern nach Indien gegangen ist, um sein Leben dort, wie mancher andere, höher zu nutzen, oder gar zu vergeuden. (II/10; MA 9,471)

Die Problematisierung des genealogischen Modells als eines Orientierungsschemas für die Sinnverständigung über geschichtliche Ereignisse – um nichts anderes handelt es sich hier – kann darüber hinaus noch in einer weiteren Hinsicht des Themas von der »Zeit der Umwendung« in den ›Wahlverwandtschaften‹ interessant sein. Jenes Modell geschichtlicher Erfahrung, also das Auffassen und Denken temporaler Verläufe in dynastischen Kategorien, gehört nach Reinhart Koselleck zu einem Geschichtsbegriff der »unendlich vielen Geschichten im Plural, von denen man früher zu erzählen wußte«.[53] Mit einer dieser vielen Geschichten, einer »einzelne⟨n⟩ Begebenheit«, wie man »uns die Geschichte gelehrt« hat, rechtfer-

[53] Reinhart Koselleck, Geschichte, Geschichten und formale Zeitstrukturen, in: Geschichte – Ereignis und Erzählung, hrsg. von R. K. und Wolf-Dieter Stempel, München 1973 (= Poetik und Hermeneutik V), S. 211–222, hier: S. 212.

tigt Ottilie gegen Charlotte ihre »anständige Dienstfertigkeit« gegenüber den Männern Eduard und Otto:

> Als Carl der Erste von England vor seinen sogenannten Richtern stand, fiel der goldne Knopf des Stöckchens das er trug herunter. Gewohnt, daß bei solchen Gelegenheiten sich alles für ihn bemühte, schien er sich umzusehen und zu erwarten, daß ihm Jemand auch diesmal den kleinen Dienst erzeigen sollte. Es regte sich Niemand; er bückte sich selbst, um den Knopf aufzuheben. Mir kam das so schmerzlich vor, ich weiß nicht ob mit Recht, daß ich von jenem Augenblick an Niemanden kann etwas aus den Händen fallen sehn, ohne mich darnach zu bücken. Da es aber freilich nicht immer schicklich sein mag, und ich, fuhr sie lächelnd fort, nicht jederzeit meine Geschichte erzählen kann; so will ich mich künftig mehr zurückhalten. (I/6; MA 9,327 f.)

Die hier demonstrierte anekdotische, als lebensweltlich relevant thematisierte Aneignung von Geschichte durch eine erzählte Figur – nämlich als Aneignung einer »einzelnen« und zugleich ›unerhörten‹ »Begebenheit« – vollzieht sich noch ganz im Sinne des Topos »Historia magistra vitae«, also im Sinne dessen, wie man »uns die Geschichte gelehrt« hat. Demgegenüber zeigt der Autor als erzählende Origo des Romans ein radikal anderes, weil diesseits der »Sattelzeit« ausgebildetes Geschichtsbewusstsein: etwa in der ›Campagne in Frankreich‹. Darin nämlich expliziert Goethe das zugrundeliegende Ereignis in einer der genuin ›modernen‹ Weisen, nämlich in dem – dann von R. Koselleck theoretisierten – Modus der »Wiederholbarkeit von Ereignissen«:[54]

> Wer hatte seit seiner Jugend sich nicht vor der Geschichte des Jahrs 1649 entsetzt, wer nicht vor der Hinrichtung Carl I. geschaudert, und zu einigem Troste gehofft daß dergleichen Szenen der Parteiwut sich nicht abermals ereignen könnten. Nun aber wiederholte sich das alles, greulicher und grimmiger, bei dem gebildetsten Nachbarvolke wie vor unsern Augen; Tag für Tag, Schritt für Schritt.[55]

Eine solche Auffassungsform von Geschichte aber ist in einem »seit rund 1780« einsetzenden Prozess zu sehen, in dem sich, wie R. Koselleck feststellt, die »semantische Erfahrungsschwelle einer Ge-

---

[54] Vgl. ebd., S. 213.

[55] Goethe, Campagne, a. a. O. (Anm. 45), S. 571.

schichte schlechthin«, einer »Geschichte im Singular«, ausbildet und der ein »Zeitigungsprozeß« ist, »der von immanenten Kräften entfesselt wird«.[56] Die Frage dabei, ob eine solche Temporalisierung, eine solche Verzeitlichung Struktur und Stil des Romans derart mitbestimmt, dass ›Die Wahlverwandtschaften‹ auch in dieser Hinsicht als Zeitroman würde gelten können, wäre nun textanalytisch aufzunehmen.

Wie sehr jedenfalls das genealogische Geschichtsmodell als Modell fungiert, zeigt sich an der Übertragung Charlottes; denn es heißt ja – und damit verweise ich auf den länger zitierten Text zurück –, dass »⟨g⟩anze Zeiträume ⟨...⟩ diesem Vater und Sohn« gleichen würden. Und dieser Vergleich wird dann im Weiteren extensiv und bis ins kleinste Detail durchgeführt.

Charlotte ist es auch, die schon sehr viel früher und erneut über die Anwendung eines Modells das Thema von der »Zeit der Umwendung« ins Spiel bringen muss. Im 4. Kapitel des ersten Romanteils bezieht sie nämlich die »Gleichnisrede« der chemischen Verwandtschaften in einer von rhetorischer Aufwärts- und Abwärtsbewegung, von Klimax und Antiklimax geprägten Replik auf die Darstellung des Hauptmannes:

> Es fehlt nicht viel, sagte Charlotte, so sieht man in diesen einfachen Formen die Menschen, die man gekannt hat; besonders aber erinnert man sich dabei der Sozietäten, in denen man lebte. Die meiste Ähnlichkeit jedoch mit diesen seelenlosen Wesen haben die Massen, die in der Welt sich einander gegenüber stellen, die Stände, die Berufsbestimmungen, der Adel und der dritte Stand, der Soldat und der Zivilist. (I/4; MA 9,315 f.)

---

[56] Vgl. Koselleck, Geschichte, a. a. O. (Anm. 53), S. 212, 221. Ein Anekdoton am Rande. Am 19. 11. 1979 habe ich unter dem Titel »Der Erzähler als Rhapsode oder Über J. W. v. Goethes ›Die Wahlverwandtschaften‹ als Zeitroman« meinen Bewerbungsvortrag an der Universität Erlangen-Nürnberg gehalten; nach meiner Berufung erfolgte seine Wiederholung vor dem Hauptseminar über »Goethes Romane« unter der Leitung von Theo Elm am 23. 2. 1984. Vgl. Th. Elm, ›Wissen‹ und ›Verstehen‹ in Goethes ›Wahlverwandtschaften‹, in: Brandstetter, Erzählen und Wissen, a. a. O. (Anm. 13), S. 91–107, hier: S. 91 f., 94–96 (sowie zum Komplex ›Park und Garten im 18. Jahrhundert‹, ebd., S. 92 f., 94 f.) und die frühere Publikation von Th. Elm, Johann Wolfgang Goethe: Die Wahlverwandtschaften, Frankfurt am Main 1991.

Ist hier die Gleichnisrede zunächst noch spielerisch, wenngleich, wie wir wissen, mit ›tückischem‹ Hintersinn, angewendet, so erweist sich – im 1. Kapitel des zweiten Teils – ihre, erneut rhetorisch gesteigerte, Mächtigkeit nachdrücklich dann in Charlottes Reflexionen auf die Zeit und ihre »gestörten« Verhältnisse in den privaten wie nicht weniger in den politischen Sozietäten:

> Gesellschaften und Familien betragen sich so gegen ihre liebsten Glieder, Städte gegen ihre würdigsten Bürger, Völker gegen ihre trefflichsten Fürsten, Nationen gegen ihre vorzüglichsten Menschen. (II/1; MA 9,407)

Dieses Thema vom Umbruch will denn auch nicht allein als tertium comparationis für die Erscheinungsformen der Zeitvergessenheit und die nach und nach aufbrechende Reflexion auf die Zeitlichkeit alles Geschehens bis hin zur konkreten Erfahrung von Zeit und Geschichte, die sich »ihr ungeheures Recht nicht rauben« lässt, integriert sein. Das Thema vom Umbruch bestimmt, wie gelegentlich schon sichtbar wurde, auch die verschiedenen Darstellungsmittel. Eines dieser Mittel ist soeben andeutungsweise beschrieben worden: Charlotte, Mitglied des Hofadels und darin metonymisch eingesetzt, äußert sich in oratorischen Ausdrucksformen. Es wäre daher ein eigenes Kapitel nötig, um zu beschreiben, wie in den ›Wahlverwandtschaften‹ der »Zeitsinn« auch im Verhältnis von Rhetorik und »repräsentativer Öffentlichkeit«, sprich: Welt des Adels, »nachgebildet« ist.[57] (Im Übrigen gebricht es zum Aspekt ›Schulrhetorik und Goethes literarische Prosa‹ noch immer an Untersuchungen.) Rhetorik als Medium ist dabei nur eines in einem ganzen Ensemble. Als ein ausgezeichnetes Mittel erweisen sich Anspielungen auf Phänomene des Ancien Régime, an deren Veränderungen zeigt sich zugleich das Prozesshafte der Umwendung. Beide Aspekte sollen an ausgewählten Beispielen vorgeführt werden.

---

[57] Vgl. Jürgen Habermas, Strukturwandel der Öffentlichkeit. Untersuchungen zu einer Kategorie der bürgerlichen Gesellschaft, Neuwied/Berlin 1971 (= Sammlung Luchterhand 25), S. 17–28, § 2.

3. Anspielungen als implizite Thematisierung des »Zeitsinnes«

Versteht man etwa das Gespräch der drei Personen über die »galante« Chemie der ›Wahlverwandtschaften‹ als Paradigma und achtet dabei auf Lexik, Redestil und Redehaltung, so wird hier sehr schnell deutlich, dass es sich um jene Formkultur geistreich-witziger Rede handelt, die dem Rokoko eigentümlich ist und, wie Paul Böckmann an Goethes ›Laune des Verliebten‹ gezeigt hat, auch einen gewissen Hang zum »Experiment« hat:[58]

> Ich müßte sehr irren, sagte Eduard lächelnd, oder es steckt eine kleine Tücke hinter deinen Reden. Gesteh' nur deine Schalkheit! Am Ende bin ich in deinen Augen der Kalk, der vom Hauptmann, als einer Schwefelsäure ergriffen, deiner anmutigen Gesellschaft entzogen und in einen refraktären Gyps verwandelt wird. (I/4; MA 9,318; Hervorhebung T. V.)

Es erübrigt sich hier nochmals der Nachweis, dass das ›Experiment‹ auf bedenkliche Weise aufgeht, wie aus diesem Scherz Ernst wird[59] und des Dichters spätes Wort von den »sehr ernsten Scherzen« bereits in den Gesichtskreis treten lässt. Hervorzuheben ist demgegen-

---

[58] Vgl. Paul Böckmann, Formgeschichte der deutschen Dichtung, Hamburg ^{2}1965, S. 546–552; ferner den erhellenden Beitrag von Wolfgang Adam, Geselligkeit und Anakreontik, in: Dichter und Bürger in der Provinz. Johann Peter Uz und die Aufklärung in Ansbach, hrsg. von Ernst Rohmer und Theodor Verweyen, Tübingen 1998 (= Frühe Neuzeit 42), S. 30–54 sowie darüber hinaus die ertragreiche Forschung der letzten Jahrzehnte zur Literatur und Kultur des Rokoko.

[59] In dem frühen Schäferspiel ›Die Laune des Verliebten‹ gestaltete Goethe noch unbedenklich »ein Stück Liebes- und Gesellschaftsphilosophie« gegenläufiger Art aus dem Geist derselben geschichtlichen Epoche: hier geben Figurengruppierung und Geschehensführung, ebenfalls in Art einer ›Versuchs-Anordnung‹ in einem Vierer-Verhältnis, dem Autor »Gelegenheit, die Vereinbarkeit und Vermittelbarkeit von liebender Gebundenheit und gesellschaftlicher Dimension der Erotik zu reflektieren«, wobei »⟨d⟩er Flirt, das Tändeln und Scherzen ‹...› im geselligen Leben ‹...› eine Bewährungsprobe der erotischen Attraktivität und zugleich der festen Bindung dauerhafter Liebe ⟨bedeuten⟩«; vgl. Wolfgang Preisendanz, Das Schäferspiel ›Die Laune des Verliebten‹ und das Lustspiel ›Die Mitschuldigen‹, in: Goethes Dramen. Neue Interpretationen, hrsg. von Walter Hinderer, Stuttgart 1980, S. 11–22, hier: S. 12 bis 15. Ohne Kenntnis der Arbeiten von P. Böckmann und W. Preisendanz das Kapitel »Schäferidyllen oder Die Laune des Verliebten« bei Thorsten Critzmann, Goethes Wahlverwandtschaften als Jahresmärchen. Ein Dialog zwischen Aufklärung und Romantik, Köln 2006 (= Wort Kunst Werk 2), hier: S. 67f.

über vielmehr, dass Rokoko als kulturelles Phänomen und geistiger Hintergrund und dessen anakreontische Ausdrucksformen erotischen Scherzens als ästhetisch-literarisches Korrelat eine der Repräsentationen des Zeitsinnes im Roman bilden.

Ein anderes Beispiel. Der Hauptmann erläutert Charlotte, was es mit dem »Kunstwort« »Wahlverwandtschaften« auf sich hat, freilich einschränkend, ob »man in der wissenschaftlichen Welt noch so darüber denkt, ob es zu den neuern Lehren paßt«, wisse er nicht zu sagen. Eduard fällt in die Explikation ein:

> Es ist schlimm genug, rief Eduard, daß man jetzt nichts mehr für sein ganzes Leben lernen kann. Unsre Vorfahren hielten sich an den Unterricht, den sie in ihrer Jugend empfangen; wir aber müssen jetzt alle fünf Jahre umlernen, wenn wir nicht ganz aus der Mode kommen wollen. (I/4; MA 9,314)

Was Eduard hier äußert, ist nichts weniger als die im 18. Jahrhundert aufbrechende Erfahrung einer durch die Naturwissenschaften in Gang gesetzten und seither in Gang gehaltenen permanenten Perfektibilisierung. Es ist ein Prozess, der zur ständigen Provokation der lebensweltlichen Erfahrungen, Verhältnisse und Normen wird – Stichwort »Mode« – und der zugleich die Erfahrung der Historisierung zuvor gültiger Normen des Verhaltens aufnötigt. (Gleichsam in Klammern füge ich an dieser Stelle rasch hinzu, dass dem beschleunigten Verändern ehemals stabiler Wissensordnungen auch das beschleunigte Verändern ehemals stabiler Normen ›socialer‹ Ordnungen korrespondiert: Lässt der Erzähler doch den Grafen jenes illegitimen Paares im Kreise der Freunde früherer Hoftage den Vorschlag eines alten Bekannten wiedergeben: »eine jede Ehe solle nur auf fünf Jahre geschlossen werden«; I/10; MA 9,352). So gewinnt in der Perfektibilisierung die Erfahrung, wie sich die Lebensvorgänge beschleunigen, eine immer zentralere Bedeutung – und genau darin auch R. Kosellecks theoretischer Aspekt vom »Zeitigungsprozeß« aller Lebensverhältnisse nach der »Sattelzeit« seinen Fundierungszusammenhang. Der Prozess der Perfektibilisierung verändert und er verändert in ständiger Beschleunigung:[60] War Eduard »frü-

---

[60] Vgl. Goethes Einschätzung in einem Vorkonzept zum Konzept eines Briefes an Georg Heinrich Ludwig Nicolovius, Ende November 1825 (?), in: Goethe, Die letzten Jahre. Briefe, Tagebücher und Gespräche von 1823 bis zu Goethes Tod, Tl.

her, wegen lebhafter gefühlter Rezitation dichterischer und rednerischer Arbeiten, angenehm und berühmt gewesen«, so waren es »⟨n⟩un ⟨...⟩ andre Gegenstände die ihn beschäftigten, andre Schriften woraus er vorlas und eben seit einiger Zeit vorzüglich Werke physischen, chemischen und technischen Inhalts« (I/4; MA 9,312) – mithin Werke, von denen es nur wenig zuvor auf der Ebene des Erzählers heißt:

> so war das Gespräch, wie das Lesen, meist solchen Gegenständen gewidmet, welche den Wohlstand, die Vorteile und das Behagen der bürgerlichen Gesellschaft vermehren. (I/4; MA 9,311)

Thematisiert wird somit im Austausch der Gebrauchsattribute erneut die Zeit der Umwendung – in der Theoriesprache der modernen Soziologie – von der repräsentativen zur bürgerlichen Öffentlichkeit.[61]

Ein letztes Beispiel, ein solches freilich, dem in der »staunenswerten poetischen Ökonomie« des Romans[62] eine eigenwillige Bedeu-

---

1, hrsg. von Horst Fleig, Frankfurt am Main 1993 (= FA II 10 [37]), S. 332–334, hier: S. 333f.: »Für das größte Unheil unsrer Zeit, die nichts reif werden läßt, muß ich halten daß man im nächsten Augenblick den vorhergehenden verspeist, den Tag im Tage vertut, und so immer aus der Hand in den Mund lebt, ohne irgend etwas vor sich zu bringen ⟨...⟩; und so springt's von Haus zu Haus, von Stadt zu Stadt, von Reich zu Reich und zuletzt von Weltteil zu Weltteil, alles veloziferisch.« Dieses dann in das Korpus der ›Betrachtungen im Sinne der Wanderer‹ zu ›Wilhelm Meisters Wanderjahre‹ eingegangene Notat (vgl. Goethe, Wilhelm Meisters Wanderjahre. Maximen und Reflexionen, hrsg. von Gonthier-Louis Fink / Gerhart Baumann / Johannes John, München/Wien 1991 [= MA 17], S. 518f.; nach Frickes Neuordnung in: Goethe, Sprüche in Prosa, a. a. O. [Anm. 22], S. 141: Abt. ›Thesengruppen‹, Nr. 2.19.3) hat M. Osten in den Mittelpunkt seines Essays zu den ›Wahlverwandtschaften‹ gestellt und in ihm Goethes Ahnung zum Ausdruck gebracht gesehen, dass »mit dem Epochenbruch der Französischen Revolution und den Blitzsiegen Napoleons« als nachhaltigste Folge die »Anarchie der Übereilung« verbunden sei; vgl. Manfred Osten, »Alles Veloziferisch«: Goethes Ottilie und die beschleunigte Zeit, in: Goethe und das Zeitalter der Romantik, hrsg. von Walter Hinderer, Würzburg 2002 (= Stiftung für Romantikforschung 21), S. 213–229, hier: S. 215, 219 und passim.

[61] Vgl. Habermas, Strukturwandel, a. a. O. (Anm. 57), S. 25–28; Habermas selber verwendet ›Wilhelm Meisters Lehrjahre‹ zur literarischen Illustration der These.

[62] Walther Killy, Wirklichkeit und Kunstcharakter. Goethe: ›Die Wahlverwandtschaften‹, in: W. K., Romane des 19. Jahrhunderts. Wirklichkeit und Kunstcharakter, Göttingen 1967 (= Kleine Vandenhoeck-Reihe 265 S), S. 19–35, hier: S. 23; vgl.

tung zukommt. H. Th. Rötscher hatte bereits 1838 darauf hingewiesen, in den Gartenanlagen sei, »bis in die geringsten Details hinein, das menschliche Gepräge sichtbar«.[63] Und die Literaturforschung hat seit den 1970er Jahren erfolgreich nachweisen können, dass diese Ansicht wieder nicht nur im Hinblick auf die »Privatgeschichte«, sondern auch und vor allem im Hinblick auf die »Weltbegebenheiten« zu verstehen ist.

Mehrere Zeitschichten und -aspekte sind es, die den Schloss- und Parkbezirk des Romans gliedern: Wie die bereits in anderer Hinsicht zitierte Textpassage im Anschluss an den Gang des Gehülfen durch den Schlossgarten zeigt, ist es zunächst einmal der, von Eduard bald vernachlässigte, große und alte Schlossgarten mit seinen hohen Lindenalleen und regelmäßigen Anlagen (II/8; MA 9,458) – der Typ des Französischen Gartens in der Manier LeNôtres. Es sind sodann die von Charlotte rokokohaft-verspielt bearbeiteten und zugleich empfindsam umgemodelten »neuen Anlagen«, die Goethes und Schillers Bemerkungen im Entwurf über das »Dilettantische« in der Gartenkunst aus dem Jahre 1799 zu bestätigen scheinen: »Schaden fürs Subjekt Reales wird als ein Phantasiewerk behandelt. 〈...〉 Befördert die sentimentale und phantastische Nullität. 〈...〉 Schaden fürs Ganze Vermischung von Kunst und Natur. Vorliebnehmen mit dem Schein.«[64] Nicht viel anders und lieblos beurteilt eine figura narrationis, der Hauptmann, gegenüber Eduard im 3. Kapitel des ersten Teils Charlottes »neue Schöpfung« (I/1; MA 9,286; I/3; 304), »kleine Schöpfung« (I/3; 306), »kleine Welt«

---

vor allem auch Friedrich Nemec, Die Ökonomie der ›Wahlverwandtschaften‹, München 1973 (= Münchner Germanistische Beiträge 10), S. 11–17, 233 und passim.

[63] Rötscher, Goethes ›Wahlverwandtschaften‹, a. a. O. (Anm. 13), S. 148, vgl. Nemec, a. a. O., S. 21.

[64] Vgl. Goethe (Schiller und Heinrich Meyer): 〈Über den Dilettantismus〉, in: Ästhetische Schriften 1771–1805, hrsg. von Friedmar Apel, Frankfurt am Main 1998 (= FA I 18), S. 739–786, hier: S. 760. Unzureichend und den Blick für die »staunenswerte« Komplexität des Romans verstellend ist die unter den Gesichtspunkt des Dilettantismus gestellte These von den »›Wahlverwandtschaften‹ als gesteigerter ›Werther‹«; vgl. Dieter Borchmeyer, Goethe. Der Zeitbürger, München/Wien 1999, S. 90–92. Zum »Dilettantismus«-Schema allgemein vgl. Jochen Golz, ›Dilettantismus‹ bei Goethe. Anmerkungen zu einer Geschichte des Begriffs, in: Dilettantismus um 1800, hrsg. von Stefan Blechschmidt und Andrea Heinz, Heidelberg 2007 (= Ereignis Weimar–Jena. Kultur um 1800, 16), S. 27–39.

(I/7; 336), »ander⟨e⟩ und neue Welt« (I/7; 338) unumwunden und explizit als – »Stückwerk« (I/3; MA 9,305); dabei ist mit dem hier einmontierten Sprachmaterial der Poesie des Sturm und Drang zugleich eine ihrer grundlegenden Ambitionen kritisch mitbetroffen: der Anspruch des Genie-Dichters, ein »alter deus« zu sein, der eine »natura altera« schaffe. Eine dritte Zeitschicht, die der entstehenden Lusthaus- und Gartenanlagen, geht auf das Studium englischer Parkbeschreibungen zurück (I/6; MA 9,330) – ein markanter Hinweis auf das Übergreifen des Englischen Gartens nach Deutschland seit etwa 1785[65] – und steht in einem bemerkenswerten Textzusammenhang. Eduard schlägt nämlich dem Hauptmann vor, Charlottes hinhaltendes Zögern mit einer List zu überwinden:

> Laß uns die englischen Parkbeschreibungen mit Kupfern zur Abendunterhaltung vornehmen, nachher deine Guts-Charte. Man muß es erst problematisch und nur wie zum Scherz behandeln, der Ernst wird sich schon finden. (I/6; MA 9,330f.)

Dieser Ernst – der willige Leser, dem der Autor selbst die mehrmalige Lektüre seines Romans empfohlen hat, weiß es –, dieser Ernst stellt sich ein in der Entbindung der gebändigten Natur in die »freie« Landschaft nach englischem Muster, die aber auch »Verwilderung« bedeutet; er stellt sich ein in der Rückverwandlung des gezähmten Bergsees in seinen ursprünglichen, elementar-natürlichen Zustand, der aber auch der Ort des unschuldigen Kindstodes wird; er stellt sich ein in dem »abenteuernden« Ausbruch Eduards aus dem Ennui des scheinbar idyllisch zeitabgewandten und gesellschaftsfernen Weltzustandes ins Unbeschränkte, Freie, freilich auch Unbedingte und Ausschließliche – die thematische Nähe zum Prosaspruch aus Ottilies Tagebuch so gut wie die Orientierung an seiner skeptischen Grundlinie liegen auf der Hand: »Es darf sich einer nur für frei erklären, so fühlt er sich den Augenblick als bedingt. Wagt er es sich für bedingt zu erklären, so fühlt er sich frei.« (II/5; MA 9,438)

Ein letzter Zeitaspekt ist zumindest anzudeuten. Wie das folgende Zitat belegt, wird ›Umwendung‹ noch in einer weiteren Hinsicht thematisiert: der Gehülfe antwortet auf die Frage Charlottes, ob

---

[65] Vgl. Dieter Hennebo, Goethes Beziehungen zur Gartenkunst seiner Zeit, in: Jahrb. FDH 1979, S. 90–119, hier: S. 96f.

man aus dem ungebundenen »in einen andern, in den vorigen Zustand zurückkehren könne«, wie folgt:

> jeder Zustand hat seine Beschwerlichkeit, der beschränkte sowohl als der losgebundene. Der letztere setzt Überfluß voraus und führt zur Verschwendung. Lassen Sie uns bei ihrem Beispiel bleiben, das auffallend genug ist. Sobald der Mangel eintritt, sogleich ist die Selbstbeschränkung wiedergegeben. Menschen die ihren Grund und Boden zu nutzen genötigt sind, führen schon wieder Mauern um ihre Gärten auf, damit sie ihrer Erzeugnisse sicher seien. Daraus entsteht nach und nach eine neue Ansicht der Dinge. Das Nützliche erhält wieder die Oberhand und selbst der Vielbesitzende meint zuletzt auch das alles nutzen zu müssen. Glauben Sie mir: es ist möglich, daß Ihr Sohn die sämtlichen Parkanlagen vernachlässigt und sich wieder hinter die ernsten Mauern und unter die hohen Linden seines Großvaters zurückzieht. (II/8; MA 9,459)

Der hier thematisierte Zeitaspekt, bei dem der »Skepsis gegenüber einer allzu großzügigen, ja verschwenderischen Inanspruchnahme wertvollen Nutzlandes für Parkanlagen und Verschönerungsmaßnahmen« das Wort geliehen wird, weist voraus in die Zukunft, deren Spuren im Roman jedoch schon sichtbar sind.[66]

Nun, es sollte deutlich werden: Die Darstellung der Geschichte des Romanbezirks ist keineswegs nur die Darstellung der Geschichte privater Marotten der in ihm agierenden Personen. Es sei hier lediglich auf die 1978 publizierten Ergebnisse eines Colloquiums über »Park und Garten im 18. Jahrhundert« hingewiesen. Danach ist für die zeitgenössische ›Theorie der Gartenkunst‹ – etwa von Christian Cay Laurenz Hirschfeld (1742–1792), die in den Jahren 1779 bis 1785 in Leipzig erschien – ein deutlicher Zusammenhang der Gartenkunst mit Gesellschaftsauffassungen der Zeit gegeben: Wie der Typ des Französischen Gartens dem ›geometrisierenden Geist‹ des Renaissance- und Barockfürstentums zugehört, so repräsentiert der Typ des Englischen Landschaftsgartens im Allgemeinen den »Geist eines aufgeklärten Paternalismus«.[67] Mit anderen Worten: Die ex-

---

[66] Vgl. Hennebo, a. a. O., S. 117f.; vgl. Hans Rudolf Vaget, Ein reicher Baron. Zum sozialgeschichtlichen Gehalt der ›Wahlverwandtschaften‹, in: Jahrbuch der Deutschen Schillergesellschaft 24 (1980), S. 123–161; das Verdienst dieser Arbeit wird durch die Einseitigkeit der Interpretation gemindert, nicht aufgehoben.

[67] Vgl. Rudolf Sühnel, Der englische Landschaftsgarten auf dem Hintergrund der Geistes- und Gesellschaftsgeschichte des 18. Jahrhunderts, in: Park und Garten im

tensiven Parkbeschreibungen und Gespräche über Garten und Landschaft in den ›Wahlverwandtschaften‹ haben politische Implikationen. Allerdings ist im Unterschied zur Beurteilung des Engli-

---

18. Jahrhundert. Colloquium der Arbeitsstelle 18. Jahrhundert der Gesamthochschule Wuppertal 1976, Heidelberg 1978, S. 11–15, hier: S. 13.

Nach den frühen zeitgenössischen Anstößen beispielsweise durch Solger und Rötscher sind für eine literaturgeschichtliche Aufnahme und textanalytisch relevante Anwendung park- und gartenkünstlerischer Aspekte die Grundlagen in der gartenkünstlerischen Kulturgeschichte von Derek Clifford, Geschichte der Gartenkunst (engl. Original 1962, übers. von Hubert Klemke), München 1966 und von dem Autorenteam Dieter Hennebo und Alfred Hoffmann, Geschichte der deutschen Gartenkunst, 3 Bde., Hamburg 1962–1965 gelegt worden. Dabei sind im Hinblick auf Goethes Roman wie auf das zusammen mit Schiller entworfene Dilettantismus-Schema (a. a. O., Anm. 64) der gemeinsam verfasste Bd. 2: Der architektonische Garten – Renaissance und Barock, Hamburg 1965 sowie der von A. Hoffmann vorgelegte Bd. 3: Der Landschaftsgarten, Hamburg 1963 (hier: S. 13–15 und passim) gleichermaßen wichtig, während in der Arbeit von D. Clifford das Kapitel »Die große Gartenrevolution« (S. 273–348, hier: S. 273–290; im engl. Original »The Great Revolution of Taste«) sowie das Kapitel »Der Sieg des Landschaftsgartens in Deutschland« von Gewicht sind.

Es ist ohne Zweifel das Verdienst des Colloquiums der Gesamthochschule Wuppertal von 1976, diese Grundlagen der gartenkünstlerischen Kulturgeschichte für literaturgeschichtliche und werkinterpretierende Fragestellungen in Verbindung mit geistes- und gesellschaftsgeschichtlichen Problemlagen des 18. Jahrhunderts, mithin auch funktionsgeschichtlich fruchtbar gemacht zu haben. Hervorzuheben ist hier zunächst der einführende Beitrag eines Anglisten, R. Sühnels (a. a. O.). Eine Basisarbeit stellt zudem bereit Alfred Hoffmann, Gärten des Rokoko: Irrendes Spiel, ebd., S. 36–47, in der der Autor an Gärten in Deutschland zwischen 1730 und 1770, also an »Gärten der Kulturepoche des Rokoko«, den durch sie vermittelten »Eindruck eines eigentümlichen Ungewiß-Ziellosen« beschreibt und die »Neigung zum Intimen – hier zu verstehen als Tendenz zum Kleinen, Verschlossenen – und zur Mannigfaltigkeit – hier zu verstehen als Vielzahl der Motive und Gegenstände, die nicht mehr einer obligatorischen Ikonologie folgen« – hervorhebt: es sind Beschreibungen, die nahe an Goethes ›Wahlverwandtschaften‹ heranführen. Der Aufsatz von Wolfgang Adam, Der Fürst des Wintergartens. Zur Despotismusdebatte und Gartentheorie im 18. Jahrhundert, ebd., S. 70–77, entwickelt und begründet anhand der Analyse des 4. Bandes der ›Theorie der Gartenkunst‹ von Christian Cay Laurenz Hirschfeld im Zusammenhang mit der französischen Despotismus-Debatte des 18. Jahrhunderts die These, dass der Wintergarten als »bevorzugter Aufenthalt des Herzogs und seiner Höflinge« nichts anderes als »Symptom und Ausdruck despotischer Herrschaft« ist, wobei als eines ihrer wesentlichen Bestimmungselemente der »unter Mißachtung aller finanziellen Kosten allein auf die individuelle Genußbefriedigung« abgestellte Lebensstil gilt. Einen direkten, wenn auch zu knappen Bezug auf

schen Gartens durch den Anglisten Rudolf Sühnel das Agieren der Personen im Roman Goethes alles andere als positiv konnotiert – wenn beispielsweise Charlotte sagt:

> Niemand glaubt sich in einem Garten behaglich, der nicht einem freien Lande ähnlich sieht; an Kunst, an Zwang soll nichts erinnern, wir wollen völlig frei und unbedingt Atem schöpfen. (II/8; MA 9,459)

In solcher von vielfach aufgenommenen Bedenken bestimmten Figurenrede kommt nämlich eine spezifische Erfahrung des späten 18. Jahrhunderts zur Sprache. Die Historiographie der gartenkünstlerischen Kultur hat sie als Erfahrung »radikalsten Umbruchs« der Lebenswelt, als Erfahrung einer »Gartenrevolution« beschrieben, d.h. eines Aufstandes auf der einen Seite »gegen den architektonischen Garten als Sinn- und Abbild einer hierarchischen, subordinativen Welt- und Gesellschaftsordnung«, auf der anderen Seite des »Anstoßes« für »die Freiheit aller Lebensentfaltung«.[68] Was mithin

---

Goethes Roman stellt dann her der Beitrag von Claudia Brosé, Park und Garten in Goethes ›Wahlverwandtschaften‹, ebd., S. 125–129. Eigens hervorzuheben ist in diesem Zusammenhang nochmals der schon zitierte Beitrag von Hennebo, Gartenkunst, a.a.O. (Anm. 65). Vgl. auch Siegmar Gerndt, Idealisierte Natur. Die literarische Kontroverse um den Landschaftsgarten des 18. und frühen 19. Jahrhunderts in Deutschland, Stuttgart 1981, hier: S. 145–166. Es ist daher die Behauptung von N. Reschke, Lektüren, a.a.O. (Anm. 16), S. 105 nicht aufrechtzuerhalten, die ›Wahlverwandtschaften‹-Forschung habe es unterlassen, »den von den Zeitgenossen als ›Gartenrevolution‹ beschriebenen Paradigmenwechsel ⟨...⟩ auf politische Implikationen ›im engeren Sinne‹ hin zu befragen«.

[68] Vgl. Hennebo, Gartenkunst, a.a.O. (Anm. 65), S. 90f.; von einem »sehr ambivalenten Befreiungsakt« spricht Helmut J. Schneider, Wahllandschaften: Mobilisierung der Natur und das Darstellungsproblem der Moderne in Goethes ›Wahlverwandtschaften‹, in: Rereading Romanticism, hrsg. von Martha B. Helfer, Amsterdam/Atlanta 2000 (= Amsterdamer Beiträge zur neueren Germanistik 47), S. 285 bis 300, hier: S. 291. Ähnlichen Tenors sind viele Arbeiten, für die das Wuppertaler Colloquium von 1976 anregender Ausgangspunkt wurde, auch wenn sie nicht immer die textbezogene Anwendung bevorzugen.

Einige seien angeführt: etwa Michael Niedermeier, Das Ende der Idylle: Symbolik, Zeitbezug, ›Gartenrevolution‹ in Goethes Roman ›Die Wahlverwandtschaften‹, Frankfurt am Main (u.a.) 1992, hier: S. 134–159: »Gartenrevolution« und aufklärerische Utopiebildung; die Arbeit ist nicht ohne Defizienzen, und zwar deswegen, weil Goethes Roman nicht Gegenstand der Untersuchung ist, sondern lediglich als Anlass und Folie von Beschreibungen und Erörterungen sozialgeschichtlicher Problemlagen am Beispiel der Gartenkunst dient; vgl. auch Dagmar Ottmann, Gebändigte Natur.

narrativ gezeigt wird, ist der »von immanenten Kräften« entfesselte »Zeitigungsprozess«, der in immer kürzeren Abständen die Verlaufsformen der »Umwendung« ablöst.

Garten und Wildnis in Goethes ›Wahlverwandtschaften‹ und Eichendorffs ›Ahnung und Gegenwart‹, in: Hinderer, Romantik, a. a. O. (Anm. 60), S. 345–395. Der Essay von Richard Faber, Parkleben. Zur sozialen Idyllik Goethes, in: Goethes Wahlverwandtschaften. Kritische Modelle und Diskursanalysen zum Mythos Literatur, hrsg. von Norbert W. Bolz, Hildesheim 1981, S. 91–168 läuft Gefahr, die je spezifische Faktur von Goethes Romanen der klassischen und nachklassischen Zeit zugunsten diskursanalytisch-ideologiekritischer Assoziationen aus dem Geist Benjaminscher Kritik aufzugeben, vgl. etwa S. 137–139. Wie gering das formreflektierende Interesse der ideologiekritisch orientierten Diskursanalyse ausgeprägt sein kann, belegt etwa der Beitrag von Norbert Bolz, Die Wahlverwandtschaften, in: Goethe-Handbuch in vier Bänden, hrsg. von Bernd Witte (u. a.), Bd. 3: Prosaschriften, hrsg. von B. W. und Peter Schmidt, Stuttgart/Weimar 1997, S. 152–186; abgesehen von den entstehungs- und rezeptionsgeschichtlichen Teilkapiteln sind die werkzugewandten Abschnitte mit Ausnahme des makrostrukturellen Teils über den »Schematismus des Romans« lediglich semantisch-thematischen Gliederungsaspekten zugeordnet: »Das Gesetz des Begehrens«, »Das Spiel der Namen« (mit H. Schlaffer), »Gesprächskultur«, »Willkür und Zufall«, »Mythischer Zerfall der Ehe« (im Hintergrund W. Benjamin), »Ottilie: die Heilige als Hexe«; die vielen »Kunstgriffe« und »Details der Umgebung«, eben auch ›Park und Landschaftsgarten‹ als Motiv, die allesamt substantiellen Anteil am Bedeutungsaufbau des Romans haben, sind ignoriert, so dass der Status des Romans als »Artefakt« und »ästhetisches Objekt« verloren geht (die Unterscheidung dabei nach Miroslav Červenka, Der Bedeutungsaufbau des literarischen Werks, hrsg. von Frank Boldt und Wolf-Dieter Stempel, München 1978, hier: S. 57; dazu vgl. Stempel, Zur literarischen Semiotik Miroslav Červenkas, ebd., S. VII–LIII, hier: S. XXVI, XXXI f.). Ulrike Weinhold, Ebenbild und Einbildung. Zur Problematik des Garten-Motivs in Goethes ›Wahlverwandtschaften‹, in: Neophilologus 67 (1983), S. 419–431, nimmt wiederholt Bezug auf die Arbeit von A. Hoffmann (a. a. O., Anm. 67), ohne sie funktionsgeschichtlich zu nutzen. Demgegenüber bestimmt den Beitrag von Irmgard Egger, »⟨...⟩ vorsorgliche Anstalten«: Landschaftspark und Seelendiätetik in Goethes ›Wahlverwandtschaften‹, in: Germanisch-Romanische Monatsschrift NF 47 (1997), S. 151–157 ein strikt aufs Diätetische abgestellter Aspekt.

Eine Illustration von äußerst dichter Anschaulichkeit ist das Gemälde ›Transformation du bosquet des Bains d'Apollon a Versailles‹ des Ruinenmalers Hubert Robert von 1775. Louis XVI. hatte Robert damit beauftragt; »de transformer le bosquet des Bains d'Apollon, d'y libérer la nature, et le peintre, avec une âme de reporter, nous fait assister à cette transformation«; siehe Abbildung; über Roberts Tätigkeit als Ruinenmaler und als Landschaftsgärtner vgl. Hubert Burda, Die Ruine in den Bildern Hubert Roberts, München 1967, S. 59–67, S. 73 f., hier: S. 66 f., ferner S. 152, Abb. 65. Für den Hinweis auf Roberts Bild und Burdas kunstgeschichtliche Monographie wie auch für den Gedankenaustausch darüber danke ich Herrn Dr. Christoph Michel (Freiburg i. Br.) sehr herzlich.

Abb. Transformation du bosquet des Bains d'Apollon a Versailles: Gemälde des Ruinenmalers Hubert Robert (1733–1808). Vgl. S. 202.

IV. Die Diegesis der ›Wahlverwandtschaften‹ im Kontext der gesellschaftlichen Zeitgeschichte – Aspekte der Deutung

Wie verhalten sich nun die Repräsentationen in der Diegesis des Romans zur zeitgeschichtlichen Realität? Sind sie nur Requisit und Kulisse, um einen Roman zu schaffen: beispielsweise im Sinne der Entfaltung des allgemein menschlich wie aufklärungsgeschichtlich bedeutsamen Themas von Liebe, Ehe und Tragik oder auch im Sinne der Entfaltung »einer Naturlehre menschlicher Verhältnisse«[69] usw.? Zur Beantwortung dieser für die weitere Textinterpretation folgenreichen Frage möchte ich paradigmatisch auf die Luciane-Kapitel des Romans eingehen, die sehr lange von der Forschung als im Grunde amputierbare Abschweifung aufgefasst oder aber nur in Bezug zur Charakterisierung Ottilies funktionalisiert worden sind und beispielsweise auch noch in der ambitionierten Interpretation David Wellberys von 1985 keines Wortes gewürdigt werden.[70] Demgegenüber gehe ich davon aus, dass Luciane mit ihrem »Hof« – wie man mit einer ironischen Bemerkung Heinrich Manns sagen kann – »die gute Gesellschaft unmittelbar vor der Französischen Revolution« in nuce repräsentiert:[71] Luciane, »für die Welt geboren« und »für die Welt ⟨ge⟩bildet«, »eine kleine Gottheit«, über welche die Vorsteherin des Erziehungsinstituts »immer nur Hymnen« mitteilt (I/2; MA 9,294f.), bricht mit ihrem »Hofstaat« – in II/4 in

---

[69] Vgl. Schlaffer, Namen, a.a.O. (Anm. 27), S. 100.

[70] Vgl. Wellbery, Wahlverwandtschaften, a.a.O. (Anm. 29); noch Adler, Anziehungskraft, a.a.O. (Anm. 15), S. 174 muss die Ansicht zurückweisen, »die strukturelle Veränderung des Romans im zweiten Teil« stelle einen »Bruch« dar.

[71] Vgl. Choderlos de Laclos, Schlimme Liebschaften, übertr. u. eingel. von Heinrich Mann, Frankfurt am Main 1976 (= insel taschenbuch 12), S. 5 der Einleitung. – Zur Charakterisierung jener sog. ›guten Gesellschaft‹ gehört in den ›Wahlverwandtschaften‹ etwa auch das Motiv der »Tableaux vivants« (II/5; MA 9,433–435), denen mittlerweile eine überbordende Forschungsaktivität zuteil geworden ist. Die »Lebenden Bilder« repräsentieren zudem einen weiteren Kontext im Rahmen der »Nachbildungen des Zeitsinnes«: »Die Sitte, solche Bilder zu stellen, hatte sich um 1800 verbreitet. Die ›Wahlverwandtschaften‹, 1809, sind«, so folgert E. Trunz zutreffend, »ein Gegenwartsroman, sie zeigen in diesem Motiv eine Beschäftigung der Gesellschaft, die soeben Mode war«; vgl. Trunz, Kupferstiche, a.a.O. (Anm. 51), S. 210f., wo diese Beobachtung im Folgenden ausführlich belegt wird.

erdenklicher Symmetrie und Spiegelung zu I/4 – über die idyllisch scheinende Welt des Schlossbezirkes wie ein »Sturm« herein (II/4; 418): »den Lebensrausch im geselligen Strudel immer vor sich her« peitschend (II/5; 427), »›zerstörend‹«, »›verschwendend‹«, »›aufzehrend‹« (II/5; 429), ihr »Leben« »immer wüster und wilder« treibend, wobei »⟨e⟩igentliche Bosheit«, so der Erzähler über das Luziferische, »vielleicht nicht in diesem verneinenden Bestreben« war; »ein selbstischer Mutwille mochte sie gewöhnlich anreizen« (II/5; MA 9,436 bzw. 429).

Zur Art und Weise dieser »Nachbildung des Zeitsinnes«, des zeitgeschichtlichen Kontextes, noch ein aufschließend-signifikanter Hinweis: Wenn der Erzähler durch die Institutsleiterin über Luciane als »kleine Gottheit« nur »Hymnen« mitteilen lässt, so nimmt er – freilich in überzeichnender Absicht – einen seit Plato geltenden Topos auf. Danach kommen »Hymnen« nur Göttern und Halbgöttern, später dann, wie es in der frühneuzeitlichen Panegyrik heißt, Gott und den »kleinen Göttern«, den »Erdgöttern« als »Statthaltern auf Erden« zu – ein Topos, gegen den kein Geringerer als der republikanisch gesinnte Adolph Freiherr von Knigge in seinem erstmals 1788 erschienenen Buch ›Über den Umgang mit Menschen‹ zu Felde gezogen ist, wobei verblüffende Parallelen zu den Luciane-Kapiteln bestehen:

> Sie ⟨die Großen der Erde, Fürsten, Vornehmen und Reichen⟩ sehen sich als Wesen besserer Art an, von der Natur begünstigt, zu herrschen und zu regieren, die niedern Klassen hingegen, bestimmt, ihrem Egoismus, ihrer Eitelkeit zu huldigen, ihre Launen zu ertragen und ihre Phantasien zu schmeicheln. ⟨...⟩ Ich habe oft mit inniger Betrübnis gesehn, wie so ganz anders der allgemein bewunderte, als Wohltäter des Menschengeschlechts und Beförderer alles Edeln, Großen und Schönen gepriesene Erdengott und Liebling des Volks in der Nähe so klein, so erbärmlich war.[72]

Repräsentiert einerseits Luciane mit ihrem »Hofstaat« die »selbstische« »Residenz«-Gesellschaft des Ancien Régime, die im rück-

[72] Adolph Freiherr von Knigge, Über den Umgang mit Menschen, eingel. von Max Rychner, Bremen 1964 (= Sammlung Dieterich 108), S. 312f.; vgl. dazu Theodor Verweyen, Barockes Herrscherlob. Rhetorische Tradition, sozialgeschichtliche Aspekte, Gattungsprobleme, in: Der Deutschunterricht 28 (1976), H. 2, S. 25–45, hier: S. 35.

sichtslosen Sich-Ausleben den täglichen Ennui zu überspielen trachtet, so sind andererseits durchaus auch Charlotte, Eduard und der wenig später hinzukommende Otto ein Teil jener »guten Gesellschaft«, über die Heinrich Mann seinen Spott ausgeschüttet hat. Noch im »besten« Alter (I/1; MA 9,286) haben sie sich auf den Landsitz zurückgezogen, ›bloß damit sie sich selbst leben‹, »ungestört« »des Lebens genießen« können (I/1; 290). Man verdrängt die Vergangenheit mit ihren verwickelten Vorlebensgeschichten – deswegen die »medias in res«-Poetik mit all ihren narrativen Konsequenzen, die als aus der griechischen Antike stammende, traditionsreiche Erzählpoetik das Heraufholen unterschlagener und/oder verdrängter Vergangenheit garantiert (siehe den folgenden II. Teil). Und da man »gern leben mochte«, trachtet man »alles Schädliche, alles Tödliche« aus dem idyllisch scheinenden Bezirk zu verbannen (I/4; MA 9,312). Man ist »aufgeklärt« und doch, was man für einen leichten »Frevel« halten könnte, »›wettet‹« oder »›würfelt‹« man, ob der Hauptmann kommen solle (I/1; MA 9,292). So wähnt diese »kleine Gesellschaft« endlich einen »ersten wahrhaft fröhlichen Sommer zusammengebaut« (I/1; 291), treibt schalkhaften Mutwillens mit ihren Beziehungen Scherz, setzt sie gar buchstäblich aufs Spiel, um dann von seinem »tückischen« Geist »unaufhaltsam« in den Ernst des tragischen Endes hineingezogen zu werden.

Inwieweit ist nun aber das Tragische in die »Nachbildung des Zeitsinnes« eingebettet? Zumal es bislang weitgehend im Sinne H. Th. Rötschers gesehen worden ist, wonach ein »Konflikt 〈...〉 nur dann tragisch« sei, »wenn er zur Darstellung und zu dem Triumph einer sittlichen Idee führt«.[73] Gegenüber diesem Idealismus der Freiheit Schillerscher Prägung bieten sich eher Äußerungen Goethes selber für den Romanausgang an, und zwar in der ›Campagne in Frankreich‹:

> Übrigens läßt sich hiebei bemerken daß in allen wichtigen politischen Fällen immer diejenigen Zuschauer am besten dran sind, welche Partei nehmen; was ihnen wahrhaft günstig ist ergreifen sie mit Freuden, das Ungünstige ignorieren sie, lehnen's ab, oder legen's wohl gar zu ihrem Vorteil aus. Der Dichter aber, der seiner Natur nach unparteiisch sein

---

[73] Vgl. Rösch, Forschung, a. a. O. (Anm. 12), S. 20, etwa in Bezug auf Rötscher, Goethes ›Wahlverwandtschaften‹, a. a. O. (Anm. 13), S. 27–29.

> und bleiben muß, sucht sich von den Zuständen beider kämpfenden Teile zu durchdringen, wo er denn, wenn Vermittlung unmöglich wird, sich entschließen muß tragisch zu endigen. Und mit welchem Zyklus von Tragödien sahen wir uns von der tosenden Weltbewegung bedroht![74]

In dieser als poetisch qualifizierten Sehweise geschichtlicher Ereignisse liegt der Nachdruck auf der unparteiischen Darstellung von Notwendigkeit und Unaufhaltsamkeit der »Weltbewegung«, so dass, wie es dort weiter heißt, der Dichter »der rollenden Weltgeschichte nicht nacheilen (konnte) und ⟨...⟩ den Abschluß sich und andern schuldig bleiben (mußte)«.[75] Sollte der an Sinnkonstitution orientierte Leser der Zeit gegenüber einem derartigen Gestus der Darstellung des »Rätsels« Lösung in der »nazarenischen Glorifizierung« und legendenhaften Apotheose der Ottilien-Gestalt suchen wollen – ich erinnere an die vielen Rezeptionszeugnisse um und nach 1810 –, bietet sich diesem Leser durchaus auch ein ganz anderer Poetisierungsimpuls an. Dieser andere Impuls gilt im Übrigen keineswegs nur für Goethes Revolutionsdramen, frühe »Nachbildungen des Zeitsinnes«, sondern auch für die ›Wahlverwandtschaften‹ – und zwar nach Bemerkungen über den »Pempelforter Zirkel« in der ›Campagne‹:

> Was mir aber noch mehr auffiel, war daß ein gewisser Freiheitssinn, ein Streben nach Demokratie sich in die hohen Stände verbreitet hatte; man schien nicht zu fühlen was alles erst zu verlieren sei, um zu irgend einer Art zweideutigen Gewinnes zu gelangen.[76]

Hierin sehe ich in einer ersten Deutung den Roman motiviert, seinen Sinn: zu zeigen, »was alles erst zu verlieren sei, um zu irgend einer Art zweideutigen Gewinnes zu gelangen«; und seinen Appell: nicht »spielend mit Gesinnungen« sich zu unterhalten, »welche eben auch uns ähnliche Schicksale« wie die der »aus ihren Fugen gerückt⟨en⟩« »große⟨n⟩ Nation« »vorbereiteten«.[77]

---

[74] Goethe, Campagne, a. a. O. (Anm. 45), S. 571.

[75] Ebd., S. 568: Goethe in Bezug auf die ›Unterhaltungen deutscher Ausgewanderten‹ und ›Hermann und Dorothea‹, aber auch: »aus derselbigen Quelle«, heißt es da, sind die ›Wahlverwandtschaften‹ »geflossen«.

[76] Ebd., S. 523.

[77] Ebd., S. 567.

An dieser Stelle noch ein abschließendes Wort zum literarischen Gestus des Zeigens. Semantisch betrachtet – ich beziehe mich dabei auf den Sprachphilosophen Gottfried Gabriel – bildet dieses Zeigen oder Sagen einen grundlegenden Unterschied zum Aussagen oder Behaupten.[78] Goethe hat diesen kategorialen Unterschied, übrigens im Zusammenhang mit der Schlichtung einer naturwissenschaftlichen Streitfrage in der französischen Akademie, mit der pointierten Grundformel des Essayismus des bedeutendsten Skeptikers der Frühen Neuzeit, Michel de Montaigne, umschrieben: »Ich lehre nicht, ich erzähle.«[79] Welche Erzählpoetik einer solchen Darstellungshaltung entspricht, ist nun in einem zweiten Schritt zu erörtern.

II. Teil

V. Der Erzähler als moderner Rhapsode – Goethe und die Antike

1. Erzählpoetologischer Kontext

> Der Dichter aber, der seiner Natur nach unparteiisch sein und bleiben muss, sucht sich von den Zuständen beider kämpfenden Teile zu durchdringen –

diese bereits zitierte Bemerkung des Dichters aus ›Campagne in Frankreich‹ erscheint vorderhand als eine poetologische Selbstbestimmung von erstaunlicher Art. Indes handelt es sich dabei keineswegs um eine vereinzelte Äußerung des Autors. Neuere Stu-

---

[78] Vgl. Gottfried Gabriel, Fiktion, Wahrheit und Erkenntnis in literarischen Texten, in: Der Deutschunterricht 27 (1975), Heft 3, S. 5–17.

[79] Goethe, Principes de Philosophie de Zoologique. Discutés en Mars 1830 au Sein de L'Académie Royale des Sciences par Mr. Geoffroy de Saint-Hilaire. Paris 1830, in: Schriften zur Morphologie, a.a.O. (Anm. 46), S. 810–842, hier: S. 819 bzw. 820; vgl. Michel de Montaigne, Essais. Erste moderne Gesamtübersetzung von Hans Stilett, 3 Bde., o.O. 2000, hier: Buch 3, Kap. 2, S. 33–55, hier: S. 36: »Ich lehre nicht, ich berichte.« Im Original heißt es: »Ie n'enseigne poinct, ie raconte.« Vgl. Michel de Montaigne, Les Essais. Publiés d'après l'exemplaire de Bordeaux, par Fortunat Strowski et François Gebelin, Bd. 3, Bordeaux 1919, Buch III, Kap. 2, S. 23; eine Überlieferungsvariante lautet: »‹...› ie narre.«

dien haben plausibel machen können: Spricht Goethe als Naturbeobachter, gehört zu seinem Selbstverständnis und Konzept die »Selbstüberwachung des Beobachters«, streiten sich in ihm »Erkenntnisskepsis und Erkenntnisvertrauen, Sprachskepsis und Sprachvertrauen«.[80] Äußert sich Goethe in Werken des Ästhetischen und der literarischen Kunst, dominieren – zumindest in seinem Alterswerk verstärkt – Darstellungsformen der »Nicht-Identifikation«, d. h. der »Ironie« oder genauer: der literarisch-ästhetischen Ironie (nicht der literarisch-rhetorischen und ebenso wenig der frühromantischen oder gar der philosophischen Ironie). Es kommt also ein Modus von Ironie zum Zuge, die als ästhetisches Korrelat philosophisch-weltanschaulicher Skepsis und »erkenntniskritischer Relativierung« zu gelten hat und die sich erzählstrategisch in der Darstellungsform der »Isosthenie« realisiert. Dieser auf skeptischer »Urteilsenthaltung« basierenden Darstellungsform, narrative Einheiten von gleichem semantisch-thematischem und strukturellem Gewicht ›einander gegenüberzustellen‹, hat Jochen Schmidt eine wichtige Studie gewidmet.[81] Die Frage aber ist, in welcher Erzählpoetik eine derartige ›objektivierende‹ Darstellungsform fundiert sein kann. Hinzu kommt ja in spezieller Weise, dass es zugleich eine Erzählpoetik zu sein hat, welche die vor den Augen der Zeitgenossen als ›Augenzeugen‹ (griechisch ›ἵστωϱ‹, ›histor‹) eingetretenen und somit auch narrativer Beliebigkeit entzogenen »Weltbegebenheiten« noch als Erzählgegenstand zulässt, ohne dass spezifische Kunsterwartungen an die Literatur aufgegeben werden müssten. Nun, die Frage nach einer diese doppelte Aufgabe bewältigenden Erzählpoetik findet eine womöglich überraschende Antwort. Sie kann sich hierzu auf das Modell des Erzählers als Rhapsoden, also

---

[80] Vgl. Uwe Pörksen, Die Selbstüberwachung des Beobachters. Goethes Naturwissenschaft als Brückenschlag zwischen menschlicher Erfahrung und wissenschaftlicher Methode, in: Goethe-Jahrbuch 118 (2001), S. 202–216, hier: S. 208. Vgl. früher schon Adler, Anziehungskraft, a. a. O. (Anm. 15), S. 22 f.: Goethe selbst führt im Vorwort zur ›Farbenlehre‹ den Begriff »Ironie« ein, »um seine naturwissenschaftliche Methode zu beschreiben«. Für das Formproblem der Ironie bei Goethe bezieht sich Adler auf eine Reihe von Arbeiten (ebd., S. 217, Anm. 6, 7 und 9).

[81] Jochen Schmidt, Ironie und Skepsis in Goethes Alterswerk, besonders in den ›Wahlverwandtschaften‹, in: Goethe-Jahrbuch 121 (2004), S. 165–175, hier: S. 168 f. und passim.

auf ein von der antiken Großepik sich herleitendes Modell beziehen.

Die Antwort, die dazu zu formulieren ist, gerät dabei freilich in Widerstreit mit jener Forschung, welche die ›Wahlverwandtschaften‹ im Anschluss an die allseits zitierte Reflexion Goethes über den Roman als »subjektive Epopee«[82] interpretiert – und zwar so, als sei »die Subjektivität des Autors die Grundlage des Ganzen«.[83] Demgegenüber kann das Rhapsoden-Modell Resultate strukturanalytischer Untersuchungen, die in den ›Wahlverwandtschaften‹ »das verwirrende Doppelspiel mit der Figur des Erzählers« bloßgelegt haben,[84] ziemlich problemlos integrieren. Und es kann überdies den als befremdlich anmutenden Widerspruch auflösen, dass Goethe bestimmte Gattungsüberlegungen, die er im Briefwechsel mit Schiller vor der Jahrhundertwende geradezu als Norm noch hatte statuieren wollen, offenkundig hinsichtlich des neuen Romans nicht mehr für tragfähig gehalten hat. Im Brief vom 23. Dezember 1797 hatte er noch zu erklären gesucht, warum »wir Modernen die Genres so sehr zu vermischen geneigt« sind, um dann jedoch gegenüber der ›hybriden Konstruktion‹ der Gattungsmischung daran festzuhalten, »erzählende Romane mit Dialogen untermischt würden dagegen zu tadeln sein«; solchen »eigentlich kindischen, barbarischen, abgeschmackten Tendenzen« müsse »der Künstler« widerstehen.[85] Umso erstaunlicher ist es, dass das Gespräch nun in seinem ersten Altersroman die von Wolfgang Preisendanz für Romane Fontanes erkannte Funktion der »epischen Integration« zu erfüllen hat, so dass nicht selten und rechtens die ›Wahlverwandtschaften‹ als sog. »Konversationsroman« charakterisiert worden sind und dass diese Charakterisierung somit eine weitgehende Gattungsdifferenz der

[82] Goethe, Sprüche in Prosa, a.a.O. (Anm. 22), S. 20: Nr. 1.52, nach H. Fricke der Gruppe der ›Aphorismen‹ zugehörig; vgl. ›Maximen und Reflexionen‹ Nr. 133 nach der Ausgabe Max Hecker; vgl. HA 12, ^{4}1960, S. 498: ›Maximen und Reflexionen‹ Nr. 938.

[83] Vgl. z.B. Nemec, Ökonomie, a.a.O. (Anm. 62), S. 64.

[84] Vgl. etwa Stefan Blessin, Erzählstruktur und Leserhandlung. Zur Theorie der literarischen Kommunikation am Beispiel von Goethes ›Wahlverwandtschaften‹, Heidelberg 1974, S. 93f.

[85] Goethe an Schiller am 23. 12. 1797, in: Ästhetische Schriften 1771–1805. Zugabe. ⟨Vier Briefe Goethes und Schillers⟩, FA I 18, S. 448–456, hier: S. 448f.

›Wahlverwandtschaften‹ zu Goethes eigener, als ›klassisch‹ geltender Gattungs- und Erzählpoetik bezeugt.

Wie funktioniert in dieser neuen Konstellation das Rhapsoden-Modell? Schon 1963 hat Wolfdietrich Rasch einen Zusammenhang der Figur des Erzählers in ›Wilhelm Meisters Lehrjahren‹ mit den erzähltheoretischen Überlegungen Goethes und Schillers in der Abhandlung ›Über epische und dramatische Dichtung‹ von 1797 hergestellt und für die Beschreibung der »klassischen Erzählkunst« Goethes, wie sie sich in den ›Lehrjahren‹ darstelle, fruchtbar gemacht. Danach entscheidet sich alles an der Figur des Erzählers, der bekanntlich nicht mit dem Autor gleichzusetzen ist; dazu heißt es in der Abhandlung:

> Die Behandlung im Ganzen betreffend, wird der Rhapsode, der das vollkommen Vergangene vorträgt, als ein weiser Mann erscheinen, der in ruhiger Besonnenheit das Geschehene übersieht; sein Vortrag wird dahin zwecken, die Zuhörer zu beruhigen, damit sie ihm gern und lange zuhören, er wird das Interesse egal verteilen, weil er nicht im Stande ist, einen allzulebhaften Eindruck geschwind zu balancieren, er wird nach Belieben rückwärts und vorwärts greifen und wandeln 〈...〉. Der Rhapsode sollte als ein höheres Wesen in seinem Gedicht nicht selbst erscheinen; er läse hinter einem Vorhange am allerbesten, so daß man von aller Persönlichkeit abstrahierte und nur die Stimme der Musen im Allgemeinen zu hören glaubte.[86]

Die Figur des Erzählers, so gibt W. Rasch mit Blick auf den erzähltheoretischen Essay zu bedenken, vertritt also für Goethe offensichtlich die Stimme des Rhapsoden, der im alten Epos die Geschehnisse berichtet; »als ein weiser Mann« ist der Rhapsode zwar der allwissende und allmächtige Erzähler, der gelegentlich als narrative Instanz in Erscheinung tritt und nicht zuletzt in Reflexionen und Kommentierungen zur erzählten Welt ein gewisses persönliches Profil zu gewinnen scheint, aber er wird zugleich ›in größerer Distanz gehalten‹ zur erzählten Welt ebenso wie zu den figurae narrationis. Diese im Sinne von »Dämpfung und Distanzierung« behandelte Figur des Erzählers verweist bereits im klassischen Werk der ›Lehrjahre‹ auf

---

[86] Goethe und Schiller, Über epische und dramatische Dichtung, FA I 18, a. a. O., S. 445–447, hier: S. 447; Goethe hat die auf gemeinsamen Überlegungen basierende Abhandlung am 23. 12. 1797 an Schiller gesandt.

das, was vom mündlich vortragenden Rhapsoden des klassischen Epos gesagt ist: »Der Rhapsode läse hinter einem Vorhange am allerbesten«. Die narrativen Konsequenzen einer derartigen Erzähler-Poetik sind etwa folgende: ›Vermehrung der Dialogpartien gegenüber dem Bericht‹ mit der Folge, dass ›im Dialog der Erzähler völlig zurücktritt‹; ferner ›strenge Einheit des Stils‹ mit der Folge, dass der ›Erzähler allen Figuren seine eigene, genau durchgeformte Sprechweise leiht‹ (oder anders ausgedrückt: den verschiedenen erzählten Sprechenden ihren Dialekt, Soziolekt oder auch Idiolekt vorenthält). Darin und in weiteren Charakteristika kommt somit eine »Tendenz zur Einheitlichkeit und Gleichmäßigkeit« der Darstellung zum Ausdruck, die »Annäherung des Romans an das klassische Epos« manifestiert: hier redet jeder Sprechende ›in gleichem Versmaß wie der Rhapsode, der alle Begebenheiten in derselben rhythmischen Ordnung vorträgt‹. Solche Einheitlichkeit und Gleichmäßigkeit mutet wie ein fein gewirkter ›Vorhang‹ an, hinter dem der Erzähler-Rhapsode auf seine Weise agiert.

Soweit zunächst einige Aspekte W. Raschs zu Goethes Roman ›Wilhelm Meisters Lehrjahre‹. Von besonderem Gewicht scheint mir darüber hinaus nun die Andeutung zu sein, dass die ›Wahlverwandtschaften‹ eine noch konsequentere Anwendung der Rhapsoden-Poetik darstellten.[87] Dass diese aus der Beschäftigung mit Friedrich August Wolfs ebenso berühmter wie allseits provozierender Abhandlung ›Prolegomena ad Homerum‹ von 1795 und ihrer zeitgenössischen Diskussion hervorgegangen ist, darf als gesichert gelten.[88]

In heuristischer Absicht nehme ich deswegen ein erläuterndes Wort einer gräzistischen Autorität hinzu, um den in der Abhandlung Goethes und Schillers »Rhapsode« genannten Erzähler und sein Verhältnis zur erzählten Welt, zur Diegesis, näherhin zu charakterisieren – und zwar so, dass im Blick auf die ›Wahlverwandtschaf-

[87] Wolfdietrich Rasch, Die klassische Erzählkunst Goethes, in: Formkräfte der deutschen Dichtung vom Barock bis zur Gegenwart, hrsg. von Hans Steffen, Göttingen 1963 (= Kleine Vandenhoeck-Reihe Sonderbd. 1), S. 81–99, hier: S. 85–88 sowie 96.

[88] Vgl. W. Schadewaldt, Homer und die Homerische Frage, in: Wolfgang Schadewaldt, Von Homers Welt und Werk. Aufsätze und Auslegungen zur Homerischen Frage, Stuttgart ^{4}1965, S. 9–35.

ten‹ das Rhapsoden-Modell des Erzählens gegenüber dem Erzählmodell der »subjektiven Epopee« nochmals deutlicher profiliert erscheint. Wolfgang Schadewaldt hat über die »Gestalt des homerischen Sängers« im Anschluss an die durch F. A. Wolf wiederbelebte Homer-Diskussion um 1800 gesagt: Unumstößlich sei

> einmal die feste Gebundenheit des Sängers an die Sage, die für ihn einfach da ist, als überkommene Wirklichkeit, als Geschichte. Doch liegt darin auch Art und Grad der ihm gegebenen dichterischen Freiheit: kein Umstürzen dessen, was war und ist, kein freies Erfinden, willkürliches Neuern, doch immer neue Sichten auf die Dinge, und in diesen Sichten ihr immer neues Zusammentreten.[89]

Das hier von W. Schadewaldt über den Homerischen Sänger Gesagte lässt sich etwa auf folgende Weise transponieren und mit Äußerungen Goethes zum Verhältnis von Dichtung und Geschichte in Übereinstimmung bringen:

> Unumstößlich ist ›einmal die feste Gebundenheit‹ des »wahlverwandtschaftlichen« Erzählers an ›die Geschichte, die als soeben sich vollendender Prozess für ihn eine gegebene ist‹. In der Thematisierung zeit- und gegenwartsgeschichtlicher Erfahrungen ›liegt freilich auch schon Art und Grad der dem »wahlverwandtschaftlichen« Erzähler eingeräumten dichterischen Freiheit: es kann kein Umstürzen dessen, was war und ist, geben, kein freies Erfinden‹. Diese Bestimmung kann mit apophantischen Äußerungen des Autors selber korreliert werden; so beansprucht Goethe beispielsweise am 31. Dezember 1809 gegenüber Karl Friedrich von Reinhard, Verstehen und Missverstehen der ›Wahlverwandtschaften‹ reflektierend: »Das Gedichtete behauptet sein Recht, wie das Geschehene.«[90] Ist zudem die dichterische Freiheit des Homerischen Sängers im Kontext der überkommenen Sage limitiert und allenfalls durch ›immer neue Sichten auf die Dinge‹ zu neuen Konfigurationen legitimiert, so sieht Goethe die Aufgabe der »wahlverwandtschaftlichen« Figur des Erzählers in analoger Weise. Im historischen Teil der Geschichte seiner ›Farbenlehre‹, die ja in unmittelbarem Kontakt und in wechselseitiger Beförderung mit den ›Wahlverwandtschaften‹ entstanden ist, reflektiert er ein Problem der Historik und der Wissenschaftsgeschichte: »Daß die Weltgeschichte von Zeit zu Zeit umgeschrieben werden müsse, darüber ist in

---

[89] Schadewaldt, Die Gestalt des homerischen Sängers (1945), ebd., S. 54–86, hier: S. 75.

[90] Vgl. Härtl, Dokumentation, a. a. O. (Anm. 1), S. 100 (Nr. 289).

unsern Tagen wohl kein Zweifel übrig geblieben. Eine solche Notwendigkeit entsteht aber nicht etwa daher, weil viel Geschehenes nachentdeckt worden, sondern weil neue Ansichten gegeben werden, weil der Genosse einer fortschreitenden Zeit auf Standpunkte geführt wird, von welchen sich das Vergangene auf eine neue Weise überschauen und beurteilen läßt. Eben so ist es in den Wissenschaften.«[91]

Die Zitate und ihre Transponierungen können Folgendes belegen: Es geht um eine neue Erzählpoetik des Dichters nach Schillers Tod. Deren neuartige Funktion soll darin bestehen, der Geschichte ihr Recht, das auf Faktizität, zu belassen, ohne die dichterische Freiheit um ihr Recht, das auf Fiktionalität, zu bringen. Wie ist diese doppelte Aufgabe zu bewältigen? Jedenfalls nicht mit einer Erzählpoetik der »subjektiven Epopee«. Deren Gegenmodell, das ich ›rhapsodische Erzählpoetik‹ nennen möchte, geht von der Etablierung eines Erzählers aus, dem in der zugewiesenen Funktion skeptischer Urteilsenthaltung die Aufgabe obliegt, die eigene Gegenwart unaufhaltsam fortziehender »Weltbegebenheiten« in ironischen Formen der Isosthenie zu repräsentieren. Der Dichter bedient sich zur Verdeutlichung einer Makrometapher, indem er die Figur des Erzählers in eine Erzählposition außerhalb des erzählten Geschehens rückt: »hinter einem Vorhange« erzählen lässt. Indes ist die Distanz des Rhapsoden-Erzählers gegenüber der von ihm dargestellten Welt noch sehr viel größer. Das können ergänzende Skizzen zur Romanstruktur und zu ihrer Vorgabe in den Traditionen der epischen Erzählkunst und tragischen Dramatik illustrieren.

2. Antiker und moderner Roman – Intertextuelle Referenz, Struktur und Funktion

Eine Tagebuchnotiz vom 12. Januar 1809 aufgreifend, gehe ich zunächst von einem einzelnen Motiv aus, dem der Anagnorisis. In der Notiz lässt Goethe nach der Lektüre der ›Nibelungen‹ speziellen Überlegungen eine »⟨a⟩llgemeine Betrachtung« folgen: »über die

[91] Goethe, Materialien zur Geschichte der Farbenlehre. Des zweiten Bandes erster, historischer Teil. 4. Abteilung, in: Zur Farbenlehre, hrsg. von Manfred Wenzel, Frankfurt am Main 1991 (= FA I 23,1), S. 684; vgl. dazu Schwan, Das Soziale, a. a. O. (Anm. 26), S. 217–222, hier: S. 219.

Kausalität und Rückwirkung der Motive in größeren Gedichten«.[92] Dass diese Betrachtung auch auf das in den ›Wahlverwandtschaften‹ verwendete Motiv zutrifft, dafür mussten zwei Voraussetzungen erfüllt sein. Es musste strukturrelevant sein, also die Faktur des Textes mitbestimmen und so den textkonstitutiven Funktionen von »Kausalität« und »Rückwirkung« genügen, und es musste in maßgeblicher Weise an dem »Vorhange« mitwirken, hinter dem der Rhapsode »am allerbesten« erzähle. Im Folgenden das Motiv.

Im 13. Kapitel des zweiten Romanteils sieht der umgetriebene Eduard zum ersten Mal das von Ottilie am See ausgeführte »Kind« Otto. Das erzählte Geschehen mündet in eine Szene theatraler, vor allem von einer zweifachen Anagnorisis bestimmten Dynamik:

> Eduard erblickt es und staunt. Großer Gott! ruft er aus: wenn ich Ursache hätte an meiner Frau, an meinem Freunde zu zweifeln, so würde diese Gestalt fürchterlich gegen sie zeugen. Ist dies nicht die Bildung des Majors ⟨d.i. des Hauptmannes Otto⟩? Solch ein Gleichen habe ich nie gesehen. (II/13; MA 9,494)

Das Wiedererkennen wiederholt sich – und wäre die folgende Anagnorisis narrativ nicht um ein Vielfaches länger als die erste ausgeführt, wäre sie schon ihrer Intensität wegen vollständig zu zitieren:

> Nicht doch! versetzte Ottilie: alle Welt sagt, es gleiche mir. Wär' es möglich? versetzte Eduard, und in dem Augenblick schlug das Kind die Augen auf, zwei große, schwarze, durchdringende Augen, tief und freundlich. ⟨...⟩ Du bists! rief er aus: deine Augen sind's. Ach! aber laß mich nur in die deinigen schaun. (II/13; MA 9,494f.)

Dem sehenden Eduard wird in diesem Dialog zudem noch die schuldbeladene Erkenntnis in den Mund gelegt, dass »dies Kind ⟨...⟩ aus einem doppelten Ehebruch erzeugt« sei, dass es sein Leben einem »Fehler«, einem »Verbrechen« verdanke, wobei – dies verdient en passant hervorgehoben zu werden – in der Aristotelischen Tra-

[92] Goethe, Napoleonische Zeit. Briefe, Tagebücher und Gespräche vom 10. Mai 1805 bis 6. Juni 1816, Teil I: Von Schillers Tod bis 1811, hrsg. von Rose Unterberger, Frankfurt am Main 1993 (= FA II 6), S. 437.

gödienpoetik, die ja auch eine Epospoetik ist,[93] der Ausdruck ἁμαρτία (›hamartía‹) die doppelte Bedeutung von ›Fehler‹ und ›Frevel‹ hat.

Dass Eduards Gewissheit eines »doppelten« Ehebruchs im folgenden Textkomplex motiviert wird, macht die zweite, nach dem Tod des Kindes erzählte Anagnorisis unmissverständlich deutlich:

> Der Major ⟨d.i. der Hauptmann Otto⟩ trat herein; ihn begrüßte Charlotte mit einem schmerzlichen Lächeln. Er stand vor ihr. Sie hub die grünseidne Decke auf, die den Leichnam verbarg, und bei dem dunklen Schein einer Kerze erblickte er, nicht ohne geheimes Grausen, sein erstarrtes Ebenbild. (II/14; MA 9,499)

Dies Wiedererkennen ist im Unterschied zur ersten Anagnorisis nicht ein doppeltes, sondern ein einfaches, d.h. partielles. Die Augen des Kindes sind ja erloschen.

Das Motiv der Anagnorisis erfordert intratextuell das Motiv der unbekannten, der ungewissen oder auch zweifelhaften Herkunft. Um die letztere Variante scheint Goethe das Motivrepertoire der tragischen Dramatik ebenso wie einer bestimmten epischen und romanhaften Erzählkunst erweitert zu haben. Im 11. Kapitel des ersten Romanteils kommt es in der »kleinen Gesellschaft« zur ›unerhörten Begebenheit‹. Die vom drohenden Weggang des Hauptmannes aufgewühlte Charlotte und der durch frivole Gespräche mit dem befreundeten Grafen erhitzte Gatte Eduard finden in einer »abenteuerlichen« Situation zusammen:

---

[93] Vgl. bes. Kap. 23–24 der ›Poetik‹; dazu Severin Koster, Antike Epostheorien, Wiesbaden 1970 (= Palingenesia 5). Goethe beschäftigte sich mit der ›Poetik‹ des Aristoteles nach fruchtlosen Anfängen mit Gewinn erst ab April 1797, wie etwa Briefe an Schiller vom 28. 4. und 6. 5. 1797 belegen; vgl. Ernst Grumach, Goethe und die Antike. Eine Sammlung, 2 Bde., Berlin 1949, hier: Bd. 2, S. 771. Im 11. Kapitel der ›Poetik‹ steht die ›klassische‹ Definition der Anagnorisis: »Die Wiedererkennung ist, wie schon die Bezeichnung andeutet, ein Umschlag von Unkenntnis in Kenntnis, mit der Folge, daß Freundschaft oder Feindschaft eintritt, je nachdem die Beteiligten zu Glück oder Unglück bestimmt sind. Am besten ist die Wiedererkennung, wenn sie zugleich mit der Peripetie eintritt, wie es bei der im ›Ödipus‹ der Fall ist.« Aristoteles unterscheidet von dieser Anagnorisis dann zwei weitere, hält aber diejenige für die gelungenste, »die am besten zur Fabel und zur Handlung paßt. Denn eine solche Wiedererkennung und Peripetie bewirkt Jammer oder Schaudern«; vgl. Aristoteles, Poetik. Griechisch/Deutsch, übers. u. hrsg. von Manfred Fuhrmann, Stuttgart 1982 (= Reclams Universal-Bibliothek 7828), S. 34/35.

In der Lampendämmerung sogleich behauptete die innre Neigung, behauptete die Einbildungskraft ihre Rechte über das Wirkliche. Eduard hielt nur Ottilien in seinen Armen; Charlotten schwebte der Hauptmann näher oder ferner vor der Seele, und so verwebten, wundersam genug, sich Abwesendes und Gegenwärtiges reizend und wonnevoll durcheinander. (I/11; MA 9,364)

Am Morgen danach »schien ihm«, Eduard, die Sonne »ein Verbrechen zu beleuchten«. Charlotte wiederum ergriff am Abend danach »eine seltsame Ahndung, ein freudig bängliches Erzittern«, und sie wiederholte – am Ort des »Verbrechens« – »den Schwur den sie Eduarden vor dem Altar getan« (I/12; MA 9,369).

Das »biopsychische« Ereignis der »doppelten Ähnlichkeit« ist vielfach Gegenstand von Deutungen und »Lektüren« geworden. Ob freilich der im Motiv der zweifelhaften Herkunft angelegte und im Motiv der Anagnorisis dann manifest werdende »doppelte Ehebruch durch Phantasie« als »ein Akt geistigen Sehens« zu verstehen ist, ob die Eheszene sowohl die erzählerisch subtil eingeleitete unerhörte Begebenheit des Romans als auch deren »poetische Reflexion als Transzendentalpoesie« ist,[94] ob sich u. a. darin Goethes »mythische Denkform« Ausdruck verschafft, wie von einer weitläufigen Literatur nahe gelegt ist, oder ob etwa ein nur tiefenhermeneutisch explizierbares Problem Thema sein mag, das alles sei dahingestellt.

Hier scheint eine andere Art der Erklärung weitaus triftiger zu sein – anstatt etwa von »mythischer Denkform« ist vielmehr von einer intertextuellen Bezugsform auszugehen, die ganz im Sinne der abendländischen Tradition der Imitationspoetik funktioniert: Goethe musste das kühn scheinende Motiv der zweifelhaften Herkunft in jenem biopsychischen Ereignis nicht erfinden, er konnte es in einer antiken Präfiguration finden.

Den ›Wahlverwandtschaften‹ kommt nämlich hinsichtlich der Darstellung des »biopsychischen« Ereignisses am nächsten ein Roman der spätgriechisch-hellenistischen Erzähltradition, der in der gesamten Frühen Neuzeit zum kanonischen Bestand des Literatursystems gehörte und selbst nach der deutschen Klassik nur seine namentliche Bekanntheit einbüßte, in der Erzählpraxis jedoch im

---

[94] Vgl. Adler, Anziehungskraft, a. a. O. (Anm. 15), S. 191 bzw. Allemann, Transzendentalroman, a. a. O. (Anm. 17), S. 21.

»rapere medias in res«-Typus des Romaneingangs mit all seinen narrativen Konsequenzen wirkungsvoll weiterlebte: Heliodors ›Aithiopiká‹ wohl aus dem 3. nachchristlichen Jahrhundert.[95]

Die Protagonistin dieses Romans, Charikleia, erfährt im Rahmen einer nachgeholten Vorgeschichte durch Binnenerzählung am Ende des ersten Romandrittels die Geschichte ihrer eigenen Abstammung: es ist eine erste Anagnorisis, die zugleich das Motiv der unbekannten Herkunft mittransportiert. In der Kopfbinde, welche die Protagonistin trägt, ist ein Bericht ihrer Mutter, Königin der Äthiopier, eingestickt – mit Schriftzeichen, die nicht »landläufig« sind, die vielmehr »die Könige verwenden und die der heiligen Schrift der Ägypter ähneln« (4,8,[1]).[96] Der im Folgenden stark gekürzte Ausschnitt aus der Stickbotschaft sei kurz eingeleitet. Als das Königspaar Hydaspes und Persinna, das schon zehn Jahre vergeblich auf Kinder gehofft hatte, nach einem Traum des Königs sich zum Beilager zusammenfand, da »spürte« Persinna »sogleich«, dass sie »empfangen hatte«:

> ⟨...⟩ Als du darauf ⟨so heißt es in der persönlich adressierten Stickbotschaft der königlichen Mutter⟩ mit einer weißen Hautfarbe zur Welt kamst, hell glänzend wie nie ein Äthiopierkind, da wußte ich sofort die Ursache. Während des Beilagers hatte ich das Bild der Andromeda angeschaut, die gänzlich nackt war – denn Perseus führte sie eben vom Felsen herunter, und dieser unglückselige Zufall hatte sich so ausgewirkt, daß die Frucht unserer Liebe jener ähnlich wurde. Ich war überzeugt, man würde mich wegen deiner hellen Haut des Ehebruchs verdächtigen. Niemand würde mir Glauben schenken, wenn ich darlegte, wie dieses Phänomen zustande gekommen ist. ⟨...⟩ (4,8,5–6)[97]

---

[95] Vgl. Theodor Verweyen, Epische »ars narrativa« im Kontext der städtischen Kultur des oberrheinischen Humanismus und des landesfürstlichen Absolutismus der Barockepoche: Wickrams ›Goldtfaden‹ und Opitz' ›Argenis‹, in: Humanisten am Oberrhein. Neue Gelehrte im Dienst alter Herren, hrsg. von Sven Lembke und Markus Müller, Leinfelden-Echterdingen 2004, S. 267–302, hier: S. 278f.; ferner Th. Verweyen, Der polyphone Roman und Grimmelshausens ›Simplicissimus‹, in: Simpliciana 12 (1990), S. 195–228, hier: S. 206f. und passim.

[96] Zitiert wird nach der Ausgabe Heliodor, Die äthiopischen Abenteuer von Theagenes und Charikleia, übers. von Horst Gasse, Stuttgart 1972 (= Reclams Universal-Bibliothek 9384–88), hier: ab S. 102.

[97] Ebd., S. 103. Perseus und Andromeda fungieren in den ›Aithiopika‹ als Halbgötter und Mitbegründer der Dynastie der Äthiopier.

Persinna setzte Charikleia, sie der »Gunst des Schicksals« anvertrauend, aus. Damit wird ein Romangeschehen und Narrationsmodell innoviert, dessen Erzählverläufe mit »medias in res«-Einsatz, nachgeholten Vorgeschichten und hypotaktisch geordneter Tiefenstaffelung von der Art der Erzählung in der Erzählung in der Erzählung durch Binnenerzähler, mit Motiven der unbekannten Herkunft und ihrer glorreichen Auflösung in der Anagnorisis etc. im Sinne des »ordo artificialis« absichtsvoll verwickelt strukturiert sind.[98]

Am Ende der ›Aithiopika‹ kommt es in der Hauptachse des Erzählens, erzähllogisch notwendig, zu weiteren Wiedererkennungen (ab 10,11). Das Königspaar der Äthiopier wird ja Charikleia erkennen und, vor allem, als seine Tochter anerkennen müssen, wobei der erste Ziehvater des vor siebzehn Jahren ausgesetzten Kindes, Sisimithres, die Funktion der Beglaubigung zu erfüllen hat. Im Streitgespräch mit Hydaspes verweist er auf Erkennungsmerkmale (Edelsteine, Ring des Vaters, das schwarze Mal über dem Ellbogen, das Alter Charikleias); vor allem aber ist, so der Ziehvater, »der Ausdruck ihrer Augen ⟨...⟩ mir noch gegenwärtig, und die eigentümliche Gesichtsbildung« (10,14,4). Und was »die helle Hautfarbe« angeht, solle er gefälligst die Stickbotschaft seiner königlichen Gemahlin zu Rate ziehen. Persinna habe darin doch bekannt:

> daß bei der Empfängnis durch dich ein Bildnis der Andromeda, das sie erblickte, ihre Phantasie angeregt und die Vorstellung von einem ähnlichen Wesen bei ihr hervorgerufen habe. Solltest du den Wunsch haben, dich noch anderweitig zu sichern: das Original ist vorhanden. Sieh dir die Andromeda an; die Ähnlichkeit des Mädchens mit dem Bild tritt deutlich genug hervor. (10,14,6)

Es ist bereits dargelegt worden, wie das strukturrelevante Motiv der unbekannten bzw. ungewissen Herkunft zusammen mit dem Motiv der vielfachen Anagnorisis die Gesamtstruktur der ›Aithiopika‹ prägt.[99]

---

[98] Vgl. Verweyen, Epische »ars narrativa«, a. a. O. (Anm. 95), S. 276–278 und 299–302 (Schemata).

[99] Im abschließenden 10. Buch der ›Aithiopika‹ ist den Szenen der Wiedererkennung breiter Raum gewährt; denn die Anagnorisis ist ja nicht nur für die leiblichen Eltern, sondern auch für den ersten Ziehvater Sisimithres und den zweiten Ziehvater Charikles narrativ zu bewältigen. – Nach Aristoteles (Poetik, a. a. O. [Anm. 93], Kap. 11, S. 36/37) sind ›Peripetie‹ und ›Anagnorisis‹ sowie ›schweres Leid‹ (πάθος, ›Páthos‹) konstitutive »Teile« der tragischen Fabelkonstruktion. Deren Schlüssigkeit

Hervorgehoben sei hier noch als konstitutives Erzählverfahren die »Digressionstechnik« mittels Parekbasen, ferner ist nochmals zu unterstreichen die Telos-bestimmte Variante der Verwirklichung der »ob überhaupt«-Spannung als finalistische Erzählkonstruktion und teleologischer Triumph.

Es ist nun wenigstens anzudeuten, wie die strukturrelevanten Motive gemäß den Goetheschen Vorstellungen von ›Kausalität‹ und ›Rückwirkung‹ im Bedeutungsaufbau der ›Wahlverwandtschaften‹ realisiert sind. Beispiele: Zu den nachgeholten Vorgeschichten gehört hier, dass Charlotte im Bedenken ihres fortgeschrittenen Alters das von ihr adoptierte Kind Ottilie eigentlich dem verwitweten Otto alias Eduard als Gattin zugedacht hatte (I/2; MA 9,296 f.), wobei zudem Namenswechsel so gut wie Adoption aus dem Motivrepertoire dieses Romantyps stammen. Zu demselben Strukturmotiv ist die ›offenbares Geheimnis‹ bleibende vorzeitige, in der eingebetteten Novelle von den ›Wunderlichen Nachbarskindern‹ nachholend umspielte Beziehung zwischen Charlotte und Otto, dem Hauptmann mit der Alias-Kennzeichnung ›der Major‹ im zweiten Romanteil, zu zählen. Auch das Spiel der Namensverwandtschaft, das in der jüngeren Deutungsgeschichte der ›Wahlverwandtschaften‹ zu wahren Spitzfindigkeitsorgien geführt hat, bietet Heliodors Roman an: man vergleiche den Namen der Protagonistin Charikleia mit dem ihres geistigen Ziehvaters Charikles. Das Reise-Motiv hat hier wie dort seinen Anteil an der Konstruktion: Michail M. Bachtin hat die ›Aithiopika‹ mit einer gewissen Berechtigung dem Typus des

erklärt sich nach A. Kablitz aus der »strukturelle⟨n⟩ Entsprechung zwischen der Struktur der Fabel und der Struktur der Anagnorisis«. »Denn eine wohlkonstruierte Wiedererkennung bestätigt den Ereignissen in der dargestellten Geschichte selbst gewissermaßen dasjenige, was ⟨Aristoteles⟩ von ihnen erwartet: wahrhafte Schlüssigkeit hinter scheinhafter Unordnung«; insofern wird auch die Wertung Aristoteles' plausibel, nach der »⟨d⟩ie beste unter allen Wiedererkennungen ⟨...⟩ diejenige« ist, »die sich aus den Geschehnissen selbst ergibt, indem die Überraschung aus Wahrscheinlichem hervorgeht« (Poetik, Kap. 16, S. 52/53); vgl. Andreas Kablitz, Wiedererkennung. Zur Funktion der Anagnorisis in der klassischen französischen Tragödie (Corneille: ›Œdipe‹ – Racine: ›Iphigénie en Aulide‹), in: Erkennen und Erinnern, a. a. O. (Anm. 52), S. 455–486, hier: S. 457. – Diese Schlüssigkeit liegt auch in den ›Wahlverwandtschaften‹ vor und macht zudem Goethes Tagebuchnotiz vom 12. 1. 1809 über »die Kausalität und Rückwirkung der Motive in größeren Gedichten« verständlicher.

»abenteuerlichen Prüfungsromans« unter den griechischen Romanen zugeordnet,[100] während in den ›Wahlverwandtschaften‹ das Reise-, Abenteuer- und ›Prüfungs‹-Motiv vom ersten Kapitel an mit dem unsteten Charakter Eduards und später auch mit dem des Mittlers verbunden erscheint. Hervorgehoben sei schließlich auch hier noch die Digressionstechnik mit den aus Tagebuchaufzeichnungen, Maximen und Reflexionen, Brief, Anekdote und Novelle gebildeten Parekbasen, die auf verschiedene Weise episch integriert sind.

Es ist somit offensichtlich, dass motivische, semantisch-thematische und strukturelle Äquivalenzen den spätgriechischen und den ›modernen‹ Roman in eine prominente Beziehung setzen.[101] Hat aber Goethe den spätgriechischen Roman gekannt? Diese Frage ist alles andere als nur eine positivistische, auf sog. ›Quellen‹-Nachweise versessene, sie ist eine Frage von textsemantischem und funktionsgeschichtlichem Rang.

In die Zeit erster Arbeiten am Novellenkomplex für ›Wilhelm Meisters Wanderjahre‹ ab Spätherbst 1803[102] fällt auch die Ausleihe spätantiker Romane und Schriften aus der Weimarer Bibliothek, in unserem Fall die Ausleihe des Heliodorschen Romans in zwei

---

[100] Vgl. Michail M. Bachtin, Formen der Zeit im Roman. Untersuchungen zur historischen Poetik, hrsg. von Edward Kowalski und Michael Wegner. Aus dem Russischen von Michael Dewey, Frankfurt am Main 1989 (= Fischer Wissenschaft 7418), S. 9–38, hier: S. 10.

[101] Diese dominante Gattungsstruktur konnte von J. Reusch, für die die ›Wahlverwandtschaften‹ als »heliodorischer Roman« figurieren, nicht gesehen werden. Statt den Roman Heliodors selber mit einzubeziehen, folgt sie ausschließlich Bachtin (a. a. O.), der aus mehreren spätantiken Romanen eine Vielfalt von Motiven herauszieht, ohne sie dem jeweiligen strukturierenden Grundmuster zuzuordnen; vgl. Judith Reusch, Zeitstrukturen in Goethes Wahlverwandtschaften, Würzburg 2004 (= Epistemata 489), S. 20–30. Das von uns textanalytisch erschlossene Erzählmuster disponiert aber in spezifischer Weise die Motive in Heliodors Roman und die Möglichkeiten ihrer intertextuellen Verarbeitung.

[102] Vgl. HA 6, a. a. O. (Anm. 12), S. 670. Im Übrigen notierte Goethe zu 1809 in den ›Tag- und Jahresheften‹: »Um von poetischen Arbeiten nunmehr zu sprechen, so hatte ich von Ende May's an die Wahlverwandtschaften, deren erste Conception mich schon längst beschäftigte, nicht wieder aus dem Sinne gelassen. 〈...〉 Schon vor einigen Jahren war der Hauptgedanke gefaßt, nur die Ausführung erweiterte, vermannigfaltigte sich immerfort und drohte die Kunstgränze zu überschreiten.« (FA I 17, S. 226)

deutschen Übersetzungen: zum einen in der Übertragung, die in Jena 1750 in Oktav unter dem Titel ›Aethiopische Liebes- und Heldengeschichte. A. d. Griech. d. Heliodorus übers. durch M. C. W. A⟨gricola⟩‹ erschienen ist; zum anderen in einer Übertragung, die in Leipzig 1767 als Oktavbändchen in zwei Teilen unter dem Titel ›Theagenes und Chariklea. Eine Aethiop. Gesch. in 10 Büchern. A. d. Griech. des Heliodorus übers. ⟨von Joh. Nik. Meinhardt⟩‹ herauskam. Für beide deutsche Adaptionen notiert das Ausleihverzeichnis der Weimarer Bibliothek als Entleihdatum den 27. September 1802, als Rückgabedatum den 25. Januar 1804.[103]

Irritierend scheint indes der Sachverhalt zu sein, dass in Briefen und Gesprächen ebenso wenig wie in den Tagebüchern Goethes ein Lektürereflex der ›Aithiopika‹ zum Vorschein kommt – im Unterschied etwa zu Longos' Pastoralroman ›Daphnis und Chloe‹, den Goethe in der französischen Übersetzung des Jacques Amyot zur Kenntnis genommen und vergleichsweise umfänglich besprochen hat.[104] Spekulationen sind hier somit Tür und Tor geöffnet, Zurückhaltung ist daher geboten. Zwei Aspekte sollten dennoch indizienhaft einander stützen können.

Der eine Aspekt betrifft die Beziehung Goethes zum bedeutendsten Gräzisten um und nach 1800, zu Friedrich August Wolf. Wenngleich der Dichter in der sog. Homerischen Frage mit dem Altertumswissenschaftler in keiner Phase dieser Beziehung übereinstimmte und bald nach Erscheinen der ›Prolegomena ad Homerum‹ 1795 seinen Unmut über die Schrift gegenüber Schiller äußerte, wurde die Begegnung mit ihm dennoch zu einem Glücksfall.[105] Ihre Hö-

---

[103] Vgl. Elise von Keudell / Werner Deetjen, Goethe als Benutzer der Weimarer Bibliothek. Ein Verzeichnis der von ihm entliehenen Werke, Weimar 1931, S. 51, Nr. 288, 289. Beide Übertragungen waren mir bislang nicht zugänglich.

[104] Vgl. Grumach, Antike, a. a. O. (Anm. 93), hier: Bd. 1, S. 316–320, bes. die Zeugnisse von 1807.

[105] Vgl. Goethes Briefe an Friedrich August Wolf, hrsg. von Michael Bernays, Berlin 1868, S. 141–144: tabellarische Zusammenstellung der Begegnungen Goethes mit Wolf und der Briefe an ihn. Vgl. Friedrich August Wolfs Briefe an Goethe, hrsg. von Siegfried Reiter, in: Goethe-Jahrbuch 27 (1906), S. 3–96; S. 7–56 die Briefe Nr. 1–47, S. 56–96 ihre Kommentierung. – Dazu ferner Manfred Riedel, Zwischen Dichtung und Philologie. Goethe und Friedrich August Wolf, in: Deutsche Vierteljahrsschrift für Literaturwissenschaft und Geistesgeschichte 71 (1997), S. 92 bis 109.

hepunkte fielen in die Jahre seit der Eröffnung des neuerbauten Theaters in Bad Lauchstädt im Juni 1802, an der neben der Halleschen Professorenschaft auch Wolf teilnahm, bis zur Berliner Berufung Wolfs nach der Schließung der Universität Halle in der Folge des Sieges Napoleons über Preußen 1806 sowie darüber hinaus. Es entwickelte sich »eine Zusammenarbeit, die ⟨...⟩ die Gestalt regelmäßiger ›Konferenzen‹ in Weimar oder Halle, ja, sogar gemeinsamer Reisen« annahm.[106] Wolf wohnte dabei bis zu drei Wochen in Goethes Haus, umgekehrt gilt Ähnliches. Die Annahme, dass bei der Vielzahl der Gelegenheiten nicht ein Wort zum Roman Heliodors sollte gewechselt worden sein, ist eher unwahrscheinlich. Es liegt vielmehr die starke Vermutung nahe, dass sich die Ausleihe der ›Liebesgeschichte von Theagenes und Charikleia‹ einer Anregung des Gräzisten wenige Wochen nach der »Epoche« machenden Zusammenkunft in Bad Lauchstädt verdankt.

Der zweite Aspekt betrifft Goethes Verhältnis zur Genese seines Romans. Es ist der von der ›Wahlverwandtschaften‹-Forschung stets als ›auffällig‹ konstatierte Sachverhalt, dass manuskriptliche Zeugnisse nicht überliefert sind: weder eine Handschrift des Romans noch Schemata von Goethes Hand[107] und erst recht nicht briefliche oder gesprächsweise mitgeteilte Hinweise auf Lektüren und prätextuelle Inspiration. Es bleibt alles Bezügliche dieser Art hinter einem »undurchsichtigen Schleier« verborgen (gegenüber Zelter am 26. 8. 1809); »⟨i⟩ch habe viel hineingelegt, manches hinein ver-

---

[106] Vgl. Riedel, a. a. O., S. 98. – Es verdient zudem hervorgehoben zu werden, dass F. A. Wolf seine bedeutende Abhandlung über die Altertumswissenschaft von 1807 Goethe widmete; dieser hatte den Altphilologen wiederholt zur Publikation ermuntert. Die, auch den zeitgeschichtlichen Kontext andeutende, Widmungsvorrede beginnt wie folgt: »Goethe, der Kenner und Darsteller des griechischen Geistes, empfange wohlwollend den mit Liebe dargebrachten Anfang einer Sammlung von Schriften und Aufsätzen ⟨...⟩. An wen unter den Deutschen könnte man bei einem Unternehmen solcher Art eher denken, als an Den, in dessen Werken und Entwürfen, mitten unter abschreckenden modernen Umgebungen, jener wohlthätige Geist sich eine zweite Wohnung nahm?« (Friedrich August Wolf, Darstellung der Altertumswissenschaft nach Begriff, Umfang, Zweck und Wert, mit e. Nachw. von Johannes Irmscher, Weinheim 1986, S. [III]–IV).

[107] Das einzige erhaltene Schema zum Roman (weitgehend zu seinem ersten Teil) stammt von Riemers Hand und hat sich zufällig erhalten; erstmals abgedruckt in: HA 6, S. 672–674.

steckt« (gegenüber Zelter am 1. 6. 1809). Kurzum, es handelt sich um größtmögliche Arkanisierung der Werkgenese. Welche Funktion dieser Distanzierung gegenüber allen dem Werk selbst äußerlichen Entstehungsbedingungen zukommt, dürfte streitig sein, gleichwohl die Annahme nicht ungeraten erscheinen lassen, dass die Aufmerksamkeit des (zeitgenössischen) Lesers in ausschließlicher Weise auf das »contextum«, das ›Gewebe‹ des Romans gerichtet bleiben sollte – eine auktoriale Vorgabe mithin, die, sofern sie in dem von Goethe kalkulierten Bezugsrahmen von Genesis und Geltung eine Rolle gespielt hat, für die literaturwissenschaftliche Analyse und Beschreibung dann gerade nicht gelten darf, da sie nur von einer Metaebene aus erschließbar ist.

Literaturwissenschaftlich ist vor allem die Frage interessant, worin der spätantike Roman dem eigenen Darstellungsvorhaben des neuzeitlichen Autors hat entgegenkommen können. Das Strukturmodell des Heliodorschen Romans allein dürfte es nicht gewesen sein. Hatte Goethe doch im Zusammenhang mit Longos' Pastoralroman in einer Tagebuch-Notiz vom 22. Juli 1807 die Exemplarität der Schriftsteller »späterer Zeit«, d.h. auch ›des 3. Jahrhunderts‹ nachchristlicher Zeitrechnung, in dem »so gut ein Genie geboren werden konnte als im ersten«, über ›Sprache und Technik‹ hinaus nicht zuletzt auch aus folgendem, lebensweltliche Relevanz hervorhebendem Grund betont:

> ⟨...⟩ daß die Schriftsteller späterer Zeit gegen die einer früheren in einem gewissen Vortheil stehen, da das Bedeutende des menschlichen Lebens und Treibens schon öfters vorgebracht und durchgearbeitet worden ist und daher eine bessere Auswahl und eine glücklichere Verbindung einem guten Kopf möglich wird.[108]

Die Modellierung selbst, die als »Heliodorsches Modell« Eingang in die frühneuzeitliche Geschichte des europäischen Romans und seiner Poetik gefunden hat[109] und von Werner Frick im kategorialen

[108] Vgl. Grumach, Antike, a.a.O. (Anm. 93), hier: Bd. 1, S. 316f.

[109] Vgl. Verweyen, Epische »ars narrativa«, a.a.O. (Anm. 95), S. 277 u.ö. unter Verarbeitung relevanter Forschungsliteratur (Wolfgang Bender, Hans Geulen, Adolf Haslinger, Clemens Lugowski, Volker Meid, Günther Müller, Hans Gerd Rötzer u.a.): textanalytisch und rezeptionsgeschichtlich behandelt sind Heliodors ›Aithiopika‹, John Barclays ›Argenis‹ (1621) und Martin Opitz' Übertragung der ›Argenis‹ (1626); vgl. ferner Verweyen, Der polyphone Roman, a.a.O. (Anm. 95), S. 206 bis

Bezugsrahmen von »Providenz« und »Kontingenz« hermeneutisch grundlegend und literarhistorisch ebenso pointiert wie erfolgreich beschrieben worden ist,[110] war Goethe vertraut – und zwar spätestens seit seiner Umarbeitung des Sturm und Drang-Torsos ›Theatralische Sendung‹ in das klassische Erzählwerk ›Wilhelm Meisters Lehrjahre‹; er hat sie in der jüngeren Gattungstradition des ›Hohen Romans‹ kennen gelernt und für seine Darstellungsintention der ›Lehrjahre‹ genutzt.[111]

Bei dem Heliodorschen Modell konnte sich im Unterschied zu Longos' ›Daphnis und Chloe‹ für Goethe mit der Strukturofferte zugleich die ihn seit 1785 umtreibende zeitgeschichtliche Erfahrung politischer Umbrüche, soziokultureller Prozesse und anthropologischer Orientierungsverluste verbinden. Die ›Aithiopika‹ sind nämlich keineswegs nur, wie die Titel ihrer von ihm ausgeliehenen deutschen Übersetzungen suggerieren, die, wie es bei Goethe gerne heißt, »romanenhafte« Erzählung von einem Liebespaar, das sich nach vielen Abenteuern, Entführungen, Trennungen und heldenhaften Tugendprüfungen glücklich wiederfindet, sondern auch das auf vielfache Anagnorisis zulaufende literarisch-ästhetische Korrelat einer späthellenistischen Aufklärungshaltung, die an der Idee einer geschichtsmetaphysisch und religiös legitimierten Stabilität aristokratischer Herrschaft orientiert ist. Mit gutem Grund hat Niklas

---

218: die pikareske Konterkarierung des Heliodorschen Modells im ›Simplicissimus‹ Grimmelshausens von 1668.

[110] Werner Frick, Providenz und Kontingenz. Untersuchungen zur Schicksalssemantik im deutschen und europäischen Roman des 17. und 18. Jahrhunderts, 2 Teile, Tübingen 1988 (= Hermaea 55): Fricks Textkorpus beginnt mit Heinrich Anshelm von Zigler und Kliphausens ›Asiatische Banise‹ (1689), greift entschieden auf den europäischen Erzählkontext aus und endet mit Christoph Martin Wielands ›Geschichte des Agathon‹ (1767).

[111] Vgl. die vom Verfasser betreute Erlanger Dissertation von Felicitas Igel, ›Wilhelm Meisters Lehrjahre‹ im Kontext des hohen Romans, Würzburg 2007 (= Literatura 19), S. 197–208: u.a. mit Hinweisen auf Goethes Interesse am spätantiken Roman (etwa Longos' Pastoralroman), auf explizite Verweise in den ›Lehrjahren‹ auf Andreas Heinrich Buchholtz' ›Herkules und Valiska‹ und Herzog Anton Ulrichs ›Römische Octavia‹ u.a.; ferner Textanalysen ab S. 32 (medias in res-Einsatz), ab S. 36 (Technik der nachgeholten Vorgeschichte), ab S. 67 (Motiv der unbekannten Herkunft), ab S. 84 (Anagnorisis-Motiv) usw.; das untersuchte Textkorpus bilden neben Goethes ›Theatralische Sendung‹ und ›Lehrjahre‹ Homers ›Odyssee‹, Heliodors Roman, Barclays / Opitz' ›Argenis‹, die ›Römische Octavia‹ und Wielands ›Agathon‹.

Holzberg hier von »Staatsutopie« gesprochen und folgende Erläuterung hinzugefügt:

> Von einem idealen Herrscher gelenkt, der sich von der neupythagoreisch und neuplatonisch gefärbten Weisheit seiner Priester, der Gymnosophisten, beeinflussen läßt, stellen diese Äthiopier eine Gesellschaft vollkommener Menschen dar, die ihrem hohen humanen Ethos nach der Wiedererkennung der für ein Siegesopfer bestimmten Königstochter Charikleia durch ihre Eltern mit dem Beschluß, von nun an für die Götter keine Menschen mehr zu schlachten, endgültig zum Durchbruch verhelfen.[112]

Mithin, nicht das Strukturmodell allein, sondern auch und in besonderer Weise das mittels des Gattungsmusters ›Hoher Roman‹ realisierte Geschichts- und Gesellschaftsmodell hat Goethe faszinieren können.

Es liegt in diesem Zusammenhang nochmals der werkexterne Blick auf Goethes Ausleihpraxis nach der Vollendung der ›Lehrjahre‹ nahe: Neben dem selbstverständlichen Interesse an naturwissenschaftlicher Literatur zu Morphologie und Farbenlehre und deren Geschichte sowie etwa von und zu Newton, ferner an zeitgeschichtlicher Darstellung der Revolutionszeit (siehe beispielsweise den Februar 1800 entliehenen handschriftlichen Spezialkatalog der Weimarer Bibliothek ›Catalogus scriptorum de revolutione Gallica‹) galt Goethes Aufmerksamkeit offenkundig auch einer Literaturtradition, die in Werken wie ›Voyage du jeune Anacharsis en Grèce‹ von Jean Jacques Barthélemy (entliehen September 1800), ›Le nouveau Paris‹ des Louis Sébastien Mercier (Dezember 1800), ›Télémaque‹ von Fénélon (April 1801), Heliodors Roman (September 1802) oder auch ›Amadis de Gaule‹ (Dezember 1804) repräsentiert ist.[113] Es handelt sich also in unterschiedlichsten Ausprägungen und Spielarten um Utopieliteratur. Goethe musste sich demnach hinsichtlich der ›Wahlverwandtschaften‹ für eine Gattung als Darstellungsdominante entscheiden.

Der Entscheidung für das im Heliodor realisierte Erzählmuster könnten mehrere Motivierungen zugrunde liegen: Es ist zum einen

---

[112] Niklas Holzberg, Der antike Roman, München/Zürich 1986 (= Artemis Einführungen 25), S. 116–124, hier: S. 121.

[113] Vgl. Keudell / Deetjen, Goethe als Benutzer, a. a. O. (Anm. 103): in der angeführten Reihenfolge Nr. 200, 219, 229, 261, 288/289, 364.

gewiss das biopsychische Motiv der befremdenden Ähnlichkeit des Kindes Charikleia mit einem Götterbildnis, das den an »unerhörten Begebenheiten« interessierten Dichter inspiriert haben wird. Darüber hinaus ließ sich mit der Struktur der spätantiken Vorlage auch der Textstandpunkt, die implizit mitgeführte und im teleologischen Triumph manifeste Positivierung politischer Macht und Machtausübung, adaptieren, wobei nochmals zu unterstreichen ist, dass der im Anschluss an Heliodor sich entwickelnde Romantypus als Liebesroman stets auch Staatsroman ist und umgekehrt der Lauf der Staatsgeschäfte sich immer auch in den Irrungen und Wirrungen der höfischen Liebespaare konkretisiert.[114] Nicht zuletzt aber – und das dürfte nun der für Goethe im besonderen geltende, produktionsästhetisch entscheidende Aspekt sein – eröffnete sich mit der Aneignung des Heliodorschen Modells die Möglichkeit, den in der Vorlage gegebenen Textstandpunkt gegen einen radikal entgegengesetzten auszutauschen – eine Substitution, bei der zugleich die konkrete Erzählbasis, die »romanenhafte« Geschichte der Liebespaare als ›vordergründige‹ Gattungsdominante, nicht hat aufgegeben werden müssen. Wenn die ›Wahlverwandtschaften‹ perennierend als »tragischer Roman« aufgenommen worden sind, so erscheint diese Wahrnehmung romangeschichtlich überzeugend erst dank der Ersetzung des optimistischen Politikmodells durch das es untererfüllende ›tragische‹ Modell der »tosenden Weltbewegung«, die »uns«, so Goethe in der schon angeführten Einschätzung in der ›Campagne in Frankreich‹, mit einem wahren »Zyklus von Tragödien 〈...〉 bedroht« und, wie die poetischen »Nachbildungen des Zeitsinnes« vor Augen führen, heimgesucht hat.

Schließlich nochmals ein Wort über den Romanschluss. Die ›Wahlverwandtschaften‹ enden ja nicht ›tragisch‹ in dem soeben erörterten Sinn. Gemäß der Selbstanzeige des Dichters wird der »Zyklus von Tragödien« ja »nur durch eine höhere Hand«, und »vielleicht auch nicht in diesem Leben, völlig« aufgehoben. Stellt sich die Frage: ›aufgehoben‹ etwa im Sinne einer – im Übrigen auch meto-

---

[114] Vgl. Frick, Providenz, a.a.O. (Anm. 110), S. 60 mit zitierendem Bezug auf Günther Müller, Höfische Kultur der Barockzeit, in: Hans Naumann und Günther Müller, Höfische Kultur, Halle a.S. 1929 (= Deutsche Vierteljahrsschrift, Buchreihe 17), S. 79–158, hier: S. 134f.

nymisch angelegten – Positivierung der »Fehler« und »Frevel« in legendenhafter Apotheose und nazarenischer Glorifizierung? Bezogen auf den Schluss des nachklassisch-antiken Romans Heliodorscher Modellierung und seine Adaptionen im höfisch-historischen Roman der Frühen Neuzeit wäre dann davon zu sprechen, dass an die Stelle der Garantie endlichen Glücks in stabilen Ordnungen politischer Herrschaftsausübung nun im nachklassisch-modernen Roman der Neuzeit »das nazarenisch fromme Bild erlösenden Glaubens«,[115] die christliche ›Aufhebung‹ endlicher Tragik träte.

Die Frage ist unterdessen, wie ernst es dem »großen Heiden«[116] mit einer solchen Poetisierung der Theodizee überhaupt war – eine Frage, die schon 1906 Oskar F. Walzel aufgeworfen hat.[117] Wollte Goethe nicht eher dem Vorwurf der zeitgenössischen Literaturbewegung begegnen, er sei bloß ein ›Antiker‹ geblieben und hätte – in der »Querelle des Anciens et des Modernes« – den Anschluss an die ›moderne‹, das heißt zeitgenössisch: die christliche Dichtung versäumt? Läge tatsächlich die produktionsästhetische Ambition eines Anschlusses an die aktuellste Literaturbewegung der Zeit zugrunde, dann wäre das Nazarenische im zweiten Teil des Romans und nicht zuletzt in dessen Schlusskonfiguration nur Material, nicht Inhalt und Form.[118] Somit wäre die Verarbeitung nazarenischer Kunsttendenzen ebenfalls nicht oder nur indirekt bzw. implizit eine literaturkritische Auseinandersetzung mit der deutschen Romantik.

---

[115] Vgl. Wolfgang Frühwald, Der ›romantische‹ Goethe. Esoterik und Mystik in dem Roman ›Die Wahlverwandtschaften‹ und im ›West-östlichen Divan‹, in: Vielfalt der Perspektiven. Wissenschaft und Kunst in der Auseinandersetzung mit Goethes Werk, hrsg. von Hans-Werner Eroms und Hartmut Laufhütte, Passau 1984 (= Schriften der Universität Passau, Reihe Geisteswissenschaften 5), S. 165–177, hier S. 168; vgl. demgegenüber Allemann, Transzendentalroman, a. a. O. (Anm. 17), S. 30: »Es geht nicht um irgendeine tröstliche Verheißung in diesem Schluß für das Gemüt des Lesers«.

[116] So etwa Frühwald, ebd., S. 168, die Annahme einer ›tröstlichen Verheißung‹ relativierend.

[117] Oskar F. Walzel, Goethes ›Wahlverwandtschaften‹ im Rahmen ihrer Zeit, in: Goethe-Jahrbuch 27 (1906), S. 166–206, hier: S. 192.

[118] Zur Kategorienbildung vgl. M. M. Bachtin, Das Problem von Inhalt, Material und Form im Wortkunstschaffen, in: Michail M. Bachtin, Die Ästhetik des Wortes, hrsg. von Rainer Grübel. Aus dem Russischen von R. G. und Sabine Reese, Frankfurt am Main 1979 (= edition suhrkamp 967), S. 95–153.

Näher liegt demnach erneut die Annahme, dass es dem Dichter, wie Walzel formulierte, um eine »objektive Wiedergabe romantischen Zeitkolorits« zu tun war.[119] Ein solches Konzept wäre – und die zeitgenössische Aufnahme legt beredtes Zeugnis davon ab – Provokation genug.

Der Ansatz Walzels verdient es, aus der zweihundertjährigen Rezeptions- und Interpretationsgeschichte des Romans wieder heraufgeholt zu werden – und zwar nicht zuletzt im Kontext einer rhapsodischen Erzählpoetik, die dem Dichter »Urteilsenthaltung« ermöglicht und in Darstellungsformen ironisch-ambivalenter »Isosthenie« einen Gegenwartsroman von strenger Faktur und immenser Komplexität zu »erzählen« garantiert.[120] Dass die ›Wahlverwandt-

---

[119] Vgl. Walzel, Wahlverwandtschaften, a. a. O. (Anm. 117), S. 193. – Zur Verarbeitung der nazarenischen Kunst und Kunsttendenzen in den ›Wahlverwandtschaften‹ (vgl. II/2; MA 9,407–412 und II/3; 412–417, sowie durchgängig im II. Romanteil bis zur Schlusskonfiguration), die mir in der ›Wahlverwandtschaften‹-Forschung noch vernachlässigt zu sein scheint, sind weitere Analysen geboten, und zwar auch im Blick auf die im zweiten Heft des ersten Bandes ›Ueber Kunst und Alterthum in den Rhein- und Mayn-Gegenden‹ 1817 publizierten Aufsätze wie ›Neu-deutsche religios-patriotische Kunst‹; vgl. Goethe, Ästhetische Schriften 1816–1820. Über Kunst und Altertum I–II, hrsg. von Hendrik Birus, Frankfurt am Main 1999 (= FA I/20), S. 105–129 sowie 159–169; ferner dazu Birus' Kommentar, S. 818–876; vgl. etwa Allemann, Transzendentalroman, a. a. O. (Anm. 17), S. 12f. u. ö.

[120] Zu dem komplexen Motivgefüge, das die »Nachbildungen des Zeitsinnes« möglich macht, gehören nicht nur die zeitgenössisch häufig angesprochenen »Details der Umgebung« wie das Motiv der Park- und Gartenlandschaft, sondern auch die Referenzen auf historische Personen, Ereignisse und Sachverhalte sowie der verarbeitende Bezug auf situationelle Kontexte speziellerer Art und Provenienz. Dazu noch zwei Ergänzungen. – Zum einen (a) das Motiv der Pendel-»Versuche« (II/11; MA 9,482–486): Die Episode der mit Charlotte und Ottilie unternommenen Pendelexperimente geht auf »die nachricht von einem erz- und wasserfühler in Italien« zurück, deren Wahrheitsgehalt von Franz Baader, Schelling und vor allem Johann Wilhelm Ritter aufwendig geprüft worden ist und über die Schelling im ›Morgenblatt‹ und in der ›Jenaischen Allgemeinen Literatur-Zeitung‹ von 1807 berichtet hat; vgl. Otto Brahm, Eine Episode in Goethes Wahlverwandtschaften, in: Zeitschrift für deutsches Alterthum 26 (1882), S. 194–197; vgl. HA 6,702f. und MA 9,1256f. mit umfänglichem Zitat aus O. Brahms Miszelle. Zu Schellings Bericht an Hegel, der wiederum Goethe unterrichtet hat, weist die ›Wahlverwandtschaften‹-Episode bis ins Wörtliche gehende Parallelen auf. Brahm hat seinen Fund hinsichtlich der Textfunktion falsch eingeschätzt: »Künstlerisch betrachtet, für die ökonomie des romans, ist die episode ganz bedeutungslos«. Diese Fehleinschätzung hat schon Walzel, Wahlverwandtschaften, a. a. O. (Anm. 117), S. 187–189, hier: S. 189 korrigiert; es ist dann Adler, Anzie-

schaften‹ dabei selbst über die zeitgenössische Querelle des Anciens et des Modernes, die Kontroverse des Klassischen und Romantischen nach 1800, noch hinausgehen, ist mit Goethes 1820 veröffentlichtem Aufsatz ›Klassiker und Romantiker in Italien‹ deutlich zu machen. Goethe gibt darin zu bedenken, dass jeder an der Antike gebildete Künstler »nie ein gewisses antikes Herkommen verläugnen, vielmehr jederzeit dankbar anerkennen wird was er abge-

---

hungskraft, a.a.O. (Anm. 15), S. 180–187 der überzeugende Nachweis gelungen, wie sich die Episode der Grundidee der Wahlverwandtschaft integriert. Dass sie sich indes auch evident in das Gefüge der Repräsentationen des »Zeitsinnes«, des situationellen Kontextes, einpasst, geht aus der beiläufigen Bemerkung Brahms über die Episode hervor: ihre »besondere beziehung auf vorgänge des tages« und »in der zeit, da 〈Goethe〉 den roman concipierte«, sei nicht gesehen worden. – Zum andern (b) das Motiv des Somnambulismus (II/14; MA 9,500 und 501f.): Ottilie spricht zu Charlotte nach dem Tod des Kindes, ihre Ziehtante nur in dieser Szene und der darin nachgeholten Vorgeschichte duzend: »〈...〉 und nach einem schrecklichen Ereignis klärst du mich wieder über meinen Zustand auf, der jammervoller ist als der erste. Auf deinem Schoße ruhend, halb erstarrt, wie aus einer fremden Welt vernehm' ich abermals deine leise Stimme über meinem Ohr; ich vernehme, wie es mit mir selbst aussieht; ich schaudere über mich selbst: aber wie damals habe ich auch diesmal in meinem halben Totenschlaf mir meine neue Bahn vorgezeichnet.« (S. 502) Adler, Anziehungskraft, a.a.O. (Anm. 15), S. 195f. und passim hat herausgearbeitet, dass Ottilies Zustand »deutliche Spuren des Somnambulismus bzw. des magnetischen Schlafes« trägt, und zugleich nachgewiesen, dass Goethe bestimmte Vorgaben »in seinen eigenen Plan« der chemischen ›Verwandtschaft‹ eingepasst hat: »Von der chemischen ›Verwandtschaft‹ (materielle Beziehungen) zu den Pendeln (Verhältnisse zwischen Geist und Körper) führt eine aufsteigende Linie zum magnetischen Schlaf (Geisteszustand).« (Ebd., S. 196f.) Adler hat natürlich auch, unter Bezug auf Forschungsliteratur, den Zusammenhang mit der romantischen Naturphilosophie gesehen, nach der die Bedeutung somnambuler Phänomene darin besteht, »dem Menschen einen Blick in den Weltzusammenhang 〈zu〉 ermöglichen« (ebd., S. 197). Freilich, der Roman thematisiert diese Vorstellung auf der Ebene der erzählten Figuren und bietet keinerlei Entscheidung über sie, etwa auf der Ebene des Erzählers, an. Im Hinblick auf die Frage nach der Repräsentation des »Zeitsinnes« ist nun gravierend, dass sich Goethe nach der Begegnung mit Gotthilf Heinrich von Schubert in Karlsbad 1807 (vgl. Goethes Gespräche, a.a.O. [Anm. 13], hier: Bd. 2: 1805–1817, S. 247f., 248f.) am Ende des darauffolgenden Jahres mit dessen zwischenzeitlich veröffentlichten ›Ansichten von der Nachtseite der Naturwissenschaft‹ (12. und 13. Vorlesung) befasst hat (vgl. Walzel, Wahlverwandtschaften, a.a.O., S. 189). Über die zeitgenössische Relevanz von Schuberts ›Ansichten‹ (etwa für Kleist und E.T.A. Hoffmann) muss hier nichts gesagt werden; Goethe macht wieder eine Grundtendenz seiner Zeit offenbar.

schiedenen Lehrern schuldig ist, wenn er auch sein ausgebildetes Talent der lebendigen Gegenwart unaufhaltsam widmet und, ohne es zu wissen, modern endigt wenn er antik angefangen hat.«[121] Wie dies Bedenken nun nicht nur Programmatik, Status und Funktion der das zweite Heft von ›Kunst und Altertum‹ eröffnenden »Literarischen, poetischen Mittheilungen« exemplarisch charakterisiert, sondern auch die erzählend-berichtende Haltung des Dichters der ›Wahlverwandtschaften‹ bestimmt, das kann aus dem Kommentar Hendrik Birus' erschlossen und appliziert werden. Goethe wollte in seinem Aufsatz über ›Klassiker und Romantiker in Italien‹ einen »möglichst unparteiischen Bericht über eine aktuelle literarische Kontroverse« verfassen, »damit sich nicht etwa« – wie es im Mottogedicht zum zweiten Heft heißt – »›nur Verworrnes im Verworrnen spiegelt‹, wenn es gilt, ›den Tag dem Tag zu zeigen‹«.[122] Es ist ein spätes Echo auf das in der ›Campagne in Frankreich‹ niedergelegte und in den ›Wahlverwandtschaften‹ wieder aufgenommene Programm des Dichters, in einem Gegenwartsroman »Nachbildungen des Zeitsinnes« zur Konstruktion und zum Thema zu machen. Darin besteht seine über die Zeitgenossenschaft hinausweisende Modernität.

---

[121] Goethe, Klassiker und Romantiker in Italien, sich heftig bekämpfend, in: Ästhetische Schriften 1816–1820, a.a.O. (Anm. 119), S. 417–424, hier: S. 419f. sowie S. 1263–1275 (Kommentar).

[122] Ebd., S. 1263; vgl. dazu S. 416 das Mottogedicht, eine Stanze.

ANKE BOSSE

CHINA UND GOETHES KONZEPT DER ›WELTLITERATUR‹

Schon in seiner Kindheit war Goethe von ›China‹ umgeben, nämlich in seinem Frankfurter Elternhaus. Als es 1755 umgebaut wurde, kam auch die damals weit verbreitete Mode der Chinoiserien zum Zuge. Im ersten Stock ließ Goethes Vater das sog. Peking-Zimmer als aufwändigen Repräsentationsraum einrichten: Tapeten mit chinesischen Mustern wurden angebracht und sogar am Kachelofen chinesische Figuren. Dem Augenmenschen Goethe wurden so schon als Sechsjährigem ›chinesische‹ Eindrücke vermittelt, allerdings in europäisierter, modischer Manier.[1] So lag ihm daran, in seiner Autobiographie festzuhalten, er habe als junger Mann gegen »gewisse chinesische Tapeten« genörgelt und deswegen Streit mit dem Vater gehabt.[2] Für Goethe waren die modisch-oberflächlichen Chinoiserien unzertrennlich verknüpft mit dem gekünstelt-galanten Wesen des Rokoko der Vätergeneration, und dagegen zielte sein Affekt. Bloß: dem Rokoko war seine eigene Jugendlyrik noch verpflichtet gewesen. Im Affekt gegen Chinoiserien und Rokoko steckte also im Grunde eine heftige Loslösung und Befreiung von einer eigenen früheren Schaffensphase.

---

[1] Ende des 18. Jahrhunderts hatte der europäische China-Kult seinen Höhepunkt schon überschritten. Seit gegen Ende des 17. Jahrhunderts jesuitische Missionare breitere Kenntnisse vermittelt hatten, war ›China‹ zu einem Utopie-Topos der Aufklärung, zu einem Musterbeispiel einer hoch stehenden nichteuropäischen, nichtchristlichen Kultur geworden. Doch dieses Bild wurde nun allmählich trivialisiert, verkam zur Mode der ›Chinoiserien‹. Und in dieser Form trat ›China‹ erstmals in Goethes Leben.

[2] Johann Wolfgang Goethe, Aus meinem Leben. Dichtung und Wahrheit, in: J. W. G., Sämtliche Werke. Briefe, Tagebücher und Gespräche, hrsg. von Friedmar Apel (u. a.), II Abt., 40 Bde., Frankfurt am Main 1987–1999, hier: Bd. I 14, S. 388. Die Frankfurter Ausgabe wird nachfolgend mit der Sigle FA zitiert.

Der Goethe der ›Weimarer Klassik‹ sollte diesen Affekt wieder aufnehmen und nun zu einem polemischen Instrument schärfen. Im Anschluss an seine italienische Reise und im Verbund mit Schiller setzte er alles daran, seinen nun an der griechisch-römischen Antike orientierten Klassizismus im literarischen und kulturellen Feld Deutschlands als Richtschnur durchzusetzen. Und er zögerte nicht, zeitgenössische Autoren, die dieser Richtschnur nicht folgten, auszugrenzen und dafür ›Chinesisches‹ zu instrumentalisieren. Eines seiner prominentesten Opfer war Jean Paul.[3] Auf diesen zielte sein Epigramm ›Der Chinese in Rom‹ von 1796.[4]

Einen Chinesen sah ich in Rom; die gesamten Gebäude
  Alter und neuerer Zeit schienen ihm lästig und schwer.
Ach! so seufzt' er, die Armen! ich hoffe, sie sollen begreifen,
  Wie erst Säulchen von Holz tragen des Daches Gezelt,
Daß an Latten und Pappen, Geschnitz und bunter Vergoldung
  Sich des gebildeten Aug's feinerer Sinn nur erfreut.
Siehe, da glaubt' ich, im Bilde, so manchen Schwärmer zu schauen,
  Der sein luftig Gespinst mit der soliden Natur
Ewigem Teppich vergleicht, den echten reinen Gesunden
  Krank nennt, daß ja nur e r heiße, der Kranke, gesund.[5]

Das Gedicht ist eine poetische Polemik gegen den Manierismus und macht für diesen kurzerhand das ›Chinesische‹ haftbar. Der »Chinese«, exotistische Maske für Jean Paul,[6] ist in Rom offensichtlich deplaziert und mit Unverständnis geschlagen. Er wird eingeführt als Repräsentant eines naiven Manierismus, der die antiken Stätten zu

[3] Vgl. Hendrik Birus, Vergleichung. Goethes Einführung in die Schreibweise Jean Pauls, Stuttgart 1986 (Germanistische Abhandlungen 59), S. 12–15.

[4] Zu diesem Gedicht schrieb Goethe an Schiller: »Eigentlich hat eine arrogante Äußerung des Herrn Richters, in einem Briefe an Knebel, mich in diese Disposition gesetzt«. Und Schiller antwortete: »Der Chinese soll warm in die Druckerei kommen; das ist die wahre Abfertigung für dieses Volk.« (Der Briefwechsel zwischen Schiller und Goethe, hrsg. von Hans Gerhard Gräf und Albert Leitzmann, 3 Bde., Leipzig ³1964, hier: Bd. 1, S. 224f. Vgl. dazu Birus, a.a.O., S. 101.)

[5] Johann Wolfgang Goethe, Gedichte. 1800–1832, FA I 2, S. 331 (Hervorhebung im Original).

[6] Jean Pauls Werk gibt allerdings keinerlei Anlass, ihn mit Chinoiserien in Verbindung zu bringen – wohl aber mit Manierismus. Vgl. Birus, Vergleichung, a.a.O. (Anm. 3), S. 12, und Günther Debon, China zu Gast in Weimar. 18 Studien und Streiflichter, Heidelberg 1994, S. 149–163.

ersetzen sucht durch Imaginieren von Chinoiserien: ein »luftig Gespinst« aus »Säulchen von Holz«, die »des Daches Gezelt« tragen, »Latten und Pappen, Geschnitz und bunte Vergoldung«. Dagegen tritt dezidiert das lyrische Ich auf, das mit »Siehe« den Leser direkt anspricht und so auf seine Seite zieht: Der Leser soll sich identifizieren mit dem desavouierenden Urteil, der »Chinese« sei einer von diesen realitätsfernen Phantasten, »Schwärmer⟨n⟩« und sei – löst man die kunstvolle chiastische Verschränkung in den letzten Versen auf – letztlich »krank«. In Opposition dazu werden die klassischen Stätten Roms mit einer positiven Merkmalsreihe bedacht: »solide Natur«, »echt«, »rein« und – »gesund«. Goethes berühmtes, gleichfalls biologistisch zuspitzendes Diktum »Classisch ist das Gesunde, romantisch das Kranke«[7] klingt hier an – und nicht umsonst liegt auch diesem Diktum die Opposition ›Klassik‹ versus ›Manierismus‹ zugrunde.[8] Das Gedicht ›Der Chinese in Rom‹ setzt sein Votum für die antike Klassik auch in seiner Form um, denn seine Distichen, Doppelverse aus Hexameter und Pentameter, sind antikisierende Versformen. Die Aufwertung des ›Klassischen‹ einerseits und die Abwertung des ›Manieristisch-Exotisch-Chinesischen‹ andererseits erhalten so zusätzliche Schlagkraft.

Wie nun passt der negative Affekt gegen Chinoiserien, wie die polemische Instrumentalisierung des ›Chinesischen‹ zum Thema des vorliegenden Beitrags, China und Goethes Konzept der ›Weltliteratur‹?

Nun, beides ist als Kontrastfolie hilfreich. Nur so, glaube ich, lässt sich ermessen, welche tief greifende Wandlung der ›nachklassische‹ alte Goethe nach Schillers Tod 1805 durchlief, nach dem Ausklingen der Schaffensphase, die wir heute ›Weimarer Klassik‹ nennen. Um diese Wandlung und ihre staunenswerten poetischen und konzeptuellen Ergebnisse geht es mir. Der alte ›nachklassische‹ Goethe vollzog eine weit ausgreifende, produktive Öffnung auf – auch außereuropäische – Literaturen und Kulturen. Eine Öffnung,

---

[7] Johann Wolfgang Goethe, Sprüche in Prosa, FA I 13, S. 239.

[8] Vgl. dazu im Detail: Anke Bosse, »Orientalischer Bazar«? Grotesk-manieristische Verfahren in Theorie und Praxis des alten Goethe, in: Figurationen des Grotesken. Festschrift für Hans-Jürgen Schrader, hrsg. von Edith Anna Kunz, Dominik Müller und Markus Winkler, Göttingen 2009 (im Druck).

die sich durch bemerkenswert vorurteilsfreie Neugierde und durch souveräne Experimentierfreude auszeichnete.[9] Dank dieser transkulturellen Öffnung sollte Goethe sein Konzept einer ›Weltliteratur‹ entwickeln. Und dank dieser Öffnung ist das Werk des alten Goethe für uns heute, in einer globalisierten Welt, besonders anschlussfähig.

Auslöser der transkulturellen Öffnung war: Krieg. Krieg in Europa, Krieg in allernächster Nähe. Im September und Oktober 1813 spitzte sich die militärische Lage in den Befreiungskriegen gegen Napoleon zu. Wenige Wochen vor der Leipziger Völkerschlacht berichtet Goethes Tagebuch wiederholt von »militärische⟨r⟩ Bewegung«, von »Unruhige⟨r⟩ Nacht wegen Annäherung der Österreicher. Abzug der Franzosen«, ja, die »Canonade« in der Umgebung ist »deutlich zu hören«. Goethe »zog« sich »zurück«, beschäftigte sich äußerst intensiv mit »Sinica«[10] und schrieb dazu an seinen ›Urfreund‹ Carl Ludwig von Knebel:

> Ich habe die Zeit, mehr um mich zu zerstreuen, als um etwas zu thun, gar mancherley vorgenommen, besonders habe ich China und was dazu gehört fleißig durchstudirt. Ich hatte mir dieses wichtige Land gleichsam aufgehoben und abgesondert, um mich im Fall der Noth, wie es auch jetzt geschehen, dahin zu flüchten. Sich in einem ganz neuen Zustande auch nur in Gedanken zu befinden ist sehr heilsam.[11]

Goethe näherte sich China zunächst mit dem Blick des imaginär Reisenden, der Land und Leute kennen lernen möchte: eine imaginäre Reise durch Lektüre, »in Gedanken«, als »heilsam⟨e⟩« ›Selbsttherapie‹.[12] Er hielt sich an ethnographische, geographische, geolo-

---

[9] Einzige Ausnahme – weil weiterhin immer wieder Zielscheibe von Polemik – ist Indien. Vgl. dazu Bosse, ebd.

[10] Goethes Werke, hrsg. im Auftrage der Großherzogin Sophie von Sachsen, IV Abt., 133 Bde., Weimar 1887–1919, hier: Bd. III 5, S. 77–80. Die Weimarer Ausgabe wird nachfolgend mit der Sigle WA zitiert.

[11] WA IV 24, S. 28.

[12] Im Rückblick auf das Jahr 1813 hob Goethe in seinen ›Tag- und Jahresheften‹ die therapeutische Funktion hervor: »Hier muß ich noch einer Eigenthümlichkeit meiner Handlungsweise gedenken. Wie sich in der politischen Welt irgend ein ungeheures Bedrohliches hervorthat, so warf ich mich eigensinnig auf das Entfernteste. Dahin ist denn zu rechnen, daß ich ⟨…⟩ mich mit ernstlichstem Studium dem chinesischen Reich widmete« (FA I 17, S. 255f.).

gische Informationen aus Reise- und Gesandtschaftsberichten.[13] Ihn interessierte die materielle Kultur. Als Augenmensch war er um möglichst konkrete, praktisch-empirische Anschauung bemüht, die über die Lektüre hinausgeht. Nicht umsonst interessierte er sich für chinesische Schriftzeichen.[14] Nicht umsonst holte er, wie er Knebel im selben Brief berichtet, »ein chinesisches Mahlerkästchen« hervor, »worin mir besonders einige Tafeln von Parischem Marmor ⟨...⟩ merkwürdig waren«. Glaubte Goethe bis dahin, sie »seyen in Europa hinzugefügt« worden, so freute ihn nun, von dem soeben in Weimar eingetroffenen Julius Klaproth zu hören, sie »seyen, eben so gut als die übrigen Geräthschaften ⟨...⟩ echt chinesisch«.[15] Die Ankunft Klaproths kam Goethe sehr entgegen, weil er sich nun von einem Spezialisten beraten lassen konnte, einem, wie er schrieb, »eingefleischte⟨n⟩ Chinese⟨n⟩«.[16] Hatte er sich schon zuvor für seine naturwissenschaftlichen Arbeiten von Spezialisten beraten und assistieren lassen, so wurde dies nun für seine transkulturelle Öffnung im Alter eine immens prägende Vorgehensweise.[17] Goethe weiß von dem jetzt, an der Jahrhundertwende einsetzenden wissenschaftlichen Zeitalter zu profitieren: Es etablierte sich in Europa eine Ori-

---

[13] Neben den ›Recherches philosophiques‹ von Cornelis de Pauw versenkte er sich in die Reise- und Gesandtschaftsberichte von Marco Polo, Joseph de Guignes, Aeneas Anderson, George Leonard Staunton und John Barrow sowie in die ›Peregrinaçam‹ des portugiesischen Abenteurers Fernando Mendez Pinto. Zusätzlich studierte Goethe Martin Martinis ›Neuen Atlas des großen Reichs Sina‹. Vgl. Elise von Keudell / Werner Deetjen, Goethe als Benutzer der Weimarer Bibliothek. Ein Verzeichnis der von ihm entliehenen Werke, Weimar 1931, S. 138–140, Nr. 863 bis 869, 871–873.

[14] Anlass und Anschauung dafür dürfte 1813 de Guignes' ›Voyages à Peking, Manille et l'Île de France, faits Dans l'intervalle des années 1784 à 1801‹ gegeben haben, später dann die Sinica der Büttnerschen Bibliothek, die 1802 nach Weimar verbracht worden war. Vgl. dazu Günther Debon, Was wußte Goethe von der chinesischen Sprache und Schrift? in: Goethes Morgenlandfahrten. West-östliche Begegnungen, hrsg. von Jochen Golz, Frankfurt am Main 1999, S. 54–65.

[15] WA IV 24, S. 29.

[16] Ebd., S. 28.

[17] Dies galt insbesondere auch für das große dezidiert trans- und interkulturelle Alterswerk ›West-östlicher Divan‹, für das sich Goethe – über weit reichende Lektüre hinaus – von mehreren Orientalisten beraten und helfen ließ. Vgl. dazu Anke Bosse, »Meine Schatzkammer füllt sich täglich ...«. Die Nachlassstücke zu Goethes ›West-östlichem Divan‹, 2 Bde., Göttingen 1999, hier: Bd. 1, S. 120–125, 327 u. ö.

entalistik, die in kürzester Zeit geradezu boomte und sich durch wissenschaftliches Interesse für die Kulturen und v. a. Literaturen des nahen und fernen Orients auszeichnete.[18] Man begann nun mit ernsthaftem Studium der orientalischen Sprachen, Literaturen und Kulturen, publizierte wissenschaftliche Artikel und Bücher. ›Der Orient‹ überwand den ›Kuriositäten‹-Status, den er für Europa bis dahin hatte.[19]

Ein Zweites, für Goethes transkulturelle Öffnung Förderliches kam hinzu: Er wurde sich selbst, seinem Werk gegenüber historisch. Exakt während des Studiums von »Sinica« redigierte er für eine Gesamtausgabe seiner Werke bei Cotta genau jene älteren Gedichte, zu denen ›Der Chinese in Rom‹ gehört.[20] Jetzt ordnete er dieses Gedicht in die Rubrik ›Antiker Form sich nähernd‹ ein – und historisierte es. Er wies ihm »eine präzise entwicklungsgeschichtliche Stelle« zu, die »Zeit der ›Näherung‹« an die Antike, »ehe in den neunziger Jahren mit den ›Römischen Elegien‹, den ›Venezianischen Epigrammen‹ 〈...〉 die eigentliche ›antike‹ Form gewonnen« war.[21] Zugleich signalisiert diese Historisierung früherer Gedichte eine innerliche Distanzierung, Ablösung – was sicher dazu beitrug, sich für Neues öffnen zu können.

Was allerdings aus der im Jahr 1813 begonnenen therapeutischen Beschäftigung mit »Sinica« hätte werden sollen, wissen wir nicht, denn sie hat keinen unmittelbaren Niederschlag in Goethes Werk gefunden.

Doch im Frühjahr 1814 – die politische und militärische Lage hatte sich beruhigt, Napoleon war gestürzt, Ende Mai wurde der Pariser Friede geschlossen – ging Goethe auf Badereise. Und als

---

[18] In Paris setzte der europaweit einflussreiche Silvestre de Sacy durch, dass an seiner neu gegründeten École spéciale des langues orientales vivantes neben seinem Lehrstuhl für Arabistik ein Lehrstuhl für persische Literatur eingerichtet wurde und 1814 dann ein Lehrstuhl für Sinologie für Jean-Pierre Abel-Rémusat – der weltweit erste Lehrstuhl für Sinologie.

[19] Zur deutschsprachigen Orientalistik vgl. Sabine Mangold, Eine »weltbürgerliche Wissenschaft« – Die deutsche Orientalistik im 19. Jahrhundert, Stuttgart 2004. – Mit engerem Bezug auf Goethe: Norbert Nebes, Orientalistik im Aufbruch. Die Wissenschaft vom Vorderen Orient in Jena zur Goethezeit, in: Goethes Morgenlandfahrten, a. a. O. (Anm. 14), S. 66–96.

[20] Vgl. FA I 2, S. 927 f.

[21] Ebd., S. 993.

er seinen Verleger Cotta in Bad Berka traf, sollte er nun in den unwiderstehlichen Bann außereuropäischer Literatur geraten – allerdings nicht in den der chinesischen, sondern in den der persischen. Denn Cotta schenkte ihm die druckfrische Übersetzung des ›Diwans des Mohammed Schemsed-din Hafis‹, den der Wiener Orientalist Joseph von Hammer erstmals vollständig ins Deutsche übersetzt hatte.[22] Die Gedichte des Ḥāfiẓ, eines persischen Dichters des 14. Jahrhunderts, wirkten so »lebhaft« auf Goethe, dass er bekannte:

> 〈...〉 ich mußte mich dagegen productiv verhalten, weil ich sonst vor der mächtigen Erscheinung nicht hätte bestehen können. 〈...〉 Alles was dem Stoff und dem Sinne nach bey mir Ähnliches verwahrt und gehegt worden, that sich hervor 〈...〉.[23]

An dieser Selbstbeobachtung erscheint mir wesentlich, dass sich Goethes transkulturelle Öffnung zwei dialogischen Grundimpulsen verdankt: dem ›dichterischen Wettstreit‹ und einer Wahrnehmung, die vom ›Eigenen‹ im ›Fremden‹ affiziert ist. Sie entkommt so von vornherein einer Irritation durch totale Fremdheit und lässt sich vom transkulturell Ähnlichen leiten. Ḥāfiẓ' Grundthemen – Liebe, Wein und Gesang – erinnerten Goethe an die eigenen lyrischen Anfänge, die anakreontische Trias seiner Rokoko-Dichtung. Diese lehnte der alte Goethe nun gerade nicht ab, sondern nahm sie, beglückt, als Eigenes an, um es im Fremden, in Ḥāfiẓ, zu spiegeln. »Hafis mit dir, mit dir allein / Will ich wetteifern! Lust und Pein / Sey uns den Zwillingen gemein!« dichtete er.[24] Der spielerische Wettstreit zielt auf die Dynamisierung des eigenen Dichtens, nicht auf Überlegenheit, denn das Bild von den Zwillingen macht das Gleichheits- und transkulturelle Verwandtschaftsverhältnis deutlich. Euphorisiert dichtete der über 60jährige in kürzester Zeit so viele großartige Gedichte wie nie zuvor. Ḥāfiẓ' Ghaselen und die dann im Winter 1814/15 weit ausgreifenden orientalischen Studien führten über Jahre hin zu beispielloser Produktivität, zu

---

[22] Der Diwan von Mohammed Schemsed-din Hafis. Aus dem Persischen zum erstenmal ganz übersetzt von Joseph v. Hammer, 2 Bde., Stuttgart/Tübingen 1812 bis 1813, Repr. Hildesheim/New York 1973.

[23] Johann Wolfgang Goethe, Tag- und Jahreshefte 1815, FA I 17, S. 259 f.

[24] Johann Wolfgang Goethe, West-östlicher Divan, FA I 3.1, S. 31.

241 Gedichten. Sie stellen das weitaus größte Gedichtensemble in Goethes Gesamtwerk dar und haben Berühmtheit erlangt unter dem Titel ›West-östlicher Divan‹ – ein Titel, der die interkulturelle Verbindung programmatisch verkündet. Mit dem ›Divan‹ geht die transkulturelle Öffnung des alten Goethe endgültig aus einer rein rezeptiven Haltung über in eine produktive, schlägt sich im Werk nieder in hybridisierenden Texten, in intertextuellen und interkulturellen Mischungen.[25]

Just in der Phase, in der Goethes Interesse an persischer und arabischer Kultur und Literatur abflaute und damit auch deren inspiratorische Wirkung nachließ, rückte China wieder in seinen Blick. Nun auch die chinesische Literatur.[26] 1817 lernte er das Drama ›Lao-sheng-êrh‹ kennen, das John Francis Davis ins Englische übersetzt hatte und dem Goethe noch während seiner Arbeit am Prosateil zum ›West-östlichen Divan‹ eine Inhaltsangabe widmete.[27] Was er hier besonders hervorhebt, ist das Bürgerlich-Eingeschränkte, das

---

[25] Vgl. dazu Bosse, »Meine Schatzkammer …«, a. a. O. (Anm. 17), Bd. 2, S. 1067 bis 1113. – Dies., In die »allgemeinen Verhältnisse« des Orients »sein eignes Poetisches verweben«. Zur imaginären Orientreise des alten Goethe, in: Middle Eastern Literatures, Oxford 6.1 (2003), S. 19–37. – Dies., Interkulturelle Balance statt »clash of cultures«. Zu Goethes ›West-östlichem Divan‹, in: Études germaniques 60 (2005), S. 231–248. – Dies., Zur Wahrnehmung literarischer Fremdkanones am Beispiel von Goethes Orientrezeption, in: Kanonbildung im Zeitalter der Globalisierung. Protagonisten und Prozesse der Herstellung kultureller Identität, hrsg. von Robert Charlier und Günther Lottes, Hannover 2008, S. 61–78. – Dies., »Gottes ist der Orient! Gottes ist der Occident! …« – und Abgesänge? Intertextualität – Interkulturalität, in: Geistiger Handelsverkehr. Komparatistische Aspekte der Goethezeit. Für Hendrik Birus zum 16. April 2008, hrsg. von Anne Bohnenkamp und Matías Martínez, Göttingen 2008, S. 99–128.

[26] Bis dahin war ihm an chinesischer Literatur nur wenig untergekommen: Nachweislich die in Jean-Baptiste Du Haldes ›Déscription de la Chine‹ (1735) und in ›Mémoires concernant l'histoire ‹…› des Chinois‹ übersetzten Texte sowie der Roman ›Hao-chi'iu chuan‹, den Thomas Percy ins Englische übertragen hatte (London 1761) und der 1766 auf Deutsch erschien. Vgl. dazu Willy Richard Berger, China-Bild und China-Mode im Europa der Aufklärung, Köln/Wien 1990, S. 271–275.

[27] Der Konflikt besteht darin, dass ein alternder Mann, der ohne männliche Erben blieb, fürchtet, ihm würden die konfuzianischen Bestattungsriten gar nicht oder nur sehr nachlässig erwiesen werden – ein Konflikt, wie er ähnlich ja auch in der antiken Tragödie ›Antigone‹ gestaltet ist. Erneut: die Ähnlichkeit erlaubt die Spiegelung des Eigenen (Antigone) im Fremden (Lao-sheng-êrh).

Häuslich-Familiäre des chinesischen Dramas.[28] Zu seiner Erleichterung hat das ›Lao-sheng-êrh‹ eben nichts mit dem »Schnickschnack« der Chinoiserien zu tun, sondern ist ein, wie er selbst schreibt, »ins allgemeine gedichtetes Familiengemälde«.[29] Eben dies, die Entdeckung eines Allgemein-Menschlichen hinter dem Eigentümlichen des Fremden, die transkulturelle Ähnlichkeit, die das Eigene im Fremden zu spiegeln erlaubt, prägt nun auch Goethes Auseinandersetzung mit China.

Ein Dreifaches ist daher bezeichnend: Zum einen schlägt sich Goethes Beschäftigung mit chinesischer Literatur nun auch produktiv nieder: »1827 ist Goethes ›chinesisches Jahr‹«.[30] Es entstehen die Alterswerke ›Chinesisches‹ und ›Chinesisch-deutsche Jahres- und Tageszeiten‹. Zweitens ist 1827 die Beschäftigung mit dem ›West-östlichen Divan‹ endgültig abgeschlossen. Im Gespräch mit Eckermann betont er am 12. Januar 1827, dass die »Lieder des Divans gar kein Verhältnis mehr zu mir haben. Sowohl was darin orientalisch als was darin leidenschaftlich ist, hat aufgehört in mir fortzuleben; es ist wie eine abgestreifte Schlangenhaut am Wege liegen geblieben.«[31] Und drittens schließlich fällt Goethes nun produktive Auseinandersetzung mit chinesischer Literatur 1827 in engste zeitliche Nähe zu seinen überhaupt ersten Überlegungen zur ›Weltliteratur‹. Nur zwei Wochen nach dem Abstreifen der »Lieder des Divans«, am 31. Januar 1827, findet laut Eckermann folgendes Gespräch mit Goethe statt:

> Bei Goethe zu Tisch. »In diesen Tagen 〈...〉, sagte er, habe ich vieles und mancherlei gelesen, besonders auch einen chinesischen Roman, der mich noch beschäftiget und der mir im hohen Grade merkwürdig erscheint.« Chinesischen Roman? sagte ich, der muß wohl sehr fremdartig aussehen. »Nicht so sehr als man glauben sollte, sagte Goethe. Die Menschen denken handeln und empfinden fast eben so wie wir und man

---

[28] Laut Berger »schlägt er« damit »einen völlig neuen Ton in der europäischen China-Rezeption an« (Berger, a. a. O. [Anm. 26], S. 281).

[29] Der Text wurde letztlich im Prosateil zum ›West-östlichen Divan‹ nicht veröffentlicht und ist im ›Divan‹-Nachlass verblieben: Bosse, »Meine Schatzkammer ...«, a. a. O. (Anm. 17), Bd. 2, S. 924–929, insbes. S. 926.

[30] FA I 2, S. 1212.

[31] Johann Peter Eckermann, Gespräche mit Goethe, FA II 12, S. 197. Vgl. Bosse, »Meine Schatzkammer ...«, a. a. O. (Anm. 17), Bd. 2, S. 1043 f.

> fühlt sich sehr bald als ihres Gleichen nur daß bei ihnen alles klarer, reinlicher und sittlicher zugeht. Es ist bei ihnen alles verständig, bürgerlich ohne große Leidenschaft und poetischen Schwung und hat dadurch viele Ähnlichkeit mit meinem Hermann und Dorothea, so wie mit den englischen Romanen des Richardson.«[32]

Erneut stellt Goethe die transkulturelle Ähnlichkeit heraus, die hier Empathie ermöglicht. Die Begegnung mit der am weitesten entfernten, fremden Kultur und Literatur Chinas bewirkt zum einen, dass Goethe so deutlich hervorhebt, wie sich das Eigene (sein ›Hermann und Dorothea‹) oder Bekannte (die »englischen Romane des Richardson«) im auch entfernten Fremden spiegeln lässt. Die Begegnung bewirkt zum anderen, dass er sein Konzept der ›Weltliteratur‹ entwickelt. Denn gemäß Eckermann fährt er am 31. Januar 1827 fort:

> Ich sehe immer mehr ⟨...⟩, daß die Poesie ein Gemeingut der Menschheit ist, und daß sie überall und zu allen Zeiten in hunderten und aber hunderten von Menschen hervortritt. ⟨...⟩ jeder muß sich eben sagen, daß es mit der poetischen Gabe keine so seltene Sache sei, und daß niemand eben besondere Ursache habe, sich viel darauf einzubilden, wenn er ein gutes Gedicht macht. Aber freilich wenn wir Deutschen nicht aus dem engen Kreise unserer eigenen Umgebung hinausblicken, so kommen wir gar zu leicht in diesen pedantischen Dünkel. Ich sehe mich daher gerne bei fremden Nationen um und rate jedem, es auch seinerseits zu tun. National-Literatur will jetzt nicht viel sagen, die Epoche der Welt-Literatur ist an der Zeit und jeder muß jetzt dazu wirken, diese Epoche zu beschleunigen.[33]

---

32 FA II 12, S. 223. Hervorhebung A.B.

33 Ebd., S. 224f., Hervorhebung A.B. – Allerdings fügte Goethe hinzu: »›Aber auch bei solcher Schätzung des Ausländischen dürfen wir nicht bei etwas Besonderem haften bleiben und dieses für musterhaft ansehen wollen. Wir müssen nicht denken, das Chinesische wäre es, oder das Serbische, oder Calderon, oder die Nibelungen; sondern im Bedürfnis von etwas Musterhaftem müssen wir immer zu den alten Griechen zurückgehen, in deren Werken stets der schöne Mensch dargestellt ist. Alles übrige müssen wir nur historisch betrachten und das Gute, so weit es gehen will, uns daraus aneignen.‹« Man kann hier – mit Birus – einen weiterhin beibehaltenen »klassizistischen Generalvorbehalt« vermuten (Birus, Vergleichung, a.a.O. [Anm. 3], S. 6) oder aber mit Böhler konstatieren, dass Goethe einerseits »an der universellen Verbindlichkeit der Griechen und damit an einem eurozentrischen Kulturbegriff« festhielt, andererseits für ihn »⟨n⟩icht das Besondere und ganz Eigene an einer Literatur zählt, sondern das gemeinsam geteilte Allgemeine; nicht die Differenz, sondern

Ausgangspunkt von Goethes Überlegungen zur ›Weltliteratur‹ ist also die Erkenntnis, dass Dichten-Können eine anthropologische Grundfähigkeit, eine menschliche Naturgabe ist – unabhängig von welchen kulturellen Differenzen auch immer: Die »poetische Gabe« ist in jedem Menschen, auf der ganzen Welt, angelegt und »Poesie ein Gemeingut der Menschheit«.[34] Dichten-Können als kulturunabhängige Naturgabe jedes Menschen kann als »Ermöglichungsgrund« von ›Weltliteratur‹ bezeichnet werden,[35] gewährleistet diese allen gemeinsame Gabe doch, dass ›Weltliteratur‹ als weltliterarische Kommunikation glücken kann. Sichtet man die verstreuten Bemerkungen Goethes zu ›Weltliteratur‹,[36] so wird deutlich, dass er damit – in Analogie zum internationalen Warenaustausch der Kaufleute – den »Wechseltausch«[37] von Kulturgütern zwischen den Völkern meinte. Entgegen dem heute dominierenden Wortge-

---

das Identische« – ich würde hinzufügen: nicht das Identische, sondern das Ähnliche, das uns die Möglichkeit gibt, das Eigene im Fremden zu spiegeln. Vgl. Michael Böhler, »National-Literatur will jetzt nicht viel sagen; die Epoche der Welt-Literatur ist an der Zeit, und jeder muss jetzt dazu wirken, diese Epoche zu beschleunigen.« Überlegungen zu den kulturtopographischen Raumstrukturen in der Gegenwartsliteratur, in: Zeitschrift für deutschsprachige Kultur und Literaturen. Seoul National University 11 (2002), S. 178–216. Vgl. http://www.goethezeitportal.de/db/wiss/epoche/boehler_raumstrukturen.pdf (Zugriff: 19. 09. 2008).

[34] Diese Auffassung entspricht dem Begriff einer »allgemeinen Weltpoesie«, den Goethe im Aufsatz ›Serbische Gedichte‹ – in Heft 1 des 6. Bandes von ›Über Kunst und Altertum‹ – verwendete und von der er schrieb, dass sie »sich nach Umständen hervorthue; 〈...〉 überall wo die Sonne hinscheint ist ihre Entwicklung gewiß« (Johann Wolfgang Goethe, Ästhetische Schriften 1824–1832, FA I 22, S. 386 f.). – Die Wurzeln von Goethes Idee einer ›Weltliteratur‹ führen weit zurück, bis zu der ihm schon in der Straßburger Zeit von Herder vermittelten Erkenntnis, dass »die Dichtkunst überhaupt eine Welt- und Völkergabe sei, nicht ein Privaterbteil einiger feinen, gebildeten Männer.« (FA I 14, S. 445) Vgl. dazu auch Bosse, Zur Wahrnehmung literarischer Fremdkanones, a. a. O. (Anm. 25).

[35] Anne Bohnenkamp, Rezeption der Rezeption. Goethes Entwurf einer ›Weltliteratur‹ im Kontext seiner Zeitschrift ›Über Kunst und Altertum‹, in: Bernhard Beutler / Anke Bosse (Hrsg.), Spuren, Signaturen, Spiegelungen. Zur Goethe-Rezeption in Europa, Köln/Weimar/Wien 2000, S. 187–205, hier: S. 198.

[36] Das von Goethe in Umlauf gebrachte Kompositum stellte er 1827 und 1828 in seiner Zeitschrift ›Über Kunst und Altertum‹ vor (vgl. FA I 22, S. 293–520, sowie ebd., S. 937–964).

[37] Johann Wolfgang Goethe, German Romance, in: Kunst und Altertum VI 2 (ebd., S. 434).

brauch sah er in ›Weltliteratur‹ eben nicht die Summe aller literarischen Erzeugnisse oder einen Kanon weltweit und überzeitlich gültiger literarischer Werke, sondern die Tätigkeit der Kommunikation und des Austauschs. Er bezeichnete sie als internationalen, »mehr oder weniger freyen geistigen Handelsverkehr«.[38] Auf dem Weg zum Konzept ›Weltliteratur‹ war der ›West-östliche Divan‹ eine entscheidende Etappe, hatte er doch poetisch den interkulturellen und internationalen literarischen Austausch verwirklicht.[39] Kurz: Ohne Goethes Orienterfahrung hätte es das Konzept ›Weltliteratur‹ so nicht gegeben. Diese Erfahrung weitete sich nun auch auf den Fernen Osten, auf China aus und wurde nun auch produktiv.

Anfang 1827 las Goethe nicht nur den erwähnten »chinesischen Roman«,[40] sondern auch den Versroman ›Hua chin chi‹, von Peter Perring Thoms übersetzt als ›Chinese Courtship‹ und mit dem Anhang ›Biography‹ versehen, der Auszüge aus den ›Pih-mei-sheyung‹ bot, ›The Songs of a Hundred Beautiful Women‹.[41] Es waren

---

[38] So im Vorwort zu ›Carlyles Leben Schillers‹, in: Aufsätze, Entwürfe, Notizen 1824–1832: »Es ist schon einige Zeit von einer allgemeinen Weltliteratur die Rede und zwar nicht mit Unrecht: denn die sämmtlichen Nationen, in den fürchterlichsten Kriegen durcheinander geschüttelt, sodann wieder auf sich selbst einzeln zurückgeführt, hatten zu bemerken, daß sie manches Fremde gewahr worden, in sich aufgenommen, bisher unbekannte geistige Bedürfnisse hie und da empfunden. Daraus entstand das Gefühl nachbarlicher Verhältnisse, und anstatt daß man sich bisher zugeschlossen hatte, kam der Geist nach und nach zu dem Verlangen, auch in den mehr oder weniger freyen geistigen Handelsverkehr mit aufgenommen zu werden.« (Ebd., S. 870)

[39] Dieser Zusammenhang ist in der Forschung auch immer wieder gesehen worden. Vgl. Manfred Koch, Weimaraner Weltbewohner. Zur Genese von Goethes Begriff ›Weltliteratur‹, Tübingen 2002.

[40] Iu-Kiao-Li, ou Les deux cousines, roman chinois traduit par M. Abel-Rémusat (Paris 1826). Soweit bekannt, las Goethe den Roman wohl erst im Mai 1827, hatte aber bereits seit Dezember 1826 eine ausführliche Besprechung des Romans in der Zeitschrift ›Globe‹ zur Hand, in der das Vorwort ›Préface où se trouve un parallèle des romans de la Chine et de ceux de l'Europe‹ ausführlich wiedergegeben wurde – mit Formulierungen, die sich dann in Goethes Gespräch mit Eckermann wiederfinden (vgl. FA I 22, S. 1185–1187).

[41] Biography, in: Hua chin chi. Chinese Courtship. In Verse. To which is added, an Appendix, Treating of the Revenue of China, by Peter Perring Thoms, London 1824, S. 249–280. – Dem Augenmenschen Goethe bot Thoms' Ausgabe eine Besonderheit, die bis heute bei Übersetzungen aus dem Chinesischen selten ist: Sie ist in weiten Teilen zweisprachig gedruckt. Sinnfällig wird so, dass die chinesische Schrift

diese biographischen Gesänge über 100 historische Frauenfiguren, die es Goethe angetan hatten. Direkt im Anschluss an das Gespräch mit Eckermann vermeldet das Tagebuch wiederholt diese Lektüre und parallel dazu die eigene Dichtung.[42] Tatsächlich hat sich Goethe von vier der bei Thoms übersetzten Texte produktiv anregen lassen, wobei er die Kombination aus Gedicht und Kommentar übernahm. Seine eigenen vier Texte publizierte er unter dem Titel ›Chinesisches‹ noch im Mai 1827 im 1. Heft des 6. Bandes seiner Zeitschrift ›Über Kunst und Altertum‹.[43] Just dieses und das nächste Heft von ›Über Kunst und Altertum‹ kreisen um den Begriff ›Weltliteratur‹.[44] Die Zeitschrift wird zu Goethes bevorzugtem Forum, seine Idee der ›Weltliteratur‹ nun auch öffentlich zu lancieren,[45] ohne sie jedoch eindeutig zu definieren. Vielmehr exemplifizierte er sie an konkreten Beispielen, löste seine Idee also poetisch ein[46] – wie eben mit ›Chinesisches‹.

Schauen wir uns einen einzigen Text näher an, den zu ›Fräulein See-Yaou-Hing‹. Bei Thoms heißt es:

Lady See-Yaou-Hing.

was the beloved concubine of Yun-tsae. She was handsome, a good dancer, and a poetess. A person on hearing her sing, and seeing her dance addressed her the following lines.

---

zu einem graphischen Kunstwerk komprimiert wird – eine flächige Schriftästhetik, die in die Linearität lateinischer Schrift nicht übertragbar ist. Goethe kannte dies schon unlängst vom Gebrauch der arabischen Schrift.

[42] WA III 11, S. 14–17. Die Reinschrift ist datiert auf den 4. Februar 1826 ⟨recte: 1827⟩.

[43] FA I 22, S. 370–373.

[44] Vgl. Hendrik Birus, Goethes Idee der Weltliteratur. Eine historische Vergegenwärtigung, in: Weltliteratur heute. Konzepte und Perspektiven, hrsg. von Manfred Schmeling, Würzburg 1995, S. 5–28, hier S. 11. – Bohnenkamp, Rezeption der Rezeption, a.a.O. (Anm. 35), S. 187 f. – Dies., Goethes poetische Orientreise, in: Goethe-Jahrbuch 120 (2003), S. 144–156. Vgl. auch FA I 20–22.

[45] Bohnenkamp, Rezeption der Rezeption, a.a.O., S. 190. Bohnenkamp arbeitet v.a. auch heraus, dass die von Eckermann berichteten Äußerungen Goethes zur ›Weltliteratur‹, die bis heute zu den meistzitierten gehören, ihrerseits »Reflexe von Beiträgen in ›Über Kunst und Altertum‹« sind, denn Eckermann hat »eben diese Aufsätze bei der Abfassung seines Gesprächbuches« mitherangezogen (ebd., S. 190 f.).

[46] Dieses Darstellungsprinzip in den späten Heften von ›Über Kunst und Altertum‹ wird in Heft IV 1 anlässlich des Abdrucks verschiedener »Volksgesänge« explizit benannt: Goethe wollte ihren Charakter »nicht im Allgemeinen aussprechen, sondern

When dancing you appear unable to sustain your garments studied with germs,
Your countenance resembles the flower of new-blown peach.
We are now certain, that the Emperor Woo of the Han dynasty,
Erected a screen lest the wind should waft away the fair Fe-lin.[47]

Was machte Goethe daraus?

Fräulein See-Yaou-Hing

Sie war schön, besaß poetisches Talent, man bewunderte sie als die leichteste Tänzerin. Ein Verehrer drückte sich hierüber poetisch folgendermaßen aus:

Du tanzest leicht bey Pfirsich-Flor
Am luftigen Frühlings-Ort:
Der Wind, stellt man den Schirm nicht vor,
Bläst euch zusammen fort.
Auf Wasserlilien hüpftest du
Wohl hin den bunten Teich,
Dein winziger Fuss, dein zarter Schuh
Sind selbst der Lilie gleich.

Die andern binden Fuss für Fuss,
Und wenn sie ruhig stehn
Gelingt wohl noch ein holder Gruss,
Doch können sie nicht gehn.

Von ihren kleinen goldbeschuhten Füßchen schreibt sich's her, daß niedliche Füße von den Dichtern durchaus goldne Lilien genannt werden, auch soll dieser ihr Vorzug die übrigen Frauen des Harems veranlaßt haben, ihre Füße in enge Bande einzuschließen, um ihr ähnlich wo nicht gleich zu werden. Dieser Gebrauch, sagen sie, sey nachher auf die ganze Nation übergegangen.[48]

Ein vergleichender Blick auf Thoms' und Goethes Text lässt bei letzterem Verfahren erkennen, die er schon für seine ›Divan‹-Gedichte anwandte.[49] Erstens: Versifikation. Ist Thoms' Übersetzung reichlich prosaisch und nach Auskunft von Sinologen »alles andere

---

lieber nach und nach in den folgenden Heften durch Beyspiele vorführen« (FA I 21, S. 393).

[47] Hua chin chi, a.a.O. (Anm. 41), S. 263.

[48] FA I 22, S. 370 f.

[49] Vgl. Hinweise in Fußnote 25.

als mustergültig«,[50] so macht Goethe daraus ein dreistrophiges Gedicht nach europäischer, nach deutscher Tradition: Endreim, Kreuzreim und im Metrum abwechselnd vier- und dreihebiger Jambus.[51] Und um aus einem eher prosaischen Text ein Gedicht zu formen, greift Goethe zu einem zweiten bewährten Verfahren: Kompression. Thoms' erste zwei Zeilen komprimiert er anhand der Motive »dancing« und »the flower of new-blown peach« zu dem Vers »Du tanzest leicht bey Pfirsich-Flor«. Und Goethe kreiert eine Nahbeziehung zwischen Frau, Tanz und »Pfirsich-Flor«, wo bei Thoms nur die »countenance« der Frau der Pfirsichblüte ähnelt. Drittes Verfahren: Selektion. Aus Thoms' Zeilen 3 und 4 selegiert Goethe überhaupt nur den Schutzschirm und den Wind. Wo bei Thoms der Schirm nur die Frau vor dem Weggewehtwerden schützt, sind bei Goethe Frau, Tanz und »Pfirsichflor« gleichermaßen davor zu schützen, spricht er ihnen doch allen dieselbe höchste Leichtigkeit zu. Besonders auffällig: Goethe lässt die Hinweise auf See-Yaou-Hing als »concubine of Yun-tsae« und auf den »Emperor Woo of the Han dynasty« weg. Auf diese Weise enthistorisiert er See-Yaou-Hing gezielt, löst sein Gedicht aus dem konkreten kulturell-historischen Kontext Chinas. Er versuchte offensichtlich, »die Aussage auf ihren allgemeinsten menschlichen Kern zurückführ⟨en⟩.«[52] Doch so ganz sind die »chinesischen Besonderheiten« nicht getilgt: Nicht nur ist paratextuell, im Titel, ›Chinesisches‹ angekündigt, sondern auch die chinesischen Frauennamen, der »Pfirsich-Flor«, der »Schirm«, die »Wasserlilien«, die idyllische Gartenlandschaft und die Mode der eingeschnürten Füße sorgen für ein deutliches Kolorit. Was Goethe aber macht, ist, solche einzelnen ›fremden‹ Motive in etwas völlig Eigenpoetisches zu betten, also eine Hybridisierung, Mischung zu kreieren. Dieses intertextuelle Verfahren hat er schon bei den ›Divan‹-Gedichten virtuos vorgeführt.

Diese ›Einbettung‹ in Eigenpoetisches verursacht hier – im Gegenzug zu Selektion und Kompression – eine Extension zu drei

[50] Wolfgang Bauer, Goethe und China: Verständnis und Missverständnis, in: Goethe und die Tradition, hrsg. von Hans Reiss, Frankfurt am Main 1972 (Wissenschaftliche Paperbacks Literaturwissenschaft 19), S. 177–197, hier: S. 185.

[51] Mit daktylischen Variationen an zwei Stellen.

[52] Bauer, Goethe und China, a.a.O. (Anm. 50), S. 185.

Strophen. Nur: Wie kommt Goethe auf die Wasserlilie, den Vergleich mit dem Frauenfuß, die Mode des Fußeinbindens und -verkleinerns? In Thoms' Text zu See-Yaou-Hing steht dazu nichts. Nun, hier greift ein weiteres intertextuelles Verfahren Goethes: die Kompilation mit einem zweiten Prätext. Sie verdankt sich hier zweier Goethescher ›Spezialitäten‹: passioniertes Fußnotenlesen und produktives Missverständnis. Gerade in Fußnoten stöberte Goethe die Konkreta auf, die ihm für die sinnliche Anschauung anderer Kulturen so wichtig waren; hier fand er Hinweise zur Erklärung z. B. exotisch wirkender Metaphern. Nicht etwa in Thoms' Anhang über die 100 vortrefflichen Frauen, sondern davor, im Versroman ›Hua chin chi. Chinese Courtship‹, stieß Goethe auf die »golden lilies (her small feet)« der Poetin Yaou-sěen und eine Fußnote, die ihm erklärte, warum die »Dichter ⟨...⟩ niedliche Füße« metaphorisch »goldne Lilien« nennen:

> The golden lilies has reference to lady Pwan, who was concubine to prince Tung-hwan, who lived about A.D. 900. She was considered as an excellent dancer. The prince, it is said, had the flower of the water-lily made of gold, six enbits high, from which was suspended precious jewels. The wall and ceiling of the room, was painted to resemble the clouds. He caused lady Pwan to bind her feet in the shape of a half moon, by means of tape, over which she wore a stocking, and requested her to dance on the top of the flower of the water-lily, which she did, and appeared as whirling in the clouds: the effect, it is said, was grand. From this, tis probable, originated the singular custom, with the women of China, of binding their feet, and causing them to be small ⟨...⟩.[53]

Diese Fußnote alimentiert nicht nur die zweite und dritte Strophe von Goethes Gedicht, sondern auch den darunter folgenden kulturgeschichtlichen Kommentar.[54] So kompiliert er See-Yaou-Hings Geschichte kurzerhand mit der Lady Pwans, vermutlich dadurch motiviert, dass sich die Namen Yaou-sěen und See-Yaou-Hing ähneln und beide Frauen dichteten, dass sowohl See-Yaou-Hing als auch Lady Pwan Konkubinen eines Prinzen waren und die eine als

[53] Hua chin chi, a. a. O. (Anm. 41), S. 29 f.

[54] Vgl. Siegfried Behrsing, Goethes ›Chinesisches‹, in: Wissenschaftliche Zeitschrift der Humboldt-Universität zu Berlin, Gesellschafts- und Sprachwissenschaftliche Reihe 19.3 (1970), S. 243–258, hier: S. 246.

»good dancer«, die andere als »excellent dancer« galt. Kurz, eines der produktiven Missverständnisse Goethes, der so per freier Kompilation ein über solche Realia zugleich erhabenes Gedicht kreiert hat. So aber kann Goethe, während er im an Realia gebundenen kulturgeschichtlichen Kommentar neutral explikativ bleibt, im Gedicht einen kritischen Akzent setzen gegen das Füßeeinbinden (und, wie wir heute wissen: Verstümmeln): Die tänzerische Grazie eines natürlich »zierlichen Fußes« lässt sich künstlich nicht imitieren: Diejenigen, die See-Yaou-Hing durch Füßeeinbinden nacheifern, können, wenn sie »ruhig stehn«, gerade noch »hold grüssen«, aber schon nicht mehr »gehen«, geschweige denn tanzen. Es ist m. E. sinnvoll, solche diskreten kritischen Stellungnahmen herauszuarbeiten. Goethe mag noch so souverän und produktiv auf fremde Kulturen zugegangen sein, Irritationsmomente hat er dennoch nicht kaschiert und sich, wie hier, ohne zu verurteilen, diskrete Distanzierungen erlaubt. Es ist daher vorschnell, immer wieder zu betonen, wie sehr Goethe das spezifisch ›Chinesische‹ zurückgedrängt habe, um das ›allgemein Menschliche‹ hervorzukehren.[55] Was das ›allgemein Menschliche‹ ist, ist ja überhaupt erst über Differenzen erkennbar, hier über die ›chinesischen‹ Tupfer. Ohne das Fremde als Widerlager hätte das Eigene nichts, worin es sich spiegeln könnte, um so auf das Gemeinsame, das ›allgemein Menschliche‹ zu verweisen.

Mit Widerlagern, diskreten Fremdheitssignalen wie z. B. »Mandarin«, »Pinsel«, den Zweigen der »Weiden« etc. arbeiten auch die ›Chinesisch-deutschen Jahres- und Tageszeiten‹.[56] Dieses Gedichtensemble entstand gleichfalls im Frühjahr 1827, war aber, anders als ›Chinesisches‹, nur von Ferne durch Goethes Lektüren angeregt.[57]

---

[55] FA I 2, S. 1212f.

[56] Das Ensemble gründet sich – titelgerecht – auf Affinitäten zwischen chinesischer Lyrik und poetischen Usancen des alten Goethe: die Konzentration auf ein Natur- oder Landschaftsmotiv, eine Stimmung, eine Situation, die Tendenz zu titellosen Kurzgedichten und die Komprimierung der sprachlichen Aussage auf ein Minimum bei einem Maximum an Aussagekraft.

[57] So Thoms' ›Chinese Courtship‹, der »chinesische Roman« ›Iu-Kiao-Li, ou Les deux cousines‹, übersetzt von Jean-Pierre Abel-Rémusat (Paris 1826), und die gerade erst von demselben übersetzten und publizierten ›Contes chinoises‹ (Paris 1827). Vgl. dazu FA I 2, S. 1212; Debon, China zu Gast in Weimar, a. a. O. (Anm. 6), S. 199 bis 241; Anke Bosse, Von Emotion zu Reflexion. Über Goethes ›Chinesisch-deutsche

Fluchtpunkt auch dieses Ensembles ist seine Idee einer ›Weltliteratur‹. Als poetisches Beispiel veranschaulicht es diese Idee, indem es – schon programmatisch im Titel – zwei extrem entfernte Kulturen wie die »chinesische« und die »deutsche« überspannt. Mit 14 Gedichten ist das Ensemble zu umfassend, als dass ich hier im Detail darauf eingehen könnte. Ich begnüge mich mit dem Einleitungsgedicht und dem zentralen achten Gedicht. Das Ensemble hebt so an:

I

Sag was könnt' uns Mandarinen,
Satt zu herrschen, müd zu dienen,
Sag was könnt' uns übrig bleiben
Als in solchen Frühlingstagen
Uns des Nordens zu entschlagen
Und am Wasser und im Grünen
Fröhlich trinken, geistig schreiben,
Schal' auf Schale, Zug in Zügen.[58]

Gleich im ersten Vers setzt das Gedicht das ›Fremdheitssignal‹ »Mandarin«. Dieser chinesische Verwaltungsbeamte mag als Dichter und die Natur Betrachtender ein Topos in der chinesischen Literatur sein,[59] Goethe löst hier sogleich diese allzu konkrete kulturelle Verankerung. Er spiegelt nämlich das Fremde herein ins Eigene durch den geschickten Gebrauch der Personalpronomina: In »uns Mandarinen« sind sowohl der Sprecher des Gedichts als auch der – westliche – Leser zusammengefasst. So wird der Leser von vornherein in den ›östlichen‹ Kreis von »uns Mandarinen« integriert und kann so gar nicht anders, als sich von der imperativischen, sogar zweifachen Aufforderung »Sag' was könnt' uns ...« als ›Du‹ direkt angesprochen zu fühlen. Diese Aufforderung ist noch dazu als rhetorische Frage gestaltet, die das gesamte Gedicht durch-

Jahres- und Tageszeiten‹, in: Gedichte von Johann Wolfgang Goethe. Literaturstudium, Interpretationen, hrsg. von Bernd Witte, Stuttgart 1998, S. 255–279, hier: S. 259f.

58 Gemäß Reinschrift, vgl. Abb. in: Goethe-Handbuch, Bd. 1: Gedichte, hrsg. von Regine Otto und Bernd Witte, Stuttgart und Weimar 1996, S. 456.

59 Christine Wagner-Dittmar, Goethe und die chinesische Literatur, in: Studien zu Goethes Alterswerken, hrsg. von Erich Trunz, Frankfurt am Main 1971, S. 122 bis 228, hier: S. 186.

läuft und die eine zustimmende Antwort des Lesers bereits suggestiv vorwegnimmt. Er kann gar nicht anders, als dem Aufbruch aus der alltäglichen Arbeitswelt des Herrschens und Dienens im Norden und der Reise in den idyllischen Naturraum »am Wasser und im Grünen« zuzustimmen und imaginativ zu folgen. Im idyllischen Naturraum, der Hintergrundszenerie des gesamten Gedichtensembles, werden heitere Geselligkeit (»fröhlich trinken«) wie auch Dichten geboten (»geistig schreiben«) – dem Sprecher wie auch dem Leser, der daran imaginativ teilhat.[60]

Zentrum des Ensembles ›Chinesisch-deutsche Jahres- und Tageszeiten‹ ist das achte Gedicht:

VIII

Dämmrung senkte sich von oben,
Schon ist alle Nähe fern;
Doch zuerst emporgehoben
Holden Lichts der Abendstern!
Alles schwankt in's Ungewisse
Nebel schleichen in die Höh;
Schwarzvertiefte Finsternisse
Wiederspiegelnd ruht der See.

Nun im östlichen Bereiche
Ahnd' ich Mondenglanz und Glut,
Schlanker Weiden Haargezweige
Scherzen auf der nächsten Flut.
Durch bewegter Schatten Spiele
Zittert Luna's Zauberschein,
Und durch's Auge schleicht die Kühle
Sänftigend in's Herz hinein.[61]

Dieses Gedicht steht im Zeichen der Transition. Es ist als einziges keiner Jahreszeit zuzuordnen, wohl aber eindeutig einer Tageszeit, der abendlichen »Dämmrung«, bezeichnenderweise also dem Übergang vom Tag zur Nacht. Das Zwielicht der Dämmerung hebt die Distanzen auf, entrückt alle Dinge: »Schon ist alle Nähe fern«. Nur der Abendstern wird in umgekehrter Vertikalbewegung zur sich

[60] Sehr schön auch, wie die letzten Worte des Gedichts, »Zug in Zügen«, das Trinken und die Schreibbewegung koinzidieren lassen.

[61] FA I 2, S. 697.

senkenden Dämmerung »emporgehoben« als ein »hold⟨er⟩« Licht- und Orientierungspunkt – der übrigens im Westen steht. Doch die gleichfalls »in die Höh« aufsteigenden Nebel destabilisieren die Wahrnehmung nun vollends: »Alles schwankt in's Ungewisse«. Die vertikale Bewegung der dämmrigen Verfinsterung von oben nach unten wird nun noch weiter nach unten intensiviert: Die »schwarz-vertiefte⟨n⟩ Finsternisse« sind eine ›mise en abyme‹, in die nur noch die Widerspiegelung des Sees eine vage Orientierung einzieht. Finsternis, Ruhe, Nullpunkt. An ihm setzt – im Übergang zur zweiten Strophe – eine Wandlung ein. Die Blickrichtung des Ich kippt aus der Vertikale in die Horizontale, in die »östlichen Bereiche«. Sie bringen neues Licht (»Mondenglanz«, »Glut«), neue Bewegung. Der »Zauberschein« des Monds bewirkt eine Wiederbelebung der Dinge und des Ich, und passenderweise ist der Mond aufgrund der wechselnden Mondphasen seit der Antike mit Wandlung verbunden. Hier ist er mit dem Namen der griechisch-römischen Mondgöttin »Luna«, also einem ›westlichen‹ Signal versehen. Er verzaubert nun auch die deutlich anthropomorphisierte Natur, wobei die »Haargezweige« der »Weiden« eines der stehenden Motive östlicher, chinesischer Malerei sind. Führte die erste Strophe in die Desorientierung, in der der westliche Abendstern nur vorübergehend Orientierung bot, verschmelzen nun in der zweiten Strophe Westliches und Östliches – und beleben. Zuletzt, unter der Zauberwirkung des lunarischen Lichts, verschmelzen synästhetisch optische und haptische Wahrnehmung (»Auge«, »Kühle«) und bewirken im »Herz⟨en⟩« des Ich eine ›Sänftigung‹, eine emotionale Abgeklärtheit. Sie ist das Ergebnis der Wandlung und bestimmt von hier an die zweite Hälfte des Gedichtensembles bis zum Schluss.[62]

Es dürfte deutlich geworden sein: östlich-chinesische und westliche Textsignale sind miteinander verwoben. Indem schon das Eingangsgedicht den Leser so subtil einbezieht, zeigt sich: Es ist ihm aufgegeben, im Leseprozess anhand dieser Textsignale das ihm Ei-

[62] Der Schluss schlägt dann noch einmal einen Bogen zum Ensembleanfang: der »Mandarin« und mit ihm der imaginativ mitreisende Leser werden durch »Gesellen« aus der Idylle gerissen, weg von »Pinsel« und »Farbe« – ein letztes ›östliches‹ Signal, werden doch chinesische Schriftzeichen mit dem Pinsel geschrieben.

gene zu identifizieren, um es im ihm Fremden zu spiegeln und so das Gemeinsame zu fassen zu suchen. Nicht umsonst ist es der Leser, der im Zentrum der Poetologie des alten Goethe steht.

Dieser Spiegelung des Eigenen im Fremden liegt, wie Anne Bohnenkamp gezeigt hat,[63] ›Weltliteratur‹ im Goetheschen Sinne zugrunde. Denn die Spiegelung lässt durch das mannigfaltige Besondere, »durch Nationalität und Persönlichkeit hin« das »Allgemeine« Menschliche »immer mehr durchleuchten und durchscheinen«.[64] Das Allgemeine kann eben nicht unmittelbar erscheinen, sondern lässt sich nur im Prozess der Spiegelungen des unterschiedlichen Besonderen erahnen. Für Goethe entsteht ›Weltliteratur‹ durch diesen »Spiegelungsprozeß«.[65] Denn er treibt die Tätigkeit der interkulturellen Kommunikation, des ›weltliterarischen‹ »Wechseltausch⟨s⟩«[66] an. Und er bleibt unabgeschlossen. Deshalb, so Ernst Robert Curtius dazu: »Weltliteratur« nach Goethe »ist ein Aufgegebenes«.[67] Hinzuzufügen wäre: Ein uns Aufgegebenes.

---

[63] Vgl. Bohnenkamp, Rezeption der Rezeption, a. a. O. (Anm. 35), S. 205.
[64] Johann Wolfgang Goethe, German Romance, FA I 22, S. 433.
[65] Bohnenkamp, Rezeption der Rezeption, a. a. O. (Anm. 35), S. 205.
[66] Johann Wolfgang Goethe, German Romance, FA I 22, S. 434.
[67] Ernst Robert Curtius, Goethe als Kritiker, in: ders., Kritische Essays zur europäischen Literatur, 2., erw. Auflage, Bern 1954, S. 31–56, hier: S. 46.

FRIEDRICH STRACK

CLEMENS BRENTANO UND DAS »KLINGDING«

Bemerkungen zur ›Sonnettenschlacht bei Eichstädt‹ in der ›Zeitung für Einsiedler‹

Als Achim von Arnim am 1. April 1808 mit der ›Zeitung für Einsiedler‹ an die Öffentlichkeit trat, war abzusehen, dass diesem »wunderlichen« Blatt keine lange Lebensdauer beschieden sein konnte. Einsiedler sind selten Zeitungsleser, und sie meiden gewöhnlich den Kontakt mit dem Publikum; für gesicherte Absatzzahlen bieten sie keine Gewähr. Um ökonomische Erfolge war es Arnim jedoch wenig zu tun. Er wollte den »eingeschlummerten Witz« seiner Leser wecken und die »ganz ernsthaften Leute stutzig 〈...〉 machen«, wie er in seiner Vorrede und in der ›Ankündigung der allgemeinsten Zeitung‹ hervorhebt.[1] Ursprünglich sollte die Zeitung den Titel »Lügen« erhalten;[2] und noch am 18. Februar 1808 erbat Arnim von seinem Freund Clemens Brentano einen Beitrag über Christian Reuters ›Schelmuffsky‹ mit der Bemerkung: »Du kannst zulügen daß die Balken brechen«.[3] Es kam ihm nicht darauf an, in seinem Journal Gegenwartsereignisse oder Tagesneuigkeiten mitzuteilen. Vielmehr wollte er eine Zeitung entwerfen – und darin stimmte er mit Brentano überein – »als sei sie aus der Zeit des Mittelalters, oder vielmehr einer imaginairen litterärischen Zeit, Sie würde lauter reizende und Kuriöse Bruchstücke, und ganz kleine

[1] Die ›Zeitung für Einsiedler‹ (ZfE) wird zitiert nach der Edition von Hans Jessen, Darmstadt 1962. Die ›Ankündigung‹ ist dort dem Text ohne Seitenzählung angehängt – ebenso wie das Vorwort ›An das geehrte Publikum‹ aus der ›Tröst Einsamkeit‹, dem das erste Zitat entstammt.

[2] Arnim an Brentano, 25. Januar 1808, in: Achim von Arnim und Clemens Brentano. Freundschaftsbriefe, hrsg. von Hartwig Schultz, Frankfurt am Main 1998 (= Die Andere Bibliothek 157/158), Bd. 2, S. 477.

[3] Ebd., S. 502.

Geschichten Sagen, Begebenheiten, Sprüche, Lieder, seltsame Reisegeschichten, Züge aus alten Biografien und lauter sich homogene Dinge enthalten«.[4] Daran hat sich Arnim zunächst weitgehend gehalten und mit seiner launigen ›Ankündigung‹ lautstark um Leser geworben: »Kauft ihr lieben Einsiedler, ihr Gelehrten, ferner ihr Hohe und Niedre auf Pension, in so fern diese ausgezahlt wird, ihr Landprediger und Förster, Nachtwächter und Krankenwärter, wir versprechen euch im voraus Eulenspiegels Nachtblat ⟨...⟩.«[5]

Aber dieser scherzhafte Appell fand wenig Resonanz, so dass der Verlag Mohr und Zimmer es für angebracht hielt, in einer Zusatznotiz darauf hinzuweisen, »daß es mit der Herausgabe dieser Zeitung wirklich Ernst sey«.[6] Nicht ganz zu Unrecht spöttelte das Cottasche ›Morgenblatt‹, in Anspielung auf Arnims ›Ankündigung‹, am 25. Mai 1808, also nur wenige Wochen nach dem ersten Erscheinen:

»Kauft und les't!« gebieten
Männer von Talenten.
Ha, Sie mögen wüten,
Unsre Recensenten! – –
So viel Eremiten,
So viel Abonnenten![7]

Man hatte sogleich erkannt, dass die Einsiedlerzeitung nicht als Konkurrenzblatt zu fürchten war und die »Gesellschaft«, die sich hinter der ›Ankündigung‹ verbarg, lediglich »aus zwei Personen« bestand (gemeint waren Arnim und Görres). Wie eine vorweggenommene ironische Todesanzeige klingen dann auch die Worte des ano-

---

[4] Brentano an Zimmer, 29. November 1807, in: Clemens Brentano, Sämtliche Werke und Briefe, hrsg. von Jürgen Behrens (u.a.), Bd. 31: Briefe, 3. Bd.: 1803 bis 1807, hrsg. von Lieselotte Kinskofer, Stuttgart (u.a.) 1991 (= Frankfurter Brentano-Ausgabe), S. 624; künftig zitiert: FBA. – Zu den weiteren Intentionen der Zeitung vgl. Renate Moering, Die Zeitung für Einsiedler. Programm und Realisierung einer romantischen Zeitschrift, in: Romantik und Volksliteratur. Beiträge des Wuppertaler Kolloquiums zu Ehren von Heinz Rölleke, hrsg. von Lothar Bluhm und Achim Hölter, Heidelberg 1999 (Beiheft zum Euphorion 33), S. 31–48, insbes. S. 40 und 48.

[5] Ankündigung, a.a.O. (Anm. 1), vor dem Anhang, unpag., (S. XVI).

[6] Ebd.

[7] Morgenblatt für gebildete Stände, Nr. 125, S. 500.

nymen Verfassers der ›Notiz für Einsiedler‹ im ›Morgenblatt‹, der süffisant bemerkt:

> Der gute fromme Einsiedler scheint sich aus dem Jammerthal dieser bösen verderbten Welt je mehr und mehr zurückziehen zu wollen. Er ließ sein Evangelium erschallen, eine Stimme in der Wüste, und berief die Völker der Erde, sogar auch die Taugenichtse und Tagediebe, die Blinden, Lahmen und Krüppel aller Art 〈...〉 zum Genuss seines köstlichen Seelenmanna; aber die entartete Menschheit wollte nicht an ihn glauben; sondern ärgerte sich an ihm: sie hat es also nun auch sich selbst zu danken, dass er neulich 〈...〉 sein: Ade, du böse Welt! angestimmt, und mit heiliger Verachtung dem sündigen Publikum der weltlichen Journale den Rücken gekehrt hat, um wenigen Auserwählten zu predigen; denn viele sind berufen, aber Wenige sind auserwählt. So scheidet eine gottesfürchtige Jungfrau, nachdem sie die Arglist und Tücke dieser Welt hat kennen gelernt, in andächtige Einsamkeit, um ihre letzten Lebenstage der Ehre Gottes zu widmen, und über die fleischlichen Lüste ihrer thierischen Nebenmenschen, mit denen sie sich nie befassen mochte, zu seufzen und zu schimpfen: Odi profanum vulgus et arceo![8]

Damit trifft der Anonymus des ›Morgenblatts‹ durchaus einen wunden Punkt der Einsiedlerzeitung: Sie wollte populär sein, entpuppte sich aber als höchst elitär. Selbst Brentano fand »den Einsiedler 〈...〉 für den Beginn der Wallfarth etwas zu schwer und ungefüge«;[9] er warnte den Freund, »nichts zu witziges, oder überblühendes, Görresisches aufzunehmen, um die Leute nicht zu irren«.[10] Doch fand sein Ratschlag wenig Gehör. Zwar wollte die Zeitung, wie Arnim später in der ›Tröst Einsamkeit‹ erläutert, »die hohe Würde alles Gemeinsamen, Volksmäßigen« hervorkehren;[11] »alte und neue Sagen und Wahrsagungen, Geschichten und Gedichte« sollte sie enthalten und »die Leerheit jeder in sich selbst pralenden Vaterlandsliebe« anprangern. Alles, »was den Einzelnen losreißt von dem Allgemeinen in unsrer Zeit«, und die »unendliche Größe jedes Volkscharacters« wollte Arnim in den dramatischen Gedichten und Liedern zur Sprache bringen; aber dieses Programm einer volksna-

---

[8] Morgenblatt, ebd.

[9] An Arnim, 18. oder 19. April 1808, FBA 32, S. 60.

[10] Um den 24. Februar 1808, ebd., S. 32.

[11] An das geehrte Publikum, a. a. O. (Anm. 1), Sp. XII; die folgenden Zitate ebd., Sp. XIII.

hen, nationalen Erneuerung der Kultur, das auf das ›Wunderhorn‹ zurückweist, wurde Zug um Zug von literaturkritischen und polemischen Auseinandersetzungen verdrängt, die Arnim zunächst vermeiden wollte: »⟨...⟩ daß von dem kritischen Unwesen, das unsre Literatur verödet, auch keine Spur sich finden soll«, und die Kritik höchstens dazu diene, »das Entfernte und Vergessene uns zuzuführen«, betonte er in einem Brief an Goethe, den er für sein Unternehmen zu gewinnen hoffte.[12] Und Ludwig Tieck, den Berliner Freund, ließ er wissen: »Kritik allein gestatte ich nur als Scherz oder über Zeiten, die vor unseren Augen durch veränderte Sprache und Seltenheit der Ueberbleibsel fast verschlossen« sind.[13]

Doch blieb es nicht bei diesem Vorsatz. Aus Scherz wurde sehr rasch Ernst und scharfe Satire; und die alten Zeiten, die Arnim an Stelle der Tagesereignisse ins Bewusstsein rücken wollte, wurden durch Zeitkritik und heftige Auseinandersetzungen mit der literarischen Opposition verdrängt. Ironischerweise waren der ›Freymüthige‹ und das ›Morgenblatt‹ als »unwillkührliche Mitarbeiter« an »Eulenspiegels Nachtblat« eingeladen.[14] Durch diese und manche andere Zeitschrift – vor allem die ›Jenaische Allgemeine Literatur-Zeitung‹ – fühlten sich die Einsiedler herausgefordert und zu satirischen Persiflagen veranlasst. Ihre Zeitung entfernte sich von dem Plan, die »ältesten Heldensagen ⟨...⟩, von den Nibelungen, König Rother u.s.w. ⟨...⟩ ⟨bis⟩ zu den geheimnißvollen Kindersagen im Mahandelbaum« der Vergangenheit zu entreißen.[15] Dem »Volk«, dem sie eigentlich zugedacht war, blieb sie verschlossen; aber nach Eichendorffs treffender Charakteristik dokumentiert sie ein »Programm der ⟨Heidelberger⟩ Romantik«:[16] »einerseits die Kriegser-

---

[12] 1. April 1808, in: Goethe und die Romantik. Briefe mit Erläuterungen, 2. Tl., hrsg. von Carl Schüddekopf und Oskar Walzel, Weimar 1899 (= Schriften der Goethe-Gesellschaft 14), S. 126.

[13] Brief vom 31. März 1808, Briefe an Ludwig Tieck, ausgew. und hrsg. von Karl von Holtei, Breslau 1864, Bd. 1, S. 14.

[14] Ankündigung, a.a.O. (Anm. 5), unpag., (S. XVIf.).

[15] An das geehrte Publikum, a.a.O. (Anm.1), Sp. XIIf.

[16] Joseph von Eichendorff, Erlebtes. Halle und Heidelberg, in: ders., Werke in sechs Bänden, hrsg. von Wolfgang Frühwald (u.a.), Bd. 5: Tagebücher. Autobiographische Dichtungen. Historische und politische Schriften, hrsg. von Hartwig Schultz, Frankfurt am Main 1993 (= Bibliothek deutscher Klassiker 96), S. 433.

klärung an das philisterhafte Publikum, dem es feierlich gewidmet und mit dessen wohlgetroffenen Porträt es verziert war;[17] andrerseits eine Probe- und Musterkarte der neuen Bestrebungen: Beleuchtung des vergessenen Mittelalters und seiner poetischen Meisterwerke, sowie die ersten Lieder von Uhland, Justinus Kerner u.a. Die merkwürdige Zeitung hat nicht lange gelebt«, fügt Eichendorff hinzu; »aber ihren Zweck als Leuchtkugel und Feuersignal vollkommen erfüllt«.[18] Als volksnahes Organ jedoch hat sich die Einsiedlerzeitung nicht bewährt.

Die zunehmend polemische Auseinandersetzung der Einsiedler mit dem ›Morgenblatt‹ und den dort versammelten Autoren (Reinbeck, Michaelis, Schreiber, Martens, u.a.), die größtenteils dem Kreis um Johann Heinrich Voß angehörten, hatte ihre konkrete, lokale Vorgeschichte. Sie entsprang nicht nur unterschiedlichen geistigen Konzeptionen oder einem Generationenumbruch, sondern hatte ihren Grund in sehr handfesten, materiellen Interessen. Voß verteidigte verbissen seinen Anspruch auf die alte Anatomie in der Sandgasse, die zum Verkauf stand und die Brentano ihm streitig machen wollte;[19] und Creuzer bemühte sich, nach der Schlacht von Jena (1806) eine norddeutsche Invasion von Gelehrten in Heidelberg abzuwehren.[20] Vossens Intervention zu Gunsten Eichstädts, der mit der ›Allgemeinen Literatur-Zeitung‹ nach Heidelberg übersiedeln wollte, konnte er nur mit Mühe zurückweisen.[21]

---

[17] Das Philisterporträt mit dem »listige⟨n⟩ Lauern« und den »steifen Locken, die sich aus der Nachtmütze drängen, wie alte verrostete Gedanken« (›An das geehrte Publikum‹, Sp. VI), hat Arnim Lavaters ›Physiognomischen Fragmenten‹ entnommen; vgl. Johann Caspar Lavater, Physiognomische Fragmente zur Beförderung der Menschenkenntniß und Menschenliebe, Dritter Versuch, Leipzig/Winterthur 1777 (Nachdr. Hildesheim 2002), S. 170.

[18] Eichendorff, Erlebtes, a.a.O. (Anm.16), S. 433.

[19] Vgl. seine Briefe an das Kuratelamt und an Großherzog Karl Friedrich bei Franz Schneider, Beiträge zur Geschichte der Heidelberger Romantik, in: Neue Heidelberger Jahrbücher, Bd. XVIII (1914), S. 46–102, insbes. S. 76ff.

[20] Vgl. Creuzers Briefe an Karoline von Günderrode in: Die Liebe der Günderode. Friedrich Creuzers Briefe an Caroline von Günderode, hrsg. und eingel. von Karl Preisendanz, München 1912.

[21] Vgl. Creuzers Briefe an seinen Vetter Leonhard Creuzer bei Franz Schneider, Beiträge, a.a.O. (Anm. 19), S. 72ff.

Auch für Görres stand viel auf dem Spiel. Als Privatdozent fehlte ihm der finanzielle Rückhalt, den er durch extravagante Vorlesungen (durchaus mit Erfolg) zu gewinnen suchte. Aber seine monströse ›Ankündigung philosophischer und physiologischer Vorlesungen im winterhalben Jahre 1806–07‹, deren erster Satz dreieinhalb Druckseiten umfasste, wurde sogleich zur Zielscheibe des Spotts. Von einem »merkwürdigen Denkmal des philosophisch-ästhetisch-medizinisch-theologischen Geistes« sprach Reinbeck in seinen ›Briefen über Heidelberg‹;[22] und Görres' aphoristisch zugespitzte Vorlesungsbemerkung, die Baukunst sei »nichts anders, als eine gefrorne Musik«, wurde im ›Morgenblatt‹ ebenso der Lächerlichkeit preisgegeben wie seine Behauptung, »deutsche Kunst und Wissen seyen in unserer Zeit so kalt und so nass – wie eine Hundeschnautze«.[23] Doch Görres blieb keine Antwort schuldig. In seinen ›Correspondenznachrichten aus Bädern und Brunnenorten‹[24] persifliert er nicht nur einen entsprechenden ›Bericht über eine Bade- und Brunnen-Session‹ und über ›Badebelustigungen‹ (von Johann Georg Schuderoff) im ›Morgenblatt‹,[25] sondern attackiert seine Gegner in drastischen Bildern als Hundegesellschaft, die »ein berühmter Hundeliebhaber ⟨Voß⟩ mit den Brosamen seines Tisches füttert«.[26]

---

[22] So in der Buchausgabe von 1808, S. 160f. In den Vorabdrucken des ›Morgenblatts‹ 1807 war Reinbeck mit seinen Äußerungen Görres gegenüber noch zurückhaltender.

[23] Morgenblatt, Nr. 61 vom 11. März 1808, S. 241.

[24] Mai-Heft der ZfE, a.a.O. (Anm. 1), unpag., vor Sp. 73.

[25] Morgenblatt, Nr. 56 vom 5. März 1808, S. 221f.

[26] Correspondenznachrichten, a.a.O. (Anm. 24). Allein am Gebrauch der Hundemetapher wäre der verbissene Streit zwischen den Einsiedlern und der Voß-Partei aufzuzäumen, der sich zum Hundekrieg auswächst. Vgl. dazu das Umschlagkupfer zum Mai-Heft der ZfE, Görres' Pamphlet ›Des Dichters Krönung‹ (Beylage zur ZfE, Sp. 33–40), Vossens ›Wunderhorn‹-Rezension und sein ›Lied der Romantiker an ihren Herrgott‹, das ein Kirchenlied Paul Gerhardts aus dem ›Porstischen Gesangbuch‹ parodiert. – Zu dem gesamten Komplex Heinz Rölleke, Die Auseinandersetzung Clemens Brentanos mit Johann Heinrich Voss über ›Des Knaben Wunderhorn‹, in: Jahrb. FDH 1968, S. 283–328, und die Kommentare Röllekes zum ›Wunderhorn‹ (FBA 9,3, S. 665–707). Auch Brigitte Schillbach geht in ihren Erläuterungen zu Brentanos Märchen auf den ›Hunde‹-Streit ein; vgl. FBA 17, S. 420–423. Weiterhin: Ulfert Ricklefs, Polemische Textproduktion. Bemerkungen zum Literaturstreit der Gruppe um Voss mit den Romantikern, in: Friedrich Strack (Hrsg.), 200 Jahre Hei-

Auf dem Umschlagbild des Mai-Heftes konnte man die »anmuthige musikalische Landschaft« Heidelbergs gleichsam als »gefrorene Musik« bewundern, wobei der Gaisberg in Gestalt eines Hundekopfes in Richtung von Vossens Wohnburg züngelt.[27] Auf der linken Seite verfolgt eine Schar von Bauern den Fuchs (Fox, Voß), der die Gans gestohlen hat, und im Vordergrund des Bildes sitzt der Affe Simia, der in Görres' dramatischer Idylle ›Des Dichters Krönung‹ Rindbock (Reinbeck) genannt wird, und dirigiert Haydns ›Schöpfung‹. Zwei Hunde an seiner Seite halten ihm das Notenblatt und folgen andächtig seinen Taktschlägen. Die Kupfertafel unterstreicht die gespannte Situation, die sich im Jahre 1808 zwischen Einsiedlern und Vossianern herausgebildet und das akademische Klima in Heidelberg vergiftet hatte. August Böckh spricht in einem Brief an den Kurator der Universität, Sigmund von Reizenstein, von dem »gehässigen Parteygeist, ⟨der⟩ alle Glieder unserer Universität anzustecken« drohe.[28] Ein unbefangenes Gespräch unter Kollegen war zu dieser Zeit kaum möglich.

Hinzu kam, dass man in einem provinziellen Klatschnest wie Heidelberg die Grillen im Schlossgemäuer zirpen und die Flöhe in Nachbars Haus husten hörte. Noch bevor Görres' ›Schriftproben‹ erschienen waren, wurden bereits Zitate daraus im ›Morgenblatt‹ kolportiert.[29] Und Voß kannte Arnims Protesterklärung, noch ehe sie in der ›Allgemeinen Literatur-Zeitung‹ gedruckt war.[30] Nicht ohne Grund publizierte Brentano 1807 in der ›Badischen Wochenschrift‹ eine ›Warnung vor literarischer Klätscherei‹, nachdem durch Konsistorialrat Horstig seine privatesten Angelegenheiten in die Öf-

---

delberger Romantik, Heidelberg 2008 (Heidelberger Jahrbücher 51, 2007), S. 343 bis 367, insbes. S. 351–355.

[27] Eine eingehende Deutung des Umschlagbildes liefert Hans-Joachim Zimmermann, Zum Romantikerstreit, in: Heidelberg. Geschichte und Gestalt, hrsg. von Elmar Mittler, Heidelberg 1996, S. 257.

[28] Brief vom 2. Juli 1810. Abgedruckt bei Otto Crusius, August Böckh und Sigmund von Reizenstein in ihrem Briefwechsel, in: Fritz Schöll, Heidelberger Professoren aus dem 19. Jahrhundert. Festschrift der Universität zur Zentenarfeier ihrer Erneuerung durch Karl Friedrich, Heidelberg 1903, Bd. I, S. 355–405, hier: S. 363.

[29] So in jenem ›Schreiben eines Studenten‹ vom 11. März 1808 (Morgenblatt, Nr. 61, S. 241), das mit M. T. E. unterzeichnet ist.

[30] Eichstädt, der Herausgeber, hatte sie ihm sogleich zugesandt.

fentlichkeit gezerrt worden waren.[31] Nicht anders reagierte Görres, als Reinbeck in seinen ›Briefen über Heidelberg‹ Karoline Rudolphi und Sophie Mereau ins Zwielicht setzte.[32] Unter seiner Federführung erschien im ›Rheinischen Bundesblatt‹ Nr. 98 eine Erklärung von 18 Heidelberger Professoren und Pfarrern, die sich über die »immer mehr zunehmende Klatscherei in den deutschen Journalen« beklagten.[33]

All dies – sowie viele Gerüchte und Indiskretionen – trugen zur Verschärfung der Tonlage bei und beförderten ein Klima des Misstrauens, des Neides und der gekränkten Eitelkeiten, das zwar der satirischen Stilkunst ungewohnte Möglichkeiten eröffnete, das gesellige Leben aber lähmte. Man bediente sich vielfach sarkastischer Stilmittel, die kaum mehr vermittelbar waren. August Böckh berichtet von »große⟨n⟩ Ausfälle⟨n⟩« Arnims und Görres' in der Einsiedlerzeitung. Nur seien sie »so erschrecklich witzig, daß sie kein Mensch verstehen« könne.[34]

Ihren Höhepunkt erreichte die Auseinandersetzung in Görres' Beiträgen zur Einsiedlerzeitung: Den ›Correspondenznachrichten aus Bädern und Brunnenorten‹ (Mai-Heft), der ›Sonnettenschlacht bei Eichstädt‹ (29. Juni) und der dramatischen Idylle ›Des Dichters Krönung‹ (30. August), die insbesondere Voß aufs Korn nahm.[35] Darüber ist vieles geschrieben worden, das hier nicht wiederholt

---

[31] Vgl. Clemens Brentano, Werke, hrsg. von Friedhelm Kemp, München 1963 (2. durchges. Auflage 1973), 2. Bd., S. 1028–1030 und Anmerkungen, S. 1218 (künftig zitiert: Werke). – Man muss Horstig allerdings zugute halten, dass die Überschrift ›Hin ist Sie!!‹, unter der im ›Journal des Luxus und der Moden‹ im Januar 1807 über Sophie Mereaus Tod berichtet worden war, wohl nicht von ihm selbst, sondern von der Redaktion der Zeitung geprägt worden ist; denn unter dem Titel ist die Bemerkung eingefügt: »(Aus einem Briefe aus Heidelberg.)«

[32] Morgenblatt, Nr. 293 vom 8. Dezember 1807, S. 1169f. (›Bruchstücke einer Reise durch Deutschland‹).

[33] Das ›Morgenblatt‹ (Nr. 58 vom 8. März 1808) druckt diese Erklärung noch einmal ab und fügt ihr eine scharfe ›Gegen-Erklärung‹ von Reinbeck und Cotta hinzu. (S. 1223f.)

[34] Alfred Kloß, Die Heidelbergischen Jahrbücher der Literatur in den Jahren 1808–16, Leipzig 1916, S. 176.

[35] ZfE, a.a.O. (Anm. 1), Nr. 26, Sp. 201–203 (›Sonettenschlacht‹); ebd., Beylage, nach Nr. 37, Sp. 33–40 (›Des Dichters Krönung‹). Weitere Stellenangaben im Text.

werden muss.[36] Aber eine Frage ist im Zusammenhang der ›Sonnettenschlacht‹ bis heute offen geblieben, die im Weiteren behandelt werden soll: die Frage nach dem Verfasser jenes ›Clairobskür für die Lesewelt‹, das dem Bericht von der ›Sonnettenschlacht bei Eichstädt‹ unmittelbar folgt. Görres hat sich nur für den ersten Teil zuständig erklärt (201–203);[37] für den ›Einsiedler und das Klingding nach der Schlacht bei Eichstädt‹ (203–208) jedoch wird gewöhnlich Achim von Arnim als Autor genannt. Diese Annahme geht auf Fridrich Pfaff zurück, der Arnims ›Tröst Einsamkeit‹ (1883) edierte und kommentierte.[38] Sie wurde von Hans Jessen in seiner Neuausgabe der ›Zeitung für Einsiedler‹ (1962) kritiklos übernommen.[39] Seitdem ist die Autorschaft des ›Clairobskür‹ nicht mehr in Frage gestellt worden. Ulfert Ricklefs hat die Gedichte des entsprechenden Abschnitts in ›Arnims lyrisches Werk‹ (1980) aufgenommen[40] und (teilweise) in seiner Gedicht-Ausgabe des Klassiker Verlags Arnim zugeschrieben.[41] Ähnlich entscheidet sich Heinz

---

[36] Vgl. Fridrich Pfaff (Hrsg.), Arnims Tröst Einsamkeit, Freiburg und Tübingen 1883, Einleitung, S. LIIIf.; Franz Schneider, Beiträge zur Geschichte der Heidelberger Romantik, a. a. O. (Anm. 19), S. 53ff.; Herbert Levin, Die Heidelberger Romantik, München 1922, S. 99ff.; Günter Häntzschel, Voß als Objekt romantischer Satiren, in: Johann Heinrich Voss (1751–1826). Beiträge zum Eutiner Symposium im Oktober 1994, hrsg. von Frank Baudach und Günter Häntzschel, Eutin 1997, S. 149 bis 161; Ulfert Ricklefs, Polemische Textproduktion, a. a. O. (Anm. 26), dort weitere Literaturangaben.

[37] Vgl. seinen Nachruf auf Achim von Arnim, in dem er bemerkt: »⟨...⟩ ich schrieb das Bülletin ⟨d. h. den Bericht⟩ dieses Zuges ⟨des Voßschen ›Kriegszugs‹ gegen das Sonett⟩, Arnim die Geschichte des Herrn Sonett und des Fräulein Sonette« (Josef von Görres, Ausgewählte Werke und Briefe, hrsg. von Wilhelm Schellberg, Kempten und München 1911, Bd. I, S. 429). – Dass Brentano in diesem Zusammenhang nicht genannt wird, hängt sicher damit zusammen, dass Görres einen Nachruf auf Arnim schreibt.

[38] Vgl. Pfaff, Tröst Einsamkeit, a. a. O. (Anm. 36), S. LIX und LXI.

[39] Jessen, a. a. O. (Anm. 1), S. 16 (Nachwort).

[40] Ulfert Ricklefs, Arnims lyrisches Werk. Register der Handschriften und Drucke, Tübingen 1980 (= Freies Deutsches Hochstift. Reihe der Schriften 23). Hier sind die entsprechenden Gedichte aus dem ›Clairobskür‹ unter Nummer 4, 453, 570 und 970 verzeichnet.

[41] Achim von Arnim, Werke in sechs Bänden, hrsg. von Roswitha Burwick (u. a.), Bd. 5: Gedichte, hrsg. von Ulfert Ricklefs, Frankfurt am Main 1994 (= Bibliothek deutscher Klassiker 118), S. 572–574 mit Erl. S. 1358f. Auch in o. g. Aufsatz

Rölleke.[42] Auch Theodore Ziolkowski rechnet den ›Einsiedler und das Klingding‹ in seinem Aufsatz ›August Böckh und die Sonettenschlacht bei Eichstädt‹ zu Arnims Werken.[43] Erst beim Wiederabdruck seines Beitrags erwägt er die Möglichkeit der Verfasserschaft Brentanos, ohne sie freilich für gesichert zu halten.[44] Dabei hatte Reinhold Steig bereits 1913 einen Brief Arnims an Bettine Brentano publiziert, in dem es heißt:

> 〈...〉 wie zischt es in den literarischen Koth einzutauchen, doch es muß sein, und meine Ohren quälen sich wieder ab, alle leere Streitigkeiten abzuhören, die in der Zeit die Zeitungen beschäftigt haben. Da hat Voß alle Sonette in der Jenaer Zeitung (Nr. 128 ff.) vernichtet; der Bericht dieser Schlacht von Görres und Clemens wird im Einsiedler (Stück 26) erscheinen, von mir erscheint die Geschichte des Herrn Sonet und des Fräuleins Sonete in neunzig Sonetten (Beilage zur Zeitung für Einsiedler; vgl. die ›Buchhändler-Anzeige‹ im 26. Stück).[45]

---

sieht Ricklefs das ›Clairobskür‹ noch als »Herausgeberkommentar« Arnims, während er die ›Sonnettenschlacht bei Eichstädt‹ als Gemeinschaftstext von Görres und Brentano begreift (Polemische Textproduktion, a. a. O. [Anm. 26], S. 348).

[42] Vgl. FBA 9,3, S. 352. Auch Häntzschel, a. a. O. (Anm. 36), S. 155 hält den ›Einsiedler und das Klingding‹ für eine »grotesk-phantastische« Steigerung der ›Sonnettenschlacht‹ durch Arnim.

[43] Theodore Ziolkowski, August Böckh und die »Sonettenschlacht bei Eichstädt«, in: Antike und Abendland XLI (1995), S. 161–173; erneuter Abdruck in: 200 Jahre Heidelberger Romantik, a. a. O. (Anm. 26), S. 207–223.

[44] Ziolkowski ist im Wiederabdruck seines Beitrags (S. 218, Fußnote 39) der Auffassung, dass die »Verwirrung« über die Autorschaft des entsprechenden Textes »durch die Tatsache noch vergrößert 〈werde〉, dass Boeckh selber Arnim und Görres für die beiden ›großen Ausfälle‹ gegen Voss verantwortlich« gemacht habe. Böckh spricht in dem betreffenden Brief an Wolf vom 3. Oktober 1808 (vgl. Anm. 34) aber nicht von zwei bestimmten »Ausfälle〈n〉« gegen Voß (also denen in der ›Sonnettenschlacht‹), sondern lediglich von »Ausfälle〈n〉«. Im Oktober 1808 dürfte er Görres' dramatische Idylle ›Des Dichters Krönung‹ und Arnims ›Geschichte des Herrn Sonet‹ gemeint haben, die im letzten Heft bzw. der ›Beylage‹ der Einsiedlerzeitung erschienen waren. Die Autorschaft Brentanos wird durch Böckhs Bemerkung nicht in Frage gestellt. In seiner neuesten Publikation: Heidelberger Romantik. Mythos und Symbol, Heidelberg 2009, S. 157 (und Fußnote 31, S. 230), schreibt Ziolkowski das »Dramolett« (S. 160) »mit aller Wahrscheinlichkeit« Brentano zu.

[45] Brief vom 26. Juni 1808, in: Achim von Arnim und die ihm nahe standen, hrsg. von Reinhold Steig und Herman Grimm, 2. Bd.: Achim von Arnim und Bettina Brentano, bearb. von R. S., Stuttgart/Berlin 1913, S. 164.

Nach dieser Aussage, die Pfaff noch nicht kannte, hätte eigentlich klar sein müssen, dass nur Brentano als Verfasser des ›Clairobskür‹ in Frage kommen konnte. Doch wurde Arnims Mitteilung Bettine gegenüber entweder nicht beachtet oder als unverbindlich eingestuft. Lediglich Herbert Levin hat sie ernst genommen und in der Darstellung seiner immer noch lesenswerten ›Heidelberger Romantik‹ (1922) entsprechende Folgerungen daraus gezogen.[46]

Auch Renate Moering lässt in ihrem Kommentar zur kritischen Ausgabe der Einsiedlerzeitung, der noch nicht veröffentlicht ist,[47] keinen Zweifel daran, dass Arnims Aussage in seinem Brief vom 26. Juni 1808 stichhaltig ist. Weshalb auch hätte er Bettine die Wahrheit verschweigen sollen? Alle Details in seiner Mitteilung – der Hinweis auf die ›Geschichte des Herrn Sonet‹, auf deren Erscheinen in der ›Beylage‹ (1–32) und auf die ›Buchhändler-Anzeige‹ (29. Juni, 207) – sind korrekt. Der Verweis auf Clemens macht in diesem Zusammenhang keine erkennbare Ausnahme. Oder sollte Arnim vielleicht gemeint haben, dass Görres und Brentano – wie im Falle des ›Uhrmacher BOGS‹ – den Bericht über die Sonettenschlacht gemeinsam verfasst hätten? Dann wäre Görres auch am zweiten und Brentano am ersten Teil des Textes beteiligt. Doch ist diese Vermutung umso unwahrscheinlicher, als beide Abschnitte typographisch klar voneinander getrennt sind und Stilmerkmale aufweisen, die ausschließlich Görres bzw. Brentano zuzuordnen sind. Sonette, wie sie ›Der Einsiedler und das Klingding‹ aufweist, hat Görres nie geschrieben; und dessen oft drastische und bissige Personensatiren[48] lagen Brentano weitgehend fern. Er bevorzugte die anspielungsreiche, hintergründige Ironie, die seine Gegner nahezu beiläufig der Lächerlichkeit preisgab. Sie ist auch nicht mit Arnims parodistischer Zitierkunst in der ›Geschichte des Herrn Sonet‹ oder seiner moralischen Entrüstung über die »Forgery«-Vorwürfe Vossens zu vergleichen, die Arnim ungeschminkt und entschieden zurück-

---

[46] Levin, Heidelberger Romantik, a.a.O. (Anm. 36), S. 100 und 110.

[47] Renate Moering vom Freien Deutschen Hochstift, Frankfurt, hat mir großzügigerweise ihren (noch unveröffentlichten) Kommentar zur ›Sonnettenschlacht‹ zur Verfügung gestellt. Ich danke ihr für ihre kollegiale wissenschaftliche Zusammenarbeit.

[48] Vgl. seine Ausführungen über die »Geschnautzten« in den ›Correspondenznachrichten‹ oder in der dramatischen Idylle ›Des Dichters Krönung‹.

wies.[49] Brentanos satirisches Verfahren lebt von der witzigen Übertreibung der attackierten Sachverhalte, die spielerisch verfremdet werden. Ebendies gilt auch für den zweiten Teil des vorliegenden Textes, der sich in stilistischer Hinsicht grundlegend vom ersten unterscheidet.

Ich gehe deshalb im Weiteren von der Voraussetzung aus, dass Görres nur den ersten Teil der ›Sonnettenschlacht‹ (201–203) zu verantworten hat, der einheitlich in satirischer Prosa abgefasst ist, während Brentano den zweiten Teil, ›Der Einsiedler und das Klingding‹ (203–208), als eine groteske Farce beigesteuert hat. Deren »Schauplatz ist bey Eichstädt in Thüringen« angesiedelt, ein Ort, den es dort gar nicht gibt. Eichstädt (oder Eichstätt) kennt man aus Brandenburg oder aus Bayern; Görres und Brentano aber wählten den Schlachtenort nach dem Namen des Herausgebers der ›Jenaischen Allgemeinen Literatur-Zeitung‹, in der Vossens Rezension über Bürgers Gedichte vom 1. bis 4. Juni 1808 in vier Abschnitten erschienen war. Sie spielen damit beiläufig auf jene Schlacht bei Jena an, in der 1806 das preußische Heer durch Napoleon vernichtend geschlagen worden war. Voß erscheint so im Schatten des großen Heerführers und wird dementsprechend verhöhnt. Wenn er im Folgenden nur noch als »Schach« der Heiden und als »Herodes« hervortritt, so wird er zum Despoten und Kindermörder gestempelt, der die unschuldigen kleinen »Klingdinger« mit der »Sense« abschlachtet.[50] In seinem ›Clairobskür für die Lesewelt‹ arbeitet Brentano mit Licht- und Schatteneffekten, um seinen Gegner Voß an den Pranger zu stellen, doch ohne ihn zu nennen.

Das Lokal, in dem die absurde Posse spielt, wird von vornherein in eine imaginäre, literaturkritische Sphäre entrückt: Das Innere der Einsiedlerzelle besteht aus »Makulatur«, die Kutte des Eremiten aus »Korrektur« und sein Betstuhl aus »Litteratur«. Das »Ganze ist alles von Stuckatur, und wer am letzten lacht, der lacht am besten«, heißt

---

[49] Zu Recht betont Rölleke, Arnim habe »wenig Talent zur geschliffenen Satire«. Er habe sich (Voß gegenüber) ganz »auf den Tenor des schändlich verletzten Ehrgefühls« eingestimmt (Rölleke, Auseinandersetzung, a. a. O. [Anm. 26], S. 298).

[50] Brentano bringt die »Sense« etymologisch mit »Zense censeo recensiren« in Verbindung und verlagert damit die kriegerische Szene auf das Feld der Literatur(satire).

es weiterhin. Brentano knüpft damit an seine frühe Literatursatire ›Gustav Wasa‹ an (1800), in der – tieckischer als bei Tieck[51] – der gesamte Theaterapparat mitagiert und die Requisiten lebendig werden. Er liefert einen Szenenentwurf, der jede dramatische Konzeption ignoriert. An Personen ist zunächst nur der Einsiedler gegenwärtig, der mehrere Gedichte vorträgt; nach der einleitenden Ortsbeschreibung hat der Zuschauer »die Aussicht ⟨...⟩ auf ein entferntes Schlachtfeld« und hört das Getöse einer Schlacht, die das »Geräusch einer mähenden Sense« vermittelt. Die Schlacht ist also immer noch im Gange und wird durch das Kriegsgerät und die »Jammerstimmen« der »sterbenden Vierlinge und Drillinge« nahe gebracht. Erst nach dem Liedvortrag des Einsiedlers tritt eine zweite Person hinzu, ein »Griechisches Sonnet«, das – nach Görres vorausgegangener Bemerkung – als »Einziges ⟨...⟩ davon gekommen ⟨ist⟩, ein armes Waysenkind, dessen Vater ein Grieche vor zweytausend Jahren gestorben ist, während die Mutter glorreich in der Schlacht sich verblutet hat«. Dieses sonderbare Waisenkind, das sich vermummt in die Hütte des Eremiten schleicht, erweist sich schließlich als dessen Geliebte, mit der er – wie eine Erzählerstimme rückblickend mitteilt – späterhin eine ganze Kinderschar von »Vierlingen und Drillingen« zeugt. Brentanos ›Clairobskür‹ ist zwar dramatisch angelegt, überschreitet aber willkürlich die Grenzen der Gattung und versetzt den Zuschauer bzw. den Leser durch seine Ungereimtheiten in Irritationen, die kaum aufzulösen sind. Nicht nur das Schlachtgetöse, wie die Szenenanmerkung sagt, sondern das gesamte poetische Machwerk gleicht einem inszenierten »kunterbunde⟨n⟩ Wunder-Zunder, der in einer Dunstkunst Brunst zerzischet«.[52] Es scheint, als habe Brentano mit dieser »künstlich

---

[51] So sieht es Dorothea Veit in ihrem Brief an Friedrich Schleiermacher vom 16. Juni 1800 (vgl. Brentano, Werke, 4. Bd., Anm. zu ›Gustav Wasa‹, S. 903).

[52] Der Einsiedler und das Klingding, a. a. O. (Anm. 1), Sp. 203. Pfaff führt diese Wortspielerei auf Vossens Rezension zurück, die sich dort aber nicht finden lässt (vgl. Pfaff, Tröst Einsamkeit, a. a. O. [Anm. 36], S. LXI f.). Sie scheint Brentanos Eigentum zu sein, wie Renate Moering in ihrem Kommentar (unter Verweis auf Brentanos Brief an Bettine vom 17. Juni 1834) bemerkt. Aber auch Görres spielt in ›Des Dichters Krönung‹ auf diese Formulierung an. Sie begegnet wieder in Brentanos ›Romanzen vom Rosenkranz‹, 17. Romanze, v. 367, FBA 10, S. 465 mit Erl. FBA 11,2, S. 665 f. (ebd. auch zur Verfasserfrage).

geordneten Verwirrung«[53] seinen klassizistischen Gegner Voß nur foppen wollen.

Brentano deklariert sein ›Clairobskür‹ als »Seitenstück zu Fritzchens Reise durchs ABC«. Ob er damit auf einen authentischen Titel anspielt oder einen solchen nur fingiert, konnte bisher nicht ermittelt werden. Zu denken ist dabei jedoch an ein Lehrwerk wie das ›Bienrodische Abcbuch‹, das Jean Paul zum Anlass nahm, seine »Spaß-Mysterie« ›Leben Fibels‹ zu konzipieren.[54] Fibels ›Fibel‹ wird von ihm als Anhang abgedruckt.[55] Sie dokumentiert eine »Reise durchs ABC« mit Hilfe von kuriosen Bildern und Sprüchen in Knittelversen von A bis Z.[56] Es leuchtet ein, dass Brentano, der Herausgeber der ›Kinderlieder‹, an solchen scherzhaften, teils nonsenshaften Lehrstücken sein Vergnügen hatte, zumal er in den ›Kinderliedern‹ ganz ähnliche Merksprüche und Rätsel abdruckte,[57] wie

---

[53] Der Terminus stammt aus Friedrich Schlegels ›Gespräch über die Poesie‹, der ›Rede über die Mythologie‹, in der eine »romantische« Poetik entwickelt wird (vgl. Kritische Friedrich-Schlegel-Ausgabe, hrsg. von Ernst Behler unter Mitw. von Jean-Jacques Anstett und Hans Eichner, Bd. 2: Charakteristiken und Kritiken I, hrsg. von Hans Eichner, München [u. a.] 1967, S. 318; künftig zitiert: KA).

[54] Vgl. Jean Paul, Werke, hrsg. von Norbert Miller, München 1963, Bd. 6, S. 365 ff. Auch das sog. ›Rocken-Büchlein‹ (›Rath-Büchlein‹), das Brentano selbst besaß und Görres in den ›Teutschen Volksbüchern‹ beschrieb, wäre in Erwägung zu ziehen (dazu: Rölleke in FBA 9,3, S. 444–446).

[55] Vgl. Jean Paul, a. a. O., S. 549 ff.

[56] Unter A ist ein Affe und ein Apfel abgebildet und der Spruch beigefügt: »Ein Affe gar possirlich ist, / Zumal wenn er vom Apfel frißt«. – Der Buchstabe Z zeigt eine Ziege mit einem Zählbrett und dem Spruch: »Die Ziege Käse giebt zwey Schock, / Das Zählbrett hält der Ziegenbock.« – Mit diesem letzten Satz eröffnet Jean Paul seinen Roman und fügt hinzu: »⟨Dies⟩ sind die sieben letzten Worte, die der Verfasser ⟨Fibel⟩ der gelehrten Welt zurief; er hat recht, wenn ich ihn anders hier verstehe, was ich nicht glaube.« (Ebd., S. 369)

[57] Vgl. ›Die ABC-Schützen‹ (KL 12) oder ›Anschauungs-ABC‹ (KL 72c), FBA 8, S. 249 und 308. Dass das ›Bienrodische Abcbuch‹ zu Beginn des 19. Jahrhunderts sehr populär gewesen sein muss, zeigen auch Friedrich Ferdinand Hempels ›Nachtgedanken über das A-B-C-Buch‹, die 1809 unter dem Pseudonym Spiritus Asper in zwei Bänden in Leipzig erschienen. Sie kommentieren in scherzhaft-ironischer Weise jeden einzelnen Spruch des ›Abcbuchs‹ in einem eigenen Kapitel und glossieren ihn in einem weiten kulturgeschichtlichen Rahmen. – Ebenso dienen einzelne Kindersprüche des ›Bienrodischen Abcbuchs‹ in August Mahlmanns Kotzebue-Satire ›Herodes vor Bethlehem‹ von 1803, die Brentano sicherlich kannte, dazu, den mordlüsternen Herrscher zu besänftigen.

sie in der ›Fibel‹ vorgezeichnet sind. Aber in der Einsiedlerzeitung geht es ihm nicht darum, Kindern das Buchstabieren beizubringen, sondern Voß das ABC des romantischen Dichtens vorzuexerzieren. Er will ihm zeigen, wie die romantische Phantastik die klassizistische Nachahmungskunst überwindet. Und darum geht es in seinem ›Clairobskür‹.[58]

Mit den beiden ›Sonnetten‹ und den schwindelerregenden Reimereien, die der Einsiedler im Weiteren vorträgt, verschärft Brentano seine Attacken auf Voß. Ohne ihn namentlich zu nennen, figuriert Voß als Heidenkönig und Herodes oder als »Gypskrokodill ⟨...⟩ am Idyllennile«, dem die »Klingdinger Seelchen« zur »ägyptschen Plage« werden.[59] Wie ein Heuschreckenschwarm fallen sie über ihn her und suchen ihn heim; sie »zwicken ihn von tausend Gänsekielen«.[60] In bizarrer, hypertropher Metaphorik, mit Neologismen, Wort- und Lautspielen, die Vossens Mustervorgaben in seiner Bürger-Rezension parodieren,[61] versucht Brentano seinen Widersacher

---

[58] Entsprechendes hat Rölleke an der »Trilltrall«-Episode des ›Klopfstock‹-Märchens nachgewiesen. Vgl. Heinz Rölleke, Brentanos ›Märchen von dem Schulmeister Klopfstock‹ als literarhistorische Allegorie, in: Jahrb. FDH 1977, S. 292–308; insbes. S. 301. – Nach Abschluss des Manuskripts wurde festgestellt, dass es ein Lehrwerk unter dem Titel ›Fritzchens Reise durch das A. B. C.‹ tatsächlich gegeben hat. Es erschien 1798 anonym bei Voß und Companie in Leipzig und führt seinen Schüler – ähnlich wie das ›Bienrodische Abcbuch‹ – an Bildbeispielen aus dem Tier- und Pflanzenreich zunächst in die Laute, dann in die Buchstaben und schließlich in die Regeln der Rechtschreibung ein. In einer weiteren »Reise« von A bis Z, die durch das Naturreich führt, soll der Erfahrungsschatz des Kindes an 23 anekdotischen Tier- und Pflanzengeschichten, die jeweils ein moralisierendes Sprichwort glossieren, erweitert werden. – Was Brentano bewog, seine Farce »ein Seitenstück zu Fritzchens Reise« zu nennen, bleibt ungewiss. Zum einen dürfte er damit auf die Pedanterie der Voßschen Versregeln hindeuten, die Fritzchen auf seine Weise hinnehmen muss; zum andern könnte Brentano aber auch sein eigenes Produkt als eine satirische »Reise« durch das verwirrende ABC der romantischen Poetik verstanden haben.

[59] Der Einsiedler und das Klingding, a.a.O. (Anm. 1), Sp. 204. Ähnlich ergeht es Knarrasper im ›Klopfstock‹-Märchen, der von »Brummfliegen ⟨...⟩ Heuschrecken und Grillen und Hummeln« in seinem Schlaf gestört wird (vgl. Werke, 3. Bd., S. 478).

[60] Ebd. Möglicherweise dachte Brentano bei dieser kuriosen Metapher an Platons ›Phaidros‹, wo die gefallenen Seelen durch das Jucken des nachwachsenden Federflaums zu neuem Leben stimuliert werden.

[61] Voß kritisiert in seiner Rezension nicht allein Bürgers Reim- und Verskunst; er möchte auch die »auf Klanghexerey pochenden Sonnette«, die in der deutschen Sprache reichlich vorhanden seien, durch »Reimwörter mit schwebender Mittelzeit

als »schwachen zachen Drachen« abzukanzeln. Er bedient sich dabei gezielt einer verfremdenden Redeweise, die Mücken, Grillen und Heuschrecken als Plagegeister einer erstarrten Antike erscheinen lässt;[62] denn mit dem Hinweis auf das »Gypskrokodill« und die »Stuckatur« spielt Brentano – wie Görres in seiner ›Wunderhorn‹-Rezension – auf jene »reichbesetzten Kabinetten von antiken Gipsabgüssen« an,[63] die in Vossens Manier das klassische Vorbild imitieren. Mit seiner verschlüsselten Polemik Voß gegenüber bringt Brentano zugleich seine Kritik an einer klassizistisch erstarrten Formenwelt zum Ausdruck, die durch die neckischen romantischen »Klingdinger Seelchen« aufgebrochen werden soll. Der Streit zwischen Klassikern und Romantikern ist somit in Brentanos Sonett präsent; und er ist noch nicht entschieden, selbst wenn die Klassizisten »herodisch« gegen die unschuldigen »Klingdinger« vorgehen. Diesen ist es zugemessen, »die Morgenröthlichkeit der Zukunft anzusagen«, und sie wehren sich auf ihre Weise heroisch, wenn sie »beim Heumondneumond« dem »Drachen« in den »Rachen« steigen, um ihn »im Mückenmord erstarren« zu lassen. Die Entscheidungsschlacht steht somit bevor; und deshalb müssen die Kriegsgeräte, nämlich die »perplexten Aexte« hergerichtet werden, denen noch die »Stiele« fehlen. »Wir stilisiren sie aus Knarrer Pfarrer Sparren«, sagt überraschend der Einsiedler in der ersten Form pluralis und spricht damit im Namen all derer, die ihre Zurüstungen mit altem, schein-

oder Kürze« prachtvoller und heiterer ausgestalten: »Warum denn nutzen wir nicht so reichhaltige Fundgruben der Vieltönigkeit und des Reims? Warum wollen wir, wie bey tantalischem Überfluß, unthätig über Mangel und Noth klagen? Selbst ja die üblichen Demut und Wehmut berechtigen uns, ähnliche Spondeen von geschmeidigem Klange 〈...〉 zu Bereicherung des Reims anzuwenden. In dem edelsten Tone fügt sich bequem ein anmutiges Hainthal zum schrecklichen Gebeinthal, 〈...〉 zum Tiefsinn sein Affe Schiefsinn 〈...〉. Und im scherzhaften wird neben dem höltyschen Maylied ein modernes Dudeldeilied 〈...〉 sich eben so artig ausnehmen, wie dieser Schluß eines Sonnets: ›Für Geistesnahrung beut dies Buch ein dreymal / Mit flauem Spühlicht aufgewärmtes Breymahl.‹« (Literatur-Zeitung, Nr. 131, Sp. 437f.). Unter diesen Umständen verwundert es nicht, wenn Brentano das Wortgeklingel bewusst übertreibt und sich nicht scheut, einen Binnenreim wie »Eisbrei sei Reisbrei!« in sein Pamphlet gegen Voß aufzunehmen.

[62] So auch im ›Murmelthier‹-Märchen, wie Häntzschel in seinem Beitrag, a.a.O. (Anm. 36), S. 158 nachgewiesen hat. Er deutet dort (in Anlehnung an Schillbach) die »Fliegen als Symbol der romantischen Dichtung«.

[63] Vgl. Görres, Werke und Briefe I, a.a.O. (Anm. 37), S. 353.

bar unbrauchbar gewordenem Baumaterial – mit poetisch-religiösen Traditionsfragmenten – treffen. Brentano deutet nicht nur auf den Nutzen und die Bedeutung der Überlieferungsrelikte, sondern er entwickelt eine kriegerische Sondersprache von ganz eigenem »Stil«; er setzt dabei auf verschrobene Neologismen und deren suggestive Klangwirkung, wobei er auch billige Kalauer nicht scheut.

Diese Tendenz verstärkt sich noch einmal in dem zweiten ›Sonnet‹, das seiner Form nach gar keines ist.[64] Es handelt sich vielmehr um ein dreistrophiges Gedicht aus je sechs Zeilen, die freirhythmisch gegliedert sind und in den ersten beiden Strophen nur zwei Reime aufweisen, während die dritte aus drei Paarreimen besteht. Damit ist ein Anklang an das traditionelle Sonett, sofern es in den Quartetten umschlingenden Reim, in den Terzetten eine freiere Reimordnung erlaubte, durchaus noch gewahrt; Brentano aber übertreibt im vierfachen weiblichen Reim, den Voß missbilligte,[65] diese Struktur und versucht damit, die festgefügte Form des Sonetts aufzusprengen. Er wollte nicht nur Voß, den Formgerechten, reizen, sondern auch den Spielraum der poetischen Sageweise romantisch erweitern. Dies geschieht in dem so genannten ›Sonnet‹ insbesondere durch die Häufung monströser Wortbildungen, die in der deutschen Literatur einmalig sind. Als »süßzuckerichte Gedankenzwinger« und als »Karfunkel mit Honigseim Schlinger« werden die »kleinen Reimdinger«, also die Sonette, bezeichnet. Aus der Sicht des Einsiedlers erscheinen sie als »winzige Martyrkronenringer« und »reimgeleimte drei Königsbohnensinger«,[66] sogar als »Glaubtraub-

[64] Der Einsiedler und das Klingding, a.a.O. (Anm. 1), Sp. 204. Heinz Rölleke scheint die Überschrift ›Sonnet‹ misszuverstehen, wenn er in seinen Erläuterungen zu dem ›Wunderhorn‹-Gedicht III,208 (FBA 8, S. 205f., vgl. FBA 9,3, S. 352) meint, Arnim – eigentlich Brentano! – habe die folgenden Verse aus dem ›Anmuthigen Blumen-Krantz‹ »dem Sonnet ⟨...⟩ in den Mund gelegt«. Die Überschrift ist hier aber nicht als Sprecheranweisung, sondern als von Brentano (bewusst falsch gewählte!) Gattungsbezeichnung zu verstehen. Das hier sprechende Ich ist zweifellos der Einsiedler, der das (vermeintliche) ›Sonnet‹ vorträgt.

[65] Vgl. seine Ausführungen in Nr. 129 der ›Literatur-Zeitung‹ vom 2. Juni 1808. Voß erwägt dort nicht nur ironisch, »die alte Zahl Vierzehn« für das Sonett aufzugeben, sondern auch die »weichliche Einförmigkeit ⟨der⟩ Wortfüße durch Spiele des Klangs und des Reimgeklingels« den Italienern zu überlassen. (Sp. 418f.)

[66] Damit liegt eine Anspielung auf jenes berühmte Goethesche ›Sonett‹ vor, das Friedrich Haug im Januar 1807 erstmals im ›Morgenblatt‹ veröffentlicht hatte (Nr. 4)

schraubende Kreuzthyrsusschwinger«. Trotz ihrer Bedrohung durch »der Heiden Schach« werden sie mit christlichen Triumphinsignien bedacht. Der Sieg scheint ihnen gewiss zu sein. Bereits Herbert Levin hat darauf hingewiesen, dass diese Formulierungen fast wörtlich – und abermals gesteigert – in Brentanos ›Philister‹-Abhandlung wiederkehren,[67] ein sicheres Indiz dafür, dass Brentano den ›Einsiedler‹-Beitrag verfasst haben muss; denn es ist kaum anzunehmen, dass er Arnim später (1811) vor der Tischgesellschaft in Berlin plagiierte. Mit Recht urteilt Levin: »Offenbar wollte er ⟨Brentano⟩ Voß durch Übertrumpfung verhöhnen«.[68] Ihm lag daran, die philiströse, rechthaberische Haltung, die Voß in seiner Bürger-Rezension an den Tag gelegt hatte und die auch Goethe zu der abweisenden Äußerung veranlasste: »Für lauter Prosodie ist ihm ⟨Voß⟩ die Poesie ganz entschwunden«,[69] zu geißeln.

Im weiteren Fortgang des Gedichts werden die »Klingdinger« mit »ächte⟨n⟩ Kreuzluftsvögeleinsluftspringer⟨n⟩« verglichen. Mit diesem fünfgliedrigen Kompositum bezieht sich Brentano »auf ein an-

---

und das Voß im März 1808 ebd. zum Anlass nahm, Goethe zurechtzuweisen (Nr. 58). Mit den Stichworten »Königsbohnensinger« (und »Königsbohne«, Sp. 204f.) erinnert Brentano an den spätmittelalterlichen Brauch, am Dreikönigstag einen »Bohnenkönig« zu wählen: Man backt »in einen Kuchen eine Bohne hinein, und wer ⟨...⟩ beim Zerteilen das Stück mit dieser erhält, wird ›König‹ ⟨...⟩ und hat gewisse Vorrechte ⟨...⟩. Der B. wird emporgehoben und muß mit Kreide ein Kreuz oder die Namen C. M. B. an die Balken in Haus und Stuben schreiben, was alle Übel und bösen Geister abwehren soll.« (Handwörterbuch des deutschen Aberglaubens, hrsg. von Hanns Bächtold-Stäubli [u.a.], Bd. 1, Berlin/Leipzig 1927, Sp. 1474, Stichwort: Bohnenkönig). – Diesem Brauch entsprechend wollte Brentano offenbar durch die »Klingdinger« die »bösen Geister« Vossens vertreiben, der »im Weihna⟨ch⟩thskuchen ⟨...⟩ nach der Königsbohne« schnappt, wie es weiterhin heißt (Sp. 205). Der weitverbreitete Brauch fand seinen Niederschlag auch in der Ikonographie. Berühmt ist das Gemälde von Jacob Jordaens ›Das Fest des Bohnenkönigs‹, das die rituelle Trinkszene festhält (»le roi-boit«). Aus diesem Grund dürfte Brentano in Sp. 205 das »prost! ich kenn dein bieder Prost« eingefügt haben.

67 Vgl. Levin, Heidelberger Romantik, a.a.O. (Anm. 36), S. 110f., und Brentano, Der Philister vor, in und nach der Geschichte, in: Werke, 2. Bd., S. 1000. Hier ist von »glaubtraubschraubichten, honigseimleimschleimschlingenden Sonette⟨n⟩« die Rede.

68 Ebd., S. 111.

69 Goethe an Zelter, 22. Juni 1808, WA IV 20, S. 85.

tiromantisches Gedicht«,[70] das am 8. Juni 1808 unter dem Titel ›Neueste Poesie‹ im ›Morgenblatt‹ erschienen war. Es lautet:

Man weiß, auf unsrer Erde kehrt,
Was da gewesen, immer wieder;
Auch auf dem Musenberge hört
Man oft erneut die alten Lieder;
Bald ist es hoher Barden-Schwung
Bald sind es kleine Tändeleyen;
Man will des Lebens sich erfreuen,
Und dann nur Gräber seh'n mit Young.
Jetzt wimmert gar auf allen Wegen
Ein frommes Völkchen uns entgegen;
Es stellen sich von neuem ein
Die alten Kreuzluftvögelein.

In einer Fußnote bemerkt der Verfasser, der mit »I. G. J.« unterzeichnet, »Kreuzluftvögelein« sei »ein Ausdruck aus einem vormals sehr bekannten mystischen Gesangbuche«.[71]

Versucht man diesem auf die Spur zu kommen, so kann man in Zinzendorfs ›Herrnhuter Gesangbuch‹, und zwar in der ›Zugabe‹ von 1735,[72] einen ganzen Schwarm von »Kreuzluftvögelein« wieder finden.[73] Hier nur zwei Beispiele: Im Lied Nr. 2226, das nach der Melodie ›Was macht ein Creuz-luft-Vögelein‹ gesungen werden soll, lautet die erste Strophe: »Ich selig Creuz-Luft-Vögelein / ich flieg nun schon ums Lämmelein / manch jahr lang selig hin und her, / die Mutter macht' im loch vom speer/ein niedlich nestelein / fürs arme herzelein, / ich saß da in des nestgens hol / zeither vergnügt und sanft und wohl, / aber alleine: / doch hatten viele täubelein / um mich rum ihre nesterlein, / mit denen stimmt ich meinem Mann / manch schönes wunden-liedgen an, / wir sungen aus dem

---

[70] So Renate Moering in ihrem noch nicht publizierten Kommentar.

[71] Morgenblatt, Nr. 137, S. 548.

[72] Herrnhuter Gesangbuch. Christliches Gesang-Buch der Evangelischen Brüder-Gemeinen von 1735, zum drittenmal aufgelegt und durchaus revidirt, Teil III: Zugabe, hrsg. von Erich Beyreuther, Gerhard Meyer und Gudrun Meyer-Hickel, Nachdruck Hildesheim/New York 1981 (= Nikolaus Ludwig von Zinzendorf. Materialien und Dokumente, Reihe 4, Bd. 3).

[73] Ich danke Martina Eicheldinger, die mich auf dieses Gesangbuch aufmerksam gemacht hat.

höhlgen / mit Blut bestrichnen kehlgen.«[74] Und unter Nr. 2245, deren Motto sich auf Mt 5,9 bezieht (»Selig sind die friede machen, denn sie werden Gottes kinder genennet werden«), lautet eine ›Aria‹: »Glük zu! ihr Creuz-luft-vögelein, / zum blut erfüllten neste, / und werdet wunden-täucherlein, / und badt und schwimmt aufs beste; / und weinet ihr nach Christi seel / für elend und gebrech und fehl, / so sitzt ihr bey den wunden-quellen, / und könnt euch aug und herz erhellen / zum ungestöhrten selig seyn, / drum wohl euch creuz-luft-vögelein, / die Pleur ist euer nestelein.«[75] – Schließlich wird unter Nr. 2251 ein ganzer Gebetszyklus ›Von den seligen Vögelein in der Creuz-Luft, oder in der Atmosphære der Leiche Jesu‹ entworfen, der die erlösungsbedürftige Seele vom Morgen bis zum Abend begleiten soll.[76]

Man begreift unter diesen Voraussetzungen, dass der aufgeklärte Ironiker des ›Morgenblatts‹ eine solche Redeweise, die in abstruser Metaphorik ein seliges Leben in Christo pries, abgeschmackt und unerträglich fand. Inwiefern er damit allerdings der romantischen Sprache gerecht wurde, die er in seinem »antiromantischen« Poem verhöhnen wollte, wird nicht deutlich. Brentano jedenfalls lässt sich von seiner Schelte nicht irritieren. Er überträgt den zinzendorfisch-pietistischen Terminus (»Kreuzluftvögelein«) in die poetische Sphäre und hypostasiert ihn. Indem er die (von Voß) getöteten »Klingdinger« zu »Kreuzluftsvögeleinsluftspringern« erklärt, behauptet er seine poetische Freiheit. Die »Klingdinger« werden zu Erlösungswerkzeugen, die eine erstarrte Formenwelt unterminieren. Nicht durch polemische Konfrontation und Personalsatire (wie bei Görres) oder durch parodistische Selbstentlarvung und moralische Empörung (wie bei Arnim), sondern durch souveräne Übertreibung und gesteigerte Travestie weist Brentano Voß und seine Anhänger in die Schranken.

Noch einmal verwendet Brentano in seinem Pseudosonett eine hypermonströse Vokabel, um seine poetische Intention ins Werk zu setzen: das Hapax legomenon »Froschleichleichenbein«. Zwar hatte bereits Görres in dem ›Prologus‹ der ›Schriftproben‹, in denen Bren-

---

74 Herrnhuter Gesangbuch, a.a.O. (Anm. 72), S. 2109.

75 Ebd., S. 2124.

76 Ebd., S. 2130–2133.

tano »entsezlich schöne Sachen« zu finden glaubte,[77] den »Froschlaich« poesiefähig gemacht;[78] aber wie im Falle der »Kreuzluftvögelein« setzt Brentano noch einmal eins drauf und apostrophiert die Überreste der totgeschlagenen »Klingdinger« als »Leichenbein« – nicht etwa von Fröschen, sondern von »Froschleich«, der an sich nur aus einer gallertartigen Masse besteht. Wenn man diese – wie Görres – als »Gottessegen« gelten lässt,[79] wird deutlich, welchen Anspruch Brentano mit seinen erschlagenen »Klingdinger Seelchen« verbindet: Sie werden ihm zu poetischen Reliquien, die ihre Herkunft und ihre kindliche Unschuld nicht preisgeben. Während die mythischen »Fabelknochen«, das heißt die Relikte der Überlieferung, die Voß traktierte, noch »unbegraben ⟨empor⟩ragen«, soll das »Froschleichleichenbein« ohne spektakuläres Leichenbegängnis begraben werden. Hätte es noch reden können, so mutmaßt der Einsiedler, so wäre seine »schamröthlich⟨e⟩« Antwort gewesen: »Ich war Sonnet, und sonnte mich so nette / Weil ich ein Sonnensohn und so ohn Bette.«

Mit diesem banalen Wortspiel bezieht sich Brentano abermals auf Voß, der in seiner Bürger-Rezension bemerkte, auch Philipp von Zesen habe – wie Opitz und Weckherlin – »dem lockenden Silbertone der reinen Deutschheit nicht widerstehn« können und das Wort »Sonett« nach Vossens Vorstellung unpassend übersetzt: Wie Weckherlin habe er »im deutschen Helicon die Opizische Dolmetschung Klinggetichte den Erklärungen So nett, so hübsch, und Son net, hübscher Klang« vorgezogen und – den romantischen Sonettisten vergleichbar – »Deutschklingendes für klingendes Deutsch« ausgegeben.[80] Eben daran orientiert sich Brentano bei seinem Wortspiel. Doch hält er sich nicht an Zesens Übersetzung, sondern folgt der französischen Vorgabe »Son net«, die er in pseudoetymologischer Ableitung in »so nett« transformiert und damit auf seine Weise spielerisch eindeutscht. Das von Voß verteufelte Sonett wird von Brentano in seiner Bedeutung depotenziert und von

---

[77] An Arnim, um den 24. Februar 1808, FBA 32, S. 30.

[78] Erstes Buch, S. 1. Dort heißt es: »Es fahren schiessende Lichter mir auf und nieder im Geiste, sammelt ihr Lieben, sammelt die fallenden Schnuppen, es ist Gallerte, Froschlaich, Gottessegen, ihr könnt euch Wetterpropheten erziehen.«

[79] Vgl. Zitat in der vorigen Anm.

[80] Literatur-Zeitung Nr. 128, Sp. 412 und 413.

höchsten poetischen Weihen freigesprochen. Er behandelt es als spielerische Kleinform. Für Voß aber ist der Kampf gegen das Sonett von existentieller Bedeutung. Er beinhaltet für ihn die »Rettung eines wesentlichen Teils seines Lebenswerks, der Prosodie«,[81] die für ihn allererst das »klingende Deutsch« zur Geltung bringt.

Bereits im zweiten Teil des ›Godwi‹ hatte Brentano in dem scherzhaften Wechselgesang Hiacinths und Lauras dieser die Worte in den Mund gelegt:

> Mit Poesie geht Armuth nur gesell't,
> Macht ihr Sonnette, macht sie noch so nette,
> Ihr bleibt ein armer Sohn und so ohn' Bette:
> Gebt Geld statt Versen oder Fersengeld.[82]

Die angebetete Kurtisane weist hier ihren Werber fast mit den gleichen Worten zurück, die Brentano im Einsiedler-›Sonnet‹ verwendet. Aber während sie ihn hier scherzhaft als armen Schlucker abkanzelt, bekennt sich das Sonett später zu seinem unschuldigen Dasein als poetisches Sonnenkind. Voß gegenüber, der es in seiner Rezension als geistloses Schellengeklingel verunglimpft hatte, wird es als harmloses »Klingding« gerechtfertigt. »Die Unschuld ist sich selbst die größte Freiheit und andern Beschränkung«, kommentiert der Ich-Erzähler im ›Godwi‹ das frivole Liebesduett;[83] in dem späteren Einsiedler-Gedicht wird diese Freiheit dem Sonett zugesprochen, während die »Beschränkung« auf Voß zurückfällt. Das von dem Einsiedler angekündigte »Siegesliedlein«, das im Rahmen der Todesthematik des ›Sonnets‹ fremdartig wirkt, aber die Gewissheit der Erneuerung einschließt, wird im Folgenden angestimmt. Es handelt sich um eines jener 21 geistlichen Lieder aus dem ›Anmuthigen Blumen-Krantz‹ (1712),[84] die in den dritten Band des ›Wun-

[81] Ricklefs, Polemische Textproduktion, a.a.O. (Anm. 26), S. 354.

[82] FBA 16, S. 405.

[83] Ebd., S. 406.

[84] Der genaue Titel lautet: ›Anmuthiger Blumen-Krantz / aus dem Garten der Gemeinde GOttes; in sich fassend allerhand Göttliche Gnaden- und Liebes-Würckungen / ausgedruckt in geistlichen lieblichen Liedern: Zum Dienst Der Liebhabere des Lobes GOttes gesamlet. Ans Licht gegeben Im Jahr 1712.‹ – Arnim hatte dieses Liederbuch aus dem pietistischen Hallischen Kreis im Winter 1807/08 entdeckt, und Brentano kaufte es wenig später. Näheres dazu bei Rölleke, FBA 9,3, S. 344–346.

derhorns‹ aufgenommen wurden und die Voß dann im ›Morgenblatt‹ aufs schärfste attackierte.[85] Das unkonventionelle Kirchenlied fügt sich bruchlos in den religiösen Diskurs, der die Farce von der Herodes-Anspielung, über die »Knarrer Pfarrer Sparren«, die »Martyrkronenringer« und die »Kreuzthyrsusschwinger« bis hin zu den »Kreuzluftsvögeleinsluftspringer⟨n⟩« durchzieht. Der ›Triumph des erwählten Volkes‹ – so der Titel im ›Wunderhorn‹ – bildet gewissermaßen den Höhepunkt des Todesreigens der Sonette und feiert den Sieg Zions über die »stolze Dirne« Babel. Aber das geistliche Lied, das der Einsiedler auf dem »Hackbrett« begleitet, einem Saiteninstrument, das als »Dulce Melos« oder »Doucemer« »die süßesten Töne und Klänge« hervorbringt,[86] wird nicht zu Ende gebracht. Von den 13 Strophen der ›Wunderhorn‹-Fassung werden nur die ersten zweieinhalb vorgetragen. Mit der Mahnung an die »stolze Dirne«, ihren verführerischen Melusinendienst aufzugeben, bricht der Gesang ab; denn: »Es pocht an der Thüre« der Einsiedlerzelle.

Damit beginnt der zweite, dramatische Teil der Eremitenszene. Jenes ›Griechische Sonnet‹, das als einziges der Schlacht bei Eichstädt entkommen ist, meldet sich zu Wort und bittet um Einlass. Die beiden Figuren begegnen sich wechselweise, ehe ein rückschauender Erzähler die Begegnung kommentierend erläutert und märchenhaft ausklingen lässt.

Die Integration des griechischen Sonetts in das satirische Possenspiel hat in der Forschung manche Irritation hervorgerufen, zumal die Zuschreibung dieses Gedichts bisher nicht geklärt war. Dass es weder Arnim noch Brentano verfasst hat, wurde nie in Zweifel gezogen. Wilhelm Herbst hat zunächst die Vermutung geäußert, es stamme von Friedrich Creuzer,[87] der mit den Einsiedlern verbündet war, ehe Bernhard Stark 1880 erklärte, August Böckh sei der wirkli-

---

[85] Einigen bekannten Dichtern wollten »die Heiligen des neuesten Bundes das Garaus spielen«, meinte Voß im November 1808. »Ein solches Singen und Springen der schnackischen Kreuzträger gegen die Griechen und Heiden ihrer zerrütteten Fantasie« erinnere ihn »an das wütige Kauderwelsch jenes, Gottlob! seinen Rausch nun ausschlafenden Einsiedlers«. – Vgl. im Einzelnen: Rölleke, Auseinandersetzung, a. a. O. (Anm. 26), bes. S. 294 ff.

[86] Nach Wikipedia, 22. 10. 08.

[87] Wilhelm Herbst, Johann Heinrich Voß, 2 Bde., Leipzig 1872/1876 (Nachdruck Bern 1970), hier: Bd. 2, S. 125.

che Verfasser des sonderbaren Gebildes, das im Kontext der Voß-Satire fremdartig wirkt. Böckh habe das Sonett bereits 1806 »für Christian Schneider« gedichtet und »als fliegendes Blatt« drucken lassen.[88] Woher Stark seine Informationen bezog, die nicht immer verlässlich sind,[89] hat er in seinem Aufsatz nicht mitgeteilt. Aber seine Zuschreibung hat sich in der Folge durchgesetzt und wurde von Pfaff und Jessen, den späteren Herausgebern der Einsiedlerzeitung, übernommen. Auch Theodore Ziolkowski hat sich in seinem Beitrag ›August Böckh und die Sonettenschlacht bei Eichstädt‹[90] dieser Auffassung angeschlossen. Doch glaubte Ziolkowsi aufgrund der Forschungen von Max Hoffmann[91] behaupten zu dürfen, dass Schneider, der vermeintliche Adressat, der in der Einsiedlerzeitung zweimal »Christian« genannt wird (207f.) und der auch bei Stark diesen Namen trägt, tatsächlich Conrad Schneider, der spätere Professor am Joachimsthalschen Gymnasium in Berlin, gewesen sein müsse.[92] Diese Annahme erschien umso wahrscheinlicher, als Conrad Schneider, den Hoffmann und Stark als Hallenser Freund Böckhs identifizieren konnten,[93] in Heidelberg kein Unbekannter war: Er hat 1808 in Daubs und Creuzers ›Studien‹ einen Beitrag ›Über das elegische Gedicht der Helenen‹ publiziert, den sicherlich Böckh vermittelte.[94]

---

[88] Karl Bernhard Stark, Ueber Böckhs Bildungsgang, in: ders., Vorträge und Aufsätze aus dem Gebiete der Archäologie und Kunstgeschichte, hrsg. von Gottfried Kinkel, Leipzig 1880, S. 423.

[89] Christian Schneider, der vermeintliche Adressat des griechischen Sonetts, heißt bei Stark gelegentlich auch K. Schneider oder (in seinem Artikel über Böckh in der ADB, Bd. 2, S. 770–783) Karl Schneider. Hier spricht Stark auch von griechischen Sonetten »voller Liebesgluth und Platonismus«, die in der »Zeitung von und für Einsiedler« erschienen seien (S. 773).

[90] Ziolkowski, August Böckh, a.a.O. (Anm. 43), S. 162ff.

[91] Max Hoffmann, August Böckh. Lebensbeschreibung und Auswahl aus seinem wissenschaftlichen Briefwechsel, Leipzig 1901, S. 229.

[92] Ziolkowski, August Böckh, a.a.O. (Anm. 43), S. 165 (Fußnote 18).

[93] Vgl. Hoffmann, Böckh, a.a.O. (Anm. 91), S. 231, und Stark, Böckhs Bildungsgang, a.a.O. (Anm. 88), S. 420 und 421.

[94] In demselben Band der ›Studien‹ (1808) hat Böckh seinen Aufsatz ›Von dem Uebergange der Buchstaben in einander‹ veröffentlicht, in dem er – an Platons ›Kratylos‹ anknüpfend – »seine Beobachtungen über die Lautgesetze des Griechischen« (Hoffmann, Böckh, a.a.O., S. 421) darlegte, die den Vossischen Vorstellungen widersprachen. Eben dieses Problem dürfte für die Umsetzung des griechischen Sonetts in

Dieser Beitrag wird Brentano nicht entgangen sein. Allerdings nennt er in seiner Farce Schneider nicht als Adressaten, sondern als Verfasser des griechischen Sonetts, so dass sich die Frage stellt, ob nicht etwa Böckh der Empfänger des Sonetts gewesen sein könnte, »in welchem Fall sich dieses Gedicht ebenfalls unter dessen ⟨Böckhs⟩ Papieren gefunden hätte«.[95] Aber auch diese Vermutung geht in die Irre. Seitdem jenes gedruckte »fliegende Blatt« in Böckhs Nachlass wieder aufgetaucht ist (siehe Abb. 1 und 2),[96] steht fest, dass er selbst der Verfasser des Gedichtes sein muss, wie bereits Theodor Hilgard in seinen Lebenserinnerungen zu berichten wusste;[97] denn auf dem Titelblatt des Drucks stehen in Böckhs Handschrift unter dem griechisch gedruckten Namen »Schneider« die Worte: »Ist von mir, pseudonym. Bh.« Auch das Erscheinungsjahr ist in griechischen Buchstaben angegeben: 1806,[98] so dass Starks Angaben sich im Großen und Ganzen als zutreffend erweisen. Allerdings hat er die Vokabel »Επoίησε«, die den Verfasser angibt (»gedichtet von«), mit »gedichtet für« übersetzt und dadurch das Pseudonym als Widmung an Christian Schneider missdeutet.

Man muss also davon ausgehen, dass Böckh sein Gedicht 1806 unter falschem Namen als ein »Beispiel griechischer Sonette«, von

der ›Sonnettenschlacht‹ eine entscheidende Rolle gespielt haben (vgl. dazu Anm. 117 dieses Beitrags).

[95] So argumentiert Renate Moering in ihrem Kommentar.

[96] Das gefaltete »fliegende Blatt«, dessen Titelblatt in griechischer Sprache abgefasst ist, wurde unter Böckhs Papieren in der Staatsbibliothek Berlin (Kasten 7, Mappe 11) in zwei Exemplaren gefunden. Ich danke Iris Lorenz für ihre sorgfältige Recherche. Das zweite, hier nicht weiter berücksichtigte Exemplar enthält eine handgeschriebene Übersetzung des griechischen Sonetts, die wahrscheinlich von Bernhard Stark (nach der Vorlage der Einsiedlerzeitung) hinzugefügt ist.

[97] Theodor Hilgard, Meine Erinnerungen, Heidelberg o.J. (um 1860), S. 146f. Aus der Rückschau rechnet Hilgard das griechische Sonett allerdings irrigerweise zu jenen »99 geharnischten (aber meist sinnlosen) Sonetten«, die Arnim im Zusammenhang der ›Geschichte des Herrn Sonnet‹ verfasst hatte. Das »Letzte« Gedicht dieses Zyklus habe »der gutmüthige Böckh (der sich sonst ziemlich neutral verhielt) aus Gefälligkeit fabriziert«.

[98] Allerdings hat der Drucker das Zeichen für 800 (omega) mit dem Zeichen für 80 (pi) verwechselt, so dass die Jahreszahl irrtümlich mit 1000 + 80 + 6 (= 1086 statt 1806) angegeben wird. – Ich verdanke diesen Hinweis sowie die genaue Übersetzung des Titelblatts dem Altphilologen Werner Schubert in Heidelberg.

denen er noch weitere herausgeben wollte,[99] veröffentlicht und es dann, zwei Jahre später, im Kampf gegen Voß, für die Einsiedlerzeitung bereit gestellt hat.[100] Auch die deutsche Übertragung in der Einsiedlerzeitung stammt höchstwahrscheinlich von Böckh selbst; denn unter den Berliner Papieren findet sich ein weiteres (deutsches) Sonett in Böckhs Handschrift, das ganz im Duktus eben dieser Übertragung abgefasst ist.[101] Brentano wusste sicherlich Bescheid über Böckhs Autorschaft. Aber er verwendet dessen Pseudonym, um den Freund vor Voß nicht bloßzustellen.

Indessen ist es für die Handlung des Possenspiels nicht von entscheidender Bedeutung, wer das griechische Sonett verfasst und dessen Übersetzung angefertigt hat. Inhaltlich bleibt das Gedicht im Rahmen der Satire ein Fremdkörper. Es bedient sich in den Quartetten ganz konventionell der Topoi der Liebesleidenschaft, um in den Terzetten die Anforderungen der Gegenwart in den Vordergrund zu rücken. Von einer Feier des Eros »in platonischer Weise«, wie Hoffmann meinte,[102] kann keine Rede sein. Vielmehr wäre der schmachtende Liebhaber des Gedichts bereit, so führen die beiden Quartette aus, auf »Platons hohen Ruhm« und »der Götter seelge

---

[99] So sagt es das griechische Titelblatt.

[100] Mit der Neutralität Böckhs im Kampf der Einsiedler gegen Voß kann es nicht so weit her gewesen sein, wie Hilgard behauptet, denn Böckh äußerte sich in einem Brief an David Schulz vom April 1809 höchst ungehalten über seinen altphilologischen Kollegen: »Voss ist hier der wahre Hausteufel der Universität, der nichts thut als Samen der Zwietracht streut und keinen Freund hat als etliche Schmarotzer seines Tisches und etliche Pflastertreter, die ihm Klatscherein zutragen, allgemein verachtet und verhasst selbst bei denen, die ihn hierher gebracht haben, wie Thibaut.« (Hoffmann, Böckh, a.a.O. [Anm. 91], S. 17)

[101] Nachlass 172, Kasten 7, Mappe 11, Blatt Nr. 69/90; das Gedicht lautet: »Kennst Du das süße wonnigliche Streben, / Nach einem Tummelplatze höchster Freuden, / Wo wir die Welt ⟨aus gestr.: Nacht⟩ in Götterlust vergeuden, / In Himmelsträumen hoch hinüber schweben. // Ich sehe ihren Busen sich erheben, / Im feurigen Gefühl der Liebesleiden, / Die Götter selber könnten mich beneiden, / Daß wir geweihet solchen Busens Beben. // Ach! weiter trägt der Fuß mich, immer weiter, / Von Ihres Heiligthums geheimer Halle; / Und ringsum lächelt die Natur so heiter; // Doch todt erscheinen mir die Freuden alle, / Unwiderstehlich zieht mich hin ein Sehnen; / Wann stillest Du diß bittersüße Sehnen?« – Der erste und der neunte Vers gleichen weitgehend denen des Einsiedlersonetts. Auch der Schmerz der Trennung wird in beiden Gedichten betont.

[102] Hoffmann, Böckh, a.a.O. (Anm. 91), S. 15.

Ewigkeiten« gänzlich zu verzichten, sollte es ihm vergönnt sein, »an geliebter Mägdlein Seiten« Erfüllung zu finden.[103] Aber dieses Glück, das ihm ehemals geschenkt war, ist gegenwärtig in weite Ferne gerückt. »Unlößlich harte Banden« und »mächt'ge Sorgen« halten den Liebhaber gefangen, so dass ihm aller Liebeseifer abhanden gekommen ist. Ob diese Aussage auf Böckhs Lebenssituation 1806 bezogen werden kann,[104] mag hier dahingestellt bleiben. Deutlich ist aber, dass dieses Gedicht mit der Einsiedlerfehde gar nichts zu tun hat, lediglich in die ›Sonnettenschlacht‹ hineinmontiert wurde.

Aber sicher nicht ohne Grund: als griechisches Sonett – sein Inhalt spielte dabei keine besondere Rolle – sollte es Voß provozieren. Denn dieser hatte in seiner Bürger-Rezension das Sonett, in Anlehnung an Sulzer,[105] von den »provenzalischen Truvaduren« hergeleitet und der griechischen Dichtung gegenüber als gänzlich minderwertig eingestuft.[106] Das »Sonnet oder Sonetto« war ihm »ein kleiner Gesang, ein Liedchen zum Singen, gleich dem Niedersächsischen Döneken, Döntje, und dem Holländischen Deuntje: welches Wort, wie das Französische Chanson, auch für Posse genommen wird. Eine Bedeutung, die leicht unsere Sonnette sich zuziehen könnten.« (411) – Es ist nicht auszuschließen, dass Brentano diese Bemerkung zum Anlass nahm, seine Einsiedlerszene als Posse auszugestalten und mit einem griechischen Sonett zu versehen, das Voß so sehr verabscheute; denn er sollte gereizt werden, weil er die Sonette als »Tönchen«, als »witzelnde Liebesliedchen im Geiste der galanten Hofritterschaft«, als »Modegereims« und ›Schellengeklingel‹ verspottete (411 f.). Ein griechisches Sonett musste ihn stutzig machen und zur Weißglut bringen. Es ge-

---

[103] Das entspricht dem Gedanken des Götterneides in dem (nicht publizierten) Sonett, das in Anmerkung 101 zitiert wird.

[104] So vermutet Ziolkowski, August Böckh, a. a. O. (Anm. 43), S. 165.

[105] Vgl. das Stichwort ›Sonnet‹ in Johann Georg Sulzers Allgemeine Theorie der Schönen Künste, Vierter Theil, Leipzig 1794 (2. Aufl.), S. 426 ff.

[106] Johann Heinrich Voß, Literatur-Zeitung, Nr. 128, 1. Juni 1808, Sp. 410 ff., hier: Sp. 411. Die weiteren Zitatnachweise aus dieser Abhandlung werden in den Text eingefügt. Zu Vossens Polemik gegenüber der »Süddichtkunst« und den »Südkunstmacher⟨n⟩« vgl. Ricklefs, Polemische Textproduktion, a. a. O. (Anm. 26), S. 354.

hörte zu jenen »perplexten Aexten«, die der Einsiedler in seinem ersten ›Sonnet‹ ankündigte.

Aber nicht nur daß Brentano ein griechisches Sonett in seine Posse aufgenommen, sondern wie er es in den Kontext eingefügt hat, ist von entscheidender Bedeutung. Denn das Sonett des Einsiedlers und das griechische Sonett sind so ineinander verschränkt, dass der Einsiedler jeweils auf die vorausgehende Zeile des griechischen Sonetts antwortet. Zu beachten ist dabei, dass der Eremit kein Griechisch kann und nur auf die Laute seines Gegenspielers reagiert. Er hört das Wort »κράτιστον« (phonetisch: krátiston) und realisiert »Aristokratensohn« (1. Zeile); er schließt daran die Frage: »aus welchem Lande?« Er hört weiterhin: »παιδιώδους φιλτάτου« (phonetisch: paidiótus filtátu) und macht daraus: »bei dich, o thus, viel da«; aus »Ερωτος« (phonetisch: érotos) in der dritten Zeile wird bei ihm »Herodes«, womit er an die vorausgegangene Kindermörderanspielung anknüpfen und ausrufen kann: »mein Herr o bleib er draußen«. Im vierten Vers taucht das Wort »χαρμάτων« (phonetisch: charmáton) auf, was bei dem Eremiten die Vorstellung weckt: »Er klagt er sei gar matt«, die er – auf Herodes gemünzt – mit dem Gedanken verbindet: »Hier giebt's kein Kind zu schmaußen«. In der gleichen Manier hatte Brentano bereits in der Satire ›Gustav Wasa‹ das akustische Missverstehen inszeniert. Dort erklärt der Chemiker Green in der Bibliothek seinen Zuhörern den Verbrennungsprozess, als plötzlich »ein Stein durchs Fenster« fliegt und die Versammlung in Verwirrung setzt. Der anwesende »Dichter« erläutert diesen Vorgang:

Kohlenträger sind's gewesen.
Leut' von Stärke
Können ihre Werke
Und überhaupt nicht lesen;
Hören: das Oxigen tritt den Kohlen bey,
Verstehn die Ochsen gehn mit den Kohlen vorbey,
Und werfen aus Bosheit die Fenster entzwey.[107]

Wie die Kohlenträger in der Kotzebue-Satire reagiert der Einsiedler in der Voß-Satire: Er missversteht das Gesprochene und zieht daraus

[107] FBA 12, S. 24f.

seine Folgerungen. Die Szene ist ein untrügliches Zeichen dafür, dass Brentano das ›Clairsobskür‹ der ›Sonnettenschlacht‹ verfasst haben muss; denn nicht an allseits zitierbaren Belegstellen, sondern an unscheinbaren stilistischen Eigentümlichkeiten ist zu erkennen, wer einen Text verfasst hat.

Auch die weiteren Verse des Einsiedlersonetts sind nach dem skizzierten Muster konstruiert. Aus »κλέει« (phonetisch: kléei) wird »Kleie«,[108] sowie aus »καλων« (phonetisch: kalón) »kahl ohn« usw.[109] Besonders markant ist die vorletzte Zeile des griechischen Sonetts mit der Vokabel »ματαίαις« (phonetisch: mataiais), die der Einsiedler akustisch in »Matheis« verwandelt und damit auf eine »katholische Wetterregel« anspielt, die Brentano später (1830) in seinem ›Mosel Eisgangslied‹ wieder aufnimmt und neu instrumentiert.[110] Brentano überträgt das griechische Sonett nur lautlich ins Deutsche und reichert es mit Assoziationen des Einsiedlers so an, dass ein kakophones Sonettenduett entsteht, das parodistisch auf jene »überkünstliche Klingsonate« antwortet, mit der Voß am Ende seiner Rezension die Romantiker verhöhnen wollte.[111] Brentano greift Voß nicht polemisch oder moralisch an; er reizt und überbietet ihn mit den Mitteln, die Voß vorgegeben, aber hämisch verworfen hatte. Das zeigt sich besonders am Ende des Einsiedlersonetts, das nicht (wie das griechische) nach 14 Zeilen schließt, sondern zu einem geschwänzten Sonett

[108] Auch im ›Murmelthier‹-Märchen wird die »Kleie« voßkritisch verwendet (vgl. Brentano, Werke, 3. Bd., S. 246). Dort berichtet der Biber, dass »Müller Voß eine Menge neuer Wörter und Redensarten, die ihm unter die Kleie gekommen waren, ‹...› am Teiche waschen wollte«, dass sie ihm aber die »Hechte und Karpfen weg‹schnappten›« und dem Fischer (Biber) brachten.

[109] Das gleiche stilistische Mittel des Missverstehens verwendet Brentano auch im ›Klopfstock‹-Märchen, wenn er Hanswurst »alle Worte ‹des Klausners› verdreh‹en›« lässt (Brentano, Werke, 3. Bd., S. 465 f.). Heinz Rölleke deutet auf ähnliche wortspielerische Missverständnisse in dem ›Wunderhorn‹-Gedicht III,95 (FBA 8, S. 97–100): ›Wir verstehen sie nicht‹. Vgl. Rölleke, Klopfstock, a. a. O. (Anm. 58), S. 297, und seinen Kommentar zu dem Gedicht, FBA 9,3, S. 169.

[110] Dazu: Renate Moering in ihrem Kommentar. – Hier im Sonett des Einsiedlers verweist die Anspielung allerdings auf die poetische Schlüpfrigkeit der Voßschen Ausführungen, vor denen der Einsiedler warnt: »sei auf der Huth hier«. Im ›Mosel-Eisgangs-Lied‹ (1830) dagegen wird das Matheis-Motiv religiös und sozial instrumentiert. Das Lied geht »betteln«, damit die Eiskatastrophe behoben werden kann.

[111] Vgl. Literatur-Zeitung, Nr. 131, Sp. 440.

erweitert ist. Voß hatte am 2. Juni in der ›Allgemeinen Literatur-Zeitung‹ (Nr. 129) stichelnd die Frage gestellt: »Und warum, edle Kunstjünger, die ihr den südlichen Meistersängern so manche kurzweilige Fündlein ablauertet, warum thut ihr spröde gegen das lustige Schwanzsonnet 〈...〉? Macht euch daran! Wer über den Hund wegkömmt, der kömmt auch über den Schwanz!« (418)

Eben diesen burlesken Ratschlag konkretisiert Brentano in dem Einsiedlergedicht.[112] Im Gegenzug zu dem griechischen Sonett hängt er dem letzten Terzett noch zwei weitere Verse an, die den satirischen Ton verschärfen: »Eisbrei sei Reisbrei! ei, Breieis reiß schnell von hinnen, / Greep Mücken Hempken greeper mit den andern Spinnen.« Mit diesen orakulösen Worten, die wie ein Zauberspruch anmuten, nimmt Brentano, wie zuvor, die Lautungen des griechischen Sonetts auf und setzt sie um, indem er auf Vossens Spottreim (»dreymal / Breymahl«) anspielt; zugleich aber ist er bemüht, durch Binnenreime und Paronomasien jenes befremdende »Reimgeklingel« kunstvoll hervorzubringen, das Voß als »Klappergereim von Fix oder Fax« (416) verworfen hatte. Brentano versucht also in der ›Sonettenschlacht‹, Voß mit seinen eigenen Giftpfeilen anzugreifen. Und darauf zielt die letzte Zeile seines Schwanzsonetts, das dem ehemaligen Eutiner in plattdeutscher Sprache sinngemäß die abfälligen Worte entgegenschleudert: »Fang Mücken, du Heimchengreifer (Grillenfänger), mit den andern Spinnen«. Bedenkt man, dass Voß das Sonett (unter Berufung auf Boileau) »eine grillenhafte Reimkünsteley« genannt hatte, »worin den Gedanken 〈...〉 auch der sinnvollste und gewandteste Metriker 〈nur〉 schwer« finde (419), so wird Brentanos Bildgebrauch konkret greifbar. Zu beachten ist aber weiterhin, dass die Einsiedler im Voßschen Hause »mit Heimchen verglichen 〈wurden〉, die sich im Gemäuer des alten Schlosses eingenistet und angefangen hätten, nach Kräften zu zirpen, welche jedoch, als sie dieses so laut getan hätten, sodaß man es sogar unten in der Stadt hätte hören können, sogleich aus ihrem Schutt vertrieben worden wären«; so berichtet der »blondhaarige Vandale« Ulrich Justus Herrmann Becker, der gelegentlich bei Voß

---

[112] Auch Arnim geht in seinem Sonettenzyklus satirisch darauf ein. Vgl. ›Geschichte des Herrn Sonet‹ (Kommentar des Recensenten nach dem 4. Sonett, Beylage, Sp. 3).

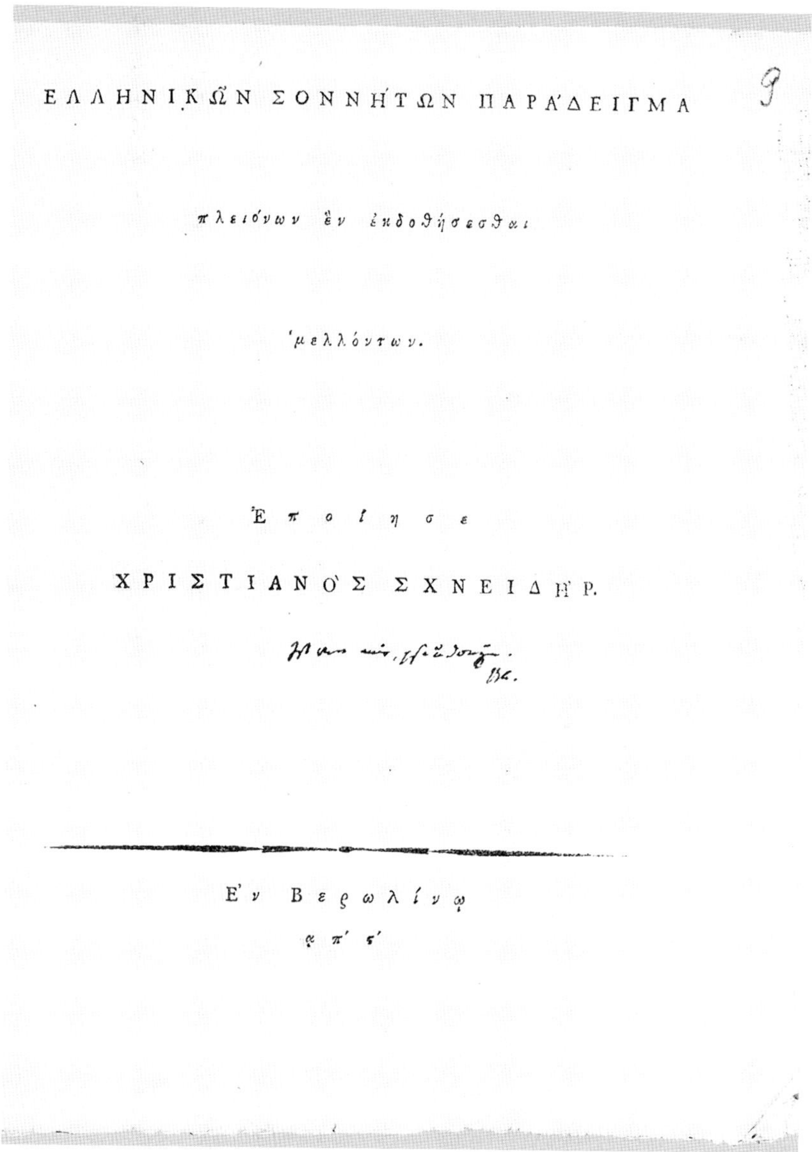

9

ΕΛΛΗΝΙΚΩ͂Ν ΣΟΝΝΗ΄ΤΩΝ ΠΑΡΑ΄ΔΕΙΓΜΑ

πλειόνων ἓν ἐκδοθήσεσθαι

'μελλόντων.

Ἐποίησε

ΧΡΙΣΤΙΑΝΟ'Σ ΣΧΝΕΙΔΗ'Ρ.

Ἐν Βερωλίνῳ

ᾳ π΄ ς΄

Abb. 1. *Nachl. 172 (August Boeckh), Kasten 7, Mappe 11: Blatt 9r (SBB – SPK Berlin, Handschriftenabt.). Vgl. S. 277.*

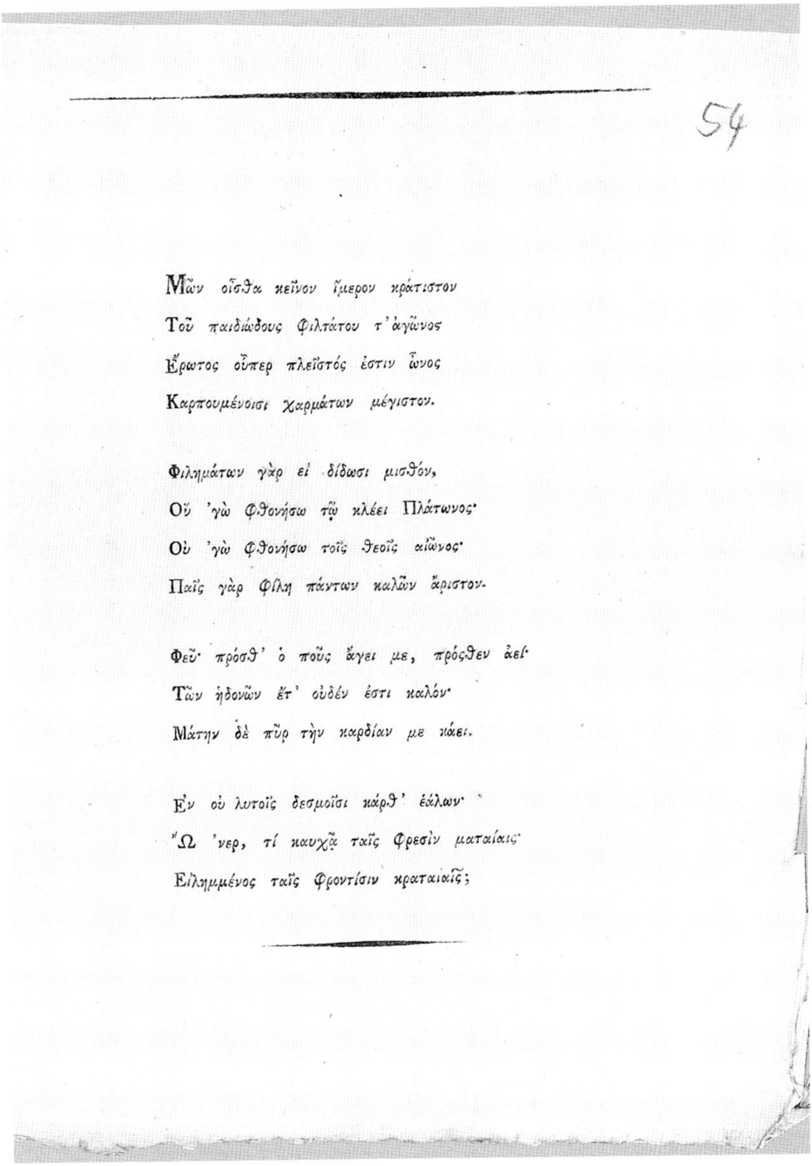

54

Μῶν οἶσθα κεῖνον ἵμερον κράτιστον
Τοῦ παιδιώδους φιλτάτου τ' ἀγῶνος
Ἔρωτος οὗπερ πλεῖστός ἐστιν ὦνος
Καρπουμένοισι χαρμάτων μέγιστον.

Φιλημάτων γὰρ εἰ δίδωσι μισθόν,
Οὔ 'γὼ φθονήσω τῷ κλέει Πλάτωνος·
Οὐ 'γὼ φθονήσω τοῖς θεοῖς αἰῶνος·
Παῖς γὰρ φίλη πάντων καλῶν ἄριστον.

Φεῦ· πρόσθ' ὁ ποῦς ἄγει με, πρόσθεν ἀεί·
Τῶν ἡδονῶν ἔτ' οὐδέν ἐστι καλόν·
Μάτην δὲ πῦρ τὴν καρδίαν με κάει.

Ἐν οὐ λυτοῖς δεσμοῖσι κάρθ' ἑάλων·
Ὦ 'νερ, τί καυχᾷ ταῖς φρεσὶν ματαίαις
Εἰλημμένος ταῖς φροντίσιν κραταιαῖς;

Abb. 2. Nachl. 172 (August Boeckh), Kasten 7, Mappe 11: Blatt 54r (SBB – SPK Berlin, Handschriftenabt.). Vgl. S. 277.

zu Gast war.[113] Wenn Brentano unter diesen Umständen Voß zum »Hempken greeper« stempelt,[114] so wird deutlich, dass er ihn als heimtückischen Fallensteller und Sophisten kennzeichnen wollte; denn nach Bächtold-Stäubli wird »der anhaltische Ausdruck Hemikenfänger« für solche Redner gebraucht, die »listig und verschlagen genug ⟨sind⟩, selbst ein Heimchen zu überlisten«.[115]

Aber nicht einmal als solchen, als gewieften Grillenfänger, lässt Brentano Voß gelten. Er zählt ihn zu den »Spinnen«, die allenfalls als »Mücken«-Fänger in Frage kommen.[116] Damit schließt Brentano den Bildkreis der Insekten, den er im ersten Sonett des Einsiedlers eröffnet hatte: Waren es dort die »Klingdinger Seelchen«, die »gleich ägyptschen Plagen / In Mückenwolken« das »Gypskrokodill« bedrohten, so werden hier die »Mücken« in das Netz der Spinne verstrickt. Die ›Sonnettenschlacht bei Eichstädt‹ entpuppt sich als Mückenjagd. Brentano erscheint, um mit Voß zu reden, als einer der »die Mucke hat, ⟨...⟩ sich zum tändelnden Klingklangspiele zu demütigen« (419). Er unterwirft sich freiwillig »den Bedingungen des Spiels«, die das »italienische Klinggedicht« vorgibt: nämlich (in Vossens Worten) den »Wohllaut des Ganzen und der einzelnen Silben, zumal der reimenden, so vieltönig und rein ihn die Sprache ⟨...⟩ durch glückliche Mischung der Vokale und der Konsonanten, erreichen kann ⟨zu erzeugen⟩; damit, wie in einer Arie, schon die bloße Harmonie schönwallender, vom Accente gehobener Bewegungen uns einlulle mit Sirenengesang.« (419) In seinem Sonettenduett transponiert er die griechischen Klänge – wenn nicht anmutig, so doch witzig – ins Deutsche und erzeugt so ein poetisches Gebilde,

---

[113] Nach Karl Lohmeyer, Heidelberger Maler der Romantik, Heidelberg 1935, S. 135.

[114] Der niederdeutsche Terminus entstammt nicht Brentanos Wortschatz; Arnim, der ihn von seiner Großmutter übernommen hatte, hat ihn jedoch in seinem Brief von 17. Februar 1806 an Brentano überliefert. Dazu: Kommentar Moering.

[115] Vgl. Handwörterbuch des deutschen Aberglaubens, a. a. O. (Anm. 66), Bd. 3, Sp. 1169, Stichwort: Grille, Grillenfang.

[116] Zum Fliegenmotiv im Zusammenhang der Voß-Kritik Brentanos vgl. Schillbach, FBA 17, S. 422. Auch in Brentanos Aufsatz gegen Voß (FBA 9,3, S. 687–693) wird Voß als Fliegenjäger, als »neuer Domitianus« (S. 689), karikiert. Dazu Rölleke: »Sueton berichtet über des Kaisers seltsame Neigung, Fliegen mit seinem Schreibgriffel zu spießen ⟨...⟩. Brentano scheint den spitzen Griffel der Kritik im Sinn zu haben« (FBA 9,3, S. 699). Entsprechendes gilt auch für den »Hempken greeper«.

das in der deutschen Literatur einmalig ist. Erst dadurch, dass er die griechischen Laute – wenngleich in grotesker Verdrehung – ins Deutsche überträgt, wird das Sonett des Einsiedlers zu einem wirklichen »Kling-Ding«.[117]

Die beiden abschließenden Sonette des Possenspiels entsprechen der Anagnorisis im Drama. Das griechische enthüllt sich selbst, indem es »sich übersetzet«; und der Einsiedler erkennt stufenweise über die Quartette und Terzette hinaus seine Geliebte. Zunächst allerdings zeigt diese sich noch vermummt als »Böcklein« in »Wolfshaut« – in Umkehrung also zum Wolf im Schafspelz. Dass damit wohl auf Böckh als Verfasser (und Übersetzer) des griechischen Sonetts und auf dessen Hallenser Lehrer Friedrich August Wolf angespielt werden soll, ist in der Forschung bemerkt worden. Allerdings wurde bisher nicht berücksichtigt, dass mit dem Hinweis auf die »weiche⟨n⟩ Reime«, die dem Böcklein »die Zipfel füllen«, wahrscheinlich auf ein Übersetzungsprinzip Wolfs hingedeutet wird, dem sich Böckh verpflichtet fühlte. Wilhelm Körte, der Biograph August Wolfs,[118] gibt zu verstehen, dass mit Wolf ein »kunstreicher Übersetzer« hervorgetreten sei, der Vossens trockene Übersetzungsmanier überwunden habe. »Alles starr, leblos und steif, etwa wie ein handwerksmäßiger Gips-Abguss über ein lebend Antlitz: bis auf die Faser treu, aber erstarrt, erstorben und zum Erschrecken ähnlich«, so umschreibt Körte Vossens »Versbau«.[119] Wolf hingegen habe – nach anfänglicher Schätzung der Voßschen Übersetzungsmanier – immer nachdrücklicher »kunstmäßige Verse« gepflegt, »begleitet von Wohllaut und harmonischer Beweglichkeit«.[120] Deshalb habe Heinrich Voß, der jüngere, der stets im Sinne seines Vaters agierte, im fünften Band der ›Heidelbergischen Jahrbücher‹ 1812 Wolf gera-

---

[117] Wie in Anm. 94 angedeutet, dürfte sich Brentano bei seinen Lautübertragungen an Böckhs Aufsatz in den ›Studien‹ orientiert haben. Böckh geht es dort darum, die artikulierten Laute in ihrer tieferen Bedeutsamkeit zu erfassen. Sprache, so will Böckh sagen, lasse sich nicht als »bloß willkürlich und nach Uebereinkunft (θέσει)« begreifen, sondern nur aus der »natürlichen Harmonie des Zeichens und Bezeichneten«. Allerdings parodiert Brentano in seinem Sonett auch diesen Grundsatz.

[118] Wilhelm Körte, Leben und Studien Friedr. Aug. Wolf's, des Philologen, 2 Tle., Essen 1833.

[119] Körte, a. a. O., Teil II, S. 87.

[120] Ebd., S. 81.

dezu höhnisch wegen metrischer Kleinigkeiten zurecht gewiesen.[121] Aber Wolf habe Voß »nicht bloss dem Geiste nach«, sondern auch in der rhythmischen Gliederung, »ja selbst der einzelnen Assonanzen übertrumpft«.[122] Unter solchen Voraussetzungen versteht man besser, weshalb Brentano die »sterbenden Vierlinge und Drillinge« auf dem Eichstädter Schlachtfeld »meistens Mädchen« sein lässt und weshalb er die »Zipfel« des Böckleins mit »weiche⟨n⟩ Reimen«, das heißt mit weiblich klingenden Endungen füllen wollte. Während Voß nämlich die »weichliche Einförmigkeit« der »Wortfüße durch Spiele des Klangs« den Italienern zu überlassen gedachte (419), bevorzugte Brentano die Wolfsche Übersetzungskunst, die er der harten Vossischen bewusst entgegenstellte.[123]

Die beiden abschließenden Sonette sind nicht in gleicher Weise ineinander verschränkt wie die vorausgehenden. Ein einziges Mal sind sie durch Reim (»vorwärts / Thorwärts«) aufeinander bezogen, wie bereits Renate Moering in ihrem Kommentar hervorgehoben hat. Während das griechische Sonett durch seine Übersetzung sich selbst zu erkennen gibt, versucht der Einsiedler die vermummte Gestalt als »Maskenäffchen«, als »Füllen« und als »wüllen⟨es⟩ Fließ« (das heißt als Widder oder Schäfchen) zu identifizieren. Er reflektiert dabei über den Bau des Sonetts und beachtet spielerisch dessen Spielregeln. Das Getriller der »Drillinge« wird als »süße⟨r⟩ Ohrscherz« abgetan und damit von Brentano als harmlose Spielerei entlarvt. Seine Begeisterung für das Sonett hielt sich durchaus in Grenzen.[124] Wie Goethe, dem Voß vorgehalten hatte: »Laß, Freund, die Unform alter Truvaduren, / ⟨...⟩ Und lächle mit, wo äffische Naturen / Mit rohem Sang' und Klingklang' afterchristlich, / Als Lum-

---

[121] Ebd., S. 86.

[122] Ebd., S. 89.

[123] Dass im ›Murmelthier‹-Märchen der Wolf dem Müller Voß die Schafe raubt, deutet Häntzschel als »Anspielung auf die gegen Voß' Homerverständnis gerichtete Theorie des Philologen Friedrich August Wolf« (a. a. O. [Anm. 36], S. 158). Diese Kontroverse liegt auch Brentanos ›Clairobskür‹ zu Grunde, weshalb Böckh (»das Böcklein«), als Schüler Wolfs, sich »in Wolfshaut ⟨...⟩ verhüllen« will, d. h. dessen »weiche« Übersetzungsmanier verfolgt. Und wenn schließlich (aus Sicht des Einsiedlers) das »Böcklein« mit »Christian Schneider« identifiziert wird, so zeigt das weiterhin, dass Brentano über das Pseudonym Böckhs Bescheid wusste.

[124] Darauf hat bereits Levin, Heidelberger Romantik, a. a. O. (Anm. 36), S. 110 (in Anlehnung an Welti) nachdrücklich hingewiesen.

penpilgrim, wallen nach Loretto«,[125] wollte Brentano nicht gelten lassen, dass man eine »rhythmische Form ⟨...⟩ mit Haß und Wuth ⟨...⟩ verfolgen ⟨konnte⟩, da sie ja nur ein Gefäß ist, in das jeder von Gehalt hineinlegen kann, was er vermag«.[126] Nicht anders dachte Brentano, als er Voß einen Zerrspiegel vor Augen hielt, der seine Forderungen lächerlich erscheinen ließ. Er führt seinen Gegner in einem Possenspiel vor, das am Ende in eine epische Form überführt wird. Wie Hyazinth und Rosenblütchen in Novalis' Märchen[127] sinken sich, nach den Worten des Erzählers, die Liebenden in die Arme und heiraten: »und alle ihre Kinder sollen wieder Vierlinge und Drillinge werden, und jedes ein Klingding seyn«. Mit einer versöhnlichen Geste schließt Brentano seine Farce gegen Voß und findet so zu einer erzromantischen Form zurück: zum Märchen.[128]

Wieso allerdings nach »dem ersten Wochenbette der Staat einen Gewinn von acht Vierlingen und sechs Drillingen« haben soll, bleibt rätselhaft; so wie auch unklar bleibt, weshalb die Geliebte »sich von Christian Schneider in Berlin ein griechisches Sonnet (eine Art Corsett)« habe schneidern lassen, um »sicher über das Schlachtfeld von Eichstädt zu kommen«, wenn dort gerade die Sonette hingemetzelt werden. Sofern es sich dabei nicht um kompositionelle Nachlässigkeiten handelt, hat Brentano absichtlich unaufgelöste Rätsel in sein ›Clairobskür‹ hineinkomponiert. Sicherlich sollte auch der Name Christian Schneider dazu beitragen, die realen Konturen zu verschleiern. Brentano legt sich nicht fest, er agiert zugleich auf verschiedenen Bühnen; einerseits um Voß und seine »Pflastertreter« zu necken und zu verspotten; andererseits um die Leser der Zeitung in eine Sphäre des Phantastischen zu versetzen, die Verwirrungen und Witzeleien nicht scheute. »⟨...⟩ du must den Angelhacken Einschwätzen und ist er im Leibe krummachen«, rät er Achim von Arnim, wenn er mit seiner Zeitung Erfolg haben wolle; »zeigst du aber gleich dem Philister die ganze Bescheerunge,

[125] Morgenblatt, Nr. 58, 8. März 1808.

[126] So Goethe an Zelter, 22. Juni 1808, WA IV 20, S. 85.

[127] Vgl. Novalis, Schriften, hrsg. von Paul Kluckhohn und Richard Samuel, 1. Bd.: Das dichterische Werk, Stuttgart 1960, S. 95.

[128] Die Verschmelzung von Satire und Märchen bei Brentano zeigt sich auch am ›Murmelthier‹- und am ›Klopfstock‹-Märchen.

die blanke Schote, so flieht er vor dem Mutsch beiß mirn.«[129] Görres hingegen will seine Fische durch leuchtende, glühende Haken anlocken, um sie sogleich gebraten aus dem Wasser ziehen zu können.[130]

Brentano gefällt sich darin, seine Leser zu ködern und zu überlisten. Doch bleibt zu fragen, ob sich die Einsiedler bei so unterschiedlichen Angeltechniken nicht übernommen haben. Ihre Skurrilitäten und Bizarrerien im Streit mit Voß nahmen Formen an, die kaum noch zu durchschauen und zu vermitteln waren. Nicht ohne Grund nannte Böckh die »Ausfälle« gegen den »Hausteufel« »so erschrecklich witzig, daß sie kein Mensch verstehen« wolle.[131] Es war nicht verwunderlich, dass die ›Zeitung für Einsiedler‹ unter diesen Umständen bereits zu Ende August 1808 ihr Erscheinen einstellen musste. Doch ist nicht zu verkennen, dass die vertrackten Satiren der Heidelberger Freunde – den Fragmenten der Brüder Schlegel vergleichbar – als »fermenta cognitionis«[132] wirkten und frische Impulse in das geistige Leben brachten. Wie Matheis brechen sie das Eis und bringen die erstarrten klassizistischen Denkformen wieder in Fluss. Im Hinblick auf die »satirisch-phantastische 〈...〉 Textproduktion«[133] sind Brentanos Kapriolen nicht zu unterschätzen.

---

[129] Um den 24. Februar 1808, FBA 32, S. 32.

[130] In den ›Schriftproben‹, im ›Tollgewordnen Epilogus‹, S. 22 heißt es: »Ich will fischen, fischen will ich mit feuerfarbnem Köder, eine glühende Kohle will ich an die Angelhacken aufstecken, dann kommen die Fische vorwitzig herbey, und verschlucken sie's, haha! dann ziehe ich sie gebraten, ja ja! gebraten, herauf.«

[131] Vgl. Kloß, Heidelbergische Jahrbücher, a. a. O. (Anm. 34), S. 176.

[132] So Friedrich Schlegel (im Hinblick auf Lessing) in seiner Abhandlung ›Vom kombinatorischen Geist‹, in: KA 3, S. 80.

[133] So Ricklefs, Polemische Textproduktion, a. a. O. (Anm. 26), S. 356.

SABINE OEHRING

»NIMM ES HIN, ES IST AN DEINE SEELE«

Der Briefstil Clemens Brentanos um 1818

»⟨...⟩ ich bin leider so alt, daß mir die Worte nicht als rechtmäßige Bewohner, sondern als Mäuße, Raubthiere, Diebe, Buhler, Flüchtende, und d.gl. mit meinen Empfindungen aus dem Maule laufen, Gott erhalte sie in seinem Schutz.«[1] Dieses Szenario, mit dem Brentano in einem Brief an E. T. A. Hoffmann im Herbst 1817 seinen – angeblich altersbedingt – unkontrollierbar gewordenen Redefluss umschreibt, gilt in der Brentano-Forschung bis heute als ein »die Situation der Krise« um 1816/17 bezeichnendes »Bekenntnis« des Dichters.[2] Gleichzeitig erreicht er aber in seinen Berliner Briefen und Gedichten an Luise Hensel Höhepunkte künstlerischer Sprachgestaltung,[3] die Wolfgang Frühwald freilich als Indiz für die bevorstehende »Sprach- und Inspirationskrise« wertet: »Gerade im Briefstil des Jahres 1816 herrscht eine solch überschäumende Variationsfreudigkeit, eine so ungezähmte Neigung zur Ausschließlich-

---

[1] Clemens Brentano an E. T. A Hoffmann, vermutlich ab September 1817, in: Clemens Brentano, Sämtliche Werke und Briefe, hrsg. von Jürgen Behrens (u. a.), Bd. 33: Briefe, 5. Bd.: 1813–1818, hrsg. von Sabine Oehring, Stuttgart (u. a.) 2000 (= Frankfurter Brentano-Ausgabe), S. 283,25–284,3; künftig zitiert: FBA).

[2] Vgl. Wolfgang Frühwald, Das verlorene Paradies. Zur Deutung von Clemens Brentanos ›Herzlicher Zueignung‹ des Märchens ›Gockel, Hinkel und Gackeleia‹ (1838), in: Literaturwissenschaftliches Jahrbuch N. F. 3 (1962), S. 113–192, hier: S. 182; ders., Die Emmerick-Schriften Clemens Brentanos. Ein Versuch zur Bestimmung von Anlaß und literarischer Intention, in: Emmerick und Brentano. Dokumentation eines Symposions der Bischöflichen Kommission »Anna Katharina Emmerick«, Münster 1982, hrsg. von Clemens Engling, Heinrich Schleiner und Basilius Senger, Dülmen/Westf. 1983, S. 13–33, 145–150 (Diskussionsbeiträge), hier: S. 149.

[3] Vgl. Günther Müller, Brentanos Luisengedichte, in: Jahrb. FDH 1928, S. 154 bis 177, hier: S. 161.

keit und zum Superlativ, daß dies selbst bei einem Dichter von der Begabung Brentanos zur Erschöpfung und vorübergehend zum Schweigen führen muß.«[4] Dieses »Schweigen« und der »bewußt und willentlich angenommene Verzicht auf poetische Gestaltung« gehe einher mit der Abreise Brentanos aus Berlin nach Dülmen zu Anna Katharina Emmerick, dem Rückzug »in die Einsamkeit des Selbstseins« und Beginn einer neuen Werkphase.[5]

Mit Recht weist Gisela Lermann, die zuletzt eine umfassende Arbeit über den »Briefschreiber« Brentano verfasst hat, auf das Problem einer Objektivierung von solchen, als »Bekenntnisse« eingestuften Selbstaussagen Brentanos in seinen Briefen hin.[6] Damit berührt sie bereits die von Annette C. Anton in ihrer 1995 erschienenen Studie zur ›Briefkultur im 18. und 19. Jahrhundert‹ ausführlich behandelte Frage, inwieweit ein Brieftext, auch wenn er als Dokument gelesen werden kann, überhaupt authentisch ist. Aber wie Frühwald geht auch Lermann entgegen eigener Bekundung immer wieder davon aus, dass sich die Seelenlage des Individuums Brentano in seinen Briefen offenbart, und vergisst im Schwung des Interpretierens oft, dass viele der beispielhaft verwendeten Briefe keinesfalls als so genannte authentische Texte im Sinn einer spontanen und der »Wahrheit« entsprechenden »Herzensergießung« aufzufassen sind.[7] Zweifellos hat Brentano spielerisch mit der Textsorte Brief experimentiert, und die von Hans Magnus Enzensberger jenseits der gängigen Kategorisierungen schon sehr früh vertretene Auffassung, dass die Briefe Brentanos zum »Kern des dichterischen Werks« zu rechnen seien und damit zur Literatur gehören, ist auch

---

[4] Frühwald, Paradies, a.a.O. (Anm. 2), S. 182, Anm. 230; vgl. ders., Clemens Brentano, in: Deutsche Dichter der Romantik, hrsg. von Benno von Wiese, Berlin 1971, S. 280–309, hier: S. 294, und ders., Stationen der Brentano-Forschung 1924–1972, in: Deutsche Vierteljahrsschrift für Literaturwissenschaft und Geistesgeschichte 47 (1973), Sonderheft Forschungsreferate, S. 182–269, hier: S. 235.

[5] Frühwald, Brentano, a.a.O. (Anm. 4), S. 296.

[6] Vgl. Gisela Lermann, Clemens Brentanos Selbstverständnis als Briefschreiber, Frankfurt am Main (u.a.) 1988 (Helicon 8), S. 10f.

[7] Vgl. Annette C. Anton, Authentizität als Fiktion. Briefkultur im 18. und 19. Jahrhundert, Stuttgart/Weimar 1995, S. 101 (hier in Bezug auf die Varnhagen-Forschung) und S. 134.

heute eine im Grundsatz nicht abzustreitende, wenn auch gewiss nur für einen Teil seiner Briefe gültige Zuordnung.[8]

Unabhängig davon ist aber nicht zu übersehen, dass sich der Briefstil Brentanos vom Zeitpunkt seiner Abreise aus Berlin im September 1818 an verändert. Die Frage nach den Hintergründen dieses Wandels stellt sich deshalb erneut und erscheint berechtigt, zumal die ersten Dülmener Briefe an Luise Hensel, die Brentano zwischen Anfang Oktober und Ende Dezember 1818 geschrieben hat, inzwischen – soweit erhalten – vollständig ediert vorliegen und nicht mehr auf die bisher einzig verfügbare Sammelausgabe von 1855 verwiesen werden muss, deren Herausgeber im zeittypischen Verfahren teilweise ändernd und verfälschend in die Texte eingegriffen haben.[9]

Freilich können an dieser Stelle nur einzelne Aspekte zum Thema geboten werden, denn die »zu Centonen neigende Stilhaltung«, die Bernhard Gajek dem Dichter Brentano attestiert,[10] gilt auch für den Briefschreiber, d.h. zumindest die Berliner Briefe, die Brentano bis September 1818 vor allem an Luise Hensel geschrieben hat, sind mit zahlreichen »Entlehnungen« aus eigenem und

---

[8] Vgl. Hans Magnus Enzensberger, Nachwort, in: Clemens Brentano, Gedichte. Erzählungen. Briefe, hrsg. von H. M. E., Frankfurt am Main/Hamburg 1958, S. 195–204, hier: S. 204; vgl. Reinhard M.G. Nickisch, Brief, Stuttgart 1991 (Sammlung Metzler 260), S. 96–98; vgl. Julia Augart, Eine romantische Liebe in Briefen. Zur Liebeskonzeption im Briefwechsel von Sophie Mereau und Clemens Brentano, Würzburg 2006 (Epistemata – Würzburger wissenschaftliche Schriften – Reihe Literaturwissenschaft 541), S. 29; vgl. demgegenüber Dieter Dennerle, Kunst als Kommunikationsprozess – Zur Kunsttheorie Clemens Brentanos, Bern/Frankfurt am Main 1976, S. 4, sowie Wolfgang Bunzel, Schrift und Leben. Formen der Subversion von Autorschaft in der weiblichen Briefkultur um 1800, in: Jochen Strobel (Hrsg.), Vom Verkehr mit Dichtern und Gespenstern. Figuren der Autorschaft in der Briefkultur, Heidelberg 2006, S. 157–176, hier: S. 164f.

[9] Clemens Brentano's Gesammelte Schriften, Bd. I–VII, hrsg. von Christian Brentano, Frankfurt am Main 1852; Bd. VIII–IX: Gesammelte Briefe ⟨hrsg. von Emilie Brentano, Joseph Merkel und Johann Friedrich Böhmer⟩, Frankfurt am Main 1855, hier: Bd. VIII, S. 259–333. Zum editorischen Verfahren dieser Ausgabe vgl. FBA 33, S. 441–450; zum Problem der Herausgeber-Intentionen im 19. Jahrhundert vgl. Anton, Authentizität, a.a.O. (Anm. 7), S. 126ff.

[10] Bernhard Gajek, Homo Poeta. Zur Kontinuität der Problematik bei Clemens Brentano, Frankfurt am Main 1971, S. 438.

fremdem Werk durchsetzt,[11] deren Zuordnung im Einzelfall erst noch zu leisten wäre. Nicht nur die Gedichte Brentanos erscheinen deshalb als Ergebnis einer »Hundearbeit«,[12] sondern auch viele repräsentative Brieftexte, die, einer Aussage Brentanos zufolge, teilweise sogar als Prosatexte angesehen werden können, mit deren späterer Versifizierung er zumindest in Gedanken gespielt hat.[13] So schreibt er z. B. an Luise Hensel, allerdings in einer nur im Druck von 1855 überlieferten Passage des beispielhaften Briefs vom Dezember 1816: »〈...〉 ich habe mit diesem Lezten sagen wollen, daß dieser Brief schwer in Verse zu bringen wäre, und daß manches ein Vogel ist, was nicht fliegt, und umgekehrt.«[14] In diesem Sinn schreibt auch Ernst Beutler über die Briefe Brentanos an Achim von Arnim und die in den Briefen enthaltenen Gedichte im Hinblick auf das Editionsverfahren Reinhold Steigs, dass es »nicht angängig« sei, »die Gedichte abzutrennen, mit denen diese Briefe schließen, da sie nichts anderes sind als die Übertragung und Steigerung des Briefes, seiner Gefühle, seiner Stimmung in ein Bild, in eine höhere Tonart und gebundene Sprache.«[15] Anhand eines konkreten Beispiels, dem Gedicht ›Ich bin durch die Wüste gezogen‹, das in einem an Luise Hensel gerichteten Brief vom Oktober 1816 enthalten ist, erklärt schließlich Konrad Feilchenfeldt »die Vermischung« der beiden Textsorten Brief und Gedicht »zu einem poetischen Ganzen« und stellt fest, dass der »briefliche Vorspann« des Gedichts, aber auch andere »eigene Dichtungen und Briefe« Brentanos »literarische Anspielungen oder geradezu Vorlagen enthalten« und als »briefliche Vorstufen« des Gedichtes anzusehen sind.[16] Es

---

[11] Vgl. ebd., S. 114; hier auf die Hymne ›Vieles gaben die Götter mir‹ bezogen.

[12] Vgl. Emma von Niendorf, Aus der Gegenwart, Berlin 1844, S. 12.

[13] Vgl. Frühwald, Paradies, a. a. O. (Anm. 2), S. 174.

[14] Brentano an Luise Hensel, vermutlich 12. bis 25. Dezember 1816; FBA 33, S. 506 f.; vgl. o. Anm. 3.

[15] Ernst Beutler, Briefe aus dem Brentanokreis, in: Jahrb. FDH 1934/35, S. 367 bis 455, hier: S. 368; vgl. Achim von Arnim und die ihm nahe standen, hrsg. von Reinhold Steig und Herman Grimm, 1. Bd.: Achim von Arnim und Clemens Brentano, bearb. v. R. S., Stuttgart 1894.

[16] Konrad Feilchenfeldt, »Ich bin durch die Wüste gezogen«. Zu einem Gedicht von Clemens Brentano für Luise Hensel, in: Mendelssohn Studien 8 (1993), S. 161 bis 178, hier: S. 171 f. und S. 175.

verwundert deshalb nicht, dass der auf diese Weise in den lyrischen Schaffensprozess eingebundene Brief ebenfalls »poetisch klingt«[17] und die bildhafte, uneigentliche Redeform ein wesentliches Stilmerkmal der Briefe ist, die Brentano vor seiner Abreise aus Berlin im Herbst 1818 geschrieben hat.

Ein weiterer Aspekt ist die Arbeitsweise Brentanos und seine Verwendung von Vorlagen,[18] die seinen Schreibstil beeinflusst haben. Als Beispiel für eine seiner »Entlehnungen« aus fremden Werken sei hier nur auf die ›Confessiones‹ des Kirchenvaters Augustinus verwiesen. Die Vermutung, dass Brentano dieses Werk nicht nur kannte sondern sogar als Vorlage oder zumindest Inspirationsquelle benutzt hat, stützt sich unter anderem auf seinen vier mal wiederholten Ausruf im Brief an Luise Hensel vom Dezember 1816: »⟨...⟩ ach das bist du mir!«[19] Denn Augustinus stellt im ersten Buch seiner ›Bekenntnisse‹, die auch als ein einziger monumentaler, an Gott gerichteter Brief betrachtet werden können, die Frage: »Quid mihi es? Miserere, ut loquar. Quid tibi sum ipse, ut amari te iubeas a me ⟨...⟩! Ei mihi! Dic mihi per miserationes tuas, domine deus meus, quid sis mihi. ›Dic animae meae: salus tua ego sum.‹«/»Was bist Du mir? Erbarm Dich, dass ich reden kann! Und ich, was bin ich Dir, dass Du von mir geliebt sein willst ⟨...⟩! O ich Armer! Bei Deinen Erbarmungen Herr, mein Gott, sag es mir, was Du mir bist! ›Sag meiner Seele: Dein Heil bin ich.‹«[20] Augustinus zitiert hier aus

---

[17] Brentano an Sophie Mereau, Anfang Oktober 1803; FBA 31, S. 207,24f.

[18] Vgl. Wolfgang Frühwald, Das Spätwerk Clemens Brentanos (1815–1842). Romantik im Zeitalter der Metternich'schen Restauration, Tübingen 1977 (Hermaea 37), S. 62: »⟨...⟩ wird von Brentano selbst hier eine aus der romantischen Poesie allgemein bekannte, in seinem Werk aber im Übermaß auftretende Stileigentümlichkeit erkannt, nämlich der zitierende Charakter dieser Kunst, in welcher Quellen, Vorlagen und literarische Anstöße eine bedeutende Rolle spielen.«

[19] Brentano an Luise Hensel, vermutlich 12. bis 25. Dezember 1816; FBA 33, S. 246,28–S. 247,19.

[20] Augustinus, Bekenntnisse – Confessiones. Eingeleitet, übersetzt und erläutert von Joseph Bernhart, München 1955, S. 18f. Nach dem Versteigerungskatalog von Heberle in Köln vom 5. April 1853 besaß Brentano eine Ausgabe der Werke des Augustinus (S. Aur. Augustini opera, per theol. Lovan. emend. X tomi ⟨...⟩ Coloniae ⟨1⟩616), außerdem drei Ausgaben der ›Confessiones‹; vgl. Clemens und Christian Brentanos Bibliotheken. Die Versteigerungskataloge von 1819 und 1853, hrsg. von Bernhard Gajek, Heidelberg 1974 (Beihefte zum Euphorion 6), S. 156, Nr. 215 bis

Psalm 35,3, der zur Gattung der Klagelieder gehört und in diesem Fall König David in den Mund gelegt ist als ›Gebet eines verfolgten Gerechten‹. Dieser elegische Tonfall prägt auch den Briefstil Brentanos, insbesondere den mit ›Christnacht‹ überschriebenen Teil des Briefs an Luise Hensel vom Dezember 1816, aber auch die folgenden Berliner Briefe an sie aus dem Jahr 1817, die er nach der Weigerung Luise Hensels, seine Beziehung zu ihr »öffentlich vor der Welt in heiliger Form« aufzustellen,[21] geschrieben hat. Der hagiographische Topos »Entsagung« und der Ausruf »Vergeblich!« bilden die Leitbegriffe dieser in unverändert bildhafter, poetischer Sprache geformten an Luise Hensel gerichteten Klagen,[22] deren Kunstcharakter besonders deutlich wird, wenn man die ebenfalls aus dieser Zeit überlieferten, mehr der prosaischen »Lebenswelt« verhafteten konventionellen Mitteilungsbriefe z.B. an Ludwig Tieck oder an Johannes Neumann gegenüber stellt.[23]

Sucht man nach Selbstzitaten Brentanos, wird man in seinen früheren Briefen fündig, die er stellenweise nicht nur für seine Gedichte als Vorlagen benutzt hat, sondern auch für weitere Brieftexte. So gewinnt man bei einer vergleichenden Lektüre den Eindruck, dass er seine Korrespondenz mit Sophie Mereau vor Augen hatte, als er in Berlin seine ersten Briefe an Luise Hensel schrieb. Unbestritten war die Beziehung zu Sophie Mereau ein wichtiges Thema zwischen Brentano und Luise Hensel, denn in seinem Brief vom Dezember 1816 stellt er die Adressatin, Luise Hensel, in 36 anei-

---

218; vgl. auch Brentano an Joseph Görres, 29. Juli 1825: »Ließ doch die Bekenntniße Augustins einmahl wieder ⟨...⟩.« (Handschrift in Privatbesitz, bislang ungedruckt; Wiedergabe in FBA 35 – in Vorbereitung.)

[21] Brentano an Luise Hensel, vermutlich Januar 1817; FBA 33, S. 256,6.

[22] Vgl. ebd., S. 254,26, S. 255,30; ders. an dies., vermutlich nach dem 24. Dezember 1816, und vermutlich 4., 11., 18. oder 25. Januar 1817, FBA 33, S. 251,21 bis 252,15 und S. 262,14f.

[23] Vgl. Brentano an Ludwig Tieck, kurz nach dem 30. Dezember 1816, und ders. an Johannes Neumann, 9. Juni 1818; FBA 33, S. 253–254 und S. 314–317; zu Brentanos Beziehung zu Luise Hensel vgl. FBA 3,1, S. 449–463; zu Brentanos Verbindung mit Johannes Neumann vgl. Konrad Feilchenfeldt, Clemens Brentano und Johannes Neumann: Bisher unveröffentlichte Briefe an Neidhardt von Gneisenau, in: Jahrb. FDH 1982, S. 277–318, hier: S. 284–291; zum gattungstheoretischen Aspekt vgl. Nickisch, Brief, a.a.O. (Anm. 8), S. 96; Bunzel, Schrift, a.a.O. (Anm. 8), S. 159 und 162.

nander gereihten Vergleichspaaren einer Freundin gegenüber, die Frühwald als Sophie Mereau identifiziert.[24] Als Erkennungszeichen kann man die Beschreibung der Augen nehmen, die Brentano hier wie auch in den Briefen an Sophie Mereau wiederholt »träumerisch« nennt.[25] Man kann sogar vermuten, dass er mit Luise Hensel gemeinsam seinen Briefwechsel mit Sophie Mereau wieder gelesen und rezipiert hat, denn z. B. das Bild des »im Dunkeln Gefangenen«, mit dem er in den Berliner Briefen an Luise Hensel sich selbst darstellt, begegnet auch in seinen Briefen an Sophie Mereau aus dem Jahr 1803: »⟨...⟩ mein Herz drängt gegen die Wand der Brust, wie ein Lebendigbegrabener gegen seinen Kerker«,[26] schreibt er im August.

Wenig später wird die Metapher dann im Zusammenhang mit einer wechselseitigen Neckerei, allerdings ironisch, verwendet, denn zur Entstehungszeit des Briefs, im Oktober 1803, hielt sich Sophie Mereau in Weimar auf und schickte das im April 1803 dort uraufgeführte, im klassizistischen Stil gearbeitete und von Brentano anscheinend wenig geschätzte Goethe-Drama ›Die natürliche Tochter‹ nach Frankfurt. Den Inhalt des Dramas, deren Protagonistin sich gezwungen sieht, eine unfreiwillige bürgerliche Ehe einzugehen, um sich aus einer verzweifelten Lage zu befreien, musste Brentano, der um diese Zeit werbende und auf Heirat drängende Briefe an Sophie Mereau schickte, als neckenden Hinweis auf die eigene Situation verstehen. Er reagiert darauf schmerzlich-belustigt mit Selbstironie und stellt sich in einem Antwortbrief als dramatische Figur eines im Kerker schmachtenden Gefangenen dar, und zwar in persiflierender Nachahmung des antiken Tragödienstils, wobei er stellenweise sogar in den Rhythmus des fünfhebigen Jambus bzw. Blankverses fällt:

> Doch durch der Ferne dunkles Sprachrohr klingt ein jedes Liebeswort wie Feuerruf, gebunden bin ich fest, und ach mich liebet dort fern von mir ein schönes mildes Weib, mit seiner Kette schlägt betrübt den Tackt

---

[24] Vgl. Frühwald, Paradies, a. a. O. (Anm. 2), S. 182, Anm. 230.

[25] Vgl. Brentano an Luise Hensel, vermutlich 12. bis 25. Dezember 1816; FBA 33, S. 241,26 ff.; vgl. ders. an Sophie Mereau, 4. September 1803; FBA 31, S. 170,33; ders. an dies., 10. oder 11. September 1803; ebd., S. 182,21, u. s. w.

[26] Brentano an Sophie Mereau, 22. August 1803; FBA 31, S. 135,13 f.

im tiefen Thurme gefangen der Liebende zu dem sehnsuchtsvollen Lied des Liebchens, das durchs Fenster klingt, o Sophie, du ⟨...⟩.[27]

Schließlich heißt es im oben erwähnten Brief an Luise Hensel vom Oktober 1816: »Lebst du wirklich, oder bist du nur ein Lichtfleckchen, das ein Engel mit seinem spiegelnden Schilde aus der innersten reinsten Himmelssonne mir an der dunklen Kerkerwand tanzen läßt? ⟨...⟩ du kleine rosenrothe Spinne am Thurmfenster ⟨...⟩.«[28] Wie Feilchenfeldt feststellt, erscheint der Engel sowohl hier in der Briefeinleitung als auch im dann nachfolgenden Gedicht ›Ich bin durch die Wüste gezogen‹, aber auch häufig in den Briefen an Sophie Mereau.[29] Außerdem könnte die Erinnerung an das mit dem Bild des Gefangenen im Kerker verbundene Theaterstück wiederum den am Briefanfang assoziierten Wechsel des Bühnenbildes inspiriert haben: »Es ist mir innerlich gewiß, daß viele Mauern zwischen uns gegen Himmel fliegen werden, und der Vorhang durchsichtig, ja durchwandelbar werden wird.«[30] Wie hätte Luise Hensel ohne Vorkenntnisse diese Bilder und Anspielungen im Brief zuordnen können? Außerdem erscheint die im eben zitierten Brief an Sophie Mereau erkennbare Selbstironie bzw. Ironie in Verbindung mit dem Thema ›Witz‹ ebenfalls in beiden Korrespondenzen und geht, in personifizierter Form, im Brief an Luise Hensel vom Dezember 1816 schließlich wieder in die Einleitung zum Gedicht ›Meister ohne dein Erbarmen‹ über.[31] Ein weiteres Beispiel ist das Bild des »Abgrunds«: Kurz nach ihrer Abreise nach Dresden beschreibt Sophie Mereau in ihrem Brief vom 22./23. August 1803 ihren Abschied von Brentano: »aus Deinen Augen hat sich eine Brücke über den tiefen Abgrund geschlagen den ich zwischen uns

---

[27] Brentano an Sophie Mereau, 20. oder 21. Oktober 1803; ebd., S. 257,20–25.

[28] Brentano an Luise Hensel, vermutlich ab Mitte Oktober 1816; FBA 33, S. 221,9–14.

[29] Vgl. Brentano an Sophie Mereau, um den 10. Februar 1803; FBA 31, S. 48,8 und S. 50,7; ders. an dies., Mitte Juli 1803; ebd., S. 125,4f., u.s.w.; vgl. Feilchenfeldt, »Ich bin durch die Wüste gezogen«, a.a.O. (Anm. 16), S. 171.

[30] Brentano an Luise Hensel, vermutlich ab Mitte Oktober 1816; FBA 33, S. 221,3–5; vgl. Feilchenfeldt, ebd., S. 177.

[31] Vgl. Brentano an Sophie Mereau, 10. Januar 1803; FBA 31, S. 11,17–S. 12,27; vgl. ders. an Luise Hensel, vermutlich 12. bis 25. Dezember 1816; FBA 33, S. 232,13–S. 236,6.

fühlte und ich gehe nun sicher zu Dir hinüber! –«[32] »Voll Fertigkeit bist du, Brücken zu schlagen über den Abgrund«,[33] schreibt Brentano dreizehn Jahre später im Anfangsteil des an Luise Hensel gerichteten Briefs vom Dezember 1816, der allerdings nur im Erstdruck überliefert ist, im Selbstgespräch.

Diese Beispiele ließen sich fortsetzen, aber schon die wenigen hier angeführten vermitteln einen Eindruck davon, wie sehr die Berliner Briefe an Luise Hensel von der früheren Korrespondenz mit Sophie Mereau inspiriert sind, die man deshalb wohl mit Recht auch als Vorlage bezeichnen kann. Ähnliche Bildparallelen lassen sich im Übrigen nicht nur zwischen den Briefen an Sophie Mereau und Luise Hensel nachweisen, sondern begegnen auch in anderen Brieftexten. So greift Brentano die Umschreibung seines »Selbstgefühls« als »versunkenes Pastellgemälde« im Brief an Philipp Otto Runge vom Januar 1810 in einem Brief an Luise Hensel vom Januar 1817 wieder auf, allerdings bezieht sich das »Bild« hier auf einen mit Luise Hensel erlebten »Moment«: »〈...〉 nur solche Momente hat man wirklich erlebt, 〈...〉 dies Aber sind die Perlen, 〈...〉 ach aber auch manchmahl die Sternbilder und der Mondflimmer, die wir nur im Spiegel und durch heftige Bewegung an unsrer Brust scheitern sehn«.[34] Schon Gajek machte auf die auch hier zu beobachtende Eigenart Brentanos aufmerksam, den »Stilwert« eines

---

[32] Sophie Mereau an Brentano, 22./23. August 1803; Lebe der Liebe und liebe das Leben. Der Briefwechsel von Clemens Brentano und Sophie Mereau, hrsg. von Dagmar von Gersdorff, Frankfurt am Main 1981, S. 156.

[33] Brentano an Luise Hensel, vermutlich 12. bis 25. Dezember 1816; FBA 33, S. 505.

[34] Brentano an Luise Hensel, vermutlich Januar 1817; FBA 33, S. 259,28–260,5; vgl. Brentano an Philipp Otto Runge, um den 21. Januar 1810; FBA 32, S. 201,17 bis 28; diesen ersten »Zwillingsbrief« an Runge hat Brentano zwar abgeschickt, aber spätestens vor der Veröffentlichung der ›Hinterlassenen Schriften von Philipp Otto Runge, Mahler‹ (Hamburg 1841) von deren Herausgeber, dem älteren Bruder Daniel Runge, zur Bearbeitung zurückerhalten. Da Daniel Runge schon 1812, zwei Jahre nach dem Tod des Bruders, mit der Sammlung von dessen Briefen für die Ausgabe beschäftigt war und sich deshalb auch an Brentano gewendet hatte, kann man annehmen, dass Brentano bereits um diese Zeit seine eigenen Briefe an Runge wieder in Händen hatte und als »Arbeitsmaterial« verwenden konnte; vgl. Clemens Brentano – Philipp Otto Runge. Briefwechsel, hrsg. und kommentiert von Konrad Feilchenfeldt, Frankfurt am Main 1974, S. 28 und S. 106f.

Ausdrucks bei der Wiederverwendung oder »Entlehnung« zu verkehren, bzw. den Ton und die Bildlichkeit zu variieren und dadurch die Parallelen zwischen den fraglichen Textteilen zu verschleiern. Auch darin ist ein ihm eigenes Stilmittel zu erkennen.[35]

Die Verwendung von selbst verfassten Texten und Briefen oder auch anderen Werken als Vorlagen setzt deren Verfügbarkeit voraus. Brentano hat nachweislich schon sehr früh damit begonnen, sowohl seine eigenen Briefe als auch die ihm besonders nahe stehender oder wichtiger Korrespondenzpartner zu sammeln und aufzubewahren. Der wohl bekannteste Hinweis auf diese Sammeltätigkeit sind die beiden angeblichen Zitate, die Bettine von Arnim der 1844 erschienenen Ausgabe ihres Jugendbriefwechsels mit dem Bruder ›Clemens Brentano's Frühlingskranz aus Jugendbriefen ihm geflochten, wie er selbst schriftlich verlangte‹ zur Rechtfertigung der Publikation vorangestellt hat: »Und liebes Kind bewahre meine Briefe, lasse sie nicht verloren gehen ⟨...⟩. Die Deinigen sind mir heilig!« und: »Verliere keinen meiner Briefe, halte sie heilig«.[36] Diese von Bettine als Zitate ausgegebenen Textstellen sind in den erhalten gebliebenen Briefen Brentanos zwar erwartungsgemäß nicht nachweisbar,[37] aber aus der Zeit seines Jugendbriefwechsels mit Bettine ist eine ähnlich dringende Mahnung und Bitte an Sophie Mereau überliefert, der Brentano schwere Vorwürfe macht, weil sie einige seiner an sie gerichteten Briefe vernichtet hat: »⟨...⟩ o hättest du die Briefe nicht verbrannt, Sie waren alle an Gott, sie waren nicht dein, du hast die Gebete vernichtet, und hast mir die Zunge ausgerissen«, und: »Binde doch meine Papiere zusammen, lege Betinens Brief dazu und ihr Bild, ich bin einsam, und ohne Trost, wenn Arnims Briefe und dies Bild nicht bei mir sind.«[38]

Außer den Briefen von Bettine und Achim von Arnim und seiner Korrespondenz mit Sophie Mereau, deren Eigentümer er nach Sophies Tod 1806 geworden war, gehörten vermutlich auch Briefe

[35] Vgl. Gajek, Homo Poeta, a. a. O. (Anm. 10), S. 83.

[36] FBA 30, S. 11 (Titelblatt); zur Authentizität und Datierung der Briefe vgl. ebd. S. 364–375.

[37] Vgl. Bunzel, Schrift, a. a. O. (Anm. 8), S. 172.

[38] Brentano an Sophie Mereau, um den 8. Juni 1803; FBA 31, S. 107,9–11 und S. 106,20–23.

an Auguste Bußmann, um deren Rückgabe er sich bemüht hatte,[39] und zahlreiche unvollendete, nicht abgeschickte Briefentwürfe zu den »Papieren«, die Brentano bei sich hatte, wie z.B. die beiden Briefe an Friedrich de la Motte-Fouqué vom Februar 1816 und an E.T.A. Hoffmann vom Herbst 1817, die gleichzeitig Brentanos Sammlung auch solcher abgebrochenen Texte belegen:

> Soweit waren diese Zeilen vor Jahren geschrieben ‹...›. Sie sind mir mehrmals, wie ein festgefrornes Gespenst unter meinen Papieren begegnet, wo sich eine ganze Sammlung solcher nicht vollzognen Gesandtschaften befindet, die ich manchmal mit Schreken und Rührung mustere.[40]

Etwa eineinhalb Jahre später bestätigt Brentano diese Angabe im Brief an Hoffmann: »‹...› ich habe eine Menge solche begonnene Empfindungsprozessionen, die auf halbem Weg erstarrt, unter meinen Papieren liegen.«[41] Die Beweggründe Brentanos, Briefe abzubrechen, sie nach Jahren fortzusetzen und dann doch nicht abzuschicken, hat Gisela Lerman untersucht.[42] Dazu ist ergänzend anzumerken, dass im Sammeln und Aufbewahren auch die Bedeutung dieser Texte für Brentano als potentielle Inspirationsquellen oder auch erste experimentelle Formungsversuche für weitere Schreibansätze zum Ausdruck kommt, wobei Brentano offensichtlich auch selbst, ganz im Sinne von Novalis, viele seiner Briefe zum poetischen Werk rechnete.[43] Mit welchem Bewusstsein er z.B. den

---

[39] Vgl. Auguste Bußmann an Bettine Brentano, 25. Dezember 1807; Requiem für eine romantische Frau. Die Geschichte von Auguste Bußmann und Clemens Brentano. Nach gedruckten und ungedruckten Quellen überliefert von Hans Magnus Enzensberger, München 1999, S. 53f.

[40] Brentano an Friedrich de la Motte-Fouqué, Februar 1816; FBA 33, S. 185,21 bis 27; vgl. Frühwald, Stationen (Anm. 4), S. 244.

[41] Brentano an E.T.A. Hoffmann, vermutlich ab September 1817; FBA 33, S. 284,9–11. Der Ausdruck »Empfindungsprozessionen« erinnert im Übrigen an den von Jean-Jaques Rousseau geprägten Begriff der »chaîne des sentiments« oder »Reihenfolge in den Empfindungen« und wäre möglicherweise ein weiterer Hinweis auf eine von Brentano benutzte Vorlage oder Inspirationsquelle, auch in Bezug auf die Sammlung von Briefen als autobiographische Erinnerungsgrundlage (vgl. Jean-Jaques Rousseau, Die Bekenntnisse. Vollständige Ausgabe, übers. von Alfred Semerau, München 1981, S. 175 und S. 536).

[42] Vgl. Lermann, Briefschreiber, a.a.O. (Anm. 6), S. 36–51.

[43] Vgl. Novalis, Blüthenstaub 56, in: Novalis, Werke, Tagebücher und Briefe Friedrich von Hardenbergs, hrsg. von Hans-Joachim Mähl und Richard Samuel,

Brief vom Dezember 1816 Luise Hensel überreichte, wird anhand der Formulierung deutlich, mit der er diesen Akt umschreibt: »Ich gebe dir diese unterbrochenen Ströme meiner Seele, du hast an den Felsen geschlagen! Nimm es hin, es ist an deine Seele, mein Innerstes, nimm! es hin«.[44] Während die Adressatin hier in Anlehnung an das zweite Buch Moses als Führerin durch die Wüste figuriert,[45] setzt Brentano die »Ströme seiner Seele« nicht nur mit dem lebensrettenden Wasser gleich, sondern assoziiert sogar, indem er die liturgische Formel zur Erinnerung an das Letzte Abendmahl in der katholischen Messfeier anklingen lässt, das »Allerheiligste«.[46] Auch wenn man diese Briefstelle nur unter stilistischen Gesichtspunkten als ein Beispiel »säkularisierender Sprachgestaltung« betrachtet, ebenso wie die als »Gebete« bezeichneten Briefe an Sophie Mereau,[47] zeigt sich darin doch auch eine Kontinuität der Wertung des eigenen Briefwerks, die jedenfalls bis zum Ende des ersten Aufenthalts in Dülmen zu beobachten ist, denn seine von dort aus an Luise Hensel gerichteten Briefe sollten zunächst ebenfalls von ihr »heilig« gehalten werden.[48]

Vor seiner Abreise nach Dülmen im September 1818 hat Brentano dann die erwähnten »Papiere«, Briefe und Entwürfe bei seiner Schwester Bettine in Berlin zurückgelassen.[49] Schon daraus ergibt

---

3 Bde., München/Wien 1978; hier: Bd. 2, S. 284: »Der wahre Brief ist seiner Natur nach poetisch.« Vgl. Nickisch, Brief, a. a. O. (Anm. 8), S. 96; Bunzel, Schrift, a. a. O. (Anm. 8).

44 Brentano an Luise Hensel, vermutlich 12. bis 25. Dezember 1816; FBA 33, S. 250,3–6.

45 Vgl. 2 Mose 17,4; vgl. das Gedicht ›An den Engel in der Wüste‹.

46 Vgl. Dennerle, Kommunikationsprozess, a. a. O. (Anm. 8), S. 80: »⟨...⟩ möchte er ⟨Brentano⟩ das Ergebnis seiner dichterischen Produktion als religiöses Opfergeschenk verstanden wissen.«

47 Vgl. Heinz-Joachim Fortmüller, Clemens Brentano als Briefschreiber, Frankfurt am Main (u. a.) 1977 (= Europäische Hochschulschriften I/143), S. 7 ff. und S. 26, Anm. 79; schon Frühwald weist auf das »Stilkriterium« der »Kontrafaktur als Strukturprinzip« in der Berliner Lyrik Brentanos hin. Davon sind auch die entsprechenden Brieftexte bis zur Abreise nach Dülmen geprägt; vgl. Frühwald, Brentano, a. a. O. (Anm. 4), S. 295.

48 Vgl. Brentano an Luise Hensel, vermutlich 22. oder 23. bis 26. November 1818; FBA 33, S. 416,17.

49 Vgl. Lujo Brentano, Mein Leben im Kampf um die soziale Entwicklung Deutschlands, Jena 1931, S. 266; vgl. Sabine Oehring, Spuren verlorener Briefe Cle-

sich zwangsläufig ein Wandel des Briefstils und der »Beginn einer neuen Werkphase«,[50] denn Brentano entbehrte von diesem Zeitpunkt an zumindest eines Teils seiner bis dahin verwendeten Vorlagen.

Es fällt zunächst auf, dass die Briefe von nun an keine Gedichte mehr enthalten. Das erste überlieferte, nach der Abreise aus Berlin entstandene Gedicht ›Als ich in der Blüthe stand‹ ist, wie etwa die Hälfte der bis Ende 1818 an Luise Hensel gerichteten Gedichte, Entwurf geblieben und entweder auf einem Einzelblatt oder in einem für Luise Hensel angelegten ›Oktavbüchlein‹ überliefert.[51] Auch daran zeigt sich, dass Brentano nun offenbar bewusst den Schwerpunkt seines literarischen Schaffens vom Vers auf die Prosa verlagert[52] und damit auch dem Brief in seiner traditionellen Gebrauchsform wieder mehr Gewicht verleiht. Die während seines ersten Dülmener Aufenthalts entstandenen Briefe sind zwar noch nicht im Hinblick auf den erst später sich abzeichnenden Werkplan eines religiösen »Epos der Erlösung« geschrieben worden,[53] aber auch sie dienten im Zusammenhang mit diesem Werkkomplex als Vorlage für die zunächst ebenfalls geplante Emmerick-Biographie bzw. für die Überarbeitung der Ersten Tagebuchaufzeichnungen, die einem dann nicht mehr ausgeführten Teil der Biographie zugrunde gelegt werden sollten.[54] Brentanos Rückforderung seiner ersten Dülmener Briefe von Luise Hensel im März 1819 ist deshalb nur die Wiederholung einer auf ein mögliches Werkvorhaben ausgerichteten Praxis, die hier aber lediglich auf die inhaltliche Ergänzung eines Prosawerks abzielt. Der Brief erscheint also nicht mehr als eine Form der schreibenden Annäherung an ein lyrisches Pro-

mens Brentanos aus den Jahren 1808–1812, in: Jahrb. FDH 1995, S. 90–117, hier: S. 93.

[50] Vgl. o. Anm. 5; Wolfgang Frühwald weist auch auf Brentanos »Abhängigkeit von der Vorlage« und »das prägende Stilmerkmal des Selbstzitates« hin (Stationen, a.a.O. [Anm. 4], S. 223); ders., Spätwerk, a.a.O. (Anm. 18), S. 246: Brentano rezipiert »stets ihm zufallendes Material« und verwertet es sogleich, nicht nur im Gedicht, sondern auch in »der poetischen Prosa, dem Brief«.

[51] Vgl. FBA 3,2, S. 438ff.

[52] Frühwald spricht von den Dülmener Jahren als »einer Zeit beginnender Strukturverlagerungen vom Vers auf die Prosa« (Spätwerk, a.a.O. [Anm. 18], S. 234).

[53] Ebd., S. 240.

[54] Vgl. FBA 28,2, S. 26–30 und 56; FBA 28,1, S. 483–546.

jekt, wie die Übertragung eines im Brief schon vorformulierten Stoffes in Verse, sondern Textteile, die eine äußere Situation darstellen und beschreiben, werden für die Vervollständigung eines Tagebuchs benötigt, welches sonst lückenhaft geblieben wäre.[55] Im Hinblick auf ein Reisetagebuch oder einen Reisebericht scheinen jedenfalls schon die unmittelbar nach der Abreise aus Berlin verfassten Briefe geschrieben, denn sie enthalten nicht nur launige und unterhaltsame Schilderungen der Reisegesellschaft sowie Beschreibungen der Städte und Landstriche auf dem Weg nach Sondermühlen, »Krumen aus der Reisetasche«,[56] sondern auch genaue Zeitangaben.[57] Brentano »erzählt« nun und wechselt in den entsprechenden Schreibstil über.

Der erste Brief, den er nach seiner Ankunft bei Friedrich Leopold von Stolberg und seiner Familie in Sondermühlen schrieb, enthält bereits ein weiteres Merkmal, das alle folgenden, bis Ende 1818 an Luise Hensel gerichteten Briefe von den früheren in augenfälliger Weise unterscheidet, nämlich eine in ihrer Deutlichkeit vorher so nicht erkennbare Absicht Brentanos, eine bestimmte Wirkung zu erzielen und konkreten Einfluss auf die Adressatin auszuüben. Schon in den Klage-Briefen aus dem Jahr 1817, nach seiner Zurückweisung durch Luise Hensel, deutet Brentano an, dass er der von ihr vorgegebenen Situation angepasste neue Lebensentwürfe für sie und sich selbst entwickelt hat,[58] deren Realisierung er dann von Dülmen aus – durch das Medium Brief – zielstrebig und mit großem Machtanspruch verfolgt. Er strebte anscheinend die Form einer religiös motivierten Gemeinschaft im Rahmen der Institution

---

[55] Vgl. FBA 28,2, S. 44f.; seine Berliner Briefe »aus der Zeit vor« seiner »Abreise nach Westpfahlen« hat Brentano entgegen der Angabe Luise Hensels anscheinend unabhängig davon zurückverlangt; vgl. Brentano an Luise Hensel, 12. März 1819; FBA 34, S. 25,20f.; vgl. Hermann Cardauns, Aufzeichnungen und Briefe von Luise Hensel über ihr Leben, in: Frankfurter Zeitgemässe Broschüren 35 (1916), Heft 3, S. 65–103, hier: S. 69.

[56] Brentano an Luise Hensel, 19. bis 21. September 1818; FBA 33, S. 322,16.

[57] Vgl. ders. an dies., 22. bis 25. September 1818 und 1. bis 9. Oktober 1818; FBA 33, S. 325,6f. und S. 345,17f. etc.

[58] Vgl. Clemens Brentano an Luise Hensel, vermutlich nach dem 24. Dezember 1816, Januar 1817 und 17. Mai 1817; ders. an Franz Brentano, 1. Februar 1817; FBA 33, S. 253,6; S. 254,22–26; S. 268,13f.; S. 282,4f.

Kirche mit ihr an, die zunächst ihre Konversion voraussetzte und mit einem anscheinend auch von ihr gewünschten Ortswechsel von Berlin in die katholisch geprägte westfälische Provinz verbunden sein sollte.[59] Brentano selbst wollte damals, nach der erfolgreichen Vermittlung einer Dienststelle für Luise Hensel als Gesellschafterin oder Erzieherin in einem der katholischen Häuser (zunächst bei Familie Stolberg), nach eigener Ankündigung »nach Münster ziehen, ⟨...⟩ ein Priester zu werden«.[60] Sein Hauptanliegen, das in den ersten Dülmener Briefen bis Ende 1818 deutlich zum Ausdruck kommt und das er mit sämtlichen ihm zur Verfügung stehenden Mitteln zu erreichen versuchte, war, Luise Hensel auf den von ihm vorgesehenen »rechten geistlichen Weg« zu bringen.[61] Die Konzentration auf ihre Person überlagert während dieser Zeit noch sein Interesse an Anna Katharina Emmerick, deren Bedeutung als auserwählte Seherin und Visionärin er sich auch im Hinblick auf Luise Hensel zunutze macht.

Aber schon bevor die Mitteilungen der Dülmener Nonne auf diese Weise von Brentano funktionalisiert und verarbeitet werden, formuliert er bereits im ersten Brief nach seiner Ankunft in Sondermühlen die Eckpunkte seiner für Luise Hensel bestimmten Botschaft, die er in den folgenden Briefen immer aufs Neue und in reichen Variationen wiederholen wird. Dabei lässt er in diesem Fall die Grafen Stolberg für sich sprechen und verwendet so im Text, erstmals in den Briefen an Luise Hensel, das dramatische Stilelement der direkten Rede bzw. des Zitats und versucht so, der Leserin den Eindruck des unmittelbaren Erlebens zu vermitteln: »⟨...⟩ der alte herrliche Graf ⟨...⟩ war recht seelig gerührt, und sagte gleich, wenn kann sie dann zu uns kommen, ⟨...⟩ die Gräfin sprach eben so leidenschaftlich – ja jezt kann Sie noch nicht, ⟨...⟩ aber sie wird es,

---

[59] Vgl. Frühwald, Emmerick-Schriften, a. a. O. (Anm. 2), S. 19; vgl. Der innere Lebensgang der Dichterin Luise Hensel. Nach den Original-Aufzeichnungen in ihren Tagebüchern, vorgelegt von Ferdinand Bartscher, Paderborn 1882, S. 51, Eintragung vom 20. November 1818, zeitlich allerdings schon unter dem Einfluss Brentanos geschrieben; vgl. Gajek, Homo Poeta, a. a. O. (Anm. 10), S. 463–470: »Zu Luise Hensels Tagebuch 1818–1819«.

[60] Brentano an Luise Hensel, 1. bis 9. Oktober 1818; FBA 33, S. 347,27.

[61] Ebd., S. 350,17 f.

sie muß es, ‹...› ist sie verbunden, ist sie versprochen, liebt sie? Ach ich will ihr gleich schreiben, o die arme gute Seele, sie muß zu uns, sie muß zur Kirche«.[62] Abgesehen davon, dass hier ein pietistisch-empfindsamer Stil anklingt, der an die »wahrhafte Geschichte« von ›Henrich Stillings Jugend‹ erinnert,[63] richtet Brentano bereits durch dieses Zitat die im Folgenden immer eindringlicher wiederholte Mahnung der beiden von ihm geschätzten Mystiker Thomas von Kempen und Johannes Tauler an Luise Hensel, sich von der Welt abzuwenden und in »Entsagung« zu leben: »Ach Luise, du verschloßenes Herz, meide die Welt, sey stark, versage dich, ziehe dich ein vor den Menschen«.[64] Ihre zukünftige Bestimmung dagegen, »in die seelige Gemeinschaft« zu kommen und ein Leben im »Verband mit der Kirche« zu führen,[65] ist das Leitmotiv sämtlicher an sie gerichteten Briefe aus dieser Zeit, und »Kirche« einer der wohl mit Bedacht am häufigsten gebrauchten Begriffe, denn die Protestantin musste mit dieser Institution ursprünglich das Reich des Antichrist assoziieren.[66]

---

[62] Brentano an Luise Hensel, 22. bis 25. September 1818; FBA 33, S. 325,12–14 und S. 326,20–22.

[63] Brentanos Schilderung des gemeinsamen Spaziergangs: »Da nahm der herrliche Greiß seinen Knotenstock, zog ein Glöckchen im Hof an und alle Söhne und Töchter auch ein paar alte Hunde wanderten hinter drein« (ebd., S. 326,1–3), erinnert an den ähnlich beschriebenen Kirchgang der Familie Stilling: »Nachdem sich nun der Vater zuerst, hernach auch der Sohn den Bart abgemacht, ‹...› so zog man sich an ‹...›; sodann gingen die Töchter vor, darnach Wilhelm, und zuhinterst der Vater mit seinem dicken Dornenstocke.« (Johann Heinrich Jung-Stilling, Henrich Stillings Jugend, Jünglingsjahre, Wanderschaft und häusliches Leben. Mit einem Nachwort und Anmerkungen von Dieter Cunz, Stuttgart 1979, S. 14).

[64] Brentano an Luise Hensel, vermutlich 20. bis 24. Oktober 1818; FBA 33, S. 382,8f. und S. 386,15ff.; vgl. ders. an dies., 22. bis 25. September 1818 und 1. bis 9. Oktober 1818; FBA 33, S. 330,27f.; S. 350,16–19 und S. 351,13f. Vgl. Thomas von Kempen, Nachfolge Christi. Übers. v. Hermann Endrös, Frankfurt am Main/Hamburg 1957 (Fischer Bücherei 168), S. 89: »Halte dich rein und frei in deinem Innern, und hüte dich vor jeder allzu engen Bindung an ein Geschöpf.« Vgl. ebd., S. 178f.; sowie Johannes Tauler, Predigten, hrsg. von Leopold Naumann, Frankfurt am Main 1980, S. 68ff.

[65] Brentano an Luise Hensel, 22. bis 25. September 1818 und 1. bis 9. Oktober 1818; FBA 33, S. 328,21f. und S. 350,18f.

[66] Vgl. Bartscher, Der innere Lebensgang der Dichterin Luise Hensel, a.a.O. (Anm. 59), S. 58.

Nach seiner Ankunft in Dülmen, wo er zunächst nur »einige Wochen« als »Biograph« der Nonne bleiben wollte,[67] beginnt er seine Darstellung der dortigen Situation und bedient sich dabei der äußeren Form eines protokollarisch geführten Tagebuchs, indem er genaue Zeitangaben macht und nicht nur das Tagesdatum, sondern oft auch die Uhrzeit notiert: »Donnerstag den 7bre Mittag ½ 11 Uhr kam ich in Dülmen ⟨...⟩ an«.[68] Auf diese Weise soll der dokumentarische Wert der Briefe betont werden, denn Brentano möchte, wie er an Luise Hensel schreibt, ein »wahrhaftes Zeugnis ablegen« über seine Erfahrungen mit Anna Katharina Emmerick.[69] Gleichzeitig rechtfertigt er so aber auch unausgesprochen sein fortdauerndes Schreiben umfangreicher Briefe an Luise Hensel und verrät gerade durch die Wahl der Tagebuchform seinen eigenen, neben der selbst gestellten Aufgabe kaum verborgenen Wunsch, für die Adressatin präsent zu bleiben und ein Gefühl der Nähe hervorzurufen.[70] In diesem Sinn führt er zunächst als Erzähler in die räumliche und personelle Umgebung der Nonne ein, wobei er durch seine Schilderung ein plastisches Kulissenbild entwirft, vor dessen Hintergrund im »angeweißt⟨en⟩ Stübchen«[71] die erste Begegnung zwischen ihm

[67] Brentano an Luise Hensel, 22. bis 25. September 1818; FBA 33, S. 328,9 und S. 330,15.

[68] Ebd., S. 328,23; vgl. ders. an dies., 17. bis 21. November 1818; FBA 33, S. 397,23f.

[69] Vgl. Brentano an Luise Hensel, 1. bis 9. Oktober 1818; FBA 33, S. 346,27.

[70] Vgl. Johann Wolfgang Goethe an Auguste von Stolberg, 18. September 1775: »Beste ich bitte dich schreib mir auch so ein Tagebuch. Das ist das einzige was die ewige ferne bezwingt.« (J. W. G., Briefe an Auguste Gräfin zu Stolberg, hrsg. von Jürgen Behrens, Frankfurt am Main 1983, S. 33) Der zitierte Brief, stilistisch ein Dokument des ›Sturm und Drang‹, zeigt beispielhaft die gewünschte Funktion des Briefs als »Ersatz der mangelnden körperlichen Präsenz des Briefpartners« (Anne Bohnenkamp, Schreibgeräte, in: Der Brief – Ereignis & Objekt. Katalog der Ausstellung im Freien Deutschen Hochstift – Frankfurter Goethe-Museum, Frankfurt am Main 2008, S. 46).

[71] Brentano an Luise Hensel, 25. September 1818; FBA 33, S. 329,5; in einen der folgenden Briefe (November 1818) zeichnet er sogar das neue, von ihm eingerichtete »Kämmerchen« der Emmerick (vgl. FBA 33, S. 404) und verfährt dabei ähnlich wie Goethe in einem Brief an Auguste von Stolberg vom 7.–10. März 1775, denn hier wie dort wird durch den »Medienwechsel« – Bild statt Beschreibung – die »sinnliche Präsenz« und »unmittelbare Wahrnehmbarkeit« der Situation verstärkt (vgl. Bohnenkamp, a.a.O., S. 24; Goethe, Briefe an Auguste Gräfin zu Stolberg, a.a.O., S. 17).

und ihr – Brentano gibt ihre Begrüßung in direkter Rede wieder – szenisch dargestellt wird. Darüber hinaus wird aber auch Luise Hensel, die Leserin und Adressatin selbst in das Geschehen miteinbezogen und stellt in der Folge sogar die zentrale, handlungstragende Figur dar, insofern sie in der Vorstellung Brentanos ihren Weg verfolgt, sich in Gefahr begibt, abweicht, fällt, kämpfen muss u.s.w.[72] Die Verbindung der Personen stellt Brentano zunächst dadurch her, dass er, der bereits Anwesende, auch Luise Hensel herbeiwünscht: »O mein Kind jezt weiß ich, wo du seyn müßtest hier, in dieser Stube, bei dieser Seele«, und auch Anna Katharina Emmerick sagen lässt: »⟨...⟩ ach sagte sie, wäre sie bei mir, der könnte ich mein Herz ganz aus gießen, ⟨...⟩ der wollte ich Alles sagen«.[73] Außerdem vergleicht Brentano Luise Hensel mit der Nonne und stellt fest: »Ich habe Alles, was du mir gabst, alles was in deiner Seele mir begegnet ist in der Ihren ⟨...⟩ wiedergefunden, ich bin mit ihr, ganz wie mit dir ⟨...⟩. Mein Kind auch hier bin ich bei dir, und auch du wärst hier bei dir«, und: »⟨...⟩ ich bin bei dir, sey auch bei uns im Gebete ⟨...⟩ auch du hast viel von ihr«.[74] Brentano suggeriert also die Anwesenheit Luise Hensels in der Stube Anna Katharina Emmericks, stellt eine schon vorgegebene Vertrautheit zwischen beiden her bzw. setzt sie voraus und lässt auf diese Weise die Adressatin in ihrer Phantasie an der Begegnung teilnehmen. Er nimmt damit die gewünschte Situation, Luise Hensel in der »seeligen Gemeinschaft« zu sehen, literarisch schon vorweg und lässt so die Realisierung dieser Idee naheliegend erscheinen. In den folgenden Briefen setzt Brentano die Imagination einer freundschaftlichen Beziehung zwischen Anna Katharina Emmerick, Luise Hensel und sich selbst fort,[75] fügt aber nun dem Wunsch, die Adressatin möge anwesend sein, die »bange Angst« der Nonne um Luise Hensels »Einigung mit der Kirche« hinzu und setzt damit einen Spannungsbogen an, der sich im

---

[72] Vgl. Brentano an Luise Hensel, vermutlich 20. bis 24. Oktober 1818; FBA 33, S. 380,5–15.

[73] Brentano an Luise Hensel, 22. bis 25. September 1818; FBA 33, S. 329,20 bis 26.

[74] Ebd., S. 329,32–330,25.

[75] Brentano bezeichnet Anna Katharina Emmerick als »unsre liebe Herzfreundinn« (an Luise Hensel, 1. bis 9. Oktober 1818 und vermutlich 20. bis 24. Oktober 1818; FBA 33, S. 340,4 und S. 368,19f.).

Folgenden kontinuierlich fortsetzt bis hin zu der eindringlichen Mahnung: »sie ringt um dich vor Gott im Gebet in ihren Gesichten«.[76] Er gibt vor, durch Anna Katharina Emmerick immer im Bilde zu sein, denn diese kenne Luise Hensel »durch und durch«,[77] besser als er selbst. Sie sieht alles, was in und um die Freundin vorgeht,[78] und gibt als »göttliches Werkzeug« und Medium der höchsten Autorität ihre Anweisungen, die Brentano aus ihrem Mund direkt brieflich übermittelt.[79]

Der angeblich zunehmenden Notwendigkeit, Luise Hensel zu ermahnen, ja sogar zu »quäle⟨n⟩« und ihr »innre Peinen« zu erregen,[80] entspricht schließlich auch der Rollenwechsel Brentanos vom einfachen Briefschreiber und Erzähler, der die Vorgänge in Dülmen um Anna Katharina Emmerick schildert und darstellt, zum »Bote⟨n⟩« ihrer Eingebungen.[81] Wie er diese Rolle verstanden wissen wollte, zeigt er auf raffinierte Weise, indem er im Verlauf des Brieftextes die Schlüsselbegriffe einstreut, die auf die gewünschte Deutung zuführen. Er bedient sich dabei wieder einer Geschichte bzw. eines einprägsamen Bildes aus der Bibel, nämlich ›Das Gastmahl des Belsazar‹ aus dem Buch Daniel und verweist Luise Hensel vorher auf ihre »Bibelkenntniß«.[82] In einer voranstehenden Textpassage beschreibt er bereits ausführlich, welche Bedeutung Hände für Anna Katharina Emmerick während ihrer ekstatischen Zustände haben, insbesondere die Hände und sogar die einzelnen Finger eines Priesters, aber auch seine eigene Hand, die er oft in derjenigen der Nonne ruhen lässt.[83] Zuletzt unterstreicht er eine in direkter Rede wiedergegebene, auf Luise Hensel bezogene Mitteilung Anna Katharina Emmericks: »⟨...⟩ glauben Sie mir, der Herr, hat Sie

---

[76] Vgl. Brentano an Luise Hensel, 1. bis 9. Oktober 1818; FBA 33, S. 332,9–28, S. 344,24–345,2 und S. 346,3f.; ders. an dies., vermutlich 20. bis 24. Oktober 1818; FBA 33, S. 369,4.

[77] Ebd., S. 372,16.

[78] Vgl. Brentano an Luise Hensel, 1. bis 9. Oktober 1818; FBA 33, S. 343,9f.

[79] Vgl. ebd., S. 348,26ff.

[80] Ebd., S. 348,16f. und 350,6.

[81] Vgl. Brentano an Luise Hensel, vermutlich 20. bis 24. Oktober 1818, FBA 33, S. 381,14.

[82] Vgl. ders. an dies., 1. bis 9. Oktober 1818; FBA 33, S. 343,3.

[83] Vgl. ebd., S. 340,12–341,11.

⟨L. H.⟩ immer an seiner Hand, er führt Sie immer an der Hand«.[84] Schließlich leitet er seine Mahnrede am Ende des Briefs mit dem Hinweis auf seine Rolle ein: »Sieh bei Allem, was ich dir schreibe, nicht auf mich, ⟨...⟩ denke, du schlügest es in einem Buche auf, du fändest es an einer Wand geschrieben.«[85] Im ›Gastmahl des Belsazar‹ heißt es: »Noch zur selben Stunde erschienen Finger einer Menschenhand und schrieben (etwas) auf die Kalktünche der Wand des Königspalastes ⟨...⟩; und der König sah die schreibende Hand.«[86] Luise Hensel sollte demnach bei ihrem »Leben in Gesellschaft«[87] die Drohung des Mene Tekel empfinden und gleichzeitig von der Bedeutung Brentanos als wahrer Bote, der sogar »nach dem Willen Gottes« das »Amt« eines in diesem Sinne helfenden Engels neben ihr auszuüben habe,[88] überzeugt sein: »Wie redest du? frage mich nicht – ich rede nichts aus mir, denn ich weiß ja von gar nichts, sie sagt es dir, Jesus sagt es dir durch Sie – ich bin ein todtes Werkzeug«.[89]

Auf diese Weise versucht Brentano nicht nur, Druck auf Luise Hensel auszuüben, sondern er erhält durch seine Verwendung von Form- und Stilelementen der Erzählung auch ihre beständige Aufmerksamkeit als Leserin und Adressatin der Briefe aufrecht, indem er beispielsweise Spannung erzeugt und ihre Neugier auf den Inhalt weiterer, angekündigter Visionen weckt, den er erst nach langen

---

[84] Ebd., S. 343,11f.

[85] Ebd., S. 348,18–20.

[86] Dan 5,5.

[87] Vgl. Brentano an Luise Hensel, vermutlich 20. bis 24. Oktober 1818; FBA 33, S. 382,13f.

[88] Brentano an Luise Hensel, vermutlich 11. Dezember 1818; FBA 33, S. 427,18–25; in diesem Zusammenhang zitiert Brentano nicht nur Anna Katharina Emmerick, sondern verweist auch wieder auf das Novalis-Zitat im Gedicht ›Ich bin durch die Wüste gezogen‹: »⟨...⟩ und tröste und helfe der Luise, wie du nur immer kannst und reiche ihr die Hand (reich treulich mir die Hände) ihr seid euch einander von Gott gegeben« (Brentano an Luise Hensel, 17. bis 21. November 1818; FBA 33, S. 396,23–25; vgl. dazu Konrad Feilchenfeldt, »Da sang ich, reich treulich die Hände«. Zur Überlieferungsgeschichte eines Novalis-Zitats im Freundeskreis Luise Hensels, in: Romantik und Moderne. Festschrift für Helmut Motekat, hrsg. von Erich Huber-Thoma und Ghemela Adler, Frankfurt am Main/Bern/New York 1986, S. 135–159).

[89] Brentano an Luise Hensel, vermutlich 20. bis 24. Oktober 1818, FBA 33, S. 381,23–25.

ermahnenden und klagenden Passagen tatsächlich mitteilt. So kündigt er ein »Wunderbares Wort« an, das er über Luise Hensel »zu geben habe« und betont dabei ausdrücklich den Unterschied zum Inhalt früherer Briefe, denn er habe es nicht für sie gemacht »oder mit Mühe zussammengeschleppt, mit Nachtwachen vorbereitet, Mit Arbeit« in ihre Wohnung getragen und »mit Zittern« ihr geboten, sondern durch »freie Gnade Gottes ⟨...⟩ erworben«.[90] Mit denselben Worten wie im bereits zitierten Weihnachtsbrief von 1816 bittet er sie: »Nimm es hin«.[91] Der tatsächliche Inhalt der auf diese Weise dramatisch angekündigten Vision erinnert dann aber unweigerlich an Motive der ›Herzlichen Zueignung‹ des Gockelmärchens, ans Ländchen Vadutz, wenn Brentano Anna Katharina Emmerick über Luise Hensel sagen lässt: »⟨...⟩ sie ist ein edel lieb Gefäß, aber sie ist noch nicht mit den Kleinodien und göttlichen Blumen ausgeschmückt, und soll nur keine weltlichen hineinsetzen«.[92]

Von einem »Verstummen« des Dichters kann deshalb zumindest während dieser Zeit keine Rede sein, er bedient sich nach seiner Abreise aus Berlin im September 1818 nur anderer, den neuen Zielvorgaben angepasster Stilmittel. Gleichzeitig wird deutlich, wie sehr Brentano sich mit diesen Brieftexten bereits im Grenzbereich zur Fiktionalität bewegt, indem er beispielsweise für sich und seine Adressatin Rollen in einem Geschehen entwirft, das mehr seinen Phantasievorstellungen als der tatsächlichen Situation entspricht. Auch für diese, schon der Zeit des Wandels zugeschriebenen Phase des Briefschreibens gilt deshalb, was bereits Julia Augart in ihrer 2006 erschienenen Studie über den Briefwechsel mit Sophie Mereau festgestellt hat: »Brentano stilisiert und inszeniert sich in seinen Briefen und der Briefschreiber Brentano wird zum Erzähler«.[93]

---

[90] Ebd., S. 369,8–21.

[91] Ebd., S. 370,25 und S. 369,13; vgl. Anm. 44.

[92] Ebd., S. 381,7–9; vgl. Clemens Brentano, Werke, hrsg. von Friedhelm Kemp, 3. Bd., München 1965, S. 618 und S. 805ff. Die Vorlage zum Gockelmärchen, ›La Preta de lo Gallo‹ (›Der Hahnenstein‹), gehört zur Märchensammlung des Giovan Battista Basile, deren deutsche Übersetzung, ›Der Pentamerone oder das Märchen aller Märchen‹, Brentano nach Dülmen mitgenommen hatte; vgl. Brentano, Werke, a.a.O., S. 1069, und Brentano-Chronik. Daten zu Leben und Werk, zusammengestellt von Konrad Feilchenfeld, München/Wien 1978, S. 109.

[93] Augart, Eine romantische Liebe in Briefen, a.a.O. (Anm. 8), S. 43.

Die erhalten gebliebenen Antwortbriefe Luise Hensels sind dagegen so sehr der konventionellen Gebrauchsform verpflichtet und offenbaren ein den Bemühungen Brentanos gegenüber so desillusionierendes Verhalten, dass ein allmähliches Nachlassen seines Interesses an ihr nicht verwundert. Erst ab Mitte 1819 aber rückt dann das Geschehen um Anna Katharina Emmerick immer mehr in den Mittelpunkt seiner Aufmerksamkeit und wirkt sich in anderer Weise prägend auf seinen Briefstil aus, der folgerichtig mehr der Mitteilung und dem Bericht verpflichtet ist. Und der Briefschreiber Brentano bewegt sich in den folgenden Jahren, seiner aktuellen Lebenssituation entsprechend, tatsächlich mehr »außerhalb der Zuschreibungssphäre Kunst«.[94]

[94] Bunzel, Schrift, a. a. O. (Anm. 8), S. 159.

DIETER STELAND

»AUFLÖSEN UND NEUVERBINDEN«

Motivgeschichtliche Anmerkungen zu Hofmannsthals Chandos-Brief

In sein Buch ›Romantik. Eine deutsche Affäre‹ hat Rüdiger Safranski eine Passage über den Chandos-Brief eingefügt, die so beginnt:

> Der ›Brief‹ benennt zwei kritische Zonen des Sprachzerfalls. Da sind zum einen die »religiösen Auffassungen«, die ihm inzwischen wie »Spinnetze« vorkommen, »durch welche meine Gedanken hindurchschießen, hinaus ins Leere«. Sprachzerfall also beim ganz Fernen, bei dem zuhöchst Allgemeinen, bei Gott. Dann aber auch Sprachzerfall bei der mittleren Allgemeinheit, bei den abstrakten Begriffen, die ganze Seinsbereiche zusammenfassen oder die gängigen Werturteile von Gut und Böse unter sich befassen. »Ich empfand ein unerklärliches Unbehagen, die Worte ›Geist‹, ›Seele‹ oder ›Körper‹ nur auszusprechen …«.[1]

War tatsächlich Sprachzerfall die Ursache dafür, dass dem jungen Lord die von ihm erwähnten religiösen Auffassungen abhanden gekommen sind? Die These kommt überraschend und weckt Zweifel. Sie wird indessen in der Folge durchaus nachvollziehbar begründet. Um einsichtig zu machen, wie bei Hofmannsthal – und auch bei Rilke – aus Sprachskepsis eine poetische Mystik entspringt, trägt Safranski eine Argumentation nominalistischer Herkunft vor, deren Grundgedanke lautet: Weil kein Wort »auf die Ebene des Konkreten hinabreicht, aber auch nicht hinaufreicht zu dem überschwenglich Konkreten, das wir Gott nennen 〈…〉, deshalb beginnt das Mysteriöse bei den einzelnen Dingen, was es auch sei.«[2] Das ist ebenso frappierend wie einleuchtend gesagt und bezeugt die erhellende Kraft eines scharf pointierten Aperçus; gleichwohl räumt es nicht

[1] Rüdiger Safranski, Romantik. Eine deutsche Affäre, München 2007, S. 312.
[2] Ebd., S. 313.

alle Zweifel beiseite. Es kommt ja vor, dass ein Text zu einem Gedankengang anregt, der zwar in sich schlüssig ist und zu dessen geistesgeschichtlichem Hintergrund gehört, den Text selbst jedoch hinter sich gelassen hat.

Es war indessen weniger Safranskis kühne These als vielmehr der von ihm zitierte Spinnwebvergleich, der mich veranlasste, den Chandos-Brief erneut zur Hand zu nehmen. Der Freiburger Student der Germanistik, der ich vor einem halben Jahrhundert gewesen bin, hatte ihn fasziniert gelesen; der Romanist mit besonderem Interesse an Formen innerliterarischer Rezeption, der ich inzwischen geworden war, schlug ihn nun wieder auf und kam für geraume Zeit nicht mehr von ihm los. Wie ich vermutet hatte, zitiert Safranski den Vergleich in verkürzter Form: dem »hindurchschießen« entspricht als Gegenstück ein »haftenbleiben«. In dieser Gestalt, wenngleich mit einem anderen Thema, war mir der Vergleich vertraut. Dass Hofmannsthal ihn genau so noch einmal erfunden haben sollte, war schwer vorstellbar. Aus welcher Quelle mochte er ihn übernommen haben? Die Erläuterungen der kritischen Ausgabe geben dazu keine Auskunft. Vor allem aber: hat Hofmannsthal mit Lesern gerechnet, die diesen Spinnwebvergleich kannten und sich über dessen leicht abgewandelte Wiederkehr im Brief des jungen Lords ihre Gedanken machten? Handelt es sich also, mit den von Herman Meyer eingeführten Begriffen zu reden, um ein »kryptisches Zitat«? Oder liegt eine – sei's bewusste, sei's unbewusste – »Entlehnung« vor?[3] Auf Anhieb ist die Frage hier – wie auch an einigen anderen Stellen des Chandos-Briefes – nicht zu entscheiden; sie bedarf der Interpretation. Und dabei ist durchaus mit der Möglichkeit zu rechnen, dass die Frage mit letzter Sicherheit gar nicht zu klären ist.

Ein Beispiel für solche Interpretationsbedürftigkeit bietet eine (in der kritischen Ausgabe nicht kommentierte) Stelle im ›Weißen Fächer‹. Dort richtet sich die Großmutter an Fortunio mit den Worten:

---

[3] Vgl. Herman Meyer, Das Zitat in der Erzählkunst. Zur Geschichte und Poetik des europäischen Romans, 2., durchges. Aufl., Stuttgart 1967, S. 12–14. Der Begriff der »Entlehnung« bezeichnet allerdings nur sehr summarisch ein Phänomenfeld, das so leicht nicht auszumessen ist.

> Du bist ein Kind, und diese übermäßige Trauer ist in dir so wenig an ihrem rechten Platz, als wenn einer eine Zypresse in einen kleinen irdenen Topf voll lockerer Gartenerde einsetzen wollte.[4]

In nur wenig anderer Form hatte Wilhelm Meister in den ›Lehrjahren‹ diesen Vergleich auf Hamlet gemünzt. Nach Wilhelms Deutung hat Shakespeare schildern wollen:

> eine große Tat auf eine Seele gelegt, die der Tat nicht gewachsen ist. Und in diesem Sinne find' ich das Stück durchgängig gearbeitet. Hier wird ein Eichbaum in ein köstliches Gefäß gepflanzt, das nur liebliche Blumen in seinen Schoß hätte aufnehmen sollen; die Wurzeln dehnen sich aus, das Gefäß wird zernichtet.[5]

Eine »große Tat« ist Fortunio gewiss nicht eingepflanzt, wohl hingegen eine tiefe Trauer, und dazu ein Nachdenken, das ihn zu der Einsicht geführt hat: »Dies Leben ist nichts als ein Schattenspiel«. Von Hamlet aber hatte Wilhelm zuvor gesagt: »Nicht traurig, nicht nachdenklich von Natur, wird ihm Trauer und Nachdenken zur schweren Bürde«. Es ist also gut vorstellbar, dass Hofmannsthal mit dem Vergleich auf das Gespräch über Hamlet in ›Wilhelm Meisters Lehrjahren‹ hat hinlenken wollen. Denn versteht man nun die Worte der Großmutter als kryptisches Zitat, das der Autor als Spender des Zitats in die Figurenrede eingebracht hat, gewinnt das Porträt Fortunios einen zusätzlichen markanten Zug: er wird als eine Hamletnatur charakterisiert – mit dem Unterschied freilich, dass ihm nicht der »Eichbaum« einer »großen Tat« in die Seele gepflanzt ist, sondern die »Zypresse« einer »übermäßige⟨n⟩ Trauer«.

Dass die Übernahme des Vergleichs aus den ›Lehrjahren‹ auch unabhängig von der Frage nach ihrem Zitatcharakter Aufmerksamkeit verdient, als Bestandteil einer Motivgeschichte, lehrt eine ins Jahr 1905 datierbare Aufzeichnung, in der sich Hofmannsthal notiert hat:

---

[4] Hugo von Hofmannsthal, Sämtliche Werke. Kritische Ausgabe, veranstaltet vom Freien Deutschen Hochstift, hrsg. von Rudolf Hirsch (u.a.), Bd. III: Dramen 1, hrsg. von Götz Eberhard Hübner, Klaus-Gerhard Pott, Christoph Michel, Frankfurt am Main 1982, S. 158. Die kritische Ausgabe wird künftig zitiert SW.

[5] Goethes Werke. Hamburger Ausgabe in 14 Bänden, hrsg. von Erich Trunz, 13., durchges. Aufl., München 1994, Bd. 7, S. 245f.

> Meine antiken Stücke haben es alle drei mit der Auflösung des Individualbegriffes zu tun. In der ›Elektra‹ wird das Individuum in der empirischen Weise aufgelöst, indem eben der Inhalt seines Lebens es von innen her zersprengt, wie das sich zu Eis umbildende Wasser einen irdenen Krug.[6]

Fortunio will die verstorbene Ehefrau nicht vergessen, Elektra – wie Hamlet – nicht den ermordeten Vater; und der abgewandelte Vergleich veranschaulicht aufs Sinnfälligste, wie eine lebensfeindliche innere Vereisung das Zersprengtwerden bewirkt. – Man sieht, welch aufschließende Kraft das in Goethes Roman Gelesene für Hofmannsthals Deutung menschlicher Existenz gewonnen hat. Und das wird nochmals deutlicher, wenn man in Hofmannsthals Beigabe zur ›Ariadne‹ (1912) liest:

> Verwandlung ist Leben des Lebens, ist das eigentliche Mysterium der schöpfenden Natur; Beharren ist Erstarren und Tod. Wer leben will, der muß über sich selber hinwegkommen, muß sich verwandeln: er muß vergessen. Und dennoch ist ans Beharren, ans Nichtvergessen, an die Treue alle menschliche Würde geknüpft. Dies ist einer von den abgrundtiefen Widersprüchen, über denen das Dasein aufgebaut ist, wie der delphische Tempel über seinem bodenlosen Erdspalt. Man hat mir nachgewiesen, daß ich mein ganzes Leben lang über das ewige Geheimnis dieses Widerspruches mich zu erstaunen nicht aufhöre. So steht hier aufs neue Ariadne gegen Zerbinetta, wie schon einmal Elektra gegen Chrysothemis stand. Chrysothemis wollte leben, weiter nichts; und sie wußte, daß, wer leben will, vergessen muß. Elektra vergißt nicht.[7]

Wie der Stelle aus dem ›Weißen Fächer‹ zu entnehmen ist, wenn man sie als Modell gelten lässt, enthüllt sich dem Leser im Wahrnehmen eines kryptischen Zitats das Werk in seinem kunstvollen Aufbau, während sein Blick zugleich in die kulturelle Vergangenheit gelenkt wird, der das Zitat entstammt. Einsichten in die werkbildende Vergangenheit eröffnen aber nicht nur offene und verschleierte Zitate, die Komponenten der ästhetischen Gestaltung sind, son-

---

[6] Hugo von Hofmannsthal, Gesammelte Werke in zehn Einzelbänden, hrsg. von Bernd Schoeller (u.a.), Frankfurt am Main 1979–1980, hier: Reden und Aufsätze III, 1925–1929, Buch der Freunde, Aufzeichnungen 1889–1929, S. 461. (Künftig zitiert: GW)

[7] GW, Dramen V, S. 297.

dern auch Entlehnungen – allgemeiner gesagt: Motivübernahmen ohne Zitatcharakter – , denn sie stellen Komponenten der Werkgenese dar. Das eine wie das andere verschafft Durchblicke auf eine literarische Vergangenheit, die das Werk in sich enthält. Für die Aufnahme von Tradition aber ist der Chandos-Brief dank seiner besonderen Struktur ausnehmend gut geeignet.

Schon die Anfangssätze des Briefes machen klar: Nicht nur der junge Philipp Lord Chandos ist eine erdachte Gestalt, sondern halb und halb auch der Adressat seines Schreibens. Denn das ist einerseits an jenen berühmten Schriftsteller gerichtet, den man kennt, und andrerseits an einen Francis Bacon, den man nicht kennt und der sich im selben Augenblick seinerseits in eine fiktive Figur verwandelt, indem man zu Beginn des Briefes liest: »Es ist gütig von Ihnen, mein hochverehrter Freund, mein zweijähriges Stillschweigen zu übersehen und so an mich zu schreiben.«[8] Von all dem, was Chandos dann aus dem Brief Bacons mitteilt, hat der historische Bacon offenkundig kein einziges Wort zu Papier gebracht. Anders verhält es sich, wenn Chandos fortfährt: »Sie schließen mit dem Aphorismus des Hippokrates: ›Qui gravi morbo correpti dolores non sentiunt, iis mens aegrotat‹«. Wie man seit der gründlichen Studie von H. Stefan Schultz weiß, hat Hofmannsthal diesen Aphorismus in einem Traktat Bacons gelesen.[9] Und es ist mehr als nur wahrscheinlich, dass die Sentenz von Hofmannsthal in den fiktiven Brief Bacons, auf den der fiktive Brief des jungen Lords antwortet, hineinkomponiert worden ist, damit sie dort von kundigen Lesern als Bacon-Zitat erkannt wird.[10]

---

[8] SW XXXI: Erfundene Gespräche und Briefe, hrsg. von Ellen Ritter, 1991, S. 45. Wenn nicht anders vermerkt, beziehen sich die nachfolgenden Seitenangaben im Beitrag auf diesen Band.

[9] H. Stefan Schultz, Hofmannsthal and Bacon: The Sources of The Chandos Letter, in: Comparative Literature 13 (1961), S. 1–15, hier: S. 6. – In abgewandelter Form begegnet die Sentenz im Lied Harlekins in der ›Ariadne auf Naxos‹: »Abgestorben auch der Pein, / Das ist tödlich deinem Herzen« (SW XXIV: Operndichtungen 2, hrsg. von Manfred Hoppe, 1985, S. 28).

[10] Aus einem Essay von Bacon stammt übrigens auch die Sentenz: »Pompa mortis magis terret, quam mors ipsa«. Sie ist ein freies Zitat aus Seneca, Epist. 24,14. Hofmannsthal hat sie in seinen Entwürfen zu ›Jupiter und Semele‹ unten auf der Seite des Überlieferungsträgers N1 eingetragen (vgl. SW XVIII: Dramen 16, hrsg. von Ellen Ritter, 1987, S. 455). In seiner Bibliothek besaß Hofmannsthal die Ausgabe:

Noch für mehrere andere Stellen des Chandos-Briefes hat Schultz nachweisen können, dass Schriften Bacons die Inspirationsquelle waren. So baut sich die Figur des Chandos unter anderem aus Materialien auf, die Hofmannsthal dem historischen Bacon verdankt. Und dass diese Übernahmen dem Leser nicht verborgen bleiben sollten, ist deshalb als sicher anzunehmen, weil ja erst das Mitlesen der Quelle den Leser instand setzt, den Chandos-Brief als dasjenige kunstvolle literarische Gebilde zu durchschauen, das er ist.

In ähnlicher Weise nun, wie der Bacon des Chandos-Briefes halb und halb eine fiktive Figur ist, ist der junge Lord halb und halb eine reale Person, nämlich Hofmannsthal selbst. Das kommt zutage, wenn Chandos schreibt:

> Kaum weiß ich, ob ich noch derselbe bin, an den Ihr kostbarer Brief sich wendet; bin denn ich's, der nun Sechsundzwanzigjährige, der mit neunzehn jenen ›neuen Paris‹, jenen ›Traum der Daphne‹, jenes ›Epithalamium‹ hinschrieb, diese unter dem Prunk ihrer Worte hintaumelnden Schäferspiele ⟨...⟩? Und bin ich's wiederum, der mit dreiundzwanzig unter den steinernen Lauben des großen Platzes von Venedig in sich jenes Gefüge lateinischer Perioden fand, dessen geistiger Grundriß und Aufbau ihn im Innern mehr entzückte als die aus dem Meer auftauchenden Bauten des Palladio und Sansovin? (S. 45)

Unweigerlich erinnern diese Sätze an Hofmannsthals frühe Dichtungen und an die mehrfache Evokation Venedigs als Handlungsort. Dass die Gestalt des Chandos unter anderem aus Elementen der Biographie Hofmannsthals aufgebaut ist, kommt indessen deutlicher noch als durch diese Anspielungen in einem kryptischen Zitat zum Vorschein, das der folgende Satz enthält:

> Ich weiß nicht, ob ich mehr die Eindringlichkeit Ihres Wohlwollens oder die unglaubliche Schärfe Ihres Gedächtnisses bewundern soll, wenn Sie mir die verschiedenen kleinen Pläne wieder hervorrufen, mit denen ich mich in den gemeinsamen Tagen schöner Begeisterung trug. (S. 46)

Essays or Counsels, Civil and Moral, with Other Writings of Francis Bacon (Lord Verulam), London 1902. (FDH, Sign. 1036) Dort steht die Sentenz auf S. 5 im Essay ›Of Death‹. Da die Entwürfe zu ›Jupiter und Semele‹ ins Jahr 1900 datiert werden, ist entweder anzunehmen, dass Hofmannsthal das Blatt N1 in späterer Zeit noch einmal auf seinem Schreibtisch hatte und die Sentenz nachgetragen hat, oder dass ihm eine vor 1900 erschienene Bacon-Ausgabe zur Verfügung stand.

Die Bezugsstelle der letzten Worte ist, wie bekannt, die gedruckte Widmung, die Stefan George den ›Pilgerfahrten‹ vorangestellt hat: »Dem dichter Hugo von Hofmannsthal im gedenken an die tage schöner begeisterung Wien MDCCCXCI«. (S. 298)

Wenn Hofmannsthal den jungen Lord, einen Zeitgenossen Bacons, Worte niederschreiben lässt, die der literarisch versierte Zeitgenosse als Worte Stefan Georges erkennt, bedeutet dies, dass die Illusion, ein Schriftstück aus elisabethanischer Zeit zu lesen, im selben Atemzug aufgebaut und fiktionsironisch zerstört wird. Und dieselbe Wirkung haben offenbar auch die Anspielungen auf Werke Bacons, die Hofmannsthal als Steinbruch für die Komposition des Briefes genutzt hat. Hier wie dort wird Chandos zum unfreiwilligen Übermittler von Botschaften, von denen er nichts ahnt.

So überraschend dieser Befund auch ist, stellt er doch genauer betrachtet nur einen Sonderfall geläufiger literarischer Verfahren dar, für deren Anwendung die epische Konstruktion des Chandos-Briefs nur besonders geartete produktive Voraussetzungen schafft. Der Autor einer Icherzählung kann durch den Einsatz vieler Mittel dafür sorgen, dass der Leser vom Protagonisten mehr erfährt, als dieser von sich selbst preiszugeben meint. Eines der Mittel, die dem Autor für diese ironische Behandlung des Icherzählers zu Gebote stehen, ist das unfreiwillige Zitat, mit dessen Hilfe sich der Autor über den Kopf der epischen Figur hinweg mit dem Leser ins Benehmen setzt, und das eben unter besonderen Umständen auch fiktionsironische Wirkung haben kann.

Mit Lord Chandos nun hat Hofmannsthal einen Protagonisten eingesetzt, den er kaum glücklicher hat wählen können. Sein Icherzähler ist ein berühmter junger Dichter, der Werke mit weitgespannten kulturhistorischen Themen in Angriff genommen hat, christlich erzogen ist und eine gründliche humanistische Ausbildung genossen hat. Kurz gesagt: ein poeta doctus wie der Autor selbst. So vermag in den Chandos-Brief, mal in offener, mal in verdeckter Form, ein mitsprechendes kulturelles Wissen einzufließen, das dem gesamten Bildungshorizont des Autors entstammen kann, seiner Vertrautheit mit heidnisch-antiken und christlichen Überlieferungen wie auch seinen Kenntnissen als Zeitgenosse des Fin de siècle. Das schafft den denkbar größten Spielraum für ein Verfahren, das sich literarisches Traditionsgut durch »Auflösen und

Neuverbinden« zu eigen macht.[11] Liest man den Chandos-Brief im Hinblick auf dieses Verfahren, stößt man auf teils evidente, teils mit einiger Wahrscheinlichkeit anzunehmende Quellenbezüge, die von der Forschung nach meiner Kenntnis bisher übersehen oder zu wenig beachtet worden sind.[12] Motivkontakte dieser Art kommen insbesondere dann zum Vorschein, wenn man Motive des Chandos-Briefs ins Auge fasst, die in vergleichbarer Gestalt in Hofmannsthals eigenen Texten und in seinen Briefen begegnen, und man dabei die Aufzeichnungen hinzunimmt, die aus seinem Nachlass veröffentlicht worden sind. Die auf diese Weise sichtbar werdenden Motivgeschichten sind der Gegenstand der folgenden Anmerkungen. Sie gehen auch auf die ›Soldatengeschichte‹ und die ›Reiterge-

---

[11] Die deutsche Nation erweise sich als »Originalnation«, schreibt Hofmannsthal in seinem Aufsatz ›Bibliotheca Mundi‹ (1921), »durch ihre Tiefe und das rastlose Auflösen und Neuverbinden« (GW, Reden und Aufsätze II, 1914–1924, S. 134). Konrad Heumann verdanke ich den interessanten Hinweis auf das alchemistische Prinzip »solve et coagula«, das Hofmannsthal in einer Notiz zum ›Andreas‹-Roman zitiert, nachdem er es bei Ferdinand Maack gelesen hatte (F. M., Zweimal gestorben. Die Geschichte eines Rosenkreuzers aus dem XVIII. Jahrhundert, Leipzig 1912; vgl. SW XXX: Andreas, hrsg. von Manfred Pape, 1982, S. 102 und 425). Hofmannsthal könnte sich 1921 an das Zitat aus Maack erinnert haben. Die Formel vom »Auflösen und Neuverbinden« begegnet jedoch sinngemäß bereits in einer Aufzeichnung, die in die 90er Jahre zu datieren ist. Vgl. hierzu, und zur Frage des Traditionsbezugs, meine Schlussbemerkung.

[12] Zum Chandos-Brief liegen drei Monographien vor, die eine Orientierung über den Forschungsstand ermöglichen: Andreas Härter, Der Anstand des Schweigens. Bedingungen des Redens in Hofmannsthals ›Brief‹, Bonn 1989 (Studien zur Germanistik, Anglistik und Komparatistik 120); Jost Bomers, Der Chandosbrief – die nova poetica Hofmannsthals, Stuttgart 1991; Timo Günther, Hofmannsthal: Ein Brief, München 2004. – Der Ermittlung von Traditionsbezügen gilt das besondere Augenmerk der Studie von Jacques Le Rider, Hugo von Hofmannsthal. Historicisme et Modernité, Paris 1995 (Perspectives germaniques); dt. Hugo von Hofmannsthal: Historismus und Moderne in der Literatur der Jahrhundertwende. Aus dem Frz. von Leopold Federmair, Wien (u. a.) 1997, hier: S. 59–99 zur ›Reitergeschichte‹, S. 101–128 zum Chandos-Brief. – Die noch ausstehenden Bände der Kritischen Ausgabe werden im Freien Deutschen Hochstift bearbeitet, das auch den erhaltenen Bestand der Bibliothek Hofmannsthals betreut und die Publikation des Katalogs vorbereitet. Bei einem Besuch im FDH im Februar 2009 habe ich mehrere offene Fragen klären können. Für wertvolle Hinweise bin ich dem Mitherausgeber des demnächst erscheinenden Bandes XL der SW, Herrn Dr. Konrad Heumann, zu besonderem Dank verpflichtet, für freundliche Unterstützung meiner Sondierungen danke ich Frau Dr. des. Katja Kaluga.

schichte‹ als Vorgängertexten des Chandos-Briefes ein und wollen unter anderem zur Dorfszene in der ›Reitergeschichte‹ auf eine bisher nicht erkannte Inspirationsquelle aufmerksam machen.

HIRSCH. – Nachdem Lord Chandos seinen »Lieblingsplan«, ein historiographisches Projekt, erläutert hat, kommt er auf den folgenden Plan zu sprechen:

> Ich wollte die Fabeln und mythischen Erzählungen, welche die Alten uns hinterlassen haben, und an denen die Maler und Bildhauer ein endloses und gedankenloses Gefallen finden, aufschließen als die Hieroglyphen einer geheimen, unerschöpflichen Weisheit, deren Anhauch ich manchmal, wie hinter einem Schleier, zu spüren meinte.
>
> Ich entsinne mich dieses Planes. Es lag ihm, ich weiß nicht welche, sinnliche und geistige Lust zugrunde: Wie der gehetzte Hirsch ins Wasser, sehnte ich mich hinein in diese nackten, glänzenden Leiber, in diese Sirenen und Dryaden, diesen Narcissus und Proteus, Perseus und Aktäon: verschwinden wollte ich in ihnen und aus ihnen heraus mit Zungen reden. (S. 46 f.)

Hofmannsthal hat hier dem jungen Lord ein literarisches Vorhaben unterstellt, zu dessen Idee ihn Bacons Abhandlung ›The Wisdom of the Ancients‹ inspiriert hatte. Nimmt man diese Schrift zur Hand, bemerkt man allerdings sehr rasch, dass Bacons Betrachtungen mit dem von Chandos Geplanten kaum etwas zu tun haben. Bacon hatte sich zur Aufgabe gemacht, den Gestalten der antiken Mythologie menschenkundliche Erfahrungen abzulesen und diesen Erfahrungsschatz in begrifflicher Sprache auszubreiten. Chandos hingegen hatte damals, als er noch Dichter war, sich in diese Gestalten hineingesehnt »wie der gehetzte Hirsch ins Wasser« und in ihnen »verschwinden« wollen. Wie sehr dieses Verwandlungsmotiv Hofmannsthals eigener poetischer Welt angehört, lehrt eine Stelle im (1897 erschienenen) ›Kleinen Welttheater‹. Dort sagt »Der Diener« vom »Wahnsinnigen« – dessen innere Verwandtschaft mit dem »Dichter« unübersehbar ist:

> Er ist sanft und einem Spiel zuliebe,
> meint er, bleibt er noch in seinem Leibe,
> den er lassen könnte, wenn er wollte –,
> wie vom Rande einer leichten Barke

in den Strom hinab, und wenn er wollte,
in das Innre eines Ahornstammes,
in den Halm von einem Schilf zu steigen.[13]

Das Motiv, das Chandos vorschwebte und Hofmannsthal gestaltet hatte, hat als seinen identischen Kern die Selbstverwandlung im Medium des Wassers, die einem Dichter geschieht. Verschieden ist nur die literarische Gewandung. Hofmannsthal hatte das Motiv in die alltagsentrückte Welt eines lyrischen Dramas symbolistischen Gepräges eingebettet. Der junge Lord hingegen hatte sich in die Welt der antiken Mythen hineinbegeben. Deren Gestalten wollte er »aufschließen als die Hieroglyphen einer geheimen, unerschöpflichen Weisheit«, und deshalb hatte er in ihnen »verschwinden« wollen und »aus ihnen heraus mit Zungen reden«. Die Wendung »mit Zungen reden« entstammt bekanntlich der Erzählung des Pfingstwunders in der Apostelgeschichte.[14] Das ist ein seltsames Paradox, wird doch die herbeigesehnte Sprache, in der sich die Geheimnisse der heidnischen Mythologie aussprechen ließen, ineins gesetzt mit derjenigen Sprache, die der heilige Geist den Aposteln eingegeben hat, um die Geheimnisse des christlichen Glaubens zu offenbaren. Das mag für sich genommen noch nicht viel besagen. Dem jungen Lord, so kann man annehmen, ist auf der Suche nach einem möglichst bildkräftigen Ausdruck die biblische Redeweise in die Feder geflossen, ohne dessen religiösen Gehalt zu bedenken. Aber dieses paradoxe Ineinander von Heidnischem und Christlichem gewinnt schärfere Konturen, wenn man unterstellt, dass auch der Vergleich, der mit den Worten beginnt, »Wie der gehetzte Hirsch ins Wasser, sehnte ich mich ⟨...⟩«, die Sprache der Bibel und ihrer Auslegung aufklingen lässt. Im Psalm 41 (Vulgata) – den J. Ockeghem, G. P. Palestrina, H. Schütz und D. Buxtehude vertont haben – lautet der zweite Vers: »Quemadmodum desiderat cervus ad fontes aquarum, ita desiderat anima mea ad te, Deus.« Ein Katholik, der aufmerksam an Gottesdiensten teilnimmt, kann mit diesen Worten selbst dann vertraut sein, wenn er gar nicht weiß oder allenfalls ahnt, dass sie einem Psalm entstammen – und Hofmannsthal war in jungen Jah-

---

[13] SW III: Dramen 1, hrsg. von Manfred Pape, 1982, S. 146.
[14] Apg 2,4; 10,46; 19,6; vgl. 1 Kor 14,2–5.

ren Ministrant.[15] Der Vers wird in der Karsamstagsliturgie zitiert, und zwar in dem Teil der Liturgie, in deren Verlauf die Weihe des Taufwassers vorgenommen wird. Da heißt es im Traktus: »Sicut cervus desiderat ad fontes aquarum, ita desiderat anima mea ad te, Deus.«[16]

Seit frühchristlicher Zeit wird der Hirsch des Psalmverses als Verbildlichung des Sakraments der Taufe verstanden.[17] Die Taufe aber bringt der Evangelist Matthäus mit dem Pfingstwunder in Verbindung. In seinem Bericht wird Johannes dem Täufer der Satz in den Mund gelegt: »Ich taufe euch mit Wasser zur Buße; der aber nach mir kommt ⟨...⟩, wird euch mit dem heiligen Geist und mit Feuer taufen« (Matth. 3,11). Wenn nun der Vers des Psalmisten und dessen Exegese mitgedacht wird, schlägt auch der Satz des Chandos genau diesen Bogen: beginnend mit dem Hirschen, der zum Wasser strebt – der Taufe – , und mündend in »mit Zungen reden«. Sollte dieser sinnträchtige Zusammenhang durch einen puren Zufall zustande gekommen sein, von Hofmannsthal unbemerkt? Eher ist wohl anzunehmen, dass Hofmannsthal den Worten des jungen Lords eine Bedeutung beigegeben hat, von der dieser nichts bemerkt hat. Für diese Annahme spricht nicht zuletzt, dass Hofmanns-

---

[15] In einem Brief an Ottonie von Degenfeld vom 7.1.1911 schreibt Hofmannsthal, ein »schwindelndes Verloren-sein in der Welt« habe ihn überkommen, das er »seit ⟨s⟩einen Bubenjahren« nicht mehr gespürt habe: »einmal als Bub hab ich es unterm Ministrieren bei der Schulmesse so stark gehabt« (Hugo von Hofmannsthal, Ottonie Gräfin Degenfeld. Briefwechsel, hrsg. von Marie Therese Miller-Degenfeld unter Mitw. von Eugen Weber, eingel. von Theodora von der Mühll, Frankfurt am Main 1974, S. 52).

[16] Wieder aufgenommen in der Oratio: »Omnipotens sempiterne Deus, respice propitius ad devotionem populi renascentis, qui sicut cervus, aquarum tuarum expetit fontem; et concede propitius, ut fidei ipsius sitis, baptismatis mysterio, animam corpusque sanctificet.« (Missale Romanum, Mechliniae 1840, S. 176) Hofmannsthal besaß vermutlich das seit 1884 in vielen Auflagen erschienene Messbuch von Anselm Schott.

[17] Dabei wird in die allegorische Deutung des Hirschen, der zum Wasser strebt, seit Augustinus und Hieronymus auch die aus der Antike stammende naturkundliche Überzeugung hineingenommen, dass Hirsche Giftschlangen aufspüren, töten und vertilgen; eine Deutung, die in humanistischer Emblematik weitergeführt wird. Vgl. Michael Bath, The Image of the Stag. Iconographic Themes in Western Art, Baden-Baden 1992 (Saecula Spiritalia 24). Den Hinweis auf dieses instruktive Buch verdanke ich Gilbert Heß.

thal eine Anspielung auf das Pfingstwunder in einen 1891 entstandenen Text eingefügt hatte, und zwar in auffälliger Verknüpfung mit dem Begriff der »Wiedergeburt«. In den einleitenden Sätzen seiner Besprechung des Theaterstücks ›Die Mutter‹ charakterisiert Hofmannsthal Hermann Bahr als einen Menschen, dem das Leben, »dies System gedankenlos ineinandergreifender Räder und Rädchen«, als »ein unbegreiflich hohes Wunder« aufgegangen sei. Dann heißt es: »diese Erkenntnis des lebendigen Lebens, die eine Wiedergeburt ist aus dem Feuer und dem heiligen Geist, die hat Bahr erfahren«.[18]

ZEUS. – Wie die zugleich »sinnliche und geistige Lust« beschaffen ist, mit der die Phantasie des Lords sich in die Gestalten der antiken Mythologie vertieft hatte, erfährt man etwas genauer, wenn es im nächsten Abschnitt heißt: »Mir erschien damals in einer Art von andauernder Trunkenheit das ganze Dasein als eine große Einheit: geistige und körperliche Welt schien mir keinen Gegensatz zu bilden.« Darauf folgt einige Zeilen später das erläuternde Beispiel:

> wenn ich auf meiner Jagdhütte die schäumende laue Milch in mich hineintrank, die ein struppiges Mensch einer schönen, sanftäugigen Kuh aus dem Euter in einen Holzeimer niedermolk, so war mir das nichts anderes, als wenn ich in der dem Fenster eingebauten Bank meines studio sitzend, aus einem Folianten süße und schäumende Nahrung des Geistes in mich sog. (S. 47; Hervorhebung D. S.)

Genau das, was dieser Satz zusammenführt, die Milch und die Nahrung des Geistes, ist in der kulturellen Tradition schon lange zuvor miteinander verknüpft worden, und zwar durch die Mythe von Jupiter und Amalthea, die vor allem durch Ovid ins humanistische Bildungswissen eingegangen ist.[19] Die Nymphe Amalthea, so erzählt Ovid in den ›Fasten‹ (V,111 ff.), hatte Jupiter nach seiner Ge-

---

[18] GW, Reden und Aufsätze I, 1891–1913, S. 100.

[19] Ohne diese Mythe zu erwähnen, interpretiert David E. Wellbery das Milchmotiv in seinem Aufsatz: Die Opfer-Vorstellung als Quelle der Faszination. Anmerkungen zum Chandos-Brief und zur frühen Poetik Hofmannsthals, in: Hofmannsthal-Jahrbuch 11 (2003), S. 281–310. Gekürzt auch in: Elsbeth Dangel-Pelloquin (Hrsg.), Hugo von Hofmannsthal. Neue Wege der Forschung, Darmstadt 2007, S. 186–212.

burt auf dem Idagebirge verborgen, um ihn vor Chronos zu schützen, und mit der Milch einer Ziege ernährt. Als die Ziege sich ein Horn abbrach, füllte die Nymphe das Horn mit Obst und führte es zu Jupiters Mund. Andere Versionen der Mythe, die in zahlreichen Varianten überliefert ist, geben den Namen Amalthea der Ziege, so dass immer dann, wenn vom Füllhorn (cornu copiae) der Amalthea die Rede ist, sowohl an die Nymphe als auch an die Ziege gedacht werden kann, in jedem Fall aber die Erinnerung an die Ernährung des jungen Jupiters mit der Milch einer Ziege gegenwärtig bleibt. Diesen Zusammenhang dem kulturellen Gedächtnis einzuprägen, haben Werke der bildenden Kunst mit dem Sujet der ›Erziehung des Jupiter‹ nicht wenig beigetragen.[20] Schon in der Antike hatte man den Namen der Amalthea zur Bezeichnung einer der Bildung gewidmeten Stätte verwendet – wie durch Cicero überliefert ist, besaß Pomponius Atticus auf seinem Landgut in Epirus ein Amalthaeum.[21] Und wie aus dem Vorwort des Aulus Gellius zu seinen ›Noctes atticae‹ hervorgeht, war damals das Füllhorn der Amalthea titelgebend für Bücher vermischten Inhalts geworden. So verwundert es nicht, dass Konrad Gesner seine erstmals 1543 erschienene und vielgelesene zweisprachige Ausgabe der von Stobaeus gesammelten Apophthegmen unter dem Titel veröffentlicht hat: ›Κέρας Αμαλθείας ⟨...⟩ 'Εκλογαι Αποφθεγμάθων. Ioannis Stobaei Sententiae ex thesauris Graecorum delectae‹. Es versteht sich, dass man nicht annehmen muss, Hofmannsthal habe genau diesen Folianten einmal in der Hand gehabt, endet doch schon der Artikel ›Amalthea‹ in Meyers Konversations-Lexikon vom Jahre 1893 mit dem Satz: »Der Name Amalthea diente auch öfters als Titel von Sammelwerken«. Und dass dem damaligen literarischen Publikum die Kenntnis des Amalthea-Mythos unterstellt werden konnte, bezeugt schließlich auch die 1917 erfolgte Gründung des Amalthea-Verlags.

Überliest man jetzt die Stelle im Chandos-Brief erneut, nimmt man wahr, dass die zum Bestandteil von Bildung gewordene Mythe sich in ihre elementaren Komponenten auseinandergelegt hat und

[20] Dem Kunstliebhaber sind zwei berühmte Gemälde – von Jordaens und Poussin – mit diesem Thema vertraut. Zu Hofmannsthals Interesse an Poussin vgl. SW XXXI, S. 190ff. und S. 486ff.

[21] Cicero, De legibus 2,3,7; Ad Atticum 1,16,15; vgl. 1,13,1.

zu zwei szenisch erfassten Lebensaugenblicken geworden ist. Von Hofmannsthal mit Bedacht komponiert, aber vom jungen Chandos absichtslos verwirklicht, bietet sich dem Blick des Betrachters ein Stück nachgelebter Antike dar. In der struppigen Magd, der Kuh und dem jungen Lord werden deren mythische Urbilder erkennbar: die Nymphe, die Ziege – und der junge Zeus.

»Ein gut Teil unserer poetischen Arbeit«, hatte Hofmannsthal 1891 geschrieben, »ist Auflösung erstarrter Mythen, vermenschlichter Natursymbole in ihre Bestandteile«.[22] Diesem dichterischen Programm ist auch ein Passus in Hofmannsthals ›Erinnerung schöner Tage‹ zuzuordnen, der zugleich nähere Auskunft über des Lords »sinnliche und geistige Lust« gibt, in Gestalten der antiken Mythologie zu »verschwinden«. Der Icherzähler ist nach einem Streifzug durch Venedig ins Hotel zurückgekehrt und begegnet dort einer jungen Frau. »Sie war eine von den Engländerinnen, die antiken Statuen gleichen. 〈...〉 Sie hätte in einem Maskenspiel Diana spielen mögen, die von Aktäon überrascht wird«. Später hört er, auf dem Bett liegend, wie die junge Frau im Nebenzimmer mit ihrem Mann oder ihrem Freund scherzt. »Versagte sie ihm, um was er flüsternd bat?« Der Mann verlässt das Zimmer; dann folgen die Sätze:

> So war sie allein. Es war in diesem Augenblick herrlicher, von dieser Einsamkeit umspielt allein zu sein und neben ihr, als bei ihr. Es war eine Herrschaft über sie aus dem Dunklen. Es war Zeus, dem noch nicht eingefallen ist, daß er Amphytrions Gestalt wie einen Mantel um seine göttlichen Glieder schlagen kann und ihr erscheinen, die zweifeln wird und an ihren Zweifeln zweifeln und ihr Gesicht verwandeln unter diesen Zweifeln wie eine Welle. 〈...〉 Zuweilen kam Zeus wieder zu Alkmene. Auf Verwandlungen geht unsere tiefste Lust.[23]

Mit Zeusmythen, die Verwandlungsgeschichten erzählen, hatte sich Hofmannsthal zuvor schon intensiv befasst. Während seines Pariser Aufenthalts im Jahre 1900 hatte er Ideen für ein Dramenprojekt ›Leda und der Schwan‹ zu sammeln begonnen, zu dem die Bearbeitung eines weiteren Zeusmythos hinzukommen sollte. Das besagt

---

[22] An Gustav Schwarzkopf, 23.1.1891, in: Hugo von Hofmannsthal, Briefe 1890 bis 1901, Berlin 1935, S. 17.

[23] SW XXVIII: Erzählungen 1, hrsg. von Ellen Ritter, 1975, S. 66f.

die Aufschrift auf einem Konvolutumschlag: »Leda. (Paris März 1900) sowie: Der Dichter u. s. Geliebte (Semele)«.[24] Das Stichwort »Ronsard« auf einem der Blätter (N 2), sollte vermutlich die Erinnerung an das folgende Sonett festhalten:

Je voudroy bien richement jaunissant
En pluye d'or goute à goute descendre
Dans le giron de ma belle Cassandre,
Lors qu'en ses yeux le somne va glissant.

Puis je voudroy en toreau blanchissant
Me transformer pour sur mon dos la prendre,
Quand en avril par l'herbe la plus tendre
Elle va, fleur, mille fleurs ravissant.

Je voudroy bien pour alleger ma peine,
Estre un Narcisse et elle une fontaine,
Pour m'y plonger une nuict à sejour;

Et si voudroy que ceste nuict encore
Fust eternelle, et que jamais l'Aurore
Pour m'esveiller ne rallumast le jour.[25]

Auch der Wunsch des Liebenden, die Nacht möge ewig währen, ist aus einem Zeusmythos herzuleiten – dem von Zeus und Alkmene. Um die Liebesnacht zu verlängern, hatte Zeus der Sonne befohlen, innezuhalten.

SPINNENNETZE. – Auf die Skizzierung des einst geplanten »enzyklopädischen« Buches lässt Chandos dann einen Abschnitt folgen, der zur Charakterisierung seines jetzigen Zustands überleitet. Dieser Abschnitt beginnt mit den beiden Sätzen:

Es möchte dem, der solchen Gesinnungen zugänglich ist, als der wohlangelegte Plan einer göttlichen Vorsehung erscheinen, daß mein Geist aus einer so aufgeschwollenen Anmaßung in dieses Äußerste von Kleinmut und Kraftlosigkeit zusammensinken mußte, welches nun die bleibende Verfassung meines Innern ist. Aber dergleichen religiöse Auffassungen

---

[24] SW XVIII, S. 449.

[25] Ronsard, Oeuvres complètes. Édition établie et annotée par Gustave Cohen, Paris 1950 (Bibliothèque de la Pléiade), S. 10f.

> haben keine Kraft über mich; sie gehören zu den Spinnennetzen, durch welche meine Gedanken hindurchschießen, hinaus ins Leere, während soviele ihrer Gefährten dort hangen bleiben und zu einer Ruhe kommen. (S. 48)

Welche Inhalte religiösen Glaubens hier in Rede stehen, ist schwer einzuschätzen. Die Überzeugung, dass ein Fehlverhalten schon auf Erden eine göttliche Bestrafung nach sich ziehen kann, grenzt an Aberglauben. Was also ist unter »dergleichen« religiösen Auffassungen zu verstehen? Das bleibt offen. Und der Deutungsspielraum wird noch erheblich erweitert durch das machtvolle Bild der »hinaus ins Leere« schießenden Gedanken; ist dies doch ein Bild, das sogar die Vorstellung eines leeren Weltalls ohne Gott zulässt. Wendet man sich nun dem Spinnwebvergleich unter motivgeschichtlichem Gesichtspunkt zu, lassen sich immerhin einige Klarheiten gewinnen. Vor religiösen Auffassungen, die »Netze« sein können, in denen man sich leicht »verfängt«, hatte Hofmannsthal Ria Schmujlow-Claassen einmal eindringlich gewarnt. Am 13. April 1898 hatte er ihr geschrieben:

> Hüten Sie sich vor allem was eine Form hat, ob es der Katholicismus ist oder die socialistischen Ideen. Man verfängt sich in den Formen, sie sind entsetzliche Netze.[26]

Indessen ist im Chandos-Brief von solchen Netzen in ganz anderem Ton die Rede. Nicht schroff oder gar verächtlich, sondern mit Nachsicht, wenn nicht sogar mit innerer Nähe zu denen, die in solchen Netzen »zu einer Ruhe kommen«. Das deutet sich in der sonderbaren Formulierung an, die von den anderen, die »dort hangen bleiben«, als von den »Gefährten« der »Gedanken« des jungen Lords spricht. Es könnte sein, dass an dieser Formulierung die Erinnerung an die folgende Stelle in Leopold von Andrians Novelle ›Der Garten der Erkenntnis‹ mitgewirkt hat:

> Etwas später bekam der Erwin eine sehnsüchtige Neigung für alles im Leben um ihn, worin die Ruhe zu sein schien: für die sanften Congreganisten, mit denen er sich befreundete, für die meditierenden Patres, denen

---

[26] Ria Schmujlow-Claassen und Hugo von Hofmannsthal. Briefe, Aufsätze, Dokumente, hrsg. von Claudia Abrecht, Marbach am Neckar 1982 (Marbacher Schriften 18), S. 17.

> man im Park begegnete, für die Functionen in der Kirche und besonders für die entlegenen Teile des Collegiums, wo versteckte Capellen namenloser Heiliger lagen und auch das Bad.[27]

Einerseits ein Hinausschießen in eine endlose Leere, andrerseits ein Haftenbleiben an Auffassungen von bestreitbarem Recht: das sind offenbar die beiden Grenzpositionen, die in ihrer antithetischen Spannung bedacht werden sollen. Dass Hofmannsthal hier ein Denkbild variiert, das er Jahre zuvor schon einmal gestaltet hatte, lehrt ein Blick auf seine 1893 erschienene Besprechung eines Romans von D'Annunzio, in der es heißt: »Die Schicksale der Menschen und der Dinge stürzten bei ihm nebeneinander hin durch das Leere, wie die Atome des Demokrit.« Und gegen Ende: »Er, der alles in den Abgrund geworfen hatte und nichts für wahr geachtet hatte als das Fallen der Atome durch den leeren Raum, fängt an, den Mächten, die binden, gerechtzuwerden.«[28]

Wer ein wenig mit der Literatur der humanistischen Epoche vertraut ist, die der Brief des Lord Chandos an Francis Bacon heraufbeschwört, wird indes unweigerlich daran erinnert, dass ihm der einprägsame Spinnwebvergleich schon des öfteren begegnet ist, wenngleich in anderem Zusammenhang, nämlich in Bezug auf Gesetze. In dieser Gestalt ist der Vergleich zu einem Topos geworden, dessen Geschichte in der literarischen Überlieferung mit der Stelle bei Valerius Maximus beginnt:

> Quam porro subtiliter Anacharsis leges araneorum telis comparabat! Nam ut illas infirmiora animalia retinere, valentiora transmittere, ita his humiles et pauperes constringi, divites et praepotentes non alligari. (VII, II, Ext. 14)

In welcher Situation dieses Diktum entstand, erfährt man bei Plutarch in der Vita Solons (V). Anacharsis, so erzählt Plutarch, sei bei Solon zu Gast gewesen und habe von dessen Beschäftigung mit einem Gesetzgebungswerk erfahren. In der Übersetzung von Eydt:

> Anacharsis erfuhr dies und lachte über die Bemühungen Solons, wenn er meine, durch den Buchstaben dem Unrecht und der Habsucht bei seinen

---

[27] Leopold Andrian, Der Garten der Erkenntnis. Mit Dokumenten und zeitgenössischen Stimmen hrsg. von Walter H. Perl, Frankfurt am Main 1970, S. 6.

[28] GW, Reden und Aufsätze I, S. 207 und 213.

Mitbürgern Einhalt thun zu können! »Der Buchstabe sei gerade wie ein Spinngewebe. Wie dieses, könne er nur den Schwachen und Kleinen festhalten, der sich verfange; von den Mächtigen und Reichen werde er zerrissen!«[29]

Von Diogenes Laertius wird das Diktum sodann, sicherlich zu Unrecht, unter die Sentenzen Solons eingereiht:

Die Gesetze, so sagte er, gleichen den Spinngeweben; denn fällt etwas Leichtes und Schwaches hinein, so wird es festgehalten, wenn aber etwas Größeres, dann schlägt es durch und kommt heil davon. (I, 58; Übersetzung O. Apelt/H. G. Zekl)

Valerius Maximus, Plutarch und Diogenes Laertius wurden zum Ausgangspunkt einer Überlieferung des Spinnwebgleichnisses von beachtlicher Dichte. Es fand Eingang in Zitatensammlungen, in Sachprosa sowie literarische Werke, und es gewann Gestalt in Emblemen.[30] Hofmannsthal könnte auf den Spinnwebvergleich also gut in einer dieser humanistischen Zwischenquellen gestoßen sein. Mehr spricht jedoch für die Annahme, dass die von Hofmannsthal genutzte Quelle Plutarchs Vita Solons gewesen ist, und dass er nicht nur die Übersetzung von Eydt, sondern auch den griechischen Text konsultiert hat.[31] Eine Edition der Viten hatte er in seiner Biblio-

---

[29] Plutarchs ausgewählte Biographieen. Deutsch von Ed. Eydt, sechstes Bändchen, zweite Auflage, Berlin o.J., S. 66 (= Langenscheidtsche Bibliothek sämtlicher griechischen und römischen Klassiker in neueren deutschen Muster-Übersetzungen, 44. Bd., Plutarch II, Berlin und Stuttgart 1855–1903). Hofmannsthal hatte diese Ausgabe in seiner Bibliothek (FDH, Sign. 1812).

[30] Vgl. Thesaurus Proverbiorum Medii Aevi. Lexikon der Sprichwörter des romanisch-germanischen Mittelalters, begr. von Samuel Singer, wiss. Leitung Ricarda Liver, 13 Bde., Berlin/New York 1995–2002, hier: Bd. 11, 2001, S. 69f.; Arthur Henkel/Albrecht Schöne (Hrsg.), Emblemata. Handbuch zur Sinnbildkunst des XVI. und XVII. Jahrhunderts. Ergänzte Neuausgabe, Stuttgart 1976, Sp. 939f. Für die Autoren der Emblembücher war die vermittelnde Zwischenquelle für das Spinnwebgleichnis zumeist die Zusammenstellung von ›Parabolae sive similia‹ des Erasmus (Opera omnia, recognovit Joannes Clericus, Leiden 1703 [Nachdr. Hildesheim 1961], Bd. I, Sp. 616; Edition J.-C. Margolin, in: Opera omnia, Abt. I, Bd. 5, Amsterdam/Oxford 1975, S. 298f.). Als Autoren von Zitatsammlungen des 16. Jahrhunderts, die das Gleichnis verzeichnen, sind vor allem zu nennen: Erasmus (Adagia I,3,47; Apophthegmata VII, Solon 5 und Anacharsis 22), Nanus Mirabellius, Josephus Langius, Ianus Gruterus und Conradus Lycosthenes.

[31] In seinen Aufzeichnungen zum ›Revolutionsdrama‹ (aus den Jahren 1891 und 1892) hatte er sich notiert: »nach dem solonischen Wort ›jeder für sich gehen sie des

thek zur Hand.[32] Wie eine Aufzeichnung Hofmannsthals an anderer Stelle zeigt, muss man allerdings auch bei seinen griechischen Zitaten mit nicht leicht zu identifizierenden Zwischenquellen rechnen.[33]

Fuchses Wege, vereint sind sie betäubten Verstandes‹«. Wie in der Kritischen Ausgabe vermerkt (SW XVIII, S. 42 und 373) handelt es sich dabei um Worte aus einem Elegienfragment Solons, das Plutarch in seiner Vita Solons (XXX) zitiert. Vergleicht man Hofmannsthals Notiz, in der die Pointe prägnant herausgearbeitet ist, mit der in der kritischen Ausgabe angeführten ungelenken, am Ende des Satzes geradezu falschen Übersetzung von Eydt, muss man folgern, dass Hofmannsthal den griechischen Wortlaut vor Augen hatte.

[32] Plutarchi Vitae parallelae, recognovit Carolus Sintenis, 5 Bde., Leipzig 1852 bis 1854 (FDH, Sign. 1810).

[33] Unter dem Datum 21. VI [1891] findet sich die Notiz: »Solon: Γηράσκω δ'ἀεὶ διδασκόμενος – – ἵνα εἰδὼς ἀποθάνω« (GW, Reden und Aufsätze III, S. 333f.). Das Diktum Solons vom ständigen Lernen im Alter liest man wiederum bei Plutarch (Solon XXXI; dort: πολλὰ διδασκόμενος). Allerdings nicht nur bei ihm; es ist geradezu sprichwörtlich geworden. Von den drei hinzugefügten Worten hatte ich εἰδώς zunächst nicht verstanden und für einen Lese- oder Druckfehler gehalten. Der Göttinger Gräzist Klaus Nickau, dem ich die Aufzeichnung vorlegte, machte mich jedoch dankenswerterweise darauf aufmerksam, dass sich das Diktum und der Zusatz sprachlich korrekt und inhaltlich sinnreich zusammenfügen zu dem Satz: »Ständig lernend altere ich, um wissend zu sterben.« Wie mir Konrad Heumann bei meinem Besuch im FDH mitteilte, hatte er Schopenhauer als Hofmannsthals Quelle für das Diktum Solons ermitteln können und den Zusatz – »damit ich wissend sterbe« – als den von Hofmannsthal anscheinend erfundenen zweiten Teil der Notiz vermerkt. Meine Fehlleistung betreffend ειδως war zuvor jedoch produktiv geworden. Die Worte ἵνα ⟨...⟩ ἀποθάνω hatten mich vermuten lassen, dass Hofmannsthal die Erinnerung an ein weiteres Solon-Diktum hatte festhalten wollen, mit dem eine Solon-Anekdote ihren pointierten Abschluss fand. Diese Anekdote gibt es in der Tat. In einem älteren Konversationslexikon wird sie im Artikel ›Sappho‹ in geraffter Form so referiert: »Solon lernte noch in seinen alten Tagen ein Lied von ihr, wie er sagte: Ἵνα μαθὼν αὐτὸ ἀποθάνω (daß er es lerne und dann sterbe).« (Das große Conversations-Lexikon [...], hrsg. von J. Meyer, Hildburghausen [u.a.] 1851/53, Abt. 2, Bd. 7, S. 103) Die Anekdote stammt aus einem Werk Aelians, ist jedoch nur im ›Florilegium‹ des Stobaeus überliefert. (In der griechisch-lateinischen Ausgabe Stobaeus / Gesner, 1559, S. 200. Vgl. Claudii Aeliani, De animalium natura libri XVII. Varia Historia, Epistolae Fragmenta, ex recognitione Rudolphi Hercheri, 2 Bde., Leipzig 1864–1866, hier: Bd. II, S. 256, fr. 187, mit der Anm.: Stobaeus Serm. 29,85 [sic!]; sowie: Ioannis Stobaei Florilegium, rec. Augustus Meineke, Vol. II, Leipzig 1855, S. 6f., unter ΚΘ 58 [sic!].) Augenscheinlich hat Hofmannsthal diese Anekdote aus irgendeiner Quelle gekannt und die beiden Dikta Solons, indem er im ersten πολλά wegließ und im zweiten μαθὼν αὐτό durch εἰδώς ersetzte, zu einem neuen, eigenwillig geistreichen Ausspruch zusammengefügt.

Dass dem jungen Lord das Spinnwebgleichnis des Anacharsis in die Feder fließt, lässt sich unschwer psychologisch deuten, kommt es doch nicht unvorbereitet. Sein Gedankengang setzte ja ein mit der einem schlicht gläubigen Menschen sich nahelegenden Vorstellung, dass es der »wohlangelegte Plan einer göttlichen Vorsehung« gewesen sein könnte, der auf eine »Anmaßung« ein Versinken in »Kleinmut und Kraftlosigkeit« folgen ließ, also auf die Übertretung einer Norm die nach göttlichem Recht und Gesetz verdiente Strafe. Das macht verständlich, dass Chandos in der Absicht, sein Freisein von solchen religiösen Auffassungen bildkräftig auszudrücken, den einem Humanisten bekannten Vergleich aufgreift, um ihn in einem anderen Anwendungsbereich anzusiedeln – und dass sich dabei unversehens eine verräterische Nebenwirkung ergibt. Denn für den humanistisch gebildeten kundigen Leser wird nun ein Denken, das durch die Spinnennetze religiöser Gesinnungen hindurchschießt, transparent für das Handeln eines Starken, der Verbotenes tut.[34]

ALLEGORIE, REGENBOGEN, SAUM DES MANTELS. – Nachdem Lord Chandos mit dem Spinnwebvergleich verbildlicht

---

[34] Erwähnt sei noch, dass der Gebrauch des Vergleichs in religiösem Zusammenhang seinerseits eine längere Tradition hat. In der Bibelexegese der Patristik ist das Spinnwebgleichnis in der von Anacharsis formulierten Form verwendet worden, um die Anhänger von Häretikern als geistige Schwächlinge zu brandmarken. In Erläuterung des 9. Verses in Psalm 90 (89) schreibt Hieronymus, bei Jesaja sei zu lesen, dass Häretiker ein Spinnennetz weben. »›Telam araneae texunt‹ (Isai. 59.5); quae parva et levia potest capere animalia, ut muscas, culices et caetera hujusmodi; a fortioribus autem rumpitur. Instar levium in Ecclesia simpliciumque, qui eorum decipiuntur erroribus, cum viros in fidei veritate robustos non valeant obtinere.« (Epistola CXL, Ad Cyprianum, in: Hieronymi Opera omnia, Bd. 1, Paris 1842/45 [= Patrologiae cursus completus, Ser. prima, Patrologia Latina, Bd. 22], Sp. 1175) Diese Worte des Hieronymus zitiert Picinelli in seinem ›Mundus symbolicus‹ (VIII, ii; Araneus), nachdem er zuvor den auf Gesetze bezogenen Vergleich des Anacharsis angeführt hat, unter dem Stichwort »Haeresis«. Und unter demselben Stichwort vermerkt den Spinnwebvergleich auch Boschius in seiner ›Symbolographia‹ (Classis III). Dass Hofmannsthal diesen Topos gekannt habe und auf ihn habe anspielen wollen, darf man wohl ausschließen. Interessant ist jedoch die Feststellung, dass ein und dieselbe Naturbeobachtung in unterschiedlichen Kontexten und Kulturen zur Veranschaulichung höchst verschiedener und im Grenzfall genau gegensätzlicher Lehren herangezogen werden kann. Vgl. dazu: Albrecht Schöne, Vom Biegen und Brechen. Göttinger Sudelblätter, hrsg. von Heinz Ludwig Arnold, Göttingen 1991.

hat, dass »dergleichen religiöse Auffassungen« keine Macht mehr über ihn haben, fährt er fort:

> Mir haben sich die Geheimnisse des Glaubens zu einer erhabenen Allegorie verdichtet, die über den Feldern meines Lebens steht wie ein leuchtender Regenbogen, in einer stetigen Ferne, immer bereit, zurückzuweichen, wenn ich mir einfallen ließe hinzueilen und mich in den Saum seines Mantels hüllen zu wollen. (S. 48)

Man wüsste gern, an welche »Geheimnisse des Glaubens« zu denken ist, die sich für Chandos zu einer »erhabenen Allegorie« verdichtet haben. Sind es unter anderem die, von denen zuvor schon anspielend die Rede war: das Pfingstwunder und die Taufe? Und wenn solche Geheimnisse des Glaubens anders aufzufassen sind, als gläubige Menschen sie aufzunehmen pflegen: was ist unter der »Allegorie« zu verstehen, zu der dergleichen werden kann? Einen erläuternden Gedankengang von der Art, wie man ihn hier vermisst, findet man, wenn auch nur in allgemeiner Form, in Schopenhauers ›Parerga und Paralipomena‹. Im Kapitel 15, ›Ueber Religion‹, liest man im § 178, ›Ueber das Christenthum‹:

> Um über dasselbe gerecht zu urtheilen, muß man auch betrachten was vor ihm dawar und von ihm verdrängt wurde. Zuvörderst das Griechisch-Römische Heidenthum ⟨...⟩. – Das Zweite, was das Christenthum zu verdrängen hatte, war das Judenthum, dessen plumpes Dogma durch das christliche sublimirt und stillschweigend allegorisirt wurde. Ueberhaupt ist das Christenthum durchaus allegorischer Natur: denn was man in profanen Dingen Allegorie nennt heißt bei den Religionen Mysterium. Man muß zugeben, daß das Christenthum, nicht nur in der Moral, wo die Lehren von der Caritas, Versöhnlichkeit, Feindesliebe, Resignation und Verleugnung des eignen Willens ihm, – versteht sich, im Occident, – ausschließlich eigen sind, sondern selbst in der Dogmatik, jenen beiden frühern Religionen weit überlegen ist. Was aber läßt dem großen Haufen, welcher die Wahrheit unmittelbar zu fassen denn doch unfähig ist, sich Besseres geben, als eine schöne Allegorie, die als Leitfaden für das praktische Leben und als Anker des Trostes und der Hoffnung vollkommen ausreicht. Einer solchen aber ist eine kleine Beimischung von Absurdität ein nothwendiges Ingrediens, indem es zur Andeutung ihrer allegorischen Natur dient. Versteht man die Christliche Dogmatik sensu proprio: so behält Voltaire Recht. Hingegen allegorisch genommen, ist sie ein heiliger Mythos, ein Vehikel, mittelst dessen dem Volke Wahrheiten beigebracht werden, die ihm sonst durchaus unerreichbar wären.

> Man könnte dieselbe den Arabesken von Raphael, wie auch denen von Runge, vergleichen, welche das handgreiflich Widernatürliche und Unmögliche darstellen, aus denen aber dennoch ein tiefer Sinn spricht. Sogar die Behauptung der Kirche, daß in den Dogmen der Religion die Vernunft völlig inkompetent, blind und verwerflich sei, besagt im innersten Grunde Dies, daß diese Dogmen allegorischer Natur und daher nicht nach dem Maaßstabe, welchen die Vernunft, die Alles sensu proprio nimmt, allein anlegen kann, zu beurtheilen seien. Die Absurditäten im Dogma sind eben der Stempel und Abzeichen des Allegorischen und Mythischen; obwohl sie, im vorliegenden Falle, daraus entspringen, daß zwei so heterogene Lehren, wie die des A. T. und N. T., zu verknüpfen waren.[35]

Gut denkbar ist, dass Hofmannsthal aus dieser Darlegung Schopenhauers den Begriff des Allegorischen übernommen hat. Sehr wahrscheinlich hat er jedoch auch die mehr ins Einzelne gehenden Ausführungen von Friedrich Albert Lange zum selben Thema in dessen ›Geschichte des Materialismus‹ gekannt. Wie aus einem Brief an Leopold von Andrian hervorgeht, muss sich Hofmannsthal im Frühjahr 1896 mit diesem Werk eingehend beschäftigt haben.[36] F. A. Lange widmet das umfangreiche letzte Kapitel seines zweibändigen Werks der Darstellung des ethischen Materialismus in seinem Verhältnis zur Religion, und im Abschnitt ›Das Christentum und die Aufklärung‹ schreibt er, nachdem er unter anderem »die Pfaffenlehre von der moralischen Verruchtheit aller Ungläubigen« gebrandmarkt hat:

---

[35] Arthur Schopenhauer, Sämmtliche Werke, hrsg. von Julius Frauenstädt, 2. Auflage, Neue Ausgabe, 6 Bde., Leipzig 1888–1892, hier: Band 6, S. 388f. Diese von Hofmannsthal benutzte Ausgabe ist erhalten im FDH (Sign. 1942). Der Polemik gegen die Auffassung, dass in Religionen uralte Weisheit »sensu allegorico« ausgesprochen werde, widmet übrigens Nietzsche einen eigenen Aphorismus, in dem es unter anderem heißt: »in unsere jetzige Zeit hineingeboren, würde er ⟨Schopenhauer⟩ unmöglich vom s e n s u s a l l e g o r i c u s der Religion haben reden können«. (Menschliches, Allzumenschliches, I, Aph. 110, in: Friedrich Nietzsche, Werke in drei Bänden, Darmstadt 1963, hier: 1. Bd., S. 519)

[36] Am 25. Januar 1896 hatte Andrian geschrieben: »Kannst Du mir Albert Langes G e s c h i c h t e d e s M a t e r i a l i s m u s leihen, so schick mir dieses Buch«. Hofmannsthal antwortete am 6. Februar: »Lieber Poldy, meine ›Geschichte des Materialismus‹ kann ich Dir nicht schicken, weil ich sie mir selber zum Arbeiten ausgeliehen hab.« (Hugo von Hofmannsthal – Leopold von Andrian, Briefwechsel, hrsg. von Walter H. Perl, Frankfurt am Main 1968, S. 58f.)

Überblickt man aber die Geschichte im großen ganzen, so scheint es mir kaum zweifelhaft, daß wir der stillen aber beständigen Wirkung der christlichen Ideen nicht nur unsern moralischen, sondern selbst den intellektuellen Fortschritt großenteils zuschreiben dürfen; daß jedoch diese Ideen ihre volle Wirksamkeit erst entfalten können, indem sie die kirchliche und dogmatische Form zerbrechen, in die sie eingehüllt waren, wie der Same eines Baumes in seine harte Schale.

Und an späterer Stelle:

Freilich tragen alle Ergebnisse der Dichtung und Offenbarung für unser Bewußtsein den Charakter des Absoluten, des Unmittelbaren, indem die Bedingungen, aus denen diese Vorstellungsgebilde hervorgehen, nicht mit zum Bewußtsein kommen; freilich sind anderseits alle Dichtungen und Offenbarungen einfach falsch, sobald man sie nach ihrem materiellen Inhalt mit dem Maßstabe der exakten Erkenntnis prüft; allein jenes Absolute hat nur Wert als Bild, als Symbol eines jenseitigen Absoluten, welches wir gar nicht erkennen können ⟨...⟩. In den Relationen der Wissenschaft haben wir Bruchstücke der Wahrheit, die sich beständig mehren, aber beständig Bruchteile bleiben; in den Ideen der Philosophie und Religion haben wir ein Bild der Wahrheit, welches sie uns ganz vor Augen stellt, aber doch stets ein Bild bleibt, wechselnd in seiner Gestalt mit dem Standpunkt unsrer Auffassung.[37]

Welche Inhalte der religiösen Überlieferung es nun sind, die ihr Daseinsrecht behalten, sofern man ihre dogmatische Form preisgibt und sie als Bild, als Symbol auffasst, kommt erstmals dort zur Sprache, wo Lange die »ethische Tendenz der Religion« erläutert. Er schreibt:

Zur Verbreitung theoretischer Einsicht und Aufklärung bedarf es überhaupt keiner Gemütserhebung. ⟨...⟩ Anders verhält es sich mit der Sittlichkeit, mit der Läuterung des Begehrens und mit der Richtung der Triebe zum Wohle des Ganzen. Aber auch hier wird die bloße moralische Belehrung schwerlich je eine Gemütsstimmung zeugen, zu welcher Posaunenklänge und Hymnen passen. An menschliche Freuden und Leiden, an Fürchten, Sehnen und Hoffen knüpft alle Religion an wie

[37] Friedrich Albert Lange, Geschichte des Materialismus und Kritik seiner Bedeutung in der Gegenwart, hrsg. von Heinrich Schmidt-Jena, Erstes Buch: Geschichte des Materialismus bis auf Kant, Zweites Buch: Geschichte des Materialismus seit Kant, Leipzig 1926 ⟨zuerst 1866/1875⟩, Bd. II, S. 382, 386, 388. Hervorhebungen im Original.

> alle Poesie ⟨...⟩. Ein Stoff, der einerseits echt menschlich, anderseits auf Göttliches und Ewiges hinweisend die Herzen berührt, bildet die Grundlage, mit welcher die ethische Tendenz der Religion sich unauflöslich verbindet. Die Tragik des leidenden Göttersohnes ist daher vielleicht von den Mysterien der alten Griechen bis auf die Ausläufer des Christentums im Protestantismus herab ein wesentlicherer Bestandteil des eigentlich religiösen Lebens gewesen als alle andern Überlieferungen und Lehrsätze. Einen solchen Stoff aber kann man nicht machen. Er muß werden.[38]

Den hier anklingenden Gedanken von der Geschichtlichkeit menschlichen Daseins greift Lange an späterer Stelle seines Werks wieder auf mit den Worten: »auf keinen Fall wird das Vergangene ganz verloren sein und auf keinen Fall das Veraltete unverändert sich wieder erheben.« Dann heißt es:

> In gewissem Sinne sind auch die Ideen der Religion unvergänglich. Wer will eine Messe von Palestrina widerlegen, oder wer will die Madonna Raffaels des Irrtums zeihen? Das gloria in excelsis bleibt eine weltgeschichtliche Macht und wird schallen durch die Jahrhunderte, solange noch der Nerv eines Menschen unter dem Schauer des Erhabenen erzittern kann. Und jene einfachen Grundgedanken der Erlösung des vereinzelten Menschen durch die Hingabe des Eigenwillens an den Willen, der das Ganze lenkt; jene Bilder von Tod und Auferstehung, die das Ergreifendste und Höchste, was die Menschenbrust durchbebt, aussprechen, wo keine Prosa mehr fähig ist, die Fülle des Herzens mit kühlen Worten darzustellen; jene Lehren endlich, die uns befehlen, mit dem Hungrigen das Brot zu brechen und dem Armen die frohe Botschaft zu verkünden – sie werden nicht für immer schwinden, um einer Gesellschaft Platz zu machen, die ihr Ziel erreicht hat, wenn sie ihrem Verstand eine bessere Polizei verdankt und ihrem Scharfsinn die Befriedigung immer neuer Bedürfnisse durch immer neue Erfindungen.[39]

Man versteht gut, dass Hofmannsthal dieses Buch nicht hat aus der Hand geben wollen, als er mit ihm befasst war, enthielt es doch Gedanken zur Diagnose der Epoche, zu Geschichtlichkeit, Religion und Dichtung, die verwandte Saiten in ihm berühren mussten. Sicherlich wusste Hofmannsthal jedoch auch, wie damals Friedrich Jodl zum Thema Katholizismus und aufgeklärtes wissenschaftliches

---

[38] Ebd., S. 400f. Hervorhebungen im Original (in Abschnitt III. Der theoretische Materialismus in seinem Verhältnis zum Ethischen und zur Religion).

[39] Ebd., Bd. II, S. 448 (in Abschnitt IV. Der Standpunkt des Ideals).

Denken Stellung bezog. Jodl war einer der akademischen Lehrer Hofmannsthals und einer seiner beiden Prüfer im Fach Philosophie. Wie der ältere F. A. Lange vertrat auch Jodl, in polemischer Stellung gegen den Dualismus von Körper und Geist, den sogenannten Monismus. Im Jahr der Entstehung des Chandos-Briefs, 1902, veröffentlichte er einen langen Aufsatz unter der Überschrift ›Gedanken über Reformkatholizismus‹. Darin lautet die zentrale These, der Katholizismus sei »in jedem strengeren Sinne des Wortes irreformabel«, denn: »Was von diesem System sollte oder könnte aufgegeben werden, ohne das Ganze zu zerstören?«[40] Weiter heißt es:

> Soll der Katholizismus vielleicht aufhören, sich als eine unmittelbare Tat Gottes zu behaupten, seine Entstehung auf das unbegreifliche Wunder der Menschwerdung, seinen Bestand auf die ununterbrochene Leitung des göttlichen Geistes zurückzuführen? Soll er verzichten auf die geheimnisvolle Gegenwart des Göttlichen im Meßopfer ⟨...⟩ auf das Idealbild der jungfräulichen Mutter ⟨...⟩ auf jene von der Kunst aller Jahrhunderte geweihten und durchgebildeten Vorstellungen von dem Richter, der da niedersteigen wird aus den Höhen des Himmels ⟨...⟩?
>
> Gewiß sind das alles unmöglich Dinge vor dem Forum des vernünftigen, des wissenschaftlichen Denkens. Dinge, die nie waren, nie sind und nie sein können. ⟨...⟩ Dinge, ⟨...⟩ denen gegenüber ⟨...⟩ heute noch das Wort gilt, das einst Tertullian ehrlich, aber grob gesprochen: Credo quia absurdum. ⟨...⟩ Und diese seine raison d'être sollte der Katholizmus aufheben? Etwa mit der modernen Bibelkritik sich einlassen? Die Heilsgeschichte zu einem Stück Kulturgeschichte machen? Den Gläubigen mit Hegel sagen: »Unsere Dogmen sind ewige Wahrheiten, aber in der Form der Geschichte, in der Form des Symbols.« Ist nicht zu befürchten, daß im Augenblick, wo dem Gläubigen das Symbol nicht mehr naiver Weise die Sache selbst ist, ⟨...⟩ gerade die eigentliche Süßigkeit des religiösen Affekts, das Unbeschreibliche getan zu wissen, das Unmögliche als wirklich zu erfahren, verloren ginge? Daß der Katholizismus auf jene verhängnisvolle Bahn geführt werden würde, auf welcher der protestantische Rationalismus im 18. Jahrhundert zur äußersten Verflachung des eigentlich Religiösen, ja zur Abgeschmacktheit gedrängt worden ist?[41]

---

[40] Friedrich Jodl, Gedanken über Reformkatholizismus (1902), in: ders., Vom Lebenswege. Gesammelte Vorträge und Aufsätze in zwei Bänden, hrsg. von Wilhelm Börner, 2. Bd., Stuttgart/Berlin 1917, S. 397–419, hier: S. 401.

[41] Ebd., S. 402f.

> Reform des Katholizismus? Das scheint mir aus solchen im Wesen dieser Religionsform und ihrer ganzen Geschichte liegenden Gründen ein unerfüllbarer Traum zu sein. Ich werde daran glauben, wenn eines Tages die menschliche Natur eine andere geworden sein wird oder vielmehr, wenn der Teil der Menschheit, welcher ⟨...⟩ aus Herzensbedürfnis katholisch ist, ausgestorben sein wird. Aber so gewiß das eine ist, daß die katholische Religion einer gewissen Menschengruppe wirklich das Heil bedeutet, gestillte Sehnsucht, Stütze im Diesseits und Jenseits, so gewiß ist es, daß er nie die Religion für alle werden kann; daß er für Naturen von anderem geistigen Gepräge eine unerträglich Qual bedeutet, solange sie versuchen, ihn ernst zu nehmen. Wie alle menschlichen und natürlichen Bildungen muß auch der Katholizismus den Gewinn in der einen Richtung mit starken Einbußen in einer anderen Richtung erkaufen: die festumrissene Autorität seiner Lehre mit dem Verzicht auf volle geistige Freiheit; den starken Einschlag des Übernatürlichen, Wunderhaften mit Verzicht auf die Einheit der Weltanschauung, auf die Einheit der religiösen und der wissenschaftlichen Kultur ⟨...⟩. Darum muß es neben dem Katholizismus andere Formen des Christentums nicht nur, sondern auch die Religion der Humanität geben.[42]

Dass Hofmannsthal mit Gedankengängen dieser Art vertraut gewesen ist, aus welchen Quellen auch immer, steht wohl außer Zweifel. Wie er zu ihnen stand, als er den Chandos-Brief verfasste, ist schwer einzuschätzen. Klare Auskünfte dazu gibt es meines Wissens nicht. Aber selbst wenn man Genaueres wüsste, bliebe zu bedenken, dass Chandos nicht ein alter ego seines Autors ist, sondern dessen epische Figur. Unübersehbar ist jedenfalls, dass im Chandos-Brief nicht vom Verlust des Glaubens infolge von Sprachskepsis die Rede ist, sondern davon, dass Chandos im Verlauf einer geistigen Entwicklung zu den Mysterien der christlichen Lehre eine verwandelte, von aufklärerischem Denken beeinflusste Einstellung gewonnen hat. Von dieser Einstellung erfahren wir nicht mehr, allerdings auch nicht weniger, als dies: dass sich ihm die »Geheimnisse des Glaubens« zu einer »erhabenen Allegorie verdichtet« haben, »die über den Feldern ⟨s⟩eines Lebens steht wie ein leuchtender Regenbogen, in einer stetigen Ferne«.

Dem Wortlaut nach bezieht sich der Vergleich mit dem Regenbogen nur auf das sinnfällig Wahrnehmbare: die jedermann zugäng-

---

[42] Ebd., S. 407.

liche Erfahrung, dass der Regenbogen auf der Erde aufzuruhen scheint, während man zugleich den Ort des Aufruhens, so beharrlich man auch auf ihn zugeht, nie erreicht. Aber kann man diesen Vergleich im hier gegebenen religiösen Zusammenhang lesen, ohne sich an den Regenbogen zu erinnern, von dem im Alten Testament als Zeichen der Verbundenheit Gottes mit den Menschen die Rede ist? (Gen 9,13–17) Denkt man sich dieses Zeichen hinzu, ergibt sich der sinnreich paradoxe Sachverhalt, dass der Regenbogen zugleich das Erscheinen des Göttlichen und dessen Sichentziehen bezeugt. Von der Unerreichbarkeit von etwas Ersehntem spricht aber offenbar auch die abschließende Metapher, die sehr überraschend kommt. Seltsam mutet schon der Wunsch an, sich in den Regenbogen wie in einen Mantel hüllen zu können, seltsamer noch die Vorstellung, dass dies mit dem »Saum seines Mantels« geschehen könnte. – Die Mantelmetapher scheint es freilich Hofmannsthal besonders angetan zu haben, nachdem er sie in einer Tagebuchaufzeichnung von Hebbel gelesen hatte; sie begegnet an einer später ausgeschiedenen Stelle im ›Gespräch über Gedichte‹. Dort heißt es, als Hebbelzitat kenntlich gemacht: »Dichten heißt Welt und Dasein um sich ziehen wie einen Mantel, so festen Griffes es um sich ziehen, dass uns das Nächste und Fernste gleichmäßig erwärmt.«[43] Indessen dürfte der »Saum« des Mantels, der im Chandos-Brief so weit hergeholt erscheint, die Herkunft aus dem Neuen Testament verraten. Im Matthäusevangelium wird erzählt:

> Und siehe, ein Weib, das zwölf Jahre den Blutgang gehabt, trat von hinten zu ihm und rührte seines Kleides Saum an. Denn sie sprach zu sich selbst: Möchte ich nur sein Kleid anrühren, so würde ich gesund. Da wandte sich Jesus um und sprach: Sei getrost, meine Tochter; dein Glaube hat dir geholfen.[44]

---

[43] SW XXXI, S. 330; vgl. ebd., S. 348, das Zitat aus Hebbels Tagebüchern (Friedrich Hebbel, Tagebücher, hrsg. von Felix Bamberg, Bd. 3, Berlin 1887, S. 208). Die Mantelsymbolik behandelt ohne Bezugnahme auf den Chandos-Brief der Aufsatz von Paul Requadt, Sprachverleugnung und Mantelsymbolik, in: Hugo von Hofmannsthal, hrsg. von Sibylle Bauer, Darmstadt 1968, S. 40–76.

[44] Mt 9,20–22; vgl. Mt 14,36: »nur den Saum seines Gewandes berühren dürfen«; und Mk 6,56: »daß sie nur den Saum seines Gewandes anrühren möchten; und alle, die ihn anrührten, wurden gesund«.

So beendet Chandos das Bekenntnis seines Unglaubens recht anders, als er es begonnen hatte. Gab er zu Anfang zu verstehen, dass religiöse Auffassungen »keine Kraft« über ihn haben und seine Gedanken durch sie »hindurchschießen, hinaus ins Leere«, verrät er am Ende ungewollt – so wollte es der Autor –, dass er dies im Grunde als eine Krankheit empfindet, von der er gern geheilt werden würde.

GEFÄSS. – »Aber, mein verehrter Freund«, so setzt Chandos seinen Bericht fort, »auch die irdischen Begriffe entziehen sich mir in der gleichen Weise.« (S. 48) Wenn er dann eingehend geschildert hat, wie dieser quälende Verlust der Fähigkeit sich auswirkt, »über irgend etwas zusammenhängend zu denken oder zu sprechen«, bekennt er im folgenden Teil seines Berichts, dass sein Dasein, »so geistlos, so gedankenlos« es auch hinfließe, doch »nicht ganz ohne freudige und belebende Augenblicke« sei. (S. 50) Zu sagen, worin diese guten Augenblicke bestehen, falle ihm allerdings nicht leicht: »die Worte lassen mich wiederum im Stich.« Man könnte denken: »wiederum« deshalb, weil ihm die Worte der Sprache verdächtig geworden sind und ihm »wie modrige Pilze« (S. 49) im Munde zerfallen. Aber hier ist es doch wohl anders gemeint. Die Schwierigkeit, für jene ihm zuteil gewordenen guten Augenblicke die richtigen Worte zu finden, dürfte vielmehr darin liegen, dass deren Urheber nicht dingfest gemacht werden kann. Das Ich ist dieser Urheber nicht, denn ein beliebiger Gegenstand, so Chandos, »kann für mich plötzlich in irgend einem Moment, den herbeizuführen auf keine Weise in meiner Gewalt steht, ein erhabenes und rührendes Gepräge annehmen« (S. 50). Und dem Gegenstand kann die Urheberschaft nicht zugesprochen werden, weil er nur als Partner dieses Ich seine geheimnisvolle Aura gewinnt. Erst durch einen unversehens sich ergebenden Wechselbezug entsteht, was das Glück des Augenblicks ausmacht. Dies zur Sprache zu bringen, ist wahrlich kein leichtes Unterfangen. Doch Chandos meistert es mit Hilfe einer Metapher, die er auf eigentümliche Weise handhabt. Die Worte ließen ihn im Stich, schreibt der junge Lord:

> Denn es ist ja etwas völlig Unbenanntes und auch wohl kaum Benennbares, das, in solchen Augenblicken, irgendeine Erscheinung meiner alltäg-

> lichen Umgebung mit einer überschwellenden Flut höheren Lebens wie ein Gefäß erfüllend, mir sich ankündet. (S. 50)

Einige Zeilen weiter:

> Eine Gießkanne, eine auf dem Felde verlassene Egge, ein Hund in der Sonne, ein ärmlicher Kirchhof, ein Krüppel, ein kleines Bauernhaus, alles dies kann das Gefäß meiner Offenbarung werden. (Ebd.)

Schließlich wird das Bild des Gefäßes – zwar nicht dem Wort, aber der Sache nach – ein drittes Mal aufgerufen in dem Satz:

> Ja, es kann auch die bestimmte Vorstellung eines abwesenden Gegenstandes sein, dem die unbegreifliche Auserwählung zuteil wird, mit jener sanft und jäh steigenden Flut göttlichen Gefühles bis an den Rand gefüllt zu werden. (Ebd.)

Als habe ein Zauberstab ihn berührt, verwandelt sich der Gegenstand in ein sich füllendes Gefäß. Doch so bezwingend und einleuchtend diese metaphorische Verwandlung auch ist, kann sie doch nicht vergessen machen, dass letztlich nicht der Gegenstand, sondern das Ich das Gefäß ist, dem eine »Flut höheren Lebens«, eine »Offenbarung« und eine »Flut göttlichen Gefühles« geschenkt wird. Gibt man dem Ich die Attribute zurück, die der metaphorische Ausdruck ihm genommen und dem Gegenstand zugesprochen hatte, war in dem besagten Augenblick Chandos selbst das »Gefäß«, dem eine »unbegreifliche Auserwählung« zuteil geworden war. – Als »Gefäß der Auserwählung«, als »vas electionis« aber wird im Neuen Testament jener Saulus bezeichnet, der zum Apostel Paulus wurde.

Auf dem Weg nach Damaskus, so weiß man, wird Saulus von einer Lichterscheinung zu Boden geworfen und hört eine Stimme, die ihn fragt: »warum verfolgst du mich?« Weniger bekannt ist, was die Apostelgeschichte vom weiteren Hergang der Dinge erzählt. Der Blindgewordene wird in Damaskus von Jüngern Christi aufgenommen, und am dritten Tag erscheint einem Jünger namens Ananias der Herr in einer Vision und fordert ihn auf, Saulus aufzusuchen, um ihm – im doppelten Sinn des Ausdrucks – die Augen zu öffnen. Als Ananias einwendet, dieser Mann habe den Jüngern viel Übles getan, gibt ihm Gott den Bescheid: »vas electionis est mihi iste, ut portet nomen meum coram gentibus et regibus et filiis Israhel.« (Apg 9,15)

Aber war es diese Bibelstelle, die Hofmannsthal in Erinnerung hatte? Das kann man füglich bezweifeln, und so wird es auch nicht gewesen sein. Aus der Kenntnis der Apostelgeschichte dürfte die Bezeichnung des Apostels Paulus als »vas electionis« wohl nur sehr geschulten Bibellesern geläufig sein. Dem Dante-Leser hingegen ist sie gut vertraut, denn sie begegnet an unvergesslicher Stelle im zweiten Gesang des ›Inferno‹. Und dort gewinnt sie durch ihren Kontext eine Bedeutung, dank derer sie sich dem Verfasser des Chandos-Briefes als kryptisch einzuspielendes Zitat empfohlen haben muss. Ein traumähnlicher Zustand, so liest man zu Beginn der ›Göttlichen Komödie‹, hat Dante in einen dunklen Wald versetzt, aus dem er vergeblich herausstrebt. Drei Tiere drängen ihn zurück. Da erscheint ihm Vergil, der ihn aus seiner Bedrängnis erlöst; und fortan wird der heidnische Dichter Dantes Führer durch die Hölle und auf die Höhe des Läuterungsbergs. Doch kaum hat er die ersten Schritte getan, verlässt den Jenseitswanderer der Mut. Bedenke, wer ich bin, so wendet er sich an Vergil. Der Abstieg in die ewigen Gefilde wurde Aeneas gewährt, weil ihm bestimmt war, Rom zu gründen, das zum Sitz des Nachfolgers Petri werden sollte. Und danach war es Paulus, der dorthin gelangte – »andovvi poi lo Vas d'elezione«. Warum sollte ihm, Dante, dies gewährt sein? »Ich bin Aeneas nicht, nicht Paulus bin ich – Io non Enea, io non Paolo sono.« (Ein bewundernswerter Satz, der als undenkbar abweist, und zugleich dem Leser einprägt, was Dante zuteil geworden ist: nach Aeneas und Paulus ihm als dem Dritten!) Dass dem Apostel Paulus dieses Ungeheure widerfahren war, hatte er selbst mit den Worten im zweiten Korintherbrief zu verstehen gegeben: er kenne einen Menschen, der wurde ins Paradies entrückt und hörte unaussprechliche Worte, die kein Mensch sagen kann – »raptus est in paradisum et audivit arcana verba quae non licet homini loqui«. (2 Kor 12,4) Auf diese Stelle im zweiten Korintherbrief bezieht sich Dante, wenn er Paulus mit den Worten der Apostelgeschichte als »Vas d'elezione« bezeichnet. Damit aber füllt er diese Bezeichnung mit einem anderen Gehalt als dem, den sie in der Apostelgeschichte hatte. Nicht weil Paulus vom Herrn zum Glaubensverkünder berufen worden war und den Auftrag zur Heidenmission erhalten hatte, sondern weil er ins Paradies entrückt worden war, nennt ihn Dante »Gefäß der Auserwählung«. Nimmt nun der Leser in dem von

Chandos Geschilderten die Anspielung auf die Stelle im ›Inferno‹ wahr, teilt sich ihm die Erfahrung einer Entrückung mit, die beim nah vor Augen liegenden Alltäglichen beginnt, von dort in eine kulturelle und religiöse Vergangenheitsferne führt, und von dort ins schlechthin Jenseitige.[45]

SPLITTER. – Er vergleiche sich manchmal in Gedanken, so beginnt Chandos den abschließenden Teil der Schilderung seines so befremdlich veränderten Welterlebens, »mit jenem Crassus dem Redner, von dem berichtet wird, daß er eine zahme Muräne, einen dumpfen, rotäugigen, stummen Fisch seines Zierteiches, so über alle Maßen lieb gewann, daß es zum Stadtgespräch wurde«. (S. 53) Wer weiß wie oft sei ihm dieser Crassus mit seiner Muräne »als ein Spiegelbild ⟨seines⟩ Selbst« in den Sinn gekommen. (Ebd.) Dann lautet der letzte Abschnitt des Berichts:

> Das Bild dieses Crassus ist zuweilen nachts in meinem Hirn, wie ein Splitter, um den herum alles schwärt, pulst und kocht. Es ist mir dann, als geriete ich selber in Gärung, würfe Blasen auf, wallte und funkelte. Und das Ganze ist eine Art fieberisches Denken, aber Denken in einem Material, das unmittelbarer, flüssiger, glühender ist als Worte. Es sind gleichfalls Wirbel, aber solche, die nicht wie die Wirbel der Sprache ins Bodenlose zu führen scheinen, sondern irgendwie in mich selber und in den tiefsten Schoß des Friedens. (S. 54)[46]

---

[45] Dass Hofmannsthal das ›Inferno‹ gründlich kannte, leidet keinen Zweifel. Im Wintersemester 1896/97 hatte er sich für ein Kolleg »Über Dantes Leben und Werke nebst Lektüre und Interpretation des Inferno« eingeschrieben. Der Dozent war Adolfo Mussafia (vgl. Ausstellung Hugo von Hofmannsthal. Katalog, bearbeitet von Franz Hadamowsky, Salzburg 1959, S. 73). Die benutzte Ausgabe der ›Divina Commedia‹ war sicherlich die damals, und für sehr lange Zeit, maßgebende von Scartazzini, in deren Kommentar zu Inf. II,28 die Stellen aus der Apostelgeschichte und dem Korintherbrief zitiert werden (La Divina Commedia di Dante Alighieri. Riveduta nel testo e commentata da G. A. Scartazzini, Volume primo: L'Inferno, Leipzig 1874). Im erhaltenen Bestand der Bibliothek Hofmannsthals gibt es keine Ausgabe der ›Divina Commedia‹ in italienischer Sprache, wohl hingegen das Buch von G. A. Scartazzini, Dantologia. Vita ed Opere di Dante Alighieri, 2. edizione, Milano 1894. (FDH, Sign. 1896)

[46] Zum Motiv des Wirbels vgl. den Aufsatz von Gerhard Neumann, »Tourbillon«. Wahrnehmungskrise und Poetologie bei Hofmannsthal und Paul Valéry, in: Études Germaniques 53 (1998), S. 396–424, bes. S. 400–403.

Zu dem eindrucksvoll grellen Vergleichsbild merkt Ellen Ritter an: »In den ersten Überlieferungsträgern, bis hin zum Erstdruck, stand statt ›Splitter‹: ›eingeschlagener Nagel‹« (S. 280; vgl. S. 284). In dieser ursprünglichen Fassung habe Hofmannsthal das Bild aus Bacons ›Essays or Counsels‹ übernommen, und zwar aus einem Passus im Kapitel XXVIII, ›Sphinx, or Science‹, in dem es heißt: »The words of the wise are like goads or nails driven far in.« (S. 279f.) Aber mit größerer Wahrscheinlichkeit entstammt der Vergleich einer anderen Quelle. Denn was bei Bacon nur schwach angedeutet ist, die Vorstellung eines Kopfes, in den ein Nagel eingeschlagen wird, findet sich zu Wort gebracht in einem Brief von Marie von Gomperz. Darin schreibt sie, dass es ihr besser gehe und sie nun wieder »ein wenig selbst lesen« könne, wenngleich sie damit nur langsam voran komme. Dann fährt sie fort: »aber ich bin dabei sehr geduldig u. habe nicht mehr wie früher die Empfindung, als würde man mir mit Gewalt einen Nagel in den Kopf treiben.«[47]

Auffälliger und nachdenkenswerter als dies ist jedoch der Umstand, dass Hofmannsthal, als er den Chandos-Brief 1905 ein zweites Mal in den Druck gab, sich für die Wendung »wie ein Splitter« entschieden hat. Denn in frappierend ähnlicher Form hatte er diesen Vergleich bereits in der 1899 erschienenen ›Reitergeschichte‹ verwendet. Man erinnere sich: Am Stadtrand von Mailand sieht Wachtmeister Lerch, wie eine Frau aus einer behaglich eingerichteten Wohnung tritt, in der ein Pfeilerspiegel auch ein Bett und einen beleibten älteren Mann sichtbar macht. Er erkennt sie, und ihm fällt ein, »daß er mit ihr vor neun oder zehn Jahren in Wien in Gesellschaft eines anderen, ihres damaligen eigentlichen Liebhabers, einige Abende und halbe Nächte verbracht hatte«.[48] Es kommt zu einem kurzen Dialog, an dessen Ende er ihr sagt, in acht Tagen werde er sich hier einquartieren. Weiterreitend träumt er sich in das behagliche Zimmer hinein, das seiner wild ausschweifenden Phantasie ungehemmtes Ausleben des Geschlechtstriebs mit einem Zusatz von sadistischem Lustgewinn verspricht. In ihm, so heißt es dann,

[47] Hugo von Hofmannsthal, Briefwechsel mit Marie von Gomperz 1892–1916, mit Briefen von Nelly von Gomperz, hrsg. von Ulrike Tanzer, Freiburg i.Br. 2001, S. 50.

[48] SW XXVIII, S. 41.

> in ihm war ein Durst nach unerwartetem Erwerb, nach Gratifikationen, nach plötzlich in die Tasche fallenden Dukaten rege geworden. Denn der Gedanke an das bevorstehende erste Eintreten in das Zimmer mit den Mahagonimöbeln war der Splitter im Fleisch, um den herum alles von Wünschen und Begierden schwärte.[49]

Mit diesem »Splitter im Fleisch« hat das Leben des Wachtmeisters eine Wende genommen. Wenn er nun weiterreitend ein totenstill daliegendes Dorf erreicht und es zu durchqueren beginnt, gerät er in den Bann einer so noch nie zuvor erlebten Welt. Es sind vor allem die Tiere, die ihm nacheinander vor Augen kommen, durch die sich ihm die Welt mit einem anderen, fremden Gesicht offenbart, und die erste dieser Szenen ist diese:

> Unter einer Türschwelle zur Linken rollten zwei ineinander verbissene blutende Ratten in die Mitte der Straße, von denen die unterliegende so jämmerlich aufschrie, daß das Pferd des Wachtmeisters sich verhielt und mit schiefem Kopf und hörbarem Atem gegen den Boden stierte.[50]

Verleitet schon dieses Motiv dazu, sich an den Chandos-Brief zu erinnern, so muss erst recht Hofmannsthals Änderung in der zweiten Druckfassung des Briefes – »Splitter« statt »Nagel« – zu denken geben, heißt es doch nun fast gleichlautend wie in der ›Reitergeschichte‹: »Das Bild des Crassus ist zuweilen nachts in meinem Hirn, wie ein Splitter, um den herum alles schwärt.« Überdies steht der Vergleich in beiden Texten an exponierter Stelle. In der ›Reitergeschichte‹ bezeichnet er die unheilvolle Wende, die das Schicksal des Wachtmeisters nimmt, im Chandos-Brief das Endstadium der glückspendenden Wende, die das Leben des jungen Lords genommen hat; bekennt doch Chandos, dass die »Wirbel« seines Denkens »nicht wie die Wirbel der Sprache ins Bodenlose zu führen scheinen, sondern irgendwie in mich selber und in den tiefsten Schoß des Friedens.« (S. 54)

Ist die Wiederaufnahme des so eindringlich sinnfälligen Vergleichs als kryptisches Selbstzitat zu werten, mit dem Hofmannsthal den Leser des Chandos-Briefs auf die ›Reitergeschichte‹ hat verweisen wollen? Aber von welcher Art auch immer der Zugriff auf das

---

[49] Ebd., S. 42f.
[50] Ebd., S. 43f.

früher schon einmal Formulierte gewesen sein mag: selbst dann, wenn er selbstvergessen geschehen sein sollte, hat er einen Motivkontakt hergestellt, der aufmerken lässt und nahelegt, die Entstehungsgeschichte des Chandos-Briefs noch ein Stück weiter zurückzuverfolgen.

HINÜBERFLIESSEN, GUTE AUGENBLICKE. – Dass in die ›Reitergeschichte‹ Erfahrungen eingegangen sind, die Hofmannsthal während seiner Militärzeit in böhmischen und galizischen Garnisonen gemacht hatte, hat Mary E. Gilbert anhand von Zitaten aus mehreren Briefen Hofmannsthals überzeugend dargestellt, und Richard Alewyn in seiner Interpretation der Novelle mit weiteren einschlägigen Zitaten belegt.[51] Zwei dieser Briefe verdienen eine nähere Betrachtung. Obgleich sie von Selbsterlebtem handeln, verraten sie in ihrer sprachlichen Gestaltung die Einwirkung kultureller Vergangenheit. Auch für sie trifft zu, was sich Hofmannsthal einmal in einer Aufzeichnung notiert hat:

> Unserm unklaren Gedanken bietet sich, da wir mit Ererbtem, Anempfundenem und Anerzogenem erfüllt sind, sofort eine fertige Ausdrucksform; wir sprechen ihn biblisch oder philosophisch aus, rhetorisch oder plaudernd, im Stile Goethes, Schopenhauers oder eines ephemeren Feuilletonisten, ⟨...⟩. Also gehören auch die Gedanken, die wir selbständig ahnen, gar nicht uns, denn wir sehen sie unbewußt durch das Medium eines anderen, und der andere in uns spricht sie aus. Die Menschen sind also nur abgeschwächte Umbildungen der großen Geister, die in ihnen weiterdenken, ihre Lebensgedanken variieren.[52]

Darüber hinaus aber lassen sich diesen beiden Briefen die Anfänge von zwei motivgeschichtlichen Filiationen entnehmen, die zwei

[51] Mary E. Gilbert, Hugo von Hofmannsthals ›Reitergeschichte‹. Versuch einer Interpretation, in: Der Deutschunterricht 8 (1956), S. 101–112; Richard Alewyn, Zwei Novellen, in: ders., Über Hugo von Hofmannsthal, 4., abermals vermehrte Auflage, Göttingen 1967, S. 78–95, hier: S. 78–87. Der Aufsatz war – »hier vielfach verändert und erweitert« – zuerst erschienen als Nachwort zu: Hugo von Hofmannsthal, Reitergeschichte. Das Erlebnis des Marschalls von Bassompierre, S. Fischer Schulausgaben, Frankfurt am Main 1962. Vgl. ferner: Waltraud Wiethölter, Hofmannsthal oder Die Geometrie des Subjekts. Psychostrukturelle und ikonographische Studien zum Prosawerk, Tübingen 1990 (Studien zur deutschen Literatur 106), S. 71–74 zur ›Reitergeschichte‹, Anm. 11 (S. 71f.) zum Stand der Forschung.

[52] GW, Reden und Aufsätze III, S. 324f.

verschiedene Weisen der Weltwahrnehmung zur Geltung bringen und im Chandos-Brief zusammengeführt werden; abgekürzt gesagt: Naturerleben und Seinserfahrung.

Das für die Genese der ›Reitergeschichte‹ aufschlussreichste Dokument ist fraglos der oft zitierte Bericht Hofmannsthals aus Göding in seinem Brief vom 7. August 1895 an Leopold von Andrian:

> Etwas sehr merkwürdiges war es, stundenlang in einem winzig kleinen Garten zu sitzen, in der staubig dunstigen Abenddämmerung: der Garten ist so groß wie ein mittelgroßer Salon und ist nur ein vergitterter vertretener Rasenfleck. In der Mitte steht ein Vogelhaus mit 2 schmutzigen Tauben und zwei zornigen Nußhähern die verwundete Füße haben. Und auf dem Rasen sind 10 oder 12 Kinder von Wachtmeistern, 2 bis 7 Jahre alt, und 15 Hunde, alle häßlich, Mischungen von Terriers und Bauernkötern, übermäßig dicke Hunde, läufige Hündinnen, ganz junge schon groß mit weichen ungeschickten Gliedern, falsche Hunde, verprügelte und demoralisierte, auch stumpfsinnige, alle schmutzig, mit häßlichen Augen, und wundervollen weißen Zähnen. Darin lagen alle Mächte des Lebens und seine ganze erstickende Beschränktheit, daß es von sich selbst hypnotisiert ist.[53]

Die betont nüchterne Bestandsaufnahme, die den Duktus des Briefes beherrscht, erinnert an den Stil Flauberts. Dafür sorgen vor allem die Zahlenangaben und die farblosen Verben im zeitlosen Präsenz: »der Garten ist 〈...〉 In der Mitte steht 〈...〉 auf dem Rasen sind 〈...〉«. Eine solche Art des Aufzeichnens lässt keinen Zweifel, dass der Schreiber ohne Gefühlseinmischung nichts als Tatsachen notiert. Es ist so, dass der Rasenfleck »vertreten« ist, die Tauben »schmutzig« sind und die Nußhäher »verwundete Füße« haben. Von welcher Art die Kinder sind, bleibt ungesagt. Wohl deshalb, weil an einer Schar von Kindern im Alter von zwei bis sieben Jahren schwerlich nur Desillusionierendes verzeichnet werden könnte, ohne an der Unvoreingenommenheit des Beobachters Zweifel zu wecken. Anders bei den Hunden. Von ihnen lässt sich eingangs glaubhaft sagen: »alle häßlich«. Wenn sich dann der Blick auf einzelne Hunde, besser gesagt auf Hundetypen richtet, kommt nie die

---

[53] Hofmannsthal – Andrian, Briefwechsel, a. a. O. (Anm. 36), S. 54. Vgl. im Chandos-Brief: »Keiner von ihnen 〈...〉 wird eine Ahnung haben, 〈...〉 daß mein Auge lange an den häßlichen jungen Hunden hängt« (S. 53).

Vorstellung auf, dass Geschöpfe der Natur eine in sich ruhende Vollendung haben können. Auch an jungen Hunden fällt etwas Disproportioniertes ins Auge: »schon groß mit weichen ungeschickten Gliedern«. So drängt sich von Anfang an, und in der Abfolge der Aufzählung in sich steigerndem Maße, der Gedanke auf, dass all diesen Tieren etwas sie Deformierendes angetan worden ist, teils von der Natur, und teils von den Menschen. Nur eine einzige Ausnahme wird verzeichnet, die für die Schlusspointe aufgespart ist: »alle schmutzig, mit häßlichen Augen, und wundervollen weißen Zähnen.« Aber so wundervoll diese weißen Zähne auch sind, sie bezeugen nur, wie disparat zusammengesetzt ein vollständiges Ganzes sein kann. Und von diesem Ganzen sagt der letzte Satz, rückschauend wieder ins Präteritum wechselnd: »Darin lagen alle Mächte des Lebens«.

Nicht nur der Stil des Briefes, auch sein Gehalt erinnert an Flaubert. Wie man weiß, hat sich Hofmannsthal in Flauberts Œuvre gut ausgekannt, und so hat er vielleicht auch den berühmten Brief an Louise Colet gelesen, in dem Flaubert die Erfahrungen schildert, die er seiner Orientreise verdankt und die auf die Ausarbeitung seiner Ästhetik bestimmend eingewirkt haben. Was er am Orient liebe, schreibt Flaubert der Freundin, sei »cette harmonie des choses disparates«. Der wahre und folglich poetische Orient: das seien die Kerle in mit Borten verzierten Lumpen voller Ungeziefer – »tout couverts de vermine«. Die Wanzen auf dem schönen Leib der Prostituierten Kuchiouk-Hanem habe er nicht als entwürdigend empfunden – so hatte sich Louise Colet in einem vorangegangenen Brief geäußert –, sie hätten ihn vielmehr entzückt:

> c'est là, moi, ce qui m'enchantait. Leur odeur nauséabonde se mêlait au parfum de sa peau ruisselante de santal. Je veux qu'il y ait une amertume à tout, un éternel coup de sifflet au milieu de nos triomphes, et que la désolation même soit dans l'enthousiasme. Cela me rappelle Jaffa, où en entrant je humais à la fois l'odeur des citronniers et celle des cadavres; le cimetière laissait voir les squelettes à demi pourris, tandis que les arbustes verts balançaient au-dessus de nos têtes leurs fruits dorés. Ne sens-tu pas que cette poésie est complète, et que c'est la grande synthèse?[54]

[54] Gustave Flaubert, Correspondance. Deuxième série (1850–1854), Paris 1889, S. 183f. Es folgen noch weitere markante Formulierungen seiner anti-klassizistischen und anti-romantischen Ästhetik.

Hineinversetzt in eine fremdartige Umwelt, ist Flaubert aufgegangen, dass sich im Schockerlebnis von Dissonanzen die allumfassende Harmonie des Daseins kundgibt. Um diese Wahrheit der Freundin einzuimpfen, belässt er es nicht bei den krassen Beispielen, sondern fügt auch emphatische Stellungnahmen hinzu: »ce qui m'enchantait«. »Je veux ⟨...⟩«. Ein Zug, den Flaubert als Epiker, beginnend mit ›Madame Bovary‹, nur indirekt zu verspüren geben wird, niedergehalten durch die »impassibilité«, auf die er sein Erzählen verpflichtet, tritt hier unverhüllt zutage: die willentlich und leidenschaftlich erfasste, ja mit geradezu ingrimmiger Genugtuung bejahte Versehrtheit des Daseins. Wenn im Gegensatz dazu Hofmannsthal in seinem Brief die Erfahrung mitteilt, dass sich das Ganze des Daseins erst im Blick auf all das offenbart, was es an Unschönem, ja Abstoßendem enthält, tut er das demgegenüber in einem Stil, der dem Stil des Epikers Flaubert verwandt ist: aus innerer Distanz zur Welt als einem Gegenüber.

Aus demselben Jahr 1895 stammt ein Brief Hofmannsthals, den er ebenfalls in Göding geschrieben hat, der jedoch mit Flauberts Weltbezug so gut wie nichts gemein hat. Er ist an Hermann Bahr gerichtet und lautet:

> Mir fällt eine Menge ein, oder eigentlich, ich bin in dieser etwas unerfreulichen Zeit innerlich woanders hingekommen, von wo man alle Verhältnisse mit stärkerem Zauberblick ergreifen kann. Denn der Lebensweg führt eigentlich immer zu stärkerer Magie, wie das in den Prinzen Amgias und Assad so schön ist. Denn schließlich in einem welligen, gelbbraunen Land werden ihnen eine Menge häßlicher Hunde und kranker Pferde höchst wunderbar, ja auch der Unterschied von Groß und Klein vernichtigt sich, über ihre Seele breitet sich eine Maulwurfsgrille so intensiv aus wie die langsam untergehende brüderliche Sonne.[55]

Wie im Brief an Andrian schildert der Briefschreiber auch hier eine seltsame Erfahrung, die ihm im Blick auf Tiere zuteil geworden ist. Der Schauplatz der Handlung ist hier jedoch eine offene Landschaft statt eines vergitterten Rasenflecks, und die Wirklichkeit ist nicht mehr das Objekt eines Beobachters, sondern eine Macht, die sich

---

[55] Hofmannsthal, Briefe, 1890–1901, a.a.O. (Anm. 22), S. 158. Vgl. im Chandos-Brief: »⟨...⟩ nichts Schlimmeres in meiner Nähe als eine aufgescheuchte Wachtelbrut und in der Ferne über den welligen Feldern die große sinkende Sonne« (S. 50f.).

dem Ich zu spüren gibt und es in den Kosmos der Natur aufnimmt. Das besagt der bildkräftige Satz von der Maulwurfsgrille, die sich über die Seele ausbreitet »wie die langsam untergehende brüderliche Sonne«. Worte, die in der Sprache des Beobachters fehlten, fehlen mussten, treten hier in ihr Recht: für das Ich das Wort »Seele«, und für die Sonne, die über diese Landschaft mit Maulwurfsgrille ihre letzten Strahlen breitet, das Wort »brüderlich«. Dank dieser Sonne, die langsam untergeht, gewinnt das Sichausbreiten der Maulwurfsgrille über die Seele den Charakter sanfter Unwiderstehlichkeit, und dank ihrer auch den Charakter des Brüderlichen. – Dass hier ein Nachklang franziskanischer Naturfrömmigkeit zu vernehmen ist, kann man an dieser Stelle nur vermuten. Der Blick auf zeitnah entstandene andere Texte Hofmannsthals verschafft hingegen Gewissheit.

Zu den Entwürfen für das Projekt ›E vita Alexandri Magni‹ gehört eine Niederschrift, die das Datum »3 II 1895« trägt, dem Brief an Andrian also um mehrere Monate vorausgegangen ist. Darin hat sich Hofmannsthal unter dem Stichwort »Des Königs Bad« notiert:

> Seine Gedanken im Bad: in einer gläsernen Glocke ins Meer hinab zu steigen und diese Wesen zu begreifen; ⟨...⟩ im Wesen des ihn umhüllenden Wassers hat er die Nothwendigkeit gewisser Existenzen gespürt; auch Sonne (Bruder Sonne) und anderes Feuer wirken so auf ihn ⟨...⟩.[56]

Der erste Teil der Aufzeichnung skizziert eine Szene im »umhüllenden Wasser« als Medium von Erkenntnis – eine Szene, die wohl nicht von ungefähr an das Hirschmotiv im Chandos-Brief und an das verwandte Motiv im ›Kleinen Welttheater‹ erinnert. Im zweiten Teil, der von der einwirkenden Sonne und anderem Feuer spricht, ist die Wendung »Bruder Sonne« unverkennbar ein Zitat aus dem ›Lobgesang‹ des Franz von Assisi. In diesem Gedicht, dem die literarische Tradition die Titel ›Cantico delle Creature‹ und ›Cantico di Frate Sole‹ gegeben hat, beginnt Franziskus das Lob der Geschöpfe Gottes mit den Versen: »Laudato si, mi signore, cum tucte le tue creature spetialmente messor lo frate sole.« Und der sechste Lobpreis hebt an mit dem Vers: »Laudato si, mi signore, per frate focu«.[57]

---

[56] SW XVIII, S. 13. Hervorhebung im Original.

[57] Cantico di S. Francesco d'Assisi, in: Ernesto Monaci, Crestomazia italiana dei

Das sprechendste Zeugnis für den nachhaltigen Einfluss, den Franz von Assisi in den Jahren unmittelbar vor der Abfassung des Chandos-Briefes auf Hofmannsthal gewonnen hatte, liefern indessen die Entwürfe zu dem Projekt ›Das Festspiel der Liebe‹. Die Aufzeichnungen entstanden im Jahr 1900, also ein Jahr vor Hofmannsthals Hochzeit, und gelten vor allem einer Szene, die gelegentlich die Überschrift »Gerty und der Einsiedler« erhält. Zum Part des Einsiedlers lautet eine Niederschrift:

> die ungeheueren Reden des Einsiedlers scheinen ihr 〈der Braut〉 gleichfalls nichts als eine Verherrlichung des Geliebten: der Einsiedler preist Reden und Schweigen, Hinwirbeln und Starrheit, preist Gebären und Verwesen, Tanzen und Krankliegen; er preist Kindbett und Todtenbett; er preist die Schwester Krankheit, die Schwester Marter, in der man versinkt wie in einem rothen Trichter, in ihr hinabrollt und in ihr verfault zu Stücken die sich gegenseitig erkennen lieben und ohne Ende geniessen. Der sich Zersetzende wird eine Gesellschaft von gotttrunkenen.
> Er redet das Mädchen an: Du Lust der Gottheit! dann den Hund, dann die Made am Mund des Hundes, vor der er sich verneigt.[58]

Zwei literarische Quellen miteinander verschmelzend, nimmt dieser Lobpreis zu Beginn die Weisheitslehre des Predigers Salomo in sich auf, ein jegliches habe seine Zeit: »Omnia tempus habent 〈...〉 tempus nascendi et tempus moriendi 〈...〉 tempus flendi et tempus ridendi 〈...〉 tempus tacendi et tempus loquendi« (Ecclesiastes 3,1–8); dann mündet er in den Lobpreis der »Schwester Krankheit« und der »Schwester Marter« in Anlehnung an den ›Sonnengesang‹, in dem Franziskus diejenigen Menschen gepriesen hatte, die »Krankheit und Marter ertragen – sostengo infirmitate et tribulatione«. So offenkundig wie die Entsprechungen sind allerdings auch die Unterschiede. Der Lobpreis des Franziskus galt den Schweres erduldenden

primi secoli, con prospetto delle flessioni grammaticali e glossario, fascicolo primo, Città di Castello 1889, S. 29–31.

[58] SW XVIII, S. 139. Gleichfalls auf Franz von Assisi zu beziehen ist der auf derselben Seite stehende Satz: »Den Herrn auf sich abgebildet tragen, als wie jenes Schweisstuch 〈der Veronika〉«. Zu den literarischen Quellen, die von der Stigmatisierung des Franziskus berichten, und zu Darstellungen mit diesem Sujet vgl. Lexikon der christlichen Ikonographie, hrsg. von Wolfgang Braunfels, Bd. 6, Freiburg 1974/1994, Sp. 260–315 (Art. Franz von Assisi); dort auch der Hinweis auf das kirchliche Fest der Wundmale des hl. Franz am 17. September.

Menschen. Der Einsiedler hingegen »preist die Schwester Krankheit, die Schwester Marter«. Die Bereitschaft, zugefügtes Leiden hinzunehmen, ist radikalisiert zum Wunsch, zerstört zu werden. Auch diese Radikalisierung ist nicht ganz ohne literarisches Vorbild. Der exzentrische franziskanische Mystiker und Laudendichter Jacopone da Todi hat sich diese Selbstzerstörung herbeigewünscht in einer Lauda, die er mit der Bitte beginnt, der Herrgott möge ihm Krankheit schicken – »O Signor, per cortesia, – mandame la malsania!« –, und in der er gegen Ende der langen Reihe drastisch bezeichneter Krankheiten den Wunsch ausspricht, sein Leichnam möge von einem Wolf verschlungen und im Dornengestrüpp als Kot hinterlassen werden: »en cacatura – en espineta e rogaria«.[59] Dass Jacopone da Todi für Hofmannsthal kein Unbekannter war, ist bezeugt.[60]

Mit einer geradezu skurril anmutenden Sinnfälligkeit kommt sodann das Franziskanische in diesem Einsiedler zum Vorschein in der am Ende der Aufzeichnung skizzierten Szene, in der der Eremit die

[59] Iacopone da Todi, Le Laude, secondo la stampa fiorentina del 1490, a cura di Giovanni Ferri, seconda edizione riveduta e aggiornata da Santino Caramella, Bari 1930 (Scrittori d'Italia 69), S. 110f.

[60] In seinem Vortragsmanuskript zur ›Ansprache gehalten am Abend des 10. Mai 1902 im Hause des Grafen Lanckoronski‹ hatte er in einem später ausgeschiedenen Passus das Zitat notiert: »In fuoco amor mi mise (Jac. da Tode ⟨sic⟩)«. Vgl. Konrad Heumann, Hugo von Hofmannsthal: ›Die Wege und die Begegnungen‹ sowie Reden und Aufsätze zwischen 1901 und 1907. Kritische und kommentierte Edition, Wuppertal 2001 (Online-Publikation: http://elpub.bib.uni-wuppertal.de/edocs/dokumente/fb04/diss2001/heumann/d040103.pdf), S. 93 und 108. Dazu ergänzend: Im Vortragstext ist das Jacopone-Zitat in eine Reflexion über die »mystische Anziehung« des Schönen eingefügt, die in den Satz mündet: »Das schöne Gebilde will uns über uns selbst hinausreißen.« (Ebd., S. 94, Hervorhebung im Original) Dem korrespondieren die Verse (105f.): »Vedendo tal bellezza, sí son tratto / de for de me, non so dove portato«, in der Lauda »Amor de caritate, perché m'hai sí ferito«. (Giullari di Dio. S. Francesco – Fra Jacopone – Beato Ugo Panziera – Il Bianco da Siena. Canti scelti e annotati a cura di Alfredo Mori, Milano 1920, S. 53–67, hier: S. 57) Beide Lauden wurden im 19. Jahrhundert oft zusammen genannt. Manche hielten sie fälschlich für Dichtungen des Franziskus, von anderen wurden sie – wie man heute weiß, zu Unrecht – Jacopone zugeschrieben. Über die Literarhistoriker, von denen die Frage Franziskus oder Jacopone erörtert worden ist, informiert Alessandro D'Ancona, Studj sulla letteratura de' primi secoli, Ancona 1884, S. 49, Anm. 8.

»Made am Mund des Hundes« anredet und sich vor ihr »verneigt«.[61] Wie die kritische Ausgabe zu Recht vermerkt, hat das auffällige, fast eklig zu nennende Motiv der am Mund eines Tieres hängenden Made seine Entsprechung in einer Episode der wenige Jahre zuvor, 1895/96, entstandenen ›Soldatengeschichte‹. Im »Marodenstall«, den der Dragoner Schwendar aufsucht, steht wie schlafend ein todkrankes Pferd, dem das Leben »so völlig verloren ⟨war⟩ wie einem Stein«, aber auch »vom Tod ja selbst von der Möglichkeit des Sterbens durch eine unsichtbare undurchdringliche Wand abgeschlossen«. Auf den »großen herabhängenden Lefzen«, heißt es im letzten Satz, »klebten viele Haferkörner und zwischen ihnen hieng eine winzige hellgelbe Made die sich voll Leben wand und krümmte.«[62] In der Art eines Selbstzitats also hat Hofmannsthal das Motiv aus der ›Soldatengeschichte‹ ins ›Festspiel der Liebe‹ hinübergenommen und dort dazu verwendet, der franziskanischen Haltung gegenüber allen Lebewesen Ausdruck zu geben.

Indessen darf man nicht übersehen, dass in die »ungeheuren Reden« des Einsiedlers die inspirierenden Vorgängertexte keineswegs unverwandelt eingegangen sind. Für den ›Cantico delle creature‹ hatte Franziskus den Gesang der drei Jünglinge im Feuerofen vor Augen (Daniel 3,53 ff., Vulgata), dem seinerseits vorbildgebend die Psalmen 103 und 148 vorangegangen waren. Wie die Gesänge im Alten Testament ist auch der ›Cantico delle creature‹ eine Aufforderung an alles Geschaffene, den Schöpfer zu lobpreisen. In den Reden des Einsiedlers hingegen tritt an die Stelle des Gottes über allem Irdischen die Gottheit in allem Irdischen. Und die innigste Vereinigung mit dieser Gottheit gelingt durch die radikalsten Formen des Hinübergehens in den Kosmos der Natur: das Absterben des Lebens durch Krankheit und Marter, den Tod und die Verwesung. »Der sich Zersetzende wird eine Gesellschaft von gotttrunkenen.« Ein solcher Rausch entspringt nicht aus christlicher, sondern aus dionysischer Todeswilligkeit.

---

[61] Eine franziskanische Extravaganz, die ebenfalls nicht ganz beispiellos ist. Von Jacopone wird berichtet, er habe sich einmal in seiner Zelle ein Stück Fleisch aufgehängt, um den Verwesungsgeruch einzuatmen und mit den Maden zu reden – »conversare co' vermi«. Vgl. Vincenzo Nannucci, Manuale della letteratura del primo secolo della lingua italiana, Firenze 1838, Vol. II, S. 110.

[62] SW XXIX: Erzählungen 2, hrsg. von Ellen Ritter, 1978, S. 52.

Von einer Gotttrunkenheit dieser Art ist im Chandos-Brief nicht die Rede. Gleichwohl fehlt es in den Reden des Einsiedlers nicht an Motiven, die auf den Chandos-Brief vorausweisen. Hatte der Eremit »Gebären und Verwesen«, »Kindbett und Todtenbett« gepriesen, taucht der Blick des Lords »mit stiller Sehnsucht« in eine dumpfe Stube, »wo in der Ecke das niedrige Bett mit bunten Laken immer auf einen zu warten scheint, der sterben will, oder auf einen, der geboren werden soll« (S. 53). Vor allem aber hat die Hinwendung des Einsiedlers zum absterbenden Leben, zu Krankheit, Marter und Tod im Chandos-Brief ihr Gegenstück dort, wo dem jungen Chandos das Leiden kreatürlichen Daseins entgegentritt und ihn in einer Weise berührt, die mit franziskanischer Frömmigkeit nichts mehr gemein hat: dort, wo sich in seinem Innern »plötzlich dieser Keller« auftut, »erfüllt mit dem Todeskampf dieses Volks von Ratten«, und ihrer »durcheinander hinjagenden Verzweiflungen«, ähnlich dem in Alba Longa und im brennenden Karthago in der Stunde des Untergangs; »aber es war mehr, es war göttlicher, tierischer«. Unter diesen Ratten war »eine Mutter, die ihre sterbenden Jungen um sich zucken hatte«, wie Niobe, und die nicht auf die Verendenden blickte, sondern »in die leere Luft, oder durch die Luft ins Unendliche hin Blicke schickte und diese Blicke mit einem Knirschen begleitete« und »gegen das ungeheure Verhängnis die Zähne bleckte.« (S. 51) Offenkundig will diese Szene die Frage nach der Theodizee zu Bewusstsein bringen und zugleich klarmachen, dass sie für Chandos, für das, was ihn zutiefst erschüttert, gänzlich ohne Belang ist. Auch Mitleid, so betont er, war es nicht, was ihn erfüllte:

> Es war viel mehr und viel weniger als Mitleid: ein ungeheures Anteilnehmen, ein Hinüberfließen in jene Geschöpfe oder ein Fühlen, daß ein Fluidum des Lebens und des Todes, des Traumes und Wachens für einen Augenblick in sie hinübergeflossen ist – von woher? (S. 51)

Weder aus Mitleid entsprang sein »ungeheures Anteilnehmen«, noch auch weckte es in ihm die empörte Frage, wie ein gerechter und gütiger Gott dergleichen zulassen kann. Mehr noch: in dieses sein »Hinüberfließen« mischte sich nicht die geringste Spur von Schuldgefühlen ein, obwohl er selbst doch den Auftrag gegeben hatte, das Rattengift zu streuen, und so der Urheber des schrecklichen Geschehens geworden war. Offenbar hat Hofmannsthal vom Verständnis der hier in Rede stehenden Empfindung strikt den Gedanken an all das fernhalten wollen, was allgemein als auszeichnendes Merkmal des Menschen gilt: seine ihn über die Tierheit erhebende Moralfähigkeit, umfassender gesagt, seine sogenannte Humanität. Etwas, das höher hinauf- und zugleich tiefer hinabreicht als dieses Humane ist gemeint: »es war göttlicher, tierischer«.

»⟨V⟩on woher?« hatte Chandos am Ende des oben zitierten Satzes ratlos gefragt und dem Leser das Suchen nach einer Antwort überlassen. Dann fährt er fort:

> Denn was hätte es mit Mitleid zu tun, was mit begreiflicher menschlicher Gedankenverknüpfung, wenn ich an einem anderen Abend unter einem Nußbaum eine halbvolle Gießkanne finde, die ein Gärtnerbursche dort vergessen hat, und wenn mich diese Gießkanne und das Wasser in ihr, das vom Schatten des Baumes finster ist, und ein Schwimmkäfer, der auf dem Spiegel dieses Wassers von einem dunklen Ufer zum andern rudert, wenn diese Zusammensetzung von Nichtigkeiten mich mit einer solchen Gegenwart des Unendlichen durchschauert, von den Wurzeln der Haare bis ins Mark der Fersen mich durchschauert, daß ich in Worte ausbrechen möchte, von denen ich weiß, fände ich sie, so würden sie jene Cherubim, an die ich nicht glaube, niederzwingen ⟨...⟩. (S. 51 f.)

Die Szene ruft jene Episode in der ›Soldatengeschichte‹ ins Gedächtnis, die mit den Sätzen beginnt:

> Plötzlich fielen seine gesenkten Blicke auf ein dunkles tiefes Wasser und er schrak zusammen bis ins Mark der Knochen, obwohl er sich augenblicklich bewusst wurde, dass es nichts weiter war als das grosse halb in den Boden gesenkte Fass aus dem man die Tränkeimer für die Pferde füllte. Aber seiner Seele war in der Kinderzeit ein tiefer Schauer vor leisem beschatteten Wasser eingedrückt worden: zuhause in der Ecke des kleinen Garten zwischen einem hohen Stoss verfaulender dumpfriechender Blätter und einem mit feuchtkühlem Schatten erfüllten riesigen Hollunderstrauch war das Regenwasserfass gestanden, in dem sich kurz vor seiner Geburt seiner Mutter jüngere Schwester, ein alterndes Mädchen aus Angst vor der ewigen Verdammnis und dem Feuer der Hölle ertränkt hatte indem sie mit der geheimnissvollen eisernen Willenskraft der Schwachsinnigen den Kopf hinein tauchte, bis sie todt über dem Rand hieng.[63]

---

[63] SW XXIX, S. 51. Die Herausgeberin verweist dazu auf eine Notiz Hofmannsthals zum 1896 skizzierten Projekt ›Der Schloßbrand‹: »Energie ⟨.⟩ Frau Lydia Escher

Die Entsprechungen sind unübersehbar. In beiden Episoden ein Erschauern des Protagonisten vor dem dunklen, von Laubwerk beschatteten Wasser, das Gedanken ans Sterben weckt: in der ›Soldatengeschichte‹ durch die Erinnerung an das Regenfass, in dem die Wahnsinnige den Tod gesucht hat, und im Chandos-Brief durch den Anblick der halbvollen Gießkanne, in der der Schwimmkäfer den Tod finden wird. (Ihn zu retten kommt Chandos nicht in den Sinn!) Und die vollständige Bestandsaufnahme der gleichsinnigen und sogar gleichlautenden Worte ergäbe eine längere Liste. Überdies enthalten beide Episoden das intensivierende Motiv der Rückkehr zum Ort des Erschauerns. Wenn er »nach Wochen«, schreibt Chandos, des Nussbaums wieder ansichtig werde, gehe er »mit scheuem seitlichen Blick« an der Stelle vorüber, um »das Nachgefühl des Wundervollen«, die »mehr als irdischen Schauer, die um das Buschwerk in jener Nähe immer noch nachwogen« (S. 52), nicht zu verscheuchen. In der ›Soldatengeschichte‹ sind es die Kindheitserinnerungen Schwendars, die dieses Motiv der Rückkehr in sich aufnehmen.

> Dem Knaben schien in dämmernden Abendstunden der unheimliche Winkel den schlaff überhängenden Leib der Todten zu zeigen, aber fürchterlich vermengte sich dieses Bild mit seinem eignen tiefsten Leben wenn er an heißen Mittagsstunden sich über den dunklen feuchten Spiegel bog und ihm aus der Tiefe die ihm grün schien sein eigenes Gesicht entgegenschwebte, dann aber wieder sonderbar zerrann von schwarzen und blinkenden Kreisen verschluckt und ein gestaltloser Schatten sich nach aufwärts zu drängen schien, dass er schreiend entlief, und doch immer wieder zurückkam und hineinstarrte.[64]

Es kann also kein Zweifel sein, dass Hofmannsthal sich bei der Abfassung des Chandos-Briefs die Episode in der unveröffentlicht gebliebenen ›Soldatengeschichte‹ noch einmal vergegenwärtigt hat, um sie in umgearbeiteter Form in den Chandos-Brief einzufügen.

---

die Geliebte des Malers Stauffer, ermordet sich indem sie den Kopf in ein Schaff Wasser steckt.« (S. 87f.) Auf eine literarische Inspirationsquelle für die ›Soldatengeschichte‹ macht die Studie von Andreas Heckmann aufmerksam: ›Lenz‹ und ›Wozzek‹ als Anregungen für die ›Soldatengeschichte‹ Hugo von Hofmannsthals, in: Georg-Büchner-Jahrbuch 9 (1995–99), S. 549–566.

[64] SW XXIX, S. 51.

Was dieser Neugestaltung jedoch aufs glücklichste den Boden bereitet, ist der nun ganz anders geartete epische Ansatz. Er unterscheidet sich grundlegend von dem für die ›Soldatengeschichte‹ und für die ›Reitergeschichte‹ gewählten; und es lohnt sich, diesen Unterschied näher zu betrachten. Sichtlich war die Erzählung vom Dragoner Schwendar Hofmannsthal erster – und eindrucksvoll gelungener – Versuch, den Erfahrungen, von denen er in seinen Briefen aus der Militärzeit berichtet hatte, eine literarische Form zu geben. Dazu lag es nahe, die Erzählung auf dem ihm damals vertraut gewordenen Schauplatz anzusiedeln und einen Dragoner zum Protagonisten zu machen. Damit die Besonderheit der damals gemachten Erfahrungen erzählbar wurde, musste dieser Soldat allerdings ein Mensch von nicht alltäglichem Zuschnitt sein. So porträtiert ihn der Erzähler eingangs als einen »traurigen Menschen«, mit »magerem langen Gesicht«, der nicht essen mag und von dem der Zugführer bemerkt: »Der Kerl muß krank sein oder was«; dergestalt dass sich dieses Porträt ergänzen und vertiefen ließ durch das Erzählen einer Vorgeschichte, aus der man erfährt, dass Schwendar seit seinen Kindertagen ein traumatisierendes Erleben mit sich herumträgt. Während die Erzählung dies heraufholt, umgibt sie das dunkle Wasser im Tränkeimer mit dem Schauder des vergangenen Geschehens und motiviert Schwendars Erschrecken. – In der entsprechenden Episode im Chandos-Brief konnte, ja musste eine Motivation dieser Art fehlen.

Wenig später taucht im Blickfeld Schwendars das kranke Pferd im Marodenstall auf, das wie hypnotisiert weder lebt noch tot ist, und an dessen Lefzen sich eine Made »lebendig« krümmt. Zwar nur in seinem Blickfeld, nicht in seinem Erleben, das hier verschlossen bleibt, aber der Leser ist zusammen mit Schwendar in den Stall eingetreten und verweilt für geraume Zeit vor dem geheimnisvoll fremdartigen Anblick, in dem sich das so disparat Zusammengesetzte kreatürlichen Daseins offenbart. Das ist ähnlich wie in dem Garten, in den der Brief Hofmannsthals an Andrian hineinversetzt hatte. Die Position eines distanziert nüchternen Beobachters wird dem Leser der Erzählung indes verwehrt; hier wird er vom Gesehenen eingefangen, als stünde er neben Schwendar. Und dass das Innere des Protagonisten stumm bleibt, mindert die Eindruckskraft der Szene nicht, sondern steigert sie. Das Erschauern vor der Wirklichkeit muss nicht erst aus den seelischen Tiefen des Soldaten herbeigeholt und dem Sinnfälligen hinzugetan werden, es überfällt den Betrachter von selbst. Dies freilich dank eines erzählerischen Arrangements, das der Wirklichkeit nahezu surreale Züge verleiht.

Auch die ›Reitergeschichte‹ spielt auf dem Schauplatz, den Hofmannsthal während seiner Militärzeit kennengelernt hatte. Der Protagonist, Wachtmeister Lerch, erweist sich indes zunächst als ein derber Haudegen, dem es in mehreren Gefechten gelingt, von schier unglaublichem Glück begünstigt, zahlreiche Feinde niederzumetzeln, ehe er dann beim Einreiten ins Dorf in eine alptraumartige Welt gerät.[65] Gleichwohl nimmt diese Dorfszene onirischen Charakters jene Daseinswirklichkeit in sich auf, die sich Hofmannsthal im Gödinger Garten dargeboten hatte. Dank welcher epischer Verfahren diese Verbindung zustande kommt, verdeutlicht sich, wenn man sich Pferd und Reiter einen Augenblick hinwegdenkt. Was dann erhalten bleibt, ist eine Szene, die einer im Stil des Naturalismus erzählten »tranche de vie« nahekommt. Und es wird dies noch klarer, wenn man sich Flauberts ›Légende de saint Julien l'Hospitalier‹ vergegenwärtigt, die Hofmannsthal bei der Abfassung der ›Reitergeschichte‹ fraglos in Erinnerung hatte.[66] Flaubert übernimmt aus der mittelalterlichen Legende das Kernmotiv – ein von Julianus gejagter Hirsch prophezeit ihm, dass er seine Eltern töten werde –, und gibt diesem auf dem Helden lastenden Fatum eine sexualpsy-

[65] Das Alptraumartige der Vorgänge hat Mary E. Gilbert in ihrer Interpretation der Novelle herausgearbeitet und dann mit Lerchs entzündeter Phantasie, die alle militärische Disziplin in ihm verdränge, in Verbindung gebracht. So kommt sie zu dem vorsichtig formulierten Schluss, das Geschehen im Dorf sei »fast mehr ein inneres Bild als ein äußeres« (Gilbert, a.a.O. [Anm. 51], S. 107). Richard Alewyn hat dieser Deutung nicht nur zugestimmt, sondern sie noch um einen Schritt weiter vorangetrieben. Sein Fazit lautet: »Es ist keine irdische Wirklichkeit, die der Wachtmeister durchreitet, sondern eine innere Landschaft, die Landschaft seiner öden und verwahrlosten Seele.« (Alewyn 1967, a.a.O. [Anm. 51], S. 84) Mir scheint, dass diese überzogen pointierte Interpretation die Erzählabsicht verfehlt, ja die Dinge geradezu auf den Kopf stellt. Summarisch gesagt ist das Dorf nicht sosehr um des Protagonisten willen da, als vielmehr der Protagonist um des Dorfes willen.

[66] Wie in der kritischen Ausgabe vermerkt, war die zweite Jagdszene in der ›Légende‹ die Inspirationsquelle für den Auftritt des »jungen Herrn« im ›Kleinen Welttheater‹. Schon dort war aus dem unberittenen Jäger Flauberts ein Reiter geworden. Vgl. SW III, S. 137–139 und die Erläuterungen S. 598, 635f. und 834.

chologische Deutung. Das Töten einer Maus und einer Taube – so die von Flaubert erfundene Vorgeschichte – hat Julien mit einer nie gekannten »volupté« erfüllt und eine unbezwingbare Jagdleidenschaft in ihm geweckt. Eines Tages gelingt ihm das Erlegen einer Unzahl von Tieren, die er in rauschhafter Tötungslust hinmetzelt, bis ihn die Prophezeiung des sterbenden Hirsches entsetzt innehalten lässt. Nach einiger Zeit begibt er sich erneut auf die Jagd, und diesmal gelingt es ihm nicht, auch nur ein einziges Tier zu töten, während die Tiere in wachsender Zahl ihm immer näher kommen, ihn aus ihren Augen anstarren, als habe der Himmel seine Sterne herabgeregnet, ihn zu begleiten beginnen, sich an ihm zu schaffen machen und ihm den Weg verlegen: ein Wildschwein reibt sich an seinen Fersen (»lui frottait les talons«), und ein Marder rollt sich vor seine Füße (»se roulait sur ses pieds«). Dem entspricht in der ›Reitergeschichte‹, dass sich das Windspiel »hart vor den Hufen« des Pferdes herschleppt und sich die beiden Ratten in die Mitte der Straße »rollten«.

Nicht nur dies. Auch in der ›Reitergeschichte‹ ist traumähnlich gelingendes Morden vorausgegangen. Und wie in der märchenartigen Jagdszene Flauberts befällt auch den Protagonisten der Dorfszene eine Lähmung der Handlungsfähigkeit, die eine Atmosphäre des zauberisch Verhexten schafft. Flaubert hatte freilich leichtes Spiel, seinen Helden in eine irreale Welt geraten zu lassen, erzählt er doch eine Legende, in der Märchenhaftes nicht zu erstaunen braucht. In Hofmannsthals Erzählung mit realistischem Anspruch liegen die Dinge anders, und die erzählerischen Vorkehrungen sind unschwer auszumachen, die Hofmannsthal getroffen hat, um die Dorfszene wirklichkeitsnah zu halten und ihr zugleich den Charakter eines Alptraums zu geben. Schon von fern kommt dem Wachtmeister das Dorf »auf verlockende Weise verdächtig« vor. Dann liest man: »Das Dorf blieb totenstill; kein Kind ⟨!⟩, kein Vogel, kein Lufthauch.« Für das Entstehen der magischen Atmosphäre sorgt in der Folge das Zusammenwirken von Nahsein und Getrenntsein bei allem, was dem Wachtmeister widerfährt; wobei vor allem die Hunde auf der Dorfstraße zu seinen rätselhaften Kontrahenten werden. Wie dem Jäger in der ›Légende‹ rücken sie auch Lerch in magischer Unerreichbarkeit auf den Leib. Nur: in Flauberts Erzählung waren es in paradiesischer Eintracht und Unversehrbarkeit lebende Geschöpfe. Anders die Hunde auf der Dorfstraße, die geradewegs aus dem verwahrlosten Garten in Göding in dieses öde Dorf hineingeraten zu sein scheinen. Auch sie leben zwar in einer unzugänglichen Eigenwelt, aus der ihre Augen – wie in Flauberts Jagdszene – herausstarren, nun jedoch sind es Tiere, die beladen sind mit allem Unschönen und Missratenen, allem Leiden und Leiden-Zufügen kreatürlichen Daseins. Die beiden Ratten, die auf die Straßenmitte rollen, sind ineinander verbissen und bluten. Eine »weiße unreine Hündin« scharrt »mit teuflischer Hingabe«. Zwei sehr junge Hunde »mit weichen Knochen und schlaffer Haut«, die noch nicht zubeißen können, ziehen einander »mit stumpfen Zähnen an den Lefzen«. In den Augen eines Windspiels mit »aufgeschwollenem Leib« ist ein »entsetzlicher Ausdruck von Schmerz und Beklemmung«. Die Augen eines Dachshundes sind »unendlich müde und traurig«. Die beiden jungen Hunde schnappen »lautlos nach den Fesseln des Pferdes«, und das Windspiel »schleppte seinen entsetzlichen Leib hart vor den Hufen des Pferdes«. All das vollzieht sich wie in einem Alptraum, aber es ist kein Traum. Befremdend, für tätiges Mitleid, ja für menschliches Handeln überhaupt unerreichbar, kommt eine Wirklichkeit zum Vorschein, in der sich eine Wahrheit des Daseinsganzen enthüllt. Dies jedoch geschieht in einem Erleben, das nur jenseits des tätigen Austauschs mit der Umwelt statthaben kann – in einem Augenblick zeitenthobener Gegenwart. Dem Wachtmeister war, »als hätte er eine unermeßliche Zeit mit dem Durchreiten des widerwärtigen Dorfes verbracht«. In das Erleben dieses Augenblicks wird der Leser hineingezogen durch den Wachtmeister Lerch, der zwar beileibe kein Sympathieträger ist, wohl aber der Träger der Informationsperspektive.

Wenn Hofmannsthal das in seinen Briefen aus Göding geschilderte Aufdringlich- und Wunderbarwerden des Daseins auch im Chandos-Brief noch einmal zum Thema einer literarischen Gestaltung macht, geschieht dies jetzt in Form einer Icherzählung, deren fiktiver Verfasser ein poeta doctus ist, und der Gewinn, den dieser epische Ansatz mit sich bringt, ist ungemein. Um den besonderen Zustand zu motivieren, den die Erzählabsicht braucht, bedarf es nun nicht mehr eines Dragoners mit psychopathischen Zügen oder eines Wachtmeisters, den es in eine magisch verwandelte Welt verschlägt. Den jungen Lord hat es aus dem Alltagsbezug zur umgebenden

Wirklichkeit herausversetzt, weil ihm der natürliche Gebrauch der Sprache abhanden gekommen ist. Die Worte zerfielen ihm im Munde »wie modrige Pilze«; »nichts mehr ließ sich mit einem Begriff umspannen«; es gelang ihm nicht mehr, die Menschen und ihre Handlungen »mit dem vereinfachenden Blick der Gewohnheit zu erfassen«. All dies hatte ihn in seiner Umwelt zu einem Einsamen gemacht und sein Inneres freigeräumt für das Erleben einer Daseinswahrheit, die ihm in »guten Augenblicken« geschenkt worden war.

CHERUBIM, RICHTER. – Wann immer im Chandos-Brief das Irdische Transzendierendes zur Sprache kommt, sorgen mehr oder weniger verhüllte Anspielungen oder negierende Vorzeichen dafür, dass sich ein weiter Deutungsspielraum öffnet. Zwar hatte Chandos geschrieben, dass sich ihm die »Geheimnisse des Glaubens« zu einer »erhabenen Allegorie verdichtet« haben, dann jedoch bekannt, dass ihm diese Allegorie kein gesicherter Besitz war, sondern nur etwas ihm Vorschwebendes und sich Entziehendes. In gleicher Weise unbestimmt bleibt auch das suggestive Bild von den Gedanken, die durch religiöse Auffassungen wie durch Spinnennetze hindurchschießen, »hinaus ins Leere«, lässt es doch die Vermutung zu, dass hier an ein Weltall ohne Gott gedacht sei. Klare Auskünfte geben hingegen die »Gegenstände«, die Chandos zum »Gefäß« einer »Offenbarung« geworden sind. Man vergegenwärtige sich, zu welchen Dingen und Lebewesen eine im weitesten Sinne verstandene Naturfrömmigkeit in eine »brüderliche« Beziehung eintritt und vergleiche es mit dem, was Chandos an solchen Gegenständen aufzählt: »Eine Gießkanne, eine auf dem Felde verlassene Egge, ein Hund in der Sonne, ein ärmlicher Kirchhof, ein Krüppel, ein kleines Bauernhaus« (S. 50). An späterer Stelle: »eine nichtige Kreatur, ein Hund, eine Ratte, ein Käfer, ein verkümmerter Apfelbaum, ein sich über den Hügel schlängelnder Karrenweg, ein moosbewachsener Stein« (S. 52). Schließlich noch die »ärmlichen und plumpen Gegenstände einer bäurischen Lebensweise« (S. 53). Zwar überwiegen in dieser Aufzählung die Erscheinungen der belebten und unbelebten Natur, aber sie umfasst auch von Menschenhand Geschaffenes. Solcher Art Zivilisationsgut liegt weit außerhalb franziskanischer Gesinnung; außerhalb auch des pantheistischen Weltbezugs, wie Goethe ihn sich zu eigen gemacht hatte, der ekstatischen Naturerfahrung, die Rousseau in seinen ›Rêveries d'un promeneur solitaire‹ geschildert hatte, und des sympathetischen Naturerlebens eines Emerson und eines Thoreau. Nicht auswählend, sondern schrankenlos ist der Weltbezug des jungen Lords, der schreibt: »Es erscheint mir alles, alles, was es gibt, alles, dessen ich mich entsinne, alles, was meine verworrensten Gedanken berühren, etwas zu sein.« Und: »es gibt unter den gegeneinanderspielenden Materien keine, in die ich nicht hinüberzufließen vermöchte.« (S. 52) – »Situation des Mystikers ohne Mystik« (mit dem Zusatz: »zu viel ›Weltfrömmigkeit‹«) hat Hofmannsthal 1917 und 1919 im Rückblick auf den Chandos-Brief notiert. (S. 295) Eine Mystik dieser säkularisierten Art hatte zur Zeit des Fin de siècle bereits eine Tradition, deren Hofmannsthal sich bewusst war und die er auf seine Art fortbilden konnte. »Der mystische Charakter der Dinge bei Flaubert«, lautet eine Aufzeichnung aus dem Jahr 1917.[67] Wenn aber ausnahmslos alles in der Welt Begegnende den entrückten Augenblick verschaffen kann, ist dessen innerster Gehalt offenbar das Erleben des puren Seins all dessen, was da ist. Ein Erleben, das seine volle Schärfe erst durch den Gedanken gewinnt, dass Gott nicht ist.

Dieser Zusammenhang macht verständlich, dass Hofmannsthal den jungen Lord von seinem Verlust des christlichen Offenbarungsglaubens hat sprechen lassen; wurden doch auf diese Weise dessen quasi-mystischen Erlebnisse als Erfahrungen von rein innerweltlichem Charakter ausgewiesen. Mit dieser Innerweltlichkeit lässt es Hofmannsthal jedoch nicht sein Bewenden haben. Vielmehr öffnet er deren Grenzen für Ausblicke auf die im Sinne der christlichen Überlieferung verstandene Transzendenz. Zwei solcher Ausblicke finden sich gegen Ende des Briefes. Sie fügen sich so zueinander, dass sie das irdische Dasein der Menschheit, so wie die biblischen Schriften es deuten, in seiner gesamten Spanne umfassen, von der Vertreibung aus dem Paradies bis zur Auferstehung von den Toten. Und sie sind beide miteinander verknüpft durch den Gedanken, dass die auf Erden gegebene Sprache für das, was zu sagen wäre, fehlt. Das Erlebnis, das eine halbvolle Gießkanne mit einem darin rudernden Schwimmkäfer beschert, durchschauert Chandos, wie er schreibt, mit einer solchen »Gegenwart des Unendlichen«, dass er

---

[67] GW, Reden und Aufsätze III, S. 539.

»in Worte ausbrechen« möchte, von denen er weiß: wenn er sie fände, so würden sie »jene Cherubim«, an die er nicht glaube, »niederzwingen«. (S. 52) Die Cherubim, so liest man in der Genesis, verwehrten dem ersten Menschenpaar den Rückweg ins verlorene Paradies (1 Mose 3,24) – in jenes Paradies, in dem der sprachmächtige Adam jedem Lebewesen den ihm gehörigen Namen gegeben hatte (1 Mose 2,18).[68] Im vorletzten Abschnitt des Briefes heißt es dann: er, Chandos, werde fortan nichts mehr schreiben, weil von der Sprache, nach der es ihn verlange, ihm kein einziges Wort bekannt sei, denn dies sei eine Sprache, »in welcher die stummen Dinge zu mir sprechen, und in welcher ich vielleicht einst im Grabe vor einem unbekannten Richter mich verantworten werde.« (S. 54) Überraschend ist nicht nur, dass Chandos preisgibt, vom Gedanken an einen Richter im Jenseits nicht unbehelligt zu sein, auffällig ist auch die vorgestellte Szene: ich vor dem Weltenrichter. Sie wird in zwei berühmten literarischen Gestaltungen zur Anschauung gebracht, die Hofmannsthal kannte, und die beide von der Wahrheit der Sprache handeln, in der das Ich zu sprechen aufgerufen ist. Mit dem Buch seiner ›Confessions‹ in der Hand, so versichert Rousseau im Eingangskapitel seiner Lebensbeichte, werde er am Jüngsten Tag vor seinen Richter treten können:

> Que la trompette du jugement dernier sonne quand elle voudra, je viendrai, ce livre à la main, me présenter devant le souverain juge. Je dirai hautement: Voilà ce que j'ai fait, ce que j'ai pensé, ce que je fus.[69]

Dieselbe Szene stellt in ganz anderer Gesinnung das ›Dies irae‹ vor Augen, das vermutlich Thomas von Celano, der Biograph des Franziskus, gedichtet hat und das in die Liturgie der Messe an Allerseelen und der Messe für Verstorbene aufgenommen worden ist. Da ist von jenem anderen, nicht von Menschenhand geschriebenen Buch die Rede, das am Tag des Gerichts herbeigebracht werden wird:

---

[68] Nach Thomas von Aquin folgt aus dieser Namengebung, dass Adam die Kenntnis aller Dinge besaß. »Nomina ⟨...⟩ debent naturis rerum congruere. Ergo Adam scivit naturas omnium animalium; et pari ratione, habuit omnium aliorum scientiam.« (Summa theologica I, quaestio 94,3)

[69] Jean-Jacques Rousseau, Oeuvres complètes. Avec des notes historiques par G. Petitain, 8 tomes, Paris 1839, hier: Bd. 1: Les Confessions, S. 15 (FDH, Sign. 1874).

Liber scriptus proferetur,
In quo totum continetur
Unde mundus judicetur.

Von einer anderen Art, keinem Sterblichen verfügbar, ist auch die Sprache, in der dann zu reden ist und an die Chandos denkt. Wie die Sprache Adams im Paradies und wie die, in der »die stummen Dinge« zu ihm sprechen, wäre auch diejenige, in der er sich »vielleicht« vor seinem Richter verantworten werden wird, eine im Jenseits alles Irdischen beheimatete – die Sprache, der im ›Dies irae‹ die bange Frage gilt: »Quid sum miser tunc dicturus?«

⋆

Das Nachdenken über Literatur ist im Œuvre Hofmannsthals oft und auf vielfache Weise eng verbunden mit einem Nachdenken über das Wesen menschlicher Beziehungen. Die Wendung vom »Auflösen und Neuverbinden« bietet dafür ein anschauliches Beispiel, wenn man sie als Strukturformel mit einer eigenen Motivgeschichte versteht. In seinem Aufsatz über die ›Bibliotheca Mundi‹ vom Jahr 1921 hat Hofmannsthal sie verwendet, um die deutsche Nation auf literarischem Gebiet als eine »Originalnation« von besonderer Eigenart zu charakterisieren.[70] In einer Aufzeichnung, die aus wesentlich früherer Zeit stammen dürfte, dient sie dazu, das Wesen dichterischen Sprechens zu kennzeichnen: »2 heilige Arbeiten: das Auflösen und das Bilden von Begriffen: letzteres heißt, einen Zauber üben, Gott näher werden. Dienst des Orpheus.«[71] In ›Ad me ipsum‹ begegnet sie in der Aufzeichnung: »Freunde: Auflösung und Neu-geburt durch solche Beziehungen.«[72]

---

[70] GW, Reden und Aufsätze II, 1914–1924, S. 134.

[71] SW II: Gedichte 2, hrsg. von Andreas Thomasberger und Eugene Weber, 1988, S. 360. Dort wird die Aufzeichnung aus plausiblen Gründen den Notizen für Prologe zugeordnet, die zwischen Dezember 1893 und Juni 1894 entstanden sind und die Gestalt des Orpheus Neanias evozieren. Es könnte sein, dass Hofmannsthal mit dem »solve et coagula« der Alchemisten bereits zu dieser Zeit aus einer noch zu ermittelnden Quelle vertraut gewesen ist. Sollte er die Formel aus Eigenem geschöpft haben, wäre sie ein bemerkenswertes Zeugnis seines aufs Prinzipielle ausgehenden spekulativen Denkens.

[72] GW, Reden und Aufsätze III, S. 620.

KLAUS VOGEL

»... DIE VERFÜHRBARKEIT DES GESCHICHTLICHEN MENSCHEN DURCH MACHT«

Kommerells ›Schiller‹ als Archäologie des Scheinens

Gert Mattenklott zum Gedächtnis

Denn seine Macht ist's, die sein Herz verführt
Sein Lager nur erkläret sein Verbrechen
Friedrich Schiller, ›Wallenstein‹

I

Kommerell war nicht nur, wie Gert Mattenklott einmal bemerkte, ein »Elephant literarischer Bildung«,[1] sondern bewegte sich ganz offenbar auch als ein solcher im Porzellanladen literarischer Kritik: denn wo Kommerell vorübergegangen war, stand danach kein Ding mehr auf dem anderen, nichts mehr wo und wie zuvor. Muss das eine, seltsam genug, eigens gesagt werden, da er selbst von seinen stupenden Kenntnissen wenig Aufhebens machte, sodass man sie – als das solide Fundament seiner so leichtfüßig daherkommenden Essays – nur allzu leicht auch übersehen könnte, so das andere, weit seltsamer noch, weil sein methodischer Nonkonformismus und die theoretische Originalität seiner Beiträge vom vermeintlichen Konservativismus ihrer Perspektive verdeckt zu werden drohen. Der auffälligen und wiederholt herausgestellten Fixierung auf ›klassische‹ Autoren zum Trotz,[2] war Kommerell nämlich als Literaturwissen-

[1] Gert Mattenklott, Versuch eines Portraits, in: Blanche Kommerell (Hrsg.), Max Kommerell. Spurensuche, Gießen 1993, S. 9–35, hier: S. 28.

[2] In diesem Sinne wies etwa Mattenklott – verwundert – darauf hin, dass man »⟨n⟩ach Namen der erzählerischen Avantgarden des 20. Jahrhunderts« bei Kommerell

schaftler, methodisch wie sachlich, durchaus ein Neuerer, als Germanist geradezu ein Umstürzler (eben gerade weil er seine so wenig konventionellen Sichtweisen auf kanonisch festgelegte Gebilde richtete).[3] Kommerells Klassiker-Kommentare (wie auch die Auffassungen vom Umgang mit Literatur, auf denen sie beruhen) lagen zu ihrer Zeit derart weit ab vom Konsens der Zunft, dass er sich selbst – in den Augen der Marburger Kollegen gespiegelt und, wie er meinte, »mit völligem Recht« – nicht anders denn als einen »Todfeind« der »Fachgenossen« sehen konnte.[4] Seine Auslegungen von Goethe und Hölderlin, von Jean Paul und Kleist sind in einem Maße und auf eine Weise unkonventionell, dass sie mit Zustimmung erst gar nicht zu rechnen hatten. Und die wenig konforme, wissenschaftlich gar etwas unseriös anmutende Schreibweise, nämlich fast ohne Fußnoten und Querverweise, ließe sich von daher auch einfach von der Sache her begründen, damit nämlich, dass seine Ausführungen, selbst wenn sie gewollt hätten, sich nicht so ohne weiteres auf andere berufen konnten.[5]

»vergeblich suchen« wird: »Wie anders ist Curtius von Gide und Valéry, Benjamin von Proust und Kafka beeindruckt worden.« (A. a. O., S. 18) Und auch Giorgio Agamben hatte, zuvor schon, als auffällig verzeichnet, dass »questo grandissimo critico non si è mai espresso sui suoi contemporanei« und sich in seinen Schriften nicht einmal »il più piccolo riferimento all'attualità« finde: »se né Kafka né Proust, né Walser fossero mai esistiti« (Giorgio Agamben, Kommerell, o del gesto, in: Max Kommerell. Il poeta e l'indicibile. Saggi di letteratura tedesca, a cura di G.A., Genova 1991, S. VII–XV, hier: S. XII).

[3] Dazu passt dann auch, dass man sich für ihn von germanistischer Seite explizit erst ›nachträglich‹ zu interessieren anfängt (so etwa: Walter Müller-Seidel, Schiller im Verständnis Max Kommerells. Nachtrag zum Thema ›Klassiker in finsteren Zeiten‹. In: Prägnanter Moment. Studien zur deutschen Literatur der Aufklärung und Klassik. Festschrift für Hans-Jürgen Schings, hrsg. von Peter-André Alt, Würzburg 2002, S. 275–308), seit die Disziplin sich selbst historisch wird und ihre ›Kuriositäten‹ zu inspizieren beginnt.

[4] So in einem der letzten Briefe – resümierend – an den ebenfalls in Marburg lehrenden Theologen Bultmann. Vgl. Max Kommerell, Briefe und Aufzeichnungen 1919–1944. Aus dem Nachlaß hrsg. von Inge Jens, Olten/Freiburg i. Br. 1967, S. 450 (künftig zitiert als: BA).

[5] In diesem Sinne beschwert sich Kommerell in ›Lessing und Aristoteles‹ (also dort, wo er sich einmal – aus gegebenem Anlass und mit recht seltsamem Ergebnis – den wissenschaftlichen Gepflogenheiten unterwirft) darüber, dass »der Verfasser« sich »leider« nur allzu »oft von der Fachliteratur verlassen sah« (M. K., Lessing und Aristoteles, Untersuchung über die Theorie der Tragödie, Frankfurt am Main [5]1984, S. 7).

Das Unkonventionelle von Kommerells Denkweise tritt nirgends deutlicher hervor als an seinem ›Schiller‹. Hier trifft sie, wie er selbst, und gewiss nicht zufällig, gleich einführend bemerkte, auf eine seltsame und außergewöhnlich hartnäckige »Starrheit des öffentlichen Begreifens« (133) – und wird, über den Kontrast mit ihr, zusätzlich hervorgehoben.[6] Diese sei, so meint er, zurückzuführen auf eine von »Schule und Literaturgeschichte« betriebene »rechtgläubige Denkmalpflege«, mit der sich – »zum guten Gewissen einer bürgerlichen Bildung« geworden – eine Art Wille zum Unwissen etablierte, der seither sorgsam darüber wacht, dass »niemals herauskommen darf, wie der Dargestellte wirklich aussah« (133) und – Gegner wie Anhänger gleichermaßen in Schach haltend – Ursache dafür wäre, warum am »Moralist unter den Dichtern« (134) und »weltschmerzliche⟨n⟩ Sänger der Ideale« (174) noch immer so wenig zu rütteln ist. Nun stellt aber auch Kommerell den Moralisten Schiller nicht wirklich in Frage, sondern sieht ihn nur – einer Vermutung Jean Pauls nachgehend – differenzierter, als »großen Moralisten« (134), der als solcher dann schon »immer auch Immoralist« wäre.[7] Und wie er den Sinn von Schillers mutmaßlichem Idealismus korrigiert, relativiert er auch die Bedeutung seines Klassizismus, den er eher als »Formverlegenheit« (241) denn ureigenstes Anliegen sieht und den der späte Schiller, nach seinem Dafürhalten,

---

[6] Mit dieser Hartnäckigkeit durfte er dann auch persönlich Bekanntschaft machen. »⟨…⟩ der Schiller-Vortrag«, so referierte er in einem Brief an Karl Schlechta (30. Dezember 1934), »hat mich für die entrüsteten Bonner endgültig erledigt.« Was er schwäbisch charmant kommentiert mit: »Simpel sind's.« (BA, S. 302) Die im Folgenden – wie hier – im laufenden Text mit eingeklammerter Seitenzahl nachgewiesenen Zitate beziehen sich durchweg auf die beiden Schiller-Aufsätze ›Schiller als Gestalter des handelnden Menschen‹ und ›Schiller als Psychologe‹ (zusammengestellt publiziert in: M. K., Geist und Buchstabe der Dichtung. Goethe, Schiller, Kleist, Hölderlin, 6. Aufl. mit editorischem Anhang, Frankfurt am Main 1991, S. 132–174 und S. 175–242).

[7] »Jean Paul«, erklärt er, »hat den Anfang gemacht, in Schiller mehr zu lesen, als dieser selbst zu sagen liebte.« Und er verweist auf dessen Beschreibung von Schillers Porträt, die in der Tat ein recht ungewöhnliches Bild entwirft: »Es stellet einen Cherubim mit dem Keime des Abfalls vor, und er scheint sich über alles zu erheben, über die Menschen, über das Unglück, und über die – Moral. Ich konnte das erhabene Angesicht, dem es einerlei zu sein schien, welches Blut fließe, fremdes oder eignes, gar nicht satt bekommen.« (134f.)

als privilegierte Werkform ohnehin gerade im Begriff war, »mit einer andern zu vertauschen« (241). Schillers eigentliches Anliegen sei daher nur durch diesen hindurch kenntlich, d.h. »obwohl die Formensprache des klassischen Drama es verdeckt« (135). Und was in der Verlängerung dieser Serie von Prämissen dann – als ›Kommerells Schiller‹ – unter der »klassische⟨n⟩ Erscheinungsform seines Geistes« (241) zum Vorschein kommt, ist, gelinde gesagt, erstaunlich: ein Machtpsychologe nämlich, der als Dichter Psychologe ist, da »sich aus seinem Werk ein Wissen um die Seele erfragen läßt« (179) und zum Machtpsychologen darüber wird, dass seine Dramen durchweg um einen »kräftesteigernden und verheerenden Machttrieb« (138) kreisen und diesen dabei – aus gegenüberliegenden Perspektiven – von zwei Seiten und in den zwei für ihn charakteristischen Erscheinungsformen zeigen: als »die Faszination, welche die wichtigste Kunst des geschichtemachenden Menschen ist« und als den »Machtgenuß« (138) aller, was insgesamt – da dies durchweg auf dem Feld des Historischen erfolgt – die Schauspiele Schillers de facto zu Inszenierungen der »Verführbarkeit des geschichtlichen Menschen durch Macht« (185) machen würde.

Eine Hypothese, die schon allein darüber für sich einnimmt, dass sie – einmal ins Auge gefasst – im Werk Schillers mit einem Schlag alles anders und neu erscheinen lässt und dabei auch noch einen angenehm nüchternen und nun entschieden scharfsichtigeren Schiller zeigt als gewohnt.[8] »Sind wir nicht mitten in einer Psychologie des Unbewußten?« (139), fragt sich der Autor selbst, als wäre auch er etwas ungläubig ob der Neuheit des Anblicks und angesichts der Tatsache, dass ein bislang nicht in Frage zu stellender Konsens, wonach »die Auffassung Schillers als idealistisch, das heißt wünschbar und weltfremd anzusehen« sei, damit ins Wanken geraten und anderes möglich und denkbar werden könnte: »Vielleicht aber ist sie doch etwas wirklichkeitsgemäßer und sehr viel weniger wünschbar, als man glauben sollte.« (185) Dieser Schiller, Kommerells Schiller

[8] Ein Leser von Kommerells Aufsatz war jedenfalls fasziniert, Carl Schmitt, der in seinem ›Glossarium‹ wiederholt auf dessen Analysen eingeht, die er allerdings ganz im Sinne seiner eigenen politischen und apologetischen Überlegungen zum Problem des »Zugangs zum Machthaber« aufnimmt. Vgl. Reinhard Mehring, Hitler–Schiller: Carl Schmitts nachgelassene Hitler-Reflexionen im Licht von Max Kommerells Schiller-Deutung, in: Leviathan 33 (2005), S. 216–239.

wäre demnach durch zwei Eigenschaften vor allem bestimmt: seine entschieden »psychologische Phantasie« und eine »philosophisch-dichterisch-praktische Mischbegabung«, welche ihn – und daran tritt schon das ganze Ausmaß seiner Eigenart zutage – unter andrem als »verwandt« erwiese »mit Calderon, dem Dramatiker des christlichen Barock« (186). Nietzsche, der sich – als Machtpsychologe dann gleichsam ein potentieller Konkurrent – mit Schiller-Schelten besonders hervortat und sich wiederholt über ihn als den ›Moraltrompeter von Säckingen‹ ausließ, hatte im Herabsinken Schillers auf das Niveau der Knabenlektüre ein Symptom seines endgültigen Niedergangs sehen wollen: »Aber«, wendet Kommerell ein, »sollte es nicht auch einen Schiller für Männer geben, die nicht darauf aus sind, sich in erhebender Weise über sich und den Weltlauf zu täuschen?« (134)[9]

Allein die Aufschlusskraft zum Maßstab genommen, müsste man Kommerells These wohl rückhaltlos beistimmen. Denn mit ihr ließe sich nicht nur insgesamt die dramatische Stoffwahl Schillers in ihrer ganzen Eigenart plausibel motivieren, sondern darüber hinaus auch noch die nachgelassenen Dramenfragmente dem Korpus der großen historischen Dramen integrieren und – durchaus im Sinne der Schillerschen Dramenliste (auf der sie alle beisammen stehen) – dem Spätwerk damit derjenige Zusammenhang restituieren, der unter anderen Voraussetzungen Probleme bereitet. Mit Schiller als Psychologen und »Neuerer der Kriminalpsychologie« (140) wäre nicht nur die auffällige, in ihrer Eigenart insgesamt wenig hinterfragte Fixierung der Dramen auf historische Figuren, auf das Feld der großen Politik und die Welt der Herrschaft erklärbar, sondern zugleich auch deren nicht weniger eigenartige, sich idealistischen Auslegungen aber nachhaltig widersetzende, moralische Indifferenz. Aus psychologischer Sicht gäbe es keinen Grund mehr, kategorisch zwischen »Verbrechern und Idealisten« zu unterscheiden; und als Figurationen eines Machtbegriffs wäre die Modellhaftigkeit der Fi-

[9] In ›Lessing und Aristoteles‹ bringt er die beiden bemerkenswerterweise als Psychologen zusammen, »zwei revolutionäre Geister«, die auf die Erkenntnis der tragischen Wirkung entscheidend Einfluss genommen hätten: »Schiller durch den psychologisch begründeten Begriff des ›ästhetischen Zustands‹, Nietzsche durch den ebenfalls psychologischen Begriff des dionysischen Zustands.« (A.a.O. [Anm. 5], S. 64)

guren dann auch mit ihrer mitunter recht zwielichtigen Moral verträglich, auf diese Weise aber ein durchgängiges Interesse herstellbar, das von den Dramen der Heroen, Heroinen und Heiligen (wie der ›Jungfrau von Orleans‹, ›Wilhelm Tell‹, ›Maria Stuart‹) bis zu den Betrügerdramen ›Warbeck‹ und ›Demetrius‹ und den kriminalistischen ›Kindern des Hauses‹ reicht: »Ein großer Idealist und ein großer Verbrecher würden dies mit gleichem Ernst lesen und denken: wie wahr!« (139)

Was an Kommerells ›Schiller‹ auf Anhieb irritiert, ist, dass es, auf den ersten Blick zumindest, zwei zu sein scheinen: nämlich ›Schiller als Gestalter des handelnden Menschen‹ und ›Schiller als Psychologe‹.[10] Anders als bei seiner Beschäftigung mit Goethe, Jean Paul oder Hölderlin, Autoren, zu denen er immer wieder zurückkehrt, liegt die Eigenart der Beschäftigung mit Schiller – vom umfangreichen Kapitel in dem Buch ›Der Dichter als Führer in der deutschen Klassik‹ einmal abgesehen (das aber auch in eine andere Phase seines intellektuellen Lebens gehört) – darin, dass sie nur kurze Zeit währt und ohne Fortsetzung bleibt. Mehr oder weniger auf das Schiller-Jahr 1934 beschränkt, führt sie in einem engen Zeitraum zur Abfassung gleich zweier Aufsätze, welche aber, und hier beginnt das Irritierende, einander zu widersprechen scheinen, als sie Schiller in ihren Titeln einem jeweils anderen Erklärungsprinzip unterstellen (dem handelnden Menschen bzw. der Psychologie). Obwohl also fast zeitgleich ein und demselben Kopf entsprungen und – in Sache wie Sichtweise – auch mit unverkennbaren Übereinstimmungen in der Konzeption, bestätigt das explizit Vorgebrachte zunächst weder in Inhalt noch Wortlaut einen hypothetischen Zusammenhang. Es gibt kaum terminologische Überschneidungen, kaum Affinitäten im sprachlichen Ausdruck, nicht einmal in Form von zufälligen Wiederholungen sprachlich-stilistischer Art, bestimmter Wendungen, Bonmots, Einfälle u. ä. Wie es kommt, dass diese Ausführungen hier so sehr eines Geistes Kind und dem Buchstaben nach doch so verschieden sein können, erklärt sich immerhin halbwegs aus den

[10] So die Titel der beiden recht umfangreichen Schiller-Aufsätze Kommerells, die man – zuvor einzeln in Zeitschriften publiziert – inzwischen beide in der von ihm selbst zusammengestellten Sammlung ›Geist und Buchstabe der Dichtung‹ findet (vgl. Anm. 6).

besonderen Entstehungsumständen. Der Autor war eigenen Angaben zufolge aus Anlass der Feiern zum 175. Geburtsjubiläum gehalten, zwei »verschiedene« Schillerreden vorzutragen und sie dann dementsprechend auch zu verfassen: »Für jeden Dummen leicht, für mich sehr schwierig, zugleich folgenreich«,[11] so kommentiert er die Situation brieflich und die Bemerkung lässt als solche einige Rückschlüsse zu, was generell sein Verhältnis zu Schiller angeht. Äußerlich veranlasst und von daher wohl eher aus Pflicht denn aus Neigung begonnen, wurde die Beschäftigung mit ihm dann aber offenbar doch intellektuell »folgenreich« insofern, als sie zur Entdeckung der Möglichkeit (und der Notwendigkeit) einer ganz neuen Art von Schiller-Lektüre führte: »Ich lese«, schreibt er im selben Brief weiter, »Schiller, wie ein Detektiv Kriminalakten, als ob ich ihn nie gelesen, nie etwas über ihn gedacht hätte.«[12] Dass Schiller Kommerell ursprünglich fremd war und in gewisser Hinsicht auch fremd bleiben wird, kann wohl als gesichert gelten.[13] Dass man Schiller aber auch anders lesen könnte, war offenbar dennoch eine aufregende und nachwirkende Entdeckung seiner derzeitigen Beschäftigung mit ihm. Wenn er in der Folge die »so schön⟨en⟩« Schillerfeiern »landauf landab« mit den Worten kommentierte: »in der Not fressen Säue Blumen«,[14] so ist das wohl so zu verstehen, dass zwar auch er sich zu den ›Säuen‹ zählte (denen anderes einfach besser schmeckt), zugleich aber Schiller auch – als Blume – zu den edleren ›Gewächsen‹, die anderer Arten der Annäherung (als der durch den Magen) durchaus wert sind (was ihn von der Rezeption der ›Säue‹ wieder entschieden Abstand nehmen lässt). Es waren wohl nicht so sehr die Antworten (künstlerischer wie weltanschaulicher Art), die Kommerell an Schiller schätzte als vielmehr die Fragen, die er stellte; diese aber – wie er wiederholt bekundete – überaus. Schiller ist ihm, wie er ausdrücklich bestätigt, im Zuge dieser intensiven Beschäftigung einer geworden, »der zu allererst einmal richtig gefragt hat, geradezu erleuchtend richtig« (173).

---

[11] In einem Brief an Erika Kommerell aus dem September 1934 (BA, S. 301 f.).

[12] Ebd., S. 302.

[13] »Die Welt Schillers«, vertritt entsprechend auch Mattenklott, »ob historisch oder gegenwärtig, war Kommerell, so wie er sie verstanden hat, fremd.« (Mattenklott, a. a. O. [Anm. 1], S. 30)

[14] BA, S. 300.

Bezeichnend und aufschlussreich für das Verständnis seines Verhältnisses zu Schiller ist daher der Satz: »Ich mag ihn ja als Dichter gar nicht. Er interessiert mich anders herum.«[15] Wie stehen die beiden Schiller-Aufsätze konkret zueinander? Handelt es sich um zwei Fassungen ein und desselben Ansatzes oder aber um zwei selbständige und miteinander konkurrierende Entwürfe? Eine plausible Antwort auf diese Frage gefunden zu haben, kann wohl als das entscheidende Kriterium für ein adäquates Verständnis von Kommerells ›Schiller‹ angesehen werden.

II

Mitunter sind Oscar Wildes bissige Bonmots wohl doch entschieden besser als ihr Ruf. Im Hinblick auf Kommerells ersten Schiller-Aufsatz jedenfalls trifft die im Vorwort zum ›Dorian Gray‹ aufgestellte Behauptung, jedwede, »the highest, as the lowest, form of criticism« sei in jedem Fall »a mode of autobiography«, voll ins Schwarze. Jeder mit dem Leben Kommerells auch nur hinlänglich Vertraute, wird den intensiven Bezug von ›Schiller als Gestalter des handelnden Menschen‹[16] auf dessen persönliche Geschichte und die für sie folgenschwerste Tat – den Bruch mit Stefan George (und den Freitod seines Freundes Hans Anton in dessen Folge) – nicht übersehen. Schillers ›Wallenstein‹ – darauf deutet eine Vielzahl von Spuren – wird hier offenbar zum Anlass genommen, um mit Blick auf den Helden und das ihm eigene Schicksal über »⟨d⟩as tragisch Unfreie der Tat« (154) schlechthin nachzudenken, welches der Kritiker gerade am eigenen Leib hat erfahren müssen und nun »in seiner ⟨Wallensteins⟩ Person dargestellt« erkennt. Entsprechend und in deutlicher Übereinstimmung mit der eigenen Lebenstragödie, wird dann auch dessen »Haupttragik« und der »geistige Grund des Tragi-

---

[15] Entsprechend bremst er auch noch nach seiner Beschäftigung mit Schiller, misstrauisch gegen herkömmliche Lektüren, Schlechtas Enthusiasmus, der bekannt hatte, von ihm »gepackt« zu sein: »Deine Begeisterung für Schiller wundert mich ebenso wie sie mich interessiert. Du bist doch gänzlich unberechenbar. Schreibe mir doch Deine Gründe!« (24. November 1936, ebd., S. 318–320).

[16] Zuerst separat erschienen in der Reihe ›Wissenschaft und Gegenwart‹, Heft 6, Frankfurt am Main 1934.

schen« im ›Wallenstein‹ dahingehend bestimmt, »daß Wallenstein und Max auseinandertreten müssen, daß sie – obwohl einander unentrinnbar und durch einen geheimen Bezug verbunden – nicht ein Gemeinsames bilden können, ja sich ausschließen und vernichten. Daraus folgt alle übrige Tragik.« (154)

Auch wenn man wenig Sympathie hegt für derartige Rekonstruktionen des Lebens im Werk, kommt man in diesem Fall wohl nicht an ihnen vorbei. Die Anspielungen sind von derartiger Deutlichkeit und Dichte, dass man – die Hypothese einmal ins Auge gefasst – bei der Lektüre zu permanentem Schielen genötigt wird und die Operation daher als für den Text konstitutiv anerkennen muss. »Wie vielsinnig«, lautet eine von ihnen, »ist der Eros, der zwischen Max und Wallenstein wirkt! Er ist nicht nur etwas Menschliches, er hat die Tragweite der Beziehung von Idee und Tat.« (149) Und sie wird deutlicher noch, wenn unmittelbar im Anschluss dann von der »Hingabe« an einen Mann die Rede ist, »der für ihn das Antlitz eines Gottes hatte« (150). Man müsste sich geradezu anstrengen, in derartigen Passagen n i c h t das Portrait Georges zu erkennen. Das Verhältnis zu ihm auf dasjenige Max Piccolominis zu Wallenstein projizierend benutzt Kommerell nun die Kritik des Schillerschen Werks dazu, Kommentare nachzureichen, die – neben dem Verhältnis selbst – oft auch die generelle Situation angehen, in die er durch den Bruch geraten war. So etwa den Konflikt zwischen George (als geistigem Über-Vater) und Hans Anton (dem Freund): »Man sieht, daß sich Max zwischen Vater und Freund wird entscheiden müssen.« (146) Dass George hier aber – wie man sieht – die Rollen tauschen und wie in Wallenstein nun in Octavio Piccolomini auftreten kann, gibt zu erkennen, dass dieses autobiographische Spiel eigentlich nicht der Sprache, sondern dem Sprechen angehört und dort – in einem Spiel mit Namensidentitäten – auch seine kurioseste Form annimmt. Über die bloß gedankliche Assoziation hinaus (wie die Georges mit Wallenstein, qua einer ihm zugedachten Feldherrnart)[17] wird in diesem Fall qua sinnlicher, d. h. klanglicher Identität assoziiert. Mit ›Max‹ spricht sich der Au-

[17] So geht von George die Kunde, er habe gesagt: »Hätte ich, zwanzigjährig, 20000 Soldaten gehabt, so hätte ich alle Potentaten Europas verjagt.« Vgl. Franz Schonauer, Stefan George, Reinbek 1960 (= Rowohlts Monographien 44), S. 66.

tor selbst an und führt auf diese Weise Selbstgespräche im Text, die sich mitunter auch zu Dialogen erweitern können, dann nämlich, wenn er, wie mit dem eigenen, mit dem Namen der Gemeinschaft spielt und – vom »Bund« (165) sprechend – Botschaften an Eingeweihte verschickt.[18] Vom Gesprächsthema – Schillers ›Malteser‹ in diesem Fall – gedeckt, wird bei dieser Gelegenheit dann laut über »die Kräfte in einem solchen Bund« (165) nachgedacht, über »das Großartige sowie das Krankhafte, das durch Abschluß entsteht« und zu einer regelrechten Analyse der Verhältnisse im ›Kreis‹ ausgeholt, welche – neben der besonderen »Skala der Gefühle« (die »von finsterer Verfallenheit an weltliche und göttliche Gerichte, bis hinauf zum Bewusstsein eines heroischen Paares« reicht) – auch auf »die Arten der Kameradschaft« in einer solchen Gemeinschaft hinweist (»solcher die zuviel voneinander wissen um voneinander loszukommen, und solcher, die sich als Verfrühte eines noch fernen Jahrhunderts begegnen«) und am Ende gar die »Begnadung des reinen, die Anziehungskraft des bedenklichen Führers« (165) als Problem aufwirft.[19] Indem die Schiller-Lektüre dann aber von Anfang an in die Perspektive des »Gegensatz⟨es⟩ Jüngling-Mann« (146) gestellt wird, erhält das Unternehmen einen apologetischen Zuschnitt und nimmt

---

[18] Dass diese Art der indirekten Kommunikation durchaus zu den Gepflogenheiten im Kreis gehörte, bestätigt Thomas Karlauf in seiner George-Biographie, der auf eine prinzipielle »Ambivalenz der Texte« Georges hinweist, die (vor allem auch im Hinblick auf »homerotische Botschaften«) in der Regel zwei Lesarten zulassen: »eine für den Eingeweihten, der allerdings über das entsprechende ›Vorwissen‹ verfügen muss, und eine für denjenigen, der ›auf dem Wortlaut der zitierten Textstelle beharrt, die vermeintliche Evidenz für trügerisch erklärt und sich kategorisch weigert, in Georges ‚Freundschaft' erotische Liebe wahrzunehmen‹« (Thomas Karlauf, Stefan George. Die Entdeckung des Charisma, München 2007, S. 366; vgl. auch Heinrich Detering, Das offene Geheimnis. Zur literarischen Produktivität eines Tabus von Winckelmann bis Thomas Mann, Göttingen ²2002, S. 24). Im ›Stern des Bundes‹ ließ George dann angeblich durch die Verse hindurch regelrechte Verhaltensmaßregeln an die Jüngerschaft ergehen und gab den einzelnen, verschlüsselt, »Auskunft über den Stand ihrer Entwicklung« (Karlauf, S. 389).

[19] Und bisweilen gar die Form einer Anklage bzw. Abrechnung annimmt: »Man hört auf, Person zu sein. Gelübde, Gehorsam, Opfer, rückhaltloser Einsatz, die Demut, sogar Demütigung niedriger Dienste, kein Fragen warum? Ehrfurcht vor dem Ordenshaupt, so wie sie nicht aus persönlichem Verhältnis, sondern aus der Körperschaft hervorgeht, und vollkommenster Verzicht: das sind in diesem Kreise die beharrenden Formen des Seins.« (167)

aufs Ganze gesehen den Sinn an, den Bruch als Folge von Erwachsenwerden ausweisen und damit als natürlichen und damit unvermeidlichen Prozesses rechtfertigen zu wollen: »Max gewinnt ein Wissen über Wallenstein und ein Wissen über sich. Über sich dies, daß das Unbedingte keine Stätte im Weltlauf hat.« (148)

Nun ist es uns aber keineswegs darum zu tun, eine autobiographische Kommerell-Lektüre zu lancieren. Im Gegenteil. So brisant dieses Privat-Gespräch für die Beteiligten auch gewesen sein mag, für das Verständnis des Aufsatzes bleibt es letztlich belanglos. Man versteht die Intentionen der Kritik auch ohne es überhaupt zur Kenntnis genommen zu haben. Und so gesehen ist demnach – angesichts der konsequenten Doppelbelegung, der Fülle und Dichte des autobiographischen Materials – das reibungslose Funktionieren des kritischen Diskurses und die Triftigkeit seiner Argumentation an der Oberfläche entschieden bemerkenswerter und erstaunlicher noch als deren Präsenz im Untergrund. Denn jedes dieser Details ist auch kritisch motiviert. Wenn Kommerell den Grundvorgang in Schillers Dramen auf die Formel bringt »Wesen entscheidet sich« (147), so hat er sich seinen Schiller eindeutig zurechtgelegt – aber eben nicht nur; und wie in Sachen ›Bund‹ auf die ›Malteser‹ kann sich Kommerell auch ansonsten durchweg auf Schiller berufen, ja mit ihm sprechen.[20] Persönliches geht in Kommerells kritischen Diskurs nur unter der Bedingung ein, dass der biographische Zusammenhang zerbrochen wird (sodass dieser frei bleibt und der Anlass in der Rede verschwindet), und Vergangenheitsbewältigung dient hier offenbar vor allem dazu, zur Erkenntnis ›aufzuregen‹.

Eine derart durch Leiden geschärfte Beobachtungskraft, persönliche Bekanntschaft mit der Tat (und ihren tragischen Folgen) führt den Kritiker dann zur Entdeckung menschlichen Handelns als Gegenstand der Handlung in den Tragödien Schillers und eröffnet damit eine neue Perspektive auf dessen dramatisches Werk, in der mit dem Ganzen auch sämtliche Teile verwandelt erscheinen. »Die Taten des Menschen«, lautet deren Grund- und Ausgangsthese, »sind der Gegenstand von Schillers Dramen« (135). Wobei nicht die Taten

[20] Am kuriosesten in Form von Übersetzungen – etwa des »Wallensteinmonologes« – aus der Dramensprache in »heutige Begriffe« (140), was dann in der Tat wie eine Abhandlung zur Psychoanalyse menschlichen Handelns klingt.

irgendeines Menschen und auch nicht irgendeine Tat, sondern die Tat schlechthin gemeint ist. Diesem neuen Gegenstand passt sich auch die Konzeption des Dramas und der Status der dramatischen Handlung an: nicht mehr Inszenierung einer Moral, sondern – seltener – die eines Begriffs und – kurioser noch – desjenigen der Handlung selbst. Schillers Drama wäre demnach Handlungsdrama im wörtlichen Sinne und ein autoreflexives Genre insofern, als in ihm die Handlung – auf sich selbst zurückgebogen – die Wahrheit menschlichen Handelns in sich zur Darstellung bringt, weshalb dann auch »die dramatische Form nicht den Verlauf der Tat gibt, sondern ihre Geburt in der Seele und die Rückwirkung des Getanen auf den Täter« (137). Das gesamte dramatische Schaffen Schillers abschreitend – von ›Fiesko‹ und ›Don Carlos‹ über die ›Jungfrau von Orleans‹ und ›Tell‹ bis hin zu den ›Maltesern‹ und den ›Kindern des Hauses‹ – sucht Kommerell die durchgängige Gegebenheit einer entsprechenden Dramenkonzeption nachzuweisen. Und hatte er sich für das Jean Paul-Buch vorgenommen, den »lammliebe⟨n⟩ Humorbegriff häuslicher Seelen ⟨...⟩ auf den Misthaufen zu führen«,[21] so scheint er hier Ähnliches mit demjenigen Dramenbegriff vorzuhaben, den das »gemeine Schillerverständnis« als selbstverständlich voraussetzen zu können glaubt. Er lässt aus diesem Grund – so das Prinzip der Argumentation – gleich eine ganze Reihe prominenter Probleme der Schiller-Deutung Revue passieren, die man bislang darüber zu lösen pflegte, dass man sie den Dramen selbst als Unstimmigkeiten zuschrieb; und die hier nun als Produkte falscher Prämissen entlarvt werden, indem vorgeführt wird, wie sie sich – in die Perspektive des Handlungstheoretikers gestellt – gleichsam in Nichts auflösen.

Monierten Herder und Jean Paul etwa bei Schiller die »Gespaltenheit des tragischen Interesses« (153), so hatten sie damit aus herkömmlicher Sicht sicherlich recht. »Aber«, so hält Kommerell nun dagegen, »Schiller denkt überhaupt nicht in Personen.« (153) Und mit dem Genre und der Handlung haben sich auch die Träger der Handlung gewandelt und Funktion und Status der Figuren dahinge-

[21] In einem Brief an Ernst Kayka (30. Dezember 1932). Zitiert nach: Max Kommerell 1902 1944, hrsg. von Bernhard Zeller, bearb. von Joachim W. Storck, Marbacher Magazin 34 (1985), S. 50.

hend verändert, dass der Begriff des Charakters nunmehr ebenso obsolet erscheint wie der des Schicksals. Auf die Darstellung des handelnden Menschen hin ausgerichtet, fungieren sie nicht länger als Träger von Charaktereigenschaften, als Begeher von Handlungen oder Erdulder von Schicksalen, sie sind keine Individuen und keine Typen von Menschen, ja sie sind überhaupt keine Menschen mehr, sondern Begriffsallegorien, wandelnde Theoreme: Erscheinungsformen des handelnden Menschen. Was die personenzentrierte Auslegung als Künstlichkeit bzw. Leblosigkeit an ihnen verzeichnete, wäre demzufolge auf ihre Festlegung auf einer anderen Ebene zurückzuführen. Bestimmt werden sie darüber, Aspekte menschlichen Handelns darzustellen, über begriffliche Unterschiede, etwa zeitliche: »Von der Tat aus gedeutet sind Max, Wallenstein, Gräfin Terzky ihre Phasen: der reine Entwurf, das Tun der Tat, die Entschiedenheit des Getanen.« (149) Ihrer Konstitution nach »Schatten« (139) der Tat erklärt sich auch die vermeintliche Charakterlosigkeit der Figuren als bloße ›Nachträglichkeit‹: »Ist der so Sprechende ein Charakter?«, fragt Kommerell, den Tatbestand der Charakterschwäche aufgreifend, und erläutert: »Er wird erst einer – durch das, was ihn zwischen beiden Monologen ankommt. Und das ist der Schatten seiner Tat.« (139)

Was »Schillers nicht in Charakteren, sondern in Gebärden, Bewegungen und Übergängen denkende Phantasie« (143) gestaltet, wären demnach – als »Vorgeschichte der Tat im Tuenden« (138) – Verhandlungen zwischen Trieb und Wille, die im Bewusstsein einen eigenen Bereich einnehmen, den der »mündig werdenden Triebe«, wo »das Bewußtsein seine Ordnungen gegen die Triebe setzt« (139). Als »Psychologe des Tatmenschen« (137) ist der Dramatiker Schiller insofern »Geheimnisverräter« (135), als er, diese Vorgänge inszenierend, Einblicke in Bereiche menschlicher Psyche gewährt, die bis dahin unzugänglich geblieben sind. Seine Dramen wären demnach Planspiele eines Psychologen, welche Vorgänge im Bewusstsein des handelnden Menschen nach außen verlegen und die daran beteiligten Kräfte und Instanzen in den Figuren Gestalt annehmen lassen, »die verwickelte Beziehung von Gewalten verschiedenen Ranges beinah algebraisch ausdrücken⟨d⟩« (153): »Seine Menschen sind Orte des Austrags, Felder sich messender Ansprüche, Fälle, an denen die Rechte von Instanzen gegeneinander geklärt werden.« (136)

Wallenstein selbst verkörpert, folgerichtig nur, als Protagonist dann das »Wesen der Tat«, er ist »die Charakter gewordene Tat, oder ihr Symbol, an dem sie ihre furchtbare Folgerichtigkeit dartut« (154). Und aus dieser Festlegung erklärt sich – neben der Wahl der Figur selbst – auch das oft an ihm monierte »Wallensteinische Zaudern«. Welches aber nur monieren wird, wer »eine plastische Person als Mitte verlangt« und von daher »zu sehr in der Weise des Charakterdrama gedacht« (147) hat: »Wallenstein zaudert, weil das Wesen der Tat ihn anrührt, von ihm Besitz ergreift. Er zaudert als Mann der Tat. Das ist der Sinn seines Monologes. Die Tat kommt auf ihn zu, tritt in ihn über, nun ist er die Tat. Grund genug, zu zaudern!« (147) Der Versuch, Schillers Dramen personenzentriert zu verstehen, endet unausweichlich und so auch beim Protagonisten zwangsläufig im Relativismus: »Wallensteins Untergang bekommt verschiedenen Sinn je nach der Figur, der wir ihn gegenüber denken.« (153) Erst über die Ausrichtung auf den Begriff der Tat lässt sich ein dem Genre Tragödie gemäßer Sinn auch des Helden erkennen: »Wahrhaft tragisch erscheint er vom Wesen der Tat aus: die Charakter gewordene Tat, oder ihr Symbol«. (154)

Greift Schiller generell bevorzugt zu Herrscherfiguren, da diese, als Macher der Geschichte, die Täter schlechthin sind, so zu authentischen Geschichtshelden wie Wallenstein, weil die Tat dann erst auf geschichtlicher Ebene ihre Doppelgesichtigkeit zu erkennen gibt. Im Blick auf Geschichte erst wird das Handeln als eigenmächtiges Prinzip kenntlich und Schiller deshalb, wie Kommerell sagt, »ernst«: »Er wird ernst über der anfangs- und endlosen Folgerichtigkeit des Handelns, dem Gestoßenwerden und Weitermüssen, dem Anteil der Deutung und Geltung, des Scheins und der Lüge am geschichtlichen Verlauf« (145). Die Intentionen Schillers als »Darsteller von handelnden Menschen« (135) erhalten aus dieser Perspektive letztlich insgesamt das Gepräge einer Metaphysik der Handlung: »Beabsichtigt oder unbeabsichtigt sind Schillers Dramen die Exempel einer Metaphysik, die, weder antik noch auch durchaus christlich, sondern trotz aller geschichtlichen Anknüpfungen sein eigenes Welterlebnis, an Unerschrockenheit der Forderung keiner Religion nachgibt. Gedichte über den Handelnden, moraliter et metaphysice – ein Blick mehr der Meduse, als der Muse!« (173)

Auch im Hinblick auf die hier praktizierte Art von Kritik könnte man demnach bei ›Schiller als Gestalter des handelnden Menschen‹ von Vergangenheitsbewältigung sprechen. Denn diese hat offenkundig vom einstigen Literaturverständnis Abstand genommen, das der Idee von »Dichtung als Tat« nur allzu »überschwenglich gehuldigt«[22] hatte; und am Abstand vom ›Dichter als Führer‹ (und Täter) zum »Psychologe⟨n⟩ des Tatmenschen« (137) lässt sich zugleich ermessen, was den sich selbständig machenden Kritiker Kommerell auch künftig von der Vergangenheit als Denker des George-Kreises trennen soll: aus dem Propagandisten ist hier ein Analytiker des Ästhetizismus geworden, der sich für die Psychologie des entsprechenden Verhaltens interessiert und eine ästhetische Anthropologie anvisiert, die in der ›detektivischen‹ Lektüre Schillers ihren neuartigen Umgang mit Literatur bereits ankündigt.

III

›Schiller als Psychologe‹, Kommerells zweiter Schiller-Aufsatz,[23] nimmt nun gegenüber diesem ersten eine ganze Reihe prägnanter Änderungen vor: er verengt den Blickwinkel auf das Spätwerk (der klassischen Dramen und Fragmente), verlegt den Schwerpunkt vom ›Wallenstein‹ auf die unvollendeten Betrügerdramen ›Warbeck‹ und ›Demetrius‹ und ersetzt dann – wohl die wichtigste dieser Neuerungen – den Begriff des Handelns, in seiner Funktion als Zentralbegriff, durch den des Scheins. Oder richtiger: er stellt beide Begriffe – wie der Titel des zweiten Abschnitts, ›Das Handeln und der Schein‹, anzeigt – gleichrangig nebeneinander, in der Absicht, sie dann in einem neuen, dem des Scheinens, zu verschmelzen. Zwar war auch in ›Schiller als Gestalter des handelnden Menschen‹ bereits vom Schein die Rede gewesen, aber doch nur beiläufig und dementsprechend flüchtig. »Zum Handeln gehört auch die Berechnung des Scheins«, hieß es dort, »des Wirkens auf andere im Sinne falscher und wahrer, flacher und tiefer Deutung.« Und die Ausfüh-

[22] Vgl. Arthur Henkel, in: Max Kommerell. Dame Dichterin und andere Essays. Hrsg. und mit einem Nachwort von A. H., München 1967, S. 240–253, hier: S. 241.

[23] Zuerst erschienen in: Jahrb. FDH 1934/35 (1936), S. 177–219.

rungen beschränkten sich im Wesentlichen auf das Folgende: »Wie weit dies Scheinen sich vom Wesen entfernen will, dafür läßt das Leben des Handelnden einen schier unendlichen Spielraum. Schwer ist die Grenze zu ziehen, von wo ab diese Entfernung schädlich wird für den Erfolg des Handelnden, bedenklich wird für sein inneres Recht. Über beide Grenzen hat Schiller tief nachgedacht.« (156f.)

›Schiller als Psychologe‹ macht diese Frage des Scheins zu seiner zentralen, und mit der Verlagerung der Gewichte verändert sich auch Funktion und Relation der Begriffe. War der Schein bislang Aspekt der Handlung (der ihrer spezifischen Wahrheit), so wird das Handeln nun umgekehrt zum Aspekt des Scheins (der seiner vorzüglichen Wirklichkeit) und der aus ihrer Fusion gewonnene Begriff des Scheinens avanciert zum eigentlichen Gegenstand von Schillers Drama. Dementsprechend bemüht sich der Aufsatz dann auch vor allem darum, dessen Allgegenwart im Werk aufzuzeigen und ihn – von »einem allerstärksten, geradezu magischen Prinzip des Geschehens« (209) ausgehend – in seiner Eigenart zu profilieren. Was zunächst einmal heißt, ihn von den geläufigen Scheinbegriffen abzusetzen: vom ontologischen, indem er ihn aus der begrifflichen Opposition zum Sein herauslöst, vom ästhetischen, als er ihn von der Limitierung auf den Bereich Kunst befreit und damit – als der in den Dramen gestaltete – auch von dem in Schillers »eigene⟨r⟩ Kunstlehre« entworfenen, abweichen, über diesen hinausgehen lässt. Mit ihm stimme dieses Scheinen allenfalls noch darin überein, heißt es, dass »beide an den zur Wahrheit überleitenden Begriff ›Erscheinung‹ grenzen, bisweilen sich in diesen verlieren« (209); mit dem Sein aber teile es – als Wirkung aufgefasst und »höchst seiend« (209) – den Status von Wirklichkeit. ›Schein‹ – derart bestimmt – meint nunmehr weder die Erscheinung der Dinge schlechthin noch die Schönheit der Werke der Kunst allein, sondern – als Geschehen gefasst und deshalb, in der Form des substantivierten Verbs auch terminologisch konsequent, ›Scheinen‹ genannt – ein irgendwo dazwischen liegendes Geschehen der Symbolisierung, das weder moralisch noch erkenntnistheoretisch bestimmt, faktisch so wenig wie logisch dingfest zu machen ist: »Schein«, lautet nun die zentrale Definition, »ist soviel an der Tat, als der Deutung, der Auslegung, dem Glauben anheimfällt – auch das, wodurch sie mitreißt, ob zu gutem oder bedenklichem Ende.

Er ist weder gut noch böse, weder wahr noch falsch; vor allem hört er hier auf, in einem Gegensatz zum Sein zu stehen. Denn er selbst ist höchst seiend, ist die Wirkung des Tuns, sofern sie den Kreis des Stofflichen überschreitend geistig-sittlich wird.« (209f.) Das ihm entsprechende Verhalten bis zu seinen Ursprüngen in der menschlichen Seele zurückzuverfolgen, um es dort – über die Motivation – in seiner Eigenart zu bestimmen, unterstellt Kommerell dem »Seelenforscher« Schiller[24] als ureigenstes, als sein eigentliches Anliegen.

Mit dem neuen Zentralbegriff scheint sich aber zugleich Kommerells Einschätzung des Vorhabens insgesamt gewandelt zu haben. Aus der mutmaßlichen Metaphysik der Tat des ersten Aufsatzes scheint – spezifischer – eine Psychologie ästhetischen Handelns geworden, die, mit dem Scheinen, eher ein anonymes Geschehen ins Auge fasst denn individuelles und willentliches Handeln. Zwar bleibt Schillers Drama, als Genre, auch in dieser Perspektive weiterhin eine selbstbezügliche Veranstaltung, doch ist sie es nun nicht mehr im Sinn einer Darstellung des Handelns in der Handlung sondern des Spielens im Schauspiel, wobei die fiktionale Rolle zur Illustration der anthropologischen Wahrheit des unter ihr einhergehenden Schauspielers wird und Schillers Held zu einem »Darsteller des Scheins in der Sphäre der Tat« (209). Wallenstein selbst aber wird zur Personifikation der zentralen Eigenschaft dieses Scheinens, »nie ganz wahr, aber auch selten entschieden unwahr« (215).[25]

Vom ›Wallenstein‹ ausgehend verfolgt Kommerell in ›Schiller als Psychologe‹ die diversen Formen des Scheinens durch das gesamte dramatische Spätwerk hindurch und rekonstruiert dabei – aus den in den Einzelwerken jeweils zentralen Aspekten – die geistige Mechanik, auf der das entsprechende Verhalten insgesamt beruhen soll.

---

[24] So betitelt er den Aufsatz inoffiziell in seinen Briefen (vgl. BA, S. 301).

[25] So gefasst rückt der Begriff des Scheinens in unverkennbare Nähe zu Goethes zwischen Dichtung und Wahrheit schwankenden Symbolischem und es deutet sich an, dass Kommerell Schiller vermutlich – seiner methodischen Vorentscheidung als ›Goetheaner‹ entsprechend – mit oder besser: durch Goethe liest. Dafür, dass es sich in der Tat, wie schon an anderer Stelle behauptet, dabei um regelrechte Goethe-›Wiederholung‹ handelt, muss ich leider auch hier den Beweis schuldig bleiben. Vgl. dazu: Klaus Vogel, »⟨...⟩ die geistige Heimat solcher Weltbetrachtung ist Asien«. Max Kommerells ›Faust Zweiter Teil. Zum Verständnis der Form‹ (1937), in: Jahrb. FDH 2008, S. 335–366, hier insbes. S. 339–341.

Als erste seiner Eigenschaften wird dabei dessen relative Unfreiheit herausgestellt. An der Figur des Wallenstein trete, so heißt es, vorzüglich das »Falschwerdenmüssen als ein Schicksal seiner Tatmenschen« heraus, als er – ein »Scheinender« (215) – immer wieder in Situationen gebracht wird, die gewissermaßen zum Scheinen zwingen: »In solchen Momenten erinnert Wallenstein an einen Schauspieler. Freilich«, und damit wird auch schon gleich der Unterschied dieses ›politischen‹ zum bloß ästhetischen Schein festgehalten, »ist der Begriff Schauspieler für das hier Gemeinte fast zu leicht«: »Er spielt Rollen, aber anders als der Schauspieler: furchtbar sind sie ihm aufgedrungen, die freigewählten bedingen ihn, der einmal zum Zwecke angenommene Schein verfügt über ihn, bemächtigt sich weit über die Gelegenheit hinaus seines nicht mehr selbstbedingten Seins.« (215) Zu dieser relativen Unfreiheit des Verhaltens kommt dann, als zweite Eigenschaft, eine relative Blindheit im Tun hinzu. Der Wille zum Scheinen entzieht sich offenbar weitgehend der Einsicht des agierenden Subjekts. Entsprechend heißt es vom ›Scheiner‹ Wallenstein: »Dessen Grund ist mystisch. Nicht nur anderen ist er unvertraulich, er ist es auch sich selbst.« (218) Zusammen ergeben die beiden Eigenschaften, relative Unfreiheit und relative Unbewusstheit, dann folgendes Handlungsschema: »Der Handelnde m u ß scheinen: w a s er scheinen will, steht ein Stück weit in seinem Belieben, vielleicht auch nicht, aber wenn er es einmal zu scheinen begann, wird es ihm unentrinnbarer als was er eigentlich ist.« (220)

Womit man aber bereits in eine weitere Dimension des Begriffs eingetreten ist, denn Scheinen ist hier schon unverkennbar zu einer Form der Interaktion geworden, an der prinzipiell nur Teilsubjekte mit jeweils unterschiedlicher Funktion beteiligt sind, Täter und Zuschauer: »Der Schein der Tat ist ihr Gesehenwerden« (210), heißt es in diesem Sinne an anderer Stelle, und zum Gesehenwerden gehört dann gleich auch noch »das Deuten«, bei Schiller »⟨d⟩ie wichtigste dieser Wirkungen« (208), was bei einem Gegenstand, der, wie Wallensteins Handeln, »nie ganz wahr, aber auch selten ganz unwahr ist«, zwangsläufig zu einer hermeneutischen Grenzerfahrung wird, als die erfasste Bedeutung hier prinzipiell nicht über die erfahrene Wirkung hinausgelangt. Die Wirklichkeit des Scheinens geht in der Wirkung auf; und zu den Wirkungen der Tat gehört dann – neben der konkreten Veränderung – »auch das, wodurch sie mitreißt, ob zu gutem oder bedenklichem Ende« (209). Zu ihr gehört von daher eine »zweite Existenz des Handelnden in den Gedanken der Menschen« (215) und das auf dieses Phantombild des Handelnden gerichtete Vorspiel des ›Wallenstein‹ wird demzufolge auch als der »bewußteste Teil der Tragödie« gesehen: »Eine Art Vorausnahme war schon ›Wallensteins Lager‹, Darstellung des Wallensteinischen Scheinens, und der Wesenhaftigkeit dieses Scheinens als Popularität und Faszination – dies Vorspiel, dessen Haupt- und handelnde Person, wenn man so will, Wallensteins von ihm losgelöstes Scheinbild ist.« (221) Zu ergänzen bliebe noch, dass das Scheinen dem Handelnden unter zwei Vorzeichen begegnen kann, Varianten, die Kommerell – als Haltungen – in Wallenstein und der Gräfin Terzky repräsentiert sieht: »Wie dieser Schein als Gesehenwerden wahr oder unwahr, böse oder gut, förderlich oder hemmend sein kann, so kann er von Wallenstein im Gegensinn der Tat, von der Gräfin Tertzky ⟨!⟩ im Sinn der Tat betont werden.« (214)

Dass Schillers Dramen in der Tat durchweg auf einen solchen Begriff hin ausgerichtet sind, sieht Kommerell darin verbürgt, wie beständig sich die Produktion um ihn bemüht und im Laufe des Werks – stets mit Blick auf die Tat – zunehmend erweitert und differenziert: »Nachdem er die Geheimgeschichte der entstehenden Tat geschrieben hat«, so stellt sich ihm deren Entwicklung dar, »schreibt Schiller die Geschichte der getanen Tat, die sowohl offen als geheim ist: offen, sofern sie die Lage der Dinge verändert; geheim, sofern sie zurückwirkend den Selbstbesitz des Handelnden selten steigert, meist schmälert; und vielleicht auch, sofern sie an dem Begriff, den sich die andern über den Handelnden bilden, weiterschafft.« (208) Und von daher ist dann auch sein Entschluss zu verstehen, den Schwerpunkt der Auslegungen in diesem zweiten Aufsatz zu verschieben, denn: »Die Wallensteintrilogie überblickt das Machtbereich dieses Scheins vielleicht im weitesten Umfang, aber vielleicht mit der geringsten Schärfe« (210).

›Wallenstein‹ steht zwar auch in ›Schiller als Psychologe‹ noch zentral, verliert aber deutlich an Gewicht zugunsten der Dramenfragmente, ›Warbeck‹ und ›Demetrius‹ vor allem, die geeigneter sind, die »Geschichte der getanen Tat« zu analysieren. Ließe sich die Fixierung des Schillerschen Dramas auf Herrschergestalten mit dem entsprechenden Interesse an einem zum ›politischen‹ erweiterten Scheinbegriff begründen, so die Wahl von betrügerischen Herrschern aus der Notwendigkeit heraus, zu einer weiteren Differenzierung dieses Begriffs zu gelangen. Die Falschheit, die Gebrochenheit des Bewusstseins im Handelnden, ermöglicht es, die Perspektive zu verkehren und den produktiven Anteil der Gegenseite, des Zuschauers, in den Blick zu rücken: »Gibt es dafür ein genaueres Gleichnis als das eines geschichtlichen Helden, der wollend oder genötigt, arglos oder bewußt, einen spielte, der er nicht war? Gibt es ein genaueres Gleichnis für das Scheinenmüssen des Handelnden, als diese Unentrinnbarkeit des einmal angenommenen Namens?« (220)

Anhand der Helden der »falschen Rolle« (220), die gleichsam ein Scheinen zweiten Grades vor Augen führen, indem sie die Auswirkungen des Gesehenwerdens auf den Scheinenden zeigen und damit dann auch die Rückwirkungen auf sein neuerliches Handeln und dessen Wirkung wiederum, gelingt es dem Psychologen prinzipiell Zonen »verschiedene⟨r⟩ Helligkeit des Bewußtseins« (224) auszumachen und auszuweisen, als hier nicht nur wider besseres Wissen geglaubt, sondern offenkundig auch willenlos gehandelt wird. »Das Bewußtsein sagt ihm: du betrügst. Das Unbewußte weiß es besser.« (226) Warbeck, der falsche König, der um seinen Betrug weiß, in der Rolle aber derart überzeugt, dass er selbst an sein Königtum zu glauben beginnt, ist das Muster eines derart potenzierten Scheinens: »Dies macht ihm die Grenze von Lüge und Wesen undeutlich, aber in einem viel höheren Sinne als in dem der Tartüfferie. Seine Rolle wird ihm, durch den Gehalt, den er ihr gibt, Natur.« (224) Zugleich lässt sich an ihm die Wechselseitigkeit der Wirkung des Scheinens beobachten: »Schein und Wesen ist also hier nicht bloß bis zur Verwechslung übergänglich gedacht, sondern spielt sein Spiel im Handelnden selbst, der halb ein mit Schein Zaubernder, halb ein vom Schein Verzauberter ist.« (226)

Die Stoffwahl der beiden Betrügerdramen wäre demnach keineswegs redundant, wie man auch meinen könnte, weil sie, wie Kommerell unterstreicht, »das Thema der gespielten Person nicht ähnlich, sondern entgegengesetzt durchführen« (221): »Die dramatischen Wenden des Demetrius und des Warbeck sind, gemäß den verschiedenen Ansprüchen von Sein und Schein auf die Helden, ziemlich genaue Umkehrungen voneinander. Demetrius, durch die ›Berufung‹ schuldlos hineingerissen in die geschichtliche Laufbahn unbewußten Scheines, ist gar zu unvorbereitet auf die große Probe: den Zusammenstoß mit der Wahrheit, mit dem tatsächlichen Sein des Selbst. Er ist Rolle gewesen und hat es nicht gewußt.« (229) Hinsichtlich der Darstellung des Scheinens handelt es sich um zwei prinzipiell verschiedene Sachverhalte. Wird am Beispiel Warbecks das vertrackte Geschehen des potenzierten Scheins vor allem mit Blick auf die Innerlichkeit des Handelnden gezeigt, so an Demetrius mit Blick auf die Wirkung nach außen und deren Rückwirkung dann auf das Selbstverständnis. »Indem Demetrius weiß, daß er falsch ist, ist die Übertragung seiner Kraft auf andere gestört. Das Geheimnis der Faszination ist der Glaube an sich selber, der als fein verteiltes Wesenhaftes dem politischen Scheine seine Wirkung sichert. Dies ist der Anteil der Faszination an der Wahrheit: daß diese Wahrheit auch eine vom Handelnden bloß gewähnte sein kann, das ist vielleicht der härteste Bescheid über den Geschichtsverlauf, den der Demetrius gibt.« (230f.)

Damit ist, mit dem »Geschichtsverlauf«, wohl der Zielpunkt angegeben, den der ›Seelenforscher‹ Schiller von Anfang an im Auge hatte. Sein Interesse am Scheinen ist vorzüglich auf dessen Anteil am historischen Prozess gerichtet. Diesem, als »dem verborgensten Geschichtsrätsel« (209), meint Kommerell, gelte Schillers Denken eigentlich: »Denn seine 〈Wallensteins, K.V.〉 Frage nach dem Schein ist die bohrende Frage Schillers nach dem Wesen der geschichtlichen Wende« (210); und der Dramatiker Schiller scheint ihm von daher ein »bisweilen in seiner Hellsicht mystische〈r〉 Darsteller des Scheins in der Sphäre der Tat« (209). Geschichtsdramen wären die Schillerschen damit in einem höchst ungewöhnlichen Sinne, denn: »Geschichte ist nicht der Stoff, sondern die Gesinnung dieser Dramen. Jeder geschichtliche Stoff ist nur ein Beispiel, ein Fall, in dem die Geschichte selbst anschaulich wird.« (161) Und ›Beispiele‹ nannte Kommerell auch Schillers historische Helden, die, wie er sagt, alle aneinander erinnern, »weil ein Urbeispiel sich in ihnen vervielfacht – bestimmte, in bestimmtem Verhältnis gegeneinander bewegte geistige Potenzen« (221). Als aus dem Spiel dieser geistigen Potenzen hervorgegangen wäre demnach überhaupt die Bewegung der Geschichte zu denken. Und so gesehen auch erklärlich, warum Schillers Helden als historische Figuren zugleich durchweg Krisengestalten sind: denn in der Krise und deren Protagonisten lässt sich das Scheinen – im Sinne eines »allerstärksten, geradezu magischen Prinzip des Geschehens« – auf höchster Ebene beobachten, als Prinzip des Geschehens schlechthin: der Geschichte. Hier – im »geschichtemachenden Menschen« (138) – trifft der Begriff des Scheinens zusammen mit dem der Macht, und man ist deshalb auch hier, nach Kommerells Dafürhalten, im Zentrum von Schillers Wissen angelangt: »Er weiß nicht bloß von dem kräftesteigernden und verheerenden Machttrieb, und von dessen Bändigung, die ein feinerer Machttrieb ist – er weiß, wie sich das Gute und das Böse teilt in die Faszination, welche die wichtigste Kunst des geschichtemachenden Menschen ist« (138). Und in dieser Perspektive wird schließlich auch Schillers Interesse für die Funktion des »Geschichtswunders« plausibel, weil in ihm – da die rationalen Erklärungen der Kausalität außer Kraft gesetzt sind – das Scheinen und seine Kräfte als Ursprung, als das kreative Prinzip der Machtschöpfung und Machtentstehung offen zutage tritt. Kommerell spricht deshalb auch – terminologisch konsequent, das Bild und damit den Begriff des Scheinens aufnehmend – von »strahlende⟨n⟩ Augenblicke⟨n⟩ der Geschichte«: »Gewirkt werden sie von den Engeln der Geschichte, die sich von der Magie der Erdkräfte loskaufen durch die Reinheit des Selbstopfers. Das Geschichtswunder in Schillers Drama ist keine dichterische Ausschmückung, sondern wird von ihm ebenso lebendig geglaubt« (161). Aus gutem Grund: denn als Psychologe interessieren Schiller die Voraussetzungen im menschlichen Bewusstsein, die derartig außergewöhnliche (und gegen jede Rationalität verstoßende) Vorgänge möglich machen. Wo Scheinen und Macht zusammentreffen und ineinander übergehen, läge demnach der eigentliche Schauplatz des Schillerschen Dramas, ein »Ort des Geisterhaften«, der in immer neuen Varianten das immer gleiche Spiel, nämlich »die Verführbarkeit des geschichtlichen Menschen durch Macht« vor Augen führt: »Durch die feinsten Rückwirkungen des täuschenden Getäuschtwerdens, des glaubenden Geglaubtwerdens, des stärkenden Gestärktwerdens hängt die einsame Seele des Handelnden unprüfbar mit diesem Stoff, der wiederum nichts ist als Menschen-Inneres, zusammen. Dies ist bei Schiller der Ort des Geisterhaften: die Gefangenschaft des Willens in der Geschichte und die Gefangenschaft der Geschichte im Willen.« (242)

In die dritte Auflage von ›Geist und Buchstabe der Dichtung‹ hat schließlich Kommerell – ungeachtet ihrer prinzipiellen Übereinstimmung – beide Schiller-Aufsätze aufgenommen und damit zu verstehen gegeben, dass ein jeder von ihnen seine Berechtigung hat, beide zusammengenommen erst seinen ›Schiller‹ ergeben. Verständlicherweise, wie man nunmehr begreift, da sie jeweils unterschiedliche Aspekte ein und desselben Begriffs, denselben Gegenstand also aus nur jeweils unterschiedlichen Perspektiven zeigen: das eine Mal – am menschlichen Handeln – mehr im Hinblick auf seine Außenwelt, seine Erscheinungsformen, das andere Mal – an Schillers Psychologie – mehr im Hinblick auf sein Innenleben, den geistigen Mechanismus, auf dem er beruht.

IV

In einer Hinsicht unterscheiden sich diese beiden Schiller-Aufsätze Kommerells dann allerdings ganz entschieden: in der Art nämlich, wie sie den von Wilde jeder Literaturkritik unterstellten Autobiographismus jeweils ins Werk setzen. Handelte es sich im Falle von ›Schiller als Gestalter des handelnden Menschen‹ um die Selbstdarstellung eines Privatmanns, so bei ›Schiller als Psychologe‹ um eine des Kritikers Kommerell, die entsprechend auch nicht – wie im Falle des handelnden Menschen – persönlich Erlebtes zum Gegenstand hat, sondern – am Beispiel des Psychologen Schiller – dessen intellektuelles Selbstverständnis. ›Schiller als Psychologe‹ ist – und das macht wohl insgesamt die Sonderstellung des Aufsatzes im Werk aus – Kommerells discours de la méthode und die Gründungsakte seines künftigen Gedankengebäudes. Im ›Seelenforscher Schiller‹ entwirft Kommerell ein methodisches Selbstportrait und steckt seinem literaturkritischen Vorhaben den Rahmen ab, das der Aufsatz dann entsprechend, im ersten Teil, dem Erkenntnisinteresse nach als Psychologie bestimmt und im zweiten auf den Begriff des Scheinens als zentralen Gegenstand hin ausrichtet (welcher aus diesem Grund auch hier, und nur hier, in seinen Grundzügen, und ausnahmsweise auch einmal in vollem Umfang, entwickelt wird).[26]

---

[26] Dass, in diesem Sinn, die Schrift bewusst nach dem »Dispositionsschema isagogischer Schriften (erst Erörterung der Disziplin, dann Belehrung des sie Ausübenden)

»⟨D⟩em Psychologen wird Schiller Psychologe!« (135), hatte Kommerell bereits im ersten Aufsatz verlauten und damit durchblicken lassen, dass dies auch für ihn – als den Schiller als Psychologen Erkennenden – zutreffen könnte. In ›Schiller als Psychologe‹ wird das Interesse an der methodischen Selbstreflexion derart dominant und explizit, dass es im ersten Teil (unter dem Titel ›Der neuere Mensch und die Kunst‹) das eigentliche Thema – also Schiller (dessen Name hier überhaupt erst nach sechs Seiten genereller Überlegungen zum ersten Mal fällt) – ganz aus dem Blick zu verlieren droht. Diesem Aspekt von Kommerells Schiller, seiner Bedeutung im Hinblick auf Kommerells methodisches Selbstverständnis, sollen die noch verbleibenden Überlegungen gelten, wobei Kommerell ausdrücklich betont, dass Schiller-Auslegung und Methodenreflexion eines gemeinsam haben: ihr »Problem«.[27]

Programmschrift ist dieser zweite Schiller-Aufsatz Kommerells wohl aber gleich in zweifacher Hinsicht: nämlich theoretisch und praktisch. Geben diese Ausführungen zum Scheinen seiner künftigen Forschung einerseits Leitbegriff und Gegenstand vor (und der Wissenschaft damit ihr theoretisches Paradigma), so die Form, in der diese getätigt werden, nämlich die durchgängige Gespaltenheit der Rede in esoterischen und exoterischen Diskurs, in Schillerkommentar und Methodenreflexion, andererseits das Modell des dabei anzuwendenden Diskurstypus, also einen Prototypen der Formulierung. Kommerells literaturkritische Essays werden künftig allesamt diese Art der Verfasstheit aufweisen, stets doppelbödig angelegt und in eine ober- und eine unterirdische Formulierung gespalten sein. Nach außen hin Kommentar eines fremden literarischen Werks, bringen sie unterschwellig stets Theoreme eigenen Denkens zu jeweils unterschiedlichen Aspekten des Scheinens vor, eine Verfasst-

angelegt« wurde, legt eine Stelle aus ›Lessing und Aristoteles‹ nahe, die eine solche Anlage für die Poetik des Aristoteles erwägt und damit belegt, dass es als Modell geläufig war und somit jederzeit, also auch hier, zur Verfügung stand (a. a. O. [Anm. 5], S. 52).

[27] »Es mag scheinen«, so gesteht er hier zunächst den latenten Autobiographismus der Schrift ein, »als verzichte die hier geübte Auslegung auf jedes gesicherte Verfahren, und mißbrauche ungeschichtlich und in voreiliger Anwendung auf die Gegenwart Schillers Worte zum Vortrag einer persönlichen Meinung.« (202) Besteht aber sodann zugleich darauf, dass dieser von der Sache her begründet sei: »Dennoch bekennt sich dieser Versuch zur Objektivität, und zwar zu der des Problems.« (203)

heit, die erstmals Heinz Schlaffer in ihrer ganzen Eigenart bemerkte und ihn von einer »verschluckten Theorie« sprechen ließ.[28] So gesehen könnte man selbst die zwei parallelgeführten Versionen von Kommerells ›Schiller‹ noch als mustergültig ansehen, insofern nämlich als sich darin anzeigt, dass diese ›verschluckte Theorie‹ grundsätzlich über die Grenzen der jeweiligen Schrift hinausreicht und als ein fortlaufender Prozess aufzufassen ist, der das ganze Werk durchzieht und als solcher auch erst im Blick auf die Gesamtentwicklung der Intention nach verständlich wird. Die einzelnen Beiträge – Kommerell spricht sinnigerweise von seinen ›Gedanken‹ – geben erst als Ensemble seinem Denken angemessen Ausdruck, als sie den Begriff des Scheinens – Essay für Essay – um immer neue Aspekte bereichern und im Sinne eines Gedanken-Gebäudes beständig ausbauen. Kommerells scheinbar so spontan improvisiertes und zerstückeltes Werk – das mit eben dieser Verfasstheit auch den Begriff des Essayismus eingab – hätte im Untergrund eine Anlage zum System und die beiden Schiller-Aufsätze bildeten – eine Art Keimzelle – den Ursprung dieses Denkprozesses.

Die Annahme eines solchen die einzelnen Aufsätze übergreifenden Zusammenhangs bei Kommerell ist an sich nicht neu, führte aber – und dies auch bei ihm Nahestehenden, die, so sollte man meinen, über das Vorhaben durch Gespräche wohl informiert waren – in der Vergangenheit zu recht unterschiedlichen Einschätzungen, wie dieser dann konkret aufzufassen sei. So dachte etwa Arthur Henkel, ehemaliger Schüler Kommerells, an eine Anthropologie; der befreundete Hans-Georg Gadamer dagegen, seine Essays auf den Generalnenner ›dichterischer Welterfahrung‹ bringend, an eine Hermeneutik (wohl eine in seinem Sinne).[29] Vorschläge, die beide –

---

[28] Schlaffer vermutete von daher auch schon, »daß sie methodisch verfaßt« seien. Vgl. Heinz Schlaffer, Die Methode von Max Kommerells ›Jean Paul‹, in: Jahrbuch der Jean-Paul-Gesellschaft 14 (1979), S. 22–50, hier: S. 24.

[29] Henkel meinte, Kommerell wolle »die Funktion der Kunst in einem menschlichen Gesamthaushalt retten«, weshalb er denn »mit der Dichtung auch das Tun des Interpreten anthropologisch« begründe (Henkel, a. a. O. [Anm. 22], S. 246); Gadamer bestimmte – sich etwas windend – den Zusammenhang seiner Aufsätze wie folgt: »Allen gemeinsam aber ist, daß ihrem Verfasser die Literatur in jedem Sinne die Literatur der Welt war, die großartigste Dokumentation von Weltstoff und Weltform, die sich einem dichterischen Geist bietet.« (Hans-Georg Gadamer, Gedenkrede auf

soviel dürfte schon aus dem bisher Gesagten deutlich geworden sein – wohl zu justieren, eventuell auch einander zu integrieren wären. Denn als Anthropologie müsste die Kommerellsche – der Schiller-Aufsatz lässt daran keinen Zweifel – in jedem Fall eine entschieden historische Ausrichtung haben; und als Erschließung einer besonderen Art von Welterfahrung wäre die hier anvisierte mit dem Attribut ›dichterisch‹ zweifellos zu eng gefasst, da der in Schillers Dramen rekonstruierte Begriff des Scheinens, als »politischer Schein«, unverkennbar über den Bereich der Kunst hinausgeht.

Gadamers Vorschlag von der ›dichterischen Welterfahrung‹ als Zentralbegriff aufnehmend suchte Gert Mattenklott dann – die Annahme eines systematischen Zusammenhangs dabei grundsätzlich bestätigend – Kommerells Vorhaben über einen Vergleich mit dem »Parallelunternehmen von Warburgs Bilderatlas« und damit als ein kunsthistorisches (im weitesten Sinne) zu bestimmen: »Kommerells Essays«, so umschrieb er deren Eigenart, »sammeln Gesten dichterischer Welterfahrung, so wie die Historiker im Umkreis Ernst Cassirers, so wie Warburg und sein Kreis ihre bildlichen Formen sammelten. Dergestalt ist das einzelne Essay Bruchstück nicht, weil seinem Autor ein längerer Atem fehlte und die Geduld ausging, sondern weil es teil hat an einem Ganzen, das als Atlas poetischer Verfahrensweisen imaginär bleiben muß.«[30] Als »Studien von Literatur im Vollzug«, wie Mattenklott sie definierte, liefen sie wohl insgesamt auf eine Art Anthropologie ästhetischer Erfahrung hinaus, die aber wiederum – was der Vergleich mit Warburgs Bildatlas schon impliziert – eine historische zu sein hätte (und damit, wie der Bildatlas, das Problem aufwürfe, wie Anthropologie und Historie hier konkret zu vermitteln seien). Der äußeren Form nach Literaturkritik sind diese Studien ihrem innewohnenden Erkenntnisinteresse nach wohl eher Literaturgeschichte, eine, die dann – wie, nach Einschätzung Kommerells, auch die Geschichte Schillers – der Konzeption nach »Beispielsammlung« wäre. »Aber« – und das wäre dann wohl auch hier die entscheidende Frage – Beispielsammlung »wofür?« (221)

Max Kommerell, in: Max Kommerell, Dichterische Welterfahrung. Essays, hrsg. von H.-G. G., Frankfurt am Main 1952, S. 205–227, hier: S. 229)

[30] Mattenklott, a. a. O. (Anm. 1), S. 27f.

Wie Mattenklott (und so gut wie alle Versuche aus der letzten Zeit)[31] dabei vom Begriff der Geste bzw. Gebärde ausgehend hat Ulrich Port Kommerells Vorhaben jüngst auf die Formel ›Literaturgeschichte als Körperschau‹ zu bringen versucht. Auch er greift zu einem Vergleich mit einem vermeintlich ähnlichen Denken, nun aber nicht zu dem Warburgs, sondern zu dem Foucaults (wobei sich Ähnlichkeiten auch zwischen diesen beiden unschwer ausmachen ließen). An die Stelle von Warburgs ›Bewegungsformel‹ setzt er – als Vergleichspunkt – »eine Thematik, die der späte Michel Foucault unter Titeln wie ›arts de l'existence‹ (›Künste der Existenz‹), ›esthétiques de l'existence‹ (›Ästhetiken der Existenz‹), ›techniques de soi‹ (›Selbsttechniken‹) oder ›technologies de soi‹ (›Technologien des Selbst‹) diskutiert hat«.[32] Etwas, das »unter Titeln wie ›Lebensform‹, ›Lebenskunst‹, ›savoir vivre‹ oder 〈...〉 ›Lebensgeberde‹ oder ›Daseinsgeberde〈n〉‹ diskutiert« dann auch »bei Kommerell einen roten Faden in der Beschäftigung mit Literatur«[33] bilden soll. Die Ähnlichkeiten zwischen den beiden, die nun nicht einmal mehr Zeitgenossen sind, sind in der Tat frappant und ihr Vergleich scheint überaus weitreichend und vielversprechend, führt allerdings meines Erachtens – vor allem auch wenn man nun Kommerells methodische Überlegungen aus ›Schiller als Psychologe‹ hinzuzieht – durch das Spätwerk Foucaults hindurch und am Begriff der Lebenskunst vorbei direkt ins Zentrum von Foucaults Denken: zum Epistemologen und Wissenshistoriker, zum Diskursanalytiker und Machttheoretiker und dessen Vorhaben einer Archäologie des Wissens.[34] Die

---

[31] Eine repräsentative Sammlung dieser vor allem von Giorgio Agamben inspirierten Versuche (sowie weiterführende Literatur) bietet der Band: Max Kommerell. Leben – Werk – Aktualität, hrsg. von Walter Busch und Gerhart Pickerodt, Göttingen 2003.

[32] Ulrich Port, Die ›Sprachgebärde‹ und der ›Umgang mit sich selbst‹. Literatur als Lebenskunst bei Max Kommerell, in: Busch / Pickerodt, a.a.O., S. 74–97, hier: S. 85. Diesen Ansatz hat er dann fortgeführt in: Ulrich Port, Literaturgeschichte als Körperschau. Max Kommerell und die Physiognomik der 1920er Jahre, in: Hofmannsthal-Jahrbuch zur Europäischen Moderne 14 (2006), S.383–414.

[33] Port, ›Sprachgebärde‹, a.a.O., S. 86f.

[34] Den Vergleich über die Begriffe der Lebenskunst bzw. der Gebärde durchzuführen, scheint mir problematisch und – wenn überhaupt – nur unter Vorbehalten und mit Einschränkungen möglich. Unter dem Vorbehalt, dass Kommerells Gebärde nur in Ausnahmefällen – wie in dem der Commedia dell'arte – tatsächlich auch

Ähnlichkeit beträfe damit weniger den Gegenstand als die Methode, würde also noch entschiedener in die Substanz des Denkens reichen. Gemeinsam wäre beiden die recht seltene (und durchaus nicht unproblematische) Verbindung von Psychologe und Historiker, das Vorhaben mithin einer historischen Psychologie, das – mit unterschiedlicher Ausprägung jeweils, aber prinzipiell identisch – hier wie dort zur Idee einer Archäologie im Bereich der Humanwissenschaften führt, die, den Erläuterungen Foucaults zufolge, vor allem an zwei Grundideen geknüpft ist: an die Gegebenheit von Langzeit-Geschichten einerseits und die Möglichkeit einer Geschichte der stummen Monumente andererseits.[35] Psychologische und historische Perspektive ineinander brechend, die Vorstellung vom kulturellen Wandel mit der relativer Konstanz der Naturformen überlagernd, geht die Archäologie – als Denkansatz – auf Bewusstseinsformen aus, die unterhalb des historischen Prozesses angesiedelt sein sollen und hat aus diesem Grund auch ihre zentrale Metapher in der Erdgeschichte, da deren Vergleich es erlaubt, Geschichte als Geschichtetes zu denken. Dass sowohl Kommerell als auch Foucault bei ihren methodischen Erläuterungen auf genau dieses Bild rekurrieren und sowohl ›Schiller als Psychologe‹ als auch die ›Archäologie des Wissens‹ mit einer geologischen Metapher eröffnet werden, ist wohl das schlagendste Argument, von einer geistigen Verwandtschaft zweier Archäologen auszugehen.

Bei Kommerell wird die Metapher zu folgendem Szenario ausgeführt: »Der Dichter verhält sich zum Seelenforscher wie ein Minenbesitzer, der eines Edelmetalles wegen Schächte in die Erde bohrt, zu einem Geologen, der die von jenem aufgeschlossenen Schichten zu seinem ganz anderen Zweck prüft. Und wenn später der Bergbau

---

sichtbaren Körperausdruck meint, in der Regel aber metaphorisch aufzufassen ist und als Metapher erst in ihrem konkreten begrifflichen Gehalt zu bestimmen wäre, bevor sie zu einem Vergleich taugt. Und mit der Einschränkung, dass der Denker von Lebenskunst hier nicht – wie der Begriff der Lebenskunst suggeriert – selbst mit praktischen Ambitionen zum Lebenskünstler gesehen wird, sondern allein als deren Theoretiker bzw. Historiker.

[35] Foucault spricht von »des histoires, presque immobiles sous le regard, – des histoires à pente faible« (S. 10) und definiert die Archäologie ausdrücklich »comme discipline des monuments muets« (S. 15) und da die Übersetzung holpert und bisweilen mangelhaft ist, zitiere ich im Folgenden direkt aus dem Original: Michel Foucault, L'archéologie du savoir, Paris 1969 (Bibliothèque des Sciences Humaines).

vom Geologen lernt, so hat man doch die Erde Jahrtausende lang nach Schätzen durchgraben, ehe es eine Erdgeschichte gab. So haben auch die Dichter Jahrtausende lang das Abgründige und Kostbare der menschlichen Seele an den Tag gebracht, ehe die Wissenschaft der Seelenkunde nach den Schichten fragen lernte, die diese Kostbarkeiten in sich gehegt hatten. Nur darin geht der Vergleich fehl: die Erde ist in der Zeit unseres wachen Bewußtseins dieselbe geblieben, die menschliche Seele aber hat sich so verwandelt, daß schon über wenig Jahrhunderte weg Vorgänge zum Rätsel werden können, weil keine ähnliche Erfahrung sie uns deuten hilft.« (175)[36]

Zwar ist hier ausdrücklich vom Dichter und Psychologen die Rede, doch sind diese Ausführungen – und das sah auch Arthur Henkel so – letztlich auf den Kritiker zu beziehen.[37] Auch wenn die so skizzierte Archäologie Kommerells und diejenige Foucaults – mit Poesie und Wissen – jeweils unterschiedliche Gegenstände haben und als geschichtliche Darstellungen damit formal unterschiedlichen Genres angehören (Literaturgeschichte und Wissenschaftsgeschichte), so stimmen sie prinzipiell doch darin überein (und nähern sich als Vorhaben darüber an), dass sie letztlich auf Ordnungen im Untergrund ihrer Geschichten abzielen. Wie Foucaults Archäologie des Wissens (die als ›Ordnung des Diskurses‹ historische Formen der Wissensgewinnung zu bestimmen sucht) geht auch Kommerells Literaturgeschichte – als Archäologie des Scheinens – letztlich darauf aus, durch die literarischen Ausdrucksformen hindurch ästhetische Erfahrungs- bzw. Spielformen zu erfassen (und diese in einem epochalen »Erlebnisstil« (178) zusammenzufassen), die – wiewohl anthropologisch verankert – auch bei ihm mit einem historischen

[36] Bei Foucault lautet die entsprechende Stelle: »Ces instruments leur ont permis de distinguer, dans le champ de l'histoire, des couches sédimentaires diverses; aux successions linéaires, qui avaient fait jusque-là l'objet de la recherche, s'est substitué un jeu de décrochages en profondeur. De la mobilité politique aux lenteurs propres à la ›civilisation matérielle‹, les niveaux d'analyse se sont multipliés: chacun a ses ruptures spécifiques, chacun comporte un découpage qui n'appartient qu'à lui; et à mesure qu'on descend vers les socles les plus profonds, les scansions se font de plus en plus larges. Derrière l'histoire bousculée des gouvernements, des guerres et des famines, se dessinent des histoires, presque immobiles sous le regard« (a. a. O., S. 9 f.).

[37] In ›Schiller als Psychologe‹, sagt Henkel, » reflektiert er ⟨Kommerell, K. V.⟩ auch einmal« – wie sonst fast nie – »auf seine Methode« (Henkel, a. a. O. [Anm. 22], S. 245).

Index versehen sind. Als eine, für die Moderne typische Spielform des Schönen, als moderne Ausgabe eines »spielenden Menschen, der mit der Schönheit spielt«, führt er das Tennis an und legt eine überaus suggestive Beschreibung vor, die den eigentlich rituellen Charakter des Geschehens herausstellt: »Dabei verhält sich der Spielende so vorschreibend wie hingebungsvoll: das Ding hat seinen Willen, der Ball fliegt wie er muß; aber, da der Mensch schnell und richtig den Aufschlag des Schlägers und den Winkel des Rückpralls berechnet, zugleich auch wie der Mensch es will: der Ball ist des Menschen und der Mensch ist des Balls, und beide bleiben sie selbst.« (200) Und schließlich scheinen die beiden Archäologien, des Wissens und des Scheinens, sich gar hinterrücks zu berühren, als sie in einem gemeinsamen Begriff der Macht zusammentreffen.[38]

Die Verwandtschaft der beiden ließe sich noch weiter ins Detail verfolgen. Wie Foucault seine Wissensgeschichte in ›epistemen‹ unterteilt, so Kommerell die Geschichte des Scheinens in Epochen, »Zeitalter« (177), wie er sagt, die wie jene in sich geschlossen und nach außen hin verschlossen sind und in Gestalt von »Gegenwartsbewußtsein« dem Verstehen Grenzen ziehen, deren prinzipielle Unübersteigbarkeit er am Beispiel des Ethnologen vor Augen führt (da man hier wohl am ehesten bereit ist, sie einzugestehen): »Selbst wenn der Psychologe die Rauschgifte eines Indianerstammes hartnäckig an sich erprobt, versetzt er sich damit noch nicht in den wahren Zustand des Medizinmannes. So sehr er den Habitus der eigenen Seele verleugnet und sich einen fremden Habitus ganz aus

[38] Dieser Berührungspunkt wäre im Detail auszuführen, was hier aber nicht zu leisten ist. In der ›Archäologie des Wissens‹ räumt Foucault der »analyse littéraire« (a.a.O., [Anm. 35], S. 12) zwar ausdrücklich einen gewissen Sonderstatus ein, lässt sich aber nicht weiter darauf ein. Dass seinen Schriften eine Ästhetik eingelassen sein könnte, war lange Zeit kein Thema. Einen ersten, noch eher tastenden Versuch, ihrer habhaft zu werden, unternahm ich, als deren Kommentierung sich noch weitgehend auf philosophische und soziologische Lesarten beschränkte. Vgl. Klaus Vogel, Foucaults Ästhetik, in: Paragrana. Internationale Zeitschrift für Historische Anthropologie 4 (1995), H. 1, S. 184–200. Dass deren Gegebenheit in der Zwischenzeit fast ein Gemeinplatz geworden ist, belegt etwa der Band: Foucault und die Künste, hrsg. von Peter Gente, Frankfurt am Main 2004. Zu einem systematischen Nachweis ihrer Ausdrucksformen in den Schriften, hat dies – wie man dort sehen kann – aber auch nicht beigetragen, die, durchaus möglich und nötig, also weiterhin ein Desiderat bleiben.

diesem selbst zu erklären sucht: wieviel er wirklich von ihm erfahren kann, dafür setzt ihm das Bewußtsein der Zeit und seine eigene Beschaffenheit die Grenze.« (177) Im Unterschied zu Foucault schreibt Kommerell in dieser Hinsicht der Dichtung (bzw. generell der Kunst) im Rahmen der Archäologie Exklusivrechte und – archäologisch gesehen – einzigartigen Informationswert zu. Nur sie sieht er – aufgrund ihrer besonderen Darstellungsart – in der Lage, »die wichtigste Erfahrung: die Erfahrung einer von uns abweichenden Innerlichkeit« (180) zu vermitteln. Wissenschaft und Dichtung, sagt er, »verallgemeinern, aber verschieden«: »Der Dichter schildert eine Seele in einer Lage. Und wenn darin etwas Gesetzliches ist, so verkörpert er das Gesetz in einem anschaulichen, unvergleichbaren Fall; und spricht es nicht aus, indem er abstrakt die Merkmale und Bedingungen seines Wirkens darlegt.« (176) Ihm allein (gemeint ist hier allerdings generell der Künstler) kommt daher die Fähigkeit zu, produktiv sein Bewusstsein nach vorne und hinten zu überschreiten: »Zweierlei macht die Dichter zu Entdeckern: das Neue und das Alte in ihrer Seele im Gegensatz zum Denken und Gefühl eines Zeitalters.« (177) Die zentrale »Eigenschaft des Dichters« läge – archäologisch gesehen – also darin: »Er hat das lange Gedächtnis einer zusammengesetzten, zurückreichenden, überpersönlichen Seele, in der Ereignisse, deren das Zeitalter verlustig ging, fortspielen, ohne daß er selbst weiß, was er aus seinem wie im Schlaf redenden Mund ausschwatzt.« (178) Und was wäre, so fragt Kommerell, nachdrücklich auf diese Funktion für die historische Erkenntnis verweisend, »der Psychologe ohne den Dichter, ohne dessen Vorstoß in Ungebahntes, ohne dessen Kolumbusfahrten in die Unendlichkeit des inneren Menschen?« (176)

Methodisch stand ›Archäologie‹ (als die Geschichte der stummen Monumente) für Foucault prinzipiell für eine Umkehr in der Lesart von Geschichte: statt Monumente in Dokumente zu überführen, Dokumente als Monumente behandeln.[39] Genau das war es aber,

---

[39] »(...) l'histoire, dans sa forme traditionelle, entreprenait de ›mémoriser‹ les monuments du passé, de les transformer en documents et de faire parler ces traces qui, par elles-même, souvent ne sont point verbales, ou disent en silence autre chose que ce qu'elles disent; de nos jours, l'histoire, c'est ce qui transforme les documents en monuments, et qui, là où on déchiffrait des traces laissées par les hommes, là où on essayait de reconnaître en creux ce qu'ils avaient été, déploie une masse d'élé-

was Kommerells detektivische Lektüre mit den Schillertexten vornahm: »Auch dem Geistesforscher sollte es erlaubt sein, in seltener und gewagter Stunde gewisse Sätze Schillers so zu lesen, wie ein Kriminalbeamter die Schriftstücke eines von ihm beobachteten Menschen.« (135) Prinzipiell wäre diese archäologische Analyse auch auf das eigene Zeitalter anwendbar. Sie wird dann Zeitdiagnostik, die erlaubt, systematisch ausgeblendete und unzugängliche Voraussetzungen der aktuellen Kultur zu reflektieren. »Denn«, so verweist Kommerell auf eine solche Möglichkeit, »einen durchgehenden Habitus der Seele in einer Zeit gibt es allerdings. Er bildet sich unbewußt aus, verfestigt sich und löst sich wieder auf. Wir erkennen ihn an der verschiedenen Art, wie jeweils Menschen von den ewig gleichen Urgeschehnissen des Daseins betroffen werden.« (177) Auch als Zeitgeist-Analyse bliebe diese archäologische allerdings – darauf legt Kommerell Wert – absolut verschieden von Geistesgeschichte (die an der Oberfläche bleibt und Dokumente liest). Was am Fall Schiller, wie selten, kenntlich wird: »Geistesgeschichte wäre in diesem Fall Leerlauf. Ein Erfassen dieser Gedanken, deren Genialität nicht irgendein Ewiges, sondern Zeitbewegtheit ist, muß von der Krise, die sie behandeln, ausgehen. Das heißt hier ›objektiv‹. Es wäre unrühmlich, wenn wir von dem Objekt dieser Gedanken (der Krise) nur durch Schiller unterrichtet wären. Es ist uns Gegenwart. Gegenwart ist hier nicht eine Minute, sondern eine Epoche. Es war das Genie Schillers, die dauernden Symptome zu ergreifen, die nicht Übergänge innerhalb der Krise sind, sondern erst mit ihr selbst weichen werden.« (204 f.)

Wo aber, wie in der Moderne, das Scheinen kulturell die Oberhand gewinnt, wird Literaturkritik, als Archäologie des Scheinens konzipiert, notwendig Kulturkritik, eine, die – wie Kommerell hier – die aktuellen Verhältnisse an den an Schillers Figuren illustrierten Machtbegriff hält und damit die Folgen der Verführbarkeit durch Macht, die Konsequenzen grenzenlosen Scheinens reflektiert: »Wenn der Mensch nicht mehr weiß, was er ist, und, um bürgerlich brauchbar zu bleiben, sich gegen die Wahrheit seines Innern wendet; wenn er durch die Schmalheit des Erlebnisses nicht nur ver-

---

ments qu'il s'agit d'isoler, de grouper, de rendre pertinents, de mettre en relations, de constituer en ensembles.« (Foucault 1969, a. a. O. [Anm. 35], S. 14 f.)

armt, sondern durch dessen mörderische Gleichartigkeit entstellt wird, dann wird die gesamte Gebärde einer Zeit falsch, und Modernität heißt eine nicht mehr bewußte, aber um so unsittlichere Verstellung im weitesten Umfang.« (207 f.) Angesichts einer derart zur kollektiven Fiktion entstellten Realität wandelt sich dann zwangsläufig auch der Status von Kunst – und mit ihm der ihrer Kritik: »Kunst wäre dann alles andere als ein liebenswürdiger Schein – sie wäre ein umgekehrter Fasching, ein Rausch der Wahrheit.« (208) Und Kritik, Kommerells Kritik entsprechend, ein Pharmakon: Mittel zur Ernüchterung.

MANFRED BOSCH / BERNHARD GAJEK

UNTERDRÜCKTE EMANZIPATION

Zum 70. Todestag des Frankfurter Dichters Ludwig Fulda (1862–1939)
Mit einem Briefwechsel zwischen Moritz Lederer, Ludwig Fulda und der Jüdischen Gemeinde in Berlin (1937)

I. Anfänge in Frankfurt

Dass einer der erfolgreichsten deutschen Dramatiker des 20. Jahrhunderts aus Frankfurt am Main stammte, ist dem allgemeinen wie literarischen Bewusstsein entschwunden. Er hieß Ludwig Anton Salomon Fulda und kam am 15. Juli 1862 zur Welt. Goethes Geburtsort schien die Leitlinien für eine passive und aktive Liebe zu Literatur, Dichtung und literarischem Leben gebildet zu haben. Das Elternhaus freilich stand dem entgegen. Der Vater – Carl Hermann Fulda – handelte erfolgreich mit Kohle und wünschte sich den Sohn als Nachfolger. Väterlicherseits waren die Fuldas seit der Mitte des 17. Jahrhunderts in Frankfurt ansässig. Ihr wirtschaftlicher Erfolg sicherte ihnen bürgerliches Ansehen, vor allem ab 1811, als das Ghetto – dank dem Code Napoléon und dessen Einführung durch Karl Theodor von Dalberg – geöffnet wurde. »Der Großvater mütterlicherseits, ein Kaufmann Oppenheimer, war in den Jahren 1868/69 der erste jüdische Stadtrat Frankfurts.« Er war ein Mann »von weitem geistigen Horizont«, der die »Familienüberlieferung der Bildungsfreudigkeit und einer freien Gedankenrichtung« begründet hatte. Ludwig Fuldas Mutter, Clementine Oppenheimer, war die Enkelin dieses Mannes.[1]

[1] Alfred Klaar, Ludwig Fulda. Leben und Lebenswerk, Stuttgart/Berlin 1922, S. 7. – Bernhard Gajek / Wolfgang von Ungern-Sternberg, Ludwig Fulda. Briefwechsel 1882–1939. Zeugnisse des literarischen Lebens in Deutschland, 2 Teile, Frankfurt am Main 1988 (= Regensburger Beiträge zur deutschen Sprach- und Lite-

So wiederholte sich ein Aufstieg in die bürgerliche Oberschicht, wie ihn zu Beginn des Jahrhunderts die im 17. Jahrhundert eingewanderten Italiener genommen hatten. Dort hatte man sie »als unerwünschte Konkurrenten« angesehen. »Sie mußten, fast wie die Juden, hohe Schutzgelder an das Inquisitionsamt entrichten«, bis sie das Beisassenrecht erhielten.[2]

Der 1765 geborene Franz Brentano wurde 1816 Geheimer Rat und Resident, Schöffe und Senator der freien Stadt Frankfurt – als ältester Sohn Peter Antons, der noch in Tremezzo am Comer See zur Welt gekommen war und nur das Beisassenrecht erhalten hatte. Sein Schwager Georg Friedrich Guaita (1772–1851), der ebenfalls aus einer italienischen Familie stammte und Peter Anton und Maximiliane Brentanos Tochter Meline geehelicht hatte, wurde 1816 Schöffe, 1827 Senator und mehrfach – als erster Nichtfrankfurter und Katholik (seit der Reformation) – Erster Bürgermeister Frankfurts. Und Bettina, Melines Schwester, berichtete anschaulich vom Leben im Frankfurter Ghetto.[3]

Die Schule, auf die Carl Hermann Fulda seinen Sohn Ludwig schickte, entsprach dieser Entwicklung: es war die jüdische Realschule. Doch Ludwig war mehr an der Literatur als den Realia interessiert und wollte nicht der Nachfolger seines Vaters werden.

---

raturwissenschaft. Reihe A: Quellen 4), S. XV (künftig zitiert: BW I, BW II). – Martin Gregor-Dellin, Ludwig Fulda, der erste deutsche P.E.N.-Präsident, in: Autorenlexikon/P.E.N.-Zentrum Bundesrepublik Deutschland, Wuppertal 1988, S. 17 bis 27. – Bernhard Gajek, Ludwig Fulda, in: Literatur Lexikon. Autoren und Werke deutscher Sprache, hrsg. von Walther Killy, Bd. 4, Gütersloh/München 1989, S. 64f. – Holger Dauer, Ludwig Fulda, Erfolgsschriftsteller. Eine mentalitätsgeschichtlich orientierte Interpretation populärdramatischer Texte, Tübingen 1998 (= Studien und Texte zur Sozialgeschichte der Literatur 62), S. 10. – Samuel L. Sumberg, Ludwig Fulda, in: Encyclopaedia Judaica. Second Edition, Vol. 7, Detroit (u. a.) 2007, p. 309f.

[2] Klaus Günzel, Die Brentanos. Eine deutsche Familiengeschichte, Zürich 1993, S. 21.

[3] Sibylle von Steinsdorff, » ... durch Convenienz sehr eingeschraubt ... «. Versuch über Meline Brentano-von Guaita, in: Die Brentano. Eine europäische Familie, hrsg. von Konrad Feilchenfeldt und Luciano Zagari, Tübingen 1992, S. 183–207, hier: S. 200f. – Peter Anton von Brentano, Schattenzug der Ahnen der Dichtergeschwister Clemens und Bettina Brentano, Regensburg 1940, S. 95f. und 113. – Die Brentano. Aufsätze zur Familiengeschichte von Johannes Frhr. von Brentano, hrsg. von Pankraz Frhr. von Freyberg, München 1990, S. 97f.

Nach »häuslichen Kämpfen« durfte er auf das Gymnasium überwechseln. Dort fand er namhafte Lehrer: den bekannten Pindar-Übersetzer Tycho Mommsen, der zeitweilig Direktor der Schule war, und den später als Literarhistoriker bekannt gewordenen Theodor Creizenach, der an Fuldas Gymnasium für kurze Zeit als Deutschlehrer tätig war. Obwohl auch sie die Liebe zur antiken wie neueren Dichtung eher dämpften, ja erstickten, legte Ludwig mit siebzehn Jahren das Abitur ab und konnte das »verhasste Pennal«, das »Gestrüpp der gymnasialen Gedächtnisdressur« verlassen. Nach drei Semestern Germanistik und Philosophie in Heidelberg wechselte er nach Berlin – zu Karl Victor Müllenhoff und Wilhelm Scherer. Nach einem Leipziger Semester kehrte er nach Heidelberg zurück, wo Wilhelm Grimms Schüler Karl Bartsch und der Neukantianer Kuno Fischer ihm zu Leitbildern wurden.[4]

Bartsch vertraute seinem im fünften Semester stehenden Doktoranden einen Band des repräsentativen Sammelwerks ›Deutsche National-Literatur‹ an, und so kam der Student zum Stoff seines ersten Dramas, nämlich ›Christian Günther‹. Als ›Trauerspiel in fünf Aufzügen‹ wurde es 1882 vom Frankfurter Stadttheater angenommen, aber nicht inszeniert.[5] Aufgeführt aber wurden dort ›Die Aufrichtigen. Lustspiel in einem Aufzug in Versen‹ – am 8. Februar 1883 im Stadttheater.[6]

II. Von München in die Reichshauptstadt

Allerdings zog es den Autor bald nach München, wo die Theater einen Mittelpunkt der bürgerlichen Bildungswelt bildeten. Im Café Maximilian traf er am 3. November 1888 Henrik Ibsen, dessen Schauspiel ›Die Gespenster‹ er zur deutschen Erstaufführung am Augsburger Stadttheater (am 14. April 1886) verholfen hatte. Auch nach dem Umzug nach Berlin setzte der junge Frankfurter Autor Fulda sich für den zum europäischen Theater-Heroen gewordenen

4 Dauer, Ludwig Fulda, a.a.O. (Anm. 1), S. 10–12f. und 265–268.

5 BW I, S. XVIIIf.

6 Vgl. die Bibliographie der selbständigen und unselbständigen Veröffentlichungen Fuldas sowie der Würdigungen, Uraufführungen, Verfilmungen und Übersetzungen in BW II, S. 975–994.

Norweger ein, ja er schien ihn nachzuahmen. Fuldas Schauspiel ›Die Sklavin‹ schien Ibsens ›Nora‹ zu imitieren; in Wirklichkeit ging Fulda über Ibsen hinaus: Die Titelfigur löst sich nicht nur aus einer sie unterdrückenden Ehe, sondern verspricht sich, ohne die Scheidung erlangen zu können, einem geliebten Mann und nimmt die kirchliche und gesellschaftliche Ächtung in Kauf.[7]

Zu reichsweiter Bekanntheit aber kam Fulda eher unabsichtlich: Am 4. Februar 1893 führte das Deutsche Theater in Berlin sein Märchenstück ›Der Talisman‹ auf. Darin wandelte Fulda Hans Christian Andersens Märchen von ›Des Kaisers neuen Kleidern‹ ab: Der jugendliche, selbstherrliche Herrscher glaubt zwei schmeichelnden Betrügern und stellt sich in deren angeblich exquisitem Festgewand beim Jubiläumsumzug zur Schau. Ein kleines Mädchen spricht die Wahrheit aus: »Der König hat ja gar nichts an«. Der aber gerät außer sich und lässt sich auch durch den Zusatz nicht beruhigen:

Herr, kann dich das im Ernst erbosen?
Du bleibst der König – auch in Unterhosen.[8]

Das Stück wirkte – fast gegen des Autors Absicht – »als unverhohlen satirischer Seitenhieb auf die Selbstherrlichkeit der augenblicklichen Monarchen Deutschlands und Österreichs, insbesondere auf das von Wilhelm II. proklamierte ›persönliche Regiment‹«. So Friedrich Spielhagen.[9] Wilhelm II., der jugendliche deutsche Kai-

---

[7] Vgl. Bernhard Gajek, ›Die Sache der Frau‹ – ein Thema mit Variationen. Ludwig Fuldas Schauspiel ›Die Sklavin‹, Henrik Ibsens ›Nora. Ein Puppenheim‹ und Elfriede Jelineks ›Was geschah, nachdem Nora ihren Mann verlassen hatte‹. Ein Vergleich, in: ›daß gepfleget werde der feste Buchstab‹. Festschrift für Heinz Rölleke, hrsg. von Lothar Bluhm und Achim Hölter, Trier 2001, S. 393–411, hier: S. 395 bis 397.

[8] Ludwig Fulda, Der Talisman. Dramatisches Märchen in vier Aufzügen, Stuttgart 1892, S. 116. Vgl. Bernhard Gajek, Theater als Gebrauchskunst. Überlegungen zu den Bühnenstücken Ludwig Fuldas (1862–1939), in: Bernhard Gajek / Erwin Wedel (Hrsg.), Gebrauchsliteratur – Interferenz – Kontrastivität. Beiträge zur polnischen und deutschen Literatur- und Sprachwissenschaft. Materialien des Germanistisch-polonistischen Symposiums, Regensburg, 22.–27. Oktober 1979, Frankfurt am Main/Bern 1982 (= Regensburger Beiträge zur deutschen Sprach- und Literaturwissenschaft. Reihe B: Untersuchungen 21), S. 143–172.

[9] Dauer, Ludwig Fulda, a.a.O. (Anm. 1), S. 20. Die politische Dimension hob bereits Friedrich Spielhagen besonders hervor (F. S., Ludwig Fuldas ›Der Talisman‹,

ser, verhinderte, dass Fulda 1893 die angesehenste deutsche Auszeichnung, den Schillerpreis, bekam. Die Aufführung des ›Talisman‹ im Wiener Burgtheater löste ähnliche Wirren aus; Karl Kraus hat sie genüsslich kommentiert.[10]

Der beide Kaiserreiche bewegende Vorgang hat neuerdings einen überraschenden Kommentar gefunden. Hermine Prinzessin von Preußen, seit dem 5. November 1922 die zweite Gattin des ehemaligen deutschen Kaisers Wilhelm II., hatte Fulda in den späteren zwanziger Jahren – wahrscheinlich in Berlin – getroffen und darüber in ihrem Rückblick berichtet:

> Ich bin vor einiger Zeit Ludwig Fulda begegnet, der klassische Eleganz des Ausdrucks mit dem Geist der Moderne verbindet. Der dramatische Dichter war früher beim Kaiser in Ungnade. Fulda beurteilte den Kaiser falsch, und Seine Majestät urteilte ohne Zweifel seinerseits verkehrt über den Schriftsteller, sonst hätte er dem Beschluß, Fulda für seine brillante Satire ›Der Talisman‹ den Schiller-Preis zu verleihen, seine Zustimmung nicht versagt. Der Kaiser hätte, wäre er besser unterrichtet gewesen, Fulda gerade schätzen müssen, ist ihm doch Ursprünglichkeit lieb, und außerdem mag er es sehr, wenn jemand mitreißend ist – und Fuldas Konversation ist ebenso kernig und mitreißend wie seine Dialoge.[11]

---

in: ders., Neue Beiträge zur Theorie und Technik der Epik und Dramatik, Leipzig 1898, S. 263–271, bes. S. 266f. und 270).

[10] Karl Kraus, Die Unterhosen. Ein Censurstückchen in zwei Aufzügen, in: Die Gesellschaft 9 (1893), H. 12, S. 1609–1612. – Der Preis war 1859 vom damaligen Prinzregenten Wilhelm, dem nachmaligen Kaiser Wilhelm I., zu Schillers 100. Geburtstag gestiftet worden. Wilhelm I. hatte alle Vorschläge der Kommission gutgeheißen; vgl. Jürgen von Ungern-Sternberg / Wolfgang von Ungern-Sternberg, Der Aufruf ›An die Kulturwelt!‹ Das Manifest der 93 und die Anfänge der Kriegspropaganda im Ersten Weltkrieg. Mit einer Dokumentation, Stuttgart 1996 (Historische Mitteilungen, Beiheft 18), S. 32. Zu dem ganzen Bereich vgl. Wolfgang Sowa, Der Staat und das Drama. Der Preußische Schillerpreis 1859–1918. Eine Untersuchung zum literarischen Leben im Königreich Preußen und im deutschen Kaiserreich, Frankfurt am Main 1988 (= Regensburger Beiträge zur deutschen Sprach- und Literaturwissenschaft. Reihe B: Untersuchungen 36), S. 245f. – Vgl. auch die drei Artikel zu Dramen Fuldas, besonders zum ›Talisman‹, von Gertrud Maria Rösch, in: Kindlers neues Literatur Lexikon, hrsg. von Walter Jens, Bd. 5, München 1989, S. 916–919.

[11] Hermine Prinzessin von Preußen, Der Kaiser und ich. Mein Leben mit Kaiser Wilhelm II. im Exil, hrsg. und übers. von Jens-Uwe Brinkmann, Göttingen 2008, S. 131.

So war der dreißigjährige Autor Fulda in zwei Stilbereichen avanciert: Mit der ›Sklavin‹ und dem Schauspiel ›Das verlorene Paradies‹ von 1890 galt er den Autoren und Literaten als weitere Hoffnung des deutschen Naturalismus, und gleichzeitig feierte ihn das konservative Publikum als denjenigen, der »die Sehnsucht nach Anmut und Ideengehalt am stärksten geweckt« habe.[12]

Grenzübergreifend machten ihn seine Übersetzungen bekannt. Aus nicht weniger als sieben Sprachen übertrug er Autoren der Weltliteratur ins Deutsche, unter anderem Molière (als dessen ›klassischer‹ Übersetzer von mehr als einem Dutzend Stücken er bis heute gilt), Calderon, Lope de Vega, Shakespeare, Petőfi, Bjørnson und Ibsen. Max Brod nannte unter den »Virtuosenkunststücken Fuldas« seine Übersetzung von Edmond Rostands ›Cyrano de Bergerac‹ (1896) ein »Sprachmeisterstück ersten Ranges«.[13] Manche Kritiker sahen, angesichts des Boulevardcharakters seiner späteren Dramen, in dieser Übersetzertätigkeit bereits in den zwanziger und dreißiger Jahren Fuldas eigentliche Leistung. Doch wie immer man hier gewichten mag: Im literarischen Leben Deutschlands, in dessen Bühnenleben zumal, war dieser überaus fruchtbare Dramatiker spätestens seit der Jahrhundertwende eine unübersehbare Figur – von seinen kulturpolitischen Meriten ganz zu schweigen.

Als Gründungsmitglied und zweiter Präsident des Vereins ›Freie Bühne‹ in Berlin (1889) hatte er entscheidenden Anteil an der als ›deutsche Theaterrevolution‹ bezeichneten Durchsetzung der dramatischen Moderne, voran des Naturalismus, und auch an seine berufspolitischen Engagements darf in diesem Zusammenhang erinnert werden. Gemeinsam mit Hermann Sudermann und Paul Heyse kämpfte Fulda gegen die ›Lex Heinze‹, mit der im Jahre 1900 angeblich unsittliche Darstellungen in Kunst und Literatur unter Strafe gestellt werden sollten. Er trat mehrfach in Prozessen als Gut-

---

[12] Georg Witkowski, Das deutsche Drama des neunzehnten Jahrhunderts, in seiner Entwicklung dargestellt, 2. durchges. Auflage, Leipzig 1906, S. 124; vgl. Max Halbe, Jahrhundertwende. Erinnerungen an eine Epoche. Neuausgabe. Mit einem Vorwort von Anneliese Halbe, München 1976, S. 64f.; Dauer, Ludwig Fulda, a.a.O. (Anm. 1), S. 19.

[13] Max Brod, Streitbares Leben. Autobiographie, München 1960, S. 202. – Eine Zusammenstellung aller Übersetzungen innerhalb der ›Selbständigen Veröffentlichungen‹ Fuldas in BW II, S. 975–979.

achter für die Freiheit der Literatur auf und engagierte sich in vielen Funktionen im Sinne einer sozialen Standespolitik, indem er sich für notleidende Kollegen einsetzte und die Rechte der Bühnenautoren sichern half – auch international als Vorsitzender der ›Confédération Internationale des Sociétés d'Auteurs et Compositeurs‹.[14]

III. Patriotismus 1914–1918. Der Aufruf ›An die Kulturwelt!‹

Dass Fulda auch durch seine 1892 einsetzenden Molière-Übersetzungen über Deutschland hinaus bekannt wurde, sagten wir schon. Sie machten den französischen Dramatiker so populär, dass ein französischer Staatssekretär im Senat darüber klagte: In Deutschland werde – dank Fuldas Übersetzungen – der französische Klassiker öfter als in Frankreich aufgeführt. Die Übertragung von Edmond Rostands Degen-und-Mantel-Stück ›Cyrano de Bergerac‹ kam hinzu. Sie wurde am 14. September 1898 am Deutschen Theater in Berlin uraufgeführt und kam auf zahllosen deutschsprachigen Bühnen heraus.[15]

1907 waren Fuldas Übersetzungen aus dem Französischen mit dem Kreuz der Ehrenlegion belohnt worden. Doch 1915 wurde ihm (wie allen anderen Deutschen) das Kreuz aberkannt. Fulda gehörte zu den Initiatoren des Aufrufs ›An die Kulturwelt!‹, der weltweit englische und französische Anfeindungen wegen Neutralitätsverletzung und Kriegsgreueln des deutschen Heeres in Belgien entkräften sollte. Bekanntlich hatte die deutsche Armee das neutrale Belgien nach einem kurzfristigen Ultimatum besetzt; bei den Kämpfen war die Stadt Löwen großenteils zerstört worden. Die Deutschen galten nun als militaristische Barbaren.[16] Um einer möglichst schnellen Veröffentlichung willen waren viele der 93 Unter-

---

[14] Vgl. BW II, S. 1088.

[15] BW II, S. 685f. und 1032.

[16] Jürgen und Wolfgang von Ungern-Sternberg, a.a.O. (Anm. 10), S. 17–26. Dort, S. 11, als Faksimile Fuldas Entwurf, der sich im Fulda-Nachlass des FDH befindet; S. 144–147 der endgültige Wortlaut sowie die Unterschrift von 93 deutschen Gelehrten und Künstlern.

zeichner nur telegrafisch oder telefonisch von dem Vorhaben verständigt worden. Ein beträchtlicher Teil zog dann die Unterschrift zurück – auch wegen des aggressiven Wortlautes. Lujo Brentano z. B. erklärte, man habe auf beiden Seiten der militärischen Gegner »nur einen Feind ⟨...⟩ die Unwahrheit. Daher ist es wohl ihre Aufgabe, unsere Gegner aufzuklären, nicht aber sie durch irgendwelche Herabwürdigung zu kränken.«[17] Hermann Hesses aus der Schweiz erhobene Forderung: ›Freunde, nicht diese Töne‹ war vorausgegangen.[18]

Fulda jedoch hielt an Inhalt und Form des ›Aufrufs‹ während der ganzen Kriegsjahre fest. Ja er verfasste eine Reihe von patriotischen Gedichten, die z. T. – von heute aus gesehen – unerträglich sind und denen Ludwig Ganghofers ähneln. Fulda, einer der Lieblingsautoren des aufgeschlossenen Bürgertums, der Propagandist einer entschlossenen Vaterlandstreue, wurde zum Zerrbild des Patrioten. Seinen ›Gesang der Flieger‹ hat Franz Pfemfert in der ›Aktion‹ lächerlich gemacht.[19]

Aber unter den patriotischen Gedichten finden sich auch ernstzunehmende. In der ›Vossischen Zeitung‹ vom 7.10.1914 veröffentlichte er acht Stanzen, die eine deutsche Schuld am Krieg verneinten:

⟨...⟩
Was taten wir ihnen? Wir haben die Rolle
Des Welteroberers stolz verschmäht;
Wir wollten nur Herr sein auf unserer Scholle,
Wir wollten nur ernten, was wir gesät,
Nur unseres Fleißes Werkzeug schärfen,
Es blank vererben vom Vater zum Sohn:
Welch Unrecht haben uns vorzuwerfen
Die Führer der Zivilisation?[20]

Aus dem Feld der Neuerer kam ein weiterer Angriff. Im selben Jahrgang der ›Aktion‹ war zu lesen:

---

17 Ebd., S. 69.

18 Volker Michels (Hrsg.), Hermann Hesse. Sein Leben in Bildern und Texten, Frankfurt am Main 1979, S. 146–150.

19 Die Aktion, hrsg. von Franz Pfemfert, 4. Jg. (1914), S. 894.

20 Belegexemplar im Fulda-Nachlass des FDH; dort auch Mappen mit Fuldas Kriegsgedichten. Vgl. BW I, S. XXXIIIf. und LII.

> Zeitgenosse Ludwig Fulda
> Er präsentiert uns den Podex der Gegenwart in seinen ›Werken‹ und seine Visage am Vortragstisch. Er schafft in einem Librettisten-Milieu, in dem Stehler und Betrogene nicht zu unterscheiden sind ⟨...⟩. Er verarbeitet ältere Literatur zu Saisonstücken ⟨...⟩ Und wer etwa die ehrliche Prosa im Tyll Eulenspiegel nicht kapieren sollte, dem werden immerhin die schönen Reime des Talisman sänftiglich eingehen, falls er dabei nicht das Kotzen kriegt ⟨...⟩ Wenn uns aber einer Wasser predigt, der nichts zu geben hat als Eau de Cologne, dem werden wir das Maul stopfen.[21]

Der rüde Ton gehörte zu der von Fulda wie seinem Freund Hermann Sudermann schon 1902 beklagten »himmelschreienden Verrohung unserer Tageskritik«, aber auch zu den innerjüdischen Querelen, die damals kaum als solche eingestuft wurden, aber den späteren, hier zu erörternden Konflikten vorausgingen.[22] Derartiges konnte man wenige Jahre später – ab 1923 – im ›Stürmer‹ lesen – dem Wochenblatt der antijüdischen Kampfpresse, herausgegeben von Julius Streicher, dem Gauleiter Frankens. In der ›Aktion‹ aber war es Anselm Ruest, der Mitbegründer der Zeitschrift. Er hieß Ernst Samuel, stammte aus Kulm in Westpreußen und kam wie Fulda aus einer jüdischen Familie. Seine Anwürfe gehören einerseits zu dem Generationskonflikt zwischen den Expressionisten und den Repräsentanten einer heftig bekämpften bürgerlichen Tradition, andererseits zu dem »jüdischen Selbsthaß«, vor dem Theodor Lessing dann – 1930 – warnte. 1937 sollte Fulda ihn erneut zu spüren bekommen.[23]

IV. 1922–1933: Preußische Akademie. Internationale Verbände

Der Weimarer Republik stand Fulda von vornherein loyal gegenüber, und die erstaunlich bald einsetzenden Bestrebungen zur Aus-

---

[21] Die Aktion, 1. Jg. (1914), S. 128f. Vgl. Gajek, ›Die Sache der Frau‹, a.a.O. (Anm. 7), S. 393f.

[22] BW I, S. 295, und II, S. 795 und S. 797–799. Vgl. Maria Kühn-Ludewig, Erfolgreich – unter Feinden. Ludwig Fulda in seinem Briefwechsel 1882–1939, in: Euphorion 85 (1991), S. 199–219.

[23] Theodor Lessing, Der jüdische Selbsthaß. 1930. Neuauflage. Mit einem Vorwort von Boris Groys, Berlin 2004.

söhnung mit den ehemaligen Feinden unterstützte er mit großem Einsatz. Sowohl die Freiheit der Kunst wie die grenzüberschreitende Sicherung der Rechte am Kunstwerk versuchte er verstärkt zu fördern. 1922 gründete er das deutsche PEN-Zentrum mit; bis 1927 war er dessen erster Präsident. Als solcher leitete er – abwechselnd mit Romain Rolland, John Galsworthy und Roger Martin du Gard, die Berliner Sitzungen des ersten internationalen PEN-Kongresses in Deutschland. Im selben Jahr trat er – zusammen mit Arnolt Bronnen und Paul Wegener – beim Dramatikerkongress in Paris für die Belange der deutschen Theaterschaffenden ein.[24]

Um das umstrittene Medium Kino und Film nicht ins Unregelbare abgleiten zu lassen, nahm er ab 11. November 1921 als Beisitzer an den Verfahren der Oberfilmprüfungsstelle in Berlin teil und setzte sich 1921/22 im Prozess um Arthur Schnitzlers Komödie ›Der Reigen‹ mit Erfolg für das Stück ein. Ab 4. Januar 1927 gehörte er der Oberprüfstelle gegen ›Schmutz und Schund‹ an und gutachtete in Urheberrechtsfragen – so bei der von Bert Brecht nicht gebilligten Verfilmung der ›Dreigroschenoper‹. Die gesetzliche Sicherung der Autor-Tantièmen verfocht er an der Spitze des Verbandes deutscher Bühnenschriftsteller und deutscher Bühnenkomponisten. 1926 vertrat er die Reichsregierung auf dem Kongress der Autorengesellschaften in Paris und gründete die ›Confédération Internationale des Sociétés d'Auteurs et Compositeurs‹ mit. Auf deren Kongress in Madrid 1929 wählte man ihn einstimmig zum Präsidenten. Seine jahrzehntelange Arbeit für eine Reform des Urheberrechts – auch innerhalb der Preußischen Akademie – legte es nahe, ihn 1928 mit der Reichsdelegation zur 3. Revisionskonferenz der Berner Übereinkunft des Urheberrechts nach Rom zu entsenden. Für dessen Verlängerung von dreißig auf fünfzig Jahre hatte er bereits die Preußische Akademie gewonnen.[25]

Dieser sein Erfolg führte zu einer merkwürdigen Situation. 1930 sollten die Urheberrechte an Friedrich Nietzsches Werk enden. Da-

---

[24] BW I, S. XXXI.

[25] BW I, S. XXXIIf., und II, S. 952f. – Zu Fuldas einschlägigen Publikationen vgl. BW II, S. 955; sie sind zusammengefasst in: Ludwig Fulda, Die Reform des Urheberrechtes, Berlin 1928 (Veröffentlichungen der Preußischen Akademie der Künste 1).

durch wären die Erlöse, mit denen Elisabeth Förster-Nietzsche ihr Haus und Archiv in Weimar unterhielt, weggefallen. Fulda galt der vehement antisemitisch auftretenden Frau als jemand, der die Verlängerung der Schutzfrist entscheidend befördern könnte; möglicherweise wusste sie auch, dass Fulda intensiver Nietzsche-Leser war. Jedenfalls rief sie ihn dringend und wiederholt zu Hilfe. Die Beratungen der Berliner Akademie-Sektion für Dichtung verliefen kontrovers. Alfred Döblin wollte keine ›Lex Nietzsche‹, da Frau Förster-Nietzsche »eine einseitige und anfechtbare Nachlasspflege« betreibe. Fulda setzte sich nachdrücklich für die Novellierung des bisherigen Gesetzes ein. Sie trat erst am 13.12.1934 in Kraft, enthielt jedoch wichtige, von Fulda und der Akademie vorgebrachte Verbesserungen. 1969 verlängerte der Deutsche Bundestag die Frist auf siebzig Jahre.[26] Der damalige Reichspräsident Paul von Hindenburg belohnte den jahrzehntelangen Einsatz und verlieh Fulda 1932 zum 70. Geburtstag – »in Anerkennung Ihrer hohen Verdienste um das deutsche Schrifttum« – die Goethe-Medaille für Wissenschaft und Kunst.[27]

V. 1933: Ausschluss aus der Preußischen Akademie

Fuldas »hohe Verdienste um das deutsche Schrifttum« waren mit der Regierungsübernahme durch die Nationalsozialisten wertlos geworden. In der Akademie hatte er noch versucht, zwischen den Fronten zu vermitteln. Anfang 1933 hatten Heinrich Mann, der damals der Sektion für Dichtkunst vorsaß, und Käthe Kollwitz den gegen die Nationalsozialisten gerichteten ›Dringenden Appell‹ des ›Internationalen Sozialistischen Kampfbundes‹ unterschrieben. Der NS-Reichskommissar Bernhard Rust hatte die Akademie dafür

---

[26] BW II, S. 948–951, hier: S. 951–956 die Protokolle der kontrovers verlaufenden Sitzungen der Sektion für Dichtung ab dem 28.10.1929 bis 23.4.1932 sowie Auszüge aus der Pressediskussion, in der auch Fulda für die Neuerung warb. Vor allem Verleger und Buchhändler sprachen sich gegen die Verlängerung aus. Vgl. Inge Jens, Dichter zwischen rechts und links. Die Geschichte der Sektion für Dichtkunst der Preußischen Akademie der Künste, dargestellt nach Dokumenten, München 1971, S. 45ff. und 167.

[27] BW II, S. 1035.

haftbar machen und Heinrich Mann absetzen wollen. Das Protokoll der Abteilungssitzung vom 15. Februar 1933 verzeichnet Fuldas Stellungnahme:

> Fulda bekundet, er sei kein politischer Mensch, aber er habe 30 Jahre für die Geistesfreiheit gekämpft. Er würde es mißbilligt haben, wenn unter einem sozialistischen Minister ein rechtsstehender Mensch beeinträchtigt worden wäre. Jeder Staatsbürger habe, und besonders bei einem Wahlkampf, das Recht, seine politische Meinung auszudrücken. Einem Akademiemitgliede, das außerhalb der Akademie von seinen Rechten Gebrauch mache, sollte es nicht bestritten werden.[28]

Heinrich Mann und Käthe Kollwitz traten aus der Akademie aus. Fulda dagegen blieb. In Fuldas Tagebüchern wird dies knapp angedeutet. Oskar Loerke, Lektor des S. Fischer Verlags und Sekretär der Sektion für Dichtung sowie – mit Fulda – deren Vertreter im Senat, beschrieb den Einbruch des »Unheils« von Tag zu Tag: »Dienstag, 14. Februar 1933. Viel Entsetzliches hat sich ereignet. Es hat keinen Zweck, Chronist zu sein ⟨...⟩. Heute haben wir unseren Minister Becker begraben. Fulda saß neben mir im Gemeindehaus Dahlem: ›Wir begraben die deutsche Kultur.‹« Am 13. März 1933 leitete Loerke zum letzten Mal die Sektionssitzung: »Binding, Fulda traten hervor.«[29]

Fuldas deutsch-nationale Gesinnung ließ ihn fast ohne Bedenken die Erklärung unterschreiben, die Gottfried Benn als neuer, vom ersten NS-Kultusminister Bernhard Rust begünstigter kommissarischer Leiter der Sektion für Dichtkunst zu dieser Sitzung formuliert hatte: »Sind Sie bereit, unter Anerkennung der veränderten geschichtlichen Lage weiter ihre Person der Preußischen Akademie der Künste zur Verfügung zu stellen?« Fulda bejahte dies, wurde

---

[28] Inge Jens, Dichter zwischen rechts und links, a.a.O. (Anm. 26), S. 180ff. und S. 184f.; vgl. BW I, S. XXXV.

[29] Oskar Loerke, Tagebücher 1903–1939, hrsg. von Hermann Kasack, Heidelberg 1955, S. 261. Gemeint ist Carl Heinrich Becker (12. April 1876–10. Februar 1933), Professor für Orientalistik und Hochschulreformer der Weimarer Republik. 1921 und 1925–1930 parteiloser, entschieden demokratischer preußischer Kultusminister, 1925/26 Mitbegründer der Sektion für Dichtkunst an der Preußischen Akademie der Künste. Vgl. Kristina Kratz-Kessemeier, Kunst für die Republik. Die Kunstpolitik des preußischen Kultusministeriums 1918 bis 1932, Berlin 2008, S. 261–283 und 289.

aber schon am 5. Mai zusammen mit acht weiteren Mitgliedern ausgeschlossen. Die Akten halten dies fest.[30]

Zum Jahreswechsel 1933/34 sandte ihm Gottfried Benn einen bemerkenswerten Gruß:

> ⟨...⟩ erlauben Sie, dass ich die Jahreswende zum Anlass nehme, Ihnen für das nächste Jahr meine besten Wünsche auszusprechen. Möge es besser werden für Sie als das vergangene. Seien Sie meines häufigen Gedenkens versichert ⟨...⟩.[31]

Oskar Loerke blieb Fulda menschlich verbunden – ebenso wie Walter von Molo, der von 1928 bis 1930 Präsident der Akademie gewesen war und – als überzeugter National-Konservativer – Fuldas Arbeit tatkräftig unterstützt hatte. Molo berichtet in seinen Erinnerungen, wie verzweifelt er Fulda antraf:

> Das Erschütterndste wohl erlebte ich bei Ludwig Fulda. Gleich nach seinem Ausschluß aus der Akademie rief mich der alte Mann zu sich. Auf einem langen Tisch hatte er die Zeichen sämtlicher Ehrungen ausgebreitet, die ihm in seinem Leben zuteil geworden waren – und gegenüber auf einem anderen langen Tisch lagen die Blätter mit den Beschimpfungen und Verleumdungen, die jetzt über ihn in die Welt gesetzt wurden. Zwischen den beiden Tischen hin und her gehend, fragte er fortwährend: »Was ist davon richtig?« Ich versuchte, ihn zu beruhigen, ich sei ja an allem nicht schuld, und das sei eben ein Wirrwar, der sich legen würde. Aber der Dreiundsiebzigjährige hörte nicht zu, sondern sagte immer wieder: »Nur eines kann richtig sein! Was ist davon richtig?« Dabei sah der sonst so heitere Mann entsetzlich aus. Er verwies darauf, daß schon vor dreißig Jahren eine Zeitung, die den christlichen Sozialismus des Hofpredigers Stöcker vertrat, die Parole ausgegeben hatte: »Hinaus mit den Juden aus Deutschland!« Und der Historiker Heinrich von Treitschke hätte in den ›Preußischen Jahrbüchern‹ behauptet: »Die Juden sind unser Unglück.«[32]

---

[30] Vgl. Inge Jens, Dichter zwischen rechts und links, a. a. O. (Anm. 26), S. 195 und 203.

[31] BW I, S. 600 und II, S. 972.

[32] Walter von Molo, So wunderbar ist das Leben. Erinnerungen und Begegnungen, Stuttgart 1957, S. 354. Vgl. Walter Boehlich (Hrsg.), Der Berliner Antisemitismusstreit, Frankfurt am Main 1965. Dort, S. 11, die fatale Maxime des Berliner Historikers Heinrich von Treitschke (1834–1896) und passim die so entfachte Diskussion aus den Jahren 1879/80, die von den Nationalsozialisten in eine mörderische Doktrin umgesetzt wurde. – Adolf Stoecker (1835–1900) hatte – als Hof- und

VI. »Ein Deutscher mosaischer Konfession – nichts weiter«

Trost suchte Fulda mit seiner nichtjüdischen Frau Helene immer wieder in seiner Sommervilla, dem ›Haus Laurin‹, das in den Dolomiten am Karersee (Lago di Carezza, südöstlich von Bozen, am Fuß des Latemar), also in Italien, lag. Mit dem Foto schmückte er seine dort geschriebenen Briefe. Darauf bezog sich der Maler Max Liebermann, der seit der Gründung – 1920 – Präsident der Preußischen Akademie der Künste gewesen und 1933 ebenfalls ausgeschlossen worden war:

> Übrigens beneide ich Sie um Ihre Bergfestung, die nach dem Bilde auf Ihrem Briefbogen wunderbar gelegen ist. Mehr noch als um die Lage beneide ich Sie um die dort herrschende Ruhe, während mein Schloß am See ⟨d.h. sein Haus am Wannsee⟩ von all' den Geschichten und Gerüchten widerhallt, die sich ereignet haben oder wenigstens ereignet haben sollen. Doch Vorsicht ist die Mutter des Glasschranks: Uns gehts den Verhältnissen angemessen.[33]

Zwischen dem 26. März und 17. April 1933 traf das Ehepaar wiederholt auf Thomas Mann und dessen Familie in der Schweiz. Golo Mann, der mit Fuldas Sohn Karl bekannt war, hat diese Situation 1988 festgehalten:

Domprediger in Berlin – die Sozialdemokratie durch seine weitgehend erfolglose Christlich-soziale Arbeiterpartei zu bekämpfen versucht und dabei die latenten antisemitischen Kräfte des konservativen Bürgertums aktiviert. – Die ab 1879 kurrente Wortbildung ›Antisemitismus‹ wird dem »Umkreis des deutschen Publizisten« Wilhelm Marr (1819–1904) zugeschrieben; ›antisemitisch‹ ist schon als Stichwort im ›Staats-Lexikon‹ von Rotteck / Welcker belegt (Das Staats-Lexikon. Encyclopädie der sämmtlichen Staatswissenschaften für alle Stände, hrsg. von Karl von Rotteck und Karl Welcker, 3. Aufl., Bd. 13, Leipzig 1865, S. 329). Vgl. Deutsches Fremdwörterbuch. Begonnen von Hans Schulz, fortgeführt von Otto Basler, 2. Aufl., Berlin 1996, Bd. 2, S. 24–28. Sie spitzte den seit Jahrhunderten belegten Antijudaismus insofern zu, als nun nicht mehr zwischen getauften und nicht getauften Juden unterschieden wurde und den Juden generell eine nicht mehr aufzuhaltende Unterwerfung der – vor allem deutschen – Nichtjuden zugeschrieben wurde. Vgl. auch Hermann Greive, Geschichte des modernen Antisemitismus in Deutschland, Darmstadt 1983 (= Grundzüge 53), S. 64–68.

[33] BW I, S. 602, und BW II, S. 974; vgl. das in Anm. 29 genannte Monumentalwerk von Kristina Kratz-Kessemeier, Kunst für die Republik, S. 123–125 und 586 bis 590.

> Damals, im Mai ⟨1933⟩, hielt er ⟨Ludwig Fulda⟩ sich in dem Hotel ›Villa Castagnola‹ nahe Lugano auf, wo auch meine Eltern ihr erstes Asyl gefunden hatten. Beide Ehepaare kamen viel zusammen; zumal am Abend und während zweier Besuche nahm ich an ihren Unterhaltungen teil; – traurigen Unterhaltungen. Wie die große Mehrheit der alteinsässigen deutschen Juden war Fulda ein Patriot; fortschrittlich gesinnt wohl und durchaus kein Bewunderer Wilhelms II., aber stolz auf sein Land. Ein Deutscher mosaischer Konfession, nichts weiter. ⟨...⟩ Er glaubte auch und betonte es, für den guten Ruf Deutschlands draußen etwas geleistet zu haben, zumal mit seinen Übersetzungen. Und nun plötzlich ausgestoßen, verfemt sein! Sein Sohn Karl suchte durch wohlgemeinte Briefe ihn zu trösten. ⟨...⟩ Aber die Tröstung verfing nicht, zumal Karl seine Stellung schon verloren hatte. Und dann waren da die Söhne Gustav Stresemanns, sogenannte »Halbjuden«. Auch die durften ihrer bisherigen Arbeit nicht mehr nachgehen. »Die Söhne Stresemanns! Der Befreier des Rheinlandes!« höre ich ihn noch mit starker Stimme rufen, um es dann murmelnd, nur so für sich, zu wiederholen ...[34]

Ganz ähnlich, ja übereinstimmend hatte Golo Mann die Situation auch in seinen ›Erinnerungen und Gedanken‹ beschrieben. Und Thomas Manns Tagebuch bestätigte dies.[35] Weitere Zusammentreffen mit der Familie Mann sind nicht belegt. Fulda suchte jedoch sein Südtiroler Haus immer wieder auf. Auch nach Italien und Frankreich konnte er reisen, bis ihm – am 16. September 1938 – der Pass abgenommen wurde.[36]

Der Sturz war tief. 1932 waren seine Stücke 429mal aufgeführt worden – in oft glanzvoller Besetzung mit Max Reinhardt, Josef Kainz, Elisabeth Bergner, Käthe Dorsch, Tilla Durieux, Agnes Sorma, Heinrich George oder Matthias Wiemann. Dennoch fühlte er sich als Deutscher und hielt sich von der jüdischen Gemeinde in Berlin fern, obwohl um 1933 rund 170000 Juden in der Reichshauptstadt wohnten.[37] Er verachtete und bekämpfte die rassistische

---

[34] Vorwort zu BW I/II, BW I, S. VIII f.

[35] Golo Mann, Erinnerungen und Gedanken. Eine Jugend in Deutschland, Frankfurt am Main 1986, S. 514 und 68; Thomas Mann, Tagebücher, Bd. 2: 1933 bis 1934, hrsg. von Peter de Mendelssohn, Frankfurt am Main 1977, S. 21, 26 und 50.

[36] BW I, S. XXXVII.

[37] BW II, S. 1032. Vgl. Herbert Freeden, Jüdisches Theater in Nazi-Deutschland, Tübingen 1964, hier zitiert nach der Ausgabe Frankfurt am Main (u. a.) 1985, S. 73.

Diskriminierung, die durch den Berliner Antisemitismusstreit neu belebt und salonfähig geworden war; er hatte sie als Bedrohung wahrgenommen und auch persönlich erfahren. Dass sie tödlich werden konnte, war ihm allerdings nicht in dem Maße bewusst gewesen wie vielen anderen deutschen Juden, die sich schon Mitte der dreißiger Jahre zur Emigration genötigt sahen.

Die jüdischen Deutschen, die zum Bleiben gezwungen waren, versuchten mit der von der neuen Regierung vorangetriebenen Ausgrenzung im eigenen Land zurechtzukommen: deutsche und jüdische Kultur sollte nun getrennt werden. Um dies überwachen zu können, wurden die deutschen Juden gezwungen, eigene kulturelle Zentren zu bilden, die in ›Jüdischen Kulturbünden‹ zusammengeschlossen dem Reichsminister für Volksaufklärung und Propaganda Joseph Goebbels unterstanden. »Maßgebend waren hierfür neben außenpolitischen Absichten die einfachere Möglichkeit der Überwachung und die Zusammendrängung des geistig-künstlerischen Judentums in einer Organisation, durch die von Juden nur für Juden ›Kunst‹ gemacht wird.«[38]

Nach dem Attentat auf den deutschen Legationsrat in Paris, Ernst vom Rath, und den sofort organisierten Pogromen in der Nacht vom 9./10. November 1938 schien das Ende der öffentlichen jüdischen Kulturarbeit gekommen. Überraschenderweise befahl das genannte Ministerium am 12. November 1938 jedoch: »Der jüdische Kulturbund hat mit sofortiger Wirkung seine Tätigkeit wieder aufzunehmen«. Alle Theater-, Konzert-, Film- und Kleinkunstveranstaltungen waren wieder erlaubt. Sogar KZ-Häftlinge wurden zu diesen Zwecken freigelassen. Möglicherweise spielten Rücksichten auf das Ausland eine Rolle. »Die Stimmen der jüdischen Gemeinden und zentralen Organisationen, der Lehrhäuser und Presse waren zum Schweigen gebracht: allein das jüdische Theater begann noch einmal – seine letzte, gespenstische Epoche«.[39]

---

[38] Freeden, Jüdisches Theater, S. 51.

[39] Ebd., S. 144 und 147f.

VII. Der Briefwechsel zum 75. Geburtstag: »Stoff zu einer Komödie«[40]

Diese groteske und aussichtslose Situation bildet den kulturpolitischen Hintergrund für einen Briefwechsel, der eine Würdigung zu Fuldas 75. Geburtstag am 15. Juli 1937 betrifft. Die kleine Korrespondenz fand sich im Nachlass des Mannheimer Theatermannes und Publizisten Moritz Lederer, der, 1888 geboren, einer wohlhabenden Mannheimer Familie entstammte, nach 1918 zu den führenden Köpfen der lokalen Revolutionsszene gehörte und sich mit der Zeitschrift ›Der Revolutionär‹ (1919–1923) sein eigenes radikales Forum schuf. Nach Versuchen als Dramatiker übersiedelte er Mitte der zwanziger Jahre nach Berlin und wandte sich der praktischen Theaterarbeit zu; seinen adäquaten Aufgabenbereich fand er in der Theaterorganisation. 1929 wurde er Geschäftsführer im Reinhardt-Bühnenkonzern (›Deutsches Theater‹), um 1933 nach einer zweiwöchigen Schutzhaft nach Paris zu emigrieren. Nach vergeblichen Versuchen, dort im Theater- oder Verlagsbereich beruflich Fuß zu fassen, orientierte er sich alsbald nach Deutschland zurück. So schrieb er an seine Frau:

> Ich weiß, daß ich die Dinge anders sehe als die wilden jüdischen Nomaden ⟨!⟩ und als die Christen, die, wie ich sehe, zum Teil leichten Herzens von Deutschland loskommen. Ich kann das nicht, und ich will es nicht können. In diesen paar Wochen habe ich – was ich ja in Berlin immer im Unterbewusstsein spürte – ganz überzeugend wahrgenommen, daß ich innerlich so stark an Deutschland hänge, daß ich nie davon loskommen werde. Es ist die Sprache, die Landschaft, alles, alles. Man wird vielleicht einmal wissen, daß in den Wochen des Unglücks die Juden, wenigstens ihr bester Teil, die besseren Deutschen waren.[41]

Neben dem Heimweh nach Deutschland, das durch die »Enttäuschung Paris« und manche negativen Exilerfahrungen kräftig belebt wurde, war es der starke Wunsch nach Mitgestaltung des jüdischen Kulturlebens, der Lederer nach Prüfung der Möglichkeiten einer »gefahrlosen« Rückkehr schließlich ins Reich zurückführte. Dahinter stand seine doppelt illusionäre Einschätzung: die einer dauerhaft

---

[40] Vgl. Brief 4: Ludwig Fulda an Moritz Lederer, 24. Juli 1937.

[41] An Lore Lederer, 1. 6. 1933. Stadtarchiv Mannheim, Zug. 18/1998, Nr. 129.

garantierten jüdischen Existenz in Deutschland, und dass die Juden »mit Erfolg ihre Position dort verteidigen« können.[42] Wie sehr dieser Wunsch nach Mitgestaltung des jüdischen Kulturlebens Lederer beherrschte, geht aus einem seiner Briefe an seine Frau kurz nach der Rückkehr nach Berlin hervor:

> 1933 war ich weg – und es wurde hier das jüdische Theater gemacht. Im vorigen Herbst war ich nicht da, wo grad ⟨...⟩ der organisatorische Zusammenschluss der Juden kam, und alle möglichen Nicht-Fachleute sind reingekommen. Dann kam ich halt wieder hierfür zu spät. Auch jetzt wieder bereitet sich etwas vor, wenn auch unter dem Druck von außen natürlich. Das war ja bisher immer so. Ohne Druck würden die Juden ja überhaupt nichts machen.[43]

Lederers Engagement lebte sichtlich von Mut und einem Optimismus, zu dem er sich zu jener Zeit berechtigt fühlte. Im August 1935 bemühte er sich beim ›Reichsministerium für Volksaufklärung und Propaganda‹ (Sonderreferat Hinkel) erfolgreich um Zulassung zur Tätigkeit im jüdischen Pressewesen; als Organe, bei denen er bereits mitarbeite, gab er in seinem Fragebogen die ›Jüdische Rundschau‹ (das Zentralorgan der Zionistischen Bewegung in Deutschland), das ›Jüdische Gemeindeblatt München‹, das ›Jüdische Gemeindeblatt Berlin‹ und das ›Israelitische Familienblatt Berlin‹ an; hinzu kamen später noch die ›CV-Zeitung‹, die Zeitschrift ›Der Morgen‹ und die ›Jüdische Allgemeine Zeitung‹. Im Zentrum seiner – meist unter zahlreichen Pseudonymen und Kürzeln erschienenen – Beiträge standen Aufsätze und Artikel zu Aufgaben, Perspektiven und zum Selbstverständnis jüdischer Kulturarbeit, wobei es ihm vorrangig um Fragen eines spezifisch jüdischen Theaters ging, wie sie auch im nachstehend dokumentierten Briefwechsel eine Rolle spielen. Schon bald nach seiner Ankunft in Berlin hatte Lederer erste Kontakte zur Leitung des ›Jüdischen Kulturbundes‹ hergestellt,[44] und zumal sein mit »Prospero« gezeichneter Beitrag ›Jüdisches Zeit-Theater‹ bildet nach Herbert Freeden die erste gründliche kritische

---

[42] An Lore Lederer, 5. 2. 1934. Stadtarchiv Mannheim, Zug. 18/1998, Nr. 130.

[43] An Lore Lederer, undatiert, vermutlich Anfang 1935. Stadtarchiv Mannheim, Zug. 18/1998, Nr. 132.

[44] Grundlegend zum Kulturbund: Geschlossene Vorstellung. Der Jüdische Kulturbund in Deutschland 1933–1941, hrsg. von der Akademie der Künste, Berlin 1992.

Analyse des Kulturbund-Theaters.[45] In ihm wird eine spezifisch jüdische, vom bürgerlichen Theater sich unterscheidende Dramaturgie gefordert; und auch ein zweiter anonymer Beitrag unter dem Titel ›Jüdisches Theater in Deutschland‹, den Freeden als für die Diskussion des Kulturbundtheaters bedeutsam erwähnt,[46] entstammt der Feder Lederers – nicht anders als ein knappes Dutzend weiterer wichtiger Aufsätze, so etwa der ›Aufruf zur Jüdischen Schaubühne‹, ›Die Kulturbund-Situation‹ oder ›Was ist Jüdisches Theater?‹ Dort erhebt Lederer die Forderung, das zeitgenössische jüdische Theater müsse zu jenem Zustand der Schaubühne zurückfinden, in dem sie noch eine geistige, weltanschauliche Tribüne zur Durchsetzung von Tendenzen und Richtungen darstellte.

Wie immer man das furiose Engagement Lederers, der seinem polemischen Temperament gern die Zügel schießen ließ und damit selbst Kulturbundsleiter Kurt Singer aus der Reserve lockte, bewerten mag – ein ›Jude des Jahres 1933‹ war Moritz Lederer nicht. Sein jüdisches Selbstbewusstsein hatte sich bereits in den ausgehenden Jugendjahren herausgebildet, und noch vor dem Ersten Weltkrieg hatte er ›Die Judenfrage als Kulturproblem in der dramatischen Literatur‹ erörtert. Und wie Lederer bereits zu Beginn der zwanziger Jahre als Regisseur gearbeitet hatte, drängte es ihn nun erneut in die Theaterpraxis. Er ging ihr im Rahmen des Berliner Kulturbundtheaters nach, zeitweise auch in Wien, wo er im Herbst 1937 noch einmal für Max Reinhardt am Theater in der Josefstadt die bewährte Zusammenarbeit in der Theaterorganisation aufnahm.[47]

---

45 Freeden, Jüdisches Theater, a.a.O. (Anm. 37), S. 71f.

46 In: Jüdische Rundschau, 5. 1. 1935.

47 Zur weiteren Biographie Lederers: Nach dem ›Anschluss‹ Österreichs tauchte er zunächst unter, emigrierte dann erneut nach Frankreich und fand nach einer Internierung in Audierne (Normandie) in einem Pariser Lazarett bis 1944 als Zivilangestellter Unterschlupf. Zusammen mit den vorrückenden französischen Truppen gelangte er bei Kriegsende nach Hessen, wo er zunächst im Dienst der amerikanischen Kulturpolitik stand, und ging 1946 in die französische Zone, wo er sich im Auftrag der Militärregierung der Säuberung und Reorganisation des öffentlichen Büchereiwesens widmete. Neben seiner Tätigkeit als Berater der Stadt Konstanz in Theaterfragen nahm er von seinem endgültigen Wohnort Meersburg aus seine publizistische Tätigkeit wieder auf, schrieb als Theaterschriftsteller für die ›Deutsche Rundschau‹ und war bis zu seinem Tode 1971 Kulturberichterstatter für südwestdeutsche Tageszeitungen sowie für den Südwestfunk. Vgl. dazu Deutsches Literatur-Lexikon.

Dieser biographische Exkurs zu Moritz Lederer mag als weiterer Hintergrund für die nachfolgend wiedergegebenen Briefe und Dokumente dienen. Diese gehören zum Nachlass Moritz Lederer im Stadtarchiv Mannheim, dem für die Genehmigung zum Abdruck zu danken ist. Sie an dieser Stelle zu veröffentlichen, mag umso mehr gerechtfertigt erscheinen, als Fulda seinen Nachlass (und vor allem seine Korrespondenz) in den letzten Monaten seines Lebens stark dezimiert hat und in Bezug auf seine letzte Lebenszeit nur sehr wenige Briefzeugnisse auf uns gekommen sind.[48]

Zum anderen werfen diese Briefe einige bezeichnende Schlaglichter auf die unterschiedlichen Positionen und Fraktionen innerhalb der jüdischen Kulturwelt im Berlin jener Jahre. Die Briefe werden hier buchstaben- und zeichengetreu wiedergegeben. Die Briefe 1 (Moritz Lederer an Ludwig Fulda, zum 15. Juli 1937) und 2 (Moritz Lederer an die Redaktion des ›Gemeindeblatts‹, 12. Juli 1937) sind mit der Maschine, die Briefe 3 und 4 von Ludwig Fulda mit der Hand abgeschrieben bzw. geschrieben. Das Original des Briefes 3 (Glückwunsch des Vorstands der Jüdischen Gemeinde Berlin) gehört wahrscheinlich zu den Papieren, die Fulda vor seinem Freitod ausschied.[49]

Der in Brief 4 erwähnte, auf den 22. Juli 1937 anzusetzende Brief Fuldas ist nicht erhalten. Die Briefe 1 und 2 sind nicht unterschrieben, da es sich um Durchschriften des Verfassers handelt. Brief 1 enthält zahlreiche Einfügungen und hand- wie maschinenschriftliche Tilgungen. Die Einfügungen werden in den Text aufgenommen; die getilgten Worte, Zeichen und Satzteile sind ohne Bedeutung oder nicht zu entziffern.

Biographisch-bibliographisches Handbuch, begr. von Wilhelm Kosch, 3., völlig neu bearb. Aufl., Bd. 9, Bern/München 1984, Sp. 1086; Manfred Bosch, Vom Bürgerschreck zum Theatervisionär: Moritz Lederer. Europäischer Grenzgänger aus Mannheim. Eine biographische Skizze. Mit einem Beitrag zum Nachlaß Moritz Lederer im Stadtarchiv Mannheim von Hans-Joachim Hirsch, Mannheim 1999 (= Kleine Schriften des Stadtarchivs Mannheim Nr. 14); ders., Lederer, Moritz, in: Bernd Ottnad (Hrsg.), Baden-Württembergische Biographien, Bd. 2, Stuttgart 1999, S. 295f.

[48] Vgl. den Editionsbericht in BW II, S. 1049ff.

[49] Vgl. BW I, S. XXXVIII.

1. Moritz Lederer an Ludwig Fulda

Moritz Lederer Berlin, W 15., Emser Str. 22

Geburtstagsbrief an Ludwig Fulda
zum 15. Juli 1937

Verehrter Meister,
Sie haben den Wunsch ausgesprochen, und neulich, als wir uns vor der jungen heißen Sonne eines Frühsommer-Vormittags in die kühle Bibliothek Ihres schönen Dahlemer Hauses zurückgezogen hatten und als Sie hier, aus der Erfahrung eines langen gesegneten Lebens und, sehr überraschend, mit dem Temperament eines noch immer glühend ins bunte schäumende Leben Verliebten über diese Zeit sprachen, über ihren erregenden Ablauf, ihre Ereignisse und Erscheinungen, ihre Kunst, ihre Literatur, ihr Theater, da wiederholten Sie ihn, den Wunsch, man möge das Datum Ihres 75. Geburtstages übersehen und dieses Jubiläum geradezu ignorieren. Über diesen Appell und auch über Ihre guten Gründe habe ich lange nachgedacht. Nun ist es ja das Schicksal der Meister, daß die Zeitgeschichte immer schon einen nur geringen Respekt aufbrachte für das private Sein und somit für die privaten Bedürfnisse ihrer Helden. Der Anonyme, der Mann ohne Namen und ohne Geltung, der hat's allemal gut. Er mag sechzig werden und siebzig; er mag, wie Sie nun, mit fünfundsiebzig zu einer neuen Lebenskurve starten: wen kümmert es! Er darf in Ruhe seine Tage zählen, oder – wenn er so jung ist wie Sie – an seinem Jubeltag Purzelbäume schlagen; die Mitwelt, die Geschichte, und diejenigen, die sie registrieren, werden keine Notiz davon nehmen. Anders, ganz anders verfährt man mit den Protagonisten des Lebens! Sie stehen an der vordersten Rampe des Welttheaters; die hellsten Scheinwerfer steigern ihren Wuchs und ihre Physiognomie weit über jedes private Maß hinaus; die Welttheater-Zettel verzeichnen in dicken Lettern ihre Namen. Sie kommen in Kataloge, in Lexika, in Literatur- und Kunst-Kalender – und können sich nicht dagegen wehren. Sie sehen, verehrter Meister: es ist unentrinnbar, Ihr und Ihresgleichen Schicksal, daß der Griffel der Zeitgeschichte sich recht respektlos über jeden privaten Anspruch hinwegsetzt und es sich nicht neh-

men lässt, den Namen des im Zeit-Buch Verzeichneten an seinen Feiertagen herzhaft zu unterstreichen.

Sie werden also, von meinem Ungehorsam Kenntnis nehmend, resignieren müssen und stöhnend erkennen, wie schwer man's Ihnen macht. Unsereiner hingegen hat's bei solchem Anlass leicht. Man geht ans Bücherregal, sieht vor sich die lange Reihe Ihrer Bücher, holt sie nacheinander heraus und gewahrt nun, wie fast jeder der vielen Titel ganz mechanisch eine dazugehörige Erinnerung an Erlebtes und Erlerntes weckt. ›Die Aufrichtigen‹ (1883): das erste Lustspiel des Einundzwanzigjährigen. Im nächsten Jahr: ›Das Recht der Frau‹; eine soziale Komödie. Dann: ›Ein Meteor‹ und ›Das verlorene Paradies‹, große, resonanzstarke Erfolge. Das dramatische Märchen ›Der Talisman‹ rückt, 1893, Fulda in den Mittelpunkt einer historischen Affäre. Dem rasch in den Vordergrund gekommenen Autor war der Schillerpreis zuerkannt worden (Einstimmiges Votum der Jury, der auch Gustav Freytag und Heinrich von Treitschke angehörten). Aber der Kaiser widersprach der Entscheidung! Kurz darauf ist Ludwig Fulda der meistgespielte Dramatiker Deutschlands. Seine Stücke werden übersetzt, in Frankreich, England, Schweiz, Italien, Oesterreich, Spanien und in anderen Ländern erfolgreich gespielt. ›Die Jugendfreunde‹ erscheinen in Warschau und Lodz in jiddischer Sprache. 1901: ›Die Zwillingsschwester‹. 1907: ›Der Dummkopf‹. Unter den insgesamt 38 Stücken erringen breite, europäische Erfolge: ›Herr und Diener‹ (Uraufführung: Berlin, 1910, Deutsches Theater); ›Der Lebensschüler‹; ›Die verlorene Tochter‹; ›Die Richtige‹ (Uraufführung ebenfalls bei Max Reinhardt, 1918); ›Des Esels Schatten‹.

Man nimmt die Gedicht- und Essaybände zur Hand; die Erzählungen, Reiseschilderungen. Einen illustrierten Prachtband: ›Aladdin und die Wunderlampe‹, die bearbeiteten Märchen aus 1001 Nacht. Dann: die berühmten Uebersetzungen! Molière. Erstaufführung des ›Tartüff‹ im Deutschen Theater, Regie Max Reinhardt (mit Frank Wedekind, Arnold, Hartau, der Heims, Durieux, Wangel). Im Jahr von Fuldas 60. Geburtstag, 1922, bringt das Deutsche Theater den ›Tartüff‹ zum zweiten Mal (Regie Iwar Schmith); außerdem den ›Cyrano‹ (von dem Rostand sagte, Fulda habe ihn erst, in deutscher Sprache, gedichtet) und ›Des Esels Schatten‹ (mit der Bergner, Mosheim, Garrison, Diegelmann). ›Der eingebildete

Kranke‹ – mit Pallenberg – wird in Reinhardts Regie monatelang im Deutschen Theater, in den Kammerspielen und in der Komödie gespielt. ›Die Romantischen‹ von Rostand waren 1910 ebenfalls im Deutschen Theater herausgekommen; schon früher bei Brahm, die Bearbeitung eines Einakters ›Das Hohe Lied‹ von Cavalotti (mit der Sorma und Kainz, der auch Rostand-Fuldas erster Cyrano war). Höhepunkte: der ›Figaro‹ des Beaumarchais; ›Peer Gynt‹ von Ibsen (im Auftrag des Burgtheaters von Fulda übersetzt). Shakespeares Sonette. ›Meier Helmbrecht‹ aus dem Mittelhochdeutschen. Calderon.

Viele Titel und Namen müsste man nennen, wollte man das Lebenswerk dieses exemplarisch produktiven Geistes genau beschreiben. Was jedoch mag Sie, den Vollbringer solcher imposanten Leistung, wenn Sie nach 75 Lebens- und gut 55 bis zum Rand gefüllten Arbeitsjahren Ihr Oeuvre prüfen und wägen, was davon mag Sie heute am meisten, am höchsten befriedigen? Es scheint mir, ich verstehe Ihre Bücher und ich verstehe Sie, ihren Dichter, recht gut wenn ich meine: das seien nicht zuerst jene Bände, die Ihre literarischen und scenischen Triumphe begründeten, die Ihnen den lauten Ruhm und stolze Ehren brachten, auf denen Sie steil hinaufstiegen zur dünnen Region europäischen Geist-Adels; sondern das müssten wohl diese schmalen, äußerlich so anspruchslosen Exemplare der ›Schulausgaben‹ sein, die die amerikanischen Lehranstalten haben herstellen lassen, damit Amerikas Kinder an Ihrem Wort die Sprache studieren, in der Sie gedacht, geschrieben, gedichtet haben.

Oft, verehrter Meister, seit unserem Gespräch neulich, stand Ihre Frage vor mir: ob Sie, weil Sie Jude sind, denn auch ein jüdischer Dichter seien. Ich weiß sehr wohl: mit solcher Frage zielt man heute geradewegs und mitten hinein in den Zentralpunkt des aktuellsten jüdischen Kultur-Problems. So wenig der jüdische Stoff schon ein Werk bedingt, das wir, mit Recht jüdisch nennen dürften – so wenig Wedekinds ›Simson‹ ein jüdisches Drama ist und etwa Händels ›Saul‹ ein jüdisches Oratorium –: ebenso wenig verbürgt allein der jüdische Autor schon das jüdische Spezifikum seiner Arbeit: Juden, in westeuropäischer Landschaft, Sprache, Kultur erzogen und erwachsen, jüdische Dramatiker, die nie für ein spezifisch-jüdisches Publikum, sich für eine spezifisch-jüdische Literatur, nie für ein spezifisch-jüdisches Theater schrieben sondern immer nur im Klima und im Geist ihrer Heimat, für Westeuropa, diese –

also: wir westeuropäischen – Juden mögen im Wirkungsraum der deutschen, französischen, englischen Kultur wenig oder viel geleistet haben; bestimmt wurde mit dieser Leistung für eine jüdische Kultur nichts getan! Wir stehen, sofern wir die Möglichkeit einer neuen Synthese bejahen, ganz im Anfang einer Aufgabe, die in der Tat voller Probleme ist. Ich möchte Ihnen durchaus zustimmen darin, dass auch Ihr Werk keine spezifisch-jüdische Dichtung ist. Aber ich möchte auch sagen: dass wir den jüdischen Menschen – grad weil wir an einem Anfang stehn –, dass wir den Juden Ludwig Fulda für uns reklamieren, ganz ebenso wie, umgekehrt, wir uns zu den Juden Felix Mendelssohn, Jacques Offenbach, Gustav Mahler bekennen. Denn im Beginn einer neuen und spezifischen Ambition empfinden wir die natürliche Verpflichtung zur Solidarität. Zwar will ich aussagen, daß es jüdisch ist, in unserer Lebensenge den aufnahmebereiten Sinn zu bewahren für die Weltweite, für den Reichtum im Kosmos. Aber diese willige Aufgeschlossenheit, gewiss nicht der geringste Teil unseres jahrtausendalten Erbes, soll – zumal heute – unsere direkte, organische und solidarische Beziehung nicht übertönen zur jüdischen Leistung, zu den jüdischen Meistern.

So etwa, verehrter Herr Doktor, sehe ich die Situation im Beginn unseres nächsten Vierteljahrhunderts.

Hals- und Beinbruch!
M. L.

So fremd uns das verehrungsvolle Pathos und der hymnische Ton dieser Huldigung heute anmuten mögen: wir haben es hier mit dem Text eines Theaterkenners von Graden zu tun, der mit Sicherheit auch einiges von dem auf der Bühne selbst gesehen hat, was er dem Jubilar in Erinnerung ruft. Doch die Brisanz, wenn man so will: die Sprengkraft des Beitrags steckt in den Schlussüberlegungen Lederers, was denn Begriffe wie »jüdische Kunst« und »jüdische Literatur« unter den Bedingungen einer ins Ghetto zurückgezwungenen Kultur legitimerweise noch besagen können, wie sie füglich zu bestimmen wären, um als Mittel jüdischer Selbstbehauptung zu taugen. Damit sind – auf Seiten Lederers wie des ›Jüdischen Kulturbunds‹, innerhalb dessen jüdisches Kulturleben allein noch erlaubt war – Fragen berührt, die tief in die Problematik jüdischer

Identität und jüdischen Selbstverständnisses hinein reichen. Und eben hier gingen, zumal unter dem hohen Atmosphärendruck von kultureller Verbotspraxis und allgemeiner Verfolgung der Juden, die Vorstellungen stark auseinander: Anders als der ›Jüdische Kulturbund‹, der sich in der nach 1933 eingetretenen Ghettosituation zu einem »existierenden Publikum« ein Kulturprogramm »hinzuerfinden« musste, forderte Lederer, wie erwähnt, eine der Gegenwart und ihren Problemen verpflichtete ›Jüdische Schaubühne‹ mit einem spezifisch jüdischen Spielplan – wohl wissend, dass »die alten Dramatiker für den speziellen Fall von 1933 nicht vorgearbeitet hatten«.[50]

Ob Lederer mit seinen Vorstellungen tatsächlich »weit hinter das inzwischen erreichte Niveau einer ideologisch entkrampften, realistischen und differenzierten Betrachtungsweise zurückfiel«,[51] sei dahingestellt; jedenfalls erklären Lederers harte – und harsche – Abrechnungen mit der Theaterpraxis des ›Jüdischen Kulturbunds‹ viel von der Unversöhnlichkeit, mit der sich die beiden Positionen gegenüber standen. Hierin sind auch die hauptsächlichen Gründe für die Zurückweisung von Lederers Fulda-Beitrag zu suchen – weitere ergeben sich aus Lederers Schreiben an Leo Kreindler, den Redakteur des ›Berliner Jüdischen Gemeindeblattes‹.

2. Moritz Lederer an Leo Kreindler

Moritz Lederer Berlin W 15 12. Juli 1937.
Emserstr. 22

Redaktion des ›Gemeindeblatt‹
Berlin N 4.

Sehr geehrter Herr Kreindler,
unser Gespräch über ›Ludwig Fulda‹ möchte ich nun doch nicht unbestätigt lassen, denn – weit über den speziellen Fall hinaus –

[50] Moritz Lederer, Jüdisches Theater in Deutschland, Typoskript, S. 1. Stadtarchiv Mannheim, Nachlass Moritz Lederer.

[51] Volker Dahm, Kulturelles und geistiges Leben, in: Wolfgang Benz (Hrsg.), Die Juden in Deutschland 1933–1945. Leben unter nationalsozialistischer Herrschaft, München ^{2}1989, S. 75–267, hier: S. 165.

scheint diese Affäre besonders sinnfällig den ganzen (jüdischen) kulturellen und moralischen Standard zu spiegeln, den ich seit langem als ein hoffnungslos abstürzendes Niveau beobachte. Mit der Geste, jenen Geburtstagsartikel honorieren zu wollen, den Sie seinerzeit bestellt und im Manuskript acceptiert haben, ist für mich die Angelegenheit keineswegs erledigt. So subaltern bin ich nicht, um – in unserer Situation! – mich mit einem Honorar zufriedenzugeben, wenn es sich um etwas ganz anderes, viel wichtigeres handelt: um das Erlebnis inmitten eines Zustands, dem alle Symptome eines selbstverschuldeten Verfalls schon äußerlich, an der Peripherie abzulesen sind. Wie das! Weil Ludwig Fulda – aus welchen Gründen immer, was geht's mich an – aus der Gemeinde ausgetreten ist (keineswegs aus dem Judentum, was aber für mich ebenfalls kein Grund wäre, eine uns angehende kulturgeschichtliche Tatsache zu ignorieren); weil also Ludwig Fulda ausgetreten ist, weigert sich der Gemeindevorstand, den rechtmäßig erteilten und übernommenen Auftrag zu erfüllen: in seiner Zeitung, dem jüdischen Blatt mit der höchsten Auflage, des 75. Geburtstags zu gedenken! Ein Ressentiment eines oder mehrerer Gemeinde-Bürokraten verhindert demgemäß die Ehrung eines jüdischen Meisters an der sichtbarsten jüdischen Stelle – in einer Zeit, die wahrlich wie kaum eine andre zur jüdischen Solidarität, zum Bekenntnis auch zur jüdischen Leistung, in jeder Minute mit schicksalsschwerer Stimme aufruft. Sie oder Ihr Gemeindevorstand und dessen Ratgeber mögen meinen: so wichtig sei das gar nicht, ob ein Artikel über Ludwig Fulda gebracht wird oder nicht. Gewiss: als Faktum allein mag's unwichtig sein, und am unwichtigsten vielleicht für Ludwig Fulda selbst, der ja doch eine historische Tatsache repräsentiert und der nur sein Werk anzusehn braucht, um gegenüber dieser Leistung Ihre Abstinenz nicht zu überschätzen. Ich weiß auch, dass Ludwig Fulda am liebsten sein Jubiläum überhaupt ignoriert gewusst hätte. Aber darum handelt es sich nicht, wie es sich doch ganz und garnicht um eine persönliche, sondern um eine kulturelle Angelegenheit handelt, und zwar um eine auf moralischem Untergrund. Aber hierüber kann nicht ein Brief, sondern muß ein Buch geschrieben werden. Sein Inhalt: unser Verfall. Denn, wie schon gesagt: die Affäre Fulda ist, im Zusammenhang betrachtet, nur ein Symptom. Immerhin habe ich mich bemüht, so etwas wie einen Sinn in Ihrer Unterlassung zu entdecken. Ich suchte ihn, auch in unserem Gespräch, vergeblich. So muss ich denn glauben, es sei entweder der alte Gott der Rache, der zerstörend hier am Werk ist; oder der triumphale menschliche Trieb der Selbstvernichtung, den ich in der Tat überall dort heute tätig sehe, wo Juden aus der Sozietät mit Kulturmenschen anderen Ursprungs herausgerissen und auf sich selbst gestellt sind. Was ist das nur!: dass überall dort, wo wir als Sozietäre unendlich fruchtbar waren – in der Literatur, der Kunst, auf dem Theater, beim Film, ja – wenn man die organisatorische und technische Leistung gelten lassen will – bei der Presse ebenfalls, dass wir nun, ausgeschieden, allein, unter uns, so jämmerlich versagen! Das ist doch nur möglich kraft eines Gesetzes, das wir wahrscheinlich schon immer durch die Jahrtausende und durch die Menschheit getragen haben: kraft des Gesetzes, dass wir das fremde Supplement brauchen, um unseren Ehrgeiz, unsere moralische und geistige Produktivität entwickeln zu können. Sie sehen: ich strebe in die Hintergründe, um dort die Verantwortlichkeit für die allenthalben hier waltende Inferiorität zu finden. Denn vordergründig gesehn wär's nur eine Groteske, dass das von der Gemeinde – nein: vom Gemeindevorstand! – protegierte Theater unter hymnischer Zustimmung des Gemeindeblatts fast nur Halbjuden sowie getaufte Juden und Nichtjuden aufführt; dass die jüdische Bühne und das jüdische Blatt der jüdischen Gemeinde einerseits vom Juden Fulda nichts wissen wollen, andererseits jedoch sich für Goethe, Hebbel, Shaw, und neuerdings wieder für Tagore und Ibsen begeistern, wiewohl solche Begeisterung nur tauglich ist als Anlass, die jüdische Betulichkeit in ihren spezifischen Rahmen zu verweisen, und obwohl Ihr Gemeindevorstand doch wissen müsste, dass Hebbel und Ibsen – im Gegensatz zu Ludwig Fulda – zwar aus jüdischen Gemeinde nicht ausgetreten sind, wenn auch nur deshalb nicht, weil sie zuvor nicht eingetreten waren. Diese Groteske indes vermag geradezu großzügige Dimensionen anzunehmen, und ich möchte zehn Reinhardts wetten gegen einen einzigen Singer:[52]

[52] Der Musikwissenschaftler Kurt Singer (1885–1944) verlor 1933 seinen Lehrauftrag an der Berliner Hochschule für Musik und leitete den ›Jüdischen Kulturbund‹. 1938 emigrierte er nach Amsterdam und wurde 1944 ins KZ Theresienstadt deportiert, wo er an den Folgen der Haftbedingungen starb. Singer enttarnte Moritz Lederers anonyme und pseudonyme Artikel in der jüdischen Presse aufgrund von

daß Ihre oder Ihres Vorstands Prinzipien wankelmütig sind und dass – wenn auch Fulda ausgetreten ist und deshalb das vom Gemeindevorstand herausgegebene Blatt nichts über ihn bringen darf – es doch sehr leicht gelingen könnte, das interessierte jüdische Publikum über die Persönlichkeit und ihr Werk zu unterrichten, im nämlichen Gemeindeblatt: etwa im Text eines Inserats, zum Beispiel in einer Buchhändlerannonce (freilich gegen gute Bezahlung). Sie haben mir zwar gesagt: ja, das sei was andres! Aber ich vermag eben dieses ›andre‹ nur darin zu erkennen, dass Ihr Gemeindevorstand bei aller Prinzipientreue hemmungslos genug ist, sein Recht auf eine kulturelle Tat und seine Pflicht zur kulturellen Leistung jedem Buchhändler zum normalen Inseratentarif zu verkaufen.

In vorzüglicher Hochachtung [Moritz Lederer]

Lederers Antwortbrief erfolgte, wie ihm zu entnehmen ist, anscheinend auf eine persönliche Unterredung mit Leo Kreindler hin, die aufgrund des moralischen Rigorismus Lederers nicht einfach verlaufen sein kann. Dabei spielte offensichtlich Fuldas Austritt aus der Jüdischen Gemeinde eine Rolle, den Lederer als Grund einer Distanzierung seitens der Jüdischen Gemeinde zu Recht nicht gelten lassen wollte – dies umso weniger, als Fulda sich mit seinem Abseitsstehen aus der jüdischen Schicksalsgemeinschaft keineswegs auszuklinken gedachte. Im Gegenteil: »⟨...⟩ wenngleich ich der jüdischen Kirche ⟨!⟩ ebenso fern stehe, wie jeder anderen«, hatte Fulda in seinem Beitrag über ›Das Recht der Juden auf deutsche Kultur‹ bereits vor dem Ersten Weltkrieg geschrieben, »nenne ich mich mosaischer Konfession, weil man aus einer belagerten Festung nicht weicht.«[53]

Um wieviel mehr galt dieses Bild der »belagerten Festung« nach 1933, sodass Lederer die Solidarität des ›Berliner Jüdischen Gemeindeblatts‹ zu Recht auch gegenüber einem Ludwig Fulda reklamierte. Was indes die Spielpraxis des ›Jüdischen Kulturbunds‹ betraf,

Stilvergleichen und antwortete ihm auf der Verwaltungsratssitzung des ›Jüdischen Kulturbunds‹ im Sommer 1936 in der Sache scharf. Vgl. Freeden, Jüdisches Theater, a.a.O. (Anm. 37), S. 73, und Dahm, Kulturelles und geistiges Leben, a.a.O. (Anm. 51), S. 164f.

[53] Ludwig Fulda, Das Recht der Juden auf deutsche Kultur, in: Berliner Börsen-Courier Nr. 55 vom 2. 2. 1913, 1. Beilage.

so hatte Lederer anscheinend übersehen, dass Kurt Singer Fulda keineswegs übergangen hatte. Auf dem Spielplan von 1935/36 war Fulda mit seinem frühen, erfolgreichen Vierakter ›Jugendfreunde‹[54] vertreten, und vermutlich lagen auch mehreren Ibsen- und Molière-Inszenierungen zwischen 1933/34 und 1939/40 die Übertragungen Fuldas zugrunde. Ein Indiz für seinen reichlich hoch gegriffenen Befund, wonach er »Symptome eines selbstverschuldeten Verfalls« zu erkennen meinte, hätte Lederer freilich in der kleinlichen Lösung finden können, mit der sich die ›Jüdische Gemeinde‹ schließlich aus der Affäre zu ziehen suchte.

3. M. Salomonski an Ludwig Fulda. Abschrift von Ludwig Fulda

Kopie

[Lithographiert:]
Jüdische Gemeinde — Berlin W 50. 14. Juli 1937
Der Vorstand — Rankestr. 33

Herrn
Dr. Ludwig Fulda
Berlin-Dahlem
Miquelstrasse 86

Sehr verehrter Herr Dr. Fulda,
zu Ihrem 75. Geburtstag erlaubt sich der Vorstand der Jüdischen Gemeinde, Ihnen die aufrichtigsten Glückwünsche zu übermitteln. Wir hoffen von ganzem Herzen, daß es Ihnen noch recht lange Zeit vergönnt sein möge, Ihren Geburtstag in bester Gesundheit zu begehen.

Ein gütiges Geschick hat Ihnen die Gabe verliehen, durch Ihre humorvolle Muse vielen Ihrer Mitmenschen freudvolle Stunden zu bereiten und ihnen über die Nöte des Alltagslebens hinwegzuhelfen. Sei es Ihnen noch recht lange vergönnt, die Herzen der Menschen mit Heiterkeit zu erfüllen, und mögen Sie auch weiterhin in solchem Schaffen volle Befriedigung finden.

---

[54] Aufführung am 2. Juli 1936; Regie Ernst Rosenbaum, Ausstattung Heinz Condell. Vgl. Geschlossene Vorstellung, a.a.O. (Anm. 44), S. 394.

Wir würden es dankbar begrüßen, wenn Sie Ihren Ehrentag zum Anlaß nehmen würden, unserer Notleidenden zu gedenken und die Bemühungen unseres Aufbringungswerkes durch eine Spende zu fördern.

Wir zeichnen mit dem Ausdruck unserer
vorzüglichsten Hochachtung
Vorstand der Jüdischen Gemeinde
Dr. M. Salomonski
Gemeinderabbiner

[Gemeinde-Stempel.]

Auch die Redaktion der ›Monatsblätter des Jüdischen Kulturbundes Berlin‹ rang sich – post festum! – eine wenig würdige Geste ab. In einer knappen Notiz wurde der Leserschaft mitgeteilt: »Dr. Ludwig Fulda, der als literarische Persönlichkeit, als vielgespielter Bühnenautor und hervorragender Übersetzer in den letzten Menschenaltern eine bedeutende Rolle spielte, beging am 15. Juli seinen 75. Geburtstag«.[55]

Für bedeutend genug, dass man eine angemessene Würdigung ins Blatt gerückt hätte, hielt man Fuldas Rolle indes anscheinend nicht: Bereits in der Gratulationsadresse des Berliner Jüdischen Gemeinde-Vorstands, die den Jubilar fristgerecht erreichte, hatte Fuldas dramatisches Gespür für Effekte sogleich das Motiv für eine Komödie erkannt. Vom Karersee in Südtirol, wo Fulda bereits vor dem Ersten Weltkrieg seine Sommerfrischen zu verleben pflegte, erreichte Lederer ein abschließender Brief Fuldas.

4. Ludwig Fulda an Moritz Lederer

Carezza b. Bolzano, 24. 7. 1937

Sehr geehrter Herr Lederer!
Ihr mir freundlichst in Abschrift übermittelter Brief an die genannte Redaktion ist ein Manifest von kulturgeschichtlichem Format, aus-

[55] Monatsblätter des Jüdischen Kulturbundes Berlin 5 (1937), H. 7.

gezeichnet ebenso durch die einschneidende Schärfe wie durch das leidenschaftliche Ethos, wobei es durchaus gleichgültig ist, daß zufällig meine Person dabei eine Rolle spielt. Auch ist es mir, wie Sie ja schon darin angedeutet haben, durchaus gleichgültig, ob das genannte Organ etwas über mich erscheinen ließ oder nicht; denn wer in meinem Alter steht, der sieht seine Lebensleistung selbst schon beinahe historisch an, und die Stimmen des Tages können ihm wenig mehr geben und wenig mehr nehmen. Nur daß man einen Artikel zuerst von Ihnen begehrte und dann – unter Hinweis auf die Weigerung des Gemeindevorstandes – unterdrückte, läßt sich durch nichts entschuldigen.

Die Angelegenheit gewinnt aber dadurch ein heiteres Gesicht, daß ebendieser Gemeindevorstand mir ein offizielles Glückwunschschreiben gesandt hat, das ich zu Ihrer Erbauung in genauer Kopie hier beilege, mit der Anheimgabe, davon soweit Gebrauch zu machen, als Ihnen das für die Sache, und n u r für diese, zweckdienlich scheint. Es ergibt sich also, daß man anlässlich meines 75sten meinem Wirken eine gewisse Anerkennung zuteilwerden ließ, während man gleichzeitig eine öffentliche ablehnte. Stoff zu einer Komödie. –

Ich habe diesen Brief vorgestern mit einem Dankschreiben erwidert und die erbetene Spende überwiesen. Hätte ich Ihr Schriftstück vorher gekannt, so würde ich die Spende für die Notleidenden dennoch geschickt haben; meine Danksagung aber wäre wohl etwas anders ausgefallen.

Uebrigens sind mir zu dem Tage überraschend viele Kundgebungen der Sympathie und Würdigung zugegangen, auch sehr zahlreiche von namhaften Persönlichkeiten der andern Fakultät.

Mit besten Empfehlungen
Ihr ergebener
Ludwig Fulda

Der hier erwähnte, auf den 22. Juli 1937 anzusetzende Brief Fuldas an die Jüdische Gemeinde in Berlin ist, wie oben schon gesagt, nicht erhalten.

1932, anlässlich seines 70. Geburtstags, hatte sich Fulda durch die Akademie der Künste noch gebührend an den »Pranger der Ehre«[56]

[56] So Oskar Loerke in seinem Brief an Fulda, 13. 7. 1932. BW I, S. 590.

gestellt gesehen. Am 20. Juni hatte es im Akademiegebäude einen Tee-Empfang zur Vorfeier seines Geburtstags gegeben; ein Foto des damaligen Empfangs zeigt Max Liebermann beim Verlesen eines Textes. Mit ihm sitzen, als Teil einer größeren Gesellschaft, Heinrich Mann und der kurz zuvor gestürzte Kultusminister Adolf Grimme am Tisch. Ferner waren anwesend der ehemalige Kultusminister Carl H. Becker, der Reichstagspräsident Paul Loebe und die meisten Mitglieder der Sektion für Dichtkunst.[57] Dass der Reichspräsident von Hindenburg die Goethe-Medaille für Wissenschaft und Kunst verlieh, wurde schon erwähnt. In seinem Dankbrief für das Glückwunschtelegramm Gerhart Hauptmanns schrieb Fulda also mit einigem Recht: »⟨...⟩ es gibt keinen besseren Lohn für eine Lebensarbeit, als gewürdigt zu werden von den Würdigsten«.[58]

Wie Ludwig Fulda dagegen seinen 75. Geburtstag gefeiert haben mag? Ob ihm zum Feiern noch zumute war? Sicher ist, dass aller Anlass bestanden hätte, dem verdienten Manne gerade von jüdischer Seite aus die Anerkennung für sein Lebenswerk nicht zu versagen.

VIII. Das Ende

Zur Jahreswende 1937/38 hatte Ludwig Fulda noch seinen Sohn Karl (Carl) Hermann in New Haven/USA besuchen können. Carl war im Mai 1933, kurz vor seiner Entlassung aus dem deutschen Justizdienst, nach Paris und im März 1936 – mit seiner Frau Gaby – nach Nordamerika ausgewandert. Er hatte noch den deutschen Doktorgrad mit einer Arbeit über den Bühnenaufführungsvertrag erworben und damit die juristischen Bemühungen des Vaters unterstützt. In den USA musste er die akademischen Prüfungen noch einmal ablegen. Im Oktober 1938 stellte ihn die Cornell University, Ithaca N.Y. an; später lehrte er an den Universitäten Columbus, Ohio, und Austin, Texas. Obwohl er noch bis Mitte 1941 auf seine Einbürgerung warten musste, konnte er dem Vater am 28. November 1938 das Affidavit schicken, und so verstärkte dieser

---

[57] BW II, S. 966; vgl. die Abb. in BW I (unpag., vor S. XV).
[58] BW I, S. 595.

seine Bemühungen um die Ausreise. Immer wieder wandte Ludwig Fulda sich an den amerikanischen Generalkonsul in Berlin, Dr. Geist, und konnte sich auf ein zusätzliches Affidavit eines New Yorker Freundes berufen. Doch die Quoten für die Ausreise waren auf Jahre hinaus erschöpft.

Die Bedrückung in Deutschland nahm zu. Jüdische Vermögen mussten angegeben werden: »Sachverständiger Walther H. b. uns zur Schätzung unserer Kunstgegenstände«, notierte Fulda unter dem 24. 6. 1938 im Tagebuch. Ein Viertel seines Vermögens wurde gesperrt. »Alte Papiere ausgeschaltet« – wie schon im Mai 1933. »Ausgehverbot ⟨...⟩ Höchste Verzweiflung«, heißt es im Tagebuch unter dem 3. 12. 1938, und unter dem 1. 1. 1939: »Zum 1. Mal mit ›Israel‹ unterzeichnet«.[59]

Anfang Februar 1939 schien sich »eine hilfreiche Hand« zu bieten: Reichsfreiin A. von der Recke. Für sie verfasste er im Februar 1939 ein Exposé über seine prodeutsche Gesinnung und seine Verdienste um Literatur, Literaten, Verbände und die Berliner Akademie.[60] Von einem »Fünkchen Hoffnung« (15. 12. 1938), öfter aber von »schwerster Erregung« (z.B. 11. 11. 1938) und schließlich von »Todessehnsucht« (12. 12. 1938) ist im Tagebuch zu lesen. Am 28. März 1939 musste er – zusammen mit allen Wertgegenständen – den Burgtheaterring abgeben; sieben Jahre zuvor hatte er ihn als meistgespielter Autor der Wiener Burg erhalten, wir sagten es schon. Am Tag darauf schrieb er den ergreifenden Abschiedsbrief an seine Frau Helene:

> ⟨...⟩ Du bist 16½ Jahre jünger als ich und hast Anrecht auf das Leben. Du bist Arierin, und es wird dir, wenn ich nicht mehr bin, nichts mehr geschehen können. Darum kannst, sollst und mußt du gerettet werden. ⟨...⟩ Behüte meinen Nachlaß und meine Urheberrechte (Reiß, Cotta, vielleicht auch Bloch). Behüte mein Lebenswerk, damit es in einer besseren Zukunft Zeugnis davon ablege, daß ich bis in den innersten Kern meines Herzens ein guter Deutscher gewesen bin.[61]

---

[59] Eintrag in Ludwig Fuldas Tagebuch, 29. 6. und 9. 10. 1938, angef. nach BW I, S. XXXVII f. und LIII, ferner BW II, S. 1050 f.

[60] FDH, Nachlass Ludwig Fulda; vollständig wiedergegeben in BW II, S. 1037 bis 1041.

[61] BW II, S. 1042 f.

Am 29. März 1939 ging Ludwig Fulda in den Tod. An diesem Tag fehlt der sonst minutiös durchgehaltene tägliche Tagebucheintrag. Unter dem 30. März 1939 hielt eine andere Hand – wohl die seiner Frau Helene – dort fest: »11 ¼ eingeschlafen«.[62]

Es bleibt ein kurzer Blick darauf, wie die wenigen noch existierenden jüdischen Blätter auf den Freitod Fuldas reagierten, den sie aufgrund der nazistischen Bestimmungen für die jüdische Presse selbstredend verschweigen mussten. Selbst in den beiden Beispielen, die wir zitieren, wiederholt sich noch einmal etwas von der Diskrepanz der Wertschätzung, auf die Fulda innerhalb des jüdischen Lagers stieß. So heißt es in einem kleinen ungezeichneten Beitrag in den ›Monatsblättern des Jüdischen Kulturbundes Berlin‹ zwar, mit dem Namen Fulda verbinde sich eine »kleine Bibliothek für sich«, nämlich »mehr als fünfzig Bühnenwerke und schon klassische Übersetzungen« in einer Sprache »voller Glätte, Eleganz, weiser Heiterkeit und verblassender Milde«. Sie zeugten noch von der Atmosphäre seiner untergegangenen Lebenswelt; »die jüdische Jugend von heute« aber wisse mit der »klugen, schönen, wohltemperierten Fülle Fuldascher Gestalten und Gedanken, mit dem Wohllaut, der Geglättetheit und Gefälligkeit seiner Ausdrucksform, mit dem Gleichmaß seines Sinngehalts nichts Rechtes mehr anzufangen«.[63]

Ungleich verständiger und substantieller erscheint demgegenüber ein Nachruf von Dr. Hugo Israel Lachmanski. Darin ist von einem »immer ⟨...⟩ liebenswürdig-heitere⟨n⟩, angenehm unterhaltende⟨n⟩ Gesellschaftssatiriker« die Rede; anders als sein Landsmann Ludwig Börne, dessen Witz »noch in der dumpfen Ghettoluft in Frankfurt hart geschmiedet« worden sei, habe Fulda »in seinen witzigen Einfällen und schlagend gereimten Aperçus eine Geschmeidigkeit des Geistes« entfaltet, »die in seiner ungemein beweglichen sprachlichen Phantasie, seinem lebhaft entwickelten Formensinn den stärksten Rückhalt« finde. Auf diesem Zusammenklang von Gehalt und Form beruhten auch Wert und Wirkung der Fuldaschen Übersetzungen; »vielleicht liegt in dieser regen Uebersetzertätigkeit das geistige Erbe des jüdischen Stammes, aus dem er hervorgegangen und das von der vorchristlichen Septuaginta über das ganze Mittel-

---

62 BW I, S. XXXVIII.

63 Monatsblätter des Jüdischen Kulturbundes Berlin 7 (1939), H. 4, S. 3.

alter bis in die Neuzeit von Juden stets mit besonderer Liebe gepflegt wurde«. Fulda selbst sei an die Kunst des Übersetzers mit den höchsten Anforderungen herangetreten – immer habe er mit der klugen Einfühlung in die Wesensart des fremden Dichters und mit der sicheren Beherrschung aller sprachlichen und metrischen Mittel bewiesen, dass er nicht bloß Übersetzer, sondern in höherem Sinne Nachschöpfer war.[64]

IX. »Habent sua fata libelli«

Diese Einsicht fügte der afro-römische Grammatiker Terentianus Maurus in sein Lehrgedicht ›De litteris‹ (200 n. Chr.) ein. Sie trifft auf geschriebene und gedruckte Zeugnisse zu, seit sie aufbewahrt werden. Dass Ludwig Fuldas Abschiedsbrief erhalten geblieben und ins Frankfurter Hochstift gekommen ist, verdankt sich auch dessen seit 1925 tätigem Direktor Ernst Beutler. Er erweiterte die Sammlungen umsichtig und zielstrebig. Dies war sein Amt. Aber er wurde auch vor eben jene Probleme gestellt, die für Ludwig Fulda schicksalhaft waren. Ernst Beutler trat keiner nationalsozialistischen Organisation bei und weigerte sich, seine ›halbjüdische‹ Ehefrau Hildegard, geb. Cordes, zu verlassen. Deshalb verlor er 1937 seine Honorarprofessur an der Frankfurter Universität. Auch verübelte man ihm, dass er Richard Alewyn im Hochstift über die Komödien Hugo von Hofmannsthals sprechen und Karl Jaspers drei Vorträge über Existenzphilosophie halten ließ. Jaspers war soeben in Heidelberg wegen seiner nicht-arischen Frau zwangspensioniert worden.[65]

Die Folge war, dass die anteilige Finanzierung, die das Deutsche Reich und Preußen bisher dem Hochstift gezahlt hatten, gestrichen

---

[64] Hugo Israel Lachmanski, Ludwig Israel Fulda, in: Jüdisches Nachrichtenblatt, Nr. 29/30 vom 14. 4. 1939, S. 2.

[65] Vgl. Joachim Seng, Aufrichtiges Gespräch. Zum Briefwechsel zwischen Ernst Beutler und Richard Alewyn, in: Goethezeit – Zeit für Goethe. Auf den Spuren deutscher Lyriküberlieferung in die Moderne. Festschrift für Christoph Perels zum 65. Geburtstag, hrsg. von Konrad Feilchenfeldt, Kristina Hasenpflug, Gerhard Kurz und Renate Moering, Tübingen 2003, S. 263–277, hier: S. 263; Susanne Buchinger, »Alles daran zu setzen, dass Goethes Werk zum Volke spricht«. Goethepflege im Spiegel des Briefwechsels zwischen Ernst Beutler und Anton Kippenberg, in: Jahrb. FDH 2007, S. 305–370, hier: S. 336–339.

wurde. Der damalige Frankfurter Bürgermeister Friedrich Krebs war mutig genug, um einzuspringen.

Nach 1945 setzte Beutler – gegen erheblichen öffentlichen Widerstand – den originalgetreuen Wiederaufbau des Frankfurter Goethehauses durch und vermehrte tatkräftig den Bestand an Handschriften. So bemühte er sich auch um den Fulda-Nachlass, den die aus Frankfurt stammende Witwe Helene Fulda über den Krieg gerettet hatte. Der Sohn Carl H. Fulda honorierte Beutlers politische und menschliche Integrität und schenkte den Nachlass dem Freien Deutschen Hochstift. Aus diesem Vermächtnis wurde im Sommer 1962 eine umfängliche Ausstellung zum 100. Geburtstag des Autors gezeigt. Carl H. Fulda und seine Frau Gaby waren zur Eröffnung aus den USA gekommen.[66] Der Nachlass bildete auch die Grundlage für die hier häufig zitierte zweibändige Ausgabe von Ludwig Fuldas Briefwechsel;[67] er enthält noch vieles, was der sachkundigen Edition wert wäre.

[66] Vgl. Jahrb. FDH 1962, S. 553.

[67] Vgl. Anm. 1.

FREIES DEUTSCHES HOCHSTIFT
JAHRESBERICHT 2008[1]

[1] Veranstaltungsbericht: Beatrix Humpert, Petra Maisak, Renate Moering; Bildung und Vermittlung: Doris Schumacher, Ulrike Eisenträger. Erwerbungsberichte: Petra Maisak (Goethe-Haus und Museum, Kunstsammlungen), Renate Moering (Handschriften), Joachim Seng (Bibliothek), Editions- und Forschungsprojekte: Wolfgang Bunzel (Brentano-Ausgabe), Heinz Rölleke (Hofmannsthal-Ausgabe). Verwaltungsbericht: Christian Alberth, Beatrix Humpert. Gesamtredaktion: Michael Grus, Anne Bohnenkamp.

Aus der Arbeit des Hauses

Ausstellungen

»Eichendorff wieder finden« (25. November 2007–17. Februar 2008)
Die im November 2007 eröffnete Ausstellung[2] schloss am 17. Februar mit einem musikalisch-literarischen Programm, das vor allem Reisegedichte Eichendorffs in Wort und Ton präsentierte. Gestaltet wurde die vergnügliche Matinee von Lehramtsstudierenden der Hochschule für Musik und Darstellende Kunst Frankfurt unter der Leitung von Prof. Till Krabbe.

Anschließend, vom 7. März bis 27. April 2008, wurde die Ausstellung in einer Fotofassung in Ratibor/Racibórz in Polen gezeigt, in der Stadt, welche Eichendorffs Geburtsort Schloss Lubowitz am nächsten liegt, etwa 20 Kilometer entfernt. Bei der Vermittlung, sowohl zu dem dortigen Museum (Muzeum w Raciborzu) als auch zu dem Geldgeber, der Stiftung für Deutsch-Polnische Zusammenarbeit / Fundacja Współpracy Polsko-Niemieckiej, war dem Hochstift Herr Ministerialrat a.D. Norbert Willisch behilflich, dem für seine wichtige Unterstützung vielmals gedankt sei; ohne sein Engagement wäre es nicht gelungen, die Ausstellung in Polen zu zeigen. Die Übersetzung des Antrags übernahm dankenswerterweise Herr Professor Eugeniusz Klin, Zielona Góra. Die Ausstellungstexte übersetzte, samt der Lyrik in Versen, Frau Margarethe Korzeniewicz, Worms. Die Texte erschienen als kleiner polnischer Katalog, der an die Besucher kostenlos abgegeben wurde, hergestellt von der Drukarnia Baterex in Ratibor, die auch den Einband und ein entsprechendes Plakat entwarf. Herr Mgr Ing. Leo Motzko, Vorstandsvorsitzender der PERI Polska, unterstützte die Präsentation der Ausstellung. Die Hauptleistung in der praktischen Durchführung erbrachte das Muzeum w Raciborzu unter seiner Direktorin Joanna Muszała-Ciałowicz mit ihren Mitarbeitern (Julita Ćwikła, Iwona Mogielnicka, Marcin Rezner, Romuald Turakiewicz, Jacek Sienkiewicz, Marek Krakowski, Marian S. Zawisła, Gabriela Front, Elżbieta Kogut, Iwona Gladus und Bernarda Kazanowska).

Die Präsentation der Schau in den Ausstellungsräumen in Ratibor, in einer säkularisierten Kirche, unterschied sich deutlich von der Frankfurter Fassung. Zur Eröffnung sprachen der Bürgermeister / Prezydent Miasta Raciborza Mirosław Lenk, der Landrat / Starosta Raciborski Adam Hajduk sowie der Konsul der Bundesrepublik Deutschland in Breslau, Herr Dr. Helmut Schöps. Renate Moering gab eine Einführung; alle Ansprachen wurden synchron übersetzt. Einen festlichen Charakter erhielt die Veranstaltung

---

[2] Vgl. den ausführlichen Bericht im Jahrb. FDH 2008, S. 373–377.

durch die Wiedergabe von Eichendorff-Liedern, abwechselnd auf deutsch und auf polnisch gesungen, durch den Chóru z Krzyżanowic. Die Ausstellung wurde von über tausend Personen besucht, darunter auch Schulklassen und Diskussionsgruppen. Eichendorff spricht nicht nur die deutschstämmige Gruppe Oberschlesiens an, sondern findet bei allen gebildeten Polen großes Interesse, da die Hauptwerke inzwischen übersetzt vorliegen. Auch aus dem nahen Tschechien kamen Besucher. 2009 wird die Fotofassung der Ausstellung »Eichendorff wieder finden« im Frühjahr in der Universitätsbibliothek der Fernuniversität Hagen gezeigt, danach im Marburger Haus der Romantik.

»In der Anziehungskraft Goethescher Sonne. 80 Jahre Frankfurter Goethepreis an Albert Schweitzer« (22. April–6. Juli 2008)
Der »Menschenfreund« Albert Schweitzer erhielt am 28. August 1928 im feierlich geschmückten »Peking« des Goethe-Hauses den Goethepreis der Stadt Frankfurt für den »mit dem vollen Einsatz der Persönlichkeit im Geiste Goetheschen Denkens unternommenen Versuch, die Kräfte der Welt- und Lebensbejahung in allen Menschen aufs neue wachzurufen«. Die Kabinettausstellung, die das Deutsche Albert-Schweitzer-Zentrum mit Unterstützung des Freien Deutschen Hochstifts im Arkadensaal eingerichtet hatte, galt der Bedeutung Goethes für das Leben und Wirken des großen Arztes und Philosophen, der sich in seiner Dankrede als »kleines Möndlein vor der

Sonne Goethes« bezeichnet hatte und den freundschaftliche Beziehungen mit Ernst Beutler und dem Freien Deutschen Hochstift verbanden.

Catharina Elisabeth Goethe zum 200. Todestag (27. August–31. Dezember 2008)
Am 13. September 2008 jährte sich zum zweihundertsten Mal der Tod von Goethes Mutter Catharina Elisabeth, einer herausragenden weiblichen Persönlichkeit, nicht nur als Dichtermutter, sondern auch als Repräsentantin der Frankfurter Stadtgeschichte um 1800. Die Ausstellung folgte im Wesentlichen der Chronologie ihrer Lebensgeschichte. Um diesen biographischen Kern gruppierten sich thematische Schwerpunkte wie ihre literarischen Interessen, ihr Verhältnis zu Weimar oder ihre Beziehung zu Familienangehörigen, die im Haus anhand zahlreicher lebendiger Erinnerungsstücke erläutert wurden.

Ergänzend beschäftigte sich im Goethe-Museum ein eigener Ausstellungsbereich mit den unterschiedlichen Facetten der Stilisierung Catharina Elisabeth Goethes: von den prägenden Äußerungen des Sohns in seinen biographischen Schriften über die ihr vom Sohn und seinen Freunden zugedachte Rolle der »Frau Aja« und Bettine von Arnims Charakterisierung bis hin zu dem im 19. Jahrhundert sich abzeichnenden Bild der bodenständigen und unverbildeten Frau mit ihrem Bürgerstolz, ihrem Mutterwitz und ihrer Chuzpe. Zur Ausstellung, die im Rahmen der Feiern zu Goethes Geburtstag eröffnet wurde, erschien ein Katalog, der die Reihe der Publikationen zu Frauenfiguren der Goethezeit fortsetzte.

»Der Brief – Ereignis & Objekt« (11. September–16. November)
Die Ausstellung widmete sich einer vom Aussterben bedrohten Kulturtechnik, dem Medium Brief, einem häufig handschriftlichen Dokument, dessen Materialität (Umschlag und Papier, Feder und Tinte, Schriftzüge, Zeichnungen usw.) und sinnlich ästhetische Botschaft die Ausstellung erstmals in den Mittelpunkt rückte. In einem Streifzug durch 250 Jahre Briefgeschichte lenkte sie anhand ausgewählter Beispiele von Lichtenberg und Goethe bis HAP Grieshaber und Horst Janssen den Blick auf den Wandel seiner konkreten Eigenschaften und stellte vor, was sich daran über das Schreiben und Lesen von Briefen erken-

nen lässt. Es zeigte sich, dass die sogenannten »Äußerlichkeiten« des Briefes in Wirklichkeit weder banal noch bedeutungslos sind: Herkunft, Qualität, Gewicht, Größe, Format, Zuschnitt, aber auch die oftmals aufwendigen Prozeduren des Faltens, Verschließens, Bebänderns und Siegelns geben ebenso wie die Spuren der unterschiedlichsten Schreibwerkzuge nicht nur vielfältigen Aufschluss über den Prozess der Niederschrift und die individuellen Vorlieben und Gewohnheiten des Briefschreibers, sondern prägen den Charakter der brieflichen Botschaft. Die Ausstellung zeigte, dass Briefe neben ihren diskursiven Eigenschaften auch über beachtliche ästhetische Dimensionen verfügen können, die sich auch als Ereignis, als Inszenierung und Konfiguration einer Szene wahrnehmen lassen, und sie gewährte Einblick in die einstige Schreib- oder Lesekultur, bis hin zu den materiellen Spuren, die die Vorgänge der Archivierung hinterlassen.

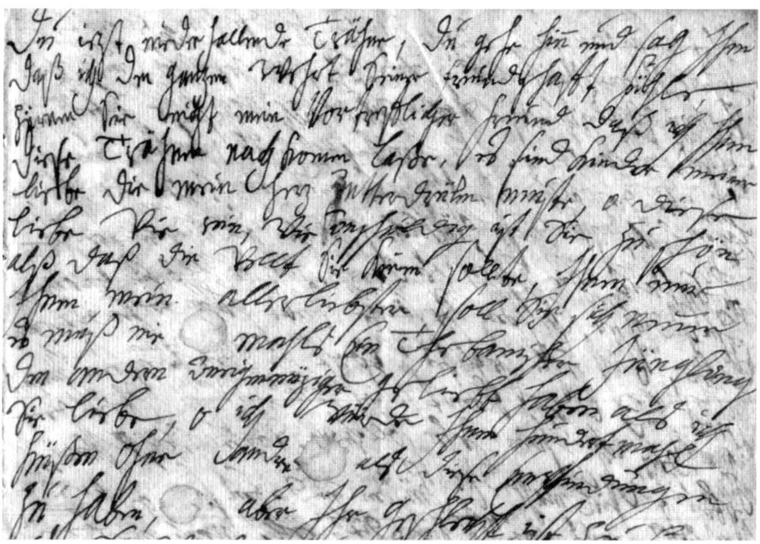

Die Ausstellung entstand in Kooperation mit dem Institut für Deutsche Sprache und Literatur II der Universität Frankfurt und in Verbindung mit dem Deutschen Literaturarchiv Marbach. Exponate aus den eigenen Briefsammlungen wurden durch zahlreiche Leihgaben ergänzt. Sie stand außerdem im größeren Zusammenhang eines der Materialität der Kommunikation gewidmeten Projekts, das in Kooperation mit einer dem Tagebuch gewidmeten Ausstellung des Frankfurter Museums für Kommunikation die Bedeutung und den hohen Reiz der spezifischen Gestalt handschriftlicher Textzeugen herausstellte und vom Kulturamt der Stadt Frankfurt gefördert wurde.

Dem Thema der Ausstellung war auch ein von der DFG gefördertes internationales Symposion gewidmet, das vom 6. bis 8. November 2008 in den Räumen der Universität Frankfurt stattfand und in drei Sektionen aufgeteilt war: Briefe schreiben/Schrift – Briefliche Materialien/Materialität – Briefbeigaben. Zur Ausstellungseröffnung sprach Frau Prof. Dr. Waltraud Wiethölter (Universität Frankfurt), im Anschluss führten die Kuratoren durch die Ausstellung. Zur Ausstellung entstand ein umfangreicher Katalog mit zahlreichen Abbildungen, herausgegeben von Anne Bohnenkamp und Waltraud Wiethölter, erschienen im Stroemfeld Verlag, der bald vergriffen war und aufgrund des großen Interesses neu aufgelegt wurde. Insgesamt verzeichnete die Ausstellung ein außerordentlich positives Echo bei Besuchern und in den Medien.

Veranstaltungen

Auch im Jahr 2008 hat das Freie Deutsche Hochstift seinen Mitgliedern und der interessierten Öffentlichkeit wieder ein umfangreiches Veranstaltungsprogramm angeboten, das auf eine erfreuliche Publikumsresonanz stieß. Die insgesamt 34 Veranstaltungen wurden von 3.558 Gästen besucht (im Vorjahr: 29 Veranstaltungen mit 2.015 Besuchern). Zu den Wechselausstellungen fanden Sonderführungen statt; von einem »Gespräch im Goethe-Haus« zu Aktualität und Relevanz von Goethes ›Faust‹, veranstaltet in Kooperation mit dem Hessischen Rundfunk, wurde ein Mitschnitt auf hr2 Kultur ausgestrahlt. Es diskutierten der neue Intendant des Schauspiels Frankfurt, Oliver Reese, und der Berliner Literaturwissenschaftler Michael Jaeger; die Moderation hatte Anne Bohnenkamp übernommen. Auch die Reihe »Weltliteratur in Übersetzungen« wurde fortgeführt mit einem Beitrag von Susanne Lange, die aus ihrer vielgelobten Neuübersetzung von Cervantes' ›Don Quijote‹ las. Insgesamt 10 Vorträge, vor allem zu Goethe-Themen, aber auch zu Eichendorff, Johann Heinrich Merck, Hermann Hesse, Thomas Mann und Arthur Schopenhauer waren angeboten und zumeist gut besucht.

Besonderen Zulauf fand erwartungsgemäß ein kabarettistischer Abend mit Michael Quast und Philipp Mosetter unter dem Titel »Fausteinsinzweistundenfürdreistimmenundklavier«. Dritte Stimme war die Mezzosopranistin Katharina Magiera, die, in bewährter Weise am Klavier begleitet von Rüdiger Volhard, an den entscheidenden Stellen Goethe-Vertonungen von Beethoven bis Verdi zu Gehör brachte. Mit vier Liederabenden und drei Konzerten war das musikalische Programm in diesem Jahr besonders reichhaltig. Erstmals zeigten wir im Arkadensaal einen Kinofilm, Bernhard Sinkels Verfilmung von Eichendorffs ›Aus dem Leben eines Taugenichts‹ aus dem Jahr 1977. Fortgesetzt wurde schließlich auch die Reihe der vor einigen Jahren neu eingeführten Seminare. Die erste Serie behandelte die Naturlyrik der Romantik (Prof. Ingrid Mittenzwei), die zweite Goethes ›Faust‹ (Prof. Anne Bohnenkamp / Dr. Petra Maisak). Eine Exkursion führte im Jahr 2008 auf Goethes Spuren durch Wetzlar.

Die Veranstaltungen im Überblick

bis 17. Februar
»Eichendorff wieder finden«
Ausstellung zum 150. Todestag
In Kooperation mit der
Eichendorff-Gesellschaft

15. Januar
»Stockjuristen. Eichendorffs
alternative Empfehlung«
Vortrag von Prof. Dr. Klaus
Lüderssen, Frankfurt am Main

29. Januar
»Eichendorffs ›Taugenichts‹ im Film«
Filmvorführung und Diskussion mit dem Regisseur Bernhard Sinkel, Prof. Dr. Anne Bohnenkamp und Prof. Dr. Gunnar Och

14. Februar
»Thomas Mann und sein Lieblingsenkel«
Musikalische Lesung mit Frido Mann (Texte), Vesselin Paraschkevov (Violine) und Reinhard Pabst (Moderation)
Im Rahmen des Projekts »Deutschsprachige Literaturnobelpreisträger« der Arbeitsgemeinschaft Literarischer Gesellschaften

17. Februar
»〈...〉 soweit der Himmel blau ist. Eine musik-literarische Reiseverführung«
Finissage zur Ausstellung »Eichendorff wieder finden«, gestaltet von Lehramtsstudierenden der Hochschule für Musik und Darstellende Kunst, Frankfurt am Main.
Konzeption und Regie: Prof. Till Krabbe
In Kooperation mit der Hochschule für Musik und Darstellende Kunst, Frankfurt am Main

26. Februar
»Liebeslyrik«
Vortrag und Lesung von Prof. Dr. Klaus Reichert, Frankfurt am Main

5., 12. und 19. März
»Naturlyrik der Romantik«
Seminar mit Prof. Dr. Ingrid Mittenzwei, Frankfurt am Main

11. März
»Der ›naturforschende Pantheist‹. Die Rezeption Spinozas im Werk Goethes«
Vortrag von Prof. Dr. Alfred Schmidt, Frankfurt am Main

15. März
Familientag
Eröffnung des Kaminzimmers im Goethe-Haus für die Bildungs- und Vermittlungsarbeit des Hauses
Aufführung des Puppenspiels »Der Mond der Prinzessin Leonore«, mit dem Marionettentheater »Das Puppenschiff« aus Mainaschaff

18. März
»Johann Heinrich Merck: Briefwechsel«
Vortrag von Dr. Ulrike Leuschner, Darmstadt

8. April
»Goethes ›Faust‹«
Gespräch mit Oliver Reese und PD Dr. Michael Jaeger, Moderation: Prof. Dr. Anne Bohnenkamp
Eine Veranstaltung in der Reihe »Gespräche im Goethe-Haus«
In Kooperation mit hr2 Kultur

15. April
»Mein Herz will nimmer mit zur Ruhe gehn. Romantische Lieder und Duette«
Liederabend mit Britta Stallmeister (Sopran), Jenny Carlstedt (Mezzosopran), Felice Venanzoni (Klavier), mit Liedern von Felix Mendelssohn-Bartholdy, Robert Schumann und Johannes Brahms

22. April
Eröffnung der Ausstellung »In der Anziehungskraft Goethe'scher Sonne. 80 Jahre Frankfurter Goethepreis an Albert Schweitzer«
Vortrag zur Ausstellungseröffnung: »Freundschaft im Geiste Goethes: Beutler und Schweitzer« von Prof. Dr. Werner Zager, Frankfurt am Main

13. Mai
Johann Sebastian Bach, »Werke für Traversflöte und Cembalo«
Konzert mit den Studierenden der Klassen von Prof. Harald Hoeren und Prof. Karl Kaiser an der Hochschule für Musik und Darstellende Kunst in Frankfurt am Main
In Kooperation mit der Hochschule für Musik und Darstellende Kunst, Frankfurt am Main

20. Mai
»Poetische und musikalische Miniaturen«
Lesung mit Musik aus Werken von Lessing, Lichtenberg, Hebel, Kafka, Paul Celan, Sarah Kirsch, Helmut Heißenbüttel und Rainer Kunze, vorgetragen von Prof. Dr. Anne Bohnenkamp, Felicitas von Lovenberg, Prof. Dr. Michael Stolleis und Prof. Dr. Christoph Perels.
Klavierstücke von Kurt Hessenberg und Peter Cahn, gespielt von Claudia von Lewinski (Klavier)

27. Mai
»Goethe aus europäischer Sicht«
Vortrag von Prof. Dr. Volkmar Hansen, Düsseldorf
Eine Veranstaltung im Rahmen der Kulturtage der Europäischen Zentralbank

10. Juni
»Schopenhauer und die Tierethik«
Vortrag von Prof. Dr. Dieter Birnbacher, Düsseldorf
In Kooperation mit der Schopenhauer-Gesellschaft e.V.

12. August
»Hermann Hesse und Thomas Mann. Zur Genese einer Freundschaft«
Vortrag von Volker Michels
Eine Veranstaltung im Rahmen des Projekts »Deutschsprachige Literaturnobelpreisträger« der ALG

27. und 28. August
Feiern zu Goethes Geburtstag
Eröffnung der Ausstellung
»Catharina Elisabeth Goethe. Zum 200. Todestag«
Lesung mit Katharina Giesbertz: »Wenn ich so gern schriebe als schwätzte. Aus den Briefen der Frau Aja«

28. August – 7. September
goethe *ffm* Festwoche
Eine Kooperation von Schauspiel Frankfurt, Kulturamt der Stadt Frankfurt und Freiem Deutschen Hochstift

2. September
»Fausteinsinzweistunden-fürdreistimmenundklavier«
Lesung mit Musik im Rahmen der goethe *ffm* Festwoche, mit Michael Quast und Philipp Mosetter; Liedgesang: Katharina Magiera (Mezzosopran), Klavier: Dr. Rüdiger Volhard

6. September
»Goethes Faust«
Puppentheater mit Dr. Johannes Minuth, Freiburger Puppenbühne
Eine Veranstaltung im Rahmen der goethe *ffm* Festwoche

7. September
»Wilhelm Meister«
Lesung mit Heikko Deutschmann im Rahmen der goethe *ffm* Festwoche
In Kooperation mit dem Kulturamt der Stadt Frankfurt am Main

11. September
Eröffnung der Ausstellung
»Der Brief – Ereignis & Objekt«
In Kooperation mit dem Institut für Deutsche Sprache und Literatur der Universität Frankfurt
Vortrag zur Ausstellungseröffnung von Prof. Dr. Waltraud Wiethölter

13. September
»Wer sieht ihn wie ich? Borchardt und Hofmannsthal. Briefe, Aufsätze, Novellistisches aus den Jahren 1902–1944«
Lesung mit Sascha Icks, Rainer Frank und Falilou Seck
In Kooperation mit der Hugo von Hofmannsthal-Gesellschaft

14. September
»Ansichtssache. Die Postkarte als Korrespondenz- und Sammlungsstück«
Matinee mit Dr. Joachim Seng und Dr. Ricarda Dick
Kompositionen von Alban Berg, vorgetragen von Fabienne Grüning (Sopran) und Hilko Dumno (Klavier)
In Kooperation mit der Hugo von Hofmannsthal-Gesellschaft

19. September
»Spurensuche in Wetzlar«
Exkursion auf Goethes Spuren

23. September
»Bildnis der Mutter als junge Frau«
Lesung mit Dr. Friedrich Christian Delius

30. September
»China und Goethes Konzept der ›Weltliteratur‹«
Vortrag von Prof. Dr. Anke Bosse, Namur, Belgien

21. Oktober
»Künstler und Virtuosen im Hause Goethe: Carl Friedrich Abel«
Konzert mit Jordi Comellas (Viola da Gamba) und Andreas Martin (Theorbe)

23. und 30. Oktober, 13. November
»Goethes ›Faust‹«
Seminar mit Prof. Dr. Anne Bohnenkamp und Dr. Petra Maisak

28. Oktober
»Brahms-Duo-Abend«
Konzert mit Ursula Maria Berg (Violine) und Burkhard Bastuck (Klavier)

4. November
»Weltliteratur in Übersetzungen: Miguel de Cervantes, ›Don Quijote‹«
Lesung von Susanne Lange aus ihrer Übersetzung
In Zusammenarbeit mit dem spanischen Kulturinstitut »Instituto Cervantes«, Frankfurt am Main

11. November
»Der Autor Goethe und sein Wörterbuch«
Vortrag von Dr. Christiane Schlaps, Hamburg

19. November
»Franz Schubert: Schwanengesang«
Liederabend mit Hans-Christoph Begemann (Bariton) und Thomas Seyboldt (Klavier)

25. November
»Die Wette biet' ich! Goethes ›Faust‹«
Vortrag von Prof. Dr. Heinz Rölleke, Wuppertal

9. Dezember
»Zelter und Goethe: Lieder und Texte«
Musikalische Lesung mit Katharina Magiera (Mezzosopran), Dr. Rüdiger Volhard (Klavier) und Prof. Dr. Anne Bohnenkamp (Texte)

Die Feiern zu Goethes Geburtstag

Am 27. und 28. August feierten die Mitglieder des Freien Deutschen Hochstifts Goethes 259. Geburtstag. Im Mittelpunkt der Feiern stand Goethes Mutter, Catharina Elisabeth, deren Todestag sich in diesem Jahr zum zweihundertsten Mal jährte. Ihr war eine Ausstellung gewidmet, die vom 27. August bis 31. Dezember 2008 im Arkadensaal und im Goethe-Haus zu sehen war. Im

Verlauf der Geburtstagsfeiern boten die Kuratoren der Ausstellung mehrere Führungen an, die von zahlreichen Gästen angenommen wurden. Die Schauspielerin Katharina Giesbertz las aus den Briefen der Frau Aja.

Lange Nacht der Museen (26. April)

Unter dem Motto »Lust zu fabulieren«, das auf Goethes Mutter Catharina Elisabeth anspielt, wurde auch im Jahr 2008 ein reichhaltiges Programm mit Führungen, Lesungen und Musik geboten. An die unvergessliche »Frau Aja« erinnerten zu ihrem 200. Todestag (kostümierte) Führungen und Lesungen. »Herzhaft-frankforterisch-humor- und gemütsvoll« trug die in dieser Rolle erprobte und beliebte Schauspielerin Gertrud Gilbert aus Frau Ajas höchst lebendigen Briefen vor und führte die Gäste ungeniert plaudernd durch »ihr« Haus. Im Arkadensaal gab es Führungen durch die Kabinettausstellung »Albert Schweitzer und Goethe«, im Goethe-Haus erklang Kammermusik aus der Goethezeit mit dem Trio Torsten Mann. Und noch um Mitternacht begann eine musikalische Lesung mit Gedichten, Geschichten, Sprüchen und Musik des Barock mit dem Schauspieler Horst Schäfer und dem Gitarristen Stephan Hladek.

Goethe ffm Festwoche (28. August – 7. September)

Die Festwoche 2008 war die zweite Goethe-Ehrung dieser Art. Durchgeführt in Kooperation mit dem Schauspiel Frankfurt und dem Kulturamt der Stadt Frankfurt am Main stand sie in diesem Jahr unter dem Motto »KUNST MACHT BILDUNG«. Angesichts der modernen, zumeist am Erwerb von Fachkompetenz und Spezialkenntnissen ausgerichteten Konzepte sollte die Frage neu gestellt werden, was Goethe unter Bildung verstand, wie er sich ein ganzes Leben lang auszubilden suchte und wie der untrennbare Zusammenhang von Bildungsideal und Menschenbild, der für Goethe von grundlegender Bedeutung war, mit neuem Leben gefüllt werden kann. Die unterschiedlichen Fragen und Aspekte wurden an den einzelnen Veranstaltungsorten nicht nur diskutiert, sondern auch mit den Mitteln der Kunst in den öffentlichen Raum gestellt.

Das Programm des Schauspiels Frankfurt umfasste eine Premiere des ›Torquato Tasso‹, von Peter Hacks' ›Ein Gespräch im Hause Stein über den abwesenden Herrn von Goethe‹ und eines Liederabends mit Dietmar Loeffler unter dem Titel »Zum Teufel mit Goethe!«, außerdem ein Podiumsgespräch zum Thema Bildungsideal und Menschenbild bei Goethe und heute, an dem neben Michael Jaeger, Friedrich Kittler u. a. auch die Direktorin des Freien Deutschen Hochstifts teilnahm. Erstmals beteiligten sich auch andere Frankfurter Kultureinrichtungen an der Festwoche mit eigenen Angeboten, darunter das Theater Willy Praml mit einer Aufführung von Goethes ›Reineke Fuchs‹ und das Volkstheater Frankfurt – Liesel Christ mit »Goethe im Gespräch mit Eckermann«. Das Freie Deutsche Hochstift war, neben der Ausstellung zu Catharina Elisabeth Goethe, mit einer Lesung aus dem Band ›Geträumtes Glück. Angelika Kauffmann und Goethe‹ von Ursula Naumann, der Lesung mit Musik »Fausteinsinzweistundenfürdreistimmenundklavier«, einer Puppentheateraufführung von Goethes ›Faust‹ und einer Lesung aus ›Wilhelm Meister‹ (mit Heikko Deutschmann) an der Festwoche beteiligt.

Internationale Tagungen am Freien Deutschen Hochstift

Unter dem Titel »Konjektur und Krux III. Lektüre – Darstellung – Interpretation« fand am 20. und 21. Juni 2008 im Freien Deutschen Hochstift eine Tagung zu editionsphilologischen Themen und Fragestellungen statt, die von Frau Prof. Dr. Anne Bohnenkamp, Dr. Kai Bremer (Justus-Liebig-Universität Gießen), Prof. Dr. Uwe Wirth (ebenda) und PD Dr. Irmgard Wirtz (Schweizerisches Literaturarchiv Bern) geleitet wurde.

Vom 23.–25. Oktober wurde unter der wissenschaftlichen Leitung von Frau Prof. Dr. Anne Bohnenkamp und Frau Dr. Sonja Vandenrath (Literaturreferentin der Stadt Frankfurt am Main) eine internationale Expertenwerkstatt zum Thema »Literaturausstellungen in Theorie und Praxis« durchgeführt. Ausgewiesene Kuratoren und Gestalter aus Deutschland, Österreich, der Schweiz, Irland und Frankreich nahmen an dem von der Bundeskulturstiftung geförderten Projekt teil. Die Tagung diente zur Vorbereitung einer für 2010 vorgesehenen Meta-Ausstellung – einer Ausstellung über das Ausstellen von Literatur.

Kooperationen

Ein wachsender Anteil nicht nur der wissenschaftlichen Projekte, sondern auch der Kulturveranstaltungen findet in Kooperation mit anderen, öffentlichen wie privaten Kultureinrichtungen – Museen, Bildungsinstituten, Verlagen, Universitäten, literarischen, künstlerischen und musikalischen Instituten und Verbänden – statt. Angesichts der allerorts begrenzten finanziellen Mittel, aber auch der Notwendigkeit, das gesamte Kulturangebot sinnvoll zu bündeln und an eine vielfältig interessierte Öffentlichkeit zu vermitteln, bieten Kooperationen unverzichtbare synergetische Möglichkeiten. Im Jahr 2008 kooperierte das Freie Deutsche Hochstift beispielsweise mit:

- schauspielfrankfurt
- Kulturamt der Stadt Frankfurt am Main
- Hessischer Literaturrat
- Institut für Deutsche Sprache und Literatur II der Johann Wolfgang Goethe-Universität Frankfurt
- Deutsches Literaturarchiv Marbach
- Instituto Cervantes Frankfurt
- Hochschule für Musik und Darstellende Kunst Frankfurt am Main
- Hessischer Rundfunk
- Maecenia. Frankfurter Stiftung für Frauen in Wissenschaft und Kunst
- Deutsches Albert-Schweitzer-Zentrum
- Museum für Kommunikation Frankfurt
- Schopenhauer-Gesellschaft und Philosophisches Kolloquium: Kritische Theorie
- Eichendorff-Gesellschaft e.V.
- Hofmannsthal-Gesellschaft e.V.
- Stiftung für Deutsch-Polnische Zusammenarbeit, Warschau
- Arbeitsgemeinschaft Literarischer Gesellschaften (ALG, Berlin)
- Arbeitskreis selbständiger Kulturinstitute (AsKI, Bonn)

Bildung und Vermittlung

Bewährt haben sich die seit 2006/2007 angebotenen museumspädagogischen Programme für Kinder und Schulklassen. So war die Resonanz auf das Angebot, die im Februar 2008 endende Wechselausstellung »Eichendorff wieder finden« im Rahmen eines geführten Rundgangs zu besuchen, erfreulich groß: Insgesamt wurden 43 Führungen durchgeführt, davon 25 für Schulklassen der Stufen 4 bis 13.

Am 15. März konnte die Eröffnung des Kaminzimmers als Veranstaltungsraum im Goethe-Haus mit dem Puppenspiel »Der Mond der Prinzessin Leonore« (als Gastspiel des Puppenschiffs aus Mainaschaff) gefeiert werden, worüber die Presse berichtete. Dieser Raum, der ungefähr 16 Kindern Platz bietet, eröffnet neue Möglichkeiten für die Vermittlungsarbeit direkt im Goethe-Haus, z.B. kreative Annäherungen an Goethe und seine Zeit. So fand hier zum Internationalen Museumstag im Mai eine offene Werkstatt zum Thema »Goethe und der Ginkgo« statt. Im Sommer wurde dieses Angebot als Ferienprogramm erneut angeboten und musste dank großer Nachfrage wiederholt werden.

Am 1. Juni gehörte das Goethe-Haus zu den Museen, die sich beim hr-Erlebnistag unter dem Motto »Hessia Fantasia« von 10 bis 18 Uhr im Hessischen Rundfunk präsentierten. Angeboten wurde in Anlehnung an ein Alphabet des Rokoko das Gestalten von Karten mit phantastischen Initialen, ein sehr gefragtes Thema, das ohne ehrenamtlichen Einsatz nicht durchzuführen gewesen wäre.

Zur Wechselausstellung »Catharina Elisabeth Goethe« wurden neben Führungen drei Werkstätten »Klöppeln für Kinder« eingerichtet, die im Lauf der Ausstellung ehrenamtlich durch zwei Mitglieder des Klöppeltreff Oberrad durchgeführt wurden, um eine von Goethes Mutter geschätzte Handarbeitstechnik vorzustellen (vgl. Artikel in der Frankfurter Neuen Presse vom 8. 12. 2008: »Hier klöppeln Kinder wie zu Goethes Zeiten«). Über den gesamten Zeitraum der Schau wurden 64 Führungen durchgeführt, davon 19 öffentliche Führungen, die von insgesamt 1049 Teilnehmern wahrgenommen wurden.

Mit der Ausstellung »Der Brief – Ereignis & Objekt« wurde zeitgleich eine zweite Wechselausstellung eröffnet. Hier hatten Klassen die Möglichkeit, neben Führungen eine Kombination aus Kurzführung und Praxisteil Briefeschreiben oder einen aktivierenden Ausstellungsrundgang speziell für Oberstufen zu wählen, der dank ehrenamtlicher Hilfe ermöglicht wurde. Am Satourday-Angebot zur Brief-Ausstellung nahmen über zwanzig Personen teil, so dass erneut ehrenamtliche Hilfe nötig war. Insgesamt wurden zu dieser Ausstellung 56 Führungen und praktische Programme für insgesamt 1037 Teilnehmer durchgeführt.

Zur Ausstellung wurde außerdem, mit Unterstützung des Frankfurter Schultheaterstudios, das Projekt »Erlauschte Briefe« für die Jahrgänge 5 bis 13 aller Schularten initiiert. Dabei handelte es sich um ein Rezitationsprojekt für den Deutschunterricht. Elektronische Botschaften sollten hörbar gemacht, Gefühlen Stimmen verliehen werden. Briefe aus dem 18. Jahrhundert sollten auf Kommunikationspartner der Gegenwart treffen, SMS-Botschaften und E-Mails akustisch aktualisiert werden. Dazu fand am 18. und 19. April im Schultheaterstudio unter Leitung des Schauspielers Thomas Hupfer ein Fortbildungsworkshop für Lehrer statt, woraus Projekte an drei hessischen Schulen hervorgingen, von denen zwei, das Bettinagymnasium und die Anne-Frank-Realschule in Frankfurt, mit Unterstützung durch Thomas Hupfer ihre Hörszenen am 22. September vor Schülerpublikum im Arkadensaal aufführten. Die Veranstaltung war sehr gut besucht.

Anfang November begann Chris Brinkel, Student der Kultur- und Medienpädagogik an der FH Merseburg, ein fünfmonatiges Praxissemester im Hochstift, um dort die Vermittlungsarbeit kennenzulernen und einen Vorschlag zur Installation einer Medienstation in der Kabinettausstellung des Goethe-Hauses zu erarbeiten.

Im November wurde unter dem Motto »Offenes Kaminzimmer« ein für Kinder kostenfreies Vorlese- und Malangebot zum Thema »Der Winter – Gedichte zur kalten Jahreszeit« angeboten, ehrenamtlich durchgeführt von Frau Bettina Zoerb M.A. Über alle Angebote aus dem Bereich ›Bildung und Vermittlung‹ informierten zwei Faltblätter mit dem Halbjahresprogramm.

Besucherzahlen

Die Zahl der Besucher im Jahr 2008 lag bei 106.073. Damit ist ein weiterer leichter Anstieg gegenüber den Vorjahren (2007: 104.940 Besucher) zu verzeichnen.

Aus der Arbeit der Abteilungen

Goethe-Haus, Museum und Kunstsammlungen

Neuerwerbungen

Johann Wolfgang Goethe (1749–1832): Profilbildnis des Jugendfreundes Johann Jakob Riese. Um 1774/1775
Schwarze Kreide auf Papier, 40,5 × 31,0 cm. Inv. Nr. III – 15747
Im Jahr 2008 erhielt das Frankfurter Goethe-Museum ein so überraschendes wie kostbares Geschenk: eine eigenhändige Kreidezeichnung des jungen Goethe mit dem Porträt seines Freundes Johann Jakob Riese (Frankfurt am Main 1746–ebd. 1827). Das Blatt, dessen Provenienz sich lückenlos nachweisen lässt, stammt aus Familienbesitz. Der dargestellte Johann Jakob Riese, der kinderlos blieb, vererbte es seinem Halbneffen Johannes Riese, dessen Nachkommen es in der Familie weitergaben. Frau Ursula Sikora geb. Riese, Mitglied des Freien Deutschen Hochstifts, hat es nun den Kunstsammlungen überlassen.

Die Zeichnung, die der Forschung seit langem bekannt ist,[3] war bereits im November 1895 in einer Ausstellung des Freien Deutschen Hochstifts über die Beziehungen Goethes zu seiner Vaterstadt zu sehen. Damals galt sie freilich als Porträt von Johann Adam Horn (1749–1806), der eng mit Goethe und auch mit Riese befreundet war. Während seines Studienaufenthalts in Leipzig wechselte Goethe mit beiden launige Briefe. Am 30. Oktober 1765 schreibt er beispielsweise an Riese:

---

[3] Literatur: Heinrich Düntzer, Frauenbilder aus Goethe's Jugendzeit. Studien zum Leben des Dichters, Stuttgart/Tübingen 1852, S. 233; Goethe in seinen Beziehungen zu Frankfurt, Ausstellungskatalog des Freien Deutschen Hochstifts, Frankfurt am Main 1895, Nr. 276, Tafel 11; Der junge Goethe. Neue Ausgabe in 6 Bänden, bes. von Max Morris, Leipzig 1909–1912, hier: Bd. 2, S. 329, Tafel 5; Alexander Riese, Eine Frankfurter Zeichnung Goethes, in: Frankfurter Zeitung Nr. 93 vom 3. 4. 1911; Franz Neubert, Goethe und sein Kreis, Leipzig [2]1922, S. 23; Hans Wahl/Anton Kippenberg (Hrsg.), Goethe und seine Welt, Leipzig 1932, S. 15; Arnold Federmann, Goethe als bildender Künstler, Stuttgart/Berlin 1932, S. 50, Tafel 7; Ludwig Münz, Goethes Zeichnungen und Radierungen, Wien 1949, S. 28, 139, Tafel 20; Gerhard Femmel, Corpus der Goethezeichnungen, Bd. VI B, Leipzig 1971, Nr. 245; Hans Riese, Johann Jakob Riese, ein Jugendfreund Goethes, in: Genealogisches Jahrbuch, hrsg. von der Zentralstelle für Personen- und Familiengeschichte, Bd. 21, Neustadt a. d. Aisch 1981, S. 209–222.

> Euer Brief vom 27ten der mich äuserst vergnügt hat, ist mir eben zugestellet worden. Die Versicherung daß ihr mich liebt, und daß euch meine Entfernung leid ist, würde mir mehr Zufriedenheit erweckt haben; wenn sie nicht in einem so fremden Tone geschrieben wäre. Sie! Sie! das lautet meinen Ohren so unerträglich, zumahl von meinen liebsten Freunden, daß ich es nicht sagen kann. Horn hat es auch so gemacht, ich habe mit ihm gekeift, fast hatte ich Lust mit euch auch zu keifen. Doch! Transeat! Wenn ihr es nur nicht wieder tuht. – [4]

Zuvor meldet er dem Freund Riese aus Leipzig: »Ich mache hier große Figur! – Aber noch zur Zeit bin ich kein Stutzer«, und erzählt von seiner Beschäftigung:

> In Gesellschaften, Concert, Comoedie, bey Gastereyen, Abendessen, Spazierfahrten ‹...›. Ha! das geht köstlich. Aber auch köstlich, kostspielig. Zum Hencker das fühlt mein Beutel. Halt! rettet! haltet auf![5]

Die Briefe, die Goethe damals an Horn richtete, sind verloren. Aus alter Anhänglichkeit hatte Riese sie nach Horns Tod 1806 auf einer Versteigerung erworben und seinerseits Marianne von Willemer hinterlassen, mit der er befreundet war. Marianne schickte die Schriftstücke nach Weimar, doch der gefeierte Dichter mochte von den unreifen Spielereien seiner Studentenzeit nichts mehr wissen und übergab sie dem Feuer.[6] Dagegen blieb die Korrespondenz mit Riese zumindest teilweise erhalten[7] und mit ihr das Porträt. Auf der Rückseite der alten Rahmung fanden sich schriftliche Hinweise auf den Nachlass und die Geschichte des Bildes, die hauptsächlich auf Johannes und Alexander Riese zurückgehen.[8]

4 Der junge Goethe. Neu bearb. Ausgabe in fünf Bänden, hrsg. von Hanna Fischer-Lamberg, Bd. 1, Berlin 1963, S. 85.

5 An Riese am 21. Oktober 1765, ebd.

6 Ebd., S. 484.

7 Vgl. ebd., S. 452. Die erhaltenen Briefe (vgl. dazu auch die folgende Anmerkung) befanden sich bis 1920 im Besitz von Professor Alexander Riese in Frankfurt am Main, danach wurden sie verkauft und wechselten häufig den Besitzer.

8 Darunter die aufgeklebte Abschrift eines Briefes von Johannes Riese aus der Zeit um 1850 an Frau Belli-Gontard: »Mein Onkel hat zwar noch mehrere Briefe ⟨Goethes⟩ gehabt, was aber daraus geworden ist, kann ich durchaus nicht sagen, da ich erst 4 Jahre nach dessen Todte hierher gekommen bin und in der Zwischenzeit alles theils verkauft theils verschleppt worden ist; was mir um so leider thut, da ich mehreres von dem Nachlass gerne selbst behalten hätte. Die oben erwähnten Briefe gab mir mein Onkel auf mein Ersuchen noch bey Lebzeiten, sonsten hatte sie wahrscheinlich auch nicht ⟨sic⟩. Was ich ausser schriftlichem noch besitze, ist ein Portrait meines Onkels durch Goethe in schwarzer Kreide gemacht. Der Nahme von Goethe steht zwar nicht darauf, da mir mein Onkel aber sagte dass es von ihm herrühre, so habe nicht den geringsten Grund daran zu zweifeln.«

Dass es sich bei dem Dargestellten tatsächlich um Johann Jakob Riese und nicht um Johann Adam Horn handelt, belegen nicht nur die Aussagen der Erben[9] und die sorgfältige Weitergabe in Familienbesitz, sondern auch die Ähnlichkeit mit einem Miniaturporträt Rieses im Alter.[10] Schon in Düntzers ›Frauenbildern‹ findet sich der freilich eher versteckte Hinweis auf die von Goethe gezeichnete »Abbildung Riese's in schwarzer Kreide«, die »Riese's noch lebender Neffe ⟨Johannes Riese⟩ aufbewahrt«.[11] Der Großneffe Alexander Riese stellte in der Frankfurter Zeitung vom 3. April 1911 mit einer entsprechenden Argumentation Goethes Zeichnung als Bildnis von Johann Jakob Riese vor.

Viele Zeugnisse seiner Jugend, auch Zeichnungen, hat Goethe in Autodafés vernichtet. Umso wertvoller ist das Porträt Rieses, das um 1774/1775 entstanden sein muss. Es ist ein Brustbild in strengem Profil nach links, in einem dunklen Rock mit hell gerändertem umgeschlagenem Kragen und paspelierten Knopflöchern. Das helle Halstuch ist in der Art eines Jabots geknotet. Das Haar wird zu einer zeittypischen Frisur zurückgekämmt, am Hinterkopf eingesteckt, zu einem Schweif gebunden und mit Ohrenrollen versehen. Vor dem neutralen dunklen Hintergrund tritt der Kopf mit der feinen, leicht zugespitzten Nase, der etwas vortretenden Unterlippe, dem vollen, kräftigen Kinn und dem auffallend großen Ohr lebendig hervor.

Der dichte, plastisch modellierende Duktus, die Festigkeit der Kontur und die ungewöhnlich sorgfältige Ausführung weisen eine große stilistische Nähe zum Porträt von Friedrich Maximilian Klinger auf, das Goethe 1775 anfertigte. Die Kreidezeichnung mit dem Profil des Jugendfreundes und Sturm und Drang-Autors gelangte 1926 als Vermächtnis eines Neffen von Klinger in den Besitz des Frankfurter Goethe-Museums.[12] Beide Bildnisse stehen unverkennbar unter dem Einfluss der physiognomischen Lehre von Johann Caspar Lavater, der die individuelle Linienführung eines Profils als

---

[9] Von Alexander Riese stammt die handschriftliche Bemerkung auf der Rahmenrückseite: »Daß das Portrait diesen J. Jak. Riese vorstellt, ergibt sich auch aus der Ähnlichkeit der Silhouette des ›Riese in Franckfurt am M.‹ in dem aus der Familie d'Orville stammenden Silhouettenalbum ⟨*Ergänzung:* c. 1775⟩, das ich 1913 in Berlin steigerte ⟨*Ergänzung:* u. später verkaufte⟩ Vorbesitzer: Georg Richard d'Orville in Frankfurt. Alex. Riese«.

[10] Abgebildet bei Riese 1981, a.a.O. (Anm. 3), S. 216.

[11] Düntzer 1852, a.a.O. (Anm. 3), S. 233.

[12] Inv. Nr. III – 7265; vgl. Femmel 1971, a.a.O. (Anm. 3), Nr. 246, sowie Petra Maisak, Johann Wolfgang Goethe: Zeichnungen, Stuttgart 1996, Nr. 22. Eine dritte Zeichnung Goethes mit vergleichbaren stilistischen Merkmalen ist das Bildnis der Charlotte von Stein, das um 1777 entstanden ist (ebd., Nr. 48; Klassik Stiftung Weimar).

unmittelbaren Ausdruck des Charakters deutete. Goethe korrespondierte seit 1773 mit dem Schweizer Theologen und Physiognomen, den er 1774 in Frankfurt persönlich kennenlernte und auf seiner Lahn- und Rheinreise begleitete. Außer Basedow war der Zeichner und Stecher Georg Friedrich Schmoll mit von der Partie, der zahlreiche Illustrationen für Lavaters vierbändiges Werk ›Physiognomische Fragmente zur Beförderung der Menschenkenntnis und Menschenliebe‹ (Leipzig und Winterthur 1775–1778) lieferte. Dafür zeichnete Schmoll auch das Profil Goethes, der als Autor des ›Götz von Berlichingen‹ und der ›Leiden des jungen Werthers‹ Furore machte und von Lavater als junges Genie gefeiert wurde.

Goethe zählte zu den Mitarbeitern des ersten Bandes von Lavaters ›Physiognomischen Fragmenten‹, lieferte eigene Beiträge und befasste sich eingehend mit den Illustrationen, die zu einem erheblichen Teil aus Profilbildnissen und Schattenrissen bestanden. Zu den produktivsten Illustratoren gehörte neben Schmoll der Zeichner und Stecher Johann Heinrich Lips, der später mit Goethe in nähere Verbindung treten sollte. Goethe war mit der Materie also bestens vertraut und kannte nicht nur die Theorie der Physiognomik, sondern auch die Technik einer realitätsnahen Darstellung des menschlichen Profils unter Herausarbeitung der charakteristischen Merkmale. Die klare Kontur des Profils, die Festigkeit der Bildstruktur und die sorgsame Modellierung der Details, um die Goethe sich bei den Porträts von Klinger und Riese bemüht, folgen ganz den Vorbildern von Schmoll und Lips in den ›Physiognomischen Fragmenten‹.[13]

Um 1774/75 durchlief Goethe eine Phase größter Produktivität in allen Bereichen, in der auch seine Zeichenleidenschaft immer wieder aufflammte. Obwohl er als Zeichner das Landschaftsfach bevorzugte, widmete er sich damals verstärkt der menschlichen Figur, wobei spontane Skizzen und schemenhafte Darstellungen überwiegen. In ›Dichtung und Wahrheit‹ erinnert er sich aus der kritischen Sicht des Alters an jene Zeit:

> Durch eine gewisse Naturanlage und Übung gelang mir wohl ein Umriß, auch gestaltete sich leicht zum Bilde was ich in der Natur vor mir sah; allein es fehlte mir die eigentliche plastische Kraft, das tüchtige Bestreben, dem Umriß Körper zu verleihen durch wohlabgestuftes Hell und Dunkel. 〈...〉 Durch Lavaters physiognomische Hetzerei – denn so darf man die ungestüme Anregung wohl nennen, womit er alle Menschen, nicht allein zur Contemplation der Physiognomien, sondern auch zur künstlerischen oder pfuscherhaften praktischen Nachbildung der Gesichtsformen zu nöthigen bemüht war – hatte ich mir eine Übung verschafft, die Porträte von Freunden auf grau Papier mit schwarzer und weißer Kreide darzustellen. Die Ähnlichkeit war nicht zu verkennen, aber es bedurfte die Hand

[13] Große Ähnlichkeit der Porträtauffassung weisen in Bd. 1, 1775, beispielsweise die Tafeln nach S. 258 und nach S. 264 auf.

meines künstlerischen Freundes, um sie aus dem düstern Grunde hervortreten zu machen.[14]

Bei dem »künstlerischen Freund« handelt es sich um den Frankfurter Maler, Zeichner und Radierer Georg Melchior Kraus, der seine Ausbildung in Paris erhalten hatte und im Oktober 1775, also kurz vor Goethe, nach Weimar ging, wo er zum Leiter der Zeichenschule bestellt wurde. In Frankfurt standen beide seit Anfang 1775 in Kontakt. »Goethe will oft zu mir kommen und bei mir zeichnen, welches ich ihme sehr gern erlauben werde. Er hat seit einem Jahr viel gezeichnet, und auch etwas gemalt. Viele Schattenbilder und auch andere Gesichter im Profil macht er, trifft öfters recht gut die Gleichheit«, schreibt Kraus am 5. März 1775 an Bertuch.[15] Vergleicht man Goethes Profilbildnisse von Riese und Klinger etwa mit demjenigen von Johann Bernhard Crespel, den Goethe um 1770 noch sehr zaghaft und verschwommen zeichnete,[16] wird der technische Fortschritt deutlich, der auf eine professionelle Anleitung schließen lässt. So kann man wohl sagen, dass die Zeichnungen von Riese und Klinger unter dem Eindruck der Profilporträts der ›Physiognomischen Fragmente‹ entstanden, der handwerkliche Schliff aber dem Einfluss von Georg Melchior Kraus zu danken ist. Lassen sich bei der Darstellung von Klinger einige souverän aufgesetzte Kreidestrukturen erkennen, die auf Korrekturen des Lehrers hindeuten, so fehlt derartiges beim Bild von Riese. Hier scheint der Schüler eigenständig vorgegangen zu sein. Mit den Bildnissen der drei Jugendfreunde Crespel, Klinger und Riese besitzt das Frankfurter Goethe-Museum nicht nur aussagekräftige Bilddokumente aus Goethes Frühzeit, sondern auch bedeutende Zeugnisse seiner zeichnerischen Entwicklung.

Im Gegensatz zu vielen anderen Jugendfreundschaften hielt Goethe die Verbindung mit Riese, der auch zu der Rätin Goethe gute Beziehungen pflegte, zeit seines Lebens aufrecht. Riese stammte aus einer angesehenen Frankfurter Goldschmiedefamilie; seinem Onkel gehörte ein Gut außerhalb der Stadt, die »Grüneburg«, die später in den Besitz der Familie Bethmann überging.[17] Nach einem Studium der Rechte in Marburg wurde Riese in Frankfurt 1771 Aktuar beim Forstamt, wechselte jedoch 1773 zum »Kasten-

---

[14] WA I 29, S. 169f. An anderer Stelle heißt es: »Zu jener Zeit aber ging bei mir das Dichten und Bilden unaufhaltsam miteinander. Ich zeichnete die Porträte meiner Freunde im Profil auf grau Papier mit weißer und schwarzer Kreide.« (WA I, 28, S. 314)

[15] Goethes Gespräche, hrsg. von Wolfgang Herwig, 1. Bd., Zürich/Stuttgart 1965, S. 137f.

[16] Ebenfalls im Frankfurter Goethe-Museum, Inv. Nr. III – 6981.

[17] Zur Biographie vgl. Riese 1981, a.a.O. (Anm. 3).

amt« und verwaltete bis zum Lebensende den »Allgemeinen Almosenkasten«, eine Stiftung für Arme und Bedürftige. Riese blieb unverheiratet und wohnte bis zu seinem Tod in einer städtischen Wohnung im ehemaligen Barfüßerkloster, wo auch das »Kastenamt« untergebracht war. Seit seinem Weggang nach Weimar hörte Goethe vor allem durch seine Mutter vom Ergehen des Jugendfreundes, korrespondierte aber auch selbst mit ihm und traf ihn 1797 in Frankfurt auf der Durchreise in die Schweiz. August von Goethe besuchte Riese 1805 und 1814 in Frankfurt, was den Vater veranlasste, auch selbst wieder zur Feder zu greifen. So schrieb er Riese am 14. Februar 1814:

> Die Erzählungen meines Sohnes, begleitet von einem Schreiben Ihrer liebwerthen Hand, haben mich in jene so ruhig als unschuldige Zeiten zurückversetzt, in welchen wir einer heitern und lustigen Jugend genossen. Ich freue mich daß Sie, als ein besonders theurer Freund, zu den übrig gebliebnen gehören und wir uns noch, bis auf diesen Tag, zusammen der Vergangenheit freuen können. In meinem dritten Bande ⟨›Dichtung und Wahrheit‹, 12. Buch⟩ finden Sie Ihren geschätzten Nahmen und die Erinnerung unsrer näheren Verhältnisse, nicht ohne Bemerckung des vielfältigen Widerspruchs mit welchem der Freund meinen Enthusiasmus zu zügeln und meine Dialecktik zu üben verstand.[18]

Goethe schließt eine Episode an, die ein Streiflicht auf die muntere Geselligkeit jener Zeit wirft, in der das Porträt entstand:

> Auch habe ich ‹...› die Narbe an dem rechten Zeigefinger vorgewiesen, welche Sie mir schlugen, als ich mit demselben, unter einer Forsthaus Laube, etwas schalkisch, auf ein herankommendes Frauenzimmer deutete, dem wir beyde gewogen waren. Wir bereiteten uns eben einen Teller Schincken zu verzehren und Sie hatten das aufgehobne Messer in der Hand, welches zu meiner Bestrafung sich etwas eilig niedersenckte.[19]

Als Goethe im Sommer 1814 in Wiesbaden weilte, besuchte Riese ihn dort. Beide trafen anschließend noch in Frankfurt zusammen, ebenso im folgenden Sommer. Auch bei dem denkwürdigen Fest, das die Willemers zu Goethes Geburtstag am 28. August 1815 auf der Gerbermühle gaben, war Riese zu Gast. In der Folge berichtete Marianne von Willemer in ihren Briefen Goethe bisweilen von Riese. Als Marianne 1827 schließlich die Nachricht von Rieses Tod nach Weimar übermittelte, antwortete Goethe:

> Das Abscheiden unseres guten Riese mußte mir zu weiten Rückblicken Veranlassung geben; er war bis jetzt als mein ältester Freund stehen geblieben, bis er nun auch aus diesem Gänsespiel scheidet.[20]

[18] WA IV 24, S. 156.

[19] Ebd.

[20] WA IV 43, S. 226.

Für die großzügige Unterstützung der Kunstsammlungen im Jahr 2008 danken wir sehr herzlich Frau Ursula Sikora, Lilienthal, und der Adolf und Luisa-Haeuser-Stiftung, Frankfurt am Main, des Weiteren der Eichendorff-Gesellschaft, Ratingen, Frau Helga Keller und Herrn Dr. Wulf Thiele, beide Frankfurt am Main, sowie Herrn Dr. Udo Felbinger, Berlin. Auch für Zuwendungen aus dem Nachlass von Frau Hannelore Komo, die 2008 in Frankfurt am Main verstorben ist, haben die Kunstsammlungen zu danken.

Petra Maisak

Handschriftenabteilung

Neuerwerbungen

Johann Wolfgang Goethe und Familie

Von Goethe wurden fünf Briefe oder Billette erworben.[21] Das erste stammt der Schrift nach aus den frühen Weimarer Jahren; der Adressat ist leider unbekannt:[22]

> Es scheint heute gut Wetter zu werden, ist es Ew Wohlgeboren gefällig; so fahren wir gegen Abend mit dem Prinzen zur Gräfinn Bernsdorf. Etwa nach fünf Uhr. Ich komme zu Ihnen oder lasse sagen wo ich bin.

Die erwähnte »Gräfinn«, Charitas Emilie Gräfin von Bernstorff, geb. von Buchwald (1733–1820) war die Witwe des dänischen Ministers Johann Hartwig Ernst Graf von Bernstorff. Sie wohnte seit 1779 in Weimar und verkehrte im Kreis von Herzogin Anna Amalia. Goethe besuchte sie insbesondere im Sommer 1779 mehrfach. Einige Tagebucheinträge geben Aufschluss über das gesellige Treiben. Am 12. August 1779 heißt es: »d. 12. Hatte eine starcke Erklärung mit ⟨Herzogin Anna Amalia⟩ die auf das alte hinauslief. bey Verhältnissen die nicht zu andern sind müssen gewisse Schärfigkeiten sich sammeln, und zuletzt irgendwo ausbrechen. Von Zeit zu Zeit wiederhohlt sich das. Ubrigens gings gut. ⟨Johann Joachim Christoph⟩ Bode war lustig, bis auf die Ehrlichkeit die ihn manchmal Ausfälle thun lässt die Gräfin ⟨Bernstorff⟩ war von unsrem Diskurs in Confusion ihrer Ideen ge-

---

[21] Sämtliche Ankäufe von Handschriften Goethes konnten nur dank der Spende der Erich und Amanda Kress-Stiftung getätigt werden.

[22] Hs. FDH 29599.

bracht.«[23] Am 3. September 1779 vermerkt Goethe: »〈...〉 Abends halb 7 holt ich 〈Herzog Carl August〉 ab gingen nach Ettersburg, Knebel begleitet uns eine Strecke. Fanden sie oben leidlich vergnügt. Und trieben unter uns nachdem die Damen retirirt waren viel Thorheiten.«[24] Auch Anfang März 1780 sowie am 6. Januar 1781 spricht er noch einmal von Einladungen bei der Gräfin Bernstorff. 1803 wird sie wieder in Goethes Tagebuch erwähnt, doch deutet seine Schrift eher auf die frühen Jahre.

Goethe korrespondierte seit 1807 jahrelang mit dem Mineralogen Carl Cäsar Ritter von Leonhard (1779–1862), besonders über geologische Fragen. Am 2. Januar 1808 bedankte er sich:[25]

> Wohlgeborner
> Insonders hochgeehrtester Herr,
> Indem ich zum Neuen Jahr meine Briefschulden mustere, so finde ich, daß ich vor allen Dingen Ew. Wohlgeboren Dank zu sagen habe für die Ehre die Sie mir erzeigen indem Sie meinen Namen an der Spitze Ihres Taschenbuches nennen. Ich werde dagegen nicht verfehlen das nächste Jahr, was mir etwa bedeutendes vorkommt, mitzutheilen, und nach meiner Weise eine so gute und nützliche Anstalt zu befördern suchen.
> Die übersendeten schönen Mineralien machen mir so oft ich sie ansehe, neues Vergnügen und erinnern mich an Ew. Wohlgebornen Gefälligkeit.
> Der ich die Ehre habe mich mit besondrer Hochachtung zu unterzeichnen
> Ew Wohlgeboren
> ergebenster Diener
> JWvGoethe

Leonhard war der Herausgeber des ›Taschenbuchs für die gesammte Mineralogie, mit Hinsicht auf die neuesten Entdeckungen‹.[26] Der zweite Jahrgang von 1808, mit dem auf den 30. November 1807 datierten Vorwort Leonhards, trägt folgende Widmung, auf die Goethe sich bezieht: »Dem Herrn Geheimerath von GOETHE in Weimar, dem Herrn Professor HAÜY in

[23] Johann Wolfgang Goethe, Tagebücher. Historisch-kritische Ausgabe. Im Auftrag der Stiftung Weimarer Klassik hrsg. von Jochen Golz (u. a.), Bd. I,1: 1775–1787. Text, hrsg. von Wolfgang Albrecht und Andreas Döhler, Stuttgart/Weimar 1998, S. 87; Bd. I,2: Kommentar, S. 485.

[24] Ebd. (Text), S. 89.

[25] Hs. FDH 30215. Brief von der Hand Friedrich Wilhelm Riemers mit eigenhändiger Ergebenheitsfloskel und Unterschrift. Vgl. WA IV 20, S. 1, leicht abweichend nach: K〈arl〉 C〈äsar〉 von Leonhard, Aus unserer Zeit in meinem Leben, Stuttgart 1854, Bd. I, S. 194. Der größte Teil von Goethes Briefen an Leonhard liegt bereits im Freien Deutschen Hochstift.

[26] Frankfurt am Main: Johann Christian Hermann.

Paris und dem Herrn Ober-Medicinal-Rath KLAPROTH in Berlin, weihet diese Blätter mit der innigsten Verehrung der Herausgeber.« Der Band enthält Goethes Beitrag ›Sammlung zur Kenntniss der Gebirge von und um Karlsbad angezeigt und erläutert von Herrn Geheimerath von Goethe in Weimar‹ sowie einen dieses Thema ergänzenden Brief Goethes vom 25. November 1807.[27] Für den folgenden Jahrgang sandte Goethe seinen Aufsatz ›Der Kammerberg bei Eger‹ ein.[28]

Wie der Karfreitag in Weimar musikalisch gestaltet wurde, erhellt aus der folgenden Notiz Goethes:

> Freytag d. 31. März wird das Oratorium der Tod Jesu von Graun im Theatersaale aufgeführt. Das Nähere meldet ein Affiche.[29]

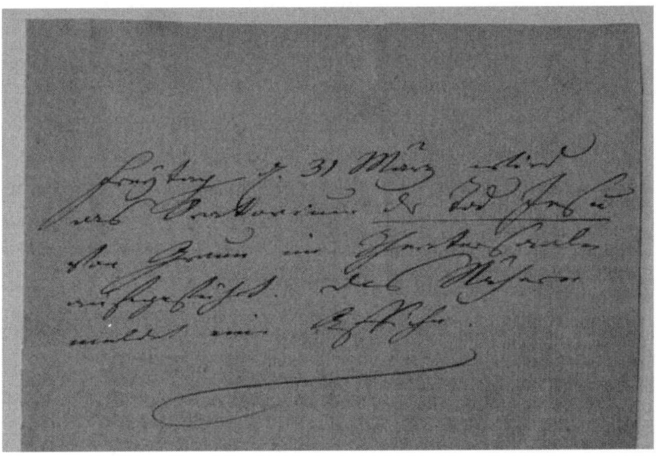

Nach der Weimarer Ausgabe ist diese Notiz eine »Beilage zu einem Brief an ⟨Franz⟩ Kirms« und stammt vom 24. März 1809.[30] Goethe schrieb in diesem Brief an Kirms:

> Auf Serenissimi gnädigste Veranlassung wird der Tod Jesu d. 31. März im Theater Saale gegeben.

---

[27] Ebd., S. 3–32 und 389–398.

[28] Ebd., Jahrgang 1809, S. 3–24, Nachtrag S. 365–369. Vgl. auch WA III 9, S. 76–94. Leonhard sandte Goethe Abdrucke dieses Aufsatzes schon am 23. Oktober 1808 zu (Regestausgabe der Briefe an Goethe, Regestnummer 5/1013).

[29] Hs. FDH 29595.

[30] WA IV 51, S. 250, Nr. 5699 B, dort gedruckt nach dem Auktionskatalog Hartung & Karl 18, München 1967; vgl. den Kommentar in: WA IV 52, S. 179.

> Die Entree wird bezahlt, das Eingekommene zum Besten der Kapelle verwendet.
> Ew. Wohlgeb. besorgen wohl beyliegendes ins Wochenblatt und was sonst noch nöthig seyn möchte.

Die Ankündigung – nach der jetzt erworbenen Handschrift Goethes – erschien im ›Weimarischen Wochenblatt‹ Nr. 24 am 25. März 1809. Das Passionsoratorium ›Der Tod Jesu‹ war nach einer musikalischen Vorlage Prinzessin Anna Amalias von Preußen (1723–1787) von dem preußischen Hofkapellmeister Carl Heinrich Graun (1703/04–1759) komponiert und 1755 uraufgeführt worden. Das Werk geht auf einen lyrisch-meditativen Text von Carl Wilhelm Ramler (1725–1798) zurück. Es wurde besonders in Berlin jahrzehntelang von der Singakademie als Karfreitagsmusik aufgeführt, bis die Passionen Johann Sebastian Bachs wiederentdeckt wurden. Goethe vermerkt die Weimarer Darbietung am 31. März im Tagebuch: »Abends der Tod Jesu im Theatergebäude.«[31]

In einem Billett vom 14. Dezember 1816 an Christian August Vulpius (1762–1827) schreibt Goethe: »Kann ich diesen Bogen morgen vor Tisch zurückerhalten; so würde ich sehr geförd⟨e⟩rt seyn.«[32] Die Rede ist von dem Heft ›Über Kunst und Alterthum in den Rhein- und Mayn-Gegenden‹.[33]

Wie Goethe seinen zahlreichen Bewunderern die Audienz gestattete, dafür ist das folgende Einladungskärtchen ein Beispiel:

> Herr Dr. Prosch wird heute Abend um 7 Uhr als zur Thee-Stunde willkommen seyn.
> Weimar d. 26. Sept. 1828.[34]

---

[31] WA III 4, S. 20.

[32] Hs. FDH 30208. WA IV 50, S. 40.

[33] Von Goethe. 2. Heft, Stuttgart, in der Cottaschen Buchhandlung. 1817. Vgl. WA I 34,1 und I 34,2. Vgl. auch Goethes Brief an Johann Heinrich Meyer vom 7. Dezember 1816 (WA IV 27, S. 258): »Morgen früh würde Vulpius nochmals revidiren und morgen Nachmittag könnte der Bogen abgehen. Unser Manuskript reicht für das ganze Stück hin, welches uns sehr erwünscht ist.« Am 24. Dezember meint Goethe gegenüber Sulpiz Boisserée: »Der Druck des 4. Bogens vom Rhein und Mayn ist in Bewegung« (ebd., S. 285). Vgl. Andreas Meier (Hrsg.), Christian August Vulpius. Eine Korrespondenz zur Kulturgeschichte der Goethezeit, Berlin/New York 2003, Bd. 2, S. 496. Vgl. auch Goethes Tagebuch vom 14. und 15. Dezember 1816 (WA III 5, S. 294).

[34] Hs. FDH 29594. Schreiberhand mit eigenhändiger Unterschrift. Druck: WA IV 51, S. 552, Nr. 44241b. Aus dem Nachlass des Literarhistorikers Victor Lange, Princeton, NJ (1908–1996).

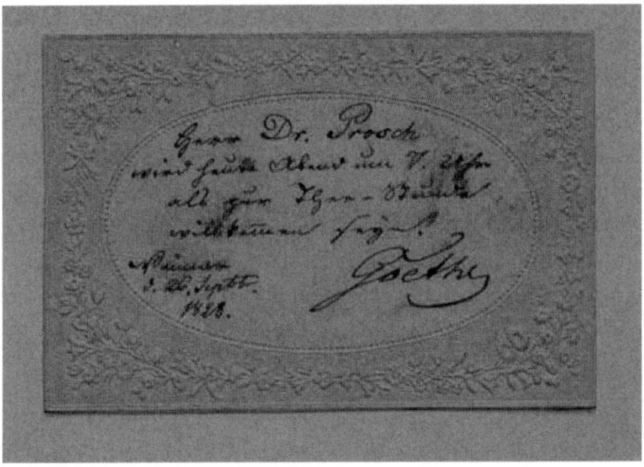

Eduard Prosch war der Sekretär und Geheime Finanzrat des Erbgroßherzogs von Mecklenburg. In Goethes Tagebuch heißt es zum selben Tag: »Abends Thee bey mir, mehrere Damen, auch Dr. Prosch, der sich als einen Kunstfreund angekündigt hatte. Professor Riemer. Fräulein Adele erzählte von ihrer Reise und Sommerstudien.«[35]

Am 11. April 1828 schrieb Goethe an Johann Georg Lenz (1748–1832), Professor in Jena und als Mineraloge Aufseher des Kunst- und Naturalienkabinetts:[36]

> Ew Wohlgeb.
> beigehendes Mitgetheilte hierdurch zurücksendend vermelde zugleich, daß ich das unsrer Bibliothek zugedachte Werk in Empfang zu nehmen den Frankfurter Buchhändler Herrn Jügel autorisirt habe.
> Mich an der fortdauernden Vermehrung unsers durch Ihre große Aufmerksamkeit und Thätigkeit so hoch gestellten Museums höchlich erfreuend, gute Gesundheit und fortdauerndes Glück wünsche⟨nd⟩.
>
> ergebenst
> JWvGoethe
>
> Weimar den 11. April 1828.

Lenz vermerkte am Fuß der Seite: »accepi d. 12. April« und montierte rechts oben das Siegel des Umschlags. Am selben Tag bestellte Goethe bei

---

35 WA III 11, S. 282f.

36 Hs. FDH 30207. Schreiberhand mit eigenhändiger Unterschrift und der Formel: »ergebenst«. Oben rechts Goethes Siegelabdruck aufgeklebt. Vgl. WA IV 44, S. 63, Nr. 49.

Jügel: ›Précis de Minéralogie moderne, par J. O. Desnos. Deux volumes, avec planches, grand an 32‹ sowie zwei Exemplare von ›Recueil des Travaux de la Société des Sciences, de l'Agriculture et des Arts de Lille, pour l'année 1826‹, wovon er am 7. Mai ein Exemplar an Lenz weiterschickte, wie er im Tagebuch vermerkte: »Packet an Lenz, von der Societät von Lille«;[37] am selben Tag begann er mit der Lektüre der »encyclopädischen Mineralogie von Desnos«, die er am nächsten Tag fortsetzte und schon am 9. Mai »geendigt« hatte.[38]

Auch zur Sammlung der Goethe-Vertonungen gelang eine schöne Erwerbung, Marguerites Szene und Arie des Königs von Thule aus *Charles Gounods* (1818–1893) ›Faust‹:[39] Gounods Widmung auf dem vorderen Innenumschlag lautet:

> Je serais très heureux d'apprendre que Mademoiselle Emma Romeldi a pu chanter la rôle de Marguerite Je sui charmé de l'intelligence, du sentiment, de la voix et de la physionomie de cette jeune artiste.

Auf der dritten Seite steht über dem Zwischenspiel: »(On ne doit pas supprimer cette seconde strophe au théatre Ch Gounod).« Er hatte sich schon 1859 bei der Uraufführung über »Striche« geärgert.[40]

Goethes Schwager *Johann Georg Schlosser* (1739–1799) schrieb am 16. August 1788 an Johann Christian Hermann; er bot dem Buchhändler die »Encyclopädie«, wohl die ›Encyclopédie ou Dictionnaire raisonné des sciences, des arts et des métiers‹ (Paris 1751–1765), zum Verkauf an und bestellte andere Bücher:[41]

> An Die berühmte Hermanische Buchhandlung in Frankfurt am Mayn.
> HochEdler
> Hochgeehrter Herr
> Ob ich gleich ziemlich an der Encyclop. verliere, so will ich mir doch den Preis von zwey Hundert Gulden gefallen lassen. Ich habe H. Haken nicht geschrieben wie wir einig geworden sind, aber da er doch eben ein Kistchen Bücher die er für mich ersteigert hatt, abschickt u. noch Plaz darin ist, so steht es bey Ihnen ob Sie ihm zur Ergänzung etwas mit

---

[37] WA III 11, S. 215.

[38] Ebd., S. 216.

[39] Hs. FDH 29598. Faust. Dramma lirico in 5 atti del Sig. Barbier e C⟨arré⟩. Musica del M.° C. Gounod. Riduzione con accomp.^to di Pianoforte. Milano, F. Lucca. – Italienische Ausgabe; der französische Originaltext ist mit Bleistift von unbekannter Hand in die Noten geschrieben.

[40] Vgl. Jahrb. FDH 2008, S. 418.

[41] Hs. FDH 29596.

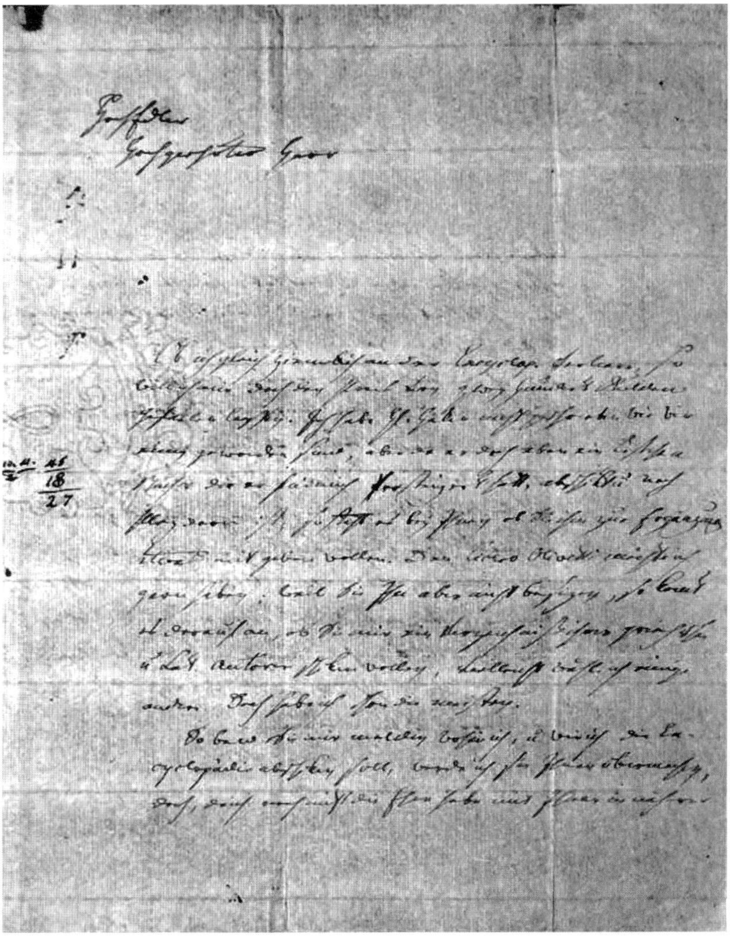

geben wollen. Den Cicero Olivetti möchte ich gern haben; weil Sie ihn aber nicht besizen, so kommt es darauf an, ob Sie mir ein Verzeichniß ihrer griechischen und Lat. Autoren schiken wollen, vielleicht wähle ich einige andere. Doch habe ich schon die meisten.
So bald Sie mir melden, wohin ich, u wie ich die Encyclopädie abschiken soll, werde ich sie Ihnen übermachen, doch, da ich noch nicht die Ehre habe mit Ihnen in nährer Bekanntschaft zu stehen, u über solche Sache, nicht gern öffter schreiben oder Streit haben möcht; so würde es mir sehr lieb seyn, wenn Sie ein Ihnen angenehmes Mittel vorschlagen wollten, wodurch ich versichert bin daß ich den Werth dafür erhalte, ohne weitere

Schwierigkeiten. Ein Werk von dem Jüngern H. Bröner, H. Banquier Willemer, Meinem Bruder etc würde genug seyn, und alsdann könnte ich mit Ihren Büchern wohl warten biß auf die Messe. Wollen Sie aber in Ermanglung eines Fuhrmanns, Ihre Bücher auf den Postweg geben, so übernehme ich, was der Überschuß des Transports kosten mag. – Arrangiren Sie das übrigens wie Sie wollen, und weisen Sie mich an, wie ichs mit der Encyclopädie machen soll. Ich erwarte baldige Gefällige antwort, u bin vollkommen

Ihr

ergebener

Schlosser

Carlsruh. d. 16^{tn} Aug. 1788.

Frau Marianne Bachfeld überlässt dem Hochstift – ein weiteres Mal – freundlicherweise eine von ihr bei Stargardt ersteigerte Handschrift als Dauerleihgabe: *Christiane Vulpius* (1765–1816, seit 1806 Goethes Frau) schrieb am 9. November (1803) an den Bremer Arzt Nikolaus Meyer (1775–1855):[42]

Lieber Freund
Heud ist Haußhalder bey uns angekommen und hat alles wo vonn Sie uns inn Ihren lieben Berif ablardirden richtig überbracht aber nun biedite ich Sie in Ihren nächsten Brife uns zu schreiben was es vor Weine sind daß ein fas mus ich gleich abziehen den es läßt.
Daß ein gemacht ist ser gut und diß gefässe werde ich zu Ihren andenken immer auf heben. Die rechun werden sie uns schon nächsten sicken und übergens sahe ich Ihm vor alles gude den wärmsten Dank
Die Brücken sind ser gud und ich weis schon da Sie sich vorstelen könn mit welgen abbediet ich sie verzehre da sie von Ihm köm. aus Ihren Brif sehe ich daß Sie sich doch auch mit dandzen noch ab geben da habe ich doch hofnung wen Sie zu uns ⟨kommen⟩ | auch wieder mit Ihm zu danzen. Es sind 2 Junge Leude bey den Teader hir die blos aus liebe zu der Kunst zu dem teader gegann sind und hir als schüller vom geheimen Raht bakannd sind weill er sie beyde kend und sie offt bey uns sind vom diessen beyden danzet einer ganz wie Sie nur noch mit mer leidenschaft Wen ich mit diessen danze so fliegen wir gleich sam den Sahl hin under ob ich glich Stärker werde so danze ich doch doch immer wie sonst. Ich habe mich bey Hauß halder nach Ihnen erkundig der saht mir daß Sie auch Stärker geworden wären. ich freue mich recht serh Sie ein mahl wieder zu sehen. Der Geheime Raht ist jzo in Jena ich bin mit August und sein Hofmeister alein aber immer so lustdich als sond wir haben offt geselschafft wo wir ser offt

42 Hs. FDH 29600.

von Ihme sprechen und sie alle balt zu uns in unsseren Zierkel wünschen bej dem täder hat sich vill verander daß läst sich aber alls nicht gud schreiben ⟨...⟩, Sie müssen daß alles selbst sehen. es kämd mir zwart noch ganz als ein Onmählichkeit vor aber es wird gutes seyn. Den Nächsten Mondag get Haußhalter von hier weg und wierd Ihnen die Mandolline fwas muß und Äpfel mit bringen was wier im unserm armen Weimar haben. kom ich ein mahl in ein See Bad so sollen sie mehr von mir haben jzo biedte ich nur für Wiemar damit vor lieb zu nehm Swäm hat dis Jar bey uns nith gehm. Vor dis mahl lebm Sie recht wohl und denken Sie zu weilen an jemand dr wie immer ist Ihre Freundin

C V

Weimar den 9 Nof.

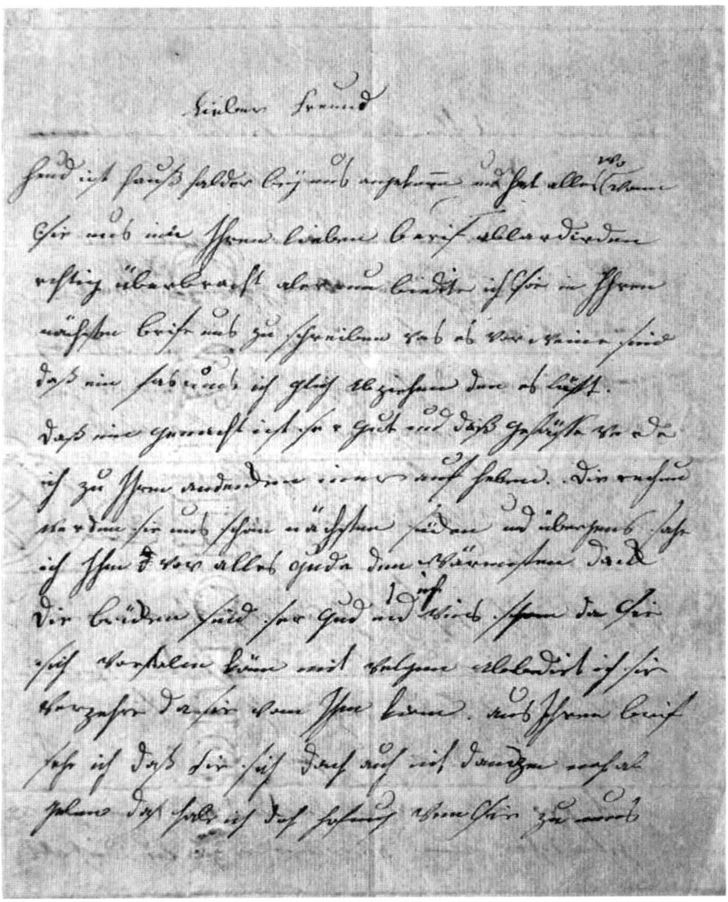

Die beiden erwähnten Schauspielschüler waren Pius Alexander Wolff (1782–1828) und Karl Franz Grüner (1780–1845), für beide verfasste Goethe seine ›Regeln für Schauspieler‹. Goethe kündigte in seinem Brief an Meyer schon am 6. September 1803 die »angeschaffte Mandoline« an.[43] Haushalter hieß der Fuhrmann; die »Brücken« bzw. Bricken sind Fische, um die Christiane Meyer im Brief vom 14. Oktober gebeten hatte.[44]

18. Jahrhundert

Mit drei Briefen von und an *Gottfried August Bürger* (1747–1794) wurde der Bestand seiner Korrespondenz im Hochstift erfreulich erweitert: Zwei Briefe Bürgers richten sich an einen Freund, den Studenten Johann Matthaeus Tesdorpf (1749–1824), der begüterter war als er selbst. Tesdorpf wurde später Bürgermeister von Lübeck. Im ersten Brief bittet Bürger in alttestamentarischem Sprachstil um Geld; der Brief stammt aus dem Jahr, in welchem Bürger seine Ballade ›Lenore‹ schrieb:[45]

> den 6ten May. 73.
>
> Geh hin gen Wehrs[46] an den Fleisch Scharn und Siehe! Da wirst Du angebunden finden Sechs Louisd'or, löse sie und führe sie zu mir. Und so Dich jemand fragen wird, so sprich: der Herr bedarf ihrer, und alsbald wird er sie Dir laßen. –
>
> Denn Siehe! Du Menschenkind, Farren haben mich umgeben und fette Ochsen halten mich umringet; und ich befahre, daß der Widersacher mich übergebe dem Richter, und der Richter überantworte mich dem Peiniger und ich werde geworfen in den Kerker, alwo wird seyn Heulen und Zähnklappen, von dannen ich nicht wieder heraus käme, bis ich den letzten Heller bezahle.
>
> Das Wort des Herrn geschah zu Bürger dem Sohn Gertraut, der Tochter Bauers als er lag Nachts auf seinem Bette, und sprach: Du Menschenkind, ich will fegen Deinen Beutel, wie man eine Tenne feget, und es soll derselbe leer seyn, wie eine Wasserblase, und soll derselbe liegen auf dem Söller unter der Bank und sollen darinn die Spinnen ihr Gewebe aufziehen und darinn herbergen allerley Gewürm das auf Erden kriecht.

---

[43] WA IV 16, S. 297.

[44] Vgl. Goethes Bremer Freund Dr. Nicolaus Meyer. Briefwechsel mit Goethe und dem Weimarer Kreise. Im Auftrage des Goethe- und Schiller-Archivs hrsg. von Hans Kasten, Bremen 1926, S. 113; der erworbene Brief ebd., S. 116f. Diese Edition ist überarbeitet; so heißt es statt »ablardirden« im Druck »schreiben«, statt »läßt« »läuft«, auch fehlen halbe Sätze.

[45] (Gelliehausen), 6. Mai 1773. Vgl. J. A. Stargardt, Berlin, Katalog 689, Nr. 31.

[46] Johann Thomas Ludwig Wehrs (1751–1811), Mitglied des Göttinger Hainbunds, später Theologe.

> Und Du Menschenkind, ich will Dir erwecken einen Widersacher von Abend, des Nahme genennet wird Habernickel, und er soll gegen Dich ausziehn mit den Reisigen des Processes und Dich ängstigen viele Tage lang. Und Du Menschenkind, wirst vielen Jammer haben, und wirst schreyen nach Gelde, wie der Hirsch schreyet nach frischem Wasser. Und zu der Zeit werden wenige kommen und Recht von dir kaufen. Denn Siehe! Der Lenz ist kommen und die Bäume haben Knoten gewonnen und der Sämann ist ausgegangen zu säen und kann nicht warten des Haders vor dem Gerichte.
> Und Du Menschenkind, zu dieser Zeit will ich Dir bescheeren Dreyßig Silberlinge und davon sollst Du leben in der theuren Zeit; und ich will für Dich das weitere ersehen nach diesem; und will Dich führen gen Mitternacht an das Meer in die Stadt, so da heißet Lübeck; und will Dir geben zum Weibe die reiche Tochter eines Crämers; und Du wirst empfahen viel Silber und Gold und Knechte und Mägde und wirst reich und mächtig werden vor Deinem Volck. Und Du wirst zeugen Söhne und Töchter, welche sollen auffliegen wie Adler zu der Sonnen und will ihnen geben lieblichen Gesang in ihre Kehlen, und die Kunst die Harfe zu spielen, gleichwie ich Dir gegeben habe. Und Du wirst viel Freude haben bis Du versammlet werdest zu Deinen Vätern.
> Und das Wort des Herrn geschah abermal zu mir und sprach: Du Menschenkind, schreib auf dieses Gesicht, und sende es gen Göttingen an Tesdorpf, aus der Stadt Lübeck so da lieget am Meer; und ich thät gleichwie der Mund des Herrn geboten hatte.[47]

Am 1. August 1777 sandte Bürger an »Herrn Secretär Tesdorpf« in Lübeck eine Subskriptionsanzeige seiner »Gedichte, gedruckte und ungedruckte, ⟨...⟩ mit neuerfundnen Kupfern und Vignetten von Chodowieky geziert«, die bei Dieterich in Göttingen erscheinen sollten, und schrieb darauf:

> Mit Recht, mein liebster Tesdorpf, erwartest Du wohl jezt ein mehrers, als blos dies gedruckte Bettelbrieflein. Aber ich bin dir alleweile viel zu merkantilisch, um zu längern freundschafftlichem Gekose aufgelegt und im Stande zu seyn. Alle Welt handelt und wuchert; warum also nicht auch ich mit meinen Versen. Trommle Du Deinem alten Freunde und Bruder brave Subscribenten zusammen. Sollst auch mein Herzens-Gold-Zucker Tesdörpfchen seyn. Die Waare, wie Du weißt, ist extrafein; und in der Lubeca illa herscht ja so viel Geschmack. Einliegende Brieflein,

[47] Vgl. Adolf Strodtmann (Hrsg.), Briefe von und an Gottfried August Bürger. Ein Beitrag zur Literaturgeschichte seiner Zeit. Aus dem Nachlasse Bürger's und anderen, meist handschriftlichen Quellen, 4 Bde., Berlin 1874, hier: Bd. I, Nr. 80, S. 112f. »Aus Tesdorpf's Nachlasse.«

die Du gütigst besorgen wirst, enthalten gleich Bitten. Nächstens solst Du von mir einen langen langen Brief haben. Behalt mich lieb!

Dein G A Bürger[48]

Auch im Brief von Bürgers Freund und Verleger Johann Christian Dieterich (1722–1800) geht es um Geld, das Bürger für eine Reise benötigte:

mein lieber Bürger
Du würst wohl wieder Sagen, und Dencken, der Dieterich gibt mir so lepperweise, daß geld, allein lieber Man, ich werde auf allen Ecken und orthen gerupft. Diese Woche erhilte abermals, und kamen meine Assignationen von Braemen zurück; mit der Nachricht, daß beyde Buchhändler Förster, und Crammer alda, auf eine Feinheit zu Sagen, aufgehöhrt haben, zu Zahlen, letzterer hat schon für einige Jahren accordirt, und mich um 300 r. gebracht, und jetzo ist er schon wieder Fertig. – Ferner liebster Freund glaube ich nach der übersicht nicht, daß ich dein Schuldener bin, und soll, so bald nur die Callender arbeith, und Verschikkung vorüber, die erste arbeith seyn, deine Rechnung zu Schließen, da mir selbst daran zu wißen gelegen ist, um zu Sehn wie wir mit ein ander Stehn, und solst Du keinen Pfennig ein büßen, da zu habe ich dich zu lieb. Sage mir doch, wie Viele gänse ich Von dir bekommen, wie Du von appenrode und gelgehausen hieher Zogst, diese habe noch nicht creditirt. 6 Centner Heu wohl, aber sonsten nichts, oder ist sonst noch etwaß so ich bekommen So melde es mich vorher, damit ich solches Creditiren kann, und ich Vergeßen hätte. Nach dem die Rechnung beschaffen seyn würd, solst du befriediget werden, und wegen dem Musenalmanach hast du künfftig mit meinem Sohn zu Schaffen, ich fand war und warhafftig seit einigen Jahren mein Conto nicht mehr dabey, bey der erstaunenden Menge, so ich Meß Zeitten zurück bekommen, und bey der menge Von Callendern, so alleweil herauß kommen, und der erste so herauß komt, öfters den VorZug in absatz gewint, woran die Herauß-Geber, doch die mehrste Schuld haben. Die mehrsten Liebhaber kauffen Jährlich einen, oder Verschenken an Ihr liebgen einen, und nehmen daher öffters den ersten so Sie bekommen können. Vieleicht ist mein Sohn glücklicher damit.
Hier Schicke ich dir 5. Stück Carolin so Du in Sachsen a 6. rth 4 Groschen, und unter wegens gar mit 8. Groschen auß geben Kanst, so viel sie mir auch Kosten, Dir habe ich diese mit a 6 rth Notirt. also 30 rth.

---

[48] Ort (Wöllmershausen) und Datum sind ausgedruckt. Vgl. Strodtmann, Bd. II, Nr. 365, S. 119f. – Die ›Gedichte‹ erschienen 1778 bei Dieterich mit acht Illustrationen Chodowieckis.

halte eine glückliche Reise, und gesunde Retour grüße Deine liebe Schwester, und Herrn Schwager, und glaube, daß ich lebenslang bin

Dein getreuer

J. C. Dieterich.[49]

den 3t 8br 1792

Friedrich (»Fritz«) von Stein (1772–1844), der jüngste Sohn der Charlotte von Stein, lebte seit 1783 als Ziehsohn Goethes zeitweise in dessen Gartenhaus. Aus der Jenaer Studienzeit stammt sein Billett an einen Unbekannten:[50]

Jena den 1 Aug 1792.

Mit vielem Dank sende ich Ihnen die mitgetheilten Akten zurück u bitte Sie wenn die Antwort des Redlich eingeht, mir auch dieße zu comuniciren. Zugleich lege ich das Zeitungsblatt bey welches Sie in Kochberg die Gefälligkeit hatten mir zu leihen, u empfehle mich Ihrem freundschaftlichen Andenken.

Fritz von Stein wurde zwei Jahre später von Herzog Carl August von Sachsen-Weimar und Eisenach zum Kammerassessor ernannt.

Unbekannt war bisher ein eigenwilliger Brief des Schriftstellers und Dichters *Johann Gottfried Seume* (1763–1810):[51]

Lieber Freund,

Ihr gütiges Anerbieten mich mit Sich zu Sich zu bugsieren ist von Ihnen sehr wacker; aber es liegt nicht in meiner Sinnesart so etwas anzunehmen. Wenn ich nur die Hälfte von dem festen Einkommen hätte, was ich hier verdiene, würde ich gar keinen Zweifel tragen: aber so –

– Suchen Sie nichts für mich auf. Je mehr Sie biethen können; desto weniger werde ich geneigt. Das ist nun so meine Schwachheit, die durch manche Erfahrung immer neue Stärke erhält. Ich esse gern eine Mahlzeit bey einem Freunde, so lang ich noch selbst eine habe; aber wenn ich keine mehr habe, bleibe ich trotzig zu Hause und esse Kartoffeln. Mögen Sie das psychologisch rechtfertigen oder verdammen; ich kann mir nicht helfen.

---

[49] Vgl. ebd., Bd. IV, Nr. 869, S. 216f.; Ulrich Joost (Hrsg.), Mein scharmantes Geldmännchen. Gottfried August Bürgers Briefwechsel mit seinem Verleger Dieterich, Göttingen 1988, S. 170f., Nr. 93.

[50] Hs. FDH 29597.

[51] Hs. FDH 30209. Erworben im Antiquariat Eberhard Köstler, Tutzing, Katalog ›Sommerwind‹, Juli 2008, Nr. 139, in Kommission für das Antiquariat Müller & Gräff, Stuttgart, aus Privatbesitz; früher schon bei: Fritz Eggert, Stuttgart, Katalog 123, Oktober 1978, Nr. 157, damals aus Privatbesitz von Unbekannt.

Viel zu arbeiten habe ich jetzt hier weder Zeit noch Lust.
Meinen Gruß an die Hausgenossen.
Der Himmel segne Sie alle.

Seume.

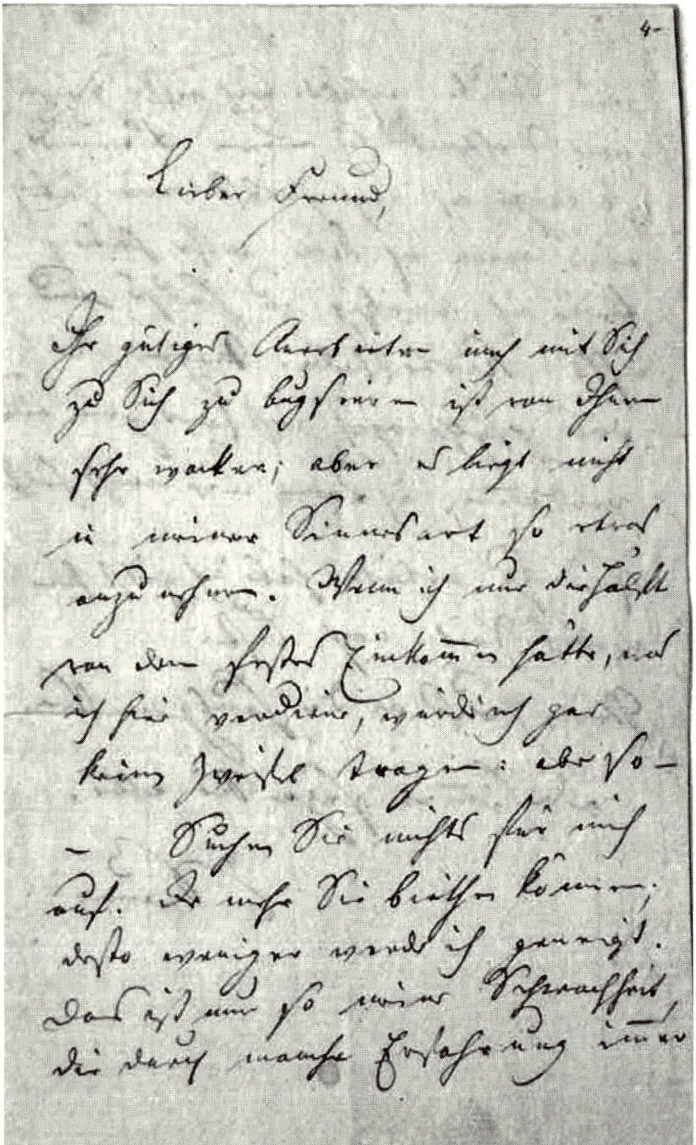
4

Lieber Freund,

Ihr gütiges Anerbieten mich mit sich
zu sich zu beziehen ist von Ihnen
sehr warm; aber es liegt nicht
in meiner Sinnesart so etwas
anzunehmen. Wenn ich nur die Hälfte
von dem festen Einkommen hätte, was
ich hier verdiene, würde ich gar
keinen Zweifel tragen: aber so –
– Suchen Sie nichts für mich
auf. Je mehr Sie bieten können,
desto weniger werde ich gereizt.
Das ist nun so meine Schwachheit
die durch manche Erfahrung immer

Der Seume-Spezialist Dirk Sangmeister hält Friedrich von Matthisson (1761–1831) für den möglichen Adressaten, dieser lebte von 1795 bis 1811 in Dessau als Lektor und Reise-Geschäftsführer der Fürstin Louise von Anhalt-Dessau; der Fürst schätzte Seumes Reiseberichte und nahm an seinem Schicksal Anteil.[52] Denkbar ist, dass sich Matthisson bei diesem für Seume einsetzen wollte, der – nach dem Tod seiner Mutter am 31. Dezember 1807 – Leipzig hätte verlassen können; Seumes Mutlosigkeit könnte auf seine späten Jahre hindeuten.

Romantik

Bettine von Arnim berichtete der Schriftstellerin Amalie von Helvig in einem ausführlichen Brief (15./22. Mai / 10., 16. und 24. Juni 1819) von ihrem Leben in Wiepersdorf.[53] Bettine hatte sie auf das Landgut eingeladen, musste aber auf die Gesellschaft verzichten, weil die Freundin »guter Hoffnung« war. Von ihrer genialischen Beschäftigung mit Musik und Lektüre gibt die folgende Passage eine Vorstellung:

> Meine Guittarre ist mit Spinnweben an die Wand festgenagelt, es giebt nicht zu singen gelesen hab ich mancherlei was Ihnen wohl schwehrlich je in die Hände fallen wird, in meinem Schlafzimmer liegen die Bücher hoch aufgehäuft, ich könnte mir hier reputation de femme lettrée erwerben wenn ich ein wenig ordnungsmässig zu Wercke ging, aber so komme ich auf tausenderlei Umwegen endlich bei mir selbst an, wenn ich so eine Reihe von Zwanzig Büchern durchgelesen habe von denen ich mir kaum die Tittel merke, etwas Metaphysik, etwas Poesie, etwas Roman, etwas Biographie, schwärmen wie die Bienen an einem Vormittag in meinem Kopf ⟨...⟩.

Über Byron, den sie auf englisch liest, hat sie eine Meinungsverschiedenheit mit Arnims Bruder Carl Otto, genannt Pitt:

> Alle gute Geister loben Gott den Herrn, aber nicht den Lord Byron, so lang der Teufel nicht in mich gefahren kann ich mich doch auch zu den guten rechnen; so wie die Schnecken in der Finsterkeit und Stille der Natur allmählich ihre Hörner herausstrecken um damit ein wenig die Schönheit der Umgegend zu genießen und Kenntnisse zu sammlen, also strecke ich auch die Fühlhörner meiner verrosteten in den Kinderjahren erworbnen Talente hervor, und berühre und betaste das zu nächst lie-

---

[52] Vgl. Johann Gottfried Seume, Briefe, hrsg. von Jörg Drews und Dirk Sangmeister unter Mitarbeit von Inge Stephan, Frankfurt am Main 2002, S. 548 und 1096. Ferner: Dirk Sangmeister an Renate Moering, E-Mail 24. 10. 2008.

[53] Hs. FDH 30210.

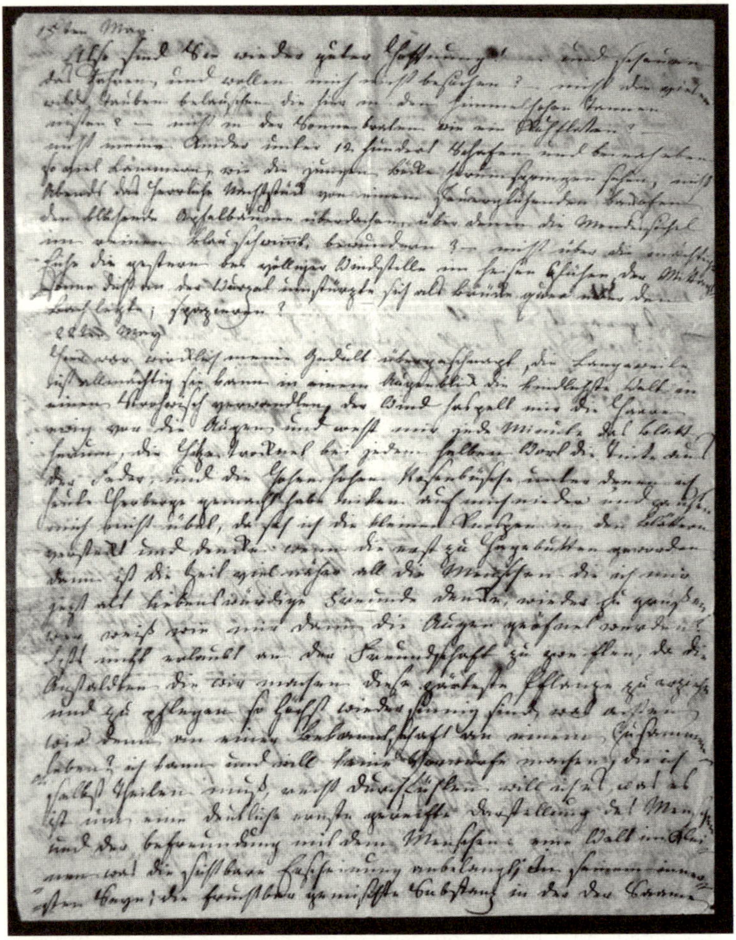

gende, so hab ich viel englisch gelesen, und bewundert daß es sich noch so ziemlich in der Rumpelkammer meines Gehirns zusammengefunden hat, der Manfred kann einmal keine Gnade vor mir finden; er ist das resultat seiner ziemlich dünnen Empfindungen der Natur, auf einer Schweizerreiße; Pitt ist auf meiner Gegenparthei und lobt ihn recht freventlich, denn er weiß nichts vom Hauptinhalt des Stücks daß nehmlich Manfreds Verzweiflung von der Blutschande herrührt die er mit seiner Schwester getrieben aber so weiß der Regimentsfahnenträger, und der Tambur, oft auch nicht zu welchem Entzweck er den Enthusiasmus hinter sich aufbläht und auftrommelt, Byron ist ein <u>Genie</u>, ein <u>Kurrentgenie</u>, der Himmel an dem er schwebt, ist von vielen die keinen bessern ahnden erkannt aber nicht erreicht ‹...›.

Renate Moering

Bibliothek

Die Bibliothek wuchs 2008 um 786 Bände und Medieneinheiten; 366 wurden gekauft, der Rest kam als Beleg, im Schriftentausch oder als Geschenk ins Haus (vgl. die Spenderliste am Ende des Berichts). Auch in diesem Jahr wurden wieder erfreuliche Fortschritte bei der Rekonstruktion der Bibliothek Johann Caspar Goethes erzielt. Insgesamt acht Titel konnten 2008 erworben werden und wieder ist der Erwerb der Bücher einer zweckgebundenen privaten Spende zu danken, die es uns erlaubt, die Rekonstruktion der Bibliothek Johann Caspar Goethes voranzubringen.

1. Das vielseitige wissenschaftliche Interesse von Johann Caspar Goethe lässt sich an seiner Bibliothek im Großen Hirschgraben ablesen. Auch medizinische Schriften finden sich unter den Büchern, die allerdings weniger auf ein wissenschaftliches Erkenntnisinteresse schließen lassen, sondern vielmehr dokumentieren, dass Goethes Vater sich bei dem Versuch, die Gesundheit der Familie zu erhalten, um praktische Lebenshilfe bemühte. Zu den bedeutendsten Neuanschaffungen des Jahres 2008 gehört daher das seltene medizinische Werk: ›Newe Außgerüste Deütsche Apoteck Darinnen Aller fürnemsten, und gebräuchlichsten Einfachen Artzneyen, als Kräutter, Gewürtz, Mineralien, etc. Natur und vermögen ‹...› Erstlich durch den Wolgelehrten Herren M. Gualtherum Ryff, Argent. Medicum beschriben. Jetzund aber auff das New, mit möglichem fleiß, ubersehen, verbessert ‹...› Durch Nicolaum Agerium der Artzney Doctorn und Medicum zu Straßburg‹ (Straßburg: Zetzner 1602). Mit dem Buch konnte eine lang beklagte Lücke in der Bibliothek von Goethes Vater geschlossen werden. Bislang fehlten der Bibliothek die finanziellen Mittel, das seltene und von Sammlern gesuchte Buch zu erwerben. Der Preis war bereits zweimal so hoch gewesen, dass sich die Bibliothek schon mit einem Verzicht abgefunden hatte. Nun ergab sich bei Hartung & Hartung in München doch noch eine Gelegenheit, das Werk günstig zu erwerben, da der Einband nicht mehr original war (der alte Pergamenteinband dient allerdings als Deckelbesatz) und die Seiten teilweise gebräunt. Der Text ist jedoch vollständig erhalten, ebenso die kolorierten Holzschnitte, so dass sich die Anschaffung lohnte. Ein schöner Zufall wollte es, dass Dr. Bernhard Beutler, ein Neffe des einstigen Hochstiftsdirektors Ernst Beutler, der mit der planmäßigen Rekonstruktion der Vaterbibliothek im Jahr 1937 begann, das schöne Buch für das Freie Deutsche Hochstift ersteigern konnte.

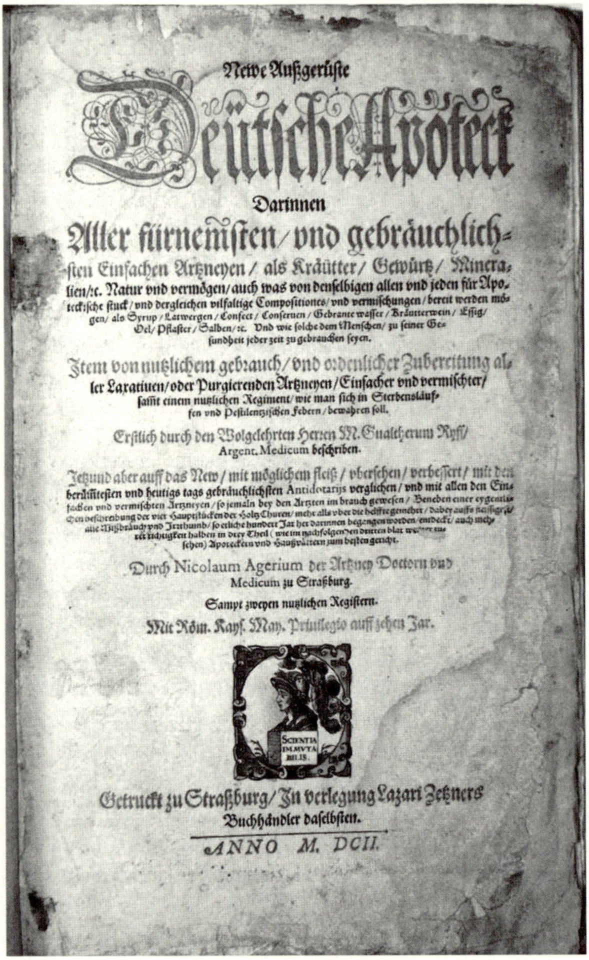
Newe Außgerüste
Deütsche Apoteck
Darinnen
Aller fürnemisten/ vnd gebräuchlichsten Einfachen Artzneyen/ als Kräutter/ Gewürtz/ Mineralien/ etc. Natur vnd vermögen/ auch was von denselbigen allen vnd jeden für Apoteckische stuck/ vnd dergleichen vilfaltige Compositiones/ vnd vermischungen/ bereit werden mögen/ als Syrup/ Latwergen/ Confect/ Conserven/ Gebrante wasser/ Kräutterwein/ Essig/ Oel/ Pflaster/ Salben/ etc. Vnd wie solche dem Menschen/ zu seiner Gesundheit jeder zeit zu gebrauchen seyen.
Item von nutzlichem gebrauch/ vnd ordenlicher Zubereitung aller Laxatiuen/ oder Purgierenden Artzneyen/ Einfacher vnd vermischter/ sampt einem nutzlichen Regiment/ wie man sich in Sterbensläuffen vnd Pestilentzischen Febern/ bewahren soll.
Erstlich durch den Wolgelehrten Herren M. Gualtherum Ryff/ Argent. Medicum beschriben.
Jetzund aber auff das New/ mit möglichem fleiß/ vbersehen/ verbessert/ mit den berühmtesten vnd heutigs tags gebräuchlichsten Antidotariis verglichen/ vnd mit allen den Einfachen vnd vermischten Artzneyen/ so jemaln bey den Artzten im brauch gewesen/
Durch Nicolaum Agerium der Artzney Doctorn vnd Medicum zu Straßburg.
Sampt zweyen nutzlichen Registern.
Mit Röm. Kays. May. Privilegio auff zehen Jar.
SCIENTIA IMMVTABILIS.
Getruckt zu Straßburg/ In verlegung Lazari Zetzners Buchhändler daselbsten.
ANNO M. DCII.

Autor des Buches ist Walther Hermann Ryff (um 1500–1548; auch: Reif, Ryf, Rivius), der ein besonders fleißiger Herausgeber, Bearbeiter und Verfasser medizinischer und mathematischer Schriften war. Durch den bekannten Humanisten, Mediziner und Botaniker Otto Brunfels (1488–1534) war Ryff zur Pharmazie und Medizin gekommen. 1533 ließ er sich in Basel immatrikulieren, danach bereiste er u. a. die Schweiz und Deutschland, wo er botanische und pharmazeutische Kenntnisse und Erfahrungen sammelte. Ab 1540 betätigte sich Ryff als sehr umtriebiger und fleißiger Herausgeber, Bearbeiter und Übersetzer von Schriften zur Medizin, Pharmakologie und

Architektur. In nur acht Jahren gab er mehr als dreißig Bücher zum Druck, die in insgesamt über einhundert Auflagen Verbreitung fanden. Wahrscheinlich kam er Anfang 1544 nach Frankfurt am Main, von wo aus ihn sein Weg weiter nach Mainz und schließlich über Kulmbach nach Würzburg führte. In der vornehmen, gelehrt lateinischen Res publica literaria der frühen Neuzeit besaß Ryff allerdings einen schlechten Ruf. Er galt allgemein als Plagiator, der die Schriften anderer übersetzte und sie dann als seine eigenen herausgab. Im ›Allgemeinen Gelehrten-Lexicon‹ von 1751 wird er deshalb als »der unverschämteste Plagiarius« bezeichnet, der »sehr viel Bücher 〈...〉 unter prächtigen Titeln« herausgäbe, »die iedoch wenig Hochachtung« erlangten.[54] Offenbar störten sich die Gelehrten seiner Zeit daran, dass Ryff bemüht war, in seinen Schriften die verschiedensten Wissensgebiete in volkstümlicher Art darzustellen und in deutscher Sprache zu verfassen, so dass seine Bücher, »gedruckt von meist sehr geschäftstüchtigen Verlegern, sowohl bei Laien als in gewissen Ärztekreisen weiteste Verbreitung fanden«. Sie gaben den Kranken jedenfalls die Möglichkeit zur Eigenbehandlung. In der Forschungsliteratur sieht man ihn heute als einen Vermittler, »der die enorme Kluft zwischen gelehrter Theorie und der nicht selten dilettantischen, schädlichen und obendrein auch noch betrügerischen Medizinalpraxis zu überwinden suchte«.[55] Auch das nun neu erworbene Buch gehört in die Reihe der volkssprachlichen, auch für den Laien bestimmten Arzneibücher, um die sich Ryff verdient gemacht hat. Es handelt sich um die von dem Arzt und Botaniker Nicolas Ager (1568–1634; auch: Agerius) überarbeitete und erweiterte Ausgabe von Ryffs erstmals 1573 unter dem Titel ›Reformierte Deütsche Apoteck‹ erschienenem Kräuterbuch, das mit 166 kolorierten Textholzschnitten von David Kandel (um 1520–um 1590) in Straßburg gedruckt worden war. Man nimmt an, dass der Herausgeber das Werk aus dem nachgelassenen Material Ryffs und dessen bis dahin erschienenen Schriften zusammengestellt hat. In der Vorrede des Buchhändlers Lazarus Zetzner heißt es jedenfalls: »Weil aber dieselbig 〈Ryffs Buch〉 nunmehr gar abgangen, und ein unbillichkeit were solche nutzliche Bücher, der Posteritet nicht weiter zu communiciren und fort zupflantzen, Als hat der Ehrenvest Hochgelehrt Herr Niclaus Agerius der Artzney Doctor nicht allein mit vilen newen compositionibus und vermischten Artzneyen dasselb vermehret, sonder auch das gantze Werck, in ein richtigern Methodum disponirt, und mit sonderm fleiß in gute richtige Ordnung, gebracht und

[54] Allgemeines Gelehrten-Lexicon 〈...〉, hrsg. von Christian Gottlieb Jöcher, 3. Teil, Leipzig 1751 (Nachdruck Hildesheim 1961), Sp. 2129f.

[55] Ludger Grenzmann, Traumbuch Artemidori. Zur Tradition der ersten Übersetzung ins Deutsche durch W. H. Ryff, Göttingen 1973, S. 11.

gefertigt, daß es wol und mit gutem rechten eine Newe Teutsche außgerüste Apotecke genannt sein und heissen mag.«

144 Der Reformierten

Von Seeblumen. Cap. xlvij.

Namen der Seeblumen/ und derselbigen erklärung.

Weiß Seeblumen. Gäl Seeblumen.

DIeweil beide schöne Blumen die gelb und weiß Seeblumen fast gemein/ auch durch jhr wunderbarliche wachsung/ deßgleichen underscheids halb anderer Wasserkreutter/ mit welchen sie nicht leichtlich hetten mögen vertauschet werden/ haben sie jhren rechten namen noch bißher erhalten bey den alten Griechischen ärtzten/ welche sie Nympheam geneñet haben. Daher auch unsere ärtzet und Apotecker den verbrochnen namen Nenuphar her genommen haben. Von den Teutschen werden sie gelbe und weisse Seeblumen genant/ darumb daß sie allein in tieffen mosigen Seen/ Weyhern unnd Wasserwogen wachsend. Die wurtzel würt von disen beiden gewechßen/ sampt der blumen so man im Brachmonat samlen soll/ zu der artzney im Herbstmonat sampt andern gebreuchlichen wurtzlen auß gegraben/ nutzlichen behalten und auff gedörrt/ rc.

Natur oder qualitet der Seeblumen.

SEeblumen Gäl und Weiß/ wurtzel/ blum und kraut seind kalter und feuchter Complexion/ kalt im dritten und feucht im andern grad. Die wurtzel aber unnd der samen seind kalt und trucken. Etlich wöllen die wurtzel auch der gelben sampt dem samen sey druckender natur: mögen beyder wurtzel unnd blumen fast nutzlich jnnerhalb unnd ausserhalb/ im leib gebraucht werden/ unnd kostbarliche Apoteckische stuck/ daruon bereidt/ wie du volgends gnugsamlich hören würst.

Krafft/

Die schönen farbigen Holzschnitte im ersten Teil gehen auf Kandels Illustrationen zu dem berühmten ›Kreütter Buch‹ (1546) des bekannten Botanikers Hieronymus Bock (1498–1554) zurück, das bei Rihel in Straßburg erschienen war. Wie der Untertitel von Ryffs Buch anschaulich beschreibt, sollte die ›Hausapotheke‹ alle »fürnemsten, und gebräuchlichsten Einfachen Artzneyen, als Kräutter, Gewürtz, Mineralien« enthalten, und auch »was von denselbigen allen und jeden für Apoteckische stuck, und dergleichen vilfaltige Compositiones, und vermischungen, bereit werden mögen, als Syrup, Latwergen, Confect, Conserven, Gebrante wasser, Kräutterwein, Essig, Oel, Pflaster, Salben, &c. Und wie solche dem Menschen, zu seiner Gesundheit jeder zeit zu gebrauchen seyen. Item von nutzlichem gebrauch, und ordenlicher Zubereitung aller Laxativen, oder Purgierenden Artzneyen 〈...〉; sammt einem nutzlichen Regiment, wie man sich in Sterbensläuffen und Pestilentzischen Febern, bewahren soll.« Dass ein Arzneibuch, wie das nun erworbene, in der Bibliothek von Goethes Vater vorhanden war, bezeugt sein volksmedizinisches Interesse. Denn Ryffs ›Deütsche Apoteck‹ war kein reines Arzneibuch, sondern bietet auch Rezepte für Sirup, Kräuterpulver, Öle und Getränke. Viel ist von »Latwergen« die Rede, auch »Electuarium« genannt, einer breiförmigen Arznei aus pulverisierten Drogen und Gewürzen, die mit Honig und Wein vermischt wurden. Dem Lob des Weines als einer »herzlichen, köstlichen Artzney« folgt allerdings die Warnung: »Dieweil wir aber so gantz undanckbar seind solche reichliche Gaab zu niessen, hat d'gütig Allmechtig Gott zu einer straff sollichem köstlichen Tranck deß Weins, wann er unzimlich unn unordenlich (als leider jetzund die gröst ehr ist, voll zu sein) gebraucht unnd genützt würt, eben als vil schaden als nutzbarkeit zugeeignet. Dann durch das unzimlich, grausam und uberschwencklich sauffen, wie es jetzund im gemeinen brauch ist, würt die gantze Natur verderbet« (S. 547).

2. Eine anregende Lektüre verspricht auch der Titel einer anderen Neuerwerbung: ›Angenehmer Zeit-Vertreib welchen das liebliche Geschöpf Die Vögel, Auch ausser dem Fang in Ergründung deren Eigenschaften Zahmmachung oder anderer Abrichtung dem Menschen schaffen können; Mit vielen Anmerckungen versehen und mit schönen Kupffern gezieret Durch einen die erschaffenen Creaturen beschauenden Liebhaber. Nebst einem Anhang von der Waidmanschaft‹ (Nürnberg bey Peter Conrad Monath, 1716). Dabei handelt es sich um die dritte rechtmäßige Ausgabe eines vielbeachteten barocken Ornithologicums, das erstmals anonym 1702 in Quart erschienen war (da noch unter dem Titel: ›Unterricht, was mit dem lieblichen Geschöpff, denen Vögeln, auch ausser dem Fang, nur durch die Ergründung deren Eigenschafften und Zahmmachung, oder anderer Abrichtung, man sich vor Lust und Zeit-Vertreib machen könne. Gestellt durch den Hoch- und Wohlgebohrnen Herrn von P. 〈...〉 Freyherrn‹). Das Geheimnis der Autorschaft konnte erst in der vorliegenden dritten Ausgabe gelüftet werden, da dort die lange ›Dedicatio‹ auf Albrecht Karl Freiherr von Stockhorn und Starein zumindest die Initialen des Autors nennt: »F. A. v. P.«, hinter denen sich der Geheime Rat und Übersetzer Ferdinand Adam

Freiherr von Pernau (1660–1731) verbirgt. Dass der Autor im Titel nicht genannt wurde, dürfte wohl auch der Grund dafür gewesen sein, dass der Schreiber Johann Wilhelm Liebholdt (1740–1806) im handschriftlichen Versteigerungskatalog der Bibliothek von Goethes Vater aus dem Jahr 1794 den Titel nur ganz allgemein als »Abhandlungen von Vögeln. Mit vielen Kupfern. Nürnberg 1716« angibt. Die Angabe von Druckort und -jahr reichte jedoch aus, eine eindeutige Zuordnung vorzunehmen, denn im Jahr 1716 war von Pernaus Vogel-Buch das Standardwerk seiner Zeit.

Angenehmer
Zeit-Vertreib
welchen
das liebliche Geschöpf
Die
Vögel,
Auch ausser dem Fang / in
Ergründung deren Eigenschaf-
ten / Zahmmachung oder anderer
Abrichtung / dem Menschen schaffen
können;
Mit vielen Anmerckungen versehen/
und mit schönen Kupffern gezieret/
Durch einen die erschaffenen Crea-
turen beschauenden Liebhaber.
Nebst einem Anhang von der
Waidmanschaft.
Nürnberg /
bey Peter Conrad Monath. 1716.

Ferdinand Adam von Pernau wurde 1660 in Steinach am Brenner (Tirol) geboren, studierte an der Universität Altdorf bei Nürnberg und bereiste in der Folgezeit Italien, Frankreich und Holland, bevor er 1690 als Geheimer Rat in die Dienste Albrecht III., Herzog von Sachsen-Coburg, trat. Dort lernte er auch den Fürstlich-Sächsisch-Gothaischen Rat und Amtmann Georg Paul Hönn (1662–1747) kennen, der wie er wegen seines evangelischen Glaubens aus dem katholischen Österreich vertrieben worden war. Gemeinsam mit Hönn, der das berühmte ›Betrugs-Lexikon‹ verfasst hatte, das eine bedeutende Rolle im Goetheschen Vaterhaus spielte, gehörte Freiherr von Pernau zum Kreis der Pietisten in Coburg. Auf dem Gebiet der Ornithologie hat er sich bleibende Verdienste erworben. Bis heute gilt er der Fachwelt als der eigentliche Begründer wissenschaftlich betriebener biologischer Vogelforschung. Noch bevor er 1704 Schloss Rosenau bei Coburg als Sommersitz und Studienort für seine vogelkundlichen Forschungen erwarb, publizierte er 1702 das nun erworbene Buch in erster Auflage, in dem er seine ›realen‹ und keineswegs – wie damals üblich – ›idealisierten‹ Naturbeobachtungen schilderte. Interessant daran ist, dass sich in von Pernaus Forschungen Ideen der Aufklärung mit pietistischem Gedankengut mischen, er also einerseits mikroskopisch genaue Naturbetrachtungen vornimmt, andererseits jedoch die Rückkehr zur Natur als Gegenbewegung zu den von ihm verdammten Eitelkeiten und Lastern der Zeit bezeichnet. So vertrat er die pädagogische Ansicht, dass die gründliche Beobachtung der Natur ein gutes Mittel für die Erziehung von Kindern sei, weil sie eine befriedende Wirkung auf die aggressiven und banalen Tendenzen der Zeit habe. Wie der Titel des Buches bereits ankündigt, ging es von Pernau dabei vor allem um die »Zahmmachung« dieser »lieblichen Geschöpffe GOttes« und nicht um deren Jagd, die unter seinen damaligen Standesgenossen sehr beliebt war. Das vorliegende Buch, das in Goethes Elternhaus vorhanden war, wurde bis zum Ende des 18. Jahrhunderts unverändert nachgedruckt. Den Hauptteil des ›Zeit-Vertreibs‹ nehmen die teils sehr umfangreichen Beschreibungen verschiedener Vogelarten und ihrer Besonderheiten ein (S. 28–318). Zuvor wird die Lebensweise der Vögel im Allgemeinen beschrieben. Als Anhang beigefügt war der Ausgabe Wolf Helmhard Freiherr von Hohbergs (1612 bis 1688) Buch ›Waidmannschafft Durchs gantze Jahr‹. Der Band ist mit reizvollen Kupfern versehen, die überwiegend Zubehör zum Vogelfang zeigen. Zu einer Zeit, als man in Mitteleuropa noch daran glaubte, dass Vögel Winterschlaf halten, äußerte von Pernau schon die heute wissenschaftlich belegte Vermutung, dass die Vögel »durch einen verborgenen Zug zur rechten Zeit« dazu getrieben werden, im Winter gen Süden zu ziehen und nicht allein durch Kälte und Hunger. Dass von Pernau mit seiner sehr differenzierten und auf genauer Beobachtung fußenden vogelkundlichen Verhaltensforschung seiner Zeit weit voraus war, zeigte sich im 20. Jahrhundert, als ihn der Ornithologe Erwin Stresemann und später Konrad Lorenz wiederentdeckten.

3. Für die Abteilung der Francofurtensien in der Bibliothek Johann Caspar Goethes konnten gleich mehrere wichtige Bände angeschafft werden. Mit dem Ankauf des aus dem Geburtsjahr des Sohnes stammenden, seltenen und schönen Bändchens ›Einige Besonders zu sehende Merckwürdigkeiten des Heil. Röm. Reichs Wahl- und Handels-Stadt Franckfurt am Mayn‹ (Franckfurt am Mayn: Wolffgang Christoph Multzen 1749) konnte einer der ersten Reiseführer zu den Sehenswürdigkeiten Frankfurts erworben

werden. Er war für die Besucher der Mainstadt von besonderem Interesse, weil er auch die Gasthäuser, die reitenden und fahrenden Posten sowie die Ankunft und den Abgang der Marktschiffe verzeichnet. Von dem schmalen Bändchen, das zum Bestand der Bibliothek von Goethes Vater gehörte, haben sich nur ganz wenige Exemplare erhalten, wie Bernhard Müller in einem Nachdruck der seltenen Schrift im Jahr 1928 schreibt.[56] Umso schöner ist es nun, dass neben der Frankfurter Universitätsbibliothek und dem Historischen Museum jetzt auch die Bibliothek des Freien Deutschen Hochstifts ein Exemplar besitzt. Dass das schmale Bändchen nur 24 Seiten umfasst, verdankt sich wohl auch der Tatsache, dass Frankfurt damals seinen Besuchern nicht viele bedeutende Kunstwerke als Sehenswürdigkeiten zu bieten hatte. Die ›Goldene Bulle‹, der Römer mit dem Kurfürstenzimmer und dem großen Saal, »worauf die Kayser, nach geschehener Crönung, nebst den Chur- und Fürsten, zu speisen, auch die Huldigungen daselbst von einem Hoch-Edlen-Rath abzunehmen pflegen« (S. 7f.), sowie die Stadtbibliothek, die »alle Mittwoch und Sonnabend von 10–12 Uhr« (S. 18) geöffnet hatte, sind die »Besonders zu sehenden Merckwürdigkeiten«, die in dem Bändchen beschrieben werden. Reisenden, die dort besondere Bücher, das »Barckhausische Müntz-Cabinet« oder das berühmte »Englische Monument« sehen wollten, das dem Rat der Stadt 1559 von Engländern, die ihres Glaubens wegen verfolgt in Frankfurt Schutz fanden, aus Dankbarkeit geschenkt worden war, wurde jedoch empfohlen, sich zuvor »bey dem jetzigen Bibliothecario Dr. Kneusel, am Bruckhoff in der Fahrgasse« (S. 18), anzumelden. Die Freude darüber, dieses seltene Bändchen nun endlich für die Bibliothek Johann Caspars erwerben zu können, wäre schon groß genug gewesen, wurde aber noch dadurch gesteigert, dass mit diesem Kauf – salopp formuliert – gleich fünf Fliegen mit einer Klappe geschlagen werden konnten. Dem für das Frankfurt zur Zeit von Goethes Geburt so bedeutenden Büchlein waren nämlich vier weitere Schriften zur Frankfurter Geschichte angebunden:

1. Beschreibung des gegenwärtigen Zustandes der Freien Reichs-Wahl und Handels-Stadt Franckfurt am Mayn, mitgetheilet von Johann Bernhard Müller, Franckfurt am Mayn: Johann Friedrich Fleischer 1747;

2. Johann Philipp Burggrave, De Aere Aquis & Locis Urbis Francofurtanae Ad Moenum Commentatio, Francofurti ad Moenum: Johann Benjamin Andrae 1751;

3. Ausführliche Prüfung und Beantwortung Der Schrifft Welche Herr Johann Philipp Fresenius ⟨...⟩ Unter dem Titel Abwiegung der Gründe Wel-

---

[56] Ein Führer durch die Sehenswürdigkeiten der Stadt Frankfurt am Main aus dem Jahre 1749. Mit einem Vorwort und Anmerkungen von Bernhard Müller, Frankfurt am Main 1928.

che Theils widerrathen theils anrathen Daß man denen Reformirten Eine Kirch in der Stadt Franckfurt erlauben solle, ⟨Frankfurt am Main⟩ 1751;

4. Johann Philipp Fresenius, Kirchen-Geschichte von denen Reformirten in Franckfurt am Mayn, worin derselben Ankunft, Aufnahm und Zuwachs, das Gesuch einer besondern Kirche in der Stadt und die darüber erhobene Streitigkeiten bis auf die itzige Zeit unpartheyisch vorgetragen werden, Franckfurt und Leipzig: Heinrich Ludwig Brönnern 1751.

Vor allem die Stadtbeschreibung des Juristen und Lokalhistorikers Johann Bernhard Müller (1715–1777), die ein anschauliches Bild der »Freien Reichs-Wahl und Handels-Stadt« im Jahr 1747, also zur Zeit von Goethes Geburt und Kindheit zeichnet, ist für unsere Bibliothek von besonderer Bedeutung. Zwar wird sie in Liebholdts Versteigerungsliste der Bibliothek nicht namentlich aufgeführt, doch ist gut vorstellbar, dass das interessante Buch unter den Werken zu finden war, die mit »1 Pakt Francofurtensia« bezeichnet sind. Das Besondere und für uns höchst Erfreuliche ist, dass in der seltenen, in wenigen deutschen Bibliotheken vorhandenen Schrift viele Frankfurter Persönlichkeiten und Bauten, die uns aus Goethes ›Dichtung und Wahrheit‹ vertraut sind, genannt und beschrieben werden. Der Stadt-Schultheiß Johann Wolfgang Textor ebenso wie »Herman Jacob Göthe« als Vertreter der dritten Bank des Hochansehnlichen Magistrats der Stadt (S. 95 ff.). Auch von »dem vortrefflichen Herrn Pfarrer Fresenius«, der Goethe taufte und seine Eltern traute, erfährt man, »was für ungemein grosse Gaben derselbe in Vortragung seiner Lehren besitze« (S. 165). Pfarrer Johann Jakob Starck, der Schwager von Goethes Mutter, wird als »ein treuer Diener Christi, ein redlicher, fleißiger und gelehrter Prediger« (S. 161 f.) beschrieben, der viele »zur wahren Gottesfurcht erwecket« habe. Catharina Elisabeth Goethe dachte allerdings nicht ganz so vorteilhaft über ihn, als sie 1780 der Herzogin Anna Amalia schrieb: »Wan ich Sontags immer so was hören könnte ⟨Herders Predigten⟩, würde mein Kirchengehen auch in beßerer Ordnung seyn, als leyder jetzt, da des Herrn Pfarrers Starcks seine Gemeinplätze, und Wieder-geburthen mein warmes Bett in keine Wege ersetzen«.[57] Eine gewisse Aktualität gewinnt Müllers gut 250 Jahre alte Beschreibung, wenn es etwa über den Römerberg heißt, es sei dort »sehr unordentlich und ungleich«. Trotz Müllers Kritik an den Frankfurter Architekten heißt es aber schließlich: »Die Häusser daselbst sind, wenn wir einige wenige davon ausnehmen, nicht viel besonders. Jedoch ohnerachtet ihres alten An-

[57] C. E. Goethe an die Herzogin Anna Amalia, Brief vom 15. 12. 1780, in: J. C. Goethe; C. Goethe; C. E. Goethe, Briefe aus dem Elternhaus, Zürich 1960 (Erster Ergänzungsband der Ausgabe: J. W. Goethe, Gedenkausgabe der Werke, Briefe und Gespräche), S. 486.

sehens und wenigen Bequemlichkeit, sind sie gleichwohl die kostbahresten, die man finden kann. Der kleineste Winckel bringet Geld in der Meß, und zur Zeit der Wahl und Crönung eines Kaysers gibt offt ein einiges Fenster hundert Ducaten um die Procession, Verrichtungen der Ertz-Aemter und andere Ceremonien mit anzusehen« (S. 26). Internationales Flair verströmte die Mainmetropole auch schon im Jahr 1747. Im schönen Kapitel ›Von den Gebräuchen, Sitten und Belustigungen in Franckfurt‹ liest man: »Es befindet sich allhier ein Zusammenfluß von verschiedenen Nationen, welche folglich die Art zu leben, auch unter den Franckfurtern selbst sehr unterschieden machen. Der alte Stamm der Francken, ist allhier mit Sachsen, Schweitzern, Brabändern, Holländern, Frantzosen, Italiänern, Juden und andern sehr vermischet worden« (S. 203). Besonders anschaulich ist auch die Schilderung der Stadt Frankfurt zur Zeit der Oster- und Herbstmesse und die Schilderung des »Pfeiffer-Gerichts« sowie das Kapitel ›Von der Kayserlichen Wahl in Franckfurt, und der Guldenen Bulle‹.

Das ebenfalls angebundene Buch von Johann Philipp Burggrave (1700 bis 1775) ist eine kulturhistorisch sehr interessante und äußerst seltene, in Latein verfasste Studie, die in drei Teilen, einem physikalischen, einem physiologischen und einem pathologisch-therapeutischen, eine medizinische Topographie und Statistik von Frankfurt enthält. Das Buch ist auch deshalb für uns von besonderem Interesse, weil Burggrave Kurmainzischer Leibarzt und, wie bereits sein Vater, Hausarzt der Familie Goethe am Großen Hirschgraben war. Johann Caspar Goethe besaß Burggraves Schrift ›Vom Geschäfte der Erzeugung‹ (Frankfurt am Main 1737) und es wäre möglich, dass sich auch dieses neu erworbene Buch im Auktionsverzeichnis unter den nicht namentlich angeführten »Francofurtensia« befand.

Die beiden Schriften des Frankfurter Theologen Johann Philipp Fresenius (1705–1761) sind wichtige Dokumente zum Frankfurter Kirchenstreit, den Goethes Vater sicher aufmerksam verfolgte. Die Reformierten wollten ihre Kirche hinter dem Großen Hirschgraben, zwischen Galgentor und Mainzer Pforte bauen. Eine Kupfertafel in Fresenius' ›Kirchen-Geschichte von denen Reformirten in Franckfurt am Mayn‹ zeigt den Grundriss dieses Bauvorhabens. Fresenius, ein lutherischer Theologe, war 1743 als Pfarrer nach Frankfurt am Main gekommen, wo er als Prediger und Seelsorger wirkte. Er wurde 1748 Senior des lutherischen Predigerministeriums, Konsistorialrat und Hauptprediger an der Barfüßerkirche. Goethe schreibt über ihn im 4. Buch von ›Dichtung und Wahrheit‹: »Der Senior des Ministeriums, Johann Philipp Fresenius, ⟨war⟩ ein sanfter Mann, von schönem gefälligen Ansehen, welcher von seiner Gemeinde, ja von der ganzen Stadt als ein exemplarischer Geistlicher und guter Kanzelredner verehrt ward, der aber, weil er gegen die Herrnhuter aufgetreten, bei den abgesonderten Frommen nicht im besten Ruf stand, vor der Menge hingegen sich durch die Bekehrung eines bis zum Tode blessierten freigeistischen Generals berühmt und gleichsam heilig gemacht hatte«.[58] Fresenius zählte zu den Vertretern einer gemäßigten Orthodoxie, war durch den Theologen und Pietisten August Hermann Francke (1663–1727) beeinflusst und, wie Goethe bemerkt, einer der eifrigsten und bedeutendsten Gegner der Herrnhuter Brüdergemeine. Johann Caspar Goethe besaß eine Reihe von Schriften des begnadeten Predigers, darunter auch die Sammlung ›Bewährte Nachrichten von den Herrnhutischen Sachen‹ (Frankfurt 1747f.) und ›Johann Philipp Fresenii, Evangelischen Predigers zu Sanct Peter in Franckfurt am Mayn, vorläufige Antwort, welche er denjenigen zu ertheilen pfleget, die ihn fragen, ob sie zu der Herrnhutischen Gemeine übergehen, oder in derselbigen bleiben sollen?‹ (Frankfurt 1745). Wie die beiden neu erworbenen Bücher zeigen, war er ein ebenso einflussreicher Gegner der Reformierten in Frankfurt am Main, die sich damals vergeblich um die Erlaubnis zum Bau von Kirchen bemühten. Seine ›Kirchen-Geschichte‹ war in Goethes Elternhaus nachweislich vorhanden und auch die andere kleine Schrift könnte, obwohl sie in Liebholdts Verzeichnis fehlt, zu den Werken gehören, die sich hinter der Angabe »Über die Kirchenstreitigkeiten in Franckfurt am Mayn« verbergen.

4. Auch das Werk von J⟨ohann⟩ A⟨dolf⟩ Stock, ›Kleine Franckfurther Chronick. In welcher das Denck- und Merckwürdigste, so sich vom Jahr 742 nach unsers Heylandes Geburt biß auf diese Zeit allhie zugetragen der Ordnung nach Enthalten‹ (Frankfurt am Main: Stock 1719) konnte 2008 erworben werden. Die umfangreiche Frankfurt-Chronik des Patriziers Achilles August von Lersner (1662–1732), die dieser »aus aufrichtiger Lieb vor Frankfurt« geschaffen hatte, um dem Mangel an einem gründlichen Geschichtswerk über seine Heimatstadt abzuhelfen, war 1706 erschienen, die Fortsetzung, mit umfangreichen Nachträgen aus dem Nachlass, hatte sein Sohn Georg August (1701–1749) 1734 herausgebracht. Goethes Vater besaß die umfassende Quellensammlung, mit der sich auch Goethe bereits als Kind beschäftigte, da er »besonders an dem damals noch vorherrschenden Altertümlichen das größte Vergnügen fand« und bemüht war, sich »durch die Lersnersche Chronik und durch andre unter meines Vaters Frankofurtensien befindliche Bücher und Hefte, die Personen vergangener Zeiten ⟨...⟩ zu vergegenwärtigen«.[59] Zu diesen Francofurtensien gehörte auch das Werk des Frankfurter Buchhändlers Johann Adolf Stock (1672–1729). Seine

---

[58] Johann Wolfgang Goethe, Gedenkausgabe der Werke, Briefe und Gespräche, hrsg. von Ernst Beutler, Zürich 1948, Bd. 10: Aus meinem Leben. Dichtung und Wahrheit, S. 159f. (künftig zitiert: GA).

[59] Ebd., S. 165.

›Kleine Franckfurther Chronick‹ von 1719 wollte eine kurzgefasste preiswerte Alternative zur Lersnerschen Chronik bieten. In Stocks Vorwort heißt es: »Unerwogen aber erwehntes Buch ist Jedermanns Kauff / sintemalen die wenigste so viel Geld / oder Zeit / ein grosses Buch anzuschaffen / oder zu durchlesen anwenden wollen; gleichwohl aber jedem Burger und Einwohner nicht weniger nütz- als ergözlich ist / von seinem Vatterland oder Wohn-Stadt einige Nachricht zu haben 〈...〉 damit man nicht ettwa von fremden und fernen Ländern und Städten zwar vieles / von seinem Vatterland aber wenig / oder nichtes / zu sagen wüste«.

5. Auch die Abteilung der juristischen Schriften von Goethes Vater konnte in diesem Jahr wieder erweitert werden. Es gelang, das Werk von Johann Jacob Lehmann ›Hugonis Grotii Belgarum Phoenicis manes ab iniquis obtrectationibus vindicati accedit scriptorum eius tum editorum tum ineditorum conspectus triple‹ (Delft 〈= Leipzig〉 1727) zu erwerben. Das Buch erschien anonym, wird aber dem Jenaer Professor Johann Jacob Lehmann (1683–1740) zugeschrieben. Der Band enthält eine ausführliche Bibliographie der Werke des berühmten Rechtsgelehrten Hugo Grotius (1583–1645) mit dem Zwischentitel ›Bibliotheca Hugonis Grotii scriptorum‹. Grotius war einer der bedeutendsten Gelehrten der holländischen Geistesgeschichte des 17. Jahrhunderts und gilt als Begründer des modernen Naturrechts sowie als Initiator des neuzeitlichen Völkerrechts. Kirchengeschichtlich bedeutsam waren seine theologischen und kirchenpolitischen Schriften, in denen er sich zuletzt um die Wiedervereinigung der Christen bemühte. 1601 zum Historiographen der niederländischen Generalstaaten ernannt, war Grotius als Rechtsanwalt (»Generaladvokat von Holland, Zeeland und Westfriesland«), später auch als Staatsanwalt und Diplomat tätig. Sein theologisches Hauptwerk ›De veritate religionis christianae‹ (Leiden 1622), das er als politischer Gefangener im Gefängnis von Schloss Loevestein verfasste, wurde zugleich sein größter schriftstellerischer Erfolg und erlebte 146 Auflagen. Goethes Vater besaß das Buch in einer Ausgabe von 1724. Auch Grotius' epochemachendes rechtswissenschaftliches Hauptwerk ›De jure belli ac pacis libri tres‹ (Paris 1625) war in der Bibliothek Johann Caspar Goethes vorhanden – sogar in zwei Ausgaben: einer aus dem Jahr 1672 und einer späteren von 1720, mit den Kommentaren und Anmerkungen J. F. Gronovius' (1611–1671) und J. Barbeyracs (1674–1744). Grotius gilt mit diesem Werk, das ihn mit einem Schlag in ganz Europa berühmt machte, als der eigentliche Begründer des modernen Natur- und Völkerrechts. Erstmals wurde hier ein übernationales und überkonfessionelles Völkerrecht geschaffen, das aus dem natürlichen Recht begründet und als allgemeine Rechtslehre formuliert ist. Als in Deutschland Ende des 17. Jahrhunderts die ersten Lehrstühle für das Naturrecht eingerichtet wurden, lernten die Studenten

bis zum Auftreten von Pufendorf fast ausnahmslos mit Grotius' Buch, das den ersten Versuch darstellte, »außerhalb der Kirche und der heiligen Schrift einen Rechtsgrundsatz aufzustellen und eine Rechtsgrundlage für Gesellschaft und Regierung zu schaffen«. Mit dem von ihm aufgestellten Prinzip eines unwandelbaren Rechts, das Gott ebenso wenig ändern kann wie ein mathematisches Axiom, hatte er erstmals ein Naturrecht formuliert und damit »die Begründung des Völkerrechts aus der Natur des Einzelmenschen als eines vernünftigen und geselligen Wesens«.[60] Angefügt war dem Buch auch das bereits 1609 erschienene Seerechts-Traktat ›De Mari libero‹, das am Großen Hirschgraben ebenfalls vorhanden war, und in dem Grotius die These von der Freiheit der Meere vertrat. Unter dem Eindruck der sein ganzes Leben begleitenden europäischen Religionskriege setzte er sich im Alter besonders für die Einigung der Christenheit ein. Mit seinen beiden Werken ›Annotationes in libros Evangeliorum‹ (Amsterdam 1641) und ›Annotata ad Vetus Testamentum‹ (Paris 1644) begründete er die konfessionsübergreifende historisch-philologische Methode der Schriftauslegung. Grotius gilt als Wegbereiter der Aufklärungstheologie. Dass auch Johann Wolfgang Goethe Grotius las und – zumindest im Alter – schätzte, geht aus einer Erwähnung in ›Dichtung und Wahrheit‹ hervor. Im Zusammenhang mit seinen frühen Studien der alten Sprachen lernte er den Rechtsgelehrten auch als Übersetzer zahlreicher Werke aus dem Lateinischen kennen und berichtet: »Ich las daher viel in dieser Sprache ⟨Latein⟩ mit großer Leichtigkeit, und durfte glauben die Autoren zu verstehen, weil mir am buchstäblichen Sinne nichts abging. Ja es verdroß mich gar sehr, als ich vernahm Grotius habe übermütig geäußert, er lese den Terenz anders als die Knaben. Glückliche Beschränkung der Jugend! ja der Menschen überhaupt, daß sie sich in jedem Augenblicke ihres Daseins für vollendet halten können, und weder nach Wahrem noch Falschem, weder nach Hohem noch Tiefem fragen, sondern bloß nach dem, was ihnen gemäß ist.«[61]

6. Ebenfalls in die juristische Abteilung der Bibliothek von Goethes Vater gehört das Buch von Henrik Brenkman (1681–1736), einem niederländischen Juristen, der sein Studium bei Jacob Gronovius in Leiden 1706 mit seiner Arbeit ›De legum inscriptionibus‹ abgeschlossen hatte. Das Buch hatte großen Eindruck gemacht und war in Abraham Wielings ›Jurisprudentia restituta‹ wiederabgedruckt worden. Schon früh dachte Brenkman daran, eine Palingenesie der Digesten zu erreichen, also zu versuchen, die klassischen Schriften römischer Rechtsgelehrter (›Corpus juris civilis‹) mit voll

[60] Friedrich Ueberweg, Grundriss der Geschichte der Philosophie, 12., völlig neu bearb. Aufl., Berlin 1924, Bd. 3, S. 116.

[61] GA 10, S. 264.

ausgeschriebenen Texten und einer Reihe von Abhandlungen über Studium, Kritik und Gebrauch von Inskriptionen, Stil u.ä. zu rekonstruieren. Dieser Gedanke war nicht neu. Schon 1632 hatte sich Jacobus Gothofredus (auch: Jacques Godefroy; 1587–1652), ein Jurist und Staatsmann aus Genf, der als einer der großen Texteditoren in die Rechtsgeschichte einging (seine Schrift ›De diversis regulis iuris antiqui, commentarius‹, Genevae 1653, konnte im vergangenen Jahr erworben werden; vgl. Jahrb. FDH 2008, S. 436), dafür eingesetzt. Doch Brenkman richtete sein Augenmerk auf die Herausgabe einer kritischen Ausgabe der Digesten und versuchte in umreichen Bibliotheksreisen, insbesondere durch Italien, dafür die Textgrundlage zu schaffen. So kollationierte er während seiner Italien-Reise den ›Codex Florentinus‹, die älteste, lange unter Verschluss gehaltene Handschrift der Digesten, die erstmals 1553 in einer berühmten Druckausgabe in Florenz publiziert worden war. Im Jahr 1722 edierte Brenkman seine einflussreiche ›Historia Pandectarum, seu Fatum Exemplaris Florentini. Accedit gemina dissertatio de Amalphi‹ (2 Tle. in 1 Bd., mit 2 eingefalt. Kupfertafeln, 1 gefalt. Textblatt u. 4 Textkupfern; Utrecht: vande Water, 1722), den ›Codex Florentinus‹. Diese sehr seltene Ausgabe, die der »gründliche, ja elegante«, aber nie praktizierende Jurist Johann Caspar Goethe in seiner Sammlung juristischer Werke besaß, konnte nun in einer sehr schönen Ausgabe in einem Pergamenteinband der Zeit ersteigert werden. Dieser Band belegt, dass Goethes Vater bemüht war, wichtige Werke der Rechtsgeschichte in seiner Bibliothek zu besitzen.

7. Die Abteilungen Theologie und Religionsgeschichte waren in der Bibliothek von Johann Caspar Goethe erstaunlich gut bestückt. Dabei interessierte er sich in besonderem Maße für einen Disput, der zur Zeit von Goethes Geburt die Geister erregte. Er galt der Frage, wie bzw. ob die Philosophie der Aufklärung mit dem Christentum vereinbar sei. So findet sich unter den Büchern in Goethes Elternhaus auch die Schrift ›Beweis der Wahrheit der christlichen Religion‹ (Göttingen und Bremen: Georg Ludewig Förster, 1768) des Göttinger Theologen Gottfried Less (1736–1797). Dieser hatte das Collegium Fridericianum in Königsberg besucht und danach mit dem Studium der Theologie in Jena begonnen, das er in Halle als Schüler von Siegmund Jakob Baumgarten (1706–1757) beendete, der ihn zum Pietismus hinleitete. Im Herbst 1763 wurde er als außerordentlicher Professor der Theologie und Universitätsprediger nach Göttingen berufen und 1765 zum ordentlichen Professor ernannt. Less war ein Vertreter der Aufklärungstheologie und versuchte mit Bezug auf die zeitgenössische praktische Philosophie eine lebensnahe Dogmatik zu schaffen, mit Ansätzen zu einer Sozialethik. Als akademischer Lehrer in Göttingen hatte er damit großen Erfolg. 1779 griff er in den Streit um die von Lessing herausgegebenen

›Fünf Fragmente eines Ungenannten‹ ein, die sich gegen offenbarungstheologische Dogmen wandten, und bekämpfte die in ihnen geübte Kritik an der Geschichte der Auferstehung Jesu (G. Less, Auferstehungsgeschichte nach allen vier Evangelisten nebst einem doppelten Anhange gegen die Wolfenbüttelschen Fragmente, Göttingen 1779). Auch in die durch Goethes Erfolgsroman ›Die Leiden des jungen Werthers‹ ausgelöste Debatte um die Selbsttötung griff Less mit seiner Schrift ›Vom Selbstmorde‹ (Göttingen 1776) ein. In ihr verurteilt er den Selbstmord aus christlicher Sicht entschieden, fordert aber zugleich eine verständnisvolle Haltung gegenüber der Situation von Selbstmördern ein. In dem neu erworbenen Band ›Beweis der Wahrheit der christlichen Religion‹ geht es ihm vor allem, wie er im ›Vorbericht‹ festhält, um »den historischen Beweis der Authenticität des Neuen Testaments und der Wunderwerke und Weissagungen Jesu«. Sein Buch sollte die Einwürfe der Gegner, besonders »Herrn von Voltaire«, als falsch erweisen und den »Unsinn ihrer Spöttereien in das helleste Licht« stellen. So kommt der Göttinger Theologe am Ende seiner gelehrten Abhandlung zu dem Schluss:

> »Alle übrige Religionen in der Welt sind demnach, entweder offenbahr falsch, oder zu ihrem Zweck unzulänglich: und so muß es also gar keine Religion geben; oder – die Religion der Christen ist diejenige, welche ein Vernünftiger mit Sicherheit und glücklichem Erfolg zur Richtschnur seines Glaubens und seines Lebens machen kan! Diese Religion: welche dem Verstand ein vollkommenes Genüge leistet, und ihn in allen den Dingen unterrichtet, die er, um ruhig und glücklich zu seyn, wissen muß: welche unsere sinnliche Vergnügungen recht reizend, vernünftig und dauerhaft machet: welche alle unsere Begierden in die richtigste Ordnung und schönste Harmonie bringet: welche uns so viele neue, reiche Quellen der anständigsten, erquickendsten Freuden eröfnet: und welche also nur allein das Privat- und bürgerliche Leben der Menschen recht heilsam und ergötzend machet!« (S. 629 f.)

8. Eine Neuerwerbung ganz anderer Art stellt ein schmales Bändchen dar, das vielleicht über Catharina Elisabeth Goethe den Weg in die Bibliothek Johann Caspar Goethes fand. Liebholdts Verzeichnis nennt als Titel nur ›Le Fat Puni‹ und es musste eine Weile gerätselt werden, bis das Werk als ein Theaterstück des französischen Komödiendichters und Staatsbeamten unter Louis XV., Antoine de Ferriol de Pont-de-Veyle (1697–1774), identifiziert werden konnte. Der vollständige Titel der kleinen und seltenen Broschur lautet: ›Le Fat Puni, Comédie, avec un Divertissement‹ (Paris 1738). Seine Erstaufführung erlebte die Komödie am 7. April 1738 in der Comédie-Française in Paris. Das im Haus Goethe vorhandene Theaterstück mit einem »Divertissement«, einer Folge von Tänzen, wie sie bei französischen Stücken im 17. und 18. Jahrhundert üblich waren, konnte nun in einem umfangrei-

cheren Band mit ›Pieces de Theatre‹ erworben werden. Darin eingebunden ist eine Reihe von weiteren französischen Schauspielen, die allerdings erst wesentlich später erschienen: M. Rochon de Chabannes, ›Les Valets maitres de la maison, Comédie en un Acte et en prose‹ (Avignon 1769); ›Les Jumeaux de Bergame, Comédie en un acte et en prose. Représentée, pour la premiere fois, par les Comédiens Italiens ordinaires du Roi, 6. Août 1782‹ (Paris 1782); ›Le Roi Lu, Parodie du roi lir ou léar. En un acte et en vers‹ (Paris 1783); ›Les Voyages de Rosine, Opéra-Comique en deux actes en Vaudevilles, Tiré d'un Conte de Piron‹ (Paris 1783); M. de la Harpe, ›Jeanne de Naples, Tragédie, en cinq actes et en vers‹ (Paris 1783) und M. de la Harpe, ›Philoctete, Tragédie, traduite du Grec de Sophocle, en trois actes et en vers‹ (Paris 1781). Die Komödie ›Le Fat Puni‹ könnte der junge Goethe auch im französischen Theater in der Nähe des Roßmarktes im Junghof gesehen haben, das der holländische Oberst Bender von Bienenthal 1756 für die französischen Truppen eingerichtet hatte, die Frankfurt besetzt hatten. Goethe besaß ja, wie wir aus ›Dichtung und Wahrheit‹ wissen, das Freibillett für das Theater von seinem Großvater, dem Stadtschultheißen Johann Wolfgang Textor und machte, »unter dem Beistand meiner Mutter«, täglich Gebrauch davon. Wenn er auch von den Komödien am wenigsten verstand, »weil sie geschwind gesprochen« wurden,[62] so hätte ihn vielleicht die abschließende Tanzeinlage entschädigt.

Mit besonderer Freude kann die Bibliothek vermelden, dass auch ihre Sammlung mit Erstdrucken und -ausgaben Johann Wolfgang Goethes eine schöne Bereicherung erfahren hat. Aus dem Auktionshandel in Berlin konnte die letzte von Goethe in den Druck gegebene Schrift erworben werden: Johann Wolfgang Goethe, Besprechung von: ›Principes de Philosophie Zoologique. Discutés en mars 1830 au sein de l'Académie Royale des Sciences par Mr. Geoffroy de Saint-Hilaire‹. Die Rezension erschien in zwei Teilen in den von Georg Wilhelm Friedrich Hegel (1770–1831) begründeten Berliner ›Jahrbüchern für wissenschaftliche Kritik‹ in Heft 52/53 vom September 1830 und in Heft 51–53 im März 1832, unmittelbar nach Goethes Tod. Auch wenn in den ›Jahrbüchern‹ vornehmlich Werke aus dem Bereich der Geisteswissenschaften gewürdigt wurden, konnten in dem Publikationsorgan, zu dessen Rezensenten bedeutende Autoren wie Carus, Feuerbach, Wilhelm von Humboldt und Varnhagen von Ense gehörten, auch allgemeinwissenschaftliche Texte publiziert werden. Hier handelt es sich nun um Goethes Betrachtungen über den Pariser Akademiestreit zwischen den Anatomen Étienne Geoffroy Saint-Hilaire (1772–1844) und Georges Cuvier (1769–1832). Goethe erwähnt diesen Streit erstmals am 7. Mai 1830

[62] Ebd., S. 103.

in seinem Tagebuch. Die Schrift Saint-Hilaires über den Akademiestreit, die er rezensiert, entlieh er am 21. Juli 1830 aus der Weimarer Bibliothek. An Karl Ludwig von Knebel schrieb er am 12. September: »Die Händel in der französischen Akademie zwischen Cuvier und Geoffroy de St. Hilaire haben mich aufgeregt und da ich, wegen der Soretischen Übersetzung meiner Metamorphose, mich ohnehin mit Ernst wieder ins Naturfach einlassen mußte, so fand ich mich auf halbem Weg und bereitete einen Aufsatz, der seine Wirkung, den Gegenstand ins klare zu setzen, nicht verfehlen möge.«[63] In seinem Aufsatz legt Goethe sein eigenes Verhältnis zur vergleichenden Anatomie und die Geschichte seiner anatomischen Studien dar und wiederholt auch noch einmal die Geschichte des Zwischenkiefers. Die Fortsetzung seines Beitrags ließ dann allerdings noch auf sich warten. Erst im Februar 1832, nach einigem »Zaudern«, wenige Wochen vor seinem Tod, schickte er das Manuskript des zweiten Abschnitts nach Berlin. An Varnhagen von Ense, den Herausgeber der Berliner ›Jahrbücher‹, schrieb er am 20. Februar 1832: »Sie wissen, wenn man sich zur Abreise anschickt, so finden sich am Ende mehr Schulden und Reste abzutun als man denken konnte. Gegenwärtiges soll auch nur vermelden: daß jene Betrachtungen über die naturhistorischen französischen Händel, fortgesetzt, mit der nächsten Fahrpost zu Ihnen abgehn«.[64] Offenbar lag ihm daran, seine letzte Abhandlung zur Morphologie noch gedruckt zu sehen. Denn in dem Pariser Streit ging es um ein für seine eigenen Studien zentrales Problem: die Frage nach dem Bauplan der Tiere. Während Geoffroy Saint-Hilaire der Meinung war, einen einzigen Typus für alle Tiere gefunden zu haben, ging Cuvier von vier Grundtypen aus (Wirbel-, Weich-, Strahlen- und Gliedertiere), die jeweils einen eigenen grundlegenden Bauplan besitzen. Goethe tendierte aufgrund seiner eigenen Studien zu der Ansicht Geoffroy Saint-Hilaires, notierte aber schließlich versöhnlich: »Sie haben beide recht, sobald sie nur einander gelten lassen«. Erfreulich, dass im Septemberheft 1830 der nur sehr selten im Antiquariatshandel angebotenen ›Jahrbücher‹ noch ein weiterer kleiner Goethe-Erstdruck enthalten ist: die Rezension ›Briefe eines Verstorbenen. Ein fragmentarisches Tagebuch aus England, Wales, Irland und Frankreich, geschrieben in den Jahren 1828 u. 1829‹.

Ganz besonders herzlich dankt die Bibliothek an dieser Stelle noch einmal Frau Amanda Kress, deren großzügige Spende den Erwerb aller Titel für die Bibliothek Johann Caspar Goethes ermöglichte und damit auch in die-

---

[63] GA 21, S. 928.
[64] Ebd., S. 1035.

sem Jahr Mittel für den Erwerb anderer Bücher des Altbestandes freisetzte. Aber auch allen anderen Spendern gilt unser aufrichtiger Dank:
Aisthesis-Verlag, Bielefeld; Arbeitsgemeinschaft Literarischer Gesellschaften und Gedenkstätten (ALG), Berlin; August von Goethe Literaturverlag, Frankfurt; Benedikt Press, Münsterschwarzach; Comitato del Museo Castello Scaligero-Malcesine; Dänische Bibliophilen-Gesellschaft, Kopenhagen; Deutsch-Italienische Vereinigung, Frankfurt am Main; Goethe-Gesellschaft Chemnitz e.V.; Goethe-Gesellschaft Weimar, Ortsvereinigung Sondershausen; Goethe-Society of India; Historisches Museum Frankfurt am Main; Kulturabteilung der Botschaft der Islamischen Republik Iran, Berlin; Landesamt für Denkmalpflege Hessen, Wiesbaden; LISUM, Landesinstitut für Schule und Medien, Berlin-Brandenburg; Muzeum w Raciborzu, Ratibor (Polen); Schloßmuseum Aschaffenburg; Schule Schloß Neubeuern; Verein Gotthelfstube Lützelflüh; Verlag Thelem, Dresden.
Clemens von Arnim, Prof. Dr. Anne Bohnenkamp-Renken, Dr. Jens Carstensen, Dr. Julia Chatzipanagioti-Sangmeister, Rose-Marie Gräfin Degenfeld, Dr. Nadeschda Dolganova, Volker Elis-Pilgrim, Dr. Clemens Engling, Dr. Ingeborg Ernesti, Elisabeth Franz, Prof. em. Dr. Dr. h.c. Klaus Garber, Prof. Dr. Rüdiger Görner, Frigga Götz, Hans Grüters, Frau Haag, Georg und Maria Hehner, Hartmut Heinze, Manfred P. Heuser, Doris Hopp, Jürgen Huck, Hermann Jacob, Kurt Kaiser, Katja Kaluga, Ute Kavulakian, Peter Kersche, Dr. Gerhard Kölsch, Margarethe Korzeniewicz, Dr. Frank Legel, Dr. Ingeborg von Lips, Mechthild Löwer, Dr. Petra Maisak, Ingeborg Menschel, Dr. Renate Moering, Peter B. Rall, Mike Reynolds, Heribert Rissel, Achim Roscher, Dr. Doris Schumacher, Dr. Joachim Seng, Herbert G. Spies, Gerd Spitzer, Karin Stegmann, Dr. Sibylle von Steinsdorff, Dr. Federico Vercellone, Takayoshi Yanagida.

Joachim Seng

Editions- und Forschungsprojekte

Historisch-kritische Ausgabe sämtlicher Werke und Briefe Clemens Brentanos (Frankfurter Brentano-Ausgabe)

Zum Jahresende 2008 lagen insgesamt 36 Bände der Ausgabe vor:

1 Gedichte 1784–1801, Text, Lesarten und Erläuterungen, unter Mitarbeit von Michael Grus hrsg. von Bernhard Gajek (2007)

3,1 Gedichte 1816/1817, Text, Lesarten und Erläuterungen, hrsg. von Michael Grus und Kristina Hasenpflug (1999)

3,2 Gedichte 1818/1819, Text, Lesarten und Erläuterungen, hrsg. von Michael Grus, Kristina Hasenpflug und Hartwig Schultz (2001)
3,3 Gedichte 1820–1826, Text, Lesarten und Erläuterungen, hrsg. von Michael Grus (2002)
6 Des Knaben Wunderhorn, Teil I, Text, hrsg. von Heinz Rölleke (1975)
7 Des Knaben Wunderhorn, Teil II, Text, hrsg. von Heinz Rölleke (1976)
8 Des Knaben Wunderhorn, Teil III, Text, hrsg. von Heinz Rölleke (1977)
9,1 Des Knaben Wunderhorn, Teil I, Lesarten und Erläuterungen, hrsg. von Heinz Rölleke (1975)
9,2 Des Knaben Wunderhorn, Teil II, Lesarten und Erläuterungen, hrsg. von Heinz Rölleke (1977)
9,3 Des Knaben Wunderhorn, Teil III, Lesarten und Erläuterungen, hrsg. von Heinz Rölleke (1978)
10 Romanzen vom Rosenkranz, Text und Lesarten, unter Mitwirkung von Michael Grus und Hartwig Schultz hrsg. von Clemens Rauschenberg (1994)
11,1 Romanzen vom Rosenkranz, Lesarten und Prosa zu den Romanzen, hrsg. von Dietmar Pravida (2006)
11,2 Romanzen vom Rosenkranz, Erläuterungen, hrsg. von Dietmar Pravida (2008)
12 Dramen I, Text, hrsg. von Hartwig Schultz (1982)
13,3 Dramen II,3, Wiener Festspiele, Prosa zu den Dramen, Text, unter Mitarbeit von Dietmar Pravida und Christina Sauer hrsg. von Caroline Pross (2007)
14 Dramen III, Die Gründung Prags, Text, hrsg. von Gerhard Mayer und Walter Schmitz (1980)
15,4 Dramen II,3, Wiener Festspiele, Prosa zu den Dramen, Lesarten und Erläuterungen, unter Mitarbeit von Simone Leidinger, Dietmar Pravida und Christina Sauer hrsg. von Caroline Pross (2008)
16 Prosa I, Godwi, Text, Lesarten und Erläuterungen, hrsg. von Werner Bellmann (1978)
17 Prosa II, Die Mährchen vom Rhein, Text, Lesarten und Erläuterungen, hrsg. von Brigitte Schillbach (1983)
19 Prosa IV, Erzählungen, Text, Lesarten und Erläuterungen, hrsg. von Gerhard Kluge (1987)
22,1 Religiöse Werke I,1, Die Barmherzigen Schwestern; Kleine religiöse Prosa, Text, hrsg. von Renate Moering (1985)
22,2 Religiöse Werke I,2, Die Barmherzigen Schwestern; Kleine religiöse Prosa, Lesarten und Erläuterungen, hrsg. von Renate Moering (1990)

24,1 Religiöse Werke III,1, Lehrjahre Jesu, Teil I, Text, hrsg. von Jürg Mathes (1983)
24,2 Religiöse Werke III,2, Lehrjahre Jesu, Teil II, Text, hrsg. von Jürg Mathes (1985)
26 Religiöse Werke V,1, Das bittere Leiden unsers Herrn Jesu Christi, Text, hrsg. von Bernhard Gajek (1980)
27,2 Religiöse Werke V,2, Das bittere Leiden unsers Herrn Jesu Christi, Lesarten und Erläuterungen, hrsg. von Bernhard Gajek und Irmengard Schmidbauer (1995)
28,1 Materialien zu nicht ausgeführten religiösen Werken (Anna Katharina Emmerick-Biographie), Text, hrsg. von Jürg Mathes (1981)
28,2 Materialien zu nicht ausgeführten religiösen Werken (Anna Katharina Emmerick-Biographie), Lesarten und Erläuterungen, hrsg. von Jürg Mathes (1982)
29 Briefe I (1792–1802), nach Vorarbeiten von Jürgen Behrens und Walter Schmitz hrsg. von Lieselotte Kinskofer (1988)
30 Briefe II (Frühlingskranz), hrsg. von Lieselotte Kinskofer (1990)
31 Briefe III (1803–1807), hrsg. von Lieselotte Kinskofer (1991)
32 Briefe IV (1808–1812), hrsg. von Sabine Oehring (1996)
33 Briefe V (1813–1818), hrsg. von Sabine Oehring (2000)
34 Briefe VI (1819–1823), hrsg. von Sabine Oehring (2005)
38,1 Erläuterungen zu den Briefen 1792–1802, hrsg. von Ulrike Landfester (2003)
38,3 Erläuterungen zu den Briefen 1803–1807, unter Mitwirkung von Sabine Gruber hrsg. von Lieselotte Kinskofer (2004)

Der im Frühjahr des Vorjahres bei der Deutschen Forschungsgemeinschaft gestellte Antrag auf Fortsetzung der Förderung für den Zeitraum vom 1. März 2008 bis zum 28. Februar 2011 wurde in vollem Umfang bewilligt, was u. a. zur Folge hat, dass der Brentano-Redaktion seitdem eine zusätzliche halbe Mitarbeiterstelle zur Verfügung steht. Dadurch können die zahlreichen Bandmanuskripte, die derzeit vorliegen, parallel bearbeitet und ohne Verzögerung zum Druck vorbereitet werden.

Am 11. März, 16. Juni und am 18. November 2008 fanden Versammlungen der Hauptherausgeber der Frankfurter Brentano-Ausgabe statt, die zweite davon wieder als zusätzlich eingeschobene Konferenz außer Plan. Zur Sitzung am 16. Juni wurde Prof. Dr. Christian Sinn, der Bandherausgeber von FBA 13,1 und 15,2, zur Sitzung am 18. November Dr. Sabine Gruber, die Bandherausgeberin von FBA 5,1 und 5,2, eingeladen. Mit beiden wurden die eingereichten Bandmanuskripte diskutiert, wobei einerseits Fragen der Textkonstitution und Fassungswahl, andererseits Fragen, welche die Erläuterungen und den Einführungstext betreffen, erörtert.

Mit dem Erscheinen des 850 Seiten umfassenden Bandes 11,2, der die Erläuterungen zu den ›Romanzen vom Rosenkranz‹ enthält, liegt Clemens Brentanos großes Versepos endlich in einer – insgesamt dreibändigen – Edition vor, welche die handschriftliche Überlieferung vollständig erfasst. Damit wird ein seit über hundert Jahren bestehendes Desiderat der Forschung eingelöst. In einer umfangreichen Einleitung zeichnet der Bandherausgeber Dr. Dietmar Pravida erstmals ein Gesamtbild der in das Werk eingegangenen Quellen und intertextuellen Bezüge, der Einzelstellenkommentar erschließt Vielgestaltigkeit und Vielschichtigkeit der einzelnen Romanzen und gibt so die lange Zeit vermisste Grundlage für die wissenschaftliche Beschäftigung mit dem Werk, das als ein Höhepunkt von Brentanos mittlerer Schaffensphase gelten darf. Zum Jahreswechsel 2008/09 folgte mit FBA 15,4 der Erläuterungsband zu den Wiener Festspielen, der eine Reihe von wenig bekannten Dramentexten Brentanos (›Victoria‹ / ›Viktoria und ihre Geschwister‹, ›Die deutschen Flüsse‹ / ›Am Rhein, am Rhein‹, ›Oestreichs Muth, Sieg und Hofnung‹), die jeweils in zwei Fassungen vorliegen, erstmals kommentiert. Redaktionell bearbeitet wurden darüber hinaus Band 5,2, der Brentanos 1817 erschienene Neuausgabe der ›Trutz Nachtigal‹ Friedrich von Spees zugänglich macht, und Band 2,1 mit der Lyrik der Jahre 1802 bis 1806. Außer den Bandmanuskripten der Bände 13,1 und 15,2 sowie 5,1 ist im Jahr 2008 die für FBA 21,1 (Satiren und Kleine Prosa) vorgesehene Edition der ›Geschichte vom Bärnhäuter‹ eingegangen.

Im Frühjahr 2008 erhielt das Freie Deutsche Hochstift durch Prof. Dr. Konrad Feilchenfeldt Kenntnis davon, dass Prof. Dr. Roger Paulin zwei verschollen geglaubte Brentano-Manuskripte im Besitz des Newnham College in Cambridge entdeckt hat. Sie sind Teil einer 1924 erfolgten Schenkung von Edith Renouf-Brentano, einer Enkelin Christian Brentanos, an ihre frühere Alma Mater. Eine Autopsierung dieses neu aufgefundenen Materials haben PD Dr. Wolfgang Bunzel und Dr. Dietmar Pravida in der Zeit vom 14. bis 17. Juli vor Ort durchgeführt. Von besonderem und aktuellem Interesse für die Frankfurter Brentano-Ausgabe war zunächst die 299 Seiten umfassende, teilweise von Johann Friedrich Böhmer stammende, in rotes Leder gebundene Abschrift der ›Romanzen vom Rosenkranz‹. Dieser bereits in FBA 11,1 (vgl. dort S. 45) aufgezählte Textzeuge h^{3*}, der freilich in textkritischer Hinsicht unbedeutend ist, konnte nun autopsiert und exakt beschrieben werden. Größere Brisanz kommt indes dem zweiten Fund zu, einem schmalen Pappbändchen mit Gedichten Luise Hensels von ihrer eigenen Hand und Abschriften weiterer Hensel-Gedichte von der Hand Clemens Brentanos. Diese Mischhandschrift mit mehrmaligem Händewechsel veranschaulicht überaus plastisch die zeitweilig sehr enge Zusammenarbeit Brentanos und Hensels, die so weit ging, dass sich für bestimmte, in Kooperation entstandene Texte die Autorschaft entweder gar nicht mehr klären oder doch zumindest nicht eindeutig bestimmen lässt. Das Manuskript enthält auch eine bislang nur in einer Abschrift Emilie Brentanos bekannte Dedikation mit datierter Nachschrift von Clemens an seinen Bruder Christian, die im betreffenden Briefband der Frankfurter Brentano-Ausgabe entsprechend dem Abdruck in den ›Gesammelten Schriften‹ noch als Brief gedeutet wurde (vgl. FBA 33, S. 286–310), wobei sich die vermeintliche Beilage in Wirklichkeit als Geschenk für den Bruder in Form einer handschriftlichen Textsammlung erweist. Die Auswertung dieses insbesondere für FBA 5,1 (Gedichtbearbeitungen) relevanten Überlieferungsträgers findet seither statt.

Die Arbeiten an der elektronischen Clemens-Brentano-Bibliographie wurden weiter vorangetrieben. Diese Bibliographie, die der Brentano-Redaktion als wichtiges Hilfsmittel dient, aber auch der Romantik-Forschung zugute kommen soll, baut auf älteren, gedruckten Verzeichnissen auf, ergänzt diese und schreibt sie bis zur Gegenwart fort. Mit Beginn des Jahres konnte eine aktualisierte Version ins Netz gestellt werden, die alle Neuerscheinungen bis Ende 2007 verzeichnet; sie ist über die Homepage des Freien Deutschen Hochstifts zugänglich und kann als pdf-Datei heruntergeladen werden.[65]

Die im Lauf des Jahres 2007 begonnene Ergänzung der umfangreichen, im Hause vorhandenen Brentano-Bibliothek (es handelt sich hier um die wohl vollständigste Sammlung von Primär- und Sekundärliteratur zu Clemens Brentano weltweit) um illustrierte Brentano-Texte wurde fortgesetzt. Durch den gezielten Erwerb solcher Ausgaben soll nicht nur der Vollständigkeitsgrad des Brentano-Buchbestandes weiter erhöht, es soll auch der Blick auf ein bedeutsames Vermittlungsmedium brentanoscher Texte gerichtet werden.

Über die Tätigkeit der Brentano-Redaktion hinaus ist PD Dr. Wolfgang Bunzel an der Vorbereitung und Durchführung dreier Ausstellungen des Freien Deutschen Hochstifts beteiligt gewesen. So hat er gemeinsam mit Doris Hopp M.A. die Gedenkausstellung über Goethes Mutter Catharina Elisabeth (27. August bis 31. Dezember 2008) kuratiert und in diesem Zusammenhang den Ausstellungsteil »Rezeption, Legendenbildung, Mythisierung« übernommen. Außerdem hat er innerhalb der in Kooperation mit der Johann Wolfgang Goethe-Universität Frankfurt entstandenen Ausstellung »Der Brief – Ereignis & Objekt« (11. September bis 16. November 2008) die Sektion »Schreib-/Leseszene« betreut. Parallel dazu fanden inten-

---

[65] http://www.goethehaus-frankfurt.de/forschung-und-editionen/brentano/bibliographie-update-februar-09.pdf.

sive Vorbereitungsarbeiten für die Ausstellung »›Die Welt umwälzen‹. Bettine von Arnim geb. Brentano (1785–1859)« statt, die im Folgejahr gezeigt wurde.

Mitwirkende an der Brentano-Ausgabe im Jahre 2008:

Hauptherausgeber:

Prof. Dr. Anne Bohnenkamp (zugleich Projektleiterin, Frankfurt am Main), Prof. Dr. Konrad Feilchenfeldt (München), Prof. Dr. Christoph Perels (Frankfurt am Main), Prof. Dr. Ulrike Landfester (St. Gallen), Prof. Dr. Hartwig Schultz (Frankfurt am Main)

Als Mitarbeiter der Brentano-Redaktion waren im Berichtszeitraum tätig:

Redaktionsleiter: PD Dr. Wolfgang Bunzel
Redakteure: Dr. Michael Grus, Dr. Dietmar Pravida, Dr. Holger Schwinn (ab 1. Juni 2008)
Wissenschaftliche Hilfskraft: Simone Leidinger (ab 1. März 2008)
Studentische Hilfskräfte: Silke Weber (ab 1. März 2008), Philipp Werner

Als Herausgeber einzelner Bände der Ausgabe sind beteiligt:

Prof. Dr. Maximilian Bergengruen (Genf), PD Dr. Wolfgang Bunzel (Frankfurt am Main), Prof. Dr. Bernhard Gajek (Regensburg), Dr. Sabine Gruber (Wiesbaden/Marbach am Neckar), Dr. Michael Grus (Wiesbaden), Prof. Dr. Ulrike Landfester (St. Gallen), Judith Michelmann M.A. (St. Gallen), Dr. Renate Moering (Wiesbaden), Prof. Dr. Stefan Nienhaus (Neapel), Dr. Sabine Oehring (Aachen), Dr. Caroline Pross (St. Gallen/München), Prof. Dr. Marianne Sammer (St. Pölten), Dr. Christina Sauer (Saarbrücken), Prof. Dr. Christian Sinn (Konstanz/St. Gallen), Prof. Dr. Hartwig Schultz (Steinbach), Dr. Holger Schwinn (Offenbach) und Dr. Frank Zipfel (Mainz)

Wolfgang Bunzel

Kritische Ausgabe sämtlicher Werke Hugo von Hofmannsthals

Von der auf 42 Bände angelegten Kritischen Werkausgabe Hugo von Hofmannsthals im S. Fischer Verlag, Frankfurt am Main, mit deren editorischer Bearbeitung Anfang der 70er Jahre begonnen wurde, sind zum 31. 12. 2008 33 Bände erschienen:

I Gedichte 1, hrsg. von Eugene Weber (1984)
II Gedichte 2 (aus dem Nachlaß), hrsg. von Andreas Thomasberger und Eugene Weber † (1988)
III Dramen 1 (Kleine Dramen), hrsg. von Götz-Eberhard Hübner, Christoph Michel und Klaus-Gerhard Pott (1982)
IV Dramen 2 (Das gerettete Venedig), hrsg. von Michael Müller (1984)
V Dramen 3 (Die Hochzeit der Sobeide / Der Abenteurer und die Sängerin), hrsg. von Manfred Hoppe † (1992)
VI Dramen 4 (Das Bergwerk zu Falun / Semiramis / Die beiden Götter), hrsg. von Hans-Georg Dewitz (1995)
VII Dramen 5 (Alkestis/Elektra), hrsg. von Klaus E. Bohnenkamp und Mathias Mayer (1997)
VIII Dramen 6 (Ödipus und die Sphinx / König Ödipus), hrsg. von Wolfgang Nehring und Klaus E. Bohnenkamp (1983)
IX Dramen 7 (Jedermann), hrsg. von Heinz Rölleke (1990)
X Dramen 8 (Das Salzburger Große Welttheater / Pantomimen zum Großen Welttheater), hrsg. von Hans-Harro Lendner und Hans-Georg Dewitz (1977)
XI Dramen 9 (Florindos Werk / Cristinas Heimreise), hrsg. von Mathias Mayer (1992)
XII Dramen 10 (Der Schwierige), hrsg. von Martin Stern in Zusammenarbeit mit Ingeborg Haase und Roland Haltmeier (1993)
XIII Dramen 11 (Der Unbestechliche), hrsg. von Roland Haltmeier (1986)
XIV Dramen 12 (Timon der Redner), hrsg. von Jürgen Fackert (1975)
XV Dramen 13 (Das Leben ein Traum / Dame Kobold), hrsg. von Christoph Michel und Michael Müller (1989)
XVI/I Dramen 14/1 (Der Turm: 1. Fassung), hrsg. von Werner Bellmann (1990)
XVI/II Dramen 14/2 (Der Turm: 2. und 3. Fassung), hrsg. von Werner Bellmann in Zusammenarbeit mit Ingeborg Beyer-Ahlert (2000)
XVII Dramen 15 (Die Heirat wider Willen / Die Lästigen / Vorspiel für ein Puppentheater u. a.), hrsg. von Gudrun Kotheimer und Ingeborg Beyer-Ahlert (2006)
XVIII Dramen 16 (Fragmente aus dem Nachlaß 1), hrsg. von Ellen Ritter (1987)
XIX Dramen 17 (Fragmente aus dem Nachlaß 2), hrsg. von Ellen Ritter (1994)

XX	Dramen 18 (Silvia im »Stern«), hrsg. von Hans-Georg Dewitz (1987)
XXI	Dramen 19 (Lustspiele aus dem Nachlaß 1), hrsg. von Mathias Mayer (1993)
XXII	Dramen 20 (Lustspiele aus dem Nachlaß 2), hrsg. von Mathias Mayer (1994)
XXIII	Operndichtungen 1 (Der Rosenkavalier), hrsg. von Dirk O. Hoffmann und Willi Schuh (1986)
XXIV	Operndichtungen 2 (Ariadne auf Naxos / Die Ruinen von Athen), hrsg. von Manfred Hoppe (1985)
XXV/I	Operndichtungen 3/1 (Die Frau ohne Schatten / Danae oder die Vernunftheirat), hrsg. von Hans-Albrecht Koch (1998)
XXV/II	Operndichtungen 3/2 (Die ägyptische Helena / Opern- und Singspielpläne), hrsg. von Ingeborg Beyer-Ahlert (2001)
XXVI	Operndichtungen 4 (Arabella / Lucidor / Der Fiaker als Graf), hrsg. von Hans-Albrecht Koch (1976)
XXVII	Ballette – Pantomimen – Filmszenarien, hrsg. von Gisela Bärbel Schmid und Klaus-Dieter Krabiel (2006)
XXVIII	Erzählungen 1, hrsg. von Ellen Ritter (1975)
XXIX	Erzählungen 2 (aus dem Nachlaß), hrsg. von Ellen Ritter (1978)
XXX	Roman/Biographie (Andreas / Der Herzog von Reichstadt / Philipp II. und Don Juan d'Austria; aus dem Nachlaß), hrsg. von Manfred Pape (1982)
XXXI	Erfundene Gespräche und Briefe, hrsg. von Ellen Ritter (1991)

Die Ausgabe wird in den nächsten Jahren durch neun weitere Bände ergänzt und vollständig abgeschlossen. In redaktioneller Bearbeitung und als nächste zur Auslieferung vorgesehen sind die Bände:

XXXIII	Reden und Aufsätze 2 (1901–1909), hrsg. von Konrad Heumann und Ellen Ritter, erscheint 2009
XXXIV	Reden und Aufsätze 3 (1910–1919), hrsg. von Klaus E. Bohnenkamp, Katja Kaluga und Klaus-Dieter Krabiel, erscheint 2010
XXXVI	Herausgebertätigkeit, hrsg. von Donata Gläser, Ellen Ritter und Catherine Schlaud, erscheint 2010
XL	Bibliothek, hrsg. von Ellen Ritter in Zusammenarbeit mit Dalia Bukauskaitė und Konrad Heumann, erscheint 2010
XXXVIII	Aufzeichnungen 1, hrsg. von Rudolf Hirsch (†) und Ellen Ritter in Zusammenarbeit mit Konrad Heumann und Peter-Michael Braunwarth

XXXIX Aufzeichnungen 2, hrsg. von Rudolf Hirsch (†) und Ellen Ritter in Zusammenarbeit mit Konrad Heumann und Peter-Michael Braunwarth

Die langjährige Förderung durch die DFG endete zum 31. Dezember 2008. Die abschließenden sechs Bände (›Reden und Aufsätze‹ 1/3/4, ›Autobiographisches‹, ›Aufzeichnungen‹ 1/2) werden dankenswerterweise vom Deutschen Literaturfonds und von der S. Fischer Stiftung gefördert. In der Vergangenheit haben sich neben der DFG die Hugo von Hofmannsthal-Stiftung, die Hugo von Hofmannsthal-Gesellschaft, der S. Fischer Verlag und großherzige Stifter, ferner der Beauftragte der Bundesregierung für Kultur und Medien, die Hessische Kulturstiftung und die Volkswagen-Stiftung, die Fritz Thyssen-Stiftung, die Ludwig Boltzmann Gesellschaft und die S. Fischer-Stiftung sowohl um die Kritische Ausgabe als auch um deren Grundlage, das Hugo von Hofmannsthal-Archiv des Freien Deutschen Hochstifts, hohe Verdienste erworben, die hier dankbar vermerkt seien.

Als Mitwirkende an der Ausgabe sind zu nennen (Stand: 12. 10. 2009):

Hauptherausgeber:

Dr. Rudolf Hirsch (†), Prof. Dr. Anne Bohnenkamp (Frankfurt am Main), Prof. Dr. Mathias Mayer (Augsburg), Prof. Dr. Christoph Perels (Frankfurt am Main), Prof. Dr. Edward Reichel (Berlin), Prof. Dr. Heinz Rölleke (Wuppertal; zugleich Projektleiter)

Redaktion:

Korina Blank M.A.
Dr. des. Katja Kaluga
Dr. Klaus-Dieter Krabiel
Annemarie Opp
Ellen Ritter M.A.
Alexander Subtil
Olivia Varwig M.A.

Nebenamtliche Mitarbeiter (Editoren):

Dr. Klaus E. Bohnenkamp (Tübingen), Prof. Dr. Peter-Michael Braunwarth (Wien), Dr. Hans-Georg Dewitz (Eschborn), Donata Gläser (Wuppertal), Dr. Konrad Heumann (Frankfurt am Main), Dr. des. Katja Kaluga (Wuppertal), Dr. Klaus-Dieter Krabiel (Frankfurt am Main), Prof.

Dr. Mathias Mayer (Augsburg), Dr. Jutta Rißmann (Solingen), Ellen Ritter M.A. (Bad Nauheim), Catherine Schlaud (Frankfurt am Main), Olivia Varwig M.A. (Wuppertal)

Heinz Rölleke

Tätigkeiten außerhalb des Hauses

Die Direktorin setzte ihre Mitarbeit im Vorstand der ALG (Dachverband Literarischer Gesellschaften, Museen und Archive) fort. Sie wurde in den Ausschuss der Deutschen Schillergesellschaft gewählt sowie zur Vizepräsidentin der Goethe-Gesellschaft Weimar. Sie war weiter im Auswahlausschuss des Feodor-Lynen-Programms der Alexander von Humboldt-Stiftung in Bonn und im Auswahlausschuss der Studienstiftung des deutschen Volkes tätig sowie im Ausschuss der Arbeitsgemeinschaft germanistischer Editoren. Sie arbeitete in der Jury zur Vergabe des Hölderlin-Preises der Stadt Bad Homburg mit, der am 7. Juni 2008 in Bad Homburg an Ror Wolf verliehen wurde, sowie in der Jury des Goethe-Preises der Stadt Frankfurt, der am 28. August an Pina Bausch verliehen wurde.

Im Februar 2008 nahm Prof. Bohnenkamp mit einem Vortrag zur ›Konzeption textgenetischer Ausgaben neuerer Dichtung im digitalen Medium‹ an der internationalen Tagung zur »Materialität in der Editionswissenschaft« in Berlin teil; im März beteiligte sie sich auf Einladung des Goethe-Instituts Madrid und der Universität Complutense an einem internationalen Kongress zur europäischen ›Faust‹-Rezeption und hielt dort den Eröffnungsvortrag zum Thema »Landschaften in Goethes ›Faust‹«. Im April folgte ein Vortrag zum Thema »Kitschig? Zu einem prekären ästhetischen Werturteil« auf einem internationalen Kolloquium zum Thema »Poetische Gerechtigkeit«, das in der Münchner Siemens-Stiftung zum 65. Geburtstag von Hendrik Birus ausgerichtet wurde. Im Juni stellte Prof. Bohnenkamp auf Einladung des literaturwissenschaftlichen Kolloquiums des Seminars für Deutsche Philologie in einem Vortrag die kommende Hochstift-Ausstellung »Der Brief – Ereignis & Objekt« an der Universität Göttingen und auf Einladung der Goethe-Gesellschaft auch in Chemnitz vor.

Im Jahr 2008 setzte Prof. Bohnenkamp ihre Lehr- und Prüfungstätigkeit an der Goethe-Universität Frankfurt fort. Im Sommersemester hielt sie dort ein Proseminar »Einführung in die Gedichtanalyse«, im Wintersemester 2008/09 folgte gemeinsam mit Prof. Jannidis (TU Darmstadt) ein Hauptseminar zum Thema »Genetische Editionen«. Sie beteiligte sich im Mai an der Ringvorlesung »Epochen der deutschen Literatur« mit einer Vorlesung zum ›Sturm und Drang‹ und im November 2008 hielt sie im Rahmen der neu eingerichteten Goethe-Vorlesung der Universität Frankfurt einen Vortrag zum Thema: »Faust elektronisch. Zur Goethe-Philologie des 21. Jahrhunderts«. Prof. Bohnenkamp veröffentlichte in 2008 Aufsätze zu Johann Georg Hamann, zu Goethes Weltliteratur-Konzept und zur Geschichte der Schreibgeräte; sie gab das Jahrbuch des Freien Deutschen Hochstifts sowie gemeinsam mit Waltraud Wiethölter den Katalog zur Ausstellung »Der Brief – Ereignis & Objekt« heraus und publizierte gemeinsam mit Prof. Martínez einen Sammelband zu komparatistischen Aspekten der Goethezeit, der unter dem Titel ›Geistiger Handelsverkehr‹ im Göttinger Wallstein-Verlag erschien.

Petra Maisak nahm am 31. Januar 2008 in Madrid an der Pressevorstellung und Eröffnung einer Ausstellung von Landschaftszeichnungen Goethes teil, die der Circulo de Bellas Artes in Zusammenarbeit mit der Klassik Stiftung Weimar präsentierte. Für den Ausstellungskatalog ›Johann Wolfgang von Goethe. Paisajes, hrsg. vom Circulo de Bellas Artes, Madrid 2008‹, lieferte sie den Beitrag ›Dibujar en los lìmites del lenguaje. Sobre las relaciones entre palabra e imagen en Goethe‹ (S. 55–70). Am 8. März 2008 hielt sie die Laudatio im Faust-Museum/Faust-Archiv Knittlingen bei der Eröffnung der Ausstellung »J. W. von Goethe: Faust. Eine Tragödie, 1808. 200 Jahre Faust I«, in der vornehmlich Illustrationen des 19. und 20. Jahrhunderts zu sehen waren. Vom 21. bis 23. Mai 2008 nahm sie in Dresden an der interdisziplinären Tagung »Carl Gustav Carus. Wahrnehmung und Konstruktion« teil, die von den Staatlichen Kunstsammlungen und der Universität Dresden zur Vorbereitung der Carus-Ausstellung 2009 ausgerichtet wurde, zu deren Leihgebern das Freie Deutsche Hochstift zählt. Am 18. September 2008 beteiligte sie sich mit einem Impulsreferat an der Konferenz »Arkadien in Kunst und Literatur«, die zur Vorbereitung eines Ausstellungsprojekts von der Staatsgalerie Stuttgart in Schloss Ludwigsburg durchgeführt wurde. Für die Ausstellung »Orte der Sehnsucht. Mit Künstlern auf Reisen«, die im Landesmuseum für Kunst und Kulturgeschichte in Münster stattfand, schrieb sie eine Katalogmiszelle und besuchte am 26. September 2008 die Leihgeber-Preview. Am 17./18. November 2008 nahm sie an der vom AsKI veranstalteten Fachtagung »Kulturförderung in Europa« sowie, in Vertretung von Frau Bohnenkamp, an der Jahrestagung des AsKI im Stadt- und Industriemuseum Wetzlar teil.

Gerhard Kölsch beteiligte sich 2008 an der Ausstellung »Anton Radl 1774–1825. Maler und Kupferstecher« im Museum Giersch, Frankfurt am Main, und publizierte im Katalog den Aufsatz: »Der denkwürdige Taunus 〈...〉 ist werth besucht und besungen zu seyn«. Zur literarischen und künstlerischen Entdeckung des Taunus (S. 135–157).

Er verfasste die Miszellen zu: Johann Georg Trautmann: Nächtliche Feuersbrunst / Johann Conrad Seekatz: Kinder am Brunnen, in: Geschichte der bildenden Kunst in Deutschland, Bd. 5: Barock und Rokoko, hrsg. von Frank Büttner (u.a.), München 2008, S. 546f.

Renate Moering nahm 2008 an zwei Tagungen teil: Auf der Herausgebertagung der Grimm-Briefausgabe in Landau am 20./21. Juni referierte sie über den Editionsstand des Briefwechsels der Brüder Jacob und Wilhelm Grimm mit Joseph Görres. Auf dem 7. Kolloquium der Internationalen Arnim-Gesellschaft (Eisenach 24.–27. Juli 2008), das unter dem Thema stand: »›und trat in ein Zimmer, das er nie betreten‹. Romantische Räume des Abschließens und Öffnens: Zimmer und Grüfte, Wälder und fremde Länder« sprach sie über »›Der grosse Einsiedler Pallast, worin viele tausend Gelehrte, Liebhaber, Sechswöchnerinnen, ungestört neben einander wohnen können‹. Gedankenräume in der ›Zeitung für Einsiedler‹«.

Der Leiter der Brentano-Abteilung, Wolfgang Bunzel, hielt am 1. Oktober einen Vortrag vor der Goethe-Gesellschaft Dresden über »Ludwig Tieck und das Junge Deutschland«, am 22. November referierte er auf dem »11. Klassikseminar« der Goethe-Gesellschaft Hamburg über »Konturen der Spätromantik«, und am 10. Dezember sprach er im Museum Giersch – unterstützt von einer Powerpointpräsentation – vor dem Kuratorium Kulturelles Frankfurt über »Rezeption, Legendenbildung, Mythisierung« bei Goethes Mutter Catharina Elisabeth. An der Goethe-Universität Frankfurt am Main übernahm er am 19. Juni innerhalb der literaturgeschichtlichen Ringvorlesung die Einheit »Moderne I«, und im Wintersemester 2008/09 hielt er ein Hauptseminar zum Thema »Brief-Politik: Bettine von Arnim geb. Brentano«. Neben Aufsätzen über Catharina Elisabeth Goethe, Bettine von Arnim, Arnold Ruge und die Brüder Heinrich und Julius Hart kamen im Berichtszeitraum folgende Buchpublikationen von ihm heraus: der gemeinsam mit Norbert Otto Eke und Florian Vaßen herausgegebene Sammelband ›Der nahe Spiegel. Vormärz und Aufklärung‹ (Bielefeld 2008), zwei Taschenbucheditionen mit Werken Bettine von Arnims – ›Goethe's Briefwechsel mit einem Kinde‹ und ›Dies Buch gehört dem König‹ (jeweils München 2008) – und der gemeinsam mit Doris Hopp betreute Ausstellungskatalog über Catharina Elisabeth Goethe (Frankfurt am Main 2008).

Verwaltungsbericht

Im Mittelpunkt des Jahres 2008 stand für die Verwaltung weiterhin die im Jahr 2007 eingeführte neue Haushaltsstruktur mit den Programmbudgets sowie die administrative Betreuung der verschiedenen – und im Jahr 2008 sehr zahlreichen – Projekte des Hauses, die zum großen Teil durch Drittmittel ermöglicht wurden. Es erfolgten insgesamt 10 Förderungen durch 8 verschiedene Förderinstitutionen.

Erste Maßnahmen erforderte die für 2010 vorgesehene und bereits im Vorjahr abschließend zu planende Sanierung des Archivkellers.

Zum 31. 12. 2008 betrug die Zahl der *Mitglieder* 1.985 (zum 31. 12. 2007: 2.005).

Die *Mitgliederversammlung* fand am 17. Juni 2008 statt. Sie erteilte dem Verwaltungsausschuss aufgrund der vorgelegten Bilanz sowie der Gewinn- und Verlustrechnung Entlastung. Frau von Lovenberg sowie Herr Dr. Kummer und Herr Mosebach wurden für eine weitere Amtszeit von vier Jahren wiedergewählt. Als neues Mitglied des Verwaltungsausschusses wurde Herr Nick Reh, Vorsitzender des Vorstands der Sektkellerei Schloss Wachenheim, gewählt.

Dem *Verwaltungsausschuss* gehörten am 31. Dezember 2008 an:

Verena Auffermann, Journalistin
Dr. Burkhard Bastuck, Rechtsanwalt
Carl von Boehm-Bezing, ehemaliges Mitglied des Vorstands der Deutschen Bank AG
Dr. Andreas Dietzel, Rechtsanwalt, Partner von Clifford Chance
Prof. Dr. Konrad Feilchenfeldt, Ludwig-Maximilians-Universität München
Dr. Helmut Häuser, Rechtsanwalt und Notar
Prof. Dr. Dr. h.c. Rolf Krebs, ehem. Sprecher der Unternehmensleitung Boehringer Ingelheim
Dr. Bernd Kummer, Rechtsanwalt und Regierungspräsident a.D.
Prof. Dr. Gerhard Kurz, Justus-Liebig-Universität Gießen
Felicitas von Lovenberg, Journalistin
Prof. Dr. Christoph Mäckler, Architekt
Friedrich von Metzler, Mitinhaber des Bankhauses B. Metzler seel. Sohn & Co. KGaA
Martin Mosebach, Schriftsteller
Nick Reh, Vorstandsvorsitzender der Sektkellerei Schloss Wachenheim
Prof. Dr. Klaus Reichert, Johann Wolfgang Goethe-Universität Frankfurt am Main
Dr. Helmut Reitze, Intendant des Hessischen Rundfunks
Monika Schoeller, Geschäftsführende Gesellschafterin des S. Fischer Verlags
Dipl.-Ing. Anselm Thürwächter, Architekt
Dr. Rüdiger Volhard, Rechtsanwalt und Notar

Vertreter der Bundesregierung:
Ministerialrat Dr. Horst Claussen

Vertreter des Landes Hessen:
Staatssekretär Herr Gerd Krämer

Vertreter der Stadt Frankfurt am Main:
Prof. Dr. Felix Semmelroth, Kulturdezernent

Vertreter der Stadtverordnetenversammlung der Stadt Frankfurt am Main:
Alexandra Prinzessin von Hannover
Klaus Oesterling

Vorsitzender:
Carl von Boehm-Bezing

Stellvertretender Vorsitzender:
Prof. Dr. Gerhard Kurz

Schatzmeister:
Dr. Helmut Häuser

Stellvertretender Schatzmeister:
Friedrich von Metzler

Dem *Wissenschaftlichen Beirat* gehörten am 31. Dezember 2008 an:

Prof. Dr. Jeremy Adler, King's College London
Prof. Dr. Gottfried Boehm, Universität Basel
Prof. Dr. Nicholas Boyle, Magdalene College Cambridge
Prof. Dr. Konrad Feilchenfeldt, Ludwig-Maximilians-Universität München
Prof. Dr. Almuth Grésillon, Institut des Textes et Manuscrits Modernes, Paris
Prof. Dr. Gerhard Kurz, Justus-Liebig-Universität Gießen
Prof. Dr. Klaus Reichert, Johann Wolfgang Goethe-Universität Frankfurt am Main

Zum 31. Dezember 2008 waren im Hochstift tätig:

Prof. Dr. Anne Bohnenkamp-Renken	Direktorin
Beatrix Humpert M.A.	Direktionssekretariat und Öffentlichkeitsarbeit

Irma Bergknecht	studentische Hilfskraft
Veronika Spinner	studentische Hilfskraft
Christel Buck	Sekretärin der wissenschaftlichen Abteilungen
OStR Ulrike Eisenträger	Museumspädagogin (Schulprogramme)
Dr. Doris Schumacher	Museumspädagogin (Kulturvermittlung)

Verwaltung

Christian Alberth	Verwaltungsleiter
Christiana Driesslein[66]	Personalsachbearbeiterin
Sonja Wagner	Personalsachbearbeiterin
Christina Sternitzke	Verwaltungsangestellte
Monika Strey	Verwaltungsangestellte
Sigurd Wegner	Verwaltungsangestellter
Hans-Jürgen Emmrich	Empfang, Kasse, Museumsladen
Martina Falkenau	Empfang, Kasse, Museumsladen
Alemseged Gessese	Empfang, Garderobe, Museumsaufseher
Martha Gorachek-Acikgöz	Hausreinigung
Margarita Dorado-Martinez	Hausreinigung

Handschriften-Abteilung

Dr. Renate Moering[67]	Leiterin der Abteilung
Hans Grüters	Handschriften-Sachbearbeiter

Bibliothek

Dr. Joachim Seng	Leiter der Abteilung und Geschichte des FDH
Nora Schwarz	Diplombibliothekarin
Karin Zinn	Bibliotheksassistentin
Waltraud Grabe	Restauratorin und Buchbindemeisterin
Brita Werner	Buchbinderin

Goethe-Haus, Museum, Kunstsammlungen

Dr. Petra Maisak	Leiterin der Abteilung
Dr. Gerhard Kölsch	wissenschaftlicher Mitarbeiter

---

[66] Diese Mitarbeiter wurden zu Beginn oder im Lauf des Jahres 2008 neu eingestellt.

[67] Diese Mitarbeiter schieden im Lauf oder am Ende des Jahres 2008 aus.

Alexandra Koch M.A.	Fotoarchiv
Reinhard Düringer	Museumstechniker
Slobodan Adanski	Museumsaufseher
Rainer Baum	Fremdenführer
Babett Frank	Museumsaufseherin
Marie-Luise Kehl	Museumsaufseherin
Siegfried Körner	Fremdenführer
Ernst-Jürgen Leinert	Fremdenführer
Peter Metz	Fremdenführer
Vojislava Mitula	Museumsaufseherin
Uwe Staaf	Museumsaufseher
Thomas Thörle	Museumsaufseher

Jahrbuchredaktion

Dr. Dietmar Pravida[67]	wissenschaftlicher Mitarbeiter

Redaktion der Brentano-Ausgabe

PD Dr. Wolfgang Bunzel	Leiter der Abteilung
Dr. Michael Grus[68]	wissenschaftlicher Mitarbeiter
Dr. Dietmar Pravida[66,67,68]	wissenschaftlicher Mitarbeiter
Dr. Holger Schwinn[66,68]	wissenschaftlicher Mitarbeiter
Simone Leidinger[68]	wissenschaftliche Hilfskraft
Philipp Werner[67]	studentische Hilfskraft
Silke Weber[66]	studentische Hilfskraft

Redaktion der Hofmannsthal-Ausgabe

Dr. Konrad Heumann[68]	wissenschaftlicher Mitarbeiter
Dr. Klaus-Dieter Krabiel[67,68]	wissenschaftlicher Mitarbeiter
Ellen Ritter[67,68]	wissenschaftliche Mitarbeiterin
Dr. Johannes Barth[66,67,68]	wissenschaftlicher Mitarbeiter
Korinna Blank	wissenschaftliche Mitarbeiterin
Catherine Schlaud[67,68]	Hilfskraft
Alexander Subtil[68]	studentische Hilfskraft
Olivia Varwig[67,68]	studentische Hilfskraft

Daneben waren 14 Aushilfskräfte für den Führungs- und Aufsichtsdienst an Wochenenden und Feiertagen, bei Abendveranstaltungen und zur Vertretung bei Urlaub und Krankheit tätig.

Als Praktikanten waren beschäftigt: in der Graphischen Sammlung Lena Westkott, in der Kulturvermittlung Chris Brinkel und in der Verwaltung

[68] Diese Mitarbeiter werden aus Mitteln der Deutschen Forschungsgemeinschaft bezahlt.

Christiana Driesslein, die im Anschluss die Vertretung der Personalsachbearbeiterin Frau Sonja Wagner in deren Elternzeit übernahm.
Vielen ist für mannigfache Unterstützung im Jahr 2008 zu danken. Die Arbeit des Freien Deutschen Hochstifts ist über die institutionelle Förderung durch die Bundesrepublik Deutschland, das Land Hessen und die Stadt Frankfurt hinaus in hohem Maße auf die Unterstützung von Freunden und Förderern angewiesen. Unter den Zuwendungen aus den vergangenen Monaten seien besonders genannt:

Arbeitskreis selbständiger Kultur-Institute e. V., Hessische Kulturstiftung, Hessischer Museumsbund, Sparkassenkulturstiftung, Deutsche Forschungsgemeinschaft
Carl L. von Boehm-Bezing, Clifford Chance, Deutsche Bank AG, Michael Hauck, Adolf und Luisa Haeuser-Stiftung für Kunst und Kulturpflege, Hugo von Hofmannsthal-Stiftung, Vaduz, Dr. Wulf D. von Lucius, Dr. Rüdiger Volhard

Beatrix Humpert, Christian Alberth

Abbildungsverzeichnis

S. 461 Johann Wolfgang Goethe, Einladungskarte für Eduard Prosch, 26. September 1828 (Hs. FDH 29594).

S. 463 Johann Georg Schlosser, Brief an Johann Christian Hermann, 16. August 1788 (Hs. FDH 29596).

S. 465 Christiane Vulpius, Brief an Nikolaus Meyer, 9. November 1803 (Hs. FDH 29600).

S. 470 Johann Gottfried Seume, Brief an Friedrich von Matthisson (?), undatiert (Hs. FDH 30209).

S. 472 Bettine von Arnim, Brief an Amalie von Helvig, 15. Mai–22. Juni 1819 (Hs. FDH 30210).

S. 474 Walther Hermann Ryff, Newe Außgerüste Deutsche Apoteck, Straßburg 1602.

S. 476 Walther Hermann Ryff, Newe Außgerüste Deutsche Apoteck, Straßburg 1602, S. 144.

S. 478 Ferdinand Adam von Pernau, Angenehmer Zeit-Vertreib welchen das liebliche Geschöpf Die Vögel, Nürnberg 1716.

ADRESSEN DER VERFASSER

Manfred Bosch, Marktstätte 30, 78462 Konstanz

Prof. Dr. Anke Bosse, Universität Namur – FUNDP, Abt. für Germanistik, Rue de Bruxelles 61, B-5000 Namur

Prof. Dr. Bernhard Gajek, von Kleist-Str. 24, 93138 Lappersdorf

Dr. Hans Graubner, In der Bleiche 58, 37083 Göttingen

Prof. Dr. Stefan Keppler-Tasaki, Freie Universität Berlin, Friedrich Schlegel Graduiertenschule, Habelschwerdter Allee 45, 14195 Berlin

Dr. Rüdiger Nutt-Kofoth, Bergische Universität Wuppertal, Fachbereich A: Geistes- und Kulturwissenschaften, Gaußstr. 20, 42119 Wuppertal

Dr. Sabine Oehring, Tauriskerweg 17, 52074 Aachen

Prof. Dr. Terence James Reed, The Queen's College, GB – Oxford, OX1 4AW

Prof. Dr. Heinz Rölleke, Goetheweg 8, 41469 Neuss

Prof. Dr. Dieter Steland, Kleestieg 7, 37077 Göttingen

Prof. Dr. Friedrich Strack, Ziegelhäuser Landstr. 29, 69120 Heidelberg

Prof. Dr. Theodor Verweyen, Erwinstr. 5c, 79102 Freiburg i. Br.

Dr. Klaus Vogel, Università degli studi di Sassari, Facoltà di Lingue e Letterature Straniere, via Roma, 151, I-07100 Sassari

Dr. Karin Vorderstemann, DFG-Projekt »Asiatische Banise«, Albert-Ludwigs-Universität Freiburg, Deutsches Seminar II, Postfach, 79085 Freiburg i. Br.